Mensen met een verstandelijke beperking

Mensen met een verstandelijke beperking

Praktijkleerboek niveau 4 en 5

Pieter Hermsen

Rob Keukens

Joke van der Meer

Deventer, 2008
Van Tricht *uitgeverij*
www.vantricht.nl

Eerste druk, derde oplage 2000
Tweede, herziene druk, derde oplage 2005
Derde herziene en uitgebreide druk, eerste oplage 2007
Derde druk, tweede oplage 2008

Basisvormgeving: Studio Birnie

ISBN 978 90 77822 20 3
NUR 847 en 897

Voorwoord

Mensen met een verstandelijke beperking, gewone mensen en toch ook bijzonder. Gewoon omdat zij net als iedereen een plek willen hebben om te leven, te wonen, te werken en te recreëren. Kortom, er behoefte aan hebben een zinvol leven te leiden. Bijzonder zijn ze omdat zij beperkingen hebben waardoor het een opgave is of kan zijn deze verlangens te verwezenlijken. Vaak zullen zij dan ook behoefte hebben aan ondersteuning. Voor mensen die deze steun en begeleiding willen geven is dit boek bedoeld.

Door de op de praktijk gerichte opzet kan het boek gebruikt worden als:
Praktijkleerboek voor meerdere opleidingen. In de zorg voor mensen met een verstandelijke beperking werken begeleiders met een verschillende achtergrond: zowel SPW als MBOV, SPH en HBOV, activiteiten- en woonbegeleiders.
Het boek is geschreven voor niveau 4 (BOL en BBL) en 5 (voltijd en duaal).
Er wordt veel aandacht besteed aan theorie. Kennis van en over de doelgroep is immers voorwaarde om op optimale wijze de begeleiding en steun gestalte te kunnen geven.
Door de opdrachten en de casussen wordt de student gericht op de integratie van die kennis in handelen en attitude.

Zelfstudieboek voor studenten die informatie nodig hebben voor het schrijven van een werkstuk of artikel, het geven van voorlichting/klinische les en het uitwerken van hun leerdoelen.

Naslagwerk voor begeleiders die al eerder de opleiding afgerond hebben en behoefte hebben aan actuele informatie.

De auteurs stellen reacties van lezers zeer op prijs.
Aanvullende informatie, tips en voorstellen ter verbetering zullen in een volgende druk worden meegenomen.

Pieter Hermsen, Nijmegen
Rob Keukens, Valburg
Joke van der Meer, Deest

Juli 2007

Inhoud

Hoofdstuk 4   Ontwikkelingen, organisaties, bekostiging en wetten   354

Inleiding

Dit boek gaat over mensen met een verstandelijke beperking. Het is bedoeld voor zowel het verpleegkundig als het sociaal pedagogisch onderwijs: voor de opleidingen HBOV en SPH (niveau 5) en Verpleging en SPW (niveau 4). Ook is het geschikt voor de driejarige Belgische opleiding orthopedagogiek.

We gebruiken in dit boek zoveel mogelijk de omschrijving 'mensen met een verstandelijke beperking'. Een enkele keer wordt gesproken over een verstandelijke handicap omdat dit, bijvoorbeeld om historische redenen, meer recht doet aan de tekst. Verder spreken we zoveel mogelijk over cliënten. Een cliënt neemt diensten af en dat is waar het over gaat. Af en toe wordt gesproken over bewoners maar dan gaat het ook echt over iemand die een huis of appartement bewoont. Dagcentra worden bezocht door deelnemers of bezoekers.

'Zolang de emotionele lading van het onderliggende concept problematisch blijft, zal er telkens een nieuw woord worden bedacht. Over het woord hond hoor je nooit klachten.'
STEVEN PINKER, HOW THE MIND WORKS, 1998.

In het *eerste hoofdstuk* wordt een beeld geschetst van mensen met een verstandelijke beperking. Hierbij hebben we uitdrukkelijk de opvatting dat dé mens met een verstandelijke beperking niet bestaat. Er wordt uitgelegd wanneer er sprake is van een verstandelijke beperking en welke variaties zich hierbij voor kunnen doen. Er wordt ingegaan op oorzaken en er wordt beschreven hoe in de loop van de afgelopen honderd jaar mensen met een beperking werden benaderd en gezien. Als laatste wordt ingegaan op de vermaatschappelijking van de zorg en de emancipatie van de cliënt in het gewone leven. We zijn hierbij geïnspireerd door het gedachtegoed van *supported living* en *supported employment*. We stellen vijf cliënten voor en we gebruiken hun verhaal om de theorie meteen praktisch toepasbaar te maken. Ook verderop in het boek komen ze regelmatig terug.
In *hoofdstuk 2* wordt het ondersteuningsproces uitgelegd en wordt uitgebreid ingegaan op de ondersteuningsvragen. De lezer maakt kennis met het Ondersteuningsplan. We presenteren hierbij een model dat op een overzichtelijke wijze het ondersteuningsproces in kaart brengt. Het plan en de gepresenteerde vorm neemt de kwaliteit van bestaan als uitgangspunt en helpt deze te realiseren vanuit het perspectief van de individuele cliënt en zijn vragen. Aansluitend wordt ingegaan op de ondersteuningsvragen die zich kunnen voordoen en uiteraard worden hierbij begeleidingsadviezen en suggesties gegeven. We maken gebruik van de gezondheidspatronen zoals Gordon die heeft beschreven. Hierdoor worden alle belangrijke aspecten van het leven beschreven. Onder andere de eerste fysieke behoeften, cognitie, zelfbeleving, rollen en relaties, seksualiteit en levensovertuiging.

In *hoofdstuk 3* gaan we in op de specifieke beelden en bijkomende stoornissen en beperkingen. Een aantal veel voorkomende erfelijke aandoeningen wordt beschreven en er wordt uitvoerige informatie verstrekt over epilepsie, dementie, meervoudige beperkingen, en psychische stoornissen bij mensen met een verstandelijke beperking.

Tot slot worden in het *vierde hoofdstuk* de zaken beschreven die niet de directe ondersteuning betreffen, maar daarop wel van invloed zijn. Achtereenvolgens gaan we in op de recente ontwikkelingen, de rechten en de rechtspositie, wet en regelgeving, veranderingen in de bekostigingssystematiek, veranderingen in de organisaties van zorgaanbieders, medezeggenschap van cliënten, maatschappelijke ontwikkelingen, kwaliteit van zorg en leven en de rol van de overheid.

Elk hoofdstuk is voorzien van een aantal gevalsbeschrijvingen en opdrachten die helpen om de bestudeerde stof toe te passen. Dit is gedaan om de toegankelijkheid en de verwerking te bevorderen. Maar een niet minder belangrijke functie hiervan is studenten te leren om over onderwerpen na te denken en deze met elkaar te bespreken. Studenten zullen uiteindelijk in staat moeten zijn te beargumenteren waarom ze kiezen voor een bepaalde benaderingswijze of oplossing. Alles is er op gericht om de mens met een verstandelijke beperking (opnieuw) te laten deelnemen aan de samenleving op een wijze die voor hem of haar prettig is en leidt tot een betere kwaliteit van het bestaan.

1 De verstandelijke beperking

'Peter is een man met een papieren verleden. Het bestaat uit een bescheiden stapel vettige, voorwereldlijke fotokopie-en van medische anamneses, knisperige, halftransparante citaatdoorslagen van officiële verklaringen, uitgediende kartonnen systeemkaarten en ellenlange, in priegelig schuinschrift geschreven verpleaegkundige rapportages. Er zijn geen mensen van vlees en bloed die getuigenis dragen van Peters geboorte, of die hem kennen uit de tijd die hij doorbracht in een gebroken gezin in een volkswijk in Rotterdam.'

Lambaba is grijs, Marcel Veltman

In dit hoofdstuk wordt allereerst een beeld geschetst van mensen met een verstandelijke beperking, ervan uitgaande dat dé mens met een verstandelijke beperking niet bestaat. Duidelijk zal moeten zijn wanneer er sprake is van een verstandelijke beperking en wat de (mogelijke) oorzaken hiervan zijn. In de loop van de geschiedenis zijn de ideeën over en de benadering van mensen met een verstandelijke beperking veranderd. Deze veranderingen worden kort beschreven. Ten slotte wordt er een typering gegeven van de verschillende mensen met een verstandelijke beperking en gekeken naar de ontwikkelingen van dit moment.

Je leest eerst vier verhalen: verhalen van mensen met een verstandelijke beperking, verteld door henzelf of samen met de mensen door wie ze begeleid worden.

1 Vier verhalen

Astrid en Nicole

Dit is het verhaal van Astrid en Nicole Durville, verteld door hun persoonlijk begeleidster Janneke en aangevuld door hun vader. Hun vader is onlangs overleden. Zij wonen op dezelfde groep, in een intramurale woonvoorziening samen met zes andere bewoners. Dit is een tijdelijke situatie; eigenlijk is er op de groep plaats voor tien bewoners en een 'flexplek'.
De twee zussen hebben beiden het Angelman-syndroom.

Astrid is 26 jaar. Zij is opgenomen toen zij 7 jaar was. Zij kan lopen, fietsen en als haar iets niet zint maakt zij dit duidelijk door te huilen of te 'jengelen'. Ze is heel

Astrid en Nicole

gevoelig en beïnvloedbaar: als je een boze stem opzet, dan reageert ze daarop. Zij kan ons meehelpen en krijgt gebarentraining. Nicole is bijna 22 jaar. Zij is heel temperamentvol. Als haar iets niet bevalt, maakt ze dat duidelijk door bijvoorbeeld te schoppen of te slaan. Dit gebeurt vooral in de ochtend en tijdens de maaltijd. Zij begrijpt wel veel, maar of ze verbanden legt tussen gebeurtenissen is niet duidelijk, zij begrijpt de volgorde niet. Ze functioneert cognitief op een leeftijd van één jaar en drie maanden. Wij fungeren als een "verwijzer" voor haar; helpen haar van de ene situatie naar de andere. Als ze bijvoorbeeld naar de activiteiten gaat, wil ze niet met de bus mee. Wij gaan nu samen met haar tot de bus, helpen haar in de bus en dan is het goed.

Zij is niet zindelijk. Allebei zijn ze wat betreft hun ADL vrijwel volledig afhankelijk van de begeleiding. Zij kunnen zich wel, met uitzondering van knopen en ritsen, met aanwijzingen van de groepsleiding zelf aankleden.'

Wat kun je zeggen over hun emotionele en sociale ontwikkeling?
'Hun emoties zijn heel moeilijk te peilen. Mensen met het Angelman-syndroom lachen overal om: het heet ook wel "happy puppetsyndroom". Wij proberen hun gedrag goed te interpreteren, omdat dat meer laat zien van wat ze voelen. Het is duidelijk te merken dat ze gehecht zijn aan de teamleden die er al langer werken, aan nieuwe mensen moeten ze wennen.
Nicole probeert nieuwe begeleiders vaak uit. Door bijvoorbeeld niet te willen eten of geen pillen te nemen. Zij heeft echt vertrouwen nodig. Het vervelende is dat nieuwe teamleden na vijf dagen inwerken al zelfstandig aan de slag moeten. Bij stagiaires zeg ik altijd dat ze Nicole eerst alleen leuke dingen moeten aanbieden, zoals een spelletje of drinken en nog geen eisen aan haar moeten stellen. Astrid bekijkt het meer van een afstand.
Vader was heel belangrijk in hun leven. Hij kwam vaak op bezoek en ging dan meestal fietsen met Astrid en iets op de groep doen met Nicole. Hij was heel betrokken en stond open voor onze ideeën. Hij herkende en onderkende de verschillen die er tussen Astrid en Nicole zijn.'

Heb je het idee dat ze een speciale band hebben, dat ze weten dat ze zussen zijn?
'Ze zoeken elkaar wel op. Als ze samen op de bank zitten kunnen ze heel lief zijn voor elkaar, maar ook, net als zussen, elkaar pesten. Er is een periode geweest dat Nicole niet goed at, toen ging Astrid ook minder eten. We laten ze ook niet samen op de badkamer, want Nicole wil nog wel eens tegenstribbelen en dat trekt Astrid zich erg aan, zij gaat dan huilen. Ik weet niet of het een zussenband is, maar het is wel heel bijzonder om te zien.'

Wat weet de groepsleiding over het Angelman-syndroom?
'De vader wist er heel veel over en vertelde ons dat ook. Verder hebben wij een verslag over het syndroom. Er is dit huis nog een bewoner met het Angelman-syndroom en zijn moeder weet er ook veel van. Met vragen kunnen we naar de orthopedagoog. Zo weten wij dat voedingsproblemen erbij horen. Dat maakt het makkelijker om daarop te reageren; we gaan de strijd niet aan, zoeken naar andere oplossingen maar zorgen wel dat ze voldoende voedingsstoffen binnen krijgen. Hun motoriek gaat echter achteruit. Zij hebben allebei een scoliose en het lopen wordt moeilijker. Zij krijgen fysiotherapie. Ze hebben allebei eerst een kunststof brace gehad om de scoliose te corrigeren. Dat hielp onvoldoende; er volgde bij beiden een operatie waarbij er een stang langs de ruggenwervel geplaatst is om die in een rechtere stand te fixeren.
Ook vinden wij het als begeleiders een probleem dat ze niet kunnen aangeven of ze zich ziek voelen. Zelfs bij pijn lachen ze soms nog.'

Hobby's?
'Astrid vindt fietsen heel leuk; speelt met draadjes om haar vingers en kijkt televisie. Nicole vindt tv kijken helemaal geweldig, slaapt graag uit, houdt van in bad gaan en zwemmen. Zij speelt graag met wat grotere voorwerpen die geluid maken. Ze kijken allebei naar soaps, tekenfilms en muziekprogramma's. Zij kunnen niet zingen, maar Nicole klapt soms wel mee. Astrid kan wel 'papa' zeggen, maar echt praten hebben ze nooit gedaan. Buiten zitten ze graag op de schommel of spelen ze in de zandbak. Ze gaan ieder jaar mee op vakantie en binnenkort naar de dierentuin. We nemen dan wel een rolstoel mee, maar stimuleren dat ze zo veel mogelijk lopen.'

Dagbesteding?
'Zij gaan allebei negen dagdelen naar de activiteiten, daar knutselen, snoezelen en zwemmen ze. Nicole vindt paardrijden en schilderen ook leuk. Ze gaan met plezier (behalve dan het instappen in de bus wat Nicole betreft), maar als ze echt mochten kiezen, zouden ze misschien toch liever op de bank zitten. Via de begeleiders daar hoorden we ook dat ze dingen eten die ze hier nooit eten en dat ze daar erg genieten van de aandacht die ze krijgen.'

Aan wat voor doelen werken jullie en hoe zie je hun toekomst?
'De benaderingswijze kenmerkt zich door het bieden van structuur, veiligheid en gezelligheid. Wij werken met de visie van Heijkoop. Een individueel doel voor Astrid is bijvoorbeeld dat ze niet meer op haar kleding bijt, voor Nicole is het een verbetering van haar gedrag naar de begeleiders toe. Ik heb het idee dat Astrid meer tot haar recht zou komen op een groep waar het wat rustiger is, dat zou ook in de wijk kunnen zijn. Hier moet ze toch vaak op haar hoede zijn, is soms het slachtoffer en lijkt dan bang. Nicole is op haar plaats op deze groep: ze kan gaan spelen in de grote hal of in de ballenbak en nieuwe dingen leren.'

Dick Kamers

Dick

'Ik ben Dick Kamers en raad eens naar mijn leeftijd: 45 jaar jong en toch heb ik al heel veel gezien van Nederland. Zie je deze sigaar? Een echte bolknak (*blaast een enorme rookwolk*); ik maak reclame voor mijn werk. Ik werk drie dagen per week bij De Bolknak, dat is een sigarenfabriek. Daarnaast werk ik ook nog bij de supermarkt op dinsdag: ik vul daar vakken en als er iets weggebracht moet worden dan roepen ze mij. Ik weet alle straten in Arnhem.'

Kun je iets vertellen over vroeger? 'Toen ik jong was, woonde ik nog thuis. Ik heb vijf broers en één zusje, zij is ook al 41, maar ik zeg nog steeds: "Hé, kleine meid." Zij is getrouwd en heeft twee kinderen gehad die alle twee dood zijn gegaan voordat ze geboren waren. Die kindjes waren heel erg gehandicapt. Ook mijn vader en moeder zijn dood. Mijn vader ging dood door longkanker van het vele roken.'

Ben je dan niet bang dat dat jou ook overkomt? 'Nee, want nu is het een andere tijd en de dokter zegt dat ik gezond ben. Voor wie ben jij trouwens? Ik voor Ajax, dat kun je zeker wel zien.'

Vertel eens verder over vroeger... 'Nou, wij werden wel verwend en dan kwam de maatschappelijk werkster weer en die zei tegen mijn moeder dat zij ons wat meer op onze kop moest geven. Mijn moeder zei dan: "Ja mevrouw." Maar als ze weg was, gingen we er allemaal om lachen. Twee broers wonen ook in een instelling, die hebben ook een handicap, maar Bert en Ewout wonen nog in ons huis, samen, maar het zijn heus geen homo's hoor. Ze lusten wel eens een leuk grietje, snap je wel (*knipoogt en blaast een dikke wolk*). Toen ik elf jaar was, moest ik naar het gesticht omdat zij me thuis niet meer konden houden. Als ik boos werd, gooide ik met spullen en één keer had mijn broer een gat in zijn hoofd omdat ik hem tegen de muur geduwd had. Toen ik daar was, werd ik wel rustiger, maar ik hoefde geen pillen. Die heb ik nooit gewild. En nu woon ik al drie jaar hier, met z'n achten en ik wil graag op mezelf gaan wonen, maar dan moet ik nog wel wat leren.'

Zoals? 'Nou, bijvoorbeeld welke kleren goed bij elkaar passen en wanneer ze gewassen moeten worden, niet gelijk gaan schelden als ik boos word. Gooien doe ik niet meer zo gauw, maar als ik zelfstandig woon en ik scheld de buurvrouw uit dan kan ik daar niet blijven. Maar het is wel mijn eigen keuze. Dat zegt mijn persoonlijk begeleider ook: ik geef advies, maar jij kiest. Maar eerst kon ik ook niet zo goed omgaan met geld; ik stond altijd rood.'

Hoe kwam dat? 'Nou, ik was heel goed met flipperen en die machines met één arm, daar kreeg ik ook wel geld uit. Maar ook weer niet en toen ging ik steeds failliet en had ik veel ruzie met mijn broers en de begeleiders.'

Hoe is dat nu? 'Nou, nu ga ik zes keer per jaar naar het casino en sla ik vijftig euro stuk. Maar eerst moest ik alles wat ik uitgaf opschrijven en met mijn persoonlijk begeleider bespreken. Ik was met Pieter uit naar Six Flags en ik mocht niet op de zak van Pieter leven had hij gezegd, ik moest een keer trakteren en ook mijn kaartje zelf betalen. Maar Pieter had mijn kaartje al betaald en ik kon dat geld dus niet opschrijven. Samen hebben we sigaren gekocht voor dat geld en toen klopte het weer. Ik heb toen een nieuwe persoonlijk begeleider gevraagd, want hij was veel te streng voor mij. Het is tenslotte mijn eigen leven en daar maak ik zelf keuzes in: vragende zorg heet dat.'

Wat zijn je hobby's? 'Uitgaan, naar pretparken en tochtjes met de trein. Ik ga op bezoek bij mijn broers één keer per maand en dan ook nog naar vrienden. Zal ik je eens vertellen waar ik allemaal ben geweest? Nou, op Texel enne...'

Vond je het een mooi eiland? 'Dat weet ik niet, want we zijn weer gelijk teruggegaan omdat ik er graag naar toe wilde en dat was toen gebeurd. Ik ken alle pretparken van Nederland; ik hou van snelle dingen.'

Kun je zeggen wanneer je iemand een goede begeleider vindt? 'Moet ik zeggen wie? O, nou als ze je vrij laten en niet zo zitten te zeuren over alles. Bijvoorbeeld mijn kamer uitmesten of de sigarenlucht. Hij moet ook wel tijd voor je hebben om te praten over problemen en met je mee te gaan ergens naar toe, een pretpark bijvoorbeeld. En niet zoveel op kantoor zitten schrijven; wij willen ook wel eens gezelligheid, maar nee, zij moeten altijd vergaderen en praten en schrijven. Ik vind dat ze te veel verdienen voor hun werk. Lekker zitten en praten en dan geld krijgen. Vroeger heb ik een begeleider gehad die van die losse handjes had. Nou, dat heb ik hem gauw afgeleerd. Ik heb hem gewoon een klap voor "zijn harses" verkocht en toen hield hij wel op. Nu hebben we vergaderingen met de bewoners en dan kunnen we het zeggen als we iets vinden van de begeleiders en over de regels praten.'

Hoe zie je jouw toekomst, straks als je vijftig bent wat dan? 'Nou, dan heb ik een bom duiten op de bank en dan kan ik alles kopen wat ik wil. Dan neem ik een dvd-speler en zo'n grote platte tv. Voor tegen de muur. Dan kan ik alle wedstrijden van Ajax zien. Jari Litmanen vind ik de beste, jammer dat hij eerst geblesseerd was. Ik hoop wel dat ze kampioen worden. PSV verliest vast nog wel, want die moeten nog tegen hele goeie en dan ga ik naar Amsterdam. Ik ben er dit jaar ook drie keer geweest. Ik blijf wel werken bij De Bolknak en ik woon dan op mezelf met een hele grote kamer, om die tv op te hangen. Ik wil nog wel mijn rijbewijs gaan halen en veel vliegvakanties samen met een vriend of meer vrienden; dat kan me niet schelen.'

Cloho Aamarou

Cloho

(Plaats: Dagactiviteitencentrum 'De Elzen' in Amsterdam)

'Mijn naam is Cloho Aamarou. Ik ben 28 jaar en heb naast mijn moeder twee broers en twee zussen hier in Nederland. Ook heb ik nog twee zussen in Marokko en daar woont ook nog veel familie. Ik ben op één na de jongste. Ik ben geboren in Marokko, maar woon al lang hier; mijn vader is overleden. Ik woon thuis en werk hier iedere dag; dus maandag, dinsdag, woensdag, donderdag en ook vrijdag. Ik kom met een busje, want alleen reizen is niet veilig voor mij. Dan kunnen er zakkenrollers komen. Eerst ging ik nog naar school, maar dat ging niet goed en toen is mijn vader overleden en ben ik heel lang ziek geweest. Samen met mijn zus ben ik toen hier komen kijken en toen vond ik het leuk. Samen met de leiding en mijn zus hebben we gepraat over het werk dat ik zou kunnen doen. Eerst heb ik gewerkt op een kindercrèche, maar die vrouw was boos op mij omdat ik niks deed.'

Wat deed je toen die vrouw boos was op jou? 'Ik ga dan alleen zitten bij de andere dames, maar ze was boos en ik ben weggegaan. Nu bak ik appeltaarten en quiches; die worden verkocht en soms eten we ze zelf op. Ik neem ze niet mee naar huis, want daar houden ze er niet van. Ik ga op dinsdag altijd zelf boodschappen doen. Lezen is een beetje moeilijk voor mij, ik krijg altijd plaatjes mee (picto's) en dan weet ik wat ik moet kopen. Ik krijg ook geld mee en soms moet er geld bij. Mijn hobby's zijn muziek en dansen, volksdansen hier elke dinsdag. 's Avonds en in de weekenden blijf ik thuis, ik ga wandelen of kijk naar de televisie met mijn moeder. *Onderweg naar morgen* is maar ouderwets, ik kijk graag naar films van Eddy Murphy of luister naar muziek. Mijn moeder kijkt naar het journaal via de schotel en Marokkaanse films; zij spreekt geen Nederlands. Ik hoef thuis niet veel te doen; mijn schoonzus en nichtje zorgen voor het eten en alles. Hier ben ik niet verliefd, ik praat alleen met collega's. Ik ga ieder jaar naar Marokko toe, met het vliegtuig. Mijn familie komt niet hier naar toe, want het is moeilijk om een visum te krijgen. Mijn jongste zus is in Marokko getrouwd; zij had rode sluiers omdat wij Berbers zijn en haar handen waren met henna mooi gemaakt.'

Dit is een centrum voor mensen met een handicap of beperking. Wat is jouw handicap? 'Dat weet ik niet, misschien sommige kaartjes? Ik heb hulp nodig als ik naar de dokter ga of bij een gesprek en de leiding helpt bij de boodschappen. Iedere donderdag hebben we vergadering met de deelnemers. We praten over veranderingen en over feestjes. Nu komt gauw het jubileumfeest en dan praten wij over feestvieren, eten en drinken. Als wij het willen dan gebeurt het ook, dan zeggen wij: "Ja, het moet echt", en dan doen ze het ook. Als er iemand komt solliciteren dan zitten er deelnemers bij; die kijken dan of de nieuwe leiding aardig is.'

En als die niet aardig is? 'Nou, dan moet ie weg. Ik heb een mentor die het begeleidingsplan schrijft. Zij praat altijd met mij en als er een bespreking is over mij, zit ik er zelf bij. Met mijn zus, die helpt mij met beslissen. Mijn moeder komt niet, zij spreekt geen Nederlands, maar mijn zus wel. Er wordt dan gepraat over waar je zou willen werken, of je begeleid wil werken en of je soms ergens anders wil werken. We praten dan over de toekomst.'

Wat wil jij in de toekomst? 'Ik wil heel graag bij een dokter werken, ik vind het leuk om te kijken als mensen ziek zijn, hoe ze leven. Maar dan moet ik op sommige scholen nog heel veel leren. Goede leiding moet aardig zijn en ook beleefd, zij moeten wel lachen. Waarom? Daar zijn de deelnemers blij mee, dan wordt het gezelliger. Slechte leiding is als ze boos worden op anderen en chagrijnig omdat wij te druk zijn, omdat wij in de hal lopen. Maar dat is niet bij mij hoor, ik ga altijd alles rustig uitpraten. Ook als andere deelnemers schreeuwen. Dat is vervelend, dan gaan wij naar de leiding erover praten. Ik vind dat er genoeg leiding is, sommigen komen wel heel weinig en als er zieken zijn, komen er andere leidingen invallen. Wij werken met veertien deelnemers in de keuken, niet allemaal tegelijk en daar zijn één of twee leiding bij. Mijn zus is gebeld om te vragen of het goed is dat ik een interview doe en de blouse voor de foto heb ik samen met de leiding uitgekozen.'

Jet

'Mijn naam is Jet Smit. Ik ben 76 jaar en heb een zus die 13 jaar ouder is en een broer die tweeënhalf jaar ouder is. Ik ben in Amsterdam geboren.'

In oost of west? 'Dat weet ik niet. Ik heb de oorlog meegemaakt en ook bloembollen gegeten van een plant. Nou, het eerste hapje ging nog wel, maar het tweede hapje niet meer. En nog was ik de dikste van allemaal. Ik ben met mijn zus naar Rhenen gegaan, toen mijn moeder overleden was. Ik hielp mijn zus met aardappelen schillen en er is ook nog een foto van mij bij de appelboom, maar die is kwijt. Toen ik 33 jaar was kwam ik hier in Groesbeek; ik heb een groot feest gehad toen ik veertig jaar hier was.'

Wat vond u ervan dat u hier naar toe moest? 'Ik moest wel even wennen, ik sliep met z'n tweeën op een kamertje, maar die ander is nu overleden. Ik mocht kiezen waar ik naar toe ging, maar hier in Groesbeek zit je bij de bossen en ik heb hier bij de wandelsport gezeten. Ze zeggen dat ik stevige spieren heb. Ik heb de avondvierdaagse 25 keer gelopen, maar nu heb ik last van suiker, dat zit in de familie.'

Wat kunt u vertellen van vroeger? 'Toen waren we hier met tien mensen, ik ben de enige die is overgebleven van de oude mensen, ze zijn allemaal overleden. Vroeger mocht je geen radio, de directrice was wel een beetje streng, maar ja, die

Jet Smit

had ook last van haar hart. En je moest twee keer op een dag omkleden, waarom dat was weet ik niet meer. Ik heb zat kleren, de kast hangt helemaal vol. Ik doe ze zelf in de kast, want dan weet ik waar ik ze hang. Ik beslis zelf wat ik aan doe.'

U kunt niet goed zien, is dat al lang zo?
'Nou, ik kon nog wel wat zien thuis, maar niet veel meer, want ze konden mij in Amsterdam ook al niet meer helpen met de ogen opereren. Ik zie alleen donker en licht, mensen niet: dit oog zit staar voor en dit oog zit helemaal dicht: auto's kan ik horen aankomen, maar ik ga niet alleen weg. Ik bel naar mijn zus en mijn broer en mijn nicht. Mijn zus is al grootmoeder van zes- tien kleinkinderen. De kinderen van mijn broer en zus zijn ook gek met mij; dan komen ze naar me toe en pakken me beet.'

Het feit dat u nooit kon trouwen of kinderen krijgen, was dat moeilijk? 'Nee, ik wou dat niet; ik heb wel een vriend die woont hier in het huis. Daar praat ik mee en ik help hem. Hij kan ook goed tekenen; ik heb gisteren nog twee tekeningen van hem gehad.'

Kunt u vertellen hoe uw dag eruitziet?
'Om zeven uur komt de nachtzuster mijn steunkousen aantrekken en om half acht sta ik op omdat ik dan mijn insuline wil hebben. Ik zeg altijd waar die moet: in de buik, links of rechts. Dus uitslapen kan ik niet. Ik kan mezelf wassen en aankleden. Twee keer in de week ga ik douchen of in bad, met zo'n douchestoel want ik kan er niet in klimmen. Ik werk hier op de activiteitenbegeleiding, daar ga ik bijna alle dagen heen. Maar op maandagmorgen heb ik gymnastiek en met zwemmen doe ik allemaal oefeningen. Het water is wel zwaar, maar ik hou me goed vast aan het trappetje. Op dinsdag ga ik ook wel naar de markt of naar het dorp om suikerloze pepermuntjes te halen. Op zaterdag verschoon ik altijd zelf mijn bed; ik maak het zelf veel lekkerder op. Bij mij moet alles precies liggen. Op zaterdag en zondag krijgen we een advocaatje.
Om de veertien dagen hebben we vergadering van de cliëntenraad. Wij zitten op het hoofdkantoor te vergaderen en dat is heel deftig; ik loop naast mijn schoenen zeg ik dan. Ik ga ook met de vergadering naar Assen, daar praten we met andere tehuizen. Er gaat ook personeel mee. Dan zit er een juffer bij en daar moet je goed naar luisteren. Er zijn vier nieuwe mensen bij de cliëntenraad. En we praten over van alles; dat het personeel meer geld moet krijgen, want ze moeten hard werken.'

Hoe ziet uw toekomst eruit, wat wilt u nog allemaal? 'Ik wil zo lang mogelijk alles zelf blijven doen en hier wonen, want hier zijn geen drempels. Ik zou wel een grotere kamer willen met een eigen wc en badkamer. Dat komt na de verbouwing, maar dat duurt nog wel een paar jaar. Ook wil ik wel bergruimte om spullen in te zetten die ik niet meer gebruik. Ik heb heel veel cd's en bandjes. Van Amsterdam een driedubbele cd en van Koos Alberts. Ik blijf een Amsterdamse. De groepsleiding zet altijd radio Groesbeek aan; daar draaien ze mooie muziek.'

Nu nog over de begeleiding; wat moeten die juist wel doen en wat juist niet? 'De groepsleiding is lief, ik vind alle groepsleiding goed als ze goed verzorgen. Niet leuk vind ik als ze mopperen tegen mij en als ze zo druk doen. En als ze met weinig zijn dan gaan de mensen later uit bed en kunnen we niet meer wandelen en de buitenlucht in. Het personeel mag van mij ook wel pauze houden en ze moeten goed naar de mensen luisteren.'

2 De verstandelijke beperking: begripsbepaling

Bij al de hoofdpersonen uit de interviews is er sprake van een verstandelijke beperking. Het gaat om heel verschillende mensen; mensen met verschillende mogelijkheden en onmogelijkheden. Mensen die dus één ding met elkaar gemeen hebben: de verstandelijke beperking, een blijvende achterstand in verstandelijke mogelijkheden. Van een ernstige (Astrid en Nicole) tot een matige (Dick en Jet) en lichte achterstand (Cloho).

Nederland telt zo'n 112.000 mensen met een verstandelijke beperking (bron: CSP, 2005). Hiervan verblijven er ongeveer 23.000 in instellingen. Bij voorkeur niet in grote groepen op een instellingsterrein, maar in kleinere wooneenheden in de stad of aan de rand van het terrein. Ongeveer 18.000 mensen met een verstandelijke beperking wonen in een semi-murale voorziening (vroeger GVT geheten). Dagcentra voor volwassenen, kinderen en voor mensen met een meervoudige beperking worden door 17.000 mensen bezocht. Een groot deel hiervan woont thuis of zelfstandig, maar ook mensen uit een instelling of een semi-murale woonvorm kunnen gebruikmaken van een dagcentrum.

Kenmerkend dus voor alle mensen met een verstandelijke beperking is het feit dat zij een blijvende ontwikkelingsachterstand hebben ten gevolge van een stoornis in het cognitief functioneren. Cognitie verwijst naar het 'waarnemen, kennen, geheugen, weten en denken'. Meestal ontstaat deze stoornis en dus de achterstand al in een vroeg ontwikkelingsstadium (vóór, tijdens of korte tijd na de geboorte). De ondersteuning die nodig is, wordt niet alleen bepaald door de ernst van de verstandelijke beperking maar ook door eventueel bijkomende beperkingen.

Er is een aantal manieren om aan te geven wanneer iemand een verstandelijke beperking heeft. In ieder geval is de ontwikkelingsleeftijd (OL) of verstandelijke leeftijd (VL) van iemand achter bij zijn of haar werkelijke kalenderleeftijd (KL). Er wordt een vergelijking gemaakt met de gemiddelde ontwikkeling van leeftijdgenoten op het gebied van IQ, motorische en sociale vaardigheden. Bij een 'normale' ontwikkeling is de kalenderleeftijd ongeveer gelijk aan de ontwikkelingsleeftijd.

Bij een verstandelijke beperking is de ontwikkelingsleeftijd belangrijk lager dan de kalenderleeftijd. De grafiek maakt dit duidelijk.

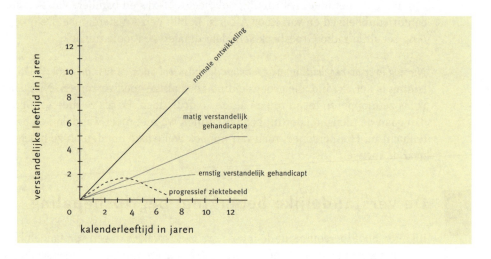

Vroeger werd er uitsluitend naar het IQ gekeken om aan te geven of er sprake is van een verstandelijke beperking. IQ staat voor intelligentiequotiënt. Het IQ geeft de relatie aan tussen de mentale (ontwikkelings)leeftijd en de chronologische (kalender)leeftijd (Drenth 2006). Hieruit ontstaat een breuk die wordt vermenigvuldigd met 100.

De formule is dan IQ = (ML : CL) x 100

Binet en Simon maakten in het begin van de vorige eeuw (1905) de volgende indeling op basis van IQ:

idioten	IQ lager dan 20
laag imbeciel	IQ tussen 20 en 35
hoog imbeciel	IQ tussen 35 en 55
debiel	IQ tussen 55 en 70
zwakbegaafd	IQ tussen 70 en 90

Is bijvoorbeeld de mentale leeftijd (blijkend uit een intelligentietest) 2,5 jaar en de chronologische leeftijd 4 jaar, dan is het IQ 2,5 : 4 x 100 = 62,5 (afgerond 63). Er is dan sprake van debiliteit volgens Binet en Simon. In veel rapportages tref je deze terminologie nog aan.

Volgens de DSM IV-R (een internationaal classificatiesysteem voor psychiatrische stoornissen) en de AAMD (American Association on Mental Deficiency) valt een verstandelijke beperking onder de ontwikkelingsstoornissen. De criteria waaraan moet worden voldaan, om te kunnen spreken van een verstandelijke beperking, zijn:

- een IQ van 70 of minder bij een individueel gebruikte IQ-test;
- niet kunnen voldoen aan de normen die horen bij de leeftijd in vergelijking tot leeftijdgenoten wat betreft sociale vaardigheden, verantwoordelijkheden, communicatie, onafhankelijkheid en zelfredzaamheid;
- het is begonnen voor het 18de levensjaar.

Zij maken een indeling met ook als uitgangspunt het IQ, maar geven aan dat de bijkomende aanpassingsproblemen (mede)bepalend zijn voor het niveau:
- zeer ernstig verstandelijke handicap IQ < 20/25;
- ernstig verstandelijke handicap IQ 20/25 tot 35/40;
- matig verstandelijke handicap IQ 35/40 tot 50/55;
- licht verstandelijke handicap IQ 50/55 tot 70.
De term zwakbegaafd wordt in deze indeling niet meer gebruikt.

Een bijzondere groep vormt de mensen die op latere leeftijd een (grote) achterstand oplopen in hun ontwikkeling en mogelijkheden; bijvoorbeeld een ernstige hersenbeschadiging als gevolg van een ongeval. Door de hersenbeschadiging functioneert iemand als een verstandelijk beperkt. Toch wordt er niet gesproken van een verstandelijke handicap maar van: niet aangeboren hersenletsel (NAHD). Veel van deze mensen komen terecht in instellingen voor mensen met een verstandelijke beperking, een verpleeghuis of in de psychiatrie. Door hun levenservaring en ontwikkeling vóór het trauma, is het moeilijk om een passende groep te vinden. Maar omdat hun begeleidingsvragen vaak overeenkomen, kiest men er steeds vaker voor hen samen in een groep te plaatsen; de begeleiding kan zich dan goed afstemmen op de specifieke behoefte van deze groep.

De 'International Classification of Functioning, Disability and Health (ICF)' van de Wereldgezondheidsorganisatie (WHO) is een wereldwijd geaccepteerd classificatiesysteem, in principe bruikbaar voor alle disciplines. De ICF omvat verschijnselen van het menselijk functioneren in drie classificaties: (1) *functies,* (2) *anatomische eigenschappen,* (3) *activiteiten* en *participatie* op belangrijke levensgebieden.
Een lijst van *externe factoren* is toegevoegd om de belemmerende en ondersteunende factoren in de omgeving aan te duiden die 1, 2 en 3 beïnvloeden.

De wisselwerking tussen de verschillende aspecten van de gezondheidstoestand en externe en persoonlijke factoren (uit: Classification of Functioning, Disability and Health, Houten 2002).

Bij functies of anatomische eigenschappen gaat het om 'een verlies of abnormaliteit van de structuur van het lichaam of van een fysiologische of psychische functie'. Voorbeelden hiervan zijn bewustzijnsstoornissen en stoornissen in het bewegingssysteem.

Met activiteiten wordt bedoeld: 'de aard en mate van functioneren op het niveau van de persoon. Activiteiten kunnen beperkt zijn in aard, duur en kwaliteit' (Van Gemert 2003). Het gaat dus om de prestatie van het individu. Er worden hier binnen nog twee typeringen gebruikt: *a* de mate van de moeite waarmee een activiteit wordt uitgevoerd (van 0 = geen moeite tot 4 = niet in staat de activiteit uit te voeren); en *b* menselijke of technische ondersteuning (van 0 = geen ondersteuning tot 3 = zowel menselijke als technische ondersteuning vereist).

Met participatie wordt hier bedoeld: 'de wijze en mate van deelname van een persoon aan het dagelijks leven in relatie tot stoornissen, activiteiten, gezondheidscondities en omgevingsfactoren. Participatie kan belemmerd zijn in aard, duur en kwaliteit' (2003). Het gaat dus om belemmeringen of beperkingen die worden veroorzaakt door elementen van de sociale of fysieke omgeving, inclusief de beschikbaarheid van accommodatie of assistentie, belemmeringen in persoonlijke keuze van activiteiten of het effect van sociale of economische omstandigheden, wettelijke of politieke regels of instellingen (2003).

Het belang van deze classificatie is dat inzichtelijker wordt welke discipline wat moet doen. De ICF vindt steeds meer zijn weg in Nederland. Als disciplines erin geschoold worden, blijkt het een bruikbaar instrument te zijn.

De American Association on Mental Retardation (AAMR) hanteert vanaf 1992 een andersoortige vierdeling. Deze indeling gaat uit van de hoeveelheid begeleiding (support) die iemand nodig heeft. Men noemt – van weinig naar veel behoefte – *intermittent, limited, extensive* en *pervasive*. Dit lijkt een meer praktijkgerichte indeling, maar is verder nog niet uitgewerkt (Van Gemert 2003).

Ervaringsordening volgens D. Timmers-Huigens

Omdat het vaak moeilijk zo niet onmogelijk is om testen af te nemen, krijgt men geen goed beeld van het niveau van de individuele mens met een verstandelijke handicap. Mevrouw D. Timmers-Huigens ontwikkelde ook een manier van kijken naar de (on)mogelijkheden van cliënten en geeft daaraan gekoppeld adviezen en ideeën voor de benadering en omgang. Zij maakt een indeling naar 'ervaringsordening': de wijze waarop iemand ervaringen verwerkt (2005). Alle mensen nemen zaken in hun omgeving waar en de manier waarop deze waarnemingen (ervaringen) met elkaar verbonden worden en verwerkt worden, wordt steeds complexer. 'Het gaat niet om niveaus van ordenen, want de ene manier staat niet op een lager of hoger niveau dan de andere. De manieren van ordenen worden steeds complexer, omdat de tweede manier de eerste manier veronderstelt en in zich opneemt en de derde manier niet zonder de eerste twee kan, terwijl de vierde manier uitsluitend een extra individuele interpretatie is van de derde manier van ordenen, maar dus ook niet zonder de eerste drie manieren kan' (2005). Zij onderscheidt de volgende manieren waarop iemand zichzelf en de wereld kan ervaren en ordenen:

- *Lichaamsgebonden ordenen* Hierbij is sprake van een lichaamgebonden beleven van de ervaringen. Het ontstaan van basisveiligheid is erop gebaseerd. Een zuigeling begint met het ontdekken van de wereld via zijn lichaam, zoals duimzuigen en van alles naar de mond brengen. Hierdoor leert hij zijn omgeving herkennen. Bij het horen van de stem van de ouder/verzorger is het gerustgesteld en stopt het kind met huilen. Ook veel volwassenen grijpen terug naar het lichaamsgebonden ordenen als zij iets heel vervelends of juist plezierigs meemaken door bijvoorbeeld zichzelf te wiegen of te drinken. 'Vooral vanuit de bevrediging van de eerste levensbehoeften, de verzorging en het menselijk contact, ontstaat het eerste gevoel voor vaste patronen.' Mensen met een verstandelijke beperking hebben vaak moeite met het herkennen van die vaste patronen en een aantal zal die patronen ook nooit leren herkennen. Activiteiten als snoezelen, lichamelijk contact en verzorging zijn van groot belang. Deze periode is min of meer te vergelijken met die van een zuigeling.

- *Associatief ordenen* Door regelmaat in contact en benadering ontstaat mogelijk associatie. Er wordt een verband gelegd tussen gebeurtenissen. Als de potten rammelen, gaan we eten; als de jassen tevoorschijn worden gehaald, gaan we naar buiten. Door herkenning en positieve bekrachtiging kan iemand complexere associatiereeksen gaan maken. Water is dan niet meer alleen om te drinken, maar ook om je mee te wassen of om in te zwemmen. Geleidelijk ontstaat enig begrip van tijd en ook de taal ontwikkelt zich van éénwoordzinnen naar twee-woordzinnen en meer concrete zinnen. Alles is vooral gericht op directe behoeftebevrediging. Veel mensen met een verstandelijke beperking hechten enorm aan rituelen en herkenning. De begeleiding moet alert zijn op 'verstarring' (alles moet altijd op die manier). Deze fase is min of meer te vergelijken met die van de peuterperiode.

- *Structurerend en vormgevend ordenen* In deze fase is het geheel meer dan de som der delen. Er wordt structuur gegeven aan de omgeving. Hierdoor is iemand in staat om keuzes te maken (Waar wil ik mee spelen?, Wat zal ik gaan doen?). Hierdoor ontwikkelt zich zelfvertrouwen, iets doen voor een ander. Dit komt tot uiting in de communicatie, deze wordt steeds uitgebreider in langere zinnen; er kan iets verteld worden over een gebeurtenis of over iets dat gaat gebeuren. Vormgevend houdt in: iets eigens toevoegen aan die structurerende ordening. Keuzes maken om iets net anders te doen dan anderen. De eigen identiteit komt naar voren. Deze ontwikkeling is min of meer te vergelijken met de kleuterperiode en de periode van het schoolkind.

D. Timmers-Huigens (2005) voegt hieraan toe: 'Verstandelijk gehandicapten komen soms aan deze ervaringsordening niet toe. Dat kan verschillende oorzaken hebben. Ofwel zij hebben te veel last van tekorten, zodat die ordening voor hen te complex is; ofwel het wordt hen niet toegestaan om van die ordening gebruik te maken. Want associërend ordenen is voor groepsbegeleiding en ouders veel gemakkelijker. Hospitalisering en gedragsproblemen kunnen het gevolg zijn van het negeren van de structurerende en vormgevende ordeningen die er wel zijn.'

De indeling in ervaringsordeningen biedt aanknopingspunten voor de behandeling en begeleiding. Zij doet in haar boek zeer veel ideeën aan de hand waaruit naar believen gekozen kan worden.

De indelingen in een schema

Vroeger	Nu	Timmers-Huigens
Idioot	Zeer ernstig verstandelijk gehandicapt	Lichaamsgebonden ordenen
Laag imbeciel	Ernstig verstandelijk gehandicapt	Lichaamsgebonden en associatief ordenen
Hoog imbeciel	Matig verstandelijk gehandicapt	Associatief/structurerend ordenen
Debiel	Licht verstandelijk gehandicapt	Structurerend en vormgevend ordenen
Zwakbegaafd		

3 Mogelijke oorzaken van een verstandelijke beperking

Het is belangrijk om de oorzaak te weten die ten grondslag ligt aan de verstandelijke beperking omdat:
- zo verkeerde verwachtingen kunnen worden voorkomen;
- ouders bevestigd worden in hun vermoeden;
- de begeleiding en behandeling beter afgestemd kunnen worden;
- ouders, broer en zussen informatie kunnen krijgen over de kans dat er sprake is van erfelijkheid.

Oorzaken die kunnen leiden tot een verstandelijke beperking zijn:
- afwijkingen in het genetisch materiaal;
- stoornissen tijdens de zwangerschap (prenataal);
- problemen bij de geboorte (perinataal);
- beschadigingen na de geboorte (postnataal);
- onbekend.

In meer dan de helft van de gevallen bij mensen met een lichte tot matige verstandelijke beperking wordt nog steeds geen oorzaak voor de hersenbeschadiging gevonden. Bij mensen met een ernstige verstandelijke beperking ligt dit percentage anders, daar weet men bij ongeveer 25% de oorzaak niet (Zwets 1997).

3.1 Afwijkingen in het genetisch materiaal

Afwijkingen in het genetisch materiaal kunnen liggen op een bepaalde plaats van een chromosoom (gen) of er kunnen hele chromosomen of delen daarvan bij betrokken zijn. Hoofdstuk 3 begint met een korte uitleg over de erfelijkheidsleer. Voorbeelden van deze afwijkingen die leiden tot een verstandelijke beperking, zijn:

- stofwisselingsziekten als PKU (fenylketonurie). Meestal is er dan sprake van een verborgen aandoening van de chromosomen bij zowel vader als moeder;
- syndroom van Down;
- syndroom van Angelman;
- syndroom Cri du Chat;
- Prader-Willi-syndroom;
- het fragiele X-syndroom;
- het Rett-syndroom.

Voor een nadere uitleg van deze beelden en een bespreking van de aandachtspunten voor de ondersteuning, zie hoofdstuk 3.

3.2 Stoornissen tijdens de zwangerschap (prenataal)

Tijdens de zwangerschap kunnen de volgende groepen van stoornissen leiden tot een (verstandelijke) handicap.

- Endogene stoornissen (vanuit de moeder zelf):
  - zwangerschapsvergiftiging;
  - stofwisselingsziekte van de moeder.

- Exogene stoornissen (door invloeden van buitenaf):
  - infecties als rode hond, toxoplasmose, mazelen en geslachtsziekten;
  - straling (met name röntgenstralen en radioactiviteit);
  - gebruik van alcohol, tabak en drugs;
  - gebruik van medicijnen (een historisch voorbeeld is het slaapmiddel Softenon).

3.3 Problemen bij de geboorte (perinataal)

Tijdens de geboorte kan er het een en ander misgaan. Zo kan de navelstreng om de hals van het kind zijn gewikkeld tijdens het verlaten van het moederlichaam. De bevalling kan te lang duren en/of vindt met zo'n kracht plaats dat het kind hierdoor schade oploopt. Beschadiging van de hersenen kan uiteindelijk op drie manieren worden veroorzaakt:

- door zuurstofgebrek;
- door een hersenbloeding bij het kind;
- door ernstige geelzucht bij het kind (kernicterus).

3.4 Beschadigingen na de geboorte (postnataal)

Na de geboorte kunnen de volgende oorzaken leiden tot een verstandelijke beperking:
- een hersen- of hersenvliesontsteking die niet tijdig wordt onderkend/behandeld;
- ernstige ongevallen waardoor hersenweefsel wordt beschadigd;
- medicijnen en vergiftigingen;
- zéér ernstige verwaarlozing van het jonge kind gedurende lange tijd.

Voorbeelden hiervan zijn ondervoeding en ernstige psychische verwaarlozing van het kind.

3.5 Stationaire en progressieve aandoeningen

Aandoeningen die in principe niet veranderen/verergeren, worden *stationair* genoemd. Het syndroom van Down blijft gedurende het hele leven hetzelfde. Geen medicijn kan het syndroom verminderen. Natuurlijk kunnen er wel complicaties optreden als gevolg van de aandoening omdat er dan een bepaalde gevoeligheid is, maar de aandoening op zichzelf neemt niet toe.

Bij progressieve aandoeningen worden de verschijnselen erger. De schade aan bijvoorbeeld de hersenen neemt steeds meer toe en als gevolg hiervan kan iemand steeds minder. Voorbeelden van progressieve aandoeningen zijn erfelijke stofwisselingsziekten zoals fenylketonurie (PKU) en de ziekte van Sanfilippo door een verkeerde suikerstofwisseling.

3.6 Onderzoeken die mogelijke stoornissen kunnen vaststellen

Er zijn in Nederland enkele instituten gespecialiseerd in het doen van erfelijkheidsonderzoek. (Aanstaande) ouders kunnen er terecht voor onderzoek en een adviesgesprek. Dit wordt ook wel 'genetic counselen' genoemd. Er wordt gekeken of er in de familie van de ouders aanwijzingen zijn voor mogelijke afwijkingen. Verder wordt er zowel bij de (aanstaande) vader als moeder onderzoek gedaan. Als het mogelijk is, krijgen zij te horen hoe groot de kans is dat zij een kind krijgen met een te bepalen aandoening.

Tijdens de zwangerschap kunnen er ook onderzoeken plaatsvinden om vast te stellen of er iets met het kind is: een *uitstrijkje* (na acht weken mogelijk) om chromosomenonderzoek te doen, een *vlokkentest* (na tien weken) om chromosomenonderzoek te doen en ook kan men met deze test enkele stofwisselingsziekten opsporen, en een *vruchtwaterpunctie* (rond de zestien weken) waarmee uitsluitsel over veel aandoeningen kan worden gegeven. Niet alle onderzoeken zijn zonder risico. Zowel bij een vlokkentest als een vruchtwaterpunctie dient men er rekening mee te houden dat er een kleine kans bestaat op een miskraam. Bij een echoscopie kan er gekeken worden of er afwijkingen zijn aan de vorm van organen en of er aanwijzingen zijn voor een kind met een open rug. Na de geboorte kunnen er bij het kind verschillende onderzoeken worden uitgevoerd om duidelijkheid over de oorzaak van de beperking te krijgen.

Visies op mensen met een verstandelijke beperking

Door de tijd heen verandert de visie op mensen met een verstandelijke beperking. Nog zo'n twintig jaar geleden werd er gesproken over geestelijk gehandicapten en vóór 1980 meestal over zwakzinnigen. Voor 1950 waren het oligofrenen en nog langer geleden onnozelen of dollen

Tegenwoordig spreken we van mensen met een verstandelijke beperking. Je zou je kunnen afvragen: 'What is in a name?' In ieder geval geeft het aan dat er dynamiek in de zorg zit. Een andere visie, een andere naam. Een nieuwe tijd, nieuw inzicht. Daarnaast laat het feit dat er steeds gezocht wordt naar een nieuwe en betere benaming, ook de eigen betrokkenheid bij deze groep mensen zien.

4.1 De vroegere tijd

Natuurlijk hebben er altijd al mensen met een verstandelijke beperking bestaan. Zelfs in de bijbel worden er al uitspraken over gedaan. De manier waarop ze door de tijd heen behandeld werden, was erg afhankelijk van hoe er over hen werd gedacht. Er is een soort golfbeweging te bekennen van wegstoppen/doden naar 'verheerlijken' en weer terug, die ook te maken lijkt te hebben met economische ontwikkelingen.

In het begin van de Middeleeuwen bijvoorbeeld werden mensen met een verstandelijke beperking liefdevol verzorgd door met name religieuzen en vrouwen van goede komaf. Toen het slechter ging, werden de religieuzen naar de kloosters teruggeroepen en werden er (ex-)gevangenen ingezet als begeleider. Mensen zaten in 'dolhuizen' en de beschrijvingen van het leven daarbinnen, geven een beeld van een ellende die elke beschrijving tart.

Veel mensen met een verstandelijke beperking hebben ook lichamelijke afwijkingen. Hiervan werd 'gebruikgemaakt' door mensen tentoon te stellen. Op kermissen en feesten kon er tegen betaling naar hen gekeken worden. Over oorzaken was er nauwelijks iets bekend, vaak werd de beperking als straf van God gezien, of de persoon was door de duivel bezeten of verkeerde lichaamssappen waren de oorzaak. Dit leidde tot praktijken als duivelsuitbanning en 'aderlating'.

In latere tijden bleven veel mensen thuis wonen en werden zij door het dorp opgevangen. Ze deden boodschappen, hielpen her en der en werden door broers en zussen verzorgd. De Tweede Wereldoorlog is een zwarte bladzijde in de geschiedenis: Hitler was van mening dat de levenswaarde van deze mensen gering was. Velen vonden dan ook de dood.

4.2 Het medisch model: de oligofreen of de zwakzinnige

Eind negentiende eeuw kreeg de medische wereld belangstelling voor het fenomeen zwakzinnigheid. Dit heeft geresulteerd in een grote omwenteling. De humanitaire zorg van gestichten, vaak geleid door religieuzen en/of vrijwilligers, werd geleidelijk aan omgezet in klinische zorg en klinieken voor zwakzinnigen. Hier moesten de zwakzinnigen zo goed en zo kwaad als het ging worden 'genezen'. Vanaf deze tijd werden mensen met een verstandelijke beperking dus 'behandeld' in klinieken, geleid door een geneesheer-directeur. Zij werden ook verpleegd en het denken, de huisvesting en de levensomstandigheden waren afgeleid van het algemeen en het psychiatrisch ziekenhuis. Al snel kwam men tot het inzicht dat er niet veel te genezen viel. Het werd dus meer 'pappen en nathouden'. De mens met een verstandelijke beperking was een patiënt voor het leven, vooral de tekortkomingen werden benadrukt. Er werd veel gebruikgemaakt van medicatie (tegen onrust) en ook operaties vonden plaats (om bijvoorbeeld spasticiteit op te heffen). Mensen met een lichte verstandelijke beperking kregen arbeidstherapie aangeboden, vaak in de vorm van eentonig werk, want 'ledigheid is des duivels oorkussen'. Rust dus, regelmaat en een goede zorg voor het lijf. Ouders werd veelal geadviseerd om hun kind uit huis te plaatsen. En als hun kind eenmaal was opgenomen, meestal ver weg, dan hadden de ouders geen zeggenschap of inspraak. Door de instelling werd vaak nauwelijks contact onderhouden.

In deze periode ontstond wel veel inzicht in oorzaken en medische problemen van de mens met een verstandelijke beperking.

4.3 Het psychologisch/pedagogisch model: van zwakzinnige naar geestelijk gehandicapte

In de jaren vijftig en zestig van de vorige eeuw won dit model terrein. Door de intelligentie van een mens met een verstandelijke beperking regelmatig te testen werd inzicht verkregen in de ontwikkelingsachterstand. Vanuit deze kennis kon dan een begeleidings- of ontwikkelingsplan worden opgesteld. Deze visie ging dan ook vooral uit van het feit dat geestelijk gehandicapten 'ontwikkelbaar' waren, mogelijkheden hadden. Het leek alsof de bomen tot in de hemel reikten. Met gebruikmaking van vooral leertheoretische inzichten werd bewezen dat een geestelijk gehandicapte meestal 'leerbaar' was. Gedragsbeïnvloeding, door gebruik te maken van de inzichten van de klassieke en de operante conditionering, werd veel toegepast.

Aanleren en afleren: zo werden mensen met een verstandelijke beperking door intensieve training zindelijk gemaakt. Dat wil zeggen, meestal trainingszindelijk; zindelijk als er niet te veel bijzonders aan de hand was en ze op vaste tijden naar de wc werden gestuurd. Deze aanpak ging soms zover dat hinderlijk schreeuwen werd afgeleerd door scheerschuim in de mond te spuiten. Het ophalen van voedsel werd voorkomen door kinine toe te voegen (nare smaak bij rumineren). Het zichzelf verwonden werd getracht af te leren door het toedienen van milde elektrische schokken (elektroaversieve therapie). Dit alles riep veel verzet op van met name begeleiders en ouders. Hierdoor verloor men het idee waarop het gebaseerd was – het zijn mensen die ook iets kunnen (leren) – uit het oog. De participatie van ouders was nog gering. Ouders werden op de hoogte gehouden van het wel en wee van hun kinderen, maar inspraak in de zorg hadden zij nauwelijks. Er waren vaak vaste bezoektijden.

De mens met een verstandelijke beperking werd dus gezien als opvoedbaar. Een mens met mogelijkheden. Later werden ook de onmogelijkheden geaccepteerd.

Het tot in het oneindige blijven ontwikkelen van mogelijkheden werd eind jaren zeventig al verlaten. Ontwikkelen was belangrijk, maar alleen als het zou bijdragen aan het welbevinden.

In deze periode (1971) is door de Verenigde Naties een verklaring aangenomen over de mensen met een geestelijke (verstandelijke) handicap. Deze was gebaseerd op de Universele verklaring van de rechten van de mens (1948). In deze verklaring werd bepaald dat mensen met een verstandelijke beperking zo veel mogelijk dezelfde rechten genieten als andere mensen (zie de belangrijkste artikelen hieronder).

Op 4 november 1990 is het Verdrag van Rome gesloten op basis van de Universele verklaring van de VN. Waar de Universele verklaring een intentieverklaring is, dus niet afdwingbaar, is het Verdrag van Rome dat wel. Dit heeft geleid tot de noodzaak voor Europese lidstaten hun wetgeving in dit verband aan te passen.

Het Europees Parlement heeft uiteindelijk in 1992 de rechten van mensen met een verstandelijke handicap (beperking) geformuleerd, eveneens op basis van genoemde verklaringen en het Verdrag van Rome.

ARTIKEL 2

De mensen met een verstandelijke beperking hebben recht op behoorlijke medische verzorging alsmede op onderwijs, opleiding, rehabilitatie en de begeleiding door middel waarvan zij in staat worden gesteld hun vaardigheden te ontwikkelen en hun potentiële mogelijkheden tot ontplooiing te brengen.

ARTIKEL 3

De mensen met een verstandelijke beperking (hier verstandelijk gehandicapten genoemd) hebben recht op economische zekerheid en op een behoorlijke levensstandaard. Ze hebben het recht productieve arbeid te verrichten of zich bezig te houden met ander zinvol werk in de mate die hun vermogens hen toestaan.

ARTIKEL 4

Indien mogelijk dienen de mensen met een verstandelijke beperking met hun andere gezinsleden samen te wonen, of bij pleegouders en deel te nemen aan verschillende vormen van maatschappelijk leven. Het gezin, waarvan zij deel uitmaken, dient bijstand te ontvangen. Indien verzorging in een inrichting nodig is, dient dit te geschieden in een omgeving en onder omstandigheden die een normaal leven zo dicht mogelijk benaderen.

ARTIKEL 6, LID 1

Mensen met een verstandelijke beperking hebben recht op bescherming tegen uitbuiting, misbruik en onterende behandeling.

4.4 | Het relationeel model: de geestelijk gehandicapte

Het relationele denken (mens worden door contact met anderen) ontstond eigenlijk al in het begin van de jaren zeventig. De psycholoog Carel Muller uitte als directeur van Dennendal in Den Dolder in maart 1970 samen met mededirecteur

André (psychiatrisch verpleegkundige) zijn visie op de zorg voor geestelijk gehandicapten in *Het Vrije Volk*. 'Normaal en ziek moeten door elkaar heen leven. Er moet een leefbare wereld worden geschapen in openheid naar de buitenwereld. Het maatschappelijk isolement van de inrichting moet worden opgeheven en verdunning is hiertoe een middel.' Onder verdunning werd verstaan dat niet geestelijk gehandicapten komen wonen (en soms werken) op het terrein van de inrichting.

Het denken kreeg echter pas begin jaren tachtig echt voeten in de aarde. Geestelijk gehandicapten gingen meer en meer wonen in het dorp of in de stad in kleinschalige voorzieningen: integreren in de samenleving. Het begrip integratie heeft drie aspecten.

1 *Fysieke integratie.* Dit houdt in zich lijfelijk te midden van de andere mensen te bevinden, leven tussen andere leden van de samenleving. Bijvoorbeeld wonen in een straat in een stad of dorp.

2 *Functionele integratie.* Dit houdt in dat men gebruikmaakt van hetgeen de samenleving te bieden heeft, bijvoorbeeld openbaar vervoer, postkantoor, winkels, schouwburg, kerk, sporthal, zwembad.

3 *Sociale integratie.* Dit houdt in geaccepteerd worden als gelijkgerechtigd persoon en gerespecteerd partner in de samenleving. Bijvoorbeeld gerespecteerd en geaccepteerd worden als buur, als lid van de sportvereniging (Van Gemert, 2003).

Fysieke en functionele integratie zijn en worden al gerealiseerd; sociale integratie kan soms moeilijk zijn.

. . . .

O P D R A C H T

In een nieuwe wijk van een kleine stad worden drie huizen gebouwd voor mensen met een verstandelijke beperking die 24-uursbegeleiding nodig hebben. Jij gaat daar werken. Je bent op een feestje en hoort daar een paar mensen mopperen over het feit dat zij een woning gekocht hebben naast 'zo'n stel van die (...)'

➤ Reageer je hierop en, zo ja, wat zeg je?

➤ Er komt een buurtvergadering; is het jouw taak als begeleider om daar naar toe te gaan? Waarom wel, waarom niet?

➤ Wat zou jij doen met de mensen uit de buurt als jullie daar zijn gaan wonen? Begeleider Jan zegt: 'Ik vind dat we alleen de buren een keer op de koffie moeten uitnodigen en verder niets. Dat doe ik zelf ook als ik verhuis.'

De mens met zijn relaties stond centraal in de hulpverlening. De verstandelijk gehandicapte is een mens met wie we in gesprek kunnen gaan. We moeten leren 'luisteren naar fluisteren' (Van der Most). Uitgaan van behoeften werd het devies. De belangrijkste verandering was gelegen in de veranderde houding van de begeleiders (verpleegkundigen, groepsleiders). De verstandelijk gehandicapte is vrij om een mens te zijn met een handicap, die als gelijkgerechtigde woont en leeft in de gemeenschap van ons allen (Hermsen).

Ouders waren verenigd in ouderverenigingen en hadden inspraak op individueel, groeps-, en instituutsniveau (zie ook hoofdstuk 4).

4.5 De mens met een verstandelijke beperking, een mens met mogelijkheden

In de loop van de jaren zeventig en tachtig had zich, los van de intramurale inrichtingszorg, nog een tweede en geheel ander circuit voor mensen met een verstandelijke beperking ontwikkeld: de semi-murale zorg in gezinsvervangende tehuizen, dagverblijven voor ouderen en kinderdagverblijven. Deze voorzieningen – vaak gerealiseerd op initiatief van ouders van kinderen met een verstandelijke beperking – waren bedoeld om de mensen met een beperking langer in of dichter bij hun eigen woonomgeving te laten leven. Ook waren ze een reactie op de grootschaligheid en buiten de samenleving staande intramurale instituten. Dit in tegenstelling tot andere landen in Europa, met name Scandinavië, waar mensen met een verstandelijke beperking steeds meer in kleinschalige, geïntegreerde woonvormen gingen wonen.

In de jaren negentig werd steeds duidelijker dat er nu weliswaar inrichtingen, GVT'en en andere woonvormen waren, maar dat nog steeds de instellingen bepaalden wat goed was voor de mens met een beperking. En ook leefden ze in een wereld met alleen andere mensen met een verstandelijke beperking. Mede onder invloed van de stijgende welvaart aan het einde van de twintigste eeuw wilden cliënten en hun vertegenwoordigers steeds meer zelf bepalen hoe de door hun gewenste zorg en dienstverlening eruit zou moeten zien. Deze emancipatiebeweging bij de cliënt en zijn familie leidde allereerst tot de ontwikkeling van 'zorg op maat'-gedachte: de mogelijkheid te kiezen uit een breed pakket van dienstverleningsvormen. Het aanbod is niet langer bepalend, uitgangspunt is de vraag:

- in de hoeveelheid die nodig is;
- op het gewenste tijdstip;
- voor de noodzakelijke duur;
- op de gewenste plaats;
- geleverd door de persoon of instantie die men wenst;
- op basis van een zorgvisie die aanspreekt; • vanuit de levensbeschouwing die wordt gewenst (FvO 1994).

Vanaf het begin van de jaren negentig leidde dit tot een zeer sterke verbreding van de zorg en de dienstverleningsmogelijkheden. Op vele plaatsen ontstonden logeerhuizen en ouders kregen de mogelijkheid van thuiszorg. Ambulante dienstverleningsvormen als praktisch pedagogische dienstverlening en begeleid zelfstandig wonen werden op vele plaatsen ontwikkeld. De dagverblijven verbreedden hun tot dan toe vooral agogisch gerichte activiteiten met vele vormen van werk en dagbesteding. Het (betaald) werken kreeg in de dagbesteding een belangrijke rol. Niet het bezighouden en de gezelligheid stonden meer centraal maar waardering, eventueel ook financieel, voor de door de persoon met een verstandelijke beperking geleverde prestaties. Dagverblijven werden activiteitencentra met onder meer eigen bakkerijen, fietsenwerkplaatsen en kunstateliers.

Het ruimere aanbod was een belangrijke ontwikkeling binnen de zorg en dienstverlening. Maar veel ouders vonden dat de zorg toch nog te veel bepaald werd door de instellingen en te zeer losstaand van de samenleving was georganiseerd. Bij de Federatie van Ouderverenigingen verscheen de nota 'Mensen met mogelijkheden'.

Niet langer de mens en zijn beperking moest centraal staan, maar de mens en zijn mogelijkheden. Hoewel de beschreven ideeën door beleidsmakers en instellingen werden omarmd, gaf de notitie geen echt nieuwe impuls aan de ontwikkelingen in de zorg. Ouders en cliënten bleven zich sterk afhankelijk voelen van wat de instellingen voor hen bedachten en goed vonden. De zorg was te aanbodgericht. De onvrede hierover mondde uit in een tweede nota 'Gewoon doen'. De titel gaf al aan dat de cliënten vonden dat er nu echt wat moest gebeuren! Ook de 'affaire Jolanda Venema' heeft hierbij een beeldbepalende rol gespeeld. De foto die haar ouders publiceerden, maakte het mensonterende karakter van de situatie waarin zij verkeerde – naakt vast gebonden aan een muur in een kamer zonder ramen – schrijnend duidelijk. Dit leidde tot vragen in de Tweede Kamer en resulteerde onder andere in het instellen van consulententeams (zie hoofdstuk 2 en 4).

De cliënt moest zijn eigen keuzes kunnen maken, net als iedere andere burger, en de instellingen en begeleiders moesten niet langer bepalen wat goed voor hem of haar was. Deze opvattingen moesten leiden van een aanbod georiënteerde zorgverlening tot een vraaggestuurde dienstverlening waarin de mens met een verstandelijke beperking dezelfde rechten en plichten heeft als burger, het recht heeft om te leven zoals iedere burger, net zoals jij en ik. Niet naar een heel speciaal kinderdagcentrum, maar naar een heel gewone school. Niet wonen in een groep met andere mensen met een verstandelijke beperking, maar in een eigen appartement in een gewone wijk. De mens met een verstandelijke beperking is niet alleen een mens met mogelijkheden, maar ook een burger: een burger met rechten en plichten.

Dit burgerschapsmodel heeft de volgende kenmerken (Smit 1999):

- volwaardig burgerschap (zie hierboven);
- keuze en controle: de keuzemogelijkheid om het bestaan in te richten zoals jij dat wil;
- kwaliteit van het bestaan: zelf vorm en inhoud geven aan het bestaan onder gewone omstandigheden en volgens gewone patronen; je leven zo inrichten dat je er tevreden mee bent;
- ondersteuning: omdat mensen met een verstandelijke beperking niet voldoende in staat zijn om hun bestaan zelf in te richten, moeten zij ondersteund worden vanuit allereerst een sociaal netwerk. Als dat netwerk niet volstaat, dan springt het sociale vangnet (professionele zorgsysteem) in.

De politiek pakte de handschoen die door de ouderorganisaties werd toegeworpen op door de invoering van het persoongebonden/persoonsvolgend budget. Door het geld niet langer aan de instellingen te geven, maar 'rechtstreeks' aan de mensen met een verstandelijke beperking moest de zorgvernieuwing een echte verandering door gaan maken (zie ook hoofdstuk 4).

De Wet op de medezeggenschap cliënten zorginstellingen (WMCZ) regelde dat ook binnen de instellingen de medezeggenschap van cliënten gewaarborgd werd. Net als de medewerkers hun ondernemingsraad hebben, kregen cliënten hun cliëntenraad. Op vele gebieden werden de instellingen verplicht om eerst advies te vragen aan de cliënten.

De ontmanteling van de instellingen leverde ook tegenreacties op. Veel ouders die gewend waren aan en tevreden waren met de speciale zorg in speciale voorzieningen maakten zich sterk voor het behoud van deze voorzieningen. En zo is er een breed en gevarieerder pakket van dienstverleningsvormen ontstaan. Enerzijds institutioneel in bosrijke locaties of aan de rand van steden en dorpen, anderzijds leven steeds meer mensen met een verstandelijke beperking in hun eigen woon-omgeving, gaan met extra begeleiding naar een gewone school of werken in een supermarkt met ondersteuning van een job coach in een functie waar ze waarde-ring van gewone collega's krijgen. In de winkel – gerund door mensen met een verstandelijke handicap – vraagt de klant die wat langer moet wachten voor zijn cadeau is ingepakt en afgerekend, zich af of hij net als in een 'gewone' winkel zijn ongeduld mag laten merken als het hem te lang gaat duren.

5 Typering van mensen met een verstandelijke beperking

Mensen met een verstandelijke beperking zijn er in soorten en maten. Om buiten-staanders, maar vooral insiders, een indruk te geven van de ernst van de beperking wordt gebruikgemaakt van indelingen zoals eerder in dit hoofdstuk beschreven.

Ontwikkelingsprofiel

Een belangrijke constatering is dat mensen met een verstandelijke beperking zich, ondanks de ontwikkelingsachterstand, net zo ontwikkelen als anderen. De proces-sen en de beïnvloedende factoren zijn gelijk. Ook de volgorde van de fasen en de volgorde van de aspecten in een fase is identiek. Alleen het uiteindelijk niveau van ontwikkelen zal (belangrijk) lager liggen.

De onderlinge verschillen tussen mensen met een verstandelijke beperking kun-nen groot zijn. Er zijn belangrijke verschillen in de grootte van de achterstand, maar er zijn ook grote verschillen in de opbouw van het 'ontwikkelingsprofiel'. Zo zijn er velen met een tamelijk harmonisch profiel (de achterstand op alle gebieden is ongeveer gelijk), maar ook disharmonische profielen komen voor. Onder ont-wikkelingsprofiel verstaan we dan: een weergave van de ontwikkeling van al de te onderscheiden gebieden (cognitief, lichamelijk, sociaal, enz.).
Zo geldt voor veel kinderen met het Down-syndroom dat ze overwegend een har-monisch ontwikkelingsprofiel hebben (de achterstand op cognitief, sociaal, per-soonlijkheidsgebied is ongeveer gelijk).
Als er sprake is van een sterk disharmonisch ontwikkelingsprofiel dan is de beno-digde ondersteuning meestal intensiever en ingewikkelder.

5.1 Een zeer ernstige en ernstige verstandelijke beperking

Dé mens met een (zeer) ernstige verstandelijke beperking bestaat niet. Het is net als bij alle overige categorieën een grove typering: een verzameling mensen die weliswaar iets met elkaar gemeen hebben, maar zich in veel aspecten onderschei-den van elkaar.
Als er sprake is van een ernstige verstandelijke beperking dan is het gemiddeld ontwikkelingsniveau niet hoger dan dat van een kind van ongeveer één jaar. De

nadruk ligt op gemiddeld. Het kan namelijk heel goed zijn dat er sprake is van een motorische ontwikkeling die hoort bij een leeftijd van meer dan één jaar, terwijl betrokkene niet in staat is tot interacties met anderen en dat er alleen contact is te krijgen als hij of zij op schoot wordt genomen en wordt geaaid over zijn wang of hand zoals bij een jonge zuigeling. Er is in alle gevallen sprake van grote verstandelijke en vaak ook lichamelijke beperkingen.

De begeleidster van Nicole zei: 'Zij functioneert op de leeftijd van één jaar en drie maanden', en bedoelde hiermee dat haar begripsvermogen beperkt is; de volgorde van de dingen is (nog) niet logisch en moet stapje voor stapje aangeleerd worden.

Het gedragspatroon is uiterst primitief en beperkt. In sommige gevallen is er zelfs sprake van een 'plantachtige situatie' (Van Gemert 2003). Mensen met een ernstige verstandelijke beperking neemt meestal wel waar (horen, zien, voelen, ruiken). Ze hebben echter vooral problemen met het leggen van verbanden tussen deze waarnemingen en gelijktijdige of vroegere ervaringen. Verder is er dikwijls sprake van een meervoudig beperkt zijn. Er zijn vaak neurologische problemen (epilepsie, spasticiteit) en een groot aantal van hen is bedlegerig of aangewezen op hulp om zich voort te kunnen bewegen.
In het contact is er weinig wederkerigheid. Er is sprake van eenzelvigheid waardoor wordt gereageerd met frustratie, passiviteit of overvloedige activiteit (Van Gemert 2003).

Noch Astrid noch Nicole kan goed uiten wat ze voelt of wil; begeleiders moeten heel creatief zijn om er achter te komen wat hun wensen zijn.

Het denken is te vergelijken met dat van een jonge zuigeling, soms geeft het zelfs een prenatale indruk. Het onderscheid tussen zichzelf en de omgeving wordt lang niet altijd gemaakt. Timmers-Huigens spreekt over een lichaamsgebonden ervaringsordening.
Moeilijk (hanteerbaar) gedrag komt vaak voor. Zelfverwonding, ongeremdheid, rumineren en onvoorspelbare agressie zijn geen uitzondering. Het beïnvloeden hiervan is moeilijk door de ernst van de beperking en het (daardoor) niet kunnen ontdekken van de oorzaak.
Op alle levensgebieden is begeleiding en ondersteuning noodzakelijk. De zogeheten zelfredzaamheid is erg beperkt. Enkele vaardigheden kunnen door herhaling soms worden geleerd (in en uit bad stappen, stukjes brood pakken en in de mond stoppen).

5.2 | Een matige verstandelijke beperking

Ook hier gaat het weer om heel verschillende mensen en mensen met grote verschillen. De maximaal haalbaar gemiddelde ontwikkelingsleeftijd is te vergelijken met die van een drie- tot vijfjarige. Over het algemeen hebben zij betere ontwikkelingsmogelijkheden dan de vorige groep. Ernstige, zichtbare afwijkingen bij de geboorte komen veel minder voor waardoor het vaststellen van een verstandelijke beperking vaak pas veel later mogelijk is (na één jaar). De meeste kinderen met het syndroom van Down behoren tot deze groep. Bij hen is door het bijzondere uiterlijk al wel vrij snel duidelijk dat er sprake is van een verstandelijke beperking. Speciaal onderwijs is vaak haalbaar. Op latere leeftijd is dagbesteding mogelijk. Hoe en wat, hangt natuurlijk af van het verstandelijk ontwikkelingsniveau en mogelijk bijkomende beperkingen.

Jet kan veel vertellen; over hoeveel keer zij de avondvierdaagse gelopen heeft, waar haar broers en zussen wonen. Op concrete vragen die dicht bij haar leefwereld liggen, kan zij antwoord geven.

Lopen behoort, als er geen bijkomende lichamelijke beperking is, tot de mogelijkheden. De variatie in het uiteindelijk motorisch ontwikkelingsniveau is groot. Sommigen leren lopen en kunnen iets vastpakken, anderen leren zelfs fijnmotorische vaardigheden als schrijven, knippen en het inschenken van koffie en thee. Stereotiep en automatisch gedrag komt wel veel voor (voortdurend heen en weer bewegen, schudden met het hoofd en dergelijke).
De waarneming is over het algemeen redelijk te noemen. Uit ervaringen kunnen conclusies worden getrokken. Herkenning is een feit en ze leren van ervaringen. Ook als dit (veel) later is in de tijd herkennen ze personen, zaken en processen.

De taal varieert van het kunnen gebruiken van één-woordzinnen tot het spreken in meer-woordenzinnen. Communicatie is wel een blijvend aandachtspunt in de begeleiding.
Het contact is meestal goed mogelijk, ook verbaal. Als er sprake is van een bijkomende contactstoornis of autisme dan ligt dit natuurlijk anders. Het denken is te vergelijken met dat van een peuter of soms een kleuter. Timmers-Huigens (2005) spreekt dan over de associatieve en de structurerende ervaringsfase. Het verloopt volgens moeizaam verworven patronen. Oordeelsvorming is meestal niet mogelijk, het denken blijft stereotiep en magisch-realistisch zogezegd. Als iets zwart is dan is het ook zwart, en niet wit. Grijstinten zijn nooit mogelijk.
Voor veranderingen zijn ze vaak erg gevoelig. Het kan ze in de war brengen als er zich een nieuwe situatie voordoet of als er iets nieuws van ze wordt gevraagd. Vaak zie je dan een terugvallen op een bekend, en houvast gevend gedragspatroon. Praktische vaardigheden kunnen vaak worden geleerd. De zelfredzaamheid is redelijk te noemen. Als zich onverwachte omstandigheden voordoen, blijkt vaak dat deze vaardigheden alleen worden beheerst in vertrouwde omstandigheden. Een deel van de mensen met een matige verstandelijke beperking woont in een woon-leefgemeenschap en een deel in woningen in een dorp of stad. Zelfstandig wonen is niet mogelijk, dus begeleiding is het leven lang noodzakelijk.

5.3 | Een lichte verstandelijke beperking

Meer dan de helft van de mensen met een verstandelijke beperking heeft een lichte verstandelijke beperking. Het omvat de groep die vroeger werd aangeduid als debiel en zwakbegaafd. De beperking wordt vaak pas laat ontdekt (kleuterleeftijd).

Tot die tijd wordt vaak gezegd dat het allemaal wel goed komt. Een gedeelte van deze, ook heterogene groep, woont later zelfstandig, maar velen blijven aangewezen op een vorm van begeleiding zoals wonen in een gezinsvervangend tehuis of een vorm van begeleide kamerbewoning.

De waarnemingen zijn vaak van beperkte omvang. Het overzicht is minder. Er wordt te weinig gecombineerd. Ingewikkelde situaties waarbij een beroep wordt gedaan op overzicht en enig abstractievermogen, leiden tot niet adequaat gedrag. De gedachtewereld van de licht verstandelijk gehandicapte is concreet, oppervlakkig en gebonden aan de waarneembare realiteit. De oordeelsmogelijkheden zijn beperkt en er is zelfs vaak sprake van een verhoogde beïnvloeding van buitenaf of binnenuit. Angsten, wensen, stemmingen en identificaties met personen en situaties hebben invloed op de mening (Van Gemert 2003).

CASUS AGNES

Agnes werd jaren geleden gevonden in een flatje in een middelgrote stad. De buren merkten op dat er niemand meer de flat in- of uitging en ze schakelden de politie in. Deze vonden toen Agnes, elf jaar oud, en haar moeder. Haar moeder was overleden en lag daar in huis. Agnes zat in een hoekje. Agnes werd geplaatst in een zogeheten 'debieleninternaat'. Daar woonde zij tot haar achttiende. Daarna werd ze geplaatst in een gezinsvervangend tehuis. Agnes was 35 toen ik haar voor het eerst zag. Ze werkte als huishoudelijke hulp op het kinderdagverblijf waar ik net hoofd was geworden. Ze vroeg me in mijn eerste werkweek of ze even met me mocht praten. Dat was natuurlijk geen probleem. Van de collega's hoorde ik dat ze knap moeilijk kon zijn, en op zoek was naar een man. Nou dat bleek al snel in ons gesprek dat volgde. Agnes vroeg me of ze een keertje bij me op bezoek mocht komen. In mijn naïviteit vond ik dat goed. De avond dat Agnes op bezoek kwam, bracht ze een boekje voor me mee als cadeau. Een gedichtenbundel van Jan van Veen en een zwarte poes, van porselein. Toen begon het me pas te dagen. Binnen een uur maakte ze avances. Op 'professionele wijze' maakte ik haar duidelijk hier niet van gediend te zijn en zei ik dat ik de cadeaus erg aardig vond, maar dat het nu toch wel tijd was om haar terug te brengen naar huis. Daarna zijn we gegaan en onderweg sprak ze niet meer. Een paar dagen later bleek wat er in haar omging. Collega's vroegen me: 'Wat is er met Agnes?' Ze vertelt dat ze bij jou op bezoek is geweest en dat je haar hebt gezoend! Ik was geschokt. Ik heb toen Agnes bij me geroepen en haar gezegd wat ik had gehoord. Zij keek naar de grond en gaf geen antwoord.

Vervolgens heb ik gesproken met het hoofd van het GVT. Hij vertelde me dat ik de vierde in de rij was die dit was overkomen. En waarschijnlijk niet de laatste...'

Een aantal mensen met een lichte verstandelijke beperking heeft bijkomend, of misschien wel door de handicap een psychische stoornis. Deze doelgroep valt nogal eens tussen wal en schip. Noch de psychiatrie, noch de zorg voor mensen met een verstandelijke handicap wil ze 'hebben'. De afgelopen jaren is er steeds meer aandacht voor hen. Een aantal instellingen voor mensen met een verstandelijke beperking heeft als taak gekregen de behandeling van deze groep, getypeerd als SGLVG (sterk gedragsgestoord met een lichte verstandelijke handicap) te verzorgen. Veel zorgaanbieders krijgen nu voor cliënten met een SGLVG-indicatie extra budget om de begeleiding die wordt gevraagd en het verblijf te kunnen bieden.

De begeleiding die nodig is hangt erg af van de bijkomende (vaak psychische) problemen. Wel is het zo dat deze afgestemd moet zijn op de mogelijkheden. Velen zijn in staat om zichzelf te redden zolang het leven voorspelbaar verloopt. Als zich hierin veranderingen voordoen dan is waakzaamheid op zijn plaats. Ze zijn wat dat betreft emotioneel en psychisch kwetsbaar. Ze zijn zich meestal bewust van hun onvermogens. Ze hebben ook in de gaten dat ze anders zijn dan anderen.

CASUS DICK

'Twee keer per jaar mag Dick op bezoek komen. Ik ken Dick van de tijd dat ik als verpleegkundige werkte op zijn leefgroep, nu al weer twintig jaar geleden. Precies op 1 april en op 1 oktober belt Dick voor een afspraak. Geen dag later, geen dag eerder. De ene keer gaan we een dagje treinen en de andere keer gaan we met de auto naar een pretpark. Meestal wordt dit al vastgelegd tijdens het bezoek een halfjaar daarvoor. Voor Dick was het onverwacht dat ik ging samenwonen met Annemarie. We waren inmiddels bij mij thuis, terwijl Annemarie nog van haar werk moest komen. Steeds begon hij weer over Annemarie: "Zij hoefde toch niet met ons mee naar Maastricht?" En: "Ik zou hem toch blijven ophalen..." Toen enkele jaren later ons dochtertje werd geboren was Dick niet zo blij. Opnieuw vroeg hij me: "Ik mag toch blijven komen, Pieter?" Natuurlijk Dick, zolang ik gezond ben. En, voegde ik eraan toe, het is toch juist handig Dick, zo'n kind, als wij oud zijn dan kan zij met ons uitgaan. Nou, dat leek hem wel wat.'

6 Ontwikkelingen

'De grootste vraag die ik heb is waarom Nederland in de verstandelijk-gehandicaptenzorg twintig jaar achterloopt bij de beschaafde wereld. En dat terwijl het land rijk is (...). Een ander verschil is dat in Nederland bij het integreren van verstandelijk gehandicapten sprake is van een "push-plan". De instellingen duwen de bewoners de samenleving in. Bij ons in Noorwegen was sprake van een "pull-plan". De lokale gemeenschap heeft ze verwelkomd.'

KRISTJANA KRISTIANSEN, MARKANT, JULI 2000

6.1 Normalisatie

Hoewel dit begrip al vanaf de jaren zeventig wordt gebruikt, is het achterliggende principe nog steeds actueel. In 1970 beschrijft Bengt Nirje uit Zweden de normalisatiegedachte.

Het begrip wordt vaak op een verkeerde manier uitgelegd. Normalisatie wil niet zeggen dat mensen met een verstandelijke beperking normaal moeten worden of zich normaal moeten gaan gedragen. Normalisatie wil zeggen dat het aanbod dat hulpverleners aan mensen met een verstandelijke beperking bieden zo veel mogelijk aansluit bij datgene dat als normaal wordt beschouwd.

Dat betekent dat het aanbod van zorg zal moeten bestaan uit/voldoen aan:

- Een normaal dag-, week- en jaarritme.

Uitslapen in het weekend, Sinterklaas vieren op 5 december en Kerstmis op 25 december (en niet gezamenlijk op 16 december omdat de begeleiding met de kerst zo veel mogelijk vrij wil). Vakantie heeft een ander ritme dan de rest van het jaar. Volwassen mensen zitten niet om 18.00 uur al in de pyjama.

- Een normale levenscyclus.
Kinderen, volwassenen en bejaarden hebben allen andere behoeften en staan anders in het leven. Zo ook mensen met een verstandelijke handicap; zij moeten puber kunnen zijn, volwassene en oudere. Activiteiten die aangeboden worden, zullen daarop afgestemd moeten zijn. Niet alleen afhankelijk van het niveau maar ook gericht op de leeftijd.

- Een normaal levensritme.
School, werk, wonen en vrije tijd. Je gaat er naar toe en je komt weer thuis. Inspanning en ontspanning kennen een zeker evenwicht. Als je jong bent ligt het accent veel meer op leren, als je ouder bent veel meer op een bijdrage leveren en anderen van jouw ervaring laten profiteren.

- Een normaal leven in een seksuele wereld.
Mannen en vrouwen moeten kennis kunnen maken met elkaar. Nog tot ver in de jaren tachtig waren er aparte instituten voor jongens en meisjes, mannen en vrouwen. Vaak werkten er alleen mannen bij mannen en niet bij vrouwen. Gelukkig is dit de laatste jaren sterk veranderd. Mensen met een verstandelijke beperking moeten de ruimte krijgen om een relatie aan te gaan en eventueel te trouwen of uiting te kunnen geven aan homoseksuele gevoelens.

- Een normale levensstandaard.
Iedereen krijgt betaald voor het werk dat hij doet. Mensen beschikken over meer eigen woonruimte. Mogelijkheden om te communiceren met elkaar via internet, enz. nemen steeds meer toe. Ook mensen met een verstandelijke beperking moeten deze mogelijkheden krijgen.

Het normalisatieprincipe kan een leidraad zijn om je handelen te toetsen. Ook bij mensen met een zeer ernstige verstandelijke beperking kun je als begeleider kijken naar de wijze waarop de dag is ingedeeld, naar het eten dat mensen krijgen, de activiteiten, de inrichting van de groep.

6.2 | Community care, inclusie en support

De steeds verdergaande integratie wordt weergegeven met het begrip 'community care' of 'leven in de lokale samenleving'. Hierbij heeft niet alleen de mens met een verstandelijke beperking verantwoordelijkheden, maar ook de gemeenschap waarin deze mensen wonen en dienen te worden opgenomen. Dat betekent dat bijvoorbeeld ook een huisarts, een fysiotherapeut, een onderwijzer en een winkelier zich in deze mensen verdiepen en zich eventueel bijscholen om voldoende kennis en vaardigheden te hebben om mensen met een verstandelijke beperking te benaderen.

Community care gaat ervan uit dat de ondersteuning zo veel als mogelijk gegeven wordt door buren, vrienden en organisaties in de lokale samenleving. Dit veronderstelt dat cliënten in staat zijn om met ondersteuners een eigen netwerk te ontwikkelen. Deze ondersteuners zullen dus zelf ook midden in de samenleving moeten staan en in staat moeten zijn om contacten te leggen met bijvoorbeeld directeuren van bedrijven, kroegbazen en voorzitters van verenigingen, om op die manier deuren te openen.

Inclusie

Een uit Amerika afkomstig begrip dat staat voor insluiten, bevatten, inhouden. Hiermee wordt de stap bedoeld die volgt op integratie. Het is niet alleen het deelnemen aan de maatschappij, maar het erin opgaan; het ingebed zijn in de samenleving. Er is sprake van inclusie als mensen met een verstandelijke beperking alleen of met enkelen kunnen wonen, met ondersteuning van een sociaal netwerk en zo weinig mogelijk directe begeleiding, op de manier zoals zij dat willen. 'Het is gebaseerd op de hoop en de verwachting dat mensen met een verstandelijke beperking opgenomen worden in de samenleving en een serieuze rol spelen bij besluitvorming, in de cultuur en in de sociale gemeenschap. Het veronderstelt dat er naar hen geluisterd wordt, dat ze als volwaardig persoon toegang hebben tot alle faciliteiten en mogelijkheden van de samenleving en dat ze gewaardeerd worden om hun deelname' (Steman 1997).

Support

De taken van de begeleider veranderen. Niet langer schrijft hij mensen met een verstandelijke beperking voor wat goed is om te doen. Begeleiders zullen zich anders moeten gaan opstellen; zij zijn 'in dienst' van mensen met een verstandelijke beperking. Zij zullen de mens met een verstandelijke beperking moeten ondersteunen in het zo optimaal mogelijk verwezenlijken van zijn wensen: support. Dit betekent dat er met name gekeken moet worden naar kansen en mogelijkheden; de beperkingen zijn eigenlijk wel duidelijk. Het gaat om kwaliteit van bestaan.

Het is net als in de sport: als je, als volleyballer, vindt dat jouw set-up niet zo goed loopt, ga je naar de trainer/coach en vraagt of hij even mee wil kijken naar waar je iets kunt verbeteren. De begeleider/ondersteuner zal samen met de cliënt moeten kijken waar aspecten verbeterd kunnen worden, zodat de kwaliteit van leven toeneemt. Deze ondersteuning kan zich zowel op de persoon zelf richten om zijn mogelijkheden te vergroten, als op de omgeving door óf belemmeringen weg te halen óf daar ook aanpassingen aan te brengen. Steman (1997) beschrijft de kenmerken van een begeleider die ondersteuning biedt. Zij noemt hem een 'bruggenbouwer' omdat hij zich ook heel duidelijk richt op het creëren van voorwaarden in de samenleving.

Supported living

Ook als het gaat om ondersteuning bij het wonen, is een goed functionerend sociaal netwerk van belang. Al naargelang de steun die het sociale netwerk kan bieden en de ernst van de beperking zal de ondersteuning intensiever zijn. Het betekent dat het wonen als uitgangspunt wordt genomen. Van Gennep (2001) onderscheidt drie dimensies: zeggenschap, eigendom en thuis voelen. Als een huis van iemand anders is, zul je er ook weinig aan en in veranderen. Het huis dat van jezelf is: daar maak je plannen voor, zo ga ik het inrichten, dit wil ik er later aan veranderen. Een huis waar je je in thuis voelt, betekent veiligheid: er komen alleen mensen binnen die jij binnen wilt hebben. En je hebt zeggenschap over de regels die er zijn en je kunt die naar believen ook weer veranderen.

Supported employment

Ondersteund worden bij het vinden van werk, tijdens de inwerkperiode en ook daarna. In Amerika is hij al redelijk bekend: de job coach. In Nederland krijgen bedrijven subsidie als zij iemand met een (lichamelijke of verstandelijke) beperking in dienst nemen. Maar het aantal mensen met een beperking in bedrijven is nog steeds erg laag.

Ook hier geldt weer: als de samenleving het belangrijk vindt dat mensen met een beperking integreren, dan zal het ook gaan lukken. De job coach is degene die contacten legt met bedrijven en de voorwaarden bespreekt. Hij begeleidt de mens met een beperking tijdens de inwerkperiode, en dat kan voor meer uren per dag zijn. Na de inwerkperiode, komt de coach nog regelmatig langs om te bespreken hoe het gaat en waar nog (extra) ondersteuning bij nodig is.

CASUS MEIKE

Meike Vanderhoogt werkt sinds zeven maanden bij de zuivelafdeling van een grote supermarkt. Samen met Eline, haar job coach, is zij gaan praten bij personeelszaken. Ze hebben moeten praten als Brugman, maar het is gelukt: Meike werkt vijf halve dagen. De eerste vier weken is Eline alle keren mee geweest. Zij legde Meike uit hoe ze de pakjes boter moest neerleggen: eerst de 'oude' eruit, de nieuwe achterin en dan de 'oude' weer ervoor. Ook in het magazijn maakte Eline haar wegwijs. Tijdens de koffie zaten ze bij het personeel en praatten over van alles en nog wat. Na vier weken ging Eline na één of twee uur weg, Meike wist dan wel bij wie ze moest zijn voor vragen. Na tien weken ging Eline nog alleen mee om op te starten; maar dat bleek al snel niet meer te hoeven. Zij kwam één keer in de week alleen nog praten.

En Meike: die loopt trots rond met een schort van de zaak; de pakjes boter liggen er keurig bij. Andere personeelsleden verbazen zich over haar inzet: 'Altijd goede zin, nooit te laat, nog nooit verzuimd, ze is vriendelijk voor de klanten en zo doet nu ook een deel van de geraspte kaas.' Laatst was er een personeelsuitstapje en wie zat er in de bus: Meike. Alleen... toen Eline besloot om met personeelszaken te gaan praten over een vast contract voor Meike bleek dat er niet in te zitten volgens de personeelschef: 'Bij zulke mensen is de kans toch groter dat zij ziek worden.'

Zorgelijke tijden lijken weer aan te breken. De toename van het aantal werkenden vanaf 2003 zal er mogelijk toe leiden dat het voor mensen met een verstandelijke beperking nog (weer) moeilijker wordt om werk te vinden. Zelfs in een tijdperk waarin het aantal banen groeit en de economie zich herstelt.

2 Ondersteuningsprocessen en ondersteuningsvragen

'Waaraan je niet kunt ontkomen moet je leren verdragen.'
Montaigne, Essais

1   Inleiding

In dit hoofdstuk staat centraal: hoe kunnen we de ondersteuningsvragen die mensen met een verstandelijke beperking ons stellen duidelijk laten worden, in kaart brengen én beantwoorden? Het gaat om vragen die betrekking hebben op volwaardig kunnen leven, werken en recreëren.
Mensen met een verstandelijke beperking zijn niet altijd goed in staat om hun vragen duidelijk te maken. Begeleiders zullen dus over een goed instrument moeten beschikken om deze vragen 'te horen' in samenspraak met de cliënt en andere mensen die betrokken zijn bij het leven van die specifieke cliënt.

Om een goed (verantwoord) antwoord te geven op de vragen, zal er 'planmatig'/methodisch gewerkt moeten worden. De gemaakte afspraken moeten voor iedereen makkelijk te vinden én na te leven zijn.
De WGBO (Wet op de geneeskundige behandelingsovereenkomst, zie hoofdstuk 4) bepaalt dat iedere cliënt een ondersteuningsplan/behandelplan moet hebben. Hierin worden de gegevens opgenomen die 'voor een goede hulpverlening aan hem noodzakelijk zijn' (art. 454).
Maar niet alleen de wet geeft de noodzakelijkheid aan van een ondersteuningsplan. Het is ook van belang om continuïteit en ontwikkeling in het leven van mensen met een verstandelijke beperking te waarborgen. Continuïteit, omdat zij zelf niet zo goed in staat zijn om verhalen te vertellen uit hun levensgeschiedenis. Ontwikkeling, omdat alle mensen zich gedurende hun hele leven blijven ontwikkelen; mogelijk niet zozeer in de hoogte, maar wel in de breedte (het in stand houden) of in de zin van 'zich kunnen aanpassen aan'.

Het ondersteuningsplan komt tot stand door het volgen van een aantal stappen. Wij presenteren hier een model dat op een overzichtelijke wijze het ondersteuningsproces in kaart brengt. Het werken vanuit een ondersteuningsmodel is geen kunstje dat je zomaar even leert of erbij doet. Het vraagt om ingrijpende veranderingen in denken en doen.
Veranderingen aan de zijde van de ondersteuner, maar ook van de cliënt zelf. Het

is afscheid nemen van oude manieren, omgangsvormen en opvattingen. Niet langer staat de *kwaliteit van zorg* in de schijnwerpers maar de *kwaliteit van bestaan* of *leven* van de cliënt is het vertrekpunt. Dat de kwaliteit van zorg (of ondersteuning) voldoet aan professionele normen en standaarden beschouwen we overigens als vanzelfsprekend en als voorwaarde. Voorop staat nu dus de kwaliteit van bestaan. Het doel van de ondersteuning of begeleiding is om deze kwaliteit te helpen realiseren.

We verstaan onder *kwaliteit van bestaan* (Van Gennep 2001):
- voorzover mogelijk zelf vorm en inhoud geven aan het eigen bestaan, overeenkomstig de gewone (algemeen menselijke) behoeften en de speciale (uit de aard en omvang van de beperkingen voortvloeiende) behoeften;
- voorzover mogelijk onder gewone omstandigheden en volgens gewone leefpatronen leven; en wel zodanig dat de betrokken persoon tevreden is met het eigen bestaan.

In dit hoofdstuk gaan we in – uiteraard met de cliënt als hoofdrolspeler – op de ondersteuner, zijn profiel en het uitgewerkte ondersteuningsproces.

Er wordt een overzicht gegeven van de stappen in het ondersteuningsproces en iedere stap wordt nader toegelicht. Voor het beschrijven van het persoonsbeeld worden de gezondheidspatronen van Gordon gebruikt, omdat hiermee een compleet beeld ontstaat, de onderlinge samenhang en beïnvloeding helder is en mogelijke verstoringen duidelijk naar voren komen.

2   De individuele cliënt

De individuele cliënt is de sleutel. Niet langer gaat het om 'groepen cliënten' en het begeleiden van groepen. Natuurlijk leven mensen in samenlevingsverbanden en meestal met meerderen onder één dak, maar dat is niet langer een vanzelfsprekendheid. De cliënt stuurt met zijn vraag het aanbod en niet andersom. De wijzigingen in de bekostigingssystematiek van de AWBZ met ingang van 2004 en de reeds bestaande persoonsgebonden budgetten zijn een stimulans om dit denken en het zelf leren regisseren te bevorderen. Voor sommige cliënten is het ook niet gemakkelijk om de regie zelf te gaan voeren. Nadat dit jaren is overgenomen door 'professionals' kost het tijd om dit te leren. Dit geldt evenzeer voor verwanten van cliënten die op de achtergrond en soms op de voorgrond een belangrijke vertegenwoordigende rol spelen.
De cliënt staat nu werkelijk centraal. Ook als deze ruime ondersteuning in het wonen vraagt of zelfs als hij of zij woont in een huis dat wordt verhuurd of in gebruik gegeven door een zorgaanbieder. De begeleider gaat niet naar zijn werk of werkplek, maar komt bij de cliënt in huis. Hierbij horen alle regels van de normale maatschappelijke omgang. De begeleider belt aan en gedraagt zich als een gast in het huis van de cliënt.

3 De ondersteuner: profiel van de (persoonlijk) begeleider

De zorgverlenende organisatie (de zorgaanbieder waar de begeleider meestal een dienstverband mee heeft) moet zich omvormen naar een echte ondersteunings- of supportorganisatie. Dit betekent:

Van	Naar
De deskundige bepaalt	De persoon met een handicap en zijn netwerk bepalen
Beheersend leiderschap	Ondersteunend en coachend leiderschap
Naar binnen gericht	Naar buiten gericht
Matig betrokkenheid bij cliënten	Betrokkenheid bij cliënten
Starre structuur met veel regels	Flexibele structuur met weinig regels
Uit de samenleving	In de samenleving
Groepsbenadering	Individueel benaderen
Het aanbod bepaalt	De vraag stuurt

Voor de ondersteuner/(persoonlijk) begeleider geldt dat hij/zij:
- een houding heeft die zich kenmerkt door verbondenheid met en loyaliteit aan de mens met een beperking;
- in staat is om het eigen handelen kritisch te overwegen;
- een open opstelling heeft naar mensen met een beperking, gericht op de vraag zonderdie vraag zelf te formuleren of in te vullen;
- terughoudend is in het maken van keuzes voor de mens met een beperking;
- zich niet belerend opstelt naar mensen in de samenleving, maar concrete ervaringen vertelt en duidelijke voorbeelden geeft van mogelijkheden van mensen met een beperking;
- de tijd neemt om mensen met een beperking te leren kennen;
- voorbeeldgedrag vertoont naar collega's en omgeving;
- betrouwbaar, stressbestendig en creatief is;
- geen zekerheidszoeker, maar een ontplooier is;
- indien mogelijk een eigen netwerk van mensen heeft die bereid zijn om in het belang van de persoon met een beperking te zoeken naar mogelijkheden tot deelname aan de samenleving: hij/zij is een bruggenbouwer;

- indien mogelijk mensen die niet in de professionele dienstverlening werken als sleutelfiguur gebruikt voor het ontwikkelen van netwerken voor mensen met een beperking.

. . . .
O P D R A C H T

Bovenstaande profielschets is nog niet vertaald naar concrete gedragskenmerken. Werk in een groep van maximaal vier studenten, drie van de genoemde kenmerken uit in waarneembaar gedrag van de persoonlijk begeleider.

Hoe kun je bijvoorbeeld laten zien dat je als begeleider loyaal bent aan een cliënt? De (persoonlijk) begeleider is degene die de 'overeenkomst' met de cliënt uitvoert. Hij of zij ondersteunt de cliënt in zaken waarin dit wenselijk wordt geacht. De (persoonlijk) begeleider helpt de ondersteuning waar nodig te regisseren en coördineert de ondersteuningsactiviteiten. Hij of zij vult niet langer de cliënt automatisch aan in tekortkomingen of beperkingen. De (persoonlijk) begeleider stelt ook niet langer eenzijdig een ondersteuningsplan op en bepaalt niet langer wat volgens hem of haar goed is voor de cliënt. Neen, de (persoonlijk) begeleider ondersteunt en bouwt bruggen. Hij richt zich niet meer alleen op de persoon met een handicap, maar vooral op het realiseren van voorwaarden in de samenleving waardoor de cliënt (opnieuw) gaat deelnemen aan die samenleving (Kröber 2001).

4 Het ondersteuningsproces

Het ondersteuningsproces bestaat uit meerdere stappen die in samenspraak met de cliënt of zijn vertegenwoordiger worden gezet. Met behulp van een schema, dat bestaat uit negen vragen, leggen we de gang van zaken uit. Het eindresultaat hiervan is een *Individueel Ondersteuningsplan*, verder afgekort als IOP.

Het onderstaande schema kan worden gebruikt als leeswijzer voor de rest van dit hoofdstuk. Iedere vraag (1 t/m 9) wordt verder uitgewerkt.

Vragen Stappen in het ondersteuningsproces	Middelen Wat is daar voor nodig?	Resultaat Wat levert het op?
1. Wie ben ik?	Observatie, schalen, lijsten, gesprekken	Beeld: – Levensverhaal – Persoonsbeeld – Beeld naastbetrokkenen – Bijdragen overige professionals
2. Hoe wil ik dat mijn toekomst eruitziet?	PTP-methode (persoonlijke toekomstplanning)	Perspectief

3. Hoe komen we bij dat toekomstbeeld?	PTP-methode	Hoofddoelen
4.1 Wat mag beslist niet worden vergeten?	Gesprek	Aandachtspunten
4.2 Wat beperkt me in mijn doen en laten?		Middelen en maatregelen
5. Hoe moet men in grote lijnen met me omgaan?	Gesprek	Grondhouding
6. Waaraan moeten we gaan werken?	PTP-methode Bespreken en opstellen per discipline	Globale opsomming van acties Actieplannen (1, 2, 3)
7. Zijn ik en mijn vertegenwoordigers akkoord met het IOP?	Bespreking cliënt, cliënt-systeem, persoonlijk begeleider	Akkoordverklaring met het IOP
8. Wanneer gaan we de plannen evalueren en voeren we een nieuwe PTP uit?	Gesprek	Afspraken
9. Ben ik tevreden over de afspraken die zijn gemaakt en worden de afspraken gehaald en nagekomen?	Tussentijdse evaluaties Tevredenheidsmeting Actieplannen (indien van toepassing)	Evaluatie Bijstellingen

Individueel Ondersteuningsplan-bijeenkomst

Een heel belangrijk onderdeel van het proces zijn de IOP-bijeenkomsten. In deze bijeenkomsten staat de cliënt centraal.

De agenda voor een IOP-bijeenkomst kan er als volgt uitzien.

1   Opening en kennismaking
2   Vaststellen van de agenda
3   Beeldvorming (eerste keer nieuw; vervolgens bijstelling)
4   Persoonlijke toekomstplanning aan de hand van de PTP-methode
5   Afspraken over de actieplannen (wie en wanneer)
6   Vaststelling IOP (verifiëren van de gemaakte afspraken en evaluatiemomenten)
7   Afsluiting

Het ondersteuningsproces in stappen

Wie ben ik?   ▶ 1   Observatie, schalen, lijsten, gesprekken

Beeld:
– Levensverhaal
– Beeld naastbetrokkenen
– Persoonsbeeld
– Bijdragen overige professionals

Voordat er een bespreking kan plaatsvinden, moet getracht worden een zo volledig mogelijk beeld van de cliënt te verkrijgen.

Van belang is dan vooral het beeld dat de cliënt van zichzelf kan geven door het (laten) opschrijven van het *levensverhaal*. Dit kan worden geschreven aan de hand van vragen die gaan over de gezinsopbouw, de situatie thuis, de woongeschiedenis, de jeugd, de beperking, het nu, toekomstplannen, enz. Hiervoor zijn uitstekende vragenlijsten beschikbaar. Zie ook bijvoorbeeld de internetsites 'www.kavanah.nl' of 'www.damon.nl' of 'www.weerklank.nl'. Voorbeelden van vragen hieruit zijn:

- Wat waren/zijn de regels en gewoontes thuis?
- Waarmee kan ik worden getroost? (Waarmee kunt u hem/haar troosten?)
- Had ik met een broer of een zus een speciale band? Waaruit blijkt dit?
- Kon er thuis over seksualiteit gesproken worden?
- Was er vroeger al een besef van 'anders zijn'?
- Waaruit blijkt dit?

Verder kan aan *naastbetrokkenen* gevraagd worden om een beeld te geven. Dit kan door het invullen van een vragenlijst waarin zij aangeven wat ze belangrijk vinden voor de ondersteuning van hun kind, broer of zus. Een bruikbare methode is 'Partnerschap, een methode voor naastbetrokkenen' een uitgave van het NIZW/WOI (2001). De vragen gaan over dagbesteding, relaties, participatie, veiligheid, gezondheid, emotioneel welbevinden en identiteit. Zie ook www.vilans.nl.

De persoonlijk begeleider schrijft een *persoonsbeeld* waarin een beschrijving wordt gegeven van het lichamelijk, psychisch, sociaal en levensbeschouwlijk functioneren van de cliënt. Een handige, meer verfijnde indeling is die van Gordon (2007) aan de hand van gezondheidspatronen. Deze indeling wordt per patroon verderop in dit hoofdstuk nader uitgewerkt. Bij ieder patroon staan vragen geformuleerd die betrekking hebben op de mogelijkheden en aandachtspunten van een cliënt. Het is wenselijk om met de mogelijkheden te beginnen.

Gezondheidspatronen	Voorbeelden van vragen
Gezondheidsbeleving en -instandhouding	Kan ik aangeven hoe ik mij voel? Weet ik wat (niet) goed voor mij is? Wat kan ik goed en waar heb ik hulp bij nodig als het gaat om persoonlijke verzorging? Welke hulpmiddelen heb ik nodig (bijv. om mij te verplaatsen)
Voeding en stofwisseling	Hoe geef ik aan wat ik wel en niet lust? Heb ik een dieet? Vind ik het moeilijk om mij daar aan te houden? Wat is mijn basislichaamstemperatuur?
Uitscheiding	Wat kan ik wel met betrekking tot urineren en ontlasting (verzorging bij menstruatie)? Welke hulp heb ik nodig?
Activiteiten, slaap/rust	Ben ik een goede slaper? Hoeveel uur, uitgerust wakker? Wat doe ik het liefst aan hobby's? Welke hulp heb ik nodig bij het uitoefenen ervan? Heb ik voldoende variëteit in mijn activiteiten? Kan ik zelf bezoek uitnodigen en ontvangen?
Cognitie en waarneming	Op welke wijze druk ik mij uit? Heb ik of de ander hulpmiddelen nodig om mij te verstaan? Op welke wijze oriënteer ik mij in tijd, plaats en persoon? Welke ondersteuning heb ik nodig?
Zelfbeleving	Hoe uit ik mij als ik het moeilijk heb? Hoe ga ik om met tegenslag, kritiek en conflictsituaties? Waar heb ik ondersteuning bij nodig? Heb ik gedrags- en/of psychiatrische problemen? Hoe uit ik dat?
Rollen en relaties	Wat kan ik goed in het leggen van contacten? Hoe ben ik in het leggen van contacten: actief, passief, positief, negatief, aarzelend, zelfverzekerd? Hoe laat ik zien dat ik rekening hou met anderen, dat ik me betrokken voel bij anderen?
Seksualiteit en voortplanting	Op welke wijze uit ik mijn behoefte om bij iemand te zijn (intimiteit)? Hoe laat ik mijn seksuele behoeftes zien? Kan ik aangeven als ik vervelende ervaringen heb op het gebied van seksualiteit? Waar heb ik ondersteuning bij nodig?

Stressverwerking	Wat doe ik als er spanningen zijn? Kan ik spanningen zien aankomen? Blijf ik lang rondlopen met dingen die ik lastig vind?
Waarden en levensovertuiging	Welke betekenis hebben verhalen, symbolen, rituelen, muziek en gebeden in mijn leven? Wat vind ik belangrijk in het leven? Hoe wil ik worden aangesproken?

Het levensverhaal en het persoonsbeeld, en eventueel het beeld van de naastbetrokkenen samen leveren het *beeld* van de cliënt op dat wordt vastgesteld aan het
begin van de IOP-bespreking. Deze informatie is van belang om de aandachtspunten (stap 4) te helpen formuleren alsmede de grondhouding stap 5) te helpen
bepalen.

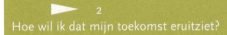

2

Hoe wil ik dat mijn toekomst eruitziet?   PTP-methode   Perspectief

Met behulp van een Persoonlijke Toekomst Planning methode wordt de toekomst
besproken. Dat levert een schets op van het *perspectief*. PTP is een middel om de
toekomst te helpen vormgeven en uitstippelen. Hierin staan de cliënt en de mensen om hem heen centraal. Op verzoek van de cliënt worden vrienden, familie,
begeleiders en anderen uitgenodigd en spreekt eenieder die deel uitmaakt van zijn
steungroep over (de planning van) de gewenste toekomst. Deze zogeheten *steungroep* speelt een belangrijke rol bij het realiseren van de toekomstwensen. Stap
voor stap wordt een beeld geschetst van de gewenste toekomst, vindt een verken-
ning plaats van mogelijkheden die zich voordoen om deze toekomst te realiseren
en worden heldere afspraken gemaakt over wie wat doet.
Er zijn verschillende manieren waarop een PTP kan worden uitgevoerd. Een veelgebruikte manier is de zogenaamde padplanning. Het is een manier om positieve
mogelijkheden voor de toekomst te plannen. Hiertoe worden alle mensen uitgenodigd die hierbij een rol kunnen spelen. Men werkt als een team van betrokkenen:
'samen zijn we beter' wordt een levende realiteit. Tijdens het doorlopen van de
stappen worden de discussies op een grafische manier weergegeven (kleurrijke
plaatjes, tekeningen, foto's). De bijdrage van iedereen verschijnt op flip-over vellen
op de muur. Een belangrijk kenmerk van deze methode is dat ze bijdraagt aan de
slagvaardigheid en de kracht van een team. Een coach (een getrainde persoonlijk
begeleider of een leidinggevende) ondersteunt het proces, de steungroepleden zijn
echter de eigenaren van de uitkomsten. Zij bepalen mede wat er gebeurt. In een
rustige omgeving worden, met ondersteuning van de coach/gespreksleider, de volgende stappen doorlopen.

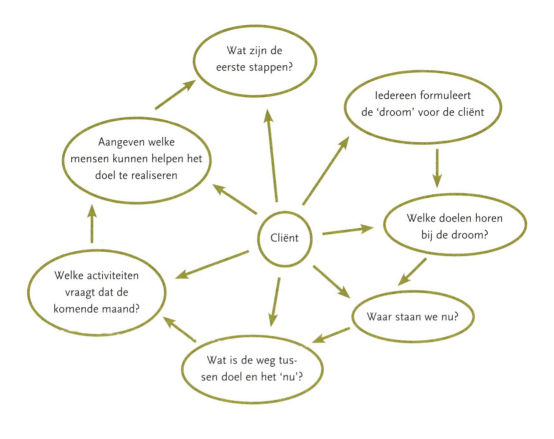

Wat zijn de eerste stappen?

Iedereen formuleert de 'droom' voor de cliënt

Aangeven welke mensen kunnen helpen het doel te realiseren

Welke doelen horen bij de droom?

Cliënt

Welke activiteiten vraagt dat de komende maand?

Waar staan we nu?

Wat is de weg tussen doel en het 'nu'?

► 3
Hoe komen we bij dat toekomstbeeld?   PTP-methode   Hoofddoelen

Bij stap 2 werd beschreven hoe bij het gebruik van de PTP-methode aandacht wordt besteed aan wat een cliënt en zijn steungroep als toekomst zien, hoe de huidige situatie is én wat het verschil daartussen is. Wat zou men willen bereiken op langere termijn? Dit worden de hoofddoelen genoemd. En hoewel de hoofddoelen in tijd verder weg zijn, worden ze zo concreet mogelijk geformuleerd. Niet aan alle hoofddoelen zal gewerkt gaan worden, dat wordt in de volgende stappen bepaald. Maar ook al wordt er niet aan alle hoofddoelen gewerkt, het is van belang dat ze allemaal genoemd staan.

► 4
Wat mag beslist niet worden vergeten?   Gesprek   Aandachtspunten
Wat beperkt me in mijn doen en laten?   Middelen en maatregelen

Vastgesteld moet worden welke aandachtspunten gelden in de gevraagde ondersteuning. Het gaat over aandachtspunten met betrekking tot alle onderdelen die in het levensverhaal zijn beschreven (bijvoorbeeld maandelijks telefonisch contact met een broer regelen) en in het persoonsbeeld. Een aandachtspunt kan dan zijn het opnemen van een protocol in het IOP om de cliënt te beschermen tegen seksueel misbruik of het weergeven van de tijden waarop de cliënt herinnerd moet worden aan het innemen van medicatie. Voor de aandachtspunten wordt een apart vel in het IOP opgenomen. Dit is dan een zogenoemd 'risicoprofiel': het is voor alle partijen duidelijk én op papier gezet wat de mogelijke gevolgen zijn van bepaalde vrijheden, maar deze worden ondergeschikt geacht aan het kunnen genieten van de vrijheden; bijvoorbeeld een cliënt die zelf naar zijn werk fietst.

Verder worden (ook op een apart vel) eventueel van toepassing zijnde middelen en maatregelen beschreven. Wat beperkt me in mijn doen en laten? Ook in het kader van de Wet BOPZ (Wet bijzondere opneming psychiatrische ziekenhuizen).

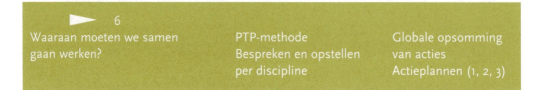

> ▶ 5
> Hoe wil ik dat in grote lijnen met me wordt omgegaan?   Gesprek   Grondhouding

Hier wordt de grondhouding beschreven. Welke bejegening stel ik op prijs, in grote lijnen? Heb ik behoefte aan veel of weinig vrije ruimte? Vraag ik om een losmakende of om een meer structurerende benadering? Deze antwoorden helpen de ondersteuner een goede en doeltreffende relatie met de cliënt aan te gaan, zeker als de cliënt dit zelf niet zo gemakkelijk kan verwoorden of wordt geconfronteerd met veel begeleiders.

> ▶ 6
> Waaraan moeten we samen   PTP-methode   Globale opsomming
> gaan werken?   Bespreken en opstellen van acties
>   per discipline   Actieplannen (1, 2, 3)

Vanuit de hoofddoelen en de aandachtspunten worden actieplannen gemaakt. Een actieplan voor de verschillende levenssferen waar een cliënt gebruik van maakt.

Bijvoorbeeld:
- de woning/de woonondersteuning;
- de dagbesteding, school of het werk;
- vrijetijdsbesteding;
- relaties;
- (eventueel) behandeling en therapieën.

Leden van de steungroep geven aan wat zij kunnen bijdragen en iedere discipline maakt vanuit hetgeen is vastgesteld in het IOP een actieplan. Hierin worden (één of meer) hoofddoelen en aandachtspunten vertaald in werkdoelen, acties en wordt vastgesteld wie wat doet. Deze actieplannen worden regelmatig geëvalueerd en zo nodig bijgesteld en vormen voor de volgende IOP-bijeenkomst (na één of twee jaar) weer materiaal ter bespreking.

▶ 7		
Zijn ik en mijn vertegenwoordigers akkoord met het IOP?	Bespreking cliënt, cliëntsysteem, persoonlijk begeleider	Akkoordverklaring met het IOP

Het IOP is een overeenkomst tussen cliënt en zorgaanbieder en is daarmee een concretisering van de algemene dienst- of zorgverleningsovereenkomst (zie hoofdstuk 4). Partijen worden geacht zich aan de overeenkomst te houden totdat anders is bepaald.

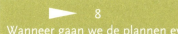

▶ 8		
Wanneer gaan we de plannen evalueren en voeren we een nieuwe PTP uit?	Gesprek	Afspraken

Aan het eind van de bijeenkomst wordt vastgesteld wanneer de volgende bijeenkomst plaatsvindt. Ook wordt vastgesteld wanneer en hoe tussentijds wordt geëvalueerd.

▶ 9		
Ben ik tevreden over de afspraken die zijn gemaakt en worden de afspraken gehaald en nagekomen?	Tussentijdse evaluaties Tevredenheidsmeting	Evaluatie Bijstellingen Actieplannen (indien van toepassing)

Regelmatig wordt de cliënttevredenheid onderzocht. In eerste instantie wordt gemeten of de gemaakte afspraken zijn nagekomen en tot welke resultaten is gekomen. Daarnaast wordt de kwaliteit van bestaan of leven in de breedste zin van het woord getoetst. Hiervoor zijn vele schalen en lijsten beschikbaar. Een willekeurige greep hieruit:

- Vincentius Welbevinden Schaal (VWS)
- Meetinstrument Kwaliteit van Bestaan (MKB)
- Kwaliteitscriteria van Esdege – Reigersdaal
- Partnerschapmethode (bedoeld voor verwanten en naasten van cliënten)

De VWS is ontwikkeld door Vincentius in Udenhout en poogt het welbevinden van mensen met een verstandelijke beperking te meten. Het instrument bestaat uit een algemeen deel en twee specifieke delen. In het algemeen deel worden (zo veel mogelijk aan de bewoner zelf) vragen gesteld die gericht zijn op de wijze waarop het eigen algemene welbevinden ervaren wordt. Het eerste specifieke deel is de behoefteschaal, hierin worden de behoeften vastgesteld aan de hand van concrete vragen. Het tweede deel is de realisatieschaal. Hierin wordt aangegeven in hoeverre behoeften zijn gerealiseerd.

1   Maak voor de verschillende levensterreinen (wonen, werken, vrije tijd en persoonlijke relaties) een lijst met tien punten aan de hand waarvan je de kwaliteit van leven zou willen toetsen. Vul deze lijst voor jezelf in, voor iemand met een beperking en voor iemand die in een woonvorm woont.
2   Vergelijk de uitkomst van je opdracht onder 1 met die van maximaal 4 medestudenten. Welke overeenkomsten tref je aan, welke verschillen en welke conclusies kun je samen trekken?

Een voorbeeld van een Individueel Ondersteuningsplan (IOP)

Het IOP is bij voorkeur opgenomen in twee mappen.

De eerste map bevat de meer statische gegevens en noemen we het *cliëntdossier*. Hierin worden de gegevens bewaard die niet elke dag nodig zijn zoals de beelden waaronder het persoonsbeeld en het levensverhaal, (para)medische en gedragskundige verslaglegging, en de uitkomsten van tevredenheidsonderzoek. Dit zijn de gegevens onder de punten 1, 7, 8 en 9. Verder zitten in het dossier overige privacygevoelige informatie en gegevens die niet voor iedereen die bij de cliënt betrokken is direct toegankelijk is. Te denken valt aan een kopie van de dienstverleningsovereenkomst, beheer financiën, eventuele polissen en wensenformulier bij overlijden. De tweede map noemen we de *IOP-werkmap*. Deze bevat informatie die dagelijks wordt gebruikt in de ondersteuning van de cliënt en bevat naast de persoonlijke gegevens een beschrijving van het perspectief, de hoofddoelen, de grondhouding, aandachtspunten, eventueel middelen en maatregelen in het kader van de Wet BOPZ, de actieplannen en uiteraard de dagelijkse en samenvattende rapportages. Dit zijn de gegevens onder de punten 2, 3, 4, 5, en 6.

De IOP-werkmap kan er als volgt uitzien.

1 Persoonlijke gegevens

Naam	Kamers
Voornamen	Hendricus Johannes Maria
Roepnaam	Dick
Geboortedatum	5 april 1962
Geloofsovertuiging	geen
Adres	Pieter Poststraat 7
Postcode	3333 CC
Woonplaats	Hevelte
Telefoon	thuis
Telefoon	overdag

Wettelijk vertegenwoordiger	Wim Kamers, broer
Huisarts	dokter Van Hanegem
Overige behandelaren	geen
Persoonlijk begeleider	Monique van de Ven
Formulier medische bijzonderheden	
Medicijnen	geen
Diagnose	Fragiele X syndroom (vastgesteld in 1999)
Juridische status	vrijwillige plaatsing/geen curator
Opnamedatum	11 augustus 1971
Indicatie	matig verstandelijke handicap
Indicatiegeldigheid	tot/met 31 oktober 2007

Aanvullingen/ontwikkelingen persoonsbeeld   datum   paraaf

Gezondheidsbeleving en instandhouding
De afspraak die met Dick gemaakt was over het roken op zijn kamer
tussen 07.00 en 23.00 uur loopt goed.
Dick hoeft vanaf nu niet meer te vragen of hij op zijn eigen kamer
mag roken

Voeding en Stofwisseling
Geen aandachtspunten

Uitscheiding
Geen aandachtspunten

Activiteiten, slaap en rust
Dick is deze periode een aantal malen te laat op zijn werk gekomen; vindt
dat heel vervelend. Vindt het echter ook moeilijk om op tijd naar bed te
gaan. Wil graag dat wij hem de komende weken op avonden voorafgaand
aan een werkdag vragen om om 23.00 uur naar bed te gaan.

Cognitie en waarneming
Geen aandachtspunten

Zelfbeleving
Geen aandachtspunten

Rollen en Relaties
Dick moet er blijvend aan herinnerd worden zijn vrienden en familieleden,
conform de verjaardagskalender, een kaartje te sturen.
Om zijn netwerk goed te onderhouden spreekt de persoonlijk begeleider ten
minste één keer per maand met Dick over de mensen die voor hem belangrijk
zijn.

Seksualiteit en voortplanting
Geen aandachtspunten

Stressverwerking
Het te laat komen op zijn werk, maakt Dick erg gespannen. Dit uit zich met
name tijdens de maaltijden, waarbij hij verbaal erg grof kan reageren. Legt
zelf de relatie met het te laat komen; uit de rapportage blijkt ook dat (op
twee keer na) de avond voorafgaand aan het moeten werken, uitbarstingen
zijn geweest.

Waarden en levensovertuiging
Dick is de laatste tijd veel bezig met 'later'; hoe hij wil wonen en wat hij nog
niet kan. Mogelijk dat het mede beïnvloed wordt door het vertrek van Hans
en Suzanne (medebewoners) naar een andere woonvorm.

2 Perspectief

Perspectief vanuit PTP-bijeenkomst
Dick zou graag zijn werkzaamheden voor 'De Bolknak' uitbreiden naar ten minste 3dagen
per week. Inpakwerk ten behoeve van de Supermarkt wil hij dan gelijktijdig beëindigen.
Dick wil graag leren bromfiets rijden (snorfiets) om straks als hij wat ouder is nog mobiel
te kunnen zijn. Wil daarvoor wel een proeve van bekwaamheid afleggen. Dick wil graag
een grotere woning of appartement. Nu heeft hij een zitslaapkamer van 14 vierkante
meter. Het liefst met een eigen keukentje en badkamer. Op wat kortere termijn wil Dick

een homevideo-installatie met een platte breedbeeld tv.
Perspectief vanuit aandachtspunten persoonsbeeld
Dick is bezig met 'de toekomst'. Wil daar ook dingen voor leren. Het op tijd op zijn werk komen heeft prioriteit, omdat hij er veel last van heeft als hij te laat is.
Het stimuleren om zijn netwerk in stand te houden verdient aandacht.

3 De hoofddoelen

1 Dick kan uiterlijk 1 februari, nadat hij samen met zijn broer Wim de mogelijkheden heeft onderzocht, benoemen of het voor hem haalbaar is snorfiets te leren rijden.

2 Dick heeft voor 1 oktober duidelijkheid of er mogelijkheden zijn of komen om meer dagen voor De Bolknak te werken. Dick laat zich hierbij vergezellen door Monique (persoonlijk begeleider).

3 Dick komt niet te laat op zijn werk, omdat hij de avond ervoor door de begeleider is aangespoord om op tijd naar bed te gaan.

4 Dick schrijft zich voor eind september in voor het huren van een appartement via de plaatselijke woningbouwvereniging. Kan de voorwaarden en wachttijden vertellen.

5 Dick kan per 1 augustus vertellen op welke wijze hij wil sparen voor de aankoop van een homevideo-installatie.

Vastgesteld PTP d.d. 12 juni 2006

4 Aandachtspunten

Dick is erg op zijn vrijheid gesteld. Hij wil zo veel mogelijk de regie hebben over zijn leven.
Beperkingen zijn er alleen op het gelimiteerd beheer van zijn geld in verband met eerdere problemen.

5 Grondhouding

Uit de PTP-bijeenkomst en de gesprekken met Dick komt naar voren dat hij ruimte wil om bezig te zijn met zijn toekomst. Hij wil er graag over praten en ideeën opdoen, zegt hij.
Wees voorzichtig met het benoemen van allerlei mogelijkheden. Dick is geneigd dat dan als zijn idee te presenteren.
Dick beseft dat er toch nog wel het een en ander moet gebeuren, voordat hij meer zelfstandig kan gaan wonen. Dit kan hem ook wel te veel worden. Daarom steeds naar hem toe benadrukken dat hij het stap voor stap moet doen.

6 Actieplannen

Actieplan behorende bij doelstelling 1

Acties	Wie	Evaluatie
- Dick neemt zelf contact op met Wim	Dick	31 aug.
- Dick gaat samen met Wim naar de politie, ANWB en het CBR om advies in te winnen	Dick	31 dec.
- Dick en Wim zetten de mogelijkheden op papier	Dick/Wim	1 febr. 2006

Actieplan behorende bij doelstelling 2

Acties	Wie	Evaluatie
- Dick vraagt de werkmeester van Bolknak om een gesprek	Dick	31 juli
- Dick en Monique hebben een gesprek over de mogelijkheden om meer te werken	Dick/ Monique	30 september
- Job coach wordt op de hoogte gesteld en betrokken	Monique	30 juni

Actieplan behorende bij doelstelling 3

Acties	Wie	Evaluatie
- Dick geeft tijdens de avondmaaltijd aan dat hij de volgende dag moet werken	Dick	per week
- Begeleider zegt om 22.30 tegen Dick dat hij aangespoord wilde worden om op tijd naar bed te gaan. Dit wordt om 23.00 herhaald.	Begeleider	per week
- De ochtend dat Dick moet werken, wordt gerapporteerd of het gelukt is om op tijd uit bed te komen	Begeleider	per week
- Monique zorgt voor overzicht na 6 weken	Monique	31 juli

Actieplan behorende bij doelstelling 4

Acties	Wie	Evaluatie
- Dick geeft aan wanneer en met wie hij naar de woningbouwvereniging wil om te informeren over het huren van een appartement	Dick	half juli
- Dick gaat samen met iemand om hem te ondersteunen naar de woningbouwvereniging om zich te informeren en in te schrijven	Dick en ...	aug.
- Voorwaarden, kosten en tijdsduur worden samen met Dick op papier gezet	Dick en Monique	aug.

7   Akkoordverklaring

Een akkoordverklaring is een los standaardformulier dat getekend wordt door Dick nadat hij alle doelen en acties op papier heeft gezien.
Ook Wim tekent voor akkoord.

8 en 9   Evaluatie

Samen met Dick worden de afspraken uit de actieplannen op een rijtje gezet. Er wordt met hem overlegd hoe en wanneer hij de punten kan gaan uitvoeren. Lukt het niet, dan leidt dat tot bijstelling van de actieplannen: het doel, de actie zelf of de evaluatiedatum wordt bijgesteld. Omdat er voor Dick veel acties zijn te onder-nemen gedurende de zomermaanden, besluit Monique om in november met Dick eens met behulp van een tevredenheidslijst rustig te kijken hoe alles verloopt. Dit staat los van de tussentijdse gesprekken die zij met Dick voert.

1

Gezondheidsbeleving en -instandhouding

TYPOLOGIE Het patroon van gezondheidsbeleving en -instandhouding omvat wat de cliënt van zijn gezondheid en welzijn vindt en hoe hij voor zijn gezondheid zorgt.

1.1 | Inleiding

Voordat je je kunt bezighouden met de vraag hoe iemand zijn gezondheid beleeft en in stand houdt, zal eerst duidelijk moeten worden wat er onder 'gezondheid' verstaan wordt.

. . . .

O P D R A C H T

- ► Schrijf individueel vijf aanvullingen op de volgende zin:
  Iemand is gezond als hij/zij...
- ► Vergelijk de gegeven aanvullingen; hoe kun je de verschillen verklaren?
- ► Angelique weet niet dat zij een tumor in haar lichaam heeft. Zij zegt: 'Ik voel me zo gezond als een vis.' Wat vind je daarvan?
- ► Angelique weet wel dat zij een tumor in haar lichaam heeft. Zij zegt: 'Ik voel me gezond.' Wat vind je daarvan?

Er zijn verschillende definities van gezondheid. De WHO (Wereld Gezondheidsorganisatie) omschrijft gezondheid als: 'Een toestand van volledig lichamelijk, psychisch en sociaal welbevinden en niet slechts de afwezigheid van ziekte of gebrek.'
De kritiek op deze definitie is dat het zeer te betwijfelen valt of er ooit een duurzame toestand van volledig lichamelijk, psychisch en sociaal welbevinden voor mensen of groepen kan bestaan. Deze definitie leidt tot niet reële hoop.
Sociologen zeggen dat het gevolg van een dergelijke kijk op gezondheid is dat alles wat verband houdt met ziekte, sterven en lijden een zeer negatieve lading krijgt en uit het leven van alledag wordt verbannen (Pernis 2004).
Illich, een filosoof, zegt dat gezondheid het vermogen is zich aan te passen aan veranderingen van het milieu, aan opgroeien en ouder worden, aan genezen als men door ziekte of letsel getroffen is, aan lijden en aan rustig afwachten van de dood.
Hoe mensen over gezondheid denken is tijd- en cultuurbepaald. Honderd jaar geleden stierven mensen op veel jongere leeftijd dan nu. Gezondheid was vooral gericht op het bruikbaar blijven voor het arbeidsproces. Gezondheid heeft tegenwoordig veel meer te maken met uiterlijk, alternatieve geneeswijzen, verzekeringen.
In de Antilliaanse visie is een gezond persoon iemand die ietwat gezet is, levenslustig en vrolijk is, een goede eetlust heeft, een goede lichaamsbouw heeft, sportief is, goed verzorgd is, niet klaagt over kwalen, tevreden is en Antilliaans is georiënteerd (Voordouw 1991).

Er zijn nog meer factoren van invloed op de manier waarop iemand zijn gezondheid al dan niet in stand houdt, zoals cultuur; hoeveel zorg en ondersteuning kun je van anderen verwachten, hoeveel belang wordt er gehecht aan uiterlijk, dieet.
In niet-westerse culturen is het heel gewoon dat je voor oudere familieleden zorg draagt. In westerse culturen is dat niet meer zo vanzelfsprekend. Je zult zelf ervoor moeten zorgen dat je zaakjes goed geregeld zijn als je ziek mocht worden.

Er verschijnen in de krant veel artikelen over de relatie tussen de sociale klasse en de mate van gezondheid. Mensen met een heel laag inkomen kunnen minder besteden aan goede voedingsproducten, wonen in relatief slechtere woningen, zijn niet zo uitgebreid verzekerd. Ook zullen factoren als leeftijd, woonomgeving en ontwikkelingsniveau van invloed zijn op de wijze waarop mensen hun gezondheid instandhouden.

1.2 Gezondheidsbeleving en -instandhouding in de zorg voor mensen met een verstandelijke beperking

Een van de belangrijkste redenen waarom mensen met een verstandelijke beperking ondersteuning nodig hebben, is dat zij in meer of mindere mate niet in staat zijn om een optimaal welzijn of een optimale gezondheid te realiseren.
Het gaat hierbij dus niet alleen om de lichamelijke en geestelijke gezondheid, maar ook om het 'welbevinden' (de subjectieve beleving van gezondheid).
Hoe kom je er nu achter of iemand met een verstandelijke beperking zich als 'gezond' beleeft?

- Door simpelweg te vragen. Hoewel de vraag: 'Voelt u zich over het algemeen gezond?', door de meesten niet direct beantwoord kan worden.
  Bij mensen met een lichte verstandelijke beperking zul je door concrete vragen te stellen een goed beeld kunnen krijgen van hun idee over de eigen gezondheid. Bij mensen met een matige verstandelijke beperking zul je naast de vragen die je hun kunt stellen ook moeten observeren en andere bronnen moeten raadplegen. Bij mensen met een ernstige verstandelijke beperking ben je vrijwel geheel afhankelijk van observatie en andere bronnen.
- Ouders/familie/verzorgers zijn vervolgens de belangrijkste informatiebron. Immers, ouders of familie zijn de rode draad in het leven van mensen met een verstandelijke beperking. Zij kennen de levensgeschiedenis van hun kind, weten wat hun kind prettig vindt, kunnen aangeven wanneer zij de indruk hebben dat het zich 'gezond' voelt. De methode partnerschap (zie inleiding bij dit hoofdstuk) kan hierbij een bruikbaar middel zijn.
- Eerdere rapportage. De tijd dat er jarenlang van iemand in de rapportage kon staan: 'g.b.' is gelukkig voorbij. Het belang van nauwkeurig rapporteren van niet alleen problemen of ziekte, maar juist van die dingen die bijdragen aan iemands welzijn mag duidelijk zijn.
- Observatie (zie volgende opdracht).

. . . .
O P D R A C H T

Omdat observeren en de observaties met elkaar bespreken bij de zorg voor mensen met een verstandelijke beperking belangrijk is, de volgende opdracht.
Schrijf vijf observatiepunten op waarvan jij denkt dat ze een beeld geven van het welbevinden van iemand met een ernstige verstandelijke beperking. Geef bij ieder punt een motivatie.

In hoeverre wijken deze punten af van wat jij belangrijk vindt voor jouw eigen welbevinden?

Zo is bijvoorbeeld het hebben van vrienden voor jou belangrijk. Heb je dit als observatiepunt genomen voor deze mens? Waarom wel, waarom niet?

Vergelijk in de leergroep de gekozen observatiepunten en maak samen een lijst.

Extra

Neem de lijst mee als je op stage gaat, voer de observatie uit en bespreek met je begeleider de sterke en zwakke kanten van deze lijst.

Dat het beleven van gezondheid een bepaalde mate van subjectiviteit kent, zal uit bovenstaande opdrachten naar voren zijn gekomen. En toch zal de begeleider duidelijk moeten krijgen en maken wanneer deze cliënt zich welbevindt. Bij cliënten die zich niet of nauwelijks kunnen uiten of gedrag vertonen waarvan de betekenis moeilijk te begrijpen is, is het voor de begeleiders een uitdaging om hier zicht op te krijgen.

Tests of vragenlijsten geven vaak nauwelijks antwoord, bijvoorbeeld de SRZ (sociale redzaamheidsschaal voor mensen met een verstandelijke beperking). Ze geeft alleen een beeld van de mogelijkheden die iemand heeft om zich te bewegen in zijn sociale omgeving.

Er zijn wel algemene vragenlijsten beschikbaar die het welbevinden van cliënten meten. Een voorbeeld hiervan is de Vincentius Welbevinden Schaal zoals beschreven in de inleiding van dit hoofdstuk.

Zorg voor de omgeving

We hebben gekeken naar het welbevinden van mensen met een verstandelijke beperking en enkele lichamelijke aspecten die daartoe kunnen bijdragen verder uitgewerkt. Maar minstens even belangrijk is het dat iemand prettig woont. En ook hierin zijn mensen met een verstandelijke beperking in meer of mindere mate aangewezen op ondersteuning van een (persoonlijk) begeleider.

Bij omgeving spelen een rol:
- samenstelling van de woongroep;
- inrichting en sfeer, leefomgeving en leefklimaat.

Samenstelling van de woongroep

Als je heel consequent zou uitgaan van de 'zorg op maat'-gedachte, zouden cliënten en hun ouders zelf moeten kunnen kiezen wat zij de meest geschikte woonvorm en leefomgeving vinden. Helaas is dit nog lang niet altijd mogelijk. Anno 2007 zijn de wachtlijsten voor wonen en dagbesteding er nog altijd. Er wachten nog ongeveer 2000 mensen op een vorm van dagbesteding en bijna 3000 mensen op ondersteund wonen.

Vanuit de visie die een instelling heeft, kan worden afgeleid hoe men vorm wil geven aan de grootte en samenstelling van groepen. In hoofdstuk 1 heb je kunnen lezen over de veranderende visie op mensen met een verstandelijke beperking. Je kunt je dus wel voorstellen dat de medische of defectvisie ertoe leidde dat groepen

werden samengesteld naar de 'mate van zwakzinnigheid' en 'bijkomende beperkingen' en in die tijd ook nog sekse.

De ontwikkelingsvisie leidde ertoe dat de groepen werden samengesteld op basis
van begeleidingsbehoefte, bijvoorbeeld verzorging of structuur. De huidige ontwikkelingen lopen niet parallel aan het zorgaanbod. Binnen de instellingen ontstaan
er verschillende ideeën over hoe de basisgedachte ten aanzien van groepssa-
menstelling moet zijn. Aparte groepen voor autisten, dementen en mensen met
gedragsproblemen of juist een mix. Cliënten van hetzelfde niveau of van dezelfde
leeftijd bij elkaar of juist een mix van verschillend niveau en verschillende leeftij-
den. Meer en meer wordt het vraagstuk benaderd vanuit de individuele wens van
cliënten en wordt getracht woonvormen te ontwikkelen die hierbij aansluiten en
betaalbaar zijn. Dit loopt uiteen van individueel wonen in een appartement tot het
wonen in groepsverband met vijf of zes andere cliënten.

O P D R A C H T

De directie heeft jou gevraagd om mee te denken over de nieuwe samenstelling
van de groepen. Zij wil dit bespreken vanuit twee gezichtsvelden:
- vanuit de cliënten;
- vanuit de begeleiders.

Natuurlijk wil je niet onvoorbereid komen. Je gebruikt de leergroep om jouw
standpunt te bepalen. Bespreek met elkaar:
1   Wat zouden cliënten willen; denk hierbij aan locatie, groepsgrootte, soorten relaties die men onderling onderhoudt, groepsleven.
2   Wat zouden begeleiders willen; homogeen, om zich te kunnen specialiseren; hete-
rogeen, vanwege de afwisseling.
3   Zijn bij 2 de voordelen van het één tevens de nadelen van het ander? Welke wel,
welke niet en hoe komt dat?

Kies uit de groep drie directieleden, die ieder een aandachtsgebied hebben: financiën, bouw, zorg. Ga met hen in gesprek.

Zorg voor inrichting en sfeer
Hoewel het uitgangspunt is dat cliënten zelf zo veel mogelijk invloed moeten hebben op de inrichting van de ruimtes waarin zij wonen, zullen er toch nog veel
ruimtes door begeleiders en familie aangekleed moeten worden. Zij dienen zich
hierbij bewust te zijn van:
- de afweging tussen individueel en groepsbelang;
- het bewaken van de eigenheid van de bewoner;
- het feit dat het vooral een woonomgeving is voor de bewoner en in mindere mate
een werkomgeving voor de begeleiders;
- aan verzorgingsbehoeften en woon-/leefbehoeften moet kunnen worden voldaan;
- eigen normen en waarden: de wijze waarop een bewoner de omgeving ervaart kan
heel anders zijn;
- functionaliteit staat soms tegenover mooi of gezellig.

C.F. Bolnow geeft een aantal kenmerken over het bewoonbaar zijn van een huis. Wij vullen deze aan met specifieke eisen die mensen met een verstandelijke beperking kunnen stellen.

- Beslotenheid, geen afgeslotenheid.
Juist daar waar er meer groepen zijn in een gebouw, dient de begeleider er zorg voor te dragen dat bijvoorbeeld de deur gesloten is en dat niet iedereen zomaar naar binnen kan.

- Ruimtes op mensenmaat, niet te groot en niet te klein.
In woningen waar mensen wonen die zich in een rolstoel voortbewegen, moet de inrichting zodanig zijn dat zij goed kunnen draaien. Er moet ruimte voor hen zijn in het zitgedeelte, het eetgedeelte en de ontspanningsruimte.

- Geen koude, lege ruimtes: meubilair vult de kamer.
Tegenwoordig zijn er veel ontwerpers die zich bezighouden met meubilair dat intensief gebruikt wordt en nat kan worden (urine), maar toch smaakvol is. De tijd is voorbij dat cliënten op banken moeten zitten die bekleed zijn met een materiaal dat 's zomers plakt aan de blote benen en 's winters te koud is om op te gaan zitten.
Er zijn speciale tafels waar mensen met een rolstoel goed aan kunnen zitten. Plexiglas ruiten om de tv af te schermen en comfortabele ligstoelen.

- Aangename temperatuur. Ook de kleuren hebben temperatuur.
Mensen die weinig bewegen of wat ouder zijn, hebben het sneller koud vanwege een verminderde doorbloeding. De temperatuur op deze groepen zal dus over het algemeen iets hoger moeten zijn dan op groepen waar er de hele dag druk gerend wordt.

. . . .
O P D R A C H T

'Kleuren hebben temperatuur'
► Zoek eens op wat voor uitstraling verschillende kleuren hebben. Met name binnen de antroposofie wordt hier heel veel aandacht aan besteed.
► Maak in subgroepjes een kleurenvoorstel voor een groep met oudere mensen, jonge kinderen, volwassenen en een groep met mensen met een zintuiglijke beperking. Motiveer je keuze.
► Bespreek in de leergroep elkaars voorstellen.

Men moet liefdevolle zorg aan dingen kunnen zien. Pijnlijke orde of wanorde maken 'wonen' onmogelijk.
Een van de belangrijkste taken die begeleiders hebben in de zorg voor een goede leefomgeving is het aanbieden van prikkels. Cliënten moeten de kans krijgen om ervaringen op te doen. Dit gebeurt via de zintuigen.
De sensoriek (het zintuiglijk functioneren) kan op twee manieren bedreigd worden. Enerzijds doordat iemand meer zintuiglijke prikkels krijgt dan hij aankan, waardoor hij deze niet goed meer kan waarnemen en/of ordenen en/of verwerken. Dit heet sensorische overprikkeling. Anderzijds kan iemand onvoldoende zintuiglijke prikkels krijgen. Dit heet sensorische deprivatie. Zowel onderprikkeling als overprikkeling kan leiden tot 'probleemgedrag'.

- Een interieur moet 'gebruikt' worden; het mag geen museum zijn.
- Een interieur mag 'geschiedenis' hebben, alles moet niet ineens nieuw zijn.
- De woning drukt het 'samenleven' uit: foto's, persoonlijke souvenirs. Naarmate meer cliënten een eigen kamer hebben die ze in hun eigen sfeer kunnen inrichten, ontstaat de neiging om de gezamenlijke woonruimtes zo neutraal mogelijk te houden.
- De intieme woning straalt gastvrijheid uit. Voor cliënten, maar zeker ook voor ouders en bezoekers is het belangrijk om het gevoel te hebben welkom te zijn. Naast de inrichting van het woongedeelte speelt de attitude van de begeleiding hierin een heel grote rol. Neemt men even de tijd om bij te praten en te luisteren als de ouders op bezoek komen? Staat de koffie klaar? Voelen de bezoekers betrokkenheid?
- Er moet iets van levensprocessen te zien zijn, zoals planten, huisdieren. Steeds meer worden er mogelijkheden geboden om huisdieren te houden en legt men kleine groentetuinen aan.

Steeds meer mensen met een verstandelijke beperking maken de keuze om alleen of met een paar mensen samen te wonen. Zij kunnen hun eigen sfeer geven aan alle ruimtes. Zij noemen dat én het feit dat ze zelf meer beslissingen kunnen nemen als een van de belangrijkste punten voor hun welbevinden.

O P D R A C H T

Ine: 'De woning was altijd versierd en er stonden leuke dingen op tafel. Tot Jeremy kwam. Hij rende zo onbesuisd rond dat alles van de tafel viel. Hij at van de planten; hij gooide alles van de vensterbank en trok wat los stond omver. Nu hebben we planten op het raam geverfd, met een poes in de hoek; de echte planten hangen op 2 meter hoogte en er ligt geen kleedje meer op de tafel. Ik vind het gewoon zielig voor de andere cliënten.'
- ➤ Ben jij het met Ine eens? Waarom wel, waarom niet.
- ➤ De ouders van Charlotte komen op bezoek en zeggen tegen jou: 'Wij snappen niet, dat jullie niet vragen of hij kan worden overgeplaatst.' Wat is je antwoord?

Hierboven zijn aspecten beschreven die vooral op de materiële kant van het leefklimaat betrekking hebben. Net zo belangrijk of nog belangrijker is de wijze waarop begeleiders er inhoud aan geven: de sfeer. Want een ruimte kan nog zo mooi zijn ingericht, als er veel onvrede, onlust of 'kilte' is, zal het niet aangenaam zijn om er te verblijven.
De begeleider kan in zijn houding een bijdrage leveren aan de sfeer door:
- Een respectvolle houding en bejegening. De begeleider moet zich realiseren dat hij als het ware te gast is bij de cliënten.
  Dit kan betekenen: kloppen op de deur van slaapkamer voordat je binnengaat, iemand die ouder is met u aanspreken, acceptatie van 'eigenaardigheden'.
- Kritisch en soepel het dagprogramma te hanteren, door zowel een onderscheid te maken in de dagen van de week, feesten en vakanties als rekening te houden met stemming van cliënten.

- Een gevarieerd aanbod van activiteiten, zowel individueel als groepsgericht. Dit moet zijn gericht op alle zintuigen (geuren, smaken, verschillende soorten muziek).
- Betrekken van cliënten (en ouders) bij de inrichting van een (slaap)kamer of veranderingen daarin, of beter nog dit aan hen overlaten.

O P D R A C H T

Je werkt op een groep van oudere cliënten met een ernstige verstandelijke beperking. Er moeten nieuwe schilderijen of posters aan de muur komen. Frits zegt: 'Ik vind dat het aangepast moet zijn aan hun niveau; Bert en Ernie en leuke dieren.' Harm zegt: 'Ik vind dat het aangepast moet zijn aan hun levensfase; een mooi schilderij met bloemen.'
Wat is jouw mening? Welke motieven heb je daarvoor?

Zorg voor veiligheid

Bij veiligheid moet je denken aan:
- factoren in of uit de omgeving die kunnen leiden tot gevaar;
- preventie van infecties en hepatitis.
  (HIV wordt behandeld bij patroon 9: Seksualiteit en voortplanting.)
  Allereerst komt hier de veiligheid met betrekking tot omgevingsfactoren aan bod. Daarna gaan we in op veiligheid in de zin van preventie tegen infecties, waaronder hepatitis B.

Omgevingsfactoren
In de circa vier miljoen Nederlandse huishoudens gebeuren jaarlijks alles bij elkaar ruim twee miljoen ongelukken en ongelukjes waar een arts aan te pas moet komen. In organisaties waar veel mensen wonen die speciale eisen stellen aan hun woonomgeving, is de kans op ongelukken groter. De begeleider heeft de taak om deze zo veel mogelijk te voorzien en te voorkomen.
Bijkomende beperkingen die extra maatregelen vragen, zijn:
- Motorische beperkingen: gemakkelijk te bereiken en te bedienen elektrische deuren, brede doorgangen zonder scherpe randen, geen losse kleedjes, vloeren niet te glad, aangepast bestek, goede verlichting.
- Zintuiglijke beperkingen: vaste plaats meubilair; letten op uitsteeksels, obstakels, drempels, een touw langs de muur of verschillende kleuren voor de oriëntatie; afscherming van hittebronnen.
- Epilepsie: geen scherpe hoeken en punten, goede materiaalkeuze van muurbekleding, juist gedoseerde impulsen (licht en geluid); geen vloertegels of stenen vloer.
- Ouderen: geen drempels, hulpmiddelen bij in en uit bed stappen, geen losse kleedjes, herkenningspunten, toegankelijkheid van ruimten gezien de afstand en motoriek, bijvoorbeeld extra zitmogelijkheden.
- Specifiek (risicovol) gedrag: plaats van schoonmaakmiddelen, medicijnen, planten, toiletartikelen, gebruik van glas, sloten op kasten en deuren; prikkelaanbod door

middel van geluid en kleur, attent zijn op kleine voorwerpen als punaises, sigarettenpeuken, pluisjes.

Begeleiders zullen goed moeten observeren om in te schatten wat cliënten wel en niet aankunnen. De grens tussen bescherming en betutteling is soms moeilijk te bepalen, maar zal steeds onderwerp van gesprek moeten zijn.

Hepatitis B
De reden dat dit onderwerp wat uitgebreider behandeld wordt, is het feit dat mensen met een verstandelijke beperking relatief vaker drager zijn van dit virus en je als begeleider dus moet weten hoe je moet handelen om besmetting te voorkomen. Hepatitis B is een van de vormen van geelzucht en wordt veroorzaakt door een virus. Het virus komt voor in bloed en – zij het in veel geringere hoeveelheden – in speeksel en zaad. Later onderzoek toonde het virus ook aan (in zeer kleine hoeveelheden) in urine en feces. Er zijn echter nog geen bewijzen dat het virus ook daadwerkelijk via deze uitscheidingsproducten kan worden overgedragen.
De besmetting vindt meestal plaats via besmet bloed waarin het virus aanwezig is. In ongeveer 90% van de besmettingen zal het afweermechanisme van het lichaam, door het voldoende aanmaken van afweerstoffen, erin slagen de virussen te vernietigen. In 5 tot 10% van de gevallen is de afweerreactie niet voldoende en blijft iemand drager van het hepatitisvirus.
Besmetting kan plaatsvinden tijdens normale situaties en gebeurtenissen zoals: menstruatie, neusbloeding, verwonding, pedicure, kapper, oorlelperforatie, seksuele contacten, injecties bij een drager, bloed afnemen.
Cliënten die wonen in een instelling voor mensen met een verstandelijke beperking blijken een sterk verhoogde kans te hebben om besmet te worden.
Als risicofactoren worden genoemd:

- Het aantal besmettelijke dragers in een instelling is groter dan onder mensen die niet in een instelling verblijven. Bij mensen met het syndroom van Down schiet het afweermechanisme tekort (dus ook tegen hepatitis B). Onder hen worden dan ook relatief veel dragers gevonden.
- Er zijn veel intensieve contacten.
- Bepaalde gedragingen die eigen zijn aan een aantal mensen met een verstandelijke beperking: kwijlen, spuwen, automutilatie.
- Werkmethoden van begeleiders: gezamenlijk gebruik van scheerapparaat, bestek, soms tandenborstel.

Op dit moment is er geen effectieve behandeling. De nadruk dient dus te liggen op het voorkomen. Dat is mogelijk door:
1 maatregelen van hygiënische aard;
2 passieve immunisatie;
3 actieve immunisatie (= vaccinatie).

Ad 1 Maatregelen van hygiënische aard
Richtlijnen ten aanzien van de besmettelijke persoon:
- bestek, bord en beker (liefst eigen), na gebruik in de vaatwasmachine;
- eigen toiletartikelen, scheerapparaat, tandenborstel;

- ondergoed op 100°C wassen;
- tijdens menstruatie, maandverband of tampon in plastic zak en na de verzorging handen laten wassen;
- gebruik van condoom tijdens geslachtsgemeenschap;
- besmettelijke cliënten die veel neuspeuteren of nagelbijten niet betrekken bij het bereiden van voedsel of verzorging. Laat hen eventueel handschoenen dragen of bied hun een andere taak aan.

Richtlijnen ten aanzien van medewerkers:
- lijst van namen met besmettelijke personen dient te worden aangelegd op een wijze waarbij de privacy van personen wordt gewaarborgd;
- extra voorzichtigheid als je zelf wondjes hebt;
- na elk contact met een besmettelijk persoon goed de handen wassen;
- bij handelingen waarbij contact met bloed mogelijk is, niet-steriele plastic handschoenen dragen (bijvoorbeeld tandenpoetsen, verschonen bij menstruatie);
- gemorst bloed opnemen met niet-steriele handschoenen en celstofluier. De plek daarna goed schoonmaken met een chlooroplossing of wat er voorgeschreven is (ingedroogde bloedvlekken blijven infectieus!);
- voorwerpen die erg met bloed besmeurd zijn, goed huishoudelijk schoonmaken en vervolgens volgens voorschrift desinfecteren;
- zwangere werkneemsters kan worden geadviseerd om niet werkzaam te blijven op een groep waar een besmettelijke drager woont.

Ad 2 Passieve immunisatie
Hierbij worden antistoffen tegen hepatitis B toegediend aan iemand die duidelijk risico op besmetting heeft gelopen.
Twee maanden na toediening zijn deze antistoffen uit de bloedcirculatie verdwenen.

Ad 3 Actieve immunisatie
Door het toedienen van antigenen wordt het afweermechanisme van de betrokkene gestimuleerd om antistoffen te maken. Mocht er een besmetting plaatsvinden, dan wordt dit virus onmiddellijk vernietigd. De bescherming duurt een aantal jaren.
Om die reden wordt geadviseerd om na tien jaar een 'herhalingsdosis'
(= revaccinatie of booster) te geven (Kleijnen).
Voor meer informatie zie ook www.hepatitis.nl

O P D R A C H T

Merel gaat stage lopen in een woonvoorziening voor mensen met een verstandelijke beperking.
Na drie weken komt ze erachter dat er op de groep een bewoner drager van het hepatitis B virus is. Ze schrikt hier erg van en vraagt zich af wat ze nu moet doen.
► Bespreek in de leergroep wat Merel het beste kan doen.
► Wie moeten op de hoogte gesteld worden? Motiveer het antwoord.
► Ga in discussie over de volgende stellingen:

– alle medecliënten van iemand die drager is, moeten worden gevaccineerd;
– alle medewerkers en stagiaires die werken op een groep waar dragers wonen, moeten worden gevaccineerd;
– kosten voor vaccinatie bedragen ongeveer €250,-; wie moet dat betalen?

In het infectieziektebulletin van het RIVM, wordt genoemd als groep met verhoogd risico onder andere personen in opleiding voor medisch en paramedisch beroep.
'Om voor de toekomst een sluitende bescherming te bereiken, wordt geadviseerd tijdens de opleiding voor medische en daarvoor in aanmerking komende paramedische beroepen de mogelijkheid tot vaccinatie aan te bieden vóór de aanvang van stages of praktische werkzaamheden. Een bijkomend argument is dat onervaren leerlingen vaak een verhoogd risico hebben'.
De studenten die de leerweg 'beroepsbegeleidend' volgen zullen de vaccinatie meestal door de instelling vergoed krijgen.

Preventie en GVO
Preventie is het voorkomen van gezondheidsproblemen. In de krant en op de televisie worden we overspoeld met tips en adviezen om risicofactoren tot een minimum te beperken. Risico's die te maken hebben met gedrag (roken, overmatig alcoholgebruik) lichaam (overgewicht, eenzijdige voeding, verhoogde bloeddruk) en omgeving (sociale controle, milieuvervuiling, blootstelling aan schadelijke stoffen tijdens beroepsuitoefening).
De gedachte is dat vermindering van die risico's leidt tot een afname van latere gezondheidsproblemen (Albersnagel 1997).
Het is de taak van de begeleider om die risicogedragingen en risicovolle situaties op te sporen, die het gezonde bestaan van een individu of groep bedreigen. Pas als dat helder is, kan deze met medewerking van een verpleegkundige of arts (gezondheidscentrum) een plan maken waarin staat hoe hij mensen ondersteuning kan bieden en van informatie kan voorzien.

· · · · · · · · · · · · · · · · ·
O P D R A C H T

Een belangrijke taak van een begeleider is preventie.
➤ Er wordt een onderscheid gemaakt in primaire, secundaire en tertiaire preventie.
➤ Wat wordt bedoeld met primaire, secundaire en tertiaire preventie?
Geef van elk twee voorbeelden die betrekking hebben op de zorg voor mensen met een verstandelijke beperking.

Gezondheidsvoorlichting
Als je praat over gezondheidsinstandhouding, moet je natuurlijk wel weten hoe je dat moet doen. En daarvoor is voorlichting nodig. Als begeleider zul je over kennis en vaardigheden moeten beschikken om aan anderen duidelijk te maken waarom zij iets moeten doen of laten. Je kunt niet alleen wat informatie geven, voorlichting is meer dan dat.

De ontwikkeling van mensen met een verstandelijke beperking zal vaak een disharmonisch beeld vertonen. Dat wil zeggen dat er in een persoon verschillen zullen zijn in dat wat hij weet, kan en ervaart. Mensen met een verstandelijke beperking leren niet evenwichtig in die verschillende deelgebieden en ook de samenhang kan ontbreken.

Er zijn interne condities (aanleg, rijping) en externe condities (leren, stimuleren, initiatief nemen) die de ontwikkeling in een bepaalde mate kunnen belemmeren. De begeleider zal goed op de hoogte moeten zijn van die condities en de mate van kennis, motivatie, vaardigheden en gedragsmogelijkheden die iemand heeft. De mogelijkheden moeten het uitgangspunt zijn voor aanpassingen in voorlichtingsprogramma's en materiaal.

O P D R A C H T

Voorlichting aan mensen met een verstandelijke beperking vraagt aanpassingen. Daarom de volgende opdracht.

Maak groepjes van vier studenten.
Maak vervolgens een keuze uit de volgende onderwerpen.
- ➤ Het leren strikken van veters aan drie cliënten die de motorische vaardigheid daarvoor hebben.
- ➤ Verkeersregels.
- ➤ Nieuwe inrichting van de woonkamer van mensen die naar een huis in een woonwijk verhuizen. Er is geld genoeg en zij bepalen hoe het eruit komt te zien.
- ➤ Hoe moet je jezelf verzorgen als je menstrueert?

Maak een opzet voor een bijeenkomst: zorg voor materiaal.

Voer de bijeenkomst uit (of een gedeelte daarvan). Bespreek de bevindingen met de leergroep.

Richtlijnen bij het opstellen van een programma

Vooraf
- Onderwerp omschrijven. Door dit nauwkeurig te beschrijven, kun je steeds terugkijken of hetgeen je verder doet er nog op aansluit.
- Doelgroep bepalen. Wie is of zijn de mensen aan wie je iets wil vertellen? Wat is het niveau? Let op begripsvermogen, belemmeringen door niet goed zien of horen.
Motivatie: komt het van de bewoner zelf uit of is het iets dat nodig geacht wordt door de begeleiding?
- Doel vaststellen. Wat is de bedoeling? Moet iemand meer weten, iets aanleren, iets (leren) bespreken, zijn mening geven?
- Voorkennis meten. Wat weet iemand al van het onderwerp af? Heeft hij het al eerder gedaan? Waar wil je op aansluiten?

- Wat is de emotionele waarde van het onderwerp? Ligt het gevoelig of niet?
- Keuze voor individu, kleine of grote groep. Waarom deze keuze?
- Materiaalkeuze. Dit is voor een groot deel afhankelijk van het niveau. Film, foto's, muziek, plaatjes. Moeten de deelnemers zelf iets maken of doen?
- Planning. Hoe lang gaat het duren, is het eenmalig of komt er een vervolg? Het programma met tijdsindeling uitschrijven.
- Praktische zaken. *Ruimte:* op iemands kamer, in de woonkamer of in een aparte ruimte. Moet er iets gereserveerd worden? *Materiaal:* overheadprojector, pen en papier, scharen, video.
- Uitnodigingen verzorgen.

Uitvoering
- Zorg voor een prettige sfeer. Welk onderwerp er ook besproken moet worden, of het nu gaat over carnaval of een avond over begeleid wonen is, als mensen binnenkomen en het is niet aangenaam, wordt de start moeilijker.
- Welkom, uitleggen wat de bedoeling is en hoe de bijeenkomst eruitziet.
- Stap voor stap. Als de bedoeling duidelijk is, heeft men een beeld van het geheel. Dat geheel kan nu worden ingevuld. Let op dat bij te veel of te kleine stapjes, de cliënten het geheel nog wel blijven snappen.
- Tempo aanpassen aan het individu of de groep.
- Concrete voorbeelden. Verwijs naar dingen uit het dagelijks leven, liefst uit hun eigen leven of omgeving. De voorbeelden moeten aansluiten bij de belevings-wereld.
- Veel herhalen. Zowel zelf doen als door de bewoner(s) laten doen. Laat iemand vertellen wat hij aan het doen is of waarover zo-even gepraat is.
- Sluit ieder onderdeel goed af voordat je verder gaat. Overtuig je ervan dat de bedoeling overgekomen is.
- Bespreek de bijeenkomst na.

Evaluatie
- Wat is je algemene gevoel over de bijeenkomst?
- Waarover ben je tevreden, waarover niet?
- Ga de punten van de voorbereiding en uitvoering na en zet bij ieder punt een plus- of een minteken.
- Probeer bij de minpunten te achterhalen wat de beïnvloedende factoren zijn geweest.
- Wat zul je de volgende keer anders doen en waarom?

Voeding en stofwisseling

TYPOLOGIE Het voedings- en
stofwisselingspatroon omvat de inname
van vocht en voedsel in verhouding tot de
fysiologische behoeften, alsmede indicatoren
van de plaatselijk aanwezige voedingsmiddelen.
Inbegrepen zijn individuele eet- en drinkpatronen,
de dagelijkse eettijden, soorten en hoeveelheden
geconsumeerd vocht en voedsel, bepaalde
voedselvoorkeuren en het gebruik van voedings-
en vitaminesupplementen.

2.1 | Inleiding

'Heel, heel lang geleden ging je 's ochtends in het bos iets eetbaars zoeken. Vond je wat,
dan at je het op. Vond je niets, dan had je honger. Dat werd vervelend en op den duur
probeerde men eetbare dingen in de buurt van het huis te krijgen: vangen en aaien van
beesten, planten en sproeien van gewassen.'
RAOUL CHAPKIS

Eten en drinken is een dagelijkse levensbehoefte. Voor iedereen geldt: wie goed
gevoed is, voelt zich prettiger en is beter bestand tegen ziekten. Aan eten en drinken zijn de volgende aspecten te onderscheiden:

- Het belang voor de gezondheid. In de reclame en voorlichting wordt veel aandacht
  besteed aan gezond eten. Op verpakkingen moeten alle ingrediënten vermeld
  staan. Het feit dat de lengte van jonge mensen de laatste jaren is toegenomen en
  bepaalde ziektes niet meer voorkomen, wordt toegeschreven aan een betere voeding.
- Sociaal aspect. Eten en drinken zijn ook verbonden met saamhorigheid, gezelligheid en gastvrijheid. Feestelijke gebeurtenissen worden 'beklonken'.
- Cultureel en religieus aspect. Bepaalde religies verbieden het eten van vlees of kennen andere geboden en verboden ten aanzien van de bereiding en het eten zelf.
  Veel mensen in Nederland houden ramadan. Bij Turkse mensen is het gebruikelijk dat elke gast mee-eet. In Frankrijk eet men veel brood en weinig rijst, in
  andere landen is dat precies omgekeerd.

Daarnaast bereiken ons dagelijks berichten van mensen die op geen enkele manier
aan deze eerste levensbehoefte tegemoet kunnen komen. Zij zijn op de vlucht;
hun land is geteisterd door droogte of hun oogsten zijn vernietigd.
Berekeningen van de Wereld Gezondheidsorganisatie (WHO) over de totale voed-
selvoorraad op aarde, laten zien dat bij een eerlijke verdeling er genoeg eten zou
zijn voor iedereen. Nu exporteren sommige landen voedsel, terwijl de inwoners
van dat land honger lijden.
Mensen die zijn opgenomen in een algemeen ziekenhuis vertellen het bezoek niet
alleen over de behandeling en 'de aardige zusters', maar ook over wat zij gegeten
hebben en hoe dat was bereid.

· · · · · · · · · · · · · · · ·
O P D R A C H T

Deze opdracht bestaat uit vier delen.
Het doel is dat je een zo volledig mogelijk beeld krijgt van het eetgedrag en de eet-
gewoonte van een medestudent en dit kunt beoordelen.
► Stel een vragenlijst op waarmee je erachter kunt komen hoe het eetpatroon van
een medestudent is. Denk ook aan vragen over tussendoortjes, tijdstip van eten,
hoeveelheden.
► Maak tweetallen en neem bij elkaar deze vragenlijst (voedingsanamnese) af.
Schrijf de antwoorden erbij.
► Geef de bevindingen aan een ander tweetal en laat hen er commentaar bijzetten.

➤ Ga met z'n vieren een discussie aan over het waarom van het commentaar. Waar komt dit uit voort, welke normen en waarden spelen een rol; vind je het een gezond voedingspatroon?

2.2 | Voeding en stofwisseling in de zorg voor mensen met een verstandelijke beperking

Ook in de zorg voor mensen met een verstandelijke beperking neemt eten en drinken een belangrijke plaats in. Niet in de laatste plaats omdat de cliënten er zelf veel mee bezig zijn. Er zijn groepen waar men het woord 'koffie' niet hardop durft uit te spreken. Het tijdstip van de maaltijden, koffie- en theedrinken kunnen een cliënt houvast geven in het ordenen van zijn dag. 'Na het avondeten gaan we nog een stukje fietsen.' Het zijn de momenten waarop iedereen met hetzelfde bezig is en bij elkaar is; het sociale aspect komt tot uitdrukking.

Het eten kan echter ook problematisch zijn voor cliënten en begeleiding. Het is moeilijk omdat iemand niet wil of kan eten, of omdat iemand niet met anderen aan tafel wil zitten of eten van de buurman afpakt.

Bij mensen met een verstandelijke beperking komen vaak meerdere aandoeningen voor, zoals epilepsie, spasticiteit, maag-darmstoornissen en gedragsproblemen. Deze kunnen van invloed zijn op de voedselinname. Daarnaast komt ook veel voor: kauw- en slikproblemen, reflux en braken, obstipatie en diarree, een slechte eetlust door een hoog en langdurig medicijngebruik.

CASUS

Jos, een man van 26 jaar met een matige verstandelijke handicap, woont sinds 12 jaar in een woonvoorziening. Iedere zondagmiddag komt zijn moeder op bezoek. Een kwartier voordat zij komt, is Jos al onrustig. Hij loopt rond, maakt veel geluiden en vraagt steeds hoe laat het nu is. Als hij zijn moeder ziet aankomen holt hij naar de deur en voordat zij hem heeft kunnen begroeten, graait hij in haar handtas. Hij weet dat daar altijd minstens twee zakken snoep in zitten. Jos eet deze zakken binnen twintig minuten leeg.

Zijn moeder probeert hem steeds aan te halen, maar Jos heeft alleen aandacht voor de snoep. Als de snoep op is, wil hij zo snel mogelijk naar buiten om te gaan fietsen... alleen. Zijn moeder ziet hij nauwelijks meer zitten.

De individuele verschillen tussen de cliënten komen hier sterk naar voren. Een van de factoren die bepaalt met welke problemen je bij het eten te maken kunt krijgen, is het niveau van verstandelijk functioneren.

Cliënten met een ernstige verstandelijke beperking zijn voor het merendeel niet in staat om zelfstandig te eten of een keuze kenbaar te maken. Zij zijn afhankelijk van degene die hun eten geeft. Bijkomende handicaps als spasticiteit, epilepsie, blind- of doofheid bemoeilijken vaak het opnemen van voedsel. Bij deze groep cliënten is het gevaar voor ondervoeding het grootst. Cliënten met het syndroom van Prader-Willi of Cri du Chat (zie hoofdstuk 3) zijn erg gefixeerd op eten of eten dingen die niet eetbaar zijn.

Cliënten met een matige verstandelijke beperking zijn vaak in staat om zelfstandig te eten. Er zijn veel hulpmiddelen die dat mogelijk maken: aangepast bestek of bekers, bordranden, antislipmatjes, enz. Zij kiezen zelf wat zij willen eten en drinken. De hoeveelheden worden meestal nog wel door de begeleiding bepaald. Steeds meer wordt er zelf gekookt, óf door cliënten óf met hulp van groepsleiding. Dit laatste werd door een cliënt opgemerkt, toen een bezoeker aan de cliënt vroeg of hij de groepsleiding mocht helpen bij de bereiding: 'Nee,' zei de cliënt, 'zij helpt mij mee.'

O P D R A C H T

Een aantal mensen met een verstandelijke beperking is bij het eten aangewezen op de hulp van anderen. Om te ervaren hoe dat is, deze opdracht.

► *Voorbereiding*
Neem een pak vla, drinken en bijvoorbeeld erwtjes mee naar school.

► *Uitvoering*
Maak tweetallen (A en B). Er mag niet gesproken worden!
– Eerst geeft A eten aan B.
– A wordt geblinddoekt en krijgt eten van B.

► *Bespreek met elkaar*
– Hoe het was om eten te krijgen van iemand anders
– Is er gelet op de houding ten opzichte van elkaar?
– Tempo, geblinddoekt zijn, geur, niet praten.
– Waarop ga je zeker letten als je stage gaat lopen of gaat werken in een instelling voor mensen met een verstandelijke beperking?

De taak van de begeleider is allereerst om ervoor te zorgen dat iedere cliënt voldoende eet en drinkt. Maar minstens zo belangrijk is de wijze waarop aan de maaltijden wordt vormgegeven. Hoe is de tafel gedekt, hoeveel tijd wordt er voor de maaltijd uitgetrokken, mag de radio aan, hoe is de tafelschikking, welke tafelmanieren worden gevraagd? Hierover zijn veel discussies; eigen normen en waarden blijken een grote rol te spelen.
'Bij ons in de woning krijgen de cliënten twee kopjes koffie.'
'Als Jacqueline haar bord niet leeg eet, krijgt ze geen toetje.'
'We hebben een lijst gemaakt waarop de cliënt één soort groente mag aangeven die hij niet lust; die hoeft hij dan niet te eten, verder eet hij met de pot mee.'
'Wij vinden het eten met mes en vork erg belangrijk, ook brood.'
'Wie te laat aan tafel komt, krijgt geen soep.'
'Een biertje is voor het weekend of een verjaardag.'
'Wij drinken altijd gezellig samen koffie en thee.'
'Peter wil alleen maar pindakaas op z'n brood en hij heeft al zo'n slecht gebit.'

CASUS

Als invalkracht hielp ik mee op een groep van mensen met een ernstige verstandelijke handicap met het drinken geven. Laura gaf ik tomatensap. Een van de begeleiders merkte op:

'Gek eigenlijk, als je tomatensap bestelt in een café of restaurant krijg je er zout en peper bij. Hier stel je die vraag niet of komt het niet in je op om het te doen.'

· · · · · · · · · · · · · · · · · ·
O P D R A C H T

Tijdens de ondersteuningsplanbespreking van Antoinette waarbij de nadruk ligt op het instandhouden van de zelfredzaamheid, merkt haar moeder op: 'Weet je wat ik vervelend vind: sinds Antoinette bij jullie woont, wil ze thuis of als we uit eten gaan, niet meer haar soep uit een bord eten. Ze wil het net als hier, uit een beker.' Een maatregel die door de begeleiding is genomen, omdat een aantal cliënten van de groep knoeit bij het eten van soep.
➤ Wat zou jij die moeder als antwoord geven?

In het algemeen geldt dat de behoefte aan voedingsstoffen bij mensen met een verstandelijke beperking niet afwijkt van die van andere mensen en net zo afhankelijk is van beweging en activiteiten als bij iedereen.
We gaan nu in op enkele problemen die zich rondom het eten voor kunnen doen:
· ondervoeding;
· overgewicht;
· pica;
· gastro-oesofageale reflux;
· luchthappen;
· rumineren;
· het weigeren van eten.

Ondervoeding

De Universiteit van Maastricht heeft in 2005 ondervoeding en risico op ondervoeding gemeten in verpleeg- en verzorgingshuizen, de thuiszorg, revalidatiecentra en de gehandicaptenzorg (zowel lichamelijk en/als verstandelijk beperkte mensen). De resultaten voor de gehandicaptenzorg lieten zien dat 21,4% een risico had op ondervoeding (BMI tussen de 18.5 en 20) en 14.7% was daadwerkelijk ondervoed (de groep van 14.7 maakt ook deel uit van de 21.4). Met gegevens over de lengte en het gewicht kun je met behulp van de Body Mass Index (BMI of Queteletindex) vaststellen of iemand een gezond gewicht heeft. De BMI bereken je door het lichaamsgewicht (x 10.000) te delen door het kwadraat van de lengte (in meters).

Overgewicht

Van overgewicht en risico voor de gezondheid is sprake bij een BMI van 25-29. Een BMI boven de 30 geeft een medische noodzaak tot afvallen. Ook bij een BMI minder dan 18 is het raadzaam om de huisarts te raadplegen.

Mensen hebben de neiging om meer te eten of te snoepen dan zij nodig hebben.
Bedenk minimaal vijf redenen waarom mensen meer eten dan goed voor hen is.

➤ Bespreek in de leergroep welke redenen iedereen gevonden heeft en bekijk of deze
ook gelden voor mensen met een verstandelijke beperking.
Moeten er redenen worden toegevoegd?
Maak een schatting van de BMI van enkele cliënten die je kent/begeleidt.

➤ Bereken vervolgens de BMI.
Verschil?
Hoe te verklaren?

De neiging om veel te eten en te snoepen is vaak aangeleerd. Bij mensen met een
verstandelijke beperking is dit in de regel niet anders. Niet zelden wordt dit door
ouders (of begeleiding!) versterkt. Zij zijn geneigd om toe te geven als het kind
vraagt om snoep of een extra portie eten. Zij doen dit omdat zij bang zijn voor
boosheid van het kind of afwijzing.
'Want ik wil zo graag dat het weekend gezellig is.'
Ook belonen in de vorm van snoep of eten komt regelmatig voor. 'Als je je schoenen zelf gestrikt hebt, krijg je een lolly.' En dat gebeurt niet alleen naar anderen
toe. Welke student zegt niet tegen zichzelf: 'Als ik deze bladzijden bestudeerd heb,
trakteer ik mezelf op...'

Het is algemeen bekend dat overgewicht niet gezond is. Een aantal ziekten (hart-
problemen, kortademigheid) komen bij te zware mensen vaker voor. Toch moet
het probleem niet worden overdreven. Een lichte mate van overgewicht moet
niet als groot probleem worden gezien. Als hier overdreven aandacht aan wordt
geschonken kan het zelfs leiden tot het tegengestelde effect: de drang tot eten kan
worden versterkt door de overmatige aandacht.
Er is een aantal syndromen dat een verhoogde kans tot overgewicht met zich meebrengt. Met name bij mensen met het syndroom van Down en het syndroom van
Prader-Willi is dit bekend.

Farouk is een Hindoestaanse man van 45 jaar. Zijn vader is dood en hij is enig
kind. Ieder weekend gaat hij naar huis. Zijn moeder kookt dan heerlijk eten voor
hem, gerechten die wij nauwelijks kennen. Als hij op maandagochtend weer terugkomt, heeft hij een tas bij zich waarin verschillende bakjes zitten met dat
lekkere eten. Als de begeleiding hem daarvan iets geeft, geniet hij met volle
teugen. Maar... Farouk is dik, op de groep krijgt hij daarom boterhammen met
dieetmargarine, suikervrije toetjes, geen snoep en dieetvoeding.

➤ Vind je dat er een gesprek met de moeder moet komen?
Waarom wel, waarom niet?

➤ Indien wel, wat is dan het doel van het gesprek?

Wat weet je van de culturele achtergrond? Welk 'gewicht' heeft dat bij jouw stand-puntbepaling?

➤ Vier studenten voeren een gesprek naar aanleiding van bovenstaande punten.

De volgende aandachtspunten zijn van belang voor de ondersteuning:

• Als cliënten een neiging hebben tot veel eten, dan is het beter meerdere keren per dag kleinere hoeveelheden te geven.

• Probeer dikmakende voedingsmiddelen zo veel mogelijk te vervangen door (even-eens lekkere) magere alternatieven. Gebruik halvarine, halfvolle melk, weinig sui-ker en vervang dik makende tussendoortjes als chips en worst door komkommer, vis en wortelen.

• Activiteiten leiden af. Als een cliënt voortdurend geobsedeerd is door alles wat eetbaar is, dan kan het aanbieden van activiteiten de aandacht afleiden. Bovendien zijn activiteiten die gepaard gaan met lichaamsbeweging aan te raden: afleiding en energieverbruik.

• Overleg met de diëtiste over alternatieven ten aanzien van de voeding. Zij heeft dikwijls, vanuit haar praktijkervaring, een schat aan ideeën om het overgewicht terug te dringen. Bijvoorbeeld het gebruikmaken van een plat bord voor het warm eten. Het lijkt dan meer.

O P D R A C H T

Een jonge vrouw geniet enorm van haar eten, snoept veel en drinkt iedere avond voor het naar bed gaan twee glaasjes port. De begeleiding is van mening dat er sprake is van overgewicht en stelt een dieet voor. Zij is 1,70 meter lang en weegt 90 kilo. Wanneer de begeleiding haar met het volgen van een dieet confronteert, reageert ze boos: 'Hoe halen jullie het in je hoofd je met mijn gewicht te bemoei-en, dat doe ik toch ook niet bij jullie? Ik voel me prima zo en ben niet van plan om te gaan lijnen.'

➤ Wat vind je van de opstelling van de begeleiding?

➤ Indien deze jonge vrouw geen verstandelijke beperking zou hebben, zou je dan dezelfde mening hebben? Waarom wel/niet?

Het eten van niet-eetbare zaken (Pica)

Door verschillende oorzaken, onder andere het ontbrekend besef van wat eetbaar en niet-eetbaar is, kan een situatie ontstaan waarbij cliënten allerlei oneetbare, dus ook gevaarlijke en giftige zaken eten. Bijvoorbeeld kerstboomballen, planten, pluizen van het tapijt. Onder anderen mensen met het syndroom Cri du Chat heb-ben deze neiging. Een bijzondere vorm is de tricho(tillo)phagie waarbij de eigen lichaamsharen worden uitgetrokken en opgegeten. Belangrijk voor de begeleiders is om te zorgen voor een veilige omgeving en oplettendheid.

Een arts zal regelmatig moeten controleren of er zich geen 'haarbal' in de maag gevormd heeft. Verschijnselen hiervan zijn verminderde eetlust en braken. Als dit het geval is, moet de haarbal of de obstructie operatief verwijderd worden.

Gastro-oesofageale reflux

Een veelvoorkomend probleem bij mensen met een verstandelijke beperking is de gastro-oesofageale reflux. Bij deze aandoening is er sprake van teruglopen van eten uit de maag, vermengd met maagzuur, naar de slokdarm. De oorzaak hiervan is het minder goed functioneren van de maagmond door spierverslapping of een minder goede bezenuwing van de spieren.

In een Belgisch instituut voor mensen met een meervoudige en verstandelijke beperking bleek dat ruim 50% van de cliënten hier last van had. De verschijnselen zijn:
- braken (natte boeren, met golfjes of explosief braken);
- niet goed groeien of gewichtsverlies;
- rumineren;
- cariës, nare geur uit de mond (door het zuur);
- ontbrekende eetlust en pijn tijdens het eten;
- bloedarmoede door chronisch bloedverlies (bij ontsteking van de slokdarm).

De gevolgen van deze reflux, zeker op langere termijn, zijn:
- aantasting van het gebit;
- vernauwing van de slokdarm (door de vorming van littekenweefsel);
- verslikpneumonie;
- vermagering en verminderde lichamelijke weerstand.

Aandachtspunten voor ondersteuning
- let op de houding van cliënt, zoveel mogelijk rechtop tijdens en na de voeding
- vaste voeding en vocht zoveel mogelijk afzonderlijk gegeven
- geef kleine hoeveelheden, verspreid over de dag,
- geen of minder chocola, vet voedsel, alcohol en koffie consumeren,
- eten onmiddellijk voor het slapengaan vermijden,
- het hoofdeinde van het bed wat omhoog zetten,
- medicijnen vermijden die het maagzuur neutraliseren of het transport in de maag bevorderen of een barrière vormen op de maaginhoud.

Luchthappen (aerofagie)

CASUS

Jonas is twaalf jaar en ernstig verstandelijk beperkt. Tijdens het eten slikt hij met het eten ook telkens een hap lucht in. Ook zonder te eten slikt hij lucht in. Je kunt het goed zien, want zijn buik staat overdag strak gespannen. 's Nachts stroomt de lucht weer weg door de darmen of de slokdarm.

Om de lucht weg te laten lopen probeert de groepsleiding hem te laten boeren door hem te kietelen en veel te laten bewegen. Soms brengen ze een rectumcanule (schoorsteentje) in. De dokter heeft Dimeticon (aeropax) voorgeschreven; hierdoor verandert de oppervlakte van een vloeistof zodanig dat er lucht in kan. De lucht verdwijnt in het maagsap. Maar echt

Rumineren

Rumineren is de gewoonte om de maaginhoud terug te brengen in de mond. Het komt ook voor bij jonge kinderen, maar verdwijnt dan vanzelf.

Net als bij de gastro-oesofageale reflux kan de wand van de slokdarm door de zure maaginhoud worden aangetast met als gevolg littekenweefsel, waardoor een vernauwing van de slokdarm kan ontstaan. Andere gevolgen zijn sterke vermagering (zeker als het omhooggehaalde voedsel wordt uitgespuugd) en beschadiging van gebitselementen.

Opvallend is dat dit met name bij mensen met een ernstig verstandelijke beperking voorkomt.

Dit is moeilijk te begrijpen, omdat de maaginhoud zuur is en ronduit vies van smaak en geur. Door het rumineren ontstaat er een antiperistaltische beweging van de slokdarm waardoor het steeds eenvoudiger wordt eten 'op te halen'. Een cliënt die in eerste instantie een gastro-oesofageale reflux had, kan gaan rumineren.

Bij het ontstaan van rumineren kunnen de volgende oorzaken of aanleidingen een rol spelen:

* voor sommige cliënten is het een manier om te communiceren, of meer het onvermogen om op een andere manier te communiceren;
* activiteiten die de cliënt wil vermijden, zoals naar bed moeten of naar therapie. Door te rumineren ontsnapt de cliënt daaraan; het is dan zogeheten aangeleerd vermijdingsgedrag;
* behoefte aan (lichamelijke) aandacht (knuffelen);
* te weinig prikkels kunnen leiden tot verveling en dat weer tot rumineren;
* een te strak of te onduidelijk dagprogramma. Cliënten die onzeker raken over wat er met hen staat te gebeuren of gebeurt, hebben wel de zekerheid over iets dat zij wel in de hand hebben;
* veranderingen in begeleiding, cliënten, tijden en activiteiten, kortom alles wat een cliënt onzeker kan maken;
* er is te weinig tijd om de cliënt rustig eten te geven. Om de duur te verlengen en ook de aandacht van de begeleider te behouden, kan een cliënt het eten gaan ophalen.

Deze gewoonte is vaak moeilijk te veranderen. Eerst zal de problematiek goed in kaart moeten worden gebracht. Het is van groot belang dat lichamelijke oorzaken worden uitgesloten en dat de sociale omgeving wordt geanalyseerd. Welke mogelijke prikkels gaan vooraf aan het gedrag, hoe verloopt het rumineren, wat volgt er aan reacties op het rumineren?

Bindmiddelen in het drinken en in de pap maken het rumineren moeilijker. Doordat het voedsel en het vocht compacter is in de maag, is het ophalen niet meer zo eenvoudig. Overdacht moet worden of deze maatregel opweegt tegen smaakverlies en het feit dat de cliënt geen verschillen in consistentie van eten meer ervaart.

Bij bedlegerige cliënten is het van belang na het eten een goede houding te bieden (niet liggend) waardoor het ophalen van voedsel moeilijker verloopt.

Wanneer verveling en onderstimulering als mogelijke oorzaak gelden, is het belangrijk zorg te dragen voor een goed dagprogramma en voldoende aandacht. Deze aandacht moet dan vooral worden gegeven als de cliënt niet rumineert. Tijdens of direct na het rumineren moet te veel aandacht worden vermeden, dit zou als bekrachtiger kunnen gaan werken. Dit betekent dat er juist veel aandacht gegeven moet worden op de momenten dat de cliënt niet rumineert.

Om het gebit te kunnen behouden: fluoride in hoge concentratie op de tanden laten aanbrengen om de weerstand van het glazuur tegen ontkalking te verhogen. Daarnaast liefst sacharosevrije voeding en minimaal 1 maal per dag heel goed poetsen met gebruik van tandenstokers en flossdraad.

Er bestaan verschillende ideeën over de behandeling, deze lopen uiteen van het geven van middelen, bijvoorbeeld kinine, die bij het ophalen een heel vieze smaak in de mond geven tot elektroaversieve therapie. Omdat hier veelal sprake is van complexe problematiek vraagt het een multidisciplinaire aanpak. Met name omdat dit gedrag veel aversie en afstand oproept.

De persoonlijk begeleider zal moeten bewaken dat mogelijke oorzaken en beïnvloedende factoren systematisch worden onderzocht. Heldere rapportage is hiervoor vereist, met name gericht op het gedrag van de begeleiders, omdat dit een belangrijke factor kan zijn.

Medicijnen die hierbij gebruikt worden, zijn dezelfde als bij de gastro-oesofageale reflux.

Het weigeren van eten

Als een cliënt niet eet of zeer slecht eet, zijn er verschillende oorzaken denkbaar:
- Hij vindt het niet lekker. Dit kan komen omdat het exotisch eten is of eten van een bepaalde kleur (alles wat rood is) of er zit jus op of doorheen.
- Een onrustige, onveilige of gehaaste eetsituatie.
- De cliënt heeft last van zijn tanden of kiezen, heeft aften (zweertjes op het mondslijmvlies) of een zere keel.
- Verdriet, angst of pijn.
- Bloedarmoede: door de bloedarmoede ontstaat een slechte eetlust en door het slechte eten wordt de bloedarmoede er niet beter op.
- Machtsmiddel. Bij jonge kinderen zien we vaak dat het kind eten kan gebruiken als middel om zijn grenzen uit te proberen en te verleggen. Het heeft reeds in een vroeg stadium door hoe belangrijk ouders eten vinden en hoe hij hen kan beïnvloeden door te weigeren aan tafel te komen, door te spelen met eten en door weinig of niets te eten. Wanneer deze machtsstrijd zich tijdens iedere maaltijd afspeelt, worden deze tot gebeurtenissen vol spanning en onrust, waar iedereen tegenop gaat zien. Zo zullen ook cliënten die weinig andere mogelijkheden hebben om zich te uiten, kunnen grijpen naar het niet willen eten. Deze strijd oplossen vraagt meestal een verandering in de benaderingswijze van de ouder of de begeleider.

- Ernstige psychische problemen van de cliënt, met name een depressie, kunnen leiden tot het (bijna) niet meer eten. Dit komt vooral voor bij mensen met een lichte verstandelijke beperking.

De zorg die de begeleider zal moeten geven, wordt natuurlijk in eerste instantie bepaald door de vermoedelijke oorzaak van het probleem.

Zo zal soms de omgeving moeten worden aangepast door bijvoorbeeld de plaatsen aan tafel te veranderen of een andere tijdsindeling te maken.

Als een depressie als oorzaak wordt vermoed, dan zal men de behandeling daarvan als ingang moeten nemen en vervolgens het eten. Als er sprake is van een machtsstrijd dan zal de begeleider trachten de situatie te normaliseren. Het is dan van belang het eten zo min mogelijk beladen te laten verlopen. Als een cliënt dan een keer niet eet, moet er geen punt van worden gemaakt. Mogelijk dat zijn hongergevoel op een later moment wel zorgt dat hij of zij eet. In zo'n situatie zullen allerlei tussendoortjes moeten worden vermeden. Drop, chocolade, maar ook koffie nemen het hongergevoel weg.

Soms kan voedselweigering, al dan niet in combinatie met rumineren, leiden tot een levensbedreigende situatie. In deze gevallen zal interdisciplinair een oplossing moeten worden gezocht om verbetering in de situatie te brengen. Kunstmatig toedienen van voeding kan dan een (tijdelijke) oplossing zijn.

Momenteel zijn er aan enkele instituten in Nederland plaatsen toegewezen (o.a. de Winckelsteegh in Nijmegen) voor de behandeling van voedselweigering. Men gaat er bij deze behandeling van uit dat de oorzaak van de voedselweigering ligt in het feit dat het kind op zeer jonge leeftijd traumatische ervaringen heeft gehad in het mond- en keelgebied. Bijvoorbeeld omdat het te vroeg geboren is, een operatie aan de slokdarm heeft gehad of veel pijn had bij het slikken. Deze kinderen zijn vaak lang met een sonde gevoed. Prettige ervaringen die gezonde baby's overhouden aan het krijgen van voeding hebben deze kinderen niet gehad. Soms geeft het zien van een slab of het dekken van de tafel al een afweerreactie. Met een zeer gestructureerd programma op basis van leertheoretische principes, wordt de behandeling ingezet door een orthopedagoog en overgenomen door de groepsleiding.

Een andere therapie is de zogenaamde 'hongerprovocatie'. Men gaat ervan uit dat kinderen het motief om te eten, namelijk honger, weer moet worden bijgebracht. Via de sonde wordt steeds minder voeding aangeboden. Tegelijkertijd biedt de begeleider alternatieven aan via de mond. Langzamerhand komt dan de hongerprikkel terug.

O P D R A C H T

Bespreek in de leergroep de volgende vraag.
Een jonge vrouw van negentien jaar met een licht verstandelijke beperking weigert voedsel. Mag zij door de begeleider gedwongen worden te eten, desnoods door middel van sondevoeding?

Sondevoeding en PEG (percutane endoscopische gastrostomie)

Soms is het toedienen van voeding en vocht via een sondesysteem tijdelijk of blijvend noodzakelijk. De afweging hiertoe dient heel zorgvuldig te gebeuren en in samenspraak met alle betrokkenen. Vooral als sondevoeding blijvend nodig is, wordt dit door de ouders, maar ook door de begeleiders vaak ervaren als achteruitgang.

Redenen die kunnen leiden tot het besluit om over te gaan op sondevoeding zijn onder andere:
* een onvermogen tot slikken of verstikkingsgevaar door lichamelijke achteruitgang of door de mate van ontwikkelingsachterstand;
* het niet meer kunnen slikken door bewustzijnsverlies;
* absoluut weigeren van voedsel en drank, waarbij de oorzaak nog niet achterhaald kan worden. De cliënt is dusdanig verzwakt, dat hij niet meer aan het dagelijks leven kan deelnemen.

Door het geven van sondevoeding herstelt de verminderde fysieke conditie van de cliënt zich meestal snel.

Een alternatief voor voeding per neussonde is de PEG (percutane endoscopische gastrostomie). Met behulp van een endoscoop wordt onder (plaatselijke) verdoving een stoma (opening) via de buikwand, rechtstreeks naar de maag aangelegd. Via deze opening wordt een voedingssonde in de maag geplaatst.
De meeste nadelen van een neussonde zoals decubitusplekjes aan de neus, irritaties van slijmvliezen, keel en slokdarm worden zo weggenomen.
Ook infecties treden minder gemakkelijk op en het uittrekken van de sondeslang wordt voorkomen. Het bezwaar van het 'wegnemen van de smaakervaring' blijft staan. Echter, ook aan PEG kleven bezwaren. Niet in de laatste plaats omdat de ingreep onder (plaatselijke) verdoving plaatsvindt. Ouders en verzorgers moeten goed worden geïnstrueerd. Zorgvuldig en hygiënisch werken is een voorwaarde. Het is prettig dat er naast de neussonde nu ook een alternatief is.
Een van de laatste ontwikkelingen op dit gebied is de zogenaamde 'button': een sonde die op de buikhuid een soort drukknoopsysteem heeft, waardoor cliënten niet met een stukje slang hoeven te lopen. Er zijn buttons met een redelijk grote doorsnede die geen ballon meer in de maag hebben en die drie jaar kunnen blijven zitten.

Stofwisseling
Ervan uitgaande dat een goede voedingstoestand van invloed is op lichamelijke processen als temperatuur en de toestand van de huid, besteden we kort aandacht aan de mogelijke problemen die zich hierin kunnen voordoen.

Lichaamstemperatuur
Ten aanzien van de lichaamstemperatuur is het belangrijk om te weten wat de normale waarde is. Bij mensen met een ernstige en meervoudige beperking komt het regelmatig voor dat de lichaamstemperatuur gemiddeld lager is, namelijk tus-

sen de 36 °C en 36,5 °C. Dit wordt veroorzaakt door hun vaak al slechte lichamelijke conditie in combinatie met weinig tot geen (actieve) beweging. Bij hen spreken we dus ook pas van ondertemperatuur of hypothermie als deze lager is dan 35 °C. Maatregelen die hierbij genomen kunnen worden zijn: extra warmtetoevoer door hydrobaden, bedsokken en extra dekens, eiwitrijke voeding en passief doorbewegen.

Veel mensen met een verstandelijke beperking vinden het vervelend om de temperatuur te laten opnemen. Met een stripje op het voorhoofd kun je globaal zien hoe hoog de temperatuur is. Een oorthermometer is heel praktisch, maar reageert ook op schilfers in de oren en geeft dan een minder juiste uitslag.

Huid, decubitus
Met name bij cliënten die zich niet of weinig zelfstandig kunnen bewegen, spastisch zijn of in een slechte conditie, zal veel aandacht aan de huid moeten worden besteed.

Smetplekken ontstaan door irritatie in een huidplooi wanneer er huid-op-huid-contact is. Kwetsbare plaatsen zijn liesplooien (door de 'zitbroeken' in een rolstoel en incontinentiemateriaal), bilnaad, vingers en tenen, de oksels. Achter de oren kunnen smetplekken ontstaan bij cliënten die veel liggen en speeksel uit de mond laten lopen. Bij vrouwen met zware borsten moet extra gelet worden op de huid onder de borsten.

Naast regelmatig wassen zonder zeep en deppend drogen, moet er gelet worden op de kleding. Deze mag niet te strak zitten, omdat er dan veel meer transpiratie ontstaat en schuurplekken. Eventueel kan de huid heel dun gepoederd worden.

Decubitus komt in de zorg voor mensen met een verstandelijke beperking relatief weinig voor. Dit is een groot compliment voor de mensen die hen verzorgen. Aandacht voor wisselligging, waterbedden, eiwitrijke voeding en huidverzorging neemt op groepen met veel immobiele cliënten een belangrijke plaats in. Al genoemd is de verzorging van de neusvleugels bij mensen die een sondeslang hebben, omdat daar decubitusplekjes kunnen ontstaan. Zie ook: www.zorgvoorbeter.nl

O P D R A C H T

Het zal duidelijk zijn dat op sommige groepen door de aard van de vaak meervoudige problemen van de bewoners de scheidslijn tussen ondersteunen, begeleiden en verzorgen vaag is. Op sommige afdelingen, bijvoorbeeld met ernstig beperkte bewoners die vaak ook nog lichamelijke problemen hebben, ligt het accent op verpleging en verzorging en zullen verpleegkundigen een belangrijke taak hebben. Op andere afdelingen, of bijvoorbeeld in het GVT, is de SPH/SPW opgeleide de aangewezen hulpverlener. Maar, zoals gezegd, duidelijk is dit niet altijd. Omdat een mens nu eenmaal een ondeelbare bio-psychosociale eenheid is, zullen er altijd elementen in het werk schuilen die minder tot je kerntaken horen. Bovendien kun je redeneren dat het belangrijk is om ongewenste medicalisering tegen te gaan en om normalisering te bevorderen. Dat betekent dus dat verpleegkundigen misschien niet veel te zoeken hebben bij in principe gezonde mensen. En dat betekent

weer dat je als SPH/SPW stagiaire ook verzorgende handelingen verricht.
Waar ligt voor jou de grens? Is er een grens? (zie ook hoofdstuk 4)
➤ Stel dat gedurende je stage je werkbegeleider vraagt om een bewoner sondevoeding te geven. Doe je dit wel of niet?
➤ Welke argumenten heb je om dit te weigeren?
➤ Stel dat het tandenpoetsen betreft. Ligt dat dan hetzelfde?

Stofwisselingsstoornissen

Stofwisselingsziekten zijn aangeboren en meestal familiair.
Merendeels berusten zij op verminderde werking of afwezigheid van een bepaald enzym, waardoor een bepaalde fase van de stofwisseling wordt geremd of geblokkeerd, of op een resorptiestoornis. Ongeveer 0,5 % (= 900) van alle kinderen die geboren worden in Nederland heeft een stofwisselingsziekte. Veel van deze ziekten worden opgespoord met behulp van de hielprik. Bij iedere baby worden tussen de 4e en 7e dag na de geboorte enkele druppels bloed afgenomen en onderzocht op meerdere (erfelijke) ziektes.
Er is een aantal aangeboren stoornissen die zonder dieet leiden tot een verstandelijke beperking. Het bekendste voorbeeld hiervan is fenylketonurie (PKU), waarbij een enzym ontbreekt. Het kind zal zijn leven lang een streng dieet moeten volgen dat arm is aan fenylalaline (eiwit). Door de toegenomen mogelijkheden van onderzoek en behandeling voor en na de geboorte, zal het aantal mensen dat een verstandelijke beperking heeft als gevolg van deze aandoeningen, afnemen.

. . . .

O P D R A C H T

1   In de woonvoorziening waar je werkt woont een cliënt met een eetverslaving. Hij eet werkelijk alles wat los en vast zit. De laatste tijd verdwijnt er regelmatig eten uit de koelkast. Genoemde cliënt wordt verdacht, maar is tot op heden niet betrapt. Een gedeelte van het team stelt voor al het eten achter slot en grendel te doen. De andere helft vindt dat je daarmee de rest van de cliënten wel erg belemmert. Gisteren is er door de politie gebeld dat de bewuste cliënt betrapt is op winkeldiefstal (een pak gevulde koeken). Hoe ga je dit aanpakken?

2   Een cliënt van je groep besluit principieel vegetariër te worden. Het eten van vlees is vanaf nu een taboe. Ze werkt sinds kort op de kinderboerderij en kan nu ze voor al die lieve dieren zorgt geen vlees meer door haar keel krijgen. Ze krijgt een vegetarisch dieet uit de keuken, maar vindt het niet lekker. Ze gaat steeds slechter eten en is binnen twee weken tijd vijf kilo afgevallen. Wat ga je doen?

3   Een cliënt heeft een voedselallergie voor eieren en chocolade. Het is Pasen en al het voedsel staat in het teken van eieren. Er worden eieren verstopt en wie ze vindt mag ze opeten. Er worden eieren geverfd en ouders nemen voor de kinderen chocolade eieren mee. Wat ga jij de genoemde cliënt aanbieden om het paasfeest niet geheel te bederven?

3

Uitscheiding

TYPOLOGIE Het uitscheidingspatroon omvat de uitscheidingsfunctie van darmen, blaas en huid. Inbegrepen zijn de subjectief beleefde regelmaat van de uitscheiding, eventueel gebruik van laxantia of andere middelen om de ontlasting op te wekken en eventuele veranderingen of problemen wat tijd, wijze, kwaliteit en/of kwantiteit van uitscheiding betreft. Ook eventuele hulpmiddelen (katheter, plaswekker, stoma-artikelen) vallen onder het uitscheidingspatroon.

| Inleiding

'Ik ga altijd boven naar de wc als ik moet poepen, anders stinkt de hele gang beneden.'

Altijd en overal zullen mensen hun 'afvalproducten' kwijt moeten. Wie je ook bent en wat voor positie je ook bekleedt, je moet eens naar de wc. Iedereen komt wel eens in een situatie dat 'het zweet hem uitbreekt'.

Vlak voor een moeilijk examen moeten veel mensen nog even naar de wc en sommigen doen het van angst letterlijk in hun broek. Ontlasting en urineproductie zijn geen gangbare gespreksonderwerpen. 'Heb je gisteren lekker gegeten?' is iets wat je wel vraagt aan vrienden of vriendinnen. Bij de vraag of hij/zij gisteren ontlasting heeft gehad, zal zeker raar gekeken worden. Helemaal als je dan ook nog zou vragen naar geur, kleur en consistentie.

In de reclame komt het transpireren en bestrijden ervan wel aan bod, druppel-incontinentie wordt bedekt besproken.

Op uitscheiding rust een taboe. Het is iets dat iemand alleen doet, in afzondering van anderen. Mensen schamen zich voor de geur die hun ontlasting na toiletgebruik veroorzaakt. Het schijnt dat vrouwen deze gevoelens van schaamte sterker hebben dan mannen. Veel vrouwen houden hun ontlasting op het werk of elders op tot ze thuis ongestoord en zonder te storen naar hun eigen toilet kunnen (Van der Bruggen 1991).

Culturele verschillen zijn er ook rond uitscheiding. In een aantal niet-westerse landen is het gebruikelijk, vanuit hygiënisch oogpunt, om de billen te spoelen met water. Mensen gebruiken daarvoor hun linkerhand. Het aantal mensen dat ook in Nederland op deze wijze hun billen reinigt, neemt toe.

Ter illustratie een tweetal artikelen uit het *Eindhovens Dagblad*.

Vrouwen tobben meer met hun ontlasting dan mannen maar zitten voor het deponeren van de grote boodschap korter op het toilet.

Dit is één van de uitkomsten van een promotieonderzoek van H. van de Bruggen naar de stoelgang van gezonde mensen.

Zijn conclusie is dat er geen 'normaal' ontlastingspatroon bestaat maar dat er wel vaste verschillen zijn tussen mannen en rouwen. Zo is de hoeveelheid feces van vrouwen geringer en de consistentie harder en ze moeten vaker 's morgens.

Doordat vrouwen meer met hun ontlasting tobben grijpen ze eerder naar (natuurlijke) laxeermiddelen. Ze hebben de neiging hun bezoek aan de wc uit te stellen als de hygiënische omstandigheden niet voldoen of als ze het gevoel hebben dat ze niet rustig kunnen zitten omdat er vreemden in de buurt zijn.

Ook tussen jongeren en ouderen valt onderscheid te maken. Ouderen kennen een grotere regelmaat. Ze gaan over het algemeen op een vast moment van de dag. In tegenstelling tot jongeren zit er ook weinig variatie in de hardheid en hoeveelheid van hun uitwerpselen.

Van der Bruggen liet 150 gezonde mensen twee weken een dagboek bijhouden over hun wc-bezoek. Hij deed dit omdat hij de stoelgang van deze groep wilde vergelijken met die van patiënten in een ziekenhuis.

Uit het proefschrift blijkt dat er op een gemiddelde verpleegafdeling met 30 patiënten, die niet zijn opgenomen voor ziekten aan het spijsverteringskanaal, er ongeveer 12 problemen krijgen met de stoelgang. Oorzaak is een gebrek aan privacy. De kwaliteit van de verpleging zou in zijn ogen dan ook moeten verbeteren om deze problemen te voorkomen.

Volgens van der Bruggen komt het vaak voor dat patiënten hun grote boodschap ophouden tot zij ontslagen zijn. In één hem bekend geval duurde dat 14 dagen. Ook gebeurt het dat patiënten in gipsen korsetten die niet uit bed mogen, 's nachts bij de wisseling van de verpleegwacht stiekem over de gang naar het toilet gaan.

Van der Bruggen zegt dat er over de stoelgang weinig wetenschappelijk onderzoek is verschenen, alhoewel bijna iedereen zich persoonlijk met dit onderwerp bezighoudt. Hij denkt dat er voor veel wetenschappers nog een taboe op rust of dat zij het onderwerp 'te gewoon' vinden.

Enkele dagen na dit artikel verscheen de onderstaande reactie van de journalist Groen.

De dameskeutel is geringer van kaliber

Niets, niets, niets maar dan ook werkelijk niets blijft ons bespaard in de mallemolen van het nieuws. Zo mocht ik gisteren uit nota bene onze eigen kolommen vernemen dat de dameskeutel geringer is van kaliber, doch harder is van consistentie dan de herendrol en dat hij bovendien verhoudingsgewijs vaker in de morgenstond het licht ziet.

Als je mij nu vraagt: 'Heb je niet hoe dan ook het gevoel dat hiermee eindelijk is voorzien in een leemte waaraan jouw levenswijsheid onbewust al jaren mank ging?', dan zeg ik: 'Nee.' Ik heb nooit belangstelling gehad in dameskeutels of herendrollen, ofschoon het fascinerend genoemd mag worden dat het woord 'dameskeutel' mannelijk is en het woord 'herendrol' vrouwelijk. Ik ben benieuwd wie dáár op gaat promoveren. Want daar doet zich namelijk deel twee van het verschijnsel voor. In vroeger dagen schreef degene die zijn bijdrage aan de wetenschap met een doctoraat bekroond hoopte te zien zijn proefschrift in het Latijn.

Nu iedere jandoedel die er in slaagt de eerste drie letters van het alfabet in de juiste volgorde uit de tekstverwerker in te toetsen reeds tot academicus wordt verheven en vervolgens op rijkskosten jarenlang bezig kan zijn deze belangwekkende prestatie vaste vorm te geven in een proefschrift, is de wetenschappelijke voertaal niet langer het Latijn, maar een weinig elegant afbraak-Nederlands, of soms erger nog: stookolie-engels. Iedere schaars geschoolde domoor, inzonderheid de journalist, kan zo'n dissertatie dus lezen. Begrijpen is vooralsnog andere koek, maar om ook in dat opzicht de wetenschap toegankelijk te maken voor het kleine brein kiest de promovendus zijn onderwerpen liefst zo dicht mogelijk bij huis. 'Buslijn 4 van de markt tot even voorbij cafetaria de Vetpot, een socio-culturele evaluatie.' En in plaats van naar de professor gaat hij er eerst mee naar de krant. In toenemende mate worden wij derhalve bedolven onder wetenschappelijke uitwerpselen, waarvan je je af mag vragen wat we er als gewone scharrelburgers mee opschieten.

'Vrouwen tobben meer met hun ontlasting dan mannen, maar zitten voor het deponeren van de grote boodschap korter op het toilet.' Daar heeft zo'n H.J. van der Bruggen in een klein kamertje op de Rijksuniversiteit Limburg nu jarenlang op zitten drukken. Ik word daar zachtjes treurig van. Niet zozeer bij de gedachte dat deze koene onderzoeker met handschoenen aan en een wasknijper op zijn neus honderden humane fecaliën tussen het schuifmaatje heeft genomen of op de weegschaal heeft gelegd om nadien nog eens met duim en wijsvinger de knijpproef uit te voeren, maar dat er nu werkelijk geen plek ter wereld meer is waar je nog veilig bent voor het speurend oog van de wetenschap. Denk je de knip op de deur te hebben gedaan en in weldadige afzondering enige minuten met jezelf alleen te zijn, springt er weer zo'n wetenschappelijke wc-eend uit de pot die een significant verschil meent te hebben opgemerkt tussen mannen en vrouwen waar het gaat om plassen op de bril.

In onze verlichte dagen word je onmiddellijk bestempeld als zachtgekookt ei als je er blijk van geeft de meer persoonlijke kanten van het leven met een zekere schroom te omgeven. Alles moet in het openbaar bespreekbaar zijn en liefst een beetje grof. Slaap-, spreek- en kleinste kamertjes intimiteiten moeten bij Sonja of in het pulpblad, terwijl ze eigenlijk thuishoren op de plank met vakliteratuur. Een schijtdissertatie in de krant daar moeten wij niet flauw over doen. Dat doe ik dan ook niet. Weliswaar ben ik er nog zo eentje van de ouwe doos die hardnekkig van menig blijft dat 's mensens privé- en privaataangelegenheden aan gene zijde van de deurknip thuishoren, maar met de tijden veranderen ook de zeden. Nee, de beschaving heb ik allang afgeschreven.

Het enige dat nog wel eens heftig in mij opspeelt is de vraag: 'Nou en? Moeten we een hulptelefoon inrichten? Een meldpunt vrouwenontlasting misschien?'

'Doordat vrouwen meer met hun ontlasting tobben grijpen ze eerder naar (natuurlijke) laxeermiddelen.' 'Nou en?'

'Ze hebben de neiging hun bezoek aan de wc uit te stellen als de hygiënische omstandigheden niet voldoende zijn of als ze het gevoel hebben dat ze niet rustig kunnen zitten omdat er vreemden in de buurt zijn.' 'Nou en? Hoor ik hier een pleidooi voor het feministisch bolwerk bij uitstek, het damestoilet?'

Kijk van dit soort wetenschapsbeoefening en de daaruit voortvloeiende berichtgeving krijg ik nu aandrang genoeg voor minstens een halve rol koningkeizeradmiraal. Doortrekken!'

O P D R A C H T

Deze opdracht heeft als doel om te oefenen in het praten over een onderwerp als uitscheiding en om individuele patronen en rituelen te ontdekken.

Beantwoord de volgende vragen eerst individueel, bespreek ze vervolgens in een groep van vier studenten.

► Heb jij bepaalde 'rituelen' tijdens het wc-gebruik. Zo ja, welke?

► Welke eisen stel jij aan een wc?

► Heeft stress invloed op jouw uitscheiding? Hoe uit zich dat?

- Geeft bezoek aan anderen en vakanties een ander patroon?
- Bewaar de bevindingen, je hebt ze later nog nodig.

Kinderen worden meestal zindelijk na het tweede levensjaar. Er is een lichamelijke en verstandelijke rijpheid voor nodig. Het kind moet zijn sluitspieren kunnen beheersen, de aandrang kunnen voelen en begrijpen dat het dan naar de wc moet gaan.

Kinderen zijn over het algemeen eerder overdag zindelijk dan 's nachts en eerder zindelijk voor urine dan voor ontlasting.

3.2 Uitscheiding in de zorg voor mensen met een verstandelijke beperking

In de zorg mensen met een verstandelijke beperking wordt er relatief veel aandacht geschonken aan de uitscheiding. Op lijsten wordt bijgehouden wie, wanneer ontlasting heeft gehad en de hoeveelheid/consistentie krijgt een tekentje (bijvoorbeeld ~~ voor diarree). Na x dagen geen ontlasting volgt een maatregel. Bijvoorbeeld het geven van een zetpil of een klysma.

Als mensen bijkomende lichamelijke beperkingen hebben, is de kans op problemen rond de uitscheiding groter. Zij kunnen zich minder goed bewegen, hebben vergroeiingen of moeten veel liggen.

Cliënten die een redelijke mate van zelfstandigheid bezitten, kunnen veelal zelf zorg dragen voor het tijdig naar de wc gaan en het afvegen van de billen. Zij melden het wel als de ontlasting heel hard is, als ze buikpijn hebben of diarree. Voor hen worden er ook in principe geen lijsten bijgehouden.

Iedere begeleider weet dat de uitscheiding afhankelijk is van een aantal factoren. Dat wat er gegeten wordt, is van grote invloed. Beweging is zeer bevorderlijk voor de stoelgang en privacy een niet te onderschatten factor. Bij de zorg voor mensen met een verstandelijke beperking komt daar nog bij: wat snapt een cliënt, is het mogelijk om hem/haar bepaalde dingen te leren, heeft de begeleider zicht op wat voor deze cliënt stressvolle situaties zijn, zijn er bijkomende beperkingen die van invloed kunnen zijn.

O P D R A C H T

Edwin loopt vaak met z'n hand in zijn broek. Hij kriebelt aan en in zijn anus en steekt vervolgens zijn hand naar begeleiders uit om mee te gaan wandelen. 'Ik moet altijd wat overwinnen om naast hem te gaan zitten en veel collega's doen het al niet meer.' Daarom krijgt hij nu een speciale overall aan met een rits van achteren; dan kan hij niet meer in zijn anus krabben. 'We hopen dat hierdoor zijn sociale contacten zullen verbeteren.'

- Welke relatie zou er kunnen bestaan met uitscheiding?
- Wat vind je van de gekozen oplossing?

Incontinentie

'Maar er gebeurt niets! Geen druppel! Ik zak wat door mijn knieën en buig mij verbijsterd voorover.
Mijn eikel zwijgt. Maar dan komt er van weerszijden achter mijn bekken, een loeiende heidebrand aangekropen die zich een weg vreet door mijn pisbuis, een onzichtbaar propje uit mijn knop schiet en de closetpot kletterend onder stroom zet. Voor het eerst sinds twintig jaar roep ik hardop in mijn eentje au.'
KEES VAN KOOTEN, VEERTIG

In de inleiding is beschreven dat in de normale ontwikkeling een kind in de peuterfase zindelijk wordt. Wie kent niet het beeld van een trotse peuter (en zo mogelijk een nog trotsere ouder) die met de pot met het resultaat erin rondgaat om zowel het resultaat als zichzelf te laten bewonderen. Het is een stap naar onafhankelijkheid. Van belang is ook dat het kind steeds voorbeelden ziet van mensen die naar het toilet gaan.

En dat is al een heel groot verschil met mensen met een (zeer) ernstige verstandelijke beperking.

Een groot deel van hen zal niet zindelijk worden. Zij kunnen de sluitspieren niet beheersen of begrijpen niet dat ze naar de wc moeten bij aandrang. Een aantal cliënten is 'klokzindelijk', dat wil zeggen dat zij door de begeleider op vaste tijden naar de wc gebracht worden en op die manier 'droog blijven'.

Het niveau van functioneren is bij mensen met een verstandelijke beperking vrijwel altijd de oorzaak van de incontinentie. Vaak zijn zij overdag wel zindelijk, maar 's nachts niet. Ook komt het voor dat zij wel zindelijk zijn wat betreft ontlasting, maar niet wat betreft urine. Andersom komt bijna niet voor.

Als andere oorzaken voor incontinentie kunnen worden genoemd:
· Lichamelijke oorzaken zoals spasticiteit, aandoeningen van de zenuwen die de prikkels moeten doorgeven, aandoeningen aan de darmen of blaas.
· De cliënt is niet in staat om te zitten.
· Psychische oorzaken zoals stress, spanning, angst, aandacht willen krijgen, regressie.
· Omgevingsfactoren zoals een toiletruimte die niet aangenaam is of niet voldoende de privacy waarborgt.

Het verlies van urine en/of feces dat kan voorkomen tijdens een epileptisch insult is een normaal bijverschijnsel bij veel vormen van epilepsie en als zodanig geen incontinentie.

Naast de voortdurende incontinentie wordt er nog gesproken over:
· *Stress- of spanningsincontinentie;* als iemand niest of lacht of iets zwaars op moet tillen verliest hij wat urine. Bij vrouwen kan dit komen door verzwakte bekkenbodemspieren.
· *Urge-incontinentie;* als iemand aandrang krijgt om te plassen, moet hij eigenlijk gelijk op het toilet kunnen zitten, anders is hij te laat.
· *Overloop-incontinentie;* op het moment dat de blaas gevuld is, loopt de urine 'over'.

Deze vormen van incontinentie zijn moeilijk te ontdekken bij mensen met een verstandelijke beperking, vooral als zij voortdurend incontinentiemateriaal dragen. De begeleider moet echter wel op deze vormen van incontinentie bedacht zijn, vooral bij mensen die ouder worden.

Bij mannen die incontinent zijn wordt vaak gebruikgemaakt van een condoom-katheter ofwel uritip. De onaangename gevolgen van het incontinent zijn worden hiermee voorkomen. Een uritip kan zowel bij mobiele als bij bedlegerige mensen gebruikt worden.

O P D R A C H T

Er zijn veel soorten incontinentiemateriaal in de handel. Vaak zijn er in instellingen werkgroepen die zich daarmee bezighouden.

► Zoek informatie over incontinentiemateriaal; schrijf bijvoorbeeld naar fabrikanten ervan, vraag materiaal op bij een instelling of de thuiszorgwinkel.
► Beoordeel het verkregen materiaal:
  – Welk materiaal lijkt je het beste en waarom?
  – Welk materiaal heeft het grootste gebruikersgemak, is het gemakkelijkst aan te doen?
  – Wat zijn de kosten?

Controle op blaasontsteking en suikerziekte

Mensen die incontinent zijn, zullen regelmatig gecontroleerd moeten worden op blaasontsteking en opstijgende infecties. Vooral bij vrouwen is de kans op infecties groter. Door het dragen van een luier wordt het gebied rond de urethra warm en broeierig. Bacteriën kunnen zich dan makkelijker vermenigvuldigen.

Verschijnselen zijn pijn bij het plassen en vaak, kleine beetjes plassen. De cliënt moet veel drinken en meestal worden er door de arts medicijnen voorgeschreven. Bij cliënten die veel drinken en veel plassen is het raadzaam om ze te laten controleren op de eventuele aanwezigheid van suiker. Vooral als er ook nog gedragsveranderingen bij zijn. Bij oudere cliënten komt diabetes vaker voor, de zogenaamde ouderdomsdiabetes (type II).

Uitscheiding en gedragsveranderingen

Als er sprake is van plotselinge of geleidelijke veranderingen in het gedrag van mensen met een (ernstige of matige) verstandelijke beperking dan wordt gemakkelijk voorbijgegaan aan een pijnbron als oorzakelijke verklaring. Niet zelden hebben problemen in of met het gedrag een onaangename lichamelijke sensatie of pijn als oorzaak. Met name obstipatie en urineweginfecties gaan nogal eens gepaard met moeilijk verstaanbaar gedrag. Ook zelfverwonding kan het gevolg zijn van pijn door obstipatie of infecties van urinewegen. Onderzoek hiernaar zou dan ook de eerste stap in het diagnostisch proces moeten zijn. Natuurlijk moeten dan ook alle andere mogelijke lichamelijke en niet lichamelijke oorzaken worden overwogen (Curfs 2001).

Zindelijkheidstraining

In de jaren zeventig was er een overgang van het medisch model naar het pedagogisch model. Dit betekende dat de opvatting overheerste dat het meeste gedrag aangeleerd kon worden, dus het zindelijk worden ook.

In veel instellingen (toen woonleefgemeenschappen geheten) ging de begeleiding driftig aan de slag met allerlei programma's. Bij een aantal cliënten hadden deze ook resultaat; voor een aantal anderen waren die programma's een bron van frustratie en ze veroorzaakten ook moeilijk gedrag op andere gebieden.

Dit betekent echter niet, dat er niet voor iedere cliënt overwogen kan worden of het zinvol zal zijn om een zindelijkheidstraining te beginnen, ook nog op latere leeftijd.

. . . .

O P D R A C H T

Ga in de leergroep een discussie aan over de volgende stelling:
'Zindelijkheidstraining is niet voor de mens met een verstandelijke beperking, maar voor de begeleider van belang.'

Zowel bij de cliënt als in de omgeving zal een aantal voorwaarden aanwezig moeten zijn, om kans van slagen te hebben.

Interventies en aandachtspunten voor de begeleider

- Maak een schema van vaste tijden, zo veel mogelijk aangepast aan het individuele patroon.
- Zorg ervoor dat er de eerste tijd vaste begeleiders zijn die de cliënt begeleiden.
- Maak de cliënt door middel van een praatje of een plaatje duidelijk dat hij/zij naar het toilet gaat. Consulteer eventueel een logopedist over de wijze waarop de cliënt zelf duidelijk kan maken dat hij naar het toilet moet.
- Zorg ervoor dat het rustig is bij het toilet.
- Laat de cliënt niet langer dan vijf minuten zitten, tenzij hij aangeeft nog niet klaar te zijn.
- Complimenteer de cliënt altijd, geef een extra beloning bij resultaat.
- Toon teleurstelling als het niet lukt, straf of extra lang laten zitten hebben vrijwel altijd een negatieve uitwerking.

De bevindingen zullen duidelijk bijgehouden moeten worden, waarbij er niet alleen aandacht is voor het resultaat, maar ook of de cliënt rustig bleef zitten, of dat er storende factoren waren. Er zullen afspraken gemaakt moeten worden over de duur en de tussentijdse evaluatiemomenten. Ouders of vertegenwoordigers moeten erbij betrokken worden, zodat het ook in het weekend op dezelfde manier kan verlopen. Een zindelijkheidstraining zal vrijwel altijd in overleg met andere disciplines (psycholoog, orthopedagoog) totstandkomen. De zorgcoördinator of persoonlijk begeleider is verantwoordelijk voor een regelmatige evaluatie.

Obstipatie

'Nergens worden zoveel pruimenpapjes gegeten als in de zorg voor mensen met een verstandelijke beperking.'

Obstipatie is een veelvoorkomend probleem, vooral op groepen waar mensen wonen die niet mobiel zijn.

Omschrijving
Er is een verminderde frequentie van ontlasting en/of de ontlasting is hard en droog ten gevolge van een vertraagde passage van onverteerde voedselresten.

Verschijnselen bij de cliënt:
* heeft harde ontlasting;
* klaagt over buikpijn;
* zit erg lang op de wc, moet heel hard persen;
* heeft langer dan gewoonlijk geen ontlasting.

O P D R A C H T

Lieke is een jonge vrouw van 23 jaar. Zij woont in een groep waar de cliënten veel zorg nodig hebben. Zij kan zichzelf met hulp aankleden en als het eten opgeschept is kan ze zelf eten. Overdag gaat zij drie uur naar de bezigheidsactivering. Zij is mobiel, maar kan niet alleen over het terrein lopen. Sinds kort heeft zij last van obstipatie. Zij slikt geen medicijnen.

➤ Verdeel de groep in vier subgroepen:
  – één subgroep stelt het ontbijt samen;
  – één subgroep stelt de lunch samen;
  – één subgroep stelt de warme maaltijd samen;
  – één subgroep stelt koffie, thee en tussendoortjes samen.
➤ Alle uitwerkingen worden samengevoegd.
➤ Wat valt op, is het volledig, te veel, te weinig?
➤ Zou het geheel van de maaltijden en tussendoortjes vermindering van de obstipatie kunnen bewerkstelligen?

Manueel verwijderen van feces

Als cliënten niet (meer) reageren op laxantia of als er sprake is van ernstige opeenhoping van feces in het rectum, kan er in samenspraak met de arts voor gekozen worden om de begeleider de feces met de hand te laten verwijderen. Soms krijgt de cliënt eerst een klysma.

Maden

In een groep met jonge kinderen wordt veel buiten gespeeld. Schommelen, in een oude auto zitten en een grote zandbak zijn favoriet.
Opvallend is het vaak voorkomen van maden (oxyuren), wat te zien is aan witte wormpjes bij de anus en de ontlasting. Ook hebben de kinderen jeuk aan de anus.

O P D R A C H T

> ➤ Ga na waardoor maden veroorzaakt kunnen worden.
> ➤ Welke maatregelen kunnen genomen worden om deze te voorkomen?
> ➤ Welke maatregelen moeten genomen worden als het ontdekt is?

Transpiratie

O P D R A C H T

Transpireren doet iedereen. Bij de een zie je al na vijftig meter hardlopen de eerste druppels en plekken verschijnen, bij een ander zie je na een kilometer rennen nog maar een klein plekje onder de oksel.
Daarbij ruikt de een verschrikkelijk naar zweet en de ander niet.
> ➤ Zoek na hoe het komt dat er zoveel verschil is.
> ➤ Zoek oorzaken/factoren die bij mensen met een verstandelijke beperking van invloed zijn (denk aan medicijnen en mobiliteit).
> ➤ Wat kunnen eventueel vervelende gevolgen zijn (zowel lichamelijk als sociaal)?
> ➤ Maak een lijstje van mogelijkheden om hiermee om te gaan. Welke zijn haalbaar en realistisch voor zeer zorgbehoeftige cliënten?

En dan Marjolein. Ze leek het zo leuk te vinden, de verhuizing. De eerste weken, geen vuiltje aan de lucht. Ze lachte, at en sliep prima, ze ging mee boodschappen doen. Maar nu...
Sinds een aantal dagen smeert Marjolein met ontlasting, vooral 's nachts. We zijn in de teamvergadering nagegaan wat er allemaal voor haar veranderd is en dat blijkt dan toch wel veel te zijn. Allereerst haar kamer; op het oude paviljoen was die helemaal kaal, als gevolg van het feit dat ze vroeger ooit gesmeerd had. Haar nieuwe kamer is helemaal leuk aangekleed. Eerst ging ze twee keer per dag naar Freek van de activering, nu gaat ze naar activiteiten waar drie parttimers werken. Daar zat onze groep aan de rand van het terrein; er kwamen weinig mensen zomaar langs. Nu zitten we dicht bij het 'centrum'; alle bekenden wippen even binnen (natuurlijk bellen ze wel aan).
We weten dus dat er veel te veel veranderingen in één keer zijn gekomen voor Marjolein; maar nu...?

Maak in groepjes van drie studenten een plan voor Marjolein.

Wat ga je doen en vooral waarom? Gebruik eventueel aanvullende literatuur.

Bespreek de resultaten van de groepjes. Vanuit welke gedachte/visie zijn de verschillen te verklaren?

Kun je met elkaar tot een realistisch plan komen?

Diarree

Omschrijving

Een versnelde passage van de voedselbrij en daardoor een frequente aandrang tot uitscheiding van dunne, vloeibare ontlasting.

Verschijnselen bij de cliënt:
- heeft dunne tot zeer dunne ontlasting;
- heeft buikkrampen, laat winden;
- is misselijk;
- heeft gebrek aan eetlust;
- vertoont tekenen van uitdroging;
- vermagert.

Anne-Sophie is negentien jaar en woont op een leefgroep met acht medecliënten. Zij gaat zelfstandig naar het toilet, maar rolt daar al het toiletpapier af en stopt dit in het toilet. Gevolg is dat de technische dienst al een aantal keren het toilet heeft moeten ontstoppen.

De begeleiding heeft besloten om geen papier meer op het toilet te hangen. Iedere cliënt die zelfstandig naar het toilet kan (en dat zijn er drie) moet bij de groepsleiding papier komen halen.

Wat vind je van de keuze van de begeleiding?

Maak een voorstel waarbij zowel de drie cliënten tot hun recht komen als Anne-Sophie.

4+5

Activiteiten, slaap en rust

TYPOLOGIE Activiteitenpatroon omvat het geheel van lichaamsbeweging, activiteiten, ontspanning, recreatie en vrijetijdsbesteding. Hieronder vallen alle activiteiten van het dagelijks leven (ADL) die energie kosten, zoals wassen, kleden, koken, boodschappen doen, eten, werken en het huishouden. Ook de soort, kwaliteit en kwantiteit van lichaamsbeweging en regelmatig beoefende sport horen tot dit patroon. Eveneens inbegrepen zijn factoren die een belemmering vormen voor het gewenste of verwachte individuele patroon, zoals neuromusculaire functiestoornissen, benauwdheid, pijn op de borst of spierkrampen bij inspanning. Tot slot maken de vrijetijdsbesteding en alle recreatieve activiteiten die de cliënt alleen of met anderen onderneemt, deel uit van dit patroon. De nadruk ligt op activiteiten die van groot belang zijn voor de cliënt.

Het slapen en rusten omvat het patroon van perioden van slaap, rust en ontspanning verspreid over het etmaal. Inbegrepen zijn ook de subjectieve beleving van de kwaliteit en kwantiteit van slaap en rust en de hoeveelheid energie, alsmede eventuele hulpmiddelen zoals slaappillen of bepaalde gewoonten voor het slapen gaan.

Inleiding

'Hij leefde zo gestructureerd en overzichtelijk dat hij niet anders kon dan kwaad worden als de werkelijkheid zich niet hield aan de wijze waarop alles in zijn hoofd georganiseerd was.'

LEON VAN WOERDEN, EEN AAP DIE KON TYPEN

Ieder mens heeft behoefte aan een bepaalde hoeveelheid activiteit en rust. De mate waarin men rust zoekt of actief is, is erg individueel bepaald.

Er zijn mensen die voortdurend van hot naar haar vliegen en een enorme productiviteit aan de dag leggen. Zo schreef de wetenschapper/sciencefictionauteur Isaac Asimov ongeveer één boek per maand. Zijn oeuvre omvatte zo'n 450 boeken. Thomas Rosenboom, daarentegen, heeft zeven jaar gewerkt aan één boek (*Gewassen vlees*).

De activiteiten van andere mensen kunnen daar schril bij afsteken. Er zijn mensen die bij vlagen initiatiefrijk zijn en dat afwisselen met perioden van volslagen apathie. Er zijn velerlei motieven of oorzaken waarom mensen al dan niet actief zijn. Sommige mensen zijn druk bij wijze van verdringing. Door hard te werken buitenshuis of hun huis continu te poetsen reageren ze innerlijke spanningen af zonder daar veel over te hoeven nadenken. Anderen hebben gewoon veel energie, lijden aan een schildklierprobleem, zijn verliefd of hebben een hersenafwijking waardoor ze steeds maar bezig zijn of niet kunnen slapen. Weer anderen zijn inactief omdat ze chronisch moe, gehandicapt of somber en neerslachtig zijn. Of ze zijn gewoon liever lui dan moe.

Je kunt actief zijn zonder dat dat zichtbaar is. Zo draaien tijdens de slaap allerlei biologische processen zoals celdeling en eiwitsynthese op volle toeren en maken onze hersenen overuren door te dromen.

De schaker die in diep gepeins verzonken bewegingloos over het speelbord gebogen zit, is zo actief dat hij na enkele uren zelfs fysiek uitgeput kan zijn.

Actief zijn is dus iets anders dan de aanwezigheid van beweging en handelen.

· · · · · · · · · · · · · · · ·
O P D R A C H T

Om zicht te krijgen op de individuele verschillen, hoef je helemaal niet ver te kijken. Aan de leergroep zelf heb je genoeg.

► Beschrijf hoe jouw activiteitenpatroon eruitziet in een tijdsbestek van een week. Denk hierbij aan lichaamsbeweging, activiteiten, ontspanning, recreatie en vrijetijdsbesteding.

► Kies vervolgens uit deze inventarisatie de tien voor jou belangrijkste activiteiten.

► Vergelijk jouw lijst met de lijst(en) van medestudenten en geef aan waar de lijst(en) overeenkomt en waar hij afwijkt.

► Bespreek de resultaten in de leergroep.

4.2 | Activiteiten, slaap en rust in de zorg voor mensen met een verstandelijke beperking

'Oblomovs liggende houding kwam niet uit noodzaak voort, zoals bij een zieke of bij iemand die slapen wil, het was geen toeval omdat hij vermoeid was, noch genotzucht als van een luiaard, het was zijn normale houding. Wanneer hij thuis was – en hij was bijna altijd thuis – dan lag hij onveranderlijk in bed en altijd in dezelfde kamer...'
I. GONTSJAROV, OBLOMOV

In dit deel gaan we eerst in op de ondersteuning bij de activiteiten van het dagelijks leven (ADL). Vervolgens geven we een kort overzicht van de motorische ontwikkeling. Want kennis van deze ontwikkeling is niet alleen van belang bij het onderkennen van problemen, maar ook bij het opzetten en aanbieden van activiteiten die mensen kunnen ondernemen.
Daarna gaan we van spel en ontspanning, vrijetijdsbesteding, sport en vakantie naar werk. In het gedeelte over slapen gaan we in op de behoefte eraan en rituelen die mensen kunnen hebben.

Activiteiten van het dagelijks leven

Bij veel mensen met een verstandelijke beperking is er aandacht nodig voor activiteiten als wassen en aan- en uitkleden. Er wordt naar gestreefd de cliënt zo veel mogelijk handelingen zelfstandig te laten uitvoeren. Maar mocht dat ten koste gaan van energie die iemand nodig heeft om ontspannende activiteiten te doen, dan is het wenselijk dat het van hem/haar wordt overgenomen.
In het ondersteuningsplan zijn de doelen te vinden die betrekking hebben op de (on)mogelijkheden tot het zorgen voor zichzelf. Met name bij mensen met een ernstig verstandelijke beperking zullen de doelen meer betrekking hebben op contactmogelijkheden en stemming bij de verzorging, dan op datgene wat zij zelf kunnen. Voor een aantal cliënten zijn het ook de meest aangename momenten van de dag.

CASUS

Peter is een man van 28 jaar. Doordat hij veel vergroeiingen heeft, kan hij niet in een rolstoel zitten. Hij geniet van het kijken naar voorwerpen en het krijgen van aandacht. Als je tegen hem praat op een vrolijke toon, tovert hij een brede lach te voorschijn.
Hij woont op een groep waar de meeste cliënten erg veel zorg nodig hebben. Hij ziet veel mensen langs zijn bed heen en weer rennen. Echt tijd voor hem hebben ze eigenlijk niet. Behalve op dinsdag- en vrijdagmiddag: dan is het zijn tijd. De badkamer is vrij, een lekker geurend bad wordt voor hem klaargemaakt en terwijl hij erin ligt, staat de muziek op die hij fijn vindt. Zijn armen, benen en rug worden lekker gemasseerd.
Hij zou wel willen dat dit iedere dag kon.

De mate waarin ondersteuning van de lichamelijke verzorging plaatsvindt, verschilt per cliënt. Het wordt bepaald door onder andere bijkomende motorische stoornissen, de conditie en psychische omstandigheden als angst of depressie.

Om de mate van afhankelijkheid in kaart te brengen, gebruikt Gordon een code-ring: de zogenaamde 'functieniveaus' (zie hieronder). Hierdoor kan mede de zorg-zwaarte worden bepaald.

niveau 0
volledig vermogen tot persoonlijke zorg
niveau 1
heeft apparaten of hulpmiddelen nodig
niveau 2
heeft hulp of begeleiding van anderen nodig
niveau 3
heeft hulp van ander (en hulpmiddelen en apparatuur) nodig
niveau 4
is volledig van anderen afhankelijk

De tijd die de begeleiders kwijt zijn aan de lichamelijke verzorging, kan op som-mige groepen bijna de hele morgen beslaan.
In bijna alle instellingen wordt er naar gestreefd om voor iedere cliënt een dagbe-steding buiten de groep te hebben, om wonen en werken te scheiden. Dit betekent wel dat de cliënten al om 9.00 uur gewassen en aangekleed moeten zijn en ontbe-ten moeten hebben.

O P D R A C H T

De begeleiders van woning Hazelaar 28 zijn het zat. Iedere morgen haasten zij zich om voor 10.30 uur klaar te zijn met alles. Acht cliënten wassen, aankleden, helpen met eten, tandenpoetsen, verschonen en liefst ook nog koffie. De huishou-delijke taken als bedden opmaken, lijsten invullen, was sorteren en buiten zetten moeten dan ook gedaan zijn, omdat er niemand op de groep achterblijft. De slaap-dienst gaat weg en degene die achterblijft moet mee naar de activiteitenbegelei-ding.
Wat de begeleiding wil? Veel minder activiteiten buiten de deur en meer tijd voor de verzorging. De ouders zijn tegen.
Vorm twee groepen: één groep begeleiding, één groep ouders.
➤ Inventariseer en bespreek in elke groep de argumenten die gebruikt kunnen worden in een gesprek.
➤ Voer het gesprek.

In woonvormen waar mensen met een lichte verstandelijke beperking streven naar zo veel mogelijk zelfstandigheid, zullen de cliënten verschillen in opvattingen over hoe een goede hygiëne bereikt moet worden. Dit is soms een bron van onenigheid en discussie tussen de begeleiding en de cliënten.

Hanneke (21 jaar) woont sinds enkele weken in het GVT aan de Binnenweg en heeft het prima naar haar zin. Maar... thuis ging zij tweemaal per week onder de douche en waste zich verder van boven aan de wastafel. Van Marjan, haar persoonlijk begeleider moet zij iedere dag onder de douche. 'Dat doen alle andere cliënten en begeleiders ook.'

Het helpen bij koken, boodschappen doen en huishoudelijk werk is voor veel cliënten een belangrijke activiteit. Zij ontlenen er eigenwaarde aan en veel plezier. Zelfs op groepen waar de cliënten niet uit zichzelf tot activiteiten komen of de indruk geven niet bij de groep betrokken te zijn, is het belangrijk om mensen deel te laten nemen aan taken die horen bij het wonen/leven met elkaar.

Juist het betrekken bij de dagelijkse gang van zaken zorgt ervoor dat cliënten greep krijgen op zichzelf en hun omgeving. Vroeger (en dat is voor sommigen nog niet eens zo lang geleden) kwam geen enkele cliënt buiten de poorten. Hoe groenten groeiden en waar melk vandaan kwam, wisten ze niet te vertellen.

Freek kon zijn ogen niet geloven, toen hij zag dat er aardappels gerooid werden. 'Als je maar niet denkt dat ik die vieze dingen eet! Nee, ik eet ze wel van Herman (de kok).'

Verminderd vermogen voor zichzelf te zorgen

Door verschillende oorzaken kunnen cliënten minder aandacht gaan besteden aan hun eigen verzorging. Er is een afname van het vermogen zich te wassen, zich aan te kleden, te eten en naar het toilet te gaan. Vaak gebruiken mensen met een verstandelijke beperking deze signalen om aan te geven dat er iets niet goed is. Mogelijke oorzaken kunnen zijn:

- angst om te falen, maar ook angst voor bijvoorbeeld medecliënten of begeleiding;
- depressie;
- verandering van of in de omgeving. Dit kan bijvoorbeeld een verhuizing zijn, maar ook veranderde samenstelling van de groep of de begeleiding;
- te weinig mogelijkheden voor privacy.
- afgenomen kracht en/of uithoudingsvermogen door ziekte of nawerking daarvan;
- pijn of gevoeligheid in lichaam of ledematen;
- veroudering;
- bijwerking van medicijnen.

Hier wordt het belang zichtbaar van een goede rapportage. Want door regelmatig te inventariseren welke mogelijkheden iemand heeft, kun je in kaart brengen waar en wanneer er veranderingen optreden/zijn opgetreden. De codering van Gordon over de mate van afhankelijkheid kan daarbij gebruikt worden.

Nadat is vastgesteld om welke veranderingen het gaat en welke vaardigheden het betreft, wordt besproken wat de begeleiders gaan doen: proberen de eigen verzorging weer op het oude niveau te brengen of de cliënt te ondersteunen en te leren accepteren dat er dingen zijn die hij niet meer zelf kan.

Motorische ontwikkeling

Omdat veel mensen met een verstandelijke beperking ook problemen hebben op het gebied van de motoriek, is het van belang iets te weten over de motorische ontwikkeling. In hoofdstuk 3 wordt nader ingegaan op motorische stoornissen.

Belangrijke momenten in de normale ontwikkeling van de grove motoriek zijn het opheffen van het hoofd in buikligging, omdraaien, zitten, kruipen en lopen. Dit alles vindt plaats in de eerste anderhalf jaar. Ook de fijne motoriek kent een snelle ontwikkeling in deze tijd. Het begint met het volgen met de ogen, spelen met eigen handen en het kunnen pakken van een voorwerp in het eerste halfjaar. Daarna komt het overpakken van voorwerpen, een propje pakken tussen duim en wijsvinger, een blokje in en uit een doos doen en iets geven en aanpakken. Dit laatste kan een kind bij ongeveer anderhalf jaar.
Een peuter kan staan op één been, lopen op de tenen, een bal vangen en trappen, de trap op klimmen en een driewieler rijden en besturen. Rond drie jaar kan een kind rennen en dit gebruiken bij zijn activiteiten (vangertje). Wat betreft de fijne motoriek kan de peuter papier knippen, blokken recht op elkaar zetten en een pen of potlood goed vasthouden.
Een kleuter kan afwisselend hinkelen, langs een lange rechte lijn lopen, klimmen, glijden en schommelen. Het rennen gaat beter, het kind kan snel stoppen en omdraaien. De fijne motoriek ontwikkelt zich ook steeds verder. De kleuter kan een draad in een naald steken, voorwerpen natekenen, kleuren in een kleurboek. Met vier jaar tekent de kleuter een 'kopvoeter' (gezicht waaraan direct armen en benen vastzitten) en met vijf jaar kan hij al redelijk een menselijke gestalte tekenen.

Een man getekend door Yuri, 38 maanden

Een 'kopvoeter' getekend door Margriet, 50 maanden

De meeste praktische motorische vaardigheden kan de kleuter uitvoeren: knopen dichtmaken, veters strikken, haren kammen, tandenpoetsen en het bestek juist hanteren.

CASUS

Pas toen Pim opgroeide, werd het voor ons pijnlijk duidelijk hoeveel achterstand Mirjam had. Omdat zij ons eerste kind was, hadden we geen idee hoe snel een ontwikkeling kon gaan. Nu is zij vijf jaar en Pim is twee. Hij is haar motorisch al ver vooruit.

De motorische bekwaamheden worden gedurende de schoolkindfase (zes tot twaalf jaar) steeds beter, zowel de grove motoriek als de fijne motoriek.

Het grijpen, slaan, gooien, vangen en veranderen van lichaamspositie gaat steeds beter. Het evenwicht verbetert, het lopen over smalle muurtjes vormt geen probleem meer. Het werken met de vingers wordt steeds vrijer en veelzijdiger: op negenjarige leeftijd kan het kind beide handen onafhankelijk van elkaar gebruiken. Vanaf de puberteit ontwikkelen de motorische vaardigheden zich onder invloed van sport en hobby's.

Het is de vraag of de motorische ontwikkeling bij mensen met een verstandelijke beperking gelijk verloopt en er alleen maar sprake is van een 'achterstand' of dat de ontwikkeling 'anders' verloopt.

Het standpunt dat de ontwikkeling vertraagd verloopt, vindt in diverse onderzoeken en publicaties weinig ondersteuning. Het zou ook bijna te mooi zijn. Want als dit het geval zou zijn, betekent het, dat er met behulp van stimuleringsprogramma's een deel van de achterstand kan worden weggewerkt.

Onderzoeken tonen aan dat er ook sprake kan zijn van een ander verloop van de ontwikkeling. Bij groepen mensen met een lichte verstandelijke beperking kwam naar voren dat bijvoorbeeld de controle van de lichaamshouding, het handhaven van de stabiliteit en ontwikkeling van coördinatiepatronen van armen en benen op een andere wijze verloopt dan bij kinderen/mensen zonder een verstandelijke beperking (Van Gemert 2003).

Dit betekent niet dat er moet worden afgezien van stimuleringsspel en -materiaal. Het betekent wel dat er aanpassingen gemaakt moeten worden. Dit is zowel een taak van de activiteitenbegeleiding als van de woonbegeleiders.

De invloed van de omgeving moet niet worden onderschat. Kinderen met het syndroom van Down die eerst thuis woonden, ontwikkelden zich motorisch wat beter dan kinderen die al op jonge leeftijd in een instituut waren geplaatst.

'Het is van groot belang dat kinderen met een verstandelijke beperking blijvend gestimuleerd worden om via allerlei activiteiten en een grote variëteit van objecten, bewegingen en posities in een verscheidenheid van situaties uit te proberen.'

Spel en ontspanning

Van mensen met een ernstige verstandelijke beperking wordt vaak gedacht dat ze niet kunnen spelen. J. Fennis spreekt in dit verband over 'het grote misverstand in de zwakzinnigenzorg'. Hij stelt dat iemand met een verstandelijke beperking wel speelt als je hem maar laat spelen op zijn eigen niveau. Anders kan hij niet spelen, hoe duur, kleurrijk, ingenieus of aantrekkelijk het spelmateriaal ook is.

'Niet alleen geeft de mens met een verstandelijke beperking zijn spelniveau aan, maar daarmee ook zijn ontwikkelingsniveau en zijn persoonlijke mogelijkheden en interesses.

Hij geeft de weg aan waarlangs hij tot ontplooiing kan komen, ja, zelfs de middelen die daartoe het meest geschikt zijn.'

Ook stelt hij: 'Spelen leidt tot inzicht en met inzicht komt men verder. Spel staat in dienst van de zelfontplooiing. Spelen betekent creatief zijn, fantaserend en handelend, proberend en denkend zich ontwikkelen, ervaring krijgen met zijn mogelijkheden van bewegen, zien, luisteren, opletten en reageren. En ook de ervaring krijgen met de wereld die aanvankelijk onduidelijk, ingewikkeld en onoverzichtelijk was.'

Een bruikbare indeling om bij mensen met een verstandelijke beperking zicht te krijgen op het niveau van spelen en daarmee op de aan te bieden activiteiten is die van D. Timmers-Huigens (2005). In hoofdstuk 1 is al aan bod geweest welke drie fasen er zijn in de wijze waarop iemand met een verstandelijke beperking de wereld ervaart.
We geven ze hier kort nog even aan met als aanvulling de spelmogelijkheden zoals door Timmers-Huigens beschreven.

Lichaamsgebonden ervaringsordening

In deze fase is er sprake van een lichaamsgebonden beleven zoals we dit zien bij zuigelingen en kunnen stadia beschreven worden: van strikt lichaamsgebonden beleven zonder contact met de omgeving, zoals duimzuigen, naar het ontstaan van lustgevende waarnemingen die worden herhaald zoals het met een rammelaar tegen de lippen slaan, tot het ontstaan van contact en nabootsing van geluiden en herkenning van personen.
Dit stadium is te vergelijken met de periode van de zuigeling; activiteiten als 'snoezelen', lichamelijk contact en verzorging zijn van groot belang.
Het contact gaat meestal uit van de begeleider.
Te denken valt aan spelletjes als:
- liedjes zingen, naam zingen, naam roepen, fluisteren;
- aaien met of zonder iets, blazen, gekke gezichten trekken;
- ophangen van materiaal vlak bij of boven de cliënt;
- samen in bad, zwemmen;
- grijpspelletjes, kijkspelletjes.

Associatieve ervaringsordening

Door regelmaat in contact en benadering kan de cliënt associaties gaan maken. Dat wil zeggen dat hij verband legt tussen gebeurtenissen. Als de potten rammelen, ga ik eten. Als de jassen voor de dag worden gehaald ga ik naar buiten. Ook deze fase bestaat uit een aantal stadia. Aanvankelijk is er slechts herkenning van personen, later worden mensen 'gebruikt' om behoeften te bevredigen.
Geleidelijk ontstaat er enig begrip van tijd en ook de taal gaat zich ontwikkelen en is vooral gericht op directe behoeftebevrediging. Het functioneren is in deze fase te vergelijken met de peuterperiode. In deze fase kan de zelfredzaamheid worden bevorderd. Rituelen en herkenning zijn belangrijk:
- mimische spelletjes, contactspelletjes;
- balspel; overgooien, ergens iets in mikken;
- bewegingsspel, gymnastiek;
- puzzels, insteekmozaïek;
- zwemmen en muziek (actief en passief).

Structurerende/vormgevende ervaringsordening

In deze fase is het geheel meer dan de som der delen. Er wordt structuur gegeven aan de omgeving. In de vorige fase is het kind zich niet bewust van structuren. Een puzzel is in die fase een aantal stukken die aan elkaar passen. In de vormgevende fase is het een plaat die kan worden gemaakt uit stukjes. Een touw met kralen is niet langer een aantal kralen aan een koord, maar een ketting die je om kunt doen. Er ontstaat hierdoor meer wederzijdse sociale communicatie en diepgang in relaties. Er kunnen nu keuzes worden gemaakt. Deze fase is te vergelijken met de kleuterperiode en de periode van het jonge schoolkind:

- samen boodschappen doen;
- gezelschapsspelletjes;
- uitstapjes met een specifiek doel; iets gaan bekijken;
- projecten ten aanzien van leren koken, uitgaan, vakantie;
- tekenen, schilderen.

Lees verder in *Ervaringsordening* (Timmers-Huigens 2005) of in de Handleiding van *Vlaskamp* (2005).

Omdat het aanbieden van activiteiten een belangrijke taak is van begeleiders volgt nu een opdracht die nog verder ingaat op spelvormen en een opdracht voor de praktijk.

O P D R A C H T

Via spel leert het kind tot oplossingen komen en in het spel komen fantasie en werkelijkheid samen. Naast de indeling van D. Timmers-Huigens zijn er andere indelingen mogelijk en gebruikelijk.
Zo kunnen ook de volgende spelvormen onderscheiden worden:

- ► bewegingsspel en functiespel;
- ► rollenspel en fantasiespel;
- ► constructiespel.

Zoek op hoe deze verschillende spelvormen eruitzien.
Geef overeenkomsten en verschillen aan met de ervaringsfasen beschreven door D. Timmers-Huigens.

Activiteiten uit te voeren op de leefgroep of activiteitengroep waar je werkt of stage loopt.

- ► Kies een cliënt die je ten aanzien van zijn spelgewoonten wil observeren.
- ► Observeer en analyseer of er bij deze cliënt sprake is van:
  – bewegingsspel en functiespel;
  – rollenspel en fantasiespel;
  – constructiespel.
  Motiveer je keuze.

- Beschrijf in welke ontwikkelingsfase de cliënt zit ten aanzien van het spelen.
- Bedenk een spelvorm die aansluit bij het niveau van spelen van de door jou gekozen cliënt en beschrijf stapsgewijs hoe je deze gaat aanbieden.
- Schrijf een verslag waarin je uitgebreid antwoord geeft op bovenstaande vragen en bespreek deze met je werkbegeleider.
- Bied de door jou gekozen spelvorm aan de cliënt en bespreek het resultaat hiervan met je werkbegeleider.

Snoezelen

Snoezelen (een samentrekking van snuffelen en doezelen) is voor veel mensen met een verstandelijke beperking een van hun activiteiten. Het is gericht op het passief en actief gebruikmaken van de zintuigen.

In een snoezelruimte of op de groep kunnen allerhande activiteiten worden uitgevoerd die het mogelijk maken een verscheidenheid aan zintuiglijke indrukken/prikkelingen op te doen zoals:

- kijken naar vloeistofdia's, lichtslang en spiegelbol;
- betasten van voorwerpen die hard, zacht, harig of glad zijn;
- horen van geluiden: zachte muziek, muziekdoosje;
- waarnemen van andere lichaamshoudingen in het ballenbad, op de luchtmatras, op het waterbed;
- spelen met water, scheuren met papier, rommelen met voorwerpen en dergelijke.

O P D R A C H T

In *KLIK* van mei 1994 staat onder 'Nieuws' het volgende.
'Snoezelen is apartheid.'
Een Britse hoogleraar trekt van leer tegen de uitvinding 'snoezelen' nadat hij een bezoek heeft gebracht aan een aantal snoezelkamers. Hij komt tot de conclusie dat snoezelen wel de meest uitgesproken vorm van segregatie (= afzondering) is die hij tot nu toe is tegengekomen. In plaats van kinderen en volwassenen 'normale' ervaringen op te laten doen in het echte leven, worden ze in verschrikkelijk dure snoezelkamers aan namaakervaringen blootgesteld. 'Door te snoezelen zou je informatie krijgen over de "echte" persoon.' Snoezelen kan best, maar dan op het strand of op de kermis; plekken waar iedereen heen gaat.

- Wat vind je van het standpunt van deze man?
- Maak een lijst van de voor- en nadelen van snoezelen.

Vrijetijdsbesteding

In veel woonvoorzieningen is het heel gewoon als er 's avonds maar enkele mensen aanwezig zijn. Veel cliënten zijn de deur uit om een club of een andere activiteit te bezoeken. Dansen, zangclub, zwemmen, cursus, muziek maken, toneel, op bezoek, naar de film, er is ontzettend veel te doen.

De activiteiten kunnen zowel door de instelling zelf georganiseerd zijn als door speciale voorzieningen. Het GJVW (gespecialiseerd jeugd- en volwassenenwerk) organiseert bijvoorbeeld allerlei activiteiten voor mensen met een verstandelijke beperking zoals zaalvoetbal met competitie, dansexpressie, bowlen, yoga, soos- en discoavonden. Als cliënten willen deelnemen, betalen zij contributie.

Begeleiders moeten zich oriënteren op de mogelijkheden die er in de omgeving zijn en cliënten daar attent op maken.

Er zijn mensen met een verstandelijke beperking die nog nooit klassieke muziek gehoord hebben. Terwijl in een antroposofisch instituut iedere cliënt een aantal malen per jaar een muziekuitvoering of een opera bezoekt, al dan niet opgevoerd in de instelling zelf.

Een initiatief van de stichting KLOS-tv is de film voor mensen met een verstandelijke beperking. De naam KLOS staat voor Kleine Omroep Stichting. Deze stichting maakt films over duidelijke onderwerpen gericht op een bepaalde doelgroep. 'Het gezicht' is de eerste productie geweest die gericht is op mensen met een matige, ernstige of diepe verstandelijke beperking (Kroef 1994). In deze film worden allerlei emoties uitgedrukt in de gezichten van twee mimespelers. Smullen van iets dat je lekker vindt, gruwelen van iets vies dat in je mond wordt geduwd, genieten van over je hoofd geaaid worden, boos zijn, verdrietig zijn en getroost worden. Ook dagelijkse dingen als tandenpoetsen, het gezicht wassen, douchen en haren kammen komen in de film voor.

De film verloopt heel rustig, iedere handeling wordt een aantal keren herhaald. Behalve 'dag zeggen' wordt er in de film niet gesproken. Een andere productie is getiteld *Kijken naar dieren*. Het gaat in deze film veelal om langdurende opnames gericht op één enkel facet met ondersteuning van natuurlijke geluiden. De producties zijn te verkrijgen via de NIZW-uitgeverij, zie ook www.vilans.nl

Teleac/NOT heeft al bijna 15 jaar op zondagmiddag een uitzending voor en met mensen met een verstandelijke beperking: *Knoop in je zakdoek*. Hierin worden allerlei onderwerpen besproken en er wordt een quiz gedaan. In 2007 volgde het programma tien mensen die een heel nieuwe fase van hun leven ingaan. Zij verhuizen naar een eigen appartement en dat is best ingrijpend. Sommigen van hen wonen nog bij hun ouders, anderen komen uit het begeleid wonen. Zij gaan allemaal naar een nieuw appartementencomplex in het centrum van een klein stadje. Daar zullen zij buren worden. Dit leidt dan tot het thema 'wonen' : Wat verandert er als je individueel gaat wonen? *Knoop in je zakdoek* laat zien hoe ieder zich op zijn eigen manier voorbereidt: op praktische zaken zoals de verhuizing zelf, wat neem je mee en wat koop je nieuw, op zelfstandig boodschappen doen en koken. En op de emotionele kanten van verhuizen zoals afscheid nemen en nieuwe vrienden maken.

Er is een blad verkrijgbaar met dezelfde titel, met behulp waarvan de onderwerpen die in de televisie uitzendingen aan bod komen, kunnen worden voor- of nabesproken. Aanvullende en ondersteunende informatie wordt hierin uitgebreid gegeven.

Omdat veel mensen met een verstandelijke beperking niet zelfstandig kunnen lezen of hier veel moeite mee hebben, zijn er initiatieven ontwikkeld in ons land om speciale boeken en kranten te maken voor 'moeilijke lezers'. Boeken met eenvoudige woorden en toch een leuk verhaal. Ook zijn er boeken die je niet hoeft te lezen, maar die worden voorgelezen op een cd. Soms is het een combinatie van beide.

Voorbeelden hiervan zijn:
- 'Zet 'm op': een krant op cd;
- 'De lijn': een krant voor licht verstandelijk gehandicapten; en
- 'Blits': een krant op schrift en op cd.

Sport

Hiervoor is al opgemerkt dat er verschillen zijn in de motorische ontwikkeling van mensen met en zonder een verstandelijke beperking.
Dit heeft gevolgen voor het beoefenen van verschillende vormen van sport. Er zal met aangepaste spelregels of materiaal gewerkt moeten worden. Vanuit de integratiegedachte wilde men eigenlijk dat mensen met een verstandelijke beperking van 'gewone' sportclubs lid zouden worden en net zo 'gewoon' mee moesten kunnen doen. Maar dat bleek soms averechts te werken.
'Het gaat bijna nooit goed als een cliënt van ons lid wordt van een gewone sport- of gezelligheidsvereniging. En dat is altijd een klap voor het zelfvertrouwen van de gehandicapte, maar ook een teleurstelling voor degene die hem heeft aangemoedigd.'
Sport beoefenen vraagt nu eenmaal naast motorische vaardigheden ook enige kennis om de basisspelregels te begrijpen.
Er zijn op dit gebied wel degelijk positieve ontwikkelingen. Steeds meer verenigingen stellen een elftal samen van mensen met een verstandelijke beperking, dat tegen een andere vereniging uitkomt. De spelers zijn gewoon lid van de club, maken gebruik van alle faciliteiten en bezoeken alle feesten.
'Natuurlijk was er aanvankelijk enige wrijving in het clubhuis. Sommige leden wisten zich soms geen raad met hun houding. Ze ontdekten langzamerhand dat mensen met een verstandelijke beperking meer positieve dan negatieve eigenschappen bezitten. Ze leggen net als iedereen een kaartje, dammen een potje, of zitten aan de bar. Vooral in een clubhuis vallen veel verschillen weg. De andere clubleden vonden het ook leuk dat wij naar de competitiewedstrijden van het eerste team kwamen kijken. We werden een deel van de club.'

. . . .
O P D R A C H T

Ontspannen doe je in je vrije tijd. Mensen met een verstandelijke beperking moeten zelf kunnen kiezen uit diverse activiteiten/mogelijkheden. Deze opdracht is bedoeld om hen daar een handje bij te helpen.
- ► Maak een brochure waarin verschillende mogelijkheden staan die mensen met een verstandelijke beperking kunnen doen in hun vrije tijd.
- ► Houd hierbij rekening met de verschillende niveaus en de verschillende interesses.
- ► Controleer of, en zo ja onder welke voorwaarden, mensen met een verstandelijke beperking kunnen deelnemen aan de desbetreffende activiteit.

➤ Beschrijf duidelijk wat de voorwaarden zijn om deel te kunnen nemen aan de verschillende activiteiten (bijvoorbeeld wel/geen begeleiding, onkosten, verzekeringen, enz.).

Vakantie

'Een aantal jaar geleden zaten we nog ruim in het geld en gingen alle cliënten minstens twee keer per jaar op vakantie. Nu moeten we rekenen om iedereen één keer te kunnen laten gaan.'

Vakantie, iedereen heeft het en is vaak al maanden van tevoren bezig om zich te verdiepen in allerlei heerlijke bestemmingen. Bijna alle mensen met een verstandelijke beperking gaan in grotere of kleinere groepjes op vakantie. Variërend van een midweek dichtbij tot een vliegreis en twee weken Spanje.

Vooral van cliënten met een ernstig verstandelijke beperking vraagt men zich wel eens af of 'zij er wat aan hebben'. Ouders zijn bang dat het ritme verstoord raakt, vinden dat hun kind meer gebaat is bij zijn vertrouwde omgeving.

Begeleiders zijn het er bijna altijd over eens dat de cliënten die mee zijn op vakantie 'anders' zijn; en zij bedoelen daarmee dan dat ze meer ontspannen, vaak actiever en alerter zijn. Dit moet natuurlijk ook toegeschreven worden aan het feit dat er nu een kleine groep is met 24 uur dezelfde mensen.

Sinds enkele jaren zijn er vakantiebeurzen voor mensen met een verstandelijke beperking. Reisorganisaties presenteren daar hun aanbod met allerlei sportieve en luie vakanties.

CASUS

Paul gaat met drie medecliënten van zijn woongroep en twee begeleiders een weekje op vakantie. Ze gaan naar een bungalowpark, niet ver van de instelling vandaan. De begeleiders hebben deze bestemming gekozen omdat een van hen daar eerder een te gekke vakantie heeft gehad. Een week voor ze gaan vertelt de begeleider, Jenny, aan de cliënten dat ze over een week op vakantie gaan.

Ze maakt samen met hen een 'kalendertje' waar ze iedere morgen een bladzijde af mogen scheuren, tot de dag van vertrek.

Twan, een cliënt die ook meegaat, vindt het allemaal erg spannend en praat de hele dag dan ook nergens anders over. Hij blijft maar 'kamp, kamp' roepen en soms is dit niet te stoppen. De andere drie cliënten wachten rustig af en aan hen is niets bijzonders te merken.

Jenny heeft Twan ook duidelijk kunnen maken dat ze niet op kamp gaan maar op vakantie. Ze vindt het verschrikkelijk dat cliënten vakantie nog steeds kamp noemen en kan zich indenken dat die massale uitstapjes in het verleden niet als positief ervaren zijn. Zij zelf heeft de 'schoolkampen' van vroeger ook niet echt leuk gevonden. Haar voorkeur ging dan ook uit naar vakanties met het eigen gezin. Deze vakanties zijn veel leuker, vindt Jenny. 'Gewoon zoals wijzelf ook op vakantie gaan, naar een vakantiepark waar wij zelf ook onze vakantie vieren. Dat vinden cliënten vast ook veel fijner'.

De dag van vertrek nadert. Paul zit als eerste in het busje en ook in de bungalow.

Na twee dagen waarin ze eens lekker anders dan anders hebben gedaan, scheurt Paul de bekleding van het bankje in de woonkamer kapot.

Jenny heeft gehoord dat hij dat wel eens eerder op een vakantie heeft gedaan toen hij gespannen was, maar nu was het toch ontzettend leuk? Zij en haar collega hadden toch hun uiterste best gedaan om zo veel mogelijk activiteiten met de jongens te ondernemen en hun veel aandacht te geven!

Die nacht maakt Paul ook nog een deken en een bedmatras kapot. Jenny neemt contact op met de instelling. De bereikbaarheidsdienst en een collega van de woning komen Paul ophalen. Helaas voor Paul is deze zo leuke vakantie vroegtijdig beëindigd. 'En we hadden nog zoveel leuke dingen in petto', vertelt Jenny.

· · · · · · · · · · · · · · · · ·
O P D R A C H T

Het is je bekend dat in een 'parc' per weekend niet meer dan 30% van de beschikbare woningen aan mensen met een verstandelijke beperking verhuurd wordt. Jij moet voor een week reserveren; voor een groep van zeven cliënten met drie begeleiders. De cliënten zijn allen mobiel.

Beantwoord eerst individueel de volgende vragen; bespreek ze vervolgens in de groep.

► Wat vind je van de stellingname van het 'parc'?
► Zeg je bij de reservering dat het gaat om een groep mensen met een verstandelijke beperking? (Wat is het verschil met een voetbalclub?)
► Maakt het voor jou verschil bij het reserveren of je kunt zien aan de mensen dat ze verstandelijk beperkt zijn?
► Vind je het jouw taak om bijvoorbeeld de directie aan te schrijven vanwege hun beleid? Bekijk hiervoor ook het beroepsprofiel en de beroepscode.

Werk

Werk is voor de meeste mensen veel meer dan een taak doen of geld verdienen. Mensen vinden werk ook belangrijk, omdat:

· er een beroep gedaan wordt op hun vaardigheden;
· werk hun een uitdaging biedt en de mogelijkheid schept tot ontplooiing;
· ze op een zinvolle wijze hun tijd kunnen besteden;
· ze zowel op als door het werk in contact komen met andere mensen.

Werk geeft een mens het gevoel erbij te horen en biedt structuur en regelmaat in zijn leven.

Ook mensen met een verstandelijke beperking hebben recht op arbeid.

Ook voor hen geldt dat deelname aan het arbeidsproces een belangrijk middel is tot persoonlijke vorming en het verkrijgen van een plaats in de samenleving. En ook zij hebben daarbij recht op een volwaardige beloning.

De Wet sociale werkvoorziening (WSW) draagt de gemeenten op aangepast werk te verschaffen aan degenen die in het vrije bedrijfsleven geen passend werk kunnen vinden. Van alle werknemers die werkzaam zijn vanuit de WSW is ongeveer een kwart verstandelijk beperkt. Er wordt van uitgegaan dat een werknemer die in dit verband werkzaam is ongeveer 33% van de productie haalt van een werknemer in het bedrijfsleven. De arbeid dient gericht te zijn op het behoud, herstel of bevordering van arbeidsgeschiktheid van de werknemer. De sociale werkvoorziening valt onder het ministerie van Sociale Zaken en Werkgelegenheid, dat ook grotendeels de kosten draagt.

In 1990 maakte de toenmalige overkoepelende organisatie van GVT'en bekend dat 13% van hun cliënten geen werk en andere bezigheden (meer) had.
Het aantal thuiszitters neemt jaarlijks toe en wel om drie redenen:
- de sociale werkplaatsen richten zich meer en meer op productie en de mensen met een verstandelijke beperking voldoen niet aan de daar gestelde normen;
- er zijn wachtlijsten voor een plaats in de sociale werkvoorziening;
- de toename van de gemiddelde leeftijd van de cliënten.
Anno 2007 is het aantal thuiszitters meer dan 20%. Hierbij moet opgemerkt worden dat hieronder ook de 65-plussers vallen.

Supported employment

Een recente ontwikkeling, passend bij *supported living* (zie ook hoofdstuk 1) is *supported employment*. Deze uit Amerika afkomstige methode is gericht op het vinden en behouden van regulier werk voor mensen met ernstige beperkingen. Kernbegrippen van de methode zijn: betaald werk, integratie met niet-gehandicapten en continue begeleiding. Niet de beperkingen, maar de mogelijkheden van individuen zijn uitgangspunt.
Het bijzondere van deze werkwijze is dat er gebruikgemaakt wordt van een begeleider (job coach) die de verantwoordelijkheid draagt voor alle facetten van een loopbaan, voorzover een werknemer dat zelf niet kan. De job coach heeft tot taak de arbeidssituatie, de arbeidsprestatie en de mate van integratie op de werkplek regelmatig te beoordelen. Op basis van deze bevindingen biedt hij vervolgtraining en/of begeleiding aan.
De ervaringen en resultaten zijn positief. Hoewel mensen met een verstandelijke beperking langzamer zijn en meer begeleiding nodig hebben, zijn zij als arbeidskracht betrouwbaar. Zij verzuimen heel weinig. Ook op andere gebieden heeft supported employment zijn uitstraling. Zo bleken mensen die via supported employment in de reguliere arbeidswereld aan het werk waren, wat taalontwikkeling, participatie in de samenleving en sociale vaardigheden betreft hoger te scoren dan hun collega's die in beschutte werkplekken aan het werk waren (NcGv 1995).

Dagbesteding in een dag- of activiteitencentrum

Mensen met een verstandelijke beperking die een dagcentrum bezoeken worden deelnemers of bezoekers genoemd. Een dagcentrum is toegankelijk voor mensen vanaf vijftien jaar die voorheen gewerkt hebben in het vrije bedrijf of een sociale werkvoorziening, die het speciale onderwijs afgerond hebben of afkomstig zijn uit instellingen. Zij wonen over het algemeen nog thuis, in een GVT, sociowoning of begeleidwonenproject.
Men streeft ernaar om de deelnemers een zinvolle dagbesteding te bieden, dat wil zeggen dat de activiteiten:
- aansluiten bij de mogelijkheden en interesses;

- bijdragen aan de ontplooiing en ontwikkeling van de zelfstandigheid en zelfredzaamheid;
- bijdragen aan de integratie in de samenleving.

Voor iedere deelnemer wordt een begeleidingsplan opgesteld en daaruit weer een programma. Afhankelijk van de mogelijkheden en wensen die een deelnemer heeft, komt hij in een bepaalde groep. Er zijn groepen waarin vorming en training centraal staat, groepen met arbeidsmatige activiteiten, groepen voor ouderen en groepen met een duidelijk gestructureerd programma. Het accent ligt dus op activiteiten waarbij geen sprake van een productienorm is. Dat wil niet zeggen dat er niets van de deelnemers verwacht wordt.

Zowel hier als op de activiteitencentra van de instellingen wordt geprobeerd om producten te maken die verkocht kunnen worden. Vaak is er een speciale winkel waar je kennis kunt nemen van de creativiteit. Van schalen en bekers tot inpakpapier, kaarten en slingers. Ook schilderijen kunnen bekeken en het liefst gekocht worden. Veel winkels hebben ook een kunstuitleen, waarvan je lid kunt worden en steeds nieuwe schilderijen of andere kunstproducten kunt lenen.

Slapen en rusten

'De vader sliep veel en lang – van zonsondergang tot zonsopgang – want als hij niet sliep begon hij te piekeren, zich allerlei vergeten dingen in het hoofd te halen...'
ANDREJ PLATONOV, DE POTOEDAN

Voor veel mensen met een verstandelijke beperking is het vinden van voldoende rust en slapen een probleem. Net als trouwens bij veel mensen zonder verstandelijke beperking.

Daarbij komt nog dat veel mensen met een verstandelijke beperking afhankelijk zijn wat betreft hun bedtijd van de begeleiding. Houdt de dienst om 21.30 uur op, dan moet iedereen in bed liggen; of je nu 5, 15, 25 of 65 bent!

Natuurlijk zijn er ook veel woonsituaties waarin de mensen zelf kunnen beslissen over hun bedtijd.

De mate waarin iemand behoefte heeft aan rust wordt door verscheidene factoren beïnvloed:
- De leeftijd; een baby heeft ongeveer 16 tot 18 uur slaap nodig; een kleuter ongeveer twaalf uur slaap per nacht; mensen van middelbare leeftijd en ouder zo'n zes tot acht uur per nacht.

  De gemiddelde volwassen Nederlander staat om 7.18 uur op en gaat om 23.24 uur naar bed, slaapt dus 7 uur en 26 minuten. Werkende mensen tussen 25 en 35 slapen gemiddeld 6 uur en 53 minuten. Nederlandse artiesten slapen maar 6 uur en 41 minuten. Sporters daarentegen slapen veel; zo'n 8 uur per nacht.
- Hoewel iedereen een strikt individueel patroon van slapen en waken heeft, is dat specifieke ritme toch min of meer gebonden aan de grenzen van de biologie.
- Medicijnen; enkele voorbeelden zijn:
  - neuroleptica die allerhande vertraagde bewegingsstoornissen kunnen veroorzaken zoals: onwillekeurige slik- en kauwbewegingen; tics rond ogen en mond,

ooglidknipperingen; buigen van de pols, schommelen van het gehele lichaam en schouderophalingen;
- slaapmiddelen veroorzaken verschijnselen als sufheid, concentratiestoornissen, moeheid en ze verstoren de REM-slaap;
- anti-epileptica kunnen, afhankelijk van welk middel wordt gebruikt, onder andere sufheid, duizeligheid, moeheid, spierzwakte, ataxie en visusstoornissen veroorzaken.

Rituelen

'Het is twee uur 's nachts. Ik ga naar bed maar ik kan de slaap niet vatten. Ik denk aan thema's voor nieuwe verhalen. Het wordt licht. Ik neem wat broom om te kunnen slapen.'
MICHAEL ZOSJTSJENKO, IN DE NACHT

Een opmerkelijke uiting van individualiteit is het ritueel. De individualiteit schuilt niet zozeer in het ritueel als zodanig maar in de vormgeving daarvan.
Veel kinderen, maar ook volwassenen (en mensen met een verstandelijke beperking), moeten bepaalde symbolische handelingen in een specifieke volgorde op een bepaalde manier uitvoeren voordat ze met een gerust hart kunnen gaan slapen.
Vaak verschillen de rituelen per levensfase, maar altijd wil men er een innerlijke rusttoestand mee creëren. Zo moet er bij Jan iedere avond voorgelezen worden uit hetzelfde boekje, moet het lichtknopje tweemaal aan- en uitgeknipt worden en moet het muziekdoosje worden afgespeeld. Eerder gaat Jan niet slapen.
Een ritueel is meestal zinvol en helpt iemand met een verstandelijke beperking zich op een overdrachtelijke manier te wapenen tegen de gevaren van het leven. Het maakt het leven voorspelbaar en overzichtelijk.
Soms kan een ritueel verworden tot een lege huls waaraan geen innerlijke bevrediging meer wordt ontleend. De handelingen worden nog wel uitgevoerd, maar ze hebben geen waarde meer.
Soms ook staat het ritueel verandering in de weg. Was de vaste, symbolische handelwijze in eerste instantie een garantie voor stabiliteit en zekerheid, nu is het geworden tot een noodzakelijk uitgevoerde handeling met een dwangmatig karakter. Het roept nu eerder angst en onzekerheid op dan bescherming en veiligheid.

O P D R A C H T

- Welke rituelen (gewoonten) herken je bij jezelf voor het slapen gaan?
- Wat zou er gebeuren als je geen gehoor geeft aan deze rituelen?
- Beschrijf van twee cliënten (naar eigen keuze) hoe aan hun slaaprituelen vormgegeven wordt.
- Geef aan wat er zou kunnen gebeuren als hier geen gehoor aan wordt gegeven. Bespreek dit met je (werk)begeleider.

Cognitie en waarneming

TYPOLOGIE Het cognitie- en
waarnemingspatroon omvat alle cognitieve
functies of kenvermogens. Tot de cognitieve
functies behoren onder andere waarnemen,
informatie verwerken, leren, denken en
problemen oplossen. Ook de adequaatheid
van zien, horen, proeven, voelen en ruiken
en eventuele compensatiemechanismen of
prothesen behoren hiertoe. De pijnzin en
omgang met pijn vallen eveneens onder dit
patroon, alsmede het taalvermogen, geheugen,
oordeelsvermogen en de besluitvorming.

6.1 Inleiding

Cognitieve ontwikkeling is meer dan alleen maar de verstandelijke ontwikkeling. Het omvat alle mentale – geestelijke – processen zoals denken en geheugen, leren, waarneming, taal en fantasie, waardoor mensen de wereld om zich heen leren kennen (De Graaf 1996).

Basis van deze kennis vormen de waarnemingen en het geheugen. Via de zintuigen leer je hoe iemand eruitziet of hoe verschillende voorwerpen aanvoelen. Een veelheid van waarnemingen, in combinatie met handelingen, wordt opgeslagen en vervolgens verwerkt in een bouwwerk van kennis (Verhulst 1994).

Zintuiglijke ontwikkeling

Al in de baarmoeder is de baby in staat geluiden op te vangen. Ook op andere indrukken, bijvoorbeeld het strelen van de buik, kan de baby reageren. Na de geboorte treedt er in het eerste jaar een verschuiving op van de voorkeur voor het gebruik van de nabijheidszintuigen als de tastzin naar het gebruik van zintuigen als zien en horen, de zogenoemde vertezintuigen.

Uiteindelijk is de mens een met name visueel ingesteld wezen. Omdat onze ogen ontelbaar veel prikkels opvangen moeten we een keuze maken, want als we alles wat we zien tot ons door zouden laten dringen dan zouden we overspoeld raken door prikkels. Mensen geven daarbij de voorkeur aan de veranderingen die zich in hun gezichtsveld voordoen. We hebben een voorkeur voor bewegingen en we zijn ons meestal niet bewust van dingen die hetzelfde blijven of die slechts langzaam veranderen (Van der Linden 2006). Die voorkeur voor verandering heeft een evolutionaire basis. Een boom is in principe niet bedreigend voor ons, een vallende boom wel. Bij sommige dieren is dit principe heel duidelijk. Een stilzittende krekel voor de neus van een gekko wordt pas opgegeten op het moment dat hij weg springt, de gekko neemt de verandering waar en slaat onmiddellijk toe.

Vroeger dacht men dat jonge baby's nog weinig waarnamen. Het blijkt echter dat baby's van enkele weken oud al de richting van een geluidsbron kunnen lokaliseren en verschillen in visuele patronen herkennen. Ook met de andere zintuigen nemen baby's al waar. Zij kunnen bekende geuren herkennen (enkele dagen na de geboorte herkennen ze de geur van hun moeder al en uiteindelijk kunnen mensen naar schatting zo'n 10.000 verschillende geuren van elkaar onderscheiden), vieze smaken onderscheiden en veranderingen in temperatuur waarnemen.

Op het consultatiebureau en de basisschool wordt er gekeken naar de zintuiglijke ontwikkeling. Zo onderzoekt men het gezichtsvermogen, gehoor en kijkt men naar de psychomotorische ontwikkeling. De bevindingen worden vastgelegd op een lijst (veel gebruikt wordt het zogeheten Van Wiechenschema, waarin per leeftijdsperiode items zijn opgenomen om deze ontwikkeling te volgen) zodat men zicht heeft op de ontwikkeling van het specifieke kind in relatie tot wat voor zijn leeftijd gebruikelijk is. Om enig idee te geven van items die in een dergelijke lijst zijn opgenomen: bij een leeftijd van één maand reageert het kind op toespreken en bij zes maanden draait het het hoofd naar de kant van het geluid. Bij achttien maanden wijst het twee genoemde voorwerpen aan. Pasgeboren kinderen worden getest op hun gehoor. Dit is een korte test van een minuut die thuis wordt gedaan en de baby merkt er niets van. Met een apparaatje wordt de reactie van het gehoor gemeten op een bepaald geluid. Als de uitslag van de neonatale gehoorscreening onvoldoende is, wordt de test maximaal tweemaal herhaald. Als de uitslag negatief blijft worden de ouders met hun kind doorverwezen naar het Audiologisch centrum. MacFarlane heeft aangetoond dat een baby de geur van de borst waarschijnlijk ook ruikt. Hij liet moeders van vijf dagen oude baby's lapjes dragen in hun bh. Zo'n lapje, dat dan moeders geur had gekregen, legde hij naast het hoofd van de baby tegen de wang aan. Aan de andere kant legde hij een schoon lapje. De kinderen draaiden veel vaker hun hoofd in de richting van moeders lapje.

De tastzin, het voelen wordt in sommige opvattingen het belangrijkste zintuig genoemd voor de baby. Men veronderstelt dat in de aanraking met andere mensen een baby het sterkst de ervaring krijgt 'er te zijn'. De mond neemt vanaf het begin als tastorgaan een bijzondere plaats in. Bij de ontwikkeling tot een persoon nemen de zintuiglijke ervaringen dus een centrale plaats in. Daarnaast is rijping van het geheugen cruciaal (Kohnstamm 2002). Bij sommige mensen doet zich iets merkwaardigs voor, bij hen vermengen de zintuigen zich. Ze kunnen kleuren 'horen' of vormen 'proeven'. Dit verschijnsel heet synesthesie.

Het geheugen

Als je 's ochtends wakker wordt, weet je wie je bent. Als iemand je vraagt of je ooit in Londen bent geweest dan kun je daar bijna zonder na te denken antwoord op geven en er schiet je ineens '1584' te binnen als je een proefwerk geschiedenis maakt. Ongelofelijke hoeveelheden informatie, op de een of andere tot nu toe onbegrepen manier in de hersenen vastgelegd en oproepbaar, maken het leven mogelijk. Om een kleine indruk te geven van de fabelachtige capaciteit van het geheugen is het volgende onderzoek veelzeggend. Proefpersonen kregen tien duizend plaatjes te zien waarna ze 160 paren van plaatjes te zien kregen met als opdracht voor ieder paar aan te wijzen welk plaatje ze al eerder hadden gezien en welk niet. De proefpersonen scoorden gemiddeld in 83% van de gevallen goed. Over het algemeen werkt het geheugen dus vrijwel feilloos, snel en zonder dat je er moeite voor hoeft te doen.

Soms hapert je geheugen. Je kunt je plotseling een naam niet herinneren of je bent iets totaal vergeten, terwijl je het nog zo beloofd had. Dit wil niet zeggen dat de informatie verdwenen hoeft te zijn. Ze is er wel, maar op de een of andere manier kan ze niet te voorschijn gehaald worden. Soms lukt dit plotseling wel, vooral als je de juiste 'zoeksleutels' hebt. De naam van een meisje ligt op de punt van je tong, maar je komt er niet op totdat je het parfum ruikt dat ze gebruikt. Maar soms wordt dat wat ooit in het geheugen was vastgelegd definitief uitgewist. Dit gebeurt bij het gewone vergeten, maar ook bijvoorbeeld als iemand dementeert of bij hersenbeschadigingen ten gevolge van ongelukken of misbruik van alcohol of drugs.

Geheugenonderzoekers maken onderscheid tussen het korteduurgeheugen (of werkgeheugen) dat weer is opgebouwd uit een geheugen voor verbale informatie en een geheugen voor visueel ruimtelijke informatie, en het langeduurgeheugen.

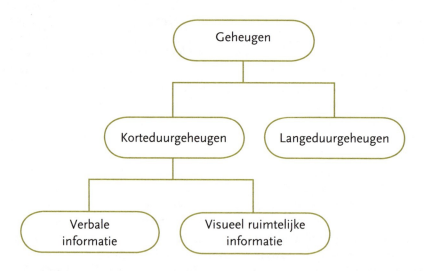

Beide systemen zijn onlosmakelijk met elkaar verbonden. Het werkgeheugen (korteduurgeheugen) is actief, het vestigt de aandacht op iets en besluit of iets belangrijk genoeg is om vastgelegd te worden in het langeduurgeheugen. Later kan het werkgeheugen informatie uit het langeduurgeheugen ophalen wanneer dat noodzakelijk is. Over de wijze waarop informatie precies in de hersenen wordt vastgelegd bestaan nog veel vragen, al is er inmiddels al wel meer zicht op de moleculaire veranderingen in neuronen die samenhangen met het vastleggen van herinneringen. Wel is duidelijk dat het geheugen niet op een specifieke plek in de hersenen zit en dat ingewikkelde biochemische processen op celniveau een belangrijke rol spelen.

Het geheugen speelt overigens niet alleen een rol bij dingen waar je je van bewust bent. Ook allerlei onbewuste verrichtingen hebben het geheugen nodig. Je hoeft niet na te denken over hoe je loopt en je kunt eten en praten tegelijkertijd. Ook voor al die onbewuste, automatische processen (en dat zijn er meer dan de zaken waarvan je je wel bewust bent) heb je een goed functionerend geheugen nodig. Bij dementie bijvoorbeeld zie je dat het geheugen zo kan worden aangetast dat zelfs die automatismen niet goed meer verlopen. Zo weet iemand bijvoorbeeld niet meer hoe hij met mes en vork moet eten of hoe je een rok aan moet trekken. Het korteduurgeheugen heeft een beperkte capaciteit en het werkt niet goed meer als je wordt afgeleid. Het bekendste voorbeeld is altijd als je een telefoonnummer moet onthouden. Je repeteert de opeenvolgende cijfers, het liefst door ze op te delen in hapklare brokken. Dus niet 0487512425 maar 0487/512/425 maar als je tijdens het repeteren wordt gestoord, bijvoorbeeld omdat iemand tegelijkertijd de weg aan je vraagt dan lukt het niet meer. Gemiddeld genomen kan het korteduurgeheugen ongeveer 7 cijfers aan. Ook is belangrijk dat de aangeboden informatie zinvol is. Zinloze, onsamenhangende informatie beklijft maar moeilijk. Wat zinvol is hangt natuurlijk samen met wat je al weet. Een informaticus zal de zin: 'De UltraSPARC IIIi processorchip bevat asynchrone data queues die informatie als geheugenchips accepteren', gemakkelijker reproduceren dan een leek die al snel de draad kwijtraakt omdat het voor hem zinloze informatie betreft. Van belang is dat het voortdurend herhalen van informatie voorkomt dat het geleidelijk aan weer wordt vergeten.

Maar herhaling alleen is niet voldoende om iets voor de lange termijn vast te leggen in je geheugen. Interesse en het concentratievermogen hebben er ook mee te maken. Van belang is dat nieuwe informatie wordt verbonden met reeds aanwezige informatie. Als je iets wilt onthouden construeer dan een netwerk van onderling verbonden kenniselementen waarmee je de onthouden informatie weer kunt terugvinden (Hamaker 2000).

Naast het korte- en langetermijngeheugen wordt er ook wel een onderscheid gemaakt tussen het expliciete en het impliciete geheugen. Het eerste bevat feiten en gebeurtenissen, bijvoorbeeld ik weet dat Twello in Overijssel ligt of dat er vanavond een feest is waar ik met twee vriendinnen naar toe ga. Het impliciete geheugen betreft vaardigheden en gewoonten waarbij je je niet bewust hoeft te zijn van het feit dat je het weet. Een auto besturen, de salsa dansen. Training en herhaling zorgen ervoor dat bepaalde zaken impliciet worden. De geheugenfuncties van mensen met een verstandelijke beperking functioneren minder goed. Nieuwe informatie wordt moeizaam eigen gemaakt en pas na veel herhaling lijkt het te zijn vastgelegd. Omdat we niet precies weten hoe informatie wordt vastgelegd, welke biochemische en moleculaire processen in welke delen van de hersenen daar een rol bij spelen, weten we ook niet op welke punten deze processen precies afwijkend zijn bij mensen met een verstandelijke beperking.

Op grond van het bovenstaande kan wel gezegd worden dat het van belang is om slechts een beperkte hoeveelheid informatie tegelijkertijd aan te bieden en te herhalen. En dat in zinvolle gehelen zonder dat de mens met een verstandelijke beperking wordt afgeleid door andere zaken die zijn aandacht vragen. Daarbij geldt natuurlijk dat er een grotere kans op succes is als de informatie aansluit bij wat de persoon in kwestie interesseert. Zoals gezegd, over het algemeen is het zo dat mensen met een verstandelijke beperking milde tot ernstige geheugenstoornissen hebben. Met name hun vermogen om nieuwe informatie te integreren in bestaande informatie schiet tekort.

De ernst van de geheugenproblemen bij mensen met een verstandelijke beperking wordt mede bepaald door hun relatie tot de omgeving. In een steunende omgeving zullen de gevolgen van een minder functionerend geheugen meevallen, zeker als de persoon in kwestie sociaal vaardig is of over adaptieve kwaliteiten beschikt. Ook in een omgeving die relatief weinig een beroep doet op cognitieve functies en/of geheugenfuncties zal het mindere functioneren niet opvallen en minder gevolgen hebben. Van de Nederlandse bevolking heeft 0,7 % een verstandelijke beperking, terwijl 2,5 % van de bevolking een IQ heeft dat lager is dan 70. 1,8 % van de bevolking zou je dus formeel verstandelijk gehandicapt kunnen noemen. Echter doordat ze zijn ingebed in een beschermende omgeving die niet te veel van hen eist, of omdat ze wellicht adaptieve vaardigheden hebben waardoor ze zich staande weten te houden, zijn de gevolgen minder zichtbaar. Een minder functionerend geheugen op zichzelf zegt dus niet zoveel, je moet dat altijd beschouwen in relatie tot andere vaardigheden en omgevingsfactoren. Je zou kunnen zeggen dat de (genetische) aanleg de grenzen van het IQ bepaalt, bijvoorbeeld tussen de 40 en 70 maar dat de omgeving bepaalt hoe hoog het IQ binnen die grenzen zal zijn. Een stimulerende omgeving waarin het kind van jongs af aan nieuwe ervaringen kan opdoen zal uiteindelijk een hoger IQ opleveren dan de omgeving die niet of nauwelijks reageert op het kind en het kind geen ervaringen aanbiedt.

Opmerkelijk genoeg zijn er talloze voorbeelden van mensen met een verstandelijke beperking die over exceptionele geheugens beschikken. Deze mensen werden ooit ietwat denigrerend aangeduid met de term 'idiots savants'. Sommigen kunnen verbazend goed hoofdrekenen of ze hebben de eeuwigdurende kalender in hun hoofd. Het zijn afgebakende talenten die als het ware geïsoleerd staan van hun verdere vermogens. Zo kent Kim Peek, de verstandelijk gehandicapte man op wie de film 'Rainman' is gebaseerd, 7600 boeken uit zijn hoofd en alle postcodes van de Verenigde Staten. Leslie Lemke, een meervoudig gehandicapte man componeert muziek en speelt op de piano foutloos duizenden muziekstukken. Hij hoeft een pianostuk maar een keer te horen om het zonder haperen na te spelen. Bij sommige mensen ontstaat het bijzondere talent (bijvoorbeeld heel mooi kunnen tekenen) als ze frontotemporale dementie (de ziekte van Pick) ontwikkelen. Bij 10% van de autisten zouden deze bijzondere talenten voorkomen, bij (andere) mensen met een verstandelijke beperking zou het om 1 op de 2000 mensen gaan. Het komt vaker voor bij mannen. Als mogelijke oorzaak van dit merkwaardige fenomeen wordt gesuggereerd dat het genetisch zou kunnen zijn of dat er misschien sprake is van beschadigingen aan specifieke hersenstructuren zoals de hippocampus en amygdala of dat beschadigingen in het linker deel van de hersenen het rechter deel die laten compenseren. Hoe het precies zit weten we niet (Treffort 2004).

Communicatieontwikkeling

De ontwikkeling van communicatie en het verloop ervan zijn van veel factoren afhankelijk. Bijvoorbeeld het gehoor, cognitieve functies en spraak. In de hersenen zijn taalproductie en taalbegrip producten van complexe, samenwerkende netwerken die zich voornamelijk in de linkerhersenhelft bevinden. Wij willen hier ingaan op de taalontwikkeling als onderdeel van de communicatie.

Het begrip 'taal' kan worden omschreven als spraakklanken met behulp waarvan mensen samenwerken en gedachten en gevoelens aan anderen kenbaar maken. Dankzij dit ingewikkelde communicatiesysteem zijn wij in staat om kennis en cultuur aan elkaar door te geven. Zonder dit vermogen zouden we nooit de veelzijdige en ingewikkelde samenlevingen hebben kunnen opbouwen die we nu kennen. Taal is een evolutionair product en het is ons aangeboren al is er een kritische periode waarin je gebruik moet gaan maken van de gesproken taal. Als kinderen geen taal krijgen aangeboden in hun eerste levensjaren dan kunnen ze dat tekort later nooit inhalen. Naast de spraak is er geschreven taal en gebarentaal; dit is een onderscheid naar uitingsvorm.

Je kunt ook een onderscheid maken in:

- *Taalbezit* (ook wel passieve taal genoemd).
Taalbezit bestaat uit alle ervaringen die iemand heeft met taal en die innerlijk verwerkt zijn tot een zinvol geheel zodat anderen kunnen worden verstaan en kunnen worden begrepen. Taalbezit is af te leiden uit: reactie op gebaren, geluiden, woorden en zinnen. Dit is taalbegrip.
- *Taalgebruik* (actieve taal).
Taalgebruik is het gebruik van klanken en het maken van klankcombinaties tot zinvolle gehelen, zodat een ander het kan begrijpen. Dit is taalproductie. (Timmers-Huigens 2005).

Daarnaast bestaat natuurlijk ook nog het vermogen te lezen en te schrijven, de geletterdheid. Naar schatting hebben in westerse geïndustrialiseerde samenlevingen 10 tot 20 procent van de mensen moeite met lezen en schrijven.
Al in zijn eerste levensmaand reageert een baby op geluiden. Als hij een maand of twee tot vier is, ontstaat het zogenaamde vocaliseren (kirren). Met een maand of zes begint het kind brabbelachtige geluiden te maken. Ook dove kinderen maken die geluiden. Rond de negen maanden zegt het kind dada, baba of gaga. Het brabbelen wordt nu ook gebruikt om reacties bij anderen op te wekken, hij produceert geluidjes van verschillende hoogte. Rond de eerste verjaardag komt tot grote vreugde van de ouders het eerste woordje. De woordenschat breidt zich snel uit en rond de tweede verjaardag is de vocabulaire gegroeid tot 270 woorden. Als het kind ongeveer vijftien maanden is, zal het een paar woordjes gebruiken, waarvan hij ook begrijpt wie of wat het is: meestal papa, mama (De Vries 2000).
Rond de leeftijd van twee jaar noemt het kind zich bij zijn eigen naam en een halfjaar later kent hij het onderscheid tussen ik en jij en benoemt dat ook zo. De taalontwikkeling gaat nu razendsnel. Tussen het derde en vierde jaar stelt het kind veel 'waarom'-vragen. Als hij eenmaal op de basisschool zit kan hij thuis vertellen wat hij heeft gedaan. Ook kent hij dan meer abstracte begrippen als dorst en warmte. Voor de ontwikkeling van het schrijven is naast het beheersen van begrippen als 'op', 'onder', 'naast', 'voor' en 'achter' ook motorische vaardigheid nodig. Sommige kinderen kunnen niet (leren) schrijven omdat de motoriek nog niet leeftijdsadequaat is.
Daarna blijft de woordenschat en het vermogen om abstract om te gaan met taal zich ontwikkelen. Ieder jaar komen er weer nieuwe woorden bij, zoals sms'en, chatten of woorden die een nieuwe betekenis krijgen zoals vet of wreed, zodat iemand op taalgebied nooit uitontwikkeld is.

Cognitieve ontwikkeling volgens Piaget

Er zijn meer manieren waarop je naar de ontwikkeling van het leren kunt kijken. Een van de meest uitgewerkte theorieën is die van Piaget. Deze theorie wordt hier behandeld omdat begrippen die Piaget noemt, veel gebruikt worden en omdat zijn theorie zeer invloedrijk is gebleken.

In de theorie van Piaget is evenwicht of equilibrium een belangrijk begrip. Daarmee wordt het evenwicht bedoeld dat er is tussen de prikkels van buiten en iemands reactie daarop. Het zal duidelijk zijn dat dit evenwicht nooit werkelijk zal bestaan. Het is dus geen statisch, maar een dynamisch begrip want er is nooit een toestand van evenwicht. Je kunt het vergelijken met de getijden van de zee: eb en vloed vloeien steeds in elkaar over. Het evenwicht ondergaat steeds veranderingen door de omgeving of de mens zelf. En dat is de motor van de ontwikkeling.

In de ontwikkeling van het denken zijn volgens Piaget twee belangrijke processen (basisprincipes) te onderscheiden, namelijk organisatie en adaptatie.

- *Organisatie*
Dit is de neiging om verschillende processen te combineren in samenhangende structuren of systemen. Een voorbeeld is het grijpschema: organiseren van kijken, pakken en zuigen in een samenhangend systeem, het grijpen.
- *Adaptatie*
Dit is de neiging tot het aanpassen aan/van de omgeving; het is een actief proces (dus niet het passief aanpassen).

Binnen adaptatie zijn twee processen te onderscheiden

- *Assimilatie*
Het opnemen van een nieuwe gebeurtenis in een bestaand schema. Een voorbeeld hiervan is het zuigen aan een bal. De bal is dan ook 'om te zuigen', de bal is dan opgenomen in een bestaand schema (het zuigschema). Zo kunnen kinderen zaken uit de omgeving inpassen in hun verworven ervaring, kennis en kunde.
- *Accommodatie*
Het wijzigen van een bestaand schema of het creëren van een nieuw schema als antwoord op een nieuwe gebeurtenis in het leven. Kinderen passen zo interne structuren aan als reactie op gebeurtenissen buiten henzelf. Zo lost het kind problemen op.

Voorbeeld: de vallende bal
Het kind ziet dan (eerst toevallig) de relatie tussen het loslaten van de bal en het effect hiervan: stuiteren en rollen.

Dit accommoderen lukt alleen als het om problemen gaat die aansluiten op wat het kind kan: een tweejarige kan niet rekenen, daarvoor ontbreken nog de nodige voorwaarden (begrip van hoeveelheid, visuele discriminatie).

Het begrip 'schema of psychologische structuur' neemt in de theorie van Piaget ook een belangrijke plaats in. Een schema is niet iets dat direct aanwijsbaar is op de een of andere wijze of op de een of andere plaats. Hoe moeten we dat dan zien, zo'n schema?

Als een volwassene (of een kind) een bepaalde activiteit verricht, dan doet hij dat nooit tweemaal op precies dezelfde manier. Wel is het zo dat aan die activiteit een bepaalde basisstructuur, eenzelfde principe is te onderkennen. Dat is nu een schema. Je zou ook kunnen zeggen: een formule.

Bij een jong kind zijn het vooral sensomotorische schema's als kruipschema, grijpschema, zuigschema. Kinderen die ouder zijn dan twee jaar hebben zogeheten ognitieve of operationele schema's. Voorbeelden daarvan zijn het classificatieschema (soorten bij elkaar leggen) en het ordeningsschema (stokken van gelijke lengte bij elkaar leggen). Schema's zijn dus noodzakelijk voor een kind om kennis te verwerven. In de ontwikkeling van de cognitie worden de volgende stadia onderscheiden:

- *Sensomotorisch stadium (0-2 jaar)*
  De pasgeborene beschikt over een aantal reflexen en gedragsschema's zoals zuigen, grijpen, zich heen en weer bewegen en tegen iets slaan.
  In deze periode gaat het om concrete handelingen in de vorm van motorische activiteit en niet om imaginaire of voorgestelde handelingen.
  Aanvankelijk is het kind louter reflexief. Er is nog geen enkele vorm van differentiatie tussen het kind en zijn omgeving. Pas later is er sprake van een onderscheid tussen hem en zijn omgeving, tussen subject en object.
  Dit laatste veronderstelt objectpermanentie, een soort innerlijke representatie van iets wat afwezig is. Het speeltje dat onder een deken wordt verstopt is dan niet echt weg. Moeder die zich in de keuken bevindt en uit het oog van haar kind is, is daarmee ook niet echt weg.
  Pas vanaf acht à negen maanden zoekt het kind objecten (voorwerpen) die verborgen zijn. Iets bestaat dan ook voor het kind als hij het niet direct ziet. Na twaalf à vijftien maanden gaat een kind objecten zoeken waar hij deze het laatst zag verdwijnen. Pas dan is het kind in staat zich dingen 'voor te stellen' zonder ze concreet en direct te zien.
  Dit proces wordt wel genoemd decentrering: het kind komt los van zichzelf en komt ertoe zichzelf en de omgeving als afzonderlijke eenheden te zien.

- *Het preoperationeel stadium (2-7 jaar); peuter- en kleuterfase*
  In dit stadium is het kind in staat tot symbolisch gedrag. Dit betekent dat er een vorm van interne activiteit te bespeuren valt. Een symbool overstijgt het concrete gebeuren en verwijst naar iets wat het zelf niet is. Een voorbeeld hiervan is een woord. Het woord 'auto' verwijst naar een auto, een rijdend ding, maar is zelf geen auto.

Het preoperationele kind is dus in staat systematisch taal te verwerven, uitgesteld te imiteren, mentaal te verbeelden. Het kan symbolisch spelen: het 'doen alsof spel'. Het kind kan dan de rol van moeder spelen, het kan doen alsof een pop een kind is.

Kortom het kind heeft een voorstelling van de wereld om zich heen in zijn hoofd. Het preoperationele kind is nog sterk egocentrisch. Het kan zich nog niet inleven in het perspectief van een ander.

Echt samenspelen is dan nog uitgesloten. Kinderen spelen in dit stadium naast elkaar, niet met elkaar.

Verder is het preoperationele denken nog eendimensionaal ofwel gecentreerd. Het kind let nog maar op één dimensie. Dit wordt bewezen door een experiment met glazen water. Het kind zal na overgieten van twee gelijkgevormde en gelijkgevulde glazen in twee verschillende glazen (één hoog en smal en één laag en breed) zeggen dat het hoge, smalle glas het meeste water bevat. Het kind let dus op slechts één dimensie, in dit geval de hoogte van het glas.

Voorbeeld

Marieke, heb je een zusje? Ja. Hoe heet ze? Trudie. Heeft Trudie een zusje? Nee. De relatie 'subject is zus van Trudie' is voor het kind niet omkeerbaar. Het denken is nog irreversibel of onomkeerbaar.

Het kind is ook niet in staat een handeling in gedachten ongedaan te maken door die handeling in omgekeerde volgorde nogmaals uit te voeren.

Het concreet-operationeel denken (7-11 jaar); het schoolkind
Het concreet-operationele kind kan bijna alles wat het kind in het vorig stadium niet kon. Het kind heeft nu een grotere mate van decentratie.

Het denkt multidimensioneel. Het bewijs hiervoor wordt geleverd door de conservatie- experimenten. Zie het voorbeeld van de glazen water. Dit gaat nu ook op voor massa, volume en aantallen.

Ook denkt het kind nu reversibel (omkeerbaar). Zie het voorbeeld van het zusje.

Dit stadium heeft nog wel onvolkomenheden. De belangrijkste is, en dat zegt de naam van het stadium al, concreet-operationeel. Dit betekent dat het kind in staat is tot 'logische activiteiten' in het denken, maar die moeten wel gekoppeld zijn aan concreet aanwezig materiaal. Zo kan het kind wel classificeren als er materiaal aanwezig is (bijvoorbeeld leg de blokjes bij elkaar die bij elkaar horen: rood-vierkant, rood-rond, blauw-vierkant en blauw-rond). In verbale termen, dus zonder het zien van het materiaal of afbeeldingen daarvan, kan het kind dit probleem nog niet oplossen.

Piaget heeft een aantal criteriumtaken ontwikkeld waarmee de overgang van stadium 2 naar stadium 3 kan worden bepaald. Volbrengt het kind die taken, dan zit het in het concreet-operationele stadium.

Enkele voorbeelden daarvan zijn:

* serieel ordenen: orden stokjes van verschillende lengte. Het concreet-operationele kind kan dit;

- classificeren: het concreet-operationele kind kan dit; zie het voorbeeld van de blokjes;
- conservatiebegrip: het kind begrijpt dat bepaalde eigenschappen van een object onveranderlijk blijven ondanks bepaalde transformaties; zie het voorbeeld van de glazen water.

Het formeel-operationele stadium (vanaf 11 jaar)
Dit denken is zoals het ook bij de volwassene voorkomt. De twee belangrijkste kenmerken zijn hypothetisch-deductief denken en combinatorisch denken.

Voorbeeld van hypothetisch-deductief denken
Probleem: de schemerlamp doet het

Hypothesen: de stekker zit er niet in;
de lamp zit los;
de lamp is defect;
er zit een draadje los;
het stopcontact werkt niet.

Voorbeeld van combinatorisch denken
Stel, je geeft het kind vijf glazen met vloeistof gevuld. Een bepaalde combinatie van deze vloeistoffen doet de gecombineerde vloeistof verkleuren. Het kind moet nu die typische combinatie achterhalen.

Hypothetisch-deductief denken In tegenstelling tot het kind dat concreet-operationeel denkt, gaat een kind nu een probleem analyseren door 'hypothetische oplossingen' te formuleren (dat wil zeggen, het veronderstelt een aantal oplossingen). Het kind leidt dan een bepaalde oplossingsstrategie af. Er worden dus verbaal oplossingsmogelijkheden geformuleerd (probleemoplossend denken, de basis voor het methodisch werken!). In het voorbeeld van de kapotte schemerlamp loopt het kind deze hypothesen systematisch na. Een concreet-operationeel kind daarentegen gaat direct op het probleem in en probeert maar wat.

Combinatorisch denken Dit ligt in het verlengde van het vorige. In het voorbeeld van de vijf glazen vloeistof zou een concreet-operationeel kind maar wat proberen. En als het dan bij toeval de juiste kleurencombinatie achterhaalt kan het deze niet zonder meer reproduceren. Het formeel-operationele kind nu stelt eerst een matrix of tabel op van alle theoretische mogelijkheden en probeert dan elke cel van deze matrix uit. Bereikt het kind de goede oplossing, dan kan het deze reproduceren.

Het werk van Piaget op het terrein van de cognitieve ontwikkeling overtreft in omvang alle andere onderzoekers. Het inzicht in het denken van kinderen is door zijn inspanningen toegenomen.

Opvattingen over leren
Naast de theorie van Piaget, die uitgaat van opeenvolgende stadia in de cognitieve ontwikkeling, zijn er meer manieren van leren. We noemen hier enkele die vol-

gens ons ook van belang zijn bij de begeleiding van mensen met een verstandelijke beperking.

Over de invloed van aanleg bij een kind op wat het uiteindelijk weet, zijn de
wetenschappers het niet helemaal eens. Men is het erover eens dat het invloed
heeft, maar men is het niet eens over de mate waarin. Leren kun je omschrijven
als: een blijvende verandering in wat iemand kan of weet op grond van ervaringen
(Kohnstamm 2002).

Het woord ervaringen is in deze omschrijving heel belangrijk. Het betekent dat
leren niet vanzelfsprekend gebeurt, maar dat er factoren zijn die maken of je meer
of minder kunt leren. Op grond van deze ervaringen sla je informatie op in je
geheugen en je maakt er de volgende keer weer gebruik van. Zo breidt hetgeen je
weet zich steeds meer uit. Begrippen die belangrijk zijn voor begrijpen en leren
zijn dus: waarnemen, opslaan en reproduceren.

Kritiek op de opvattingen van Piaget

Er is ook terechte kritiek op zijn werk en onderzoek. Zo wekken zijn proefjes
weinig belangstelling op bij kinderen. Daarnaast zijn de verklaringen die hij
geeft voor het waargenomene te simpel. Het denken en doen van kinderen wordt
verklaard door een veelheid aan factoren. De invloed van de taal krijgt te weinig
aandacht. Ten slotte is gebleken dat kinderen op veel jongere leeftijd dan Piaget
veronderstelde, bepaalde vaardigheden kunnen leren door training.

Volgens critici houdt Piaget in zijn theorie te weinig rekening met sociale en culturele factoren die ten grondslag kunnen liggen aan individuele verschillen tussen
kinderen. Voorts zou de nadruk te veel liggen op het verbale en is er te weinig aandacht voor de standaardisatie.

Ontegenzeglijk heeft Piaget veel wetenschappers geïnspireerd en zal hij dat waarschijnlijk blijven doen. Toch is er zoals gezegd kritiek op de oude meester. Er zijn
wetenschappers die pogen de opvattingen van Piaget te weerleggen en er zijn er
die voortbordurend op zijn werk nieuwe inzichten in het theoretische bouwwerk
proberen te integreren.

Volgens Piaget zijn basisbegrippen die mensen gebruiken (zoals tijd of oorzaak)
noch aangeboren noch willekeurig, maar komen ze tot stand in een proces van
autonome constructie.

Uit verscheidene ingenieuze onderzoeken echter blijkt dat basisbegrippen als
bovengenoemde van de cognitie al veel eerder aanwezig zijn dan Piaget veronderstelde. Zeer jonge baby's blijken bijvoorbeeld al rationeel om te gaan met
ervaringen.

Piaget beweerde ook dat de door hem geformuleerde stadia universeel zijn.
De cultuur zou geen invloed hebben op de aard en de volgorde van de stadia, maar
wel op de snelheid waarmee ze zich ontwikkelen.

Critici kunnen zich niet vinden in die universele opvatting. Zij wijzen erop dat de
taken die Piaget beschrijft te sterk ingebed zijn in de westerse cultuur. Net zoiets
als de IQ-test. Piaget was van mening dat kinderen zich het best ontwikkelen als
ze dat doen met kinderen van hetzelfde niveau. Talloze onderzoeken tonen echter
aan dat dit niet het geval is; vooruitgang wordt meestal geboekt wanneer kinderen
met een lager niveau geconfronteerd worden met kinderen van een hoger niveau.
Als dit zo is dan heeft dat interessante gevolgen voor mensen met een verstandelijke beperking.

We moeten ons wel bedenken dat veel nog onopgelost is op dit terrein. Mentale processen als denken of het gebruik van taal zijn nog met veel raadselen omgeven en er zijn zelfs onderzoekers die menen dat een aantal vragen zoals bijvoorbeeld die over de aard van ons (zelf)bewustzijn nooit beantwoord kunnen worden.

Kagan (2002) wijst er bijvoorbeeld op dat de verscheidenheid aan gedrag, gevoelens en cognities gebaseerd moet zijn op meer dan één mentaal basaal proces, en het werk van de neuroloog Damasio (2001) toont aan dat er een gunstige samenhang bestaat tussen gevoel en verstand, dat bewustzijn en emotie op dezelfde biologische basis steunen. Beslissingen zijn kwalitatief goed als ze als het ware zijn ingebed in gevoelens. Alleen maar het rationele als uitgangspunt willen en proberen de gevoelens uit te schakelen, zoals ons door velen wordt voorgehouden, leidt waarschijnlijk tot slechtere besluiten. Cognities kunnen maar het best in samenhang met de gevoelens worden bekeken.

6.2 Cognitie en waarneming in relatie tot mensen met een verstandelijke beperking

In dit gedeelte gaan we in op de cognitie bij mensen met een verstandelijke beperking en vervolgens op de problemen die zich daarin kunnen voordoen. Problemen met het denken, het geheugen en de creativiteit. Vooraf: het zal duidelijk zijn dat wat cognitie en waarneming betreft de hersenen een essentiële rol vertolken. Opvallend is dan dat er relatief weinig onderzoek is gedaan naar hersenprocessen en hersenafwijkingen bij mensen met een verstandelijke beperking die zouden kunnen verklaren waarom bijvoorbeeld het geheugen niet goed werkt bij hen.

Op grond van het onderzoek dat wel is gedaan (in Nederland) stelt men vooralsnog dat een verstandelijke beperking meestal het gevolg is van afwijkingen tussen verbindingen van zenuwcellen in de hersenschors.

Doordat die verbindingen niet goed zijn, verloopt de verwerking van informatie (die via de zintuigen in de hersenen binnenkomt) niet optimaal.

Dit idee wordt ondersteund door uitkomsten van ander onderzoek waaruit blijkt dat bij enkele erfelijk bepaalde vormen van verstandelijke beperking genen, die er normaal gesproken voor zorgen dat zenuwcellen goed met elkaar zijn verbonden, gemuteerd zijn waardoor die verbindingen niet goed tot stand komen. Deze opvatting staat bekend onder de naam Netwerk Hypothese (Ramakers 2004).

Ook moeten we bedacht zijn op de valkuil alle cognitieve problemen zonder verder na te denken toe te schrijven aan de beperking als zodanig. Net zo goed als mensen met een goed stel hersens soms tijdelijk onder invloed van uitwendige factoren minder functioneren op cognitief vlak, zo geldt dat ook voor mensen met een verstandelijke beperking. Zo heeft langdurige stress negatieve gevolgen voor het functioneren van het geheugen.

De stoornissen op het gebied van de zintuigen komen elders uitgebreid aan de orde. Hier gaan we met name in op sensorische over- en onderprikkeling. De communicatie, de vormen van communicatie en welke mogelijkheden er zijn om dit in kaart te brengen, komen als laatste aan bod.

Mensen met een verstandelijke beperking hebben per definitie een achterstand in hun cognitieve ontwikkeling. In de al eerder aangehaalde definitie van de DSM

IV-TR wordt immers genoemd: verstandelijk onder het gemiddelde functioneren; een IQ van 70 of minder. Daarnaast is er bij alle mensen met een verstandelijke beperking sprake van een stoornis in een van de cognitieve functies en/of de waarneming.

Cognitie

Een veelgehoorde uitspraak in de zorg voor mensen met een verstandelijke beperking is: 'Hij functioneert op een leeftijd van vier jaar.' Maar waarover heb je het dan? Over iemand zijn begripsvermogen, over iemands taalontwikkeling, zijn emotionele of sociale ontwikkeling? Vaak zegt dit alleen iets over de manier waarop mensen een persoon kunnen benaderen, hem iets duidelijk moeten/kunnen maken. Het geeft aan of je bijvoorbeeld twee of meer opdrachten in een zin kan geven ('loop even naar de keuken en haal uit de bovenste la naast de koelkast een schaar').

Maar het verband met de sociale en emotionele ontwikkeling komt in bovenstaande uitspraak zeker niet tot uitdrukking. Zoals gezegd is cognitieve ontwikkeling meer dan alleen het denken. Het gaat ook over het geheugen en dat omvat het proces van informatie waarnemen, opslaan, vasthouden en reproduceren. En dat proces is weer afhankelijk van het goed functioneren van zintuigen, concentratie/aandacht, het kunnen structureren en integreren van informatie en de terugkoppeling naar de juiste situatie maken. Juist in dit proces zijn er veel stoornissen en beperkingen bij mensen over wie we het hier hebben.

CASUS

Helga komt direct op je af als je binnenkomt en vraagt je het hemd van het lijf. 'Wanneer ben je geboren, wat is je huisnummer, wat is je telefoonnummer?' Als je haar antwoord geeft, lijkt ze de cijfers nog even na te kauwen, om ze vervolgens nooit meer te vergeten. Kom je een maand of een jaar later terug dan weet ze nog precies te vertellen wat jouw geboortedatum is. Maar vraag je haar wat ze vanmorgen op haar brood heeft gehad, dan moet ze je het antwoord schuldig blijven.

Het is, zoals hierboven al is gezegd, opvallend dat nogal wat mensen met een verstandelijke beperking een buitengewoon goed geheugen hebben voor een specifiek onderwerp. Sommigen weten alles van automerken of stofzuigers, alles van een bepaalde zanger of vertrektijden van bussen.
Om informatie weer uit het geheugen te halen, zul je iets moeten kunnen herkennen en je iets moeten kunnen herinneren. Het vermogen om te herkennen is al bij baby's aanwezig, terwijl het vermogen om zich bewust iets te herinneren pas in het tweede levensjaar tot ontwikkeling komt (Verhulst 1994).
Dit betekent dat mensen met een zeer ernstige verstandelijke beperking wel tot herkenning komen. Zij lachen als een bekende bij hen komt, zij herkennen geuren. Iedere keer weer opnieuw. Zij kunnen zich geen voorstelling maken van iets wat er niet is. Nieuwe ervaringen kunnen dus niet verbonden worden met dat wat zij al weten. Dit betekent dat nieuwe ervaringen vaker aangeboden moeten wor-

den, zodat ze ook herkend kunnen worden. Hierbij moet gewaakt worden voor de zogenaamde 'habituatie'; als een prikkel een aantal keren is aangeboden, gaat het plezier eraf en wordt er niet meer op gereageerd.

Mensen met een matige verstandelijke beperking kunnen zich situaties en personen herinneren en zijn daardoor in staat om hun gedragsrepertoire uit te bouwen. Zij leren vooral doordat zij beloond worden voor iets dat goed ging. Zij zullen die situatie dan ook willen herhalen. De kans is aanwezig dat daardoor dwangmatig gedrag ontstaat. Hulpverleners moeten ervoor zorgen dat nieuwe prikkels goed aansluiten bij dat wat zij al weten, kennen of kunnen. Het leren gebeurt veel door dingen na te doen.

Mensen met een lichte verstandelijke beperking hebben de meeste moeite met abstract en probleemoplossend denken. Onze taal is vol symbolen en beeldspraken en zij kennen wel woorden en begrippen, maar die gaan over een waarneembare werkelijkheid.

Het zelfstandig problemen of situaties oplossen is moeilijk, omdat zij niet zo goed verbindingen kunnen leggen, geen samenhang zien tussen oorzaak en gevolg. Zodra de situatie minder voorspelbaar wordt, moet je kunnen 'generaliseren': het toepassen en vertalen van wat je hebt geleerd in andere situaties.

Het feit dat dat niet zo goed lukt bij mensen met een verstandelijke beperking wijten onderzoekers aan een tekort in 'algemene cognitieve vaardigheden', vaardigheden die niet taak-specifiek zijn. Mensen met een verstandelijke beperking geven weinig blijk van kennis over de manier waarop ze bepaalde taken moeten uitvoeren. En of dit nu komt omdat er werkelijk een tekort is en hij in een van de ontwikkelingsstadia is blijven 'steken' of omdat de wijze van aanleren hierop niet is afgestemd, is niet altijd duidelijk (Van Gemert 2003).

Mensen met een lichte verstandelijke beperking kunnen ook moeite hebben met de tijdsbeleving, dat wil zeggen:
- tijdsregistratie en tijdsoriëntatie;
- tijdsperspectief: de toekomst;
- het niet kunnen uitstellen: impulsiviteit.

Bij het leren moet er rekening gehouden worden met:
- *grondigheid:* niet even oppervlakkig iets zeggen, maar volledig zijn, goed inprenten, goed uitleggen;
- *motivatie en zinvolheid:* zij zullen iets beter begrijpen als de informatie aansluit bij hun behoefte en beleving. Algemene informatie wordt dan pas interessant, als ze nieuwsgierig gemaakt zijn;
- *feedback en herhaling:* dit is nodig om te zien of iets begrepen is en om het steeds opnieuw te onthouden;
- *hoofd-hand-hart-methode:* ervan uitgaan dat leren niet alleen cognitief (hoofd) is, maar dat bij leren ook de emotionele kant aan bod moet komen (hart), en dat er vaardigheden geoefend moeten worden (hand);
- *materiaal, tijd en ruimte.*

Mensen met een verstandelijke beperking moeten de kans krijgen om fouten te maken en zodoende te leren. Ouders en begeleiding zijn vaak geneigd om die situaties aan te bieden die veilig en bekend zijn. Dit noemen we *errorless learning* en het leidt tot vergroting van de afhankelijkheid.

De Israëlische psycholoog R. Feuerstein is ervan overtuigd dat als mensen met een verstandelijke beperking op een aangepaste manier worden opgevoed en opgeleid, zij veelal tot normale leerprestaties en sociaal gedrag in staat zijn,en tot abstract denken kunnen komen. De uitdrukking 'hij zit aan zijn plafond' is voor hem uit den boze. Ieder mens is veranderbaar, als ouders en begeleiders er maar in geloven.

Zijn methode is gebaseerd op het *ontdekkend leren*. Kinderen krijgen te maken met verschijnselen en worden gestimuleerd om erover na te denken. Begeleiders moeten uitdagend en stimulerend zijn, nieuwsgierigheid opwekken. Iemand aan de hand nemen tot hij enig begrip gaat tonen en nieuwsgierig wordt.

Kinderen met een verstandelijke beperking moeten gewoon naar de basisschool en een 'instrumenteel verrijkingsprogramma' krijgen, dat wil zeggen: een serie oefeningen waarmee kinderen allerlei hersenfuncties trainen. En natuurlijk is er op de gewone basisschool de stimulerende invloed van leeftijds- en klasgenootjes.

O P D R A C H T

Deze opdracht is bedoeld om een relatie te leggen tussen de theorie van Piaget en de mensen met een verstandelijke beperking die je tegenkomt op je stage/in je werk.

► Zoek twee mensen met een verstandelijke beperking uit op jouw stageplaats/werk waarvan jij vindt dat ze een verschillend niveau hebben.

► Probeer, met behulp van de ontwikkelingsstadia zoals Piaget die benoemt, het ontwikkelingsstadium van die twee mensen te beschrijven.

► Kun je ook de begrippen assimilatie en accommodatie toepassen?

► Wat betekent het voor wat je deze mensen kunt leren?

► Bespreek de resultaten met je begeleider of de docent van school.

De sensoriek (het zintuiglijk functioneren)

Stoornissen van het zien en horen worden elders besproken. Hier gaan we in op het aanbod van prikkels.

De sensoriek kan op twee manieren bedreigd worden.

Enerzijds doordat iemand meer zintuiglijke prikkels krijgt dan hij aankan. Hij kan deze niet meer correct waarnemen en/of ordenen en/of interpreteren en/of verwerken. Dit heet *sensorische overprikkeling*.

Anderzijds kan iemand onvoldoende zinvolle zintuiglijke prikkels krijgen. Dit heet *sensorische deprivatie*.

I *Sensorische overprikkeling*

Verschijnselen die kunnen duiden op sensorische overprikkeling zijn onder meer:

• moeheid en hoofdpijnklachten;

• nervositeit;

- prikkelbaarheid;
- druk tot agressief gedrag;
- automutilatie (zelfbeschadiging);
- slaapproblemen.

Als deze verschijnselen niet tijdig onderkend worden, kan dit uiteindelijk leiden tot:
- desoriëntatie (niet weten waar je bent);
- verwardheid;
- hallucinaties.

Dit overvragen gebeurt vooral als de mens met een verstandelijke beperking volgens een eerste indruk van een hoger verstandelijk niveau lijkt te zijn dan hij in feite is. Het is mogelijk dat we onder de indruk raken van bijvoorbeeld zijn spreekvaardigheid en ons niet voldoende realiseren dat de zelfredzaamheid van de ander relatief beperkt is. Ook kan het zijn dat hij of zij goed in staat is eenvoudige opdrachten zelfstandig uit te voeren, maar in paniek raakt als het wat moeilijker wordt.

Kars en Erkelens-Zwets (1995) wijzen erop dat de omgeving vaak te veel verlangt van de mens met een verstandelijke beperking, die niet kan voldoen aan de hoge eisen die worden gesteld. Ze worden stelselmatig overvraagd.

Als je kijkt naar de stadia van Piaget betekent het dat je iets vraagt van een bewoner die dat stadium (nog) niet bereikt heeft. Bijvoorbeeld het rekening houden met anderen; als een bewoner cognitief functioneert op een leeftijd van vijf jaar, zal hij dat niet kunnen en dus steeds beginnen met eten als het voor zijn neus staat. Overvragen kan passief gebeuren, maar ook actief.

Passief overvragen gebeurt als we vinden dat de mens met een verstandelijke beperking een heleboel dingen alleen moet kunnen, zonder hulp.

Van actief overvragen was met name zo'n tien à twintig jaar geleden sprake, toen het zogenaamde ontwikkelingsmodel ontstond. Aan het begin hiervan stond de 'ontdekking' dat mensen met een verstandelijke beperking meestal veel meer bleken te kunnen dan men eerder vermoedde, als zij maar voldoende werden gestimuleerd. Er werden trainingsprogramma's ontwikkeld met soms opvallend positieve resultaten. Hier en daar werden mensen met een verstandelijke beperking, door deze zo goed bedoelde training, echter ook zo onder druk gezet, dat zij duidelijk overbelast raakten.

Onder invloed van deze benadering wordt de mens met een verstandelijke beperking eigenlijk permanent te zwaar belast en dit zal dan in zijn gedrag tot uitdrukking komen. 'Bij overvragen en ondervragen wordt er niet uitgegaan van de verstandelijkgehandicaptennorm en wordt deze dus geen recht gedaan. Zowel systematisch overvragen als systematisch ondervragen kan leiden tot problemen met het gedrag van de mens met een verstandelijke beperking. Het vinden van de gulden middenweg is dikwijls echter verre van eenvoudig en vraagt om een voortdurende dialoog met de verstandelijk gehandicapte' (Kars 1995).

2 *Sensorische onderprikkeling (deprivatie)*
Mensen kunnen dus gestresst raken wanneer ze te veel tegelijk moeten doen. Ze

worden overvraagd en raken daardoor uitgeput. Iets dergelijks kan zich echter ook voordoen als je juist ondervraagd wordt. Te weinig activiteit, te weinig uitdaging leidt eveneens tot een zekere uitputting of burn-out. Zo is bijvoorbeeld bekend dat mensen die leiden aan het chronisch vermoeidheidssyndroom er niet van opknappen door te gaan rusten en activiteiten te mijden. Mensen die geen werk hebben, bijvoorbeeld omdat ze in de WAO zitten of omdat ze werkloos zijn klagen gemiddeld genomen ook meer over vermoeidheid dan mensen met werk. Mensen met een verstandelijke beperking die niet worden aangesproken op hun vermogens, ondervraagd worden of in andere woorden sensorisch zijn gedepriveerd, kunnen probleemgedrag gaan vertonen.

Degene die dit betreft:

- vertoont lusteloosheid;
- trekt zich vaak terug of vaker dan voorheen;
- vertoont stereotiep gedrag;
- is snel angstig;
- is snel geprikkeld en/of agressief;
- vertoont automutilatie, wat eerder niet of minder voorkwam;
- is incontinent van urine of feces, terwijl hij dat eerder niet was;
- is gedesoriënteerd in tijd of plaats of persoon.

Communicatie

In principe ontwikkelt de taal zich bij mensen met een verstandelijke beperking op dezelfde wijze als bij mensen zonder een verstandelijke beperking. Maar de ernst van de verstandelijke beperking en eventuele bijkomende beperkingen zullen leiden tot een vermindering van de mogelijkheden om taal te leren. Het waarnemen wat de omgeving aanbiedt, dit interpreteren en verwerken is voor hen een proces met veel stoorzenders erin. Met name het geheugen speelt hierbij ook een belangrijke rol. Veel mensen met een verstandelijke beperking kunnen geen indrukken bewaren, het lijkt alsof het steeds weer nieuw is.

De manier waarop mensen met een verstandelijke beperking communiceren zal naast spraak of beperkt praten bestaan uit andere communicatievormen zoals lichaamstaal, gebaren en het gebruik van hulpmiddelen. Het uitgangspunt bij communiceren is begrijpen en begrepen worden. Om elkaar te kunnen begrijpen moet je elkaars uitingsvormen kennen. Er wordt onderscheid gemaakt in de volgende uitings- of communicatievormen (Verpoorten, naar Shane 1996):

- vocaal met stem (geluid);
- non-vocaal zonder stem (geluid);
- linguïstisch (symbolisch) gebonden aan taalregels en taalsymbolen;
- pre-linguïstisch (pre-symbolisch) niet echt gebonden aan taalsymbolen. Het kan wel aan regels gebonden zijn of met behulp van voorstellings- of verwijzingsmateriaal;
- non-linguïstisch (non-symbolisch). Er wordt geen gebruikgemaakt van taal of taalregels en symbolen.

Bij spreken en zingen (vocaal) zijn met name de para-linguïstische elementen van belang. Dit zijn luidheid, intonatie, ritme en accent.

Bovenstaande communicatievormen kun je combineren. Hiermee kun je dan een duidelijk beeld geven van de uitdrukkingsmogelijkheid die een bewoner heeft. Dit zal als uitgangspunt genomen moeten worden bij de benadering en ontwikkeling.

1 Non-vocaal linguïstisch zijn alle uitingsvormen zonder geluid die onderworpen zijn aan taalregels:
   - gebarentaal: officiële gebarentaal voor doven (de aangepaste gebarentaal wordt verderop behandeld);
   - schriftvormen: schrijven of typen (aangepaste vormen worden verderop behandeld).

2 Vocaal-linguïstisch zijn alle uitingen door middel van geluid die onderworpen zijn aan regels:
   - praten, zingen, één-woordzinnen tot complete zinnen.

3 Non-vocaal pre-linguïstisch zijn alle uitingsvormen zonder geluid die half onderworpen zijn aan taalregels:
   - het aanwijzen of pakken van, het kijken naar (sleutel pakken als je naar buiten wilt);
   - schriftvormen: het aanwijzen, kijken naar of pakken van plaatjes, foto's of tekeningen.

4 Vocaal pre-linguïstisch zijn alle uitingsvormen met geluid die half aan taalregels zijn gebonden en een duidelijke betekenis hebben:
   - imiterend verklanken: toet, toet = auto; mmmmm = lekker; woef, woef = hond;
   - gerichte vocalisaties; aandacht trekken met een bepaald geluid, afkeer of genoegen uiten met een gericht geluid.

5 Non-vocaal non-linguïstisch zijn alle uitingsvormen zonder geluid die niet aan regels zijn gebonden (lichaamstaal):
   - lichamelijk: blozen, bleek worden, bibberen;
   - ruimtelijk: bij verdriet in een hoekje gaan zitten;
   - bewegingen: wapperen met de handen bij blijdschap, smijten;
   - houding: bij angst het hoofd naar beneden houden;
   - al dan niet aankijken of kijken naar: schuldig, niet kijken;
   - aanraken: strelen, kloppen; • kleding: om stemming duidelijk te maken; begrafenis zwart, bruiloft wit.

6 Vocaal non-linguïstisch zijn alle uitingen met geluiden die niet aan regels zijn gebonden:
   - lachen, huilen, grommen, snikken, giechelen, zuchten.

Je kunt dus veel verschillende manieren gebruiken om iets duidelijk te maken. Mensen met een verstandelijke beperking zullen over het algemeen meer gebruik maken van andere communicatievormen dan het spreken. Terwijl daar juist in onze eigen communicatie zo de nadruk op ligt. Door zelf meer gebruik te maken van andere communicatievormen kun je de cyclus 'begrijpen en begrepen worden door mensen met een verstandelijke beperking' rond krijgen.

We spreken van *totale communicatie* als je bewust, naast het spreken, andere communicatievormen gebruikt, aangepast aan het niveau van de bewoner.

We moeten wel bedenken dat het niet zo is dat de taal een afgeleide is van de cognitie. Er bestaat tussen taal en cognitie een relatie van wederzijdse beïnvloeding. Daarbij kun je zeggen dat de cognitie via de taal de beschikking krijgt over symbolen (bijvoorbeeld combinaties van letters) waardoor het abstracte denken kan worden verbeterd. Zonder deze symbolen (taal) blijft de cognitieve ontwikkeling uit of achter (Verhofstadt-Deneve 2003).

· · · · · · · · · · · · · · · · · · ·

O P D R A C H T

Lees de bovenstaande zes combinaties van uitingsvormen nog eens door en geef aan hoe iemand met een verstandelijke beperking op die manieren duidelijk kan maken:

- ik heb honger;
- ik moet naar de wc;
- ik ben bang.

Bedenk nu zelf een aantal zinnen of situaties en maak die met behulp van een van de bovenstaande manieren duidelijk aan de groep.
Zijn de groepsleden in staat om de uitingsvorm te herkennen?

Aangepaste gebarentaal voor mensen met een lichamelijke en/of verstandelijke beperking

- Dominolan is een officiële eenvoudige gebarentaal waarbij de gebaren met één hand worden gemaakt. De gebaren worden logisch opgebouwd, bijvoorbeeld: eten = gebaar; koud = gebaar; nagerecht = gebaar. Dus ijs = gebaar eten + gebaar koud + gebaar nagerecht.
- Pedominolan is dominolan uitgevoerd met een voet en een getekende pop. Door met de voet lichaamsdelen van de pop aan te wijzen, worden dingen duidelijk gemaakt. De structuur is dezelfde als bij Dominolan.
- Beeldende natuurlijke gebaren veelal door pantomimische handelingen en het aanwijzen van zaken uit de directe omgeving, zowel concrete als abstracte.
  Als taalstructuur wordt de structuur van de gesproken taal gebruikt, bijvoorbeeld: ik drink koffie.
  Gebaar ik + koffie zeggen; gebaar drinken + drink zeggen; gebaar koffie + koffie zeggen.
  Deze vorm kan voor veel niveaus gebruikt worden. Belangrijk zijn ook hier de para-linguïstische elementen; dus de nadruk of kracht die je aan de gebaren geeft.

Aangepaste schriftvormen
- Met name op het gebied van computers en typemachines is er een steeds grotere keuze, gericht op de individuele bewoner. Er zijn computers met aanpaste toet-

senborden, waarbij de getypte woorden of zinnen worden uitgesproken. Er zijn de zogenaamde communicators, waarbij er een strookje papier aan de zijkant uitkomt waarop de getypte woorden staan.

- *Bliss-systeem* is een logisch opgebouwd tekensysteem. De tekeningen worden voor woorden gebruikt. Zowel abstracte als concrete begrippen kunnen hiermee worden duidelijk gemaakt. Het is een internationaal systeem, dat meestal gebruikt wordt bij mensen met een lichte verstandelijke beperking die niet kunnen praten en hun armen niet zodanig kunnen gebruiken dat ze een gebarentaal kunnen leren. Met de handen/vingers of technische hulpmiddelen worden de tekeningen aangewezen.

- *Pictogrammen* kom je overal tegen en ze wijzen je de weg naar de parkeergarage, woonerf, bus of trein. Door hiervan gebruik te maken kunnen bewoners zowel concrete als abstracte begrippen duidelijk maken, bijvoorbeeld:
  - een bord met bestek ernaast betekent een maaltijd;
  - een gebouw met ringen betekent de gymzaal;
  - een tafel met mensen eromheen betekent een vergadering.
  - Met een foto van de bewoner erbij kan op deze wijze een individueel dagprogramma zichtbaar gemaakt worden. En niets is zo prettig als wanneer je weet wat je die dag te wachten staat (tandarts, afwassen, zwemmen).
- Ook handig zijn *foto's* van familieleden, het eigen huis, belangrijke plaatsen, gezichten met een emotie, begeleiders. Zo kun je laten zien wie er in dienst komt en aanwijzen in je eigen klapper met foto's wie er op bezoek is geweest.
- Als hulpmiddel door *plaatjes* of zelfs *stickers* van een pak melk, koffie, boter enzovoort te plakken op een briefje, kan iemand die niet kan lezen en/of onthouden zelfstandig boodschappen doen.

Observatie van communicatiegedrag
Om inzicht te krijgen in de communicatie van een bewoner, observeer je niet alleen zijn uitingsvormen, maar ook die van jezelf en de omgeving. De volgende aspecten zijn van belang:
- Welke communicatiewijzen worden er naar de bewoner toe gebruikt?
  - door de individuele begeleider;
  - door de andere personeelsleden;
  - door familie, therapeuten, minder bekende mensen.
- Wat begrijpt de bewoner aan communicatie?
  - tactiel contact: aanraken strelen;
  - functionele lichaamstaal;
  - gebarentaal (wat en hoe);
  - gesproken taal (wat en hoe);
  - geschreven taal of voorwerpen;
  - reageert hij op geluiden (omgeving of muziek);
  - welke situaties begrijpt hij niet/wel.
- Wat gebruikt de bewoner aan communicatievormen? Gebruik voor de observatie de genoemde indeling van (non-)vocaal, (non-)linguïstisch.
- Wat begrijpt de begeleiding/omgeving van de bewoner?

- kun je alle vormen herkennen; ben je je er bewust van;
- welke vormen begrijp je wel/niet;
- begrijpt iedereen de bewoner even goed.

Door bovenstaande punten te inventariseren ontstaat er een beeld van het communicatieproces, de problemen en de aard van de problemen. Bedenk wel, het is niet altijd de mens met een verstandelijke beperking die zich niet duidelijk maakt, maar het zijn wij die zijn communicatiewijze niet zien of begrijpen. Het belangrijkste blijft dat je op hetzelfde niveau communiceert als de bewoner, op dezelfde manier!

In een onderzoek naar de communicatie van mensen met een zeer ernstige verstandelijke beperking, werd gebruikgemaakt van de ervaringskennis van de directe begeleiders (dus ook ouders en activiteitenbegeleiding).
Men probeerde antwoord te krijgen op twee vragen:
- Welke gedragingen van diepzwakzinnigen worden door hun directe begeleiders opgevat als signalen?
- Welke gedragingen van deze begeleiders worden volgens hen door diepzwakzinnigen als signalen opgevat? (De auteurs gebruiken bewust 'diepzwakzinnigen'.)

Door middel van interviews werd gevraagd:
- Met welke gedragingen maakt de bewoner jou iets duidelijk?
- Van welke gedragingen die je zelf vertoont, weet je vrijwel zeker dat ze door de bewoner begrepen worden?
- Hoe merk je dat iets wel of niet is overgekomen bij de bewoner?

Enkele bevindingen zijn het noemen waard.
- Ervaren directe begeleiders staan nadrukkelijk stil bij hun eigen gedrag en dat van de bewoner en nemen het heel specifiek en gedetailleerd waar.
- De belangrijkste gebieden waarop gedragingen gesignaleerd kunnen worden, zijn:
  - het gezicht: zowel totale gezichtsuitdrukking als speciale bewegingen en trekkingen van het gezicht;
  - het lichaam (spanning en beweging), de verplaatsingsbewegingen (richting, snelheid), de geluiden (hoogte, duur, hard of zacht).
- De begeleiding is geneigd om aan initiatieven van een bewoner eerder een negatieve dan een positieve betekenis te geven, in de zin van 'hij voelt zich niet lekker', 'er zit hem iets dwars'. Hoewel dit ook als teken van professionaliteit gezien wordt (basishouding begeleiders is gericht op welbevinden), kan het nadeel zijn dat deze bewoners ervaren dat er met name op hun negatieve gedragsuitingen wordt gereageerd.

O P D R A C H T

Deze opdracht gaat over ruiken en proeven.

➤ Maak een lijst(je) van geuren die jij aangenaam vindt.

➤ Hoe beïnvloedt een prettige of een niet prettige geur jouw stemming?

➤ Bespreek de bevindingen met elkaar.

➤ Wat heeft dit voor betekenis voor de zorg die jij zal gaan verlenen?

➤ Werk de eerste vier punten af, maar nu voor proeven.

7

Zelfbeleving

TYPOLOGIE Dit patroon betreft de wijze waarop iemand zichzelf ziet. Het gaat om de ideeën over de eigen persoon, de beleving van de eigen vaardigheden (cognitief, affectief of lichamelijk), het zelfbeeld, de identiteit, het gevoel van eigenwaarde en het algehele patroon van emoties. Ook lichaamshouding, motoriek, oogcontact, stem en spraak maken deel uit van dit patroon.

Inleiding

De ontwikkeling van de identiteit is van groot belang voor het (kunnen) omgaan met de mensen en de wereld om je heen. Jonge kinderen zijn zich nog niet bewust van zichzelf, zij zien zichzelf en hun omgeving nog als een 'twee-eenheid'. Hoewel bij baby's alles betrokken wordt op de persoonlijke behoeften, wensen en ervaringen, is er toch geen 'ik'. Er is eenvoudig honger en natheid en een warme onderdompeling. Er is geen: ik heb honger, ik ben nat of ik wil in bad. Ofschoon Piaget binnen dit stadium van egocentrisme spreekt, bestaat er nog geen ego. De baby beleeft lust en onlust en het verdraagt eigenlijk nog geen uitstel van de behoeftebevrediging.

Ontwikkeling van de identiteit volgens Eric Erikson

E. Erikson heeft veel geschreven over de ontwikkeling van de identiteit. Hij gebruikt het begrip 'crisis' om de verschillende ontwikkelingsfasen aan te geven. Crisis niet in de zin van een dreigende catastrofe, maar als leerpunt. Het is een cruciale periode van grotere kwetsbaarheid en verhoogde mogelijkheden. Hij beschrijft het leven van een mens in acht fasen. In iedere fase staat de mens als het ware op een kruispunt en kan de ontwikkeling diverse kanten op gaan.

Basaal vertrouwen tegenover basaal wantrouwen is de crisis die plaatsvindt in het eerste levensjaar. Door de continuïteit in de liefdevolle zorg van de ouder voor het kind ontwikkelt zich bij het kind een basaal gevoel van vertrouwen in de ouder en in de omgeving die de ouder vertegenwoordigt. Dit alles vormt de basis voor de ego-identiteit (zie ook bij rollen en relaties).
Autonomie tegenover schaamte en twijfel. Rond de twee jaar is het kind in deze fase (conflict). Zindelijkheidstraining, koppigheid, de wil zichzelf te zijn en het vasthouden en loslaten (speelgoed, mensen, urine en feces) zijn belangrijke aspecten hiervan.
Initiatief tegenover schuldgevoelens. Als het kind eenmaal ontdekt heeft dat het een eigen persoon is met een eigen wil, gaat het de wereld om zich heen groter maken. Het kan zich beter uitdrukken door middel van praten en heeft een grote fantasie. En in die fantasie kan van alles gebeuren.
Vlijt tegenover minderwaardigheid. De schooljaren staan in het teken van het verwerven van erkenning door middel van het vlijtig werken aan dingen als schoolwerkjes, knutselen en sociale contacten. Indien er onbalans is tussen de vermogens van het kind en de eisen die er aan hem gesteld worden, bestaat het gevaar dat er gevoelens van tekortschieten en van minderwaardigheid ontstaan (Verhulst 1994).
Identiteit tegenover rolverwarring heet de crisis in de puberteit/adolescentie. Het duidelijke besef van wat voor iemand je bent, wat je seksuele identiteit is en wat je wilt gaan doen of worden in je verdere leven. De puberteit is een van de belangrijkste fasen in de ontwikkeling.
Intimiteit tegenover isolement staat centraal bij jong volwassenen. Het zich kunnen geven in relaties en contacten met andere mensen om aan te groeien.
Generativiteit tegenover stagnatie. Dit is behalve de zorg voor een nageslacht ook productiviteit en creativiteit. Mensen die daar niet toe komen, kunnen vastlopen.

Integriteit tegenover afkeer en wanhoop bij de oudere mens; zij kijken terug op hun leven en maken een balans op (Erikson).

Basaal vertrouwen	Basaal wantrouwen
Autonomie	Schaamte en twijfel
Initiatief	Schuldgevoelens
Vlijt	Minderwaardigheid
Identiteit	Rolverwarring
Intimiteit	Isolement
Generativiteit	Stagnatie
Integriteit	Wanhoop

Het zijn dus allemaal fasen in het leven waar de mens bezig is met vragen over zichzelf, over wat hij wil en kan, over hoe hij zichzelf ziet. En in iedere fase hoort ook onzekerheid en een bepaalde mate van angst. Het 'hoort' in een gezonde ontwikkeling dat een baby van rond de acht maanden het onderscheid maakt tussen degene die veel voor hem zorgt en mensen die hij niet kent. Het geeft aan dat het geheugen zich ontwikkeld heeft.

Een goede beschrijving geven van een niet-verbale innerlijke belevingswereld (zoals die van baby's en een aantal mensen met een verstandelijke beperking) is eigenlijk onmogelijk en dus in hoge mate speculatief. Het is een wereld die we nooit zullen kennen. Daniel Stern (1991) beweerde dan ook dat we die wereld dan maar moeten uitvinden. We zullen dus op grond van hetgeen we waarnemen aan de ander, ideeën moeten formuleren over hoe we denken dat een en ander in elkaar steekt. Stern maakt onderscheid tussen zelfconcept en zelfgevoel. Een zelfconcept, een soort idee over hoe je denkt dat je bent, kan pas ontstaan zodra de mogelijkheid er is iets over jezelf te zeggen tegen anderen. En dat anderen iets terug kunnen zeggen waardoor je bijvoorbeeld bevestigd wordt (je bent een leuke vent).
Voor een zelfconcept is dus taal in de een of andere vorm nodig. Voor de meeste kinderen wordt dit vanaf ongeveer achttien maanden mogelijk.
Maar voorafgaande aan het vermogen tot symbolisatie door middel van de taal hebben mensen wel degelijk belevingen met betrekking tot zichzelf. Dit is het impliciete (dat wil zeggen niet uit te drukken) zelfgevoel.
Een voorbeeld daarvan is de beleving van de lichamelijke samenhang.
De mens met een verstandelijke beperking die niet kan praten zal waarschijnlijk toch het gevoel hebben dat zijn hand en mond tot hetzelfde lichaam behoren.
Als we een baby zien die kraaiend tegen een balletje dat boven zijn bed hangt slaat, mogen we veronderstellen dat het kind ervaart dat je invloed kunt uitoefenen op de omgeving. Over die belevingen praten lukt echter pas jaren later. Naast de beleving van de lichamelijke samenhang of de oorzaak te zijn van beïnvloeding van de omgeving, ervaart de zuigeling (of de mens met een verstandelijke beperking) dat hij dezelfde persoon is als gisteren en de beleving dat hij gevoelens heeft.

Het vroegste zelfgevoel (de beleving van zichzelf-in-wording) vormt zich geleidelijk aan onder invloed van onder meer ervaringen op het vlak van motoriek, waarneming en affectie. Dit zelfgevoel zal geleidelijk aan meer gedifferentieerd worden. Bijvoorbeeld doordat het kind ervaart dat het iemand anders is dan vader of moeder en dat anderen eigen motieven en gedragingen hebben. Als het vermogen tot taal daadwerkelijk wordt gerealiseerd komt daar nog het gevoel van zichzelf als gesprekspartner bij. Deze zelfgevoelens zijn, anders dan bij Erikson, geen achtereenvolgende stadia maar zullen zich gedurende het hele leven blijven voordoen. In elk contact met iemand anders kunnen de verschillende zelfgevoelens tegelijkertijd voorkomen. Wanneer de op observatie gebaseerde speculaties van Stern kloppen, zou dat betekenen dat mensen met een diepe of ernstige verstandelijke beperking wellicht wel zelfgevoelens hebben aangaande:

- de beleving het centrum te zijn van initiatief (beïnvloeden van de omgeving);
- de beleving dat verschillende lichaamsdelen een geheel vormen;
- de beleving gevoelens te hebben;
- de beleving van continuïteit (dezelfde te zijn in tijd).

Het gevoel gesprekspartner te zijn, kennis met anderen te kunnen delen, iets over je eigen belevingen over te dragen staat of valt echter met het vermogen tot taal (of tot symboliseren).
De taal biedt het kind de mogelijkheid om zichzelf een plaats in de wereld toe te kennen (bijvoorbeeld: ik ben een jongen of meisje, of ik ben de jongste en vrolijk). Deze vorm van zelfbeleving zal dus niet zijn weggelegd voor mensen die dit vermogen tot symboliseren missen (Matthijs 1991).

Omgevingsinvloeden
In de ontwikkeling van hoe iemand naar zichzelf kijkt, speelt ook de omgeving een belangrijke rol.
De omgeving, die eerst bestaat uit degene die voor het kind zorgt en zich langzamerhand steeds meer uitbreidt, leert het kind te vertrouwen op zijn signalen: 'Als ik mij niet prettig voel, komt er iemand om dat op te heffen.' Het krijgt vertrouwen in zichzelf.
Een kind dat veel complimentjes krijgt en gestimuleerd wordt, zal dan ook een positiever zelfgevoel ontwikkelen dan een kind dat steeds geconfronteerd wordt met dingen die het niet kan (en daar niet mee wordt geholpen) en geen antwoord krijgt op zijn 'vragen'.
Er zijn duidelijk culturele verschillen in de wijze waarop men vindt dat het kind zich het best ontwikkelt; in de westerse cultuur wordt een kind opgevoed als een eigen persoonlijkheid, die men de ruimte wil geven om zich te ontplooien. De eigen wil en eigen verantwoordelijkheid zijn belangrijk.
In veel niet-westerse culturen wordt een kind opgevoed als lid van een groep, met een bepaalde rol binnen de groep. Doel van de opvoeding is het aanleren van het juiste rolgedrag; niet het individu is persoonlijk verantwoordelijk, maar de groep is verantwoordelijk voor het gedrag van zijn leden (Zevenbergen 1996).

7.1.1 De ontwikkeling tot een persoon

De mens heeft vele existentiële vragen waarmee hij gedurende zijn leven op gezette tijden worstelt.

De vragen hebben betrekking op de wensen die wij koesteren maar die niet vervuld kunnen worden omdat er altijd, soms onontkoombare bedreigingen zullen zijn. We willen graag voortleven, maar we gaan dood. We willen ons verbonden met anderen voelen maar we beseffen vaak eenzaam te zijn. Ons leven zou betekenisvol moeten zijn maar lijkt vaker een aaneenschakeling van willekeurige gebeurtenissen. Een belangrijke basale vraag voor de mens is die naar zijn identiteit. Wie ben ik? Wat is mijn rol? We worstelen met de tegenstrijdige zelfbeelden die we ervaren, met het gebrekkige ik-besef en met het feit dat we onszelf eigenlijk helemaal niet goed blijken te kennen en dat we onszelf vaak per definitie niet kunnen kennen. In zekere zin zijn we 'vreemden voor onszelf' (Wilson 2006).

We zien onszelf graag als rationeel, vriendelijk en strevend naar het goede maar al te vaak worden we verrast door onze eigen verlangens die we soms niet eens onder woorden kunnen brengen en die soms ook botsen met wat door de omgeving als acceptabel wordt gezien. We zijn graag trouw maar begeren de buurvrouw. We ontploffen over kleine dingen, we hebben moeite van iemand te houden, we eten en drinken onszelf vroegtijdig het graf in. Volgens Steven Pinker zijn onze (vaak schadelijke) verlangens, die wijzelf kunnen ervaren als innerlijke tegenstrijdigheden of ongewenste zaken, gevormd in het evolutionaire proces van natuurlijke selectie. (Pinker 2004). De mens is geen onbeschreven blad, maar wie en wat we zijn is verankerd in onze biologie.

Wie je bent, wat je persoonlijkheid (persona = masker in het Grieks) is, is het product van langdurige processen die begrensd worden door je biologische basis.

Het aangeboren deel van wie je bent noemen we ook wel temperament; het zal ieder bekend zijn dat je rustige baby's hebt en erg energieke. De ene zuigeling ligt tevreden in de wieg te sabbelen, de andere kijkt voortdurend om zich heen en lijkt driftig of huilt veel. Het temperament is dus al in de vroege jeugd waarneembaar en ze bepaalt het tempo en de stemming van het gedrag.

Dit aangeboren temperament bepaalt ook het bereik van onze responsen in een sociale situatie. De huilbaby roept andere reacties uit de omgeving op dan het rustige kind, op het lieflijke meisje wordt anders gereageerd dan op het boze jongetje. In die interactie tussen sociale omgeving en temperament vormt zich het karakter. Het karakter is de in tijd gezien stabiele vormgeving die het kind (met diens temperament) in zijn omgeving bewerkstelligt.

De persoonlijkheid tenslotte is de gesocialiseerde vormgeving van het karakter en komt tot stand op basis van imitatie, identificatie en leerprocessen.

7.1.2 Stigma en discriminatie

Het zelfbeeld dat we hebben lijkt 'van binnenuit' te komen. We hebben vaak niet zo in de gaten dat hoe we tegen onszelf aankijken, hoe we denken dat we in elkaar steken, misschien wel meer te maken heeft met hoe anderen over ons denken. De wijze waarop anderen tegen ons aankijken en over ons spreken bepaalt (mede) hoe we zijn.

Voor mensen met een verstandelijke beperking en mensen met een psychiatrische aandoening geldt dat de wijze waarop de omgeving tegen hen aankijkt ook hun zelfbeeld bepaalt. En dat is over het algemeen niet positief te noemen.

Hoewel er vele verschillen zijn tussen mensen met psychische problemen en mensen met verstandelijke beperkingen, hebben ze ook iets gemeen. De overeenkomst tussen beide groepen is dat ze tot de meest gediscrimineerde en buitengesloten groepen van de samenleving behoren. Er bestaan vele barrières die het hun moeilijk maken op normale wijze deel te nemen aan het sociale verkeer.

Er wordt wel gezegd dat deze kwetsbare groepen worden gestigmatiseerd.

Een stigma betekent letterlijk zoiets als een brandmerk en het is een symbool van schande en eerverlies.

Deze schandvlek (het hebben van een beperking of stoornis) heeft als gevolg dat anderen hen mijden. Ze wonen, werken en recreëren liever niet met hen en worden gediscrimineerd als het gaat om het vinden van betaalde arbeid, het krijgen van goede woonruimte of toegang tot scholing. Dit alles leidt tot wat sociale uitstoting wordt genoemd.

Deze stigmatisering heeft altijd al bestaan en wordt gekenmerkt door vooroordelen, vooringenomenheid, angst, vermijding, woede en demonisering. Misschien dat dit voorkomt uit de algemeen menselijke eigenschap, namelijk de angst voor vreemden. Mensen die anders zijn dan jezelf roepen angst en weerzin op. Dit heet ook wel xenofobie. Xenos is het Griekse woord voor 'vreemdeling' en 'phobia' betekent in die taal angst.

Vreemden, mensen die anders zijn dan jij (zoals iemand met een verstandelijke beperking) roepen verwarrende gevoelens op en om die gevoelens te beheersen neigen mensen ertoe de ander te stereotyperen. Bij stereotyperingen worden mensen op grond van selectieve waarnemingen in bepaalde categorieën geplaatst waarbij de verschillen tussen groepen worden vergroot om de verschillen in de eigen groep juist te verkleinen. Het 'wij' tegen 'zij'. Feyenoordsupporters ervaren andere Feyenoordsupporters als in principe goede mensen die het hart op de juiste plaats hebben. Onderlinge verschillen worden niet gezien. Terwijl die lui van Ajax voor een groot deel bestaan uit arrogante figuren die niet weten wat het is om de mouwen op te stropen. De gegoede mensen die vrezen voor de waardevermindering van hun onroerend goed als in de straat een gezinsvervangend tehuis wordt gevestigd gebruiken ook vaak stereotypes als argument.

Voorbeelden van stereotyperingen zijn domme blondjes, zuinige Schotten, levensgevaarlijke TBS'ers en lieve en vrolijke 'zwakzinnigen'.

De vooroordelen die kleven aan mensen met verstandelijke beperkingen en psychiatrische problemen zijn bijvoorbeeld de misvatting dat ze arm zijn, niet voor zichzelf kunnen opkomen, moreel zwak zijn, onvoorspelbaar zijn en dat ze agressief zijn of zich seksueel aan kinderen vergrijpen.

Vooral de idee dat ze (seksueel) gewelddadig zijn is, met name waar het psychiatrische patiënten betreft, een zeer onterecht en negatief beeld dat vooral door de media wordt uitgedragen.

Uit allerlei onderzoek blijkt dat wanneer in films en soaps personages voorkomen die een psychische stoornis hebben die in bijna alle gevallen gewelddadig en angstaanjagend zijn. In werkelijkheid klopt dat absoluut niet.

Als oplossing voor dit hardnekkige probleem van discriminatie en stigmatisering wordt voorgesteld om naast een adequate wetgeving die hun positie beschermt, een goede behandeling bij voorkeur midden in de samenleving te bieden en waar mogelijk mensen toegang te geven tot betekenisvol werk. Ook het bevorderen van sociaal contact tussen cliënten en omgeving kan gunstige effecten hebben, al zijn er aanwijzingen dat deïnstitutionalisering niet per se destigmatiserend werkt. Het mondig maken van cliënten en hun families behoort ook tot de strategieën om te pogen de taaie discriminatie en achterstelling aan te pakken.

Uit onderzoek (onder andere Van 't Veer 2006) blijkt dat de meeste mensen die het betreft inderdaad discriminatie en stigmatisering ervaren en daar vaak onder lijden. Volgens de cliënten komt stigma vooral voort uit onwetendheid. Er zijn geen aanwijzingen dat cliënten een onjuiste inschatting maken van het stigma, ze overdrijven dus niet. Bij mensen die al een laag zelfbeeld hebben roept stigmatisering minder emoties op, waarschijnlijk omdat de reacties vanuit de omgeving worden gezien als bevestiging van wat iemand toch al over zichzelf dacht (bijvoorbeeld 'ik ben niet de moeite waard' of 'ik kan niks tot een goed einde brengen'.)

De rol van het uiterlijk
Een goed en verzorgd uiterlijk draagt bij tot een positief lichaamsbeeld.
En het lichaamsbeeld is weer van invloed op het beeld dat iemand van zichzelf heeft. Dit straal je uit naar anderen met als gevolg meer kans op aansluiting bij anderen en de ervaring van een positief zelfbeeld (ik hoor erbij; ben echt de moeite waard).
In elke samenleving ligt min of meer vast welk lichaamsbeeld als 'normaal' of ideaal geldt. Dat is geen vaststaand gegeven, maar varieert in tijd.
De schilderijen van Rubens laten zien dat een mooie vrouw in die tijd weelderig van vorm was; in de jaren zestig wilde iedereen op het fotomodel Twiggy lijken (heel dun en plat); tegenwoordig zijn de superslanke modellen van de catwalk voor velen een voorbeeld.
'The village voice' deed ooit een onderzoekje, waarin mannen en vrouwen gevraagd werd te zeggen welk onderdeel van het mannelijk lichaam het meest door vrouwen bewonderd werd. Uit de resultaten bleek dat mannen dachten dat vrouwen met name vielen op de gespierde borstkas (21%), de gespierde armen (18%) en de grote penis (15%). Vrouwen letten evenwel in werkelijkheid met name op kleine en sexy billen (39%), een slank figuur (15%), geen buik (13%) en de ogen (11%). De ferme spierbundels en forse geslachten scoren bij vrouwen laag tot niet. Televisie, bladen en reclames; men houdt niet op om je erop te wijzen hoe je eruit moet zien; wat je moet doen als het nog niet zover is en hoe ongelukkig je zult zijn als je er niets aan doet.
Het is zeker een zegen dat we in staat zijn ons uiterlijk binnen normale grenzen te krijgen. De tijd dat de straten bevolkt werden door mensen met bochels, klompvoeten, hazenlippen, verwaarloosde gebitten en een pokdalige huid ligt achter ons. Maar intussen is er wel een cultuur ontstaan waarbij het uiterlijk en de maakbaarheid van het uiterlijk enorm belangrijk is geworden en waarbij het lijkt of je persoonlijkheid aan de buitenkant zit. Probleem is wel dat de rolmodellen die ons tegenwoordig worden voorgehouden in werkelijkheid niet bestaan. Het geseksualiseerde lichaam dat ons wordt getoond in de reclame en in de porno-industrie is met digitale technieken bewerkt en ontdaan van alle oneffenheden. Waar vroeger

vrouwen (en in minder mate mannen) van vlees en bloed het ideaal belichaamden, zijn het nu geretoucheerde modellen met perfecte maten en vormen die een gedroomde realiteit tonen die ook met langdurig lijnen en met volgens de laatste mode verbouwde schaamlippen of borsten niet haalbaar is voor een levend mens, ook al zet je de juiste zonnebril op. Gevolg is wel dat velen ongelukkig zijn met hun uiterlijk. Zo schijnt nog maar 2% van de vrouwen tevreden te zijn met hun lichaam. De drempel er iets aan te doen via bijvoorbeeld plastische chirurgie is sterk verlaagd. Deze 'Bimbo-cultuur' biedt, zo is de kritiek, (jonge) vrouwen de verkeerde rolmodellen (Levy 2007).

· · · · · · · · · · · · · · · · · ·
O   P   D   R   A   C   H   T

Zoek in drie verschillende soorten bladen/kranten naar advertenties of artikelen waarin de relatie tussen uiterlijk en zelfbeeld duidelijk naar voren komt.

➤ Plak deze advertenties en artikelen op één of meer flaps.

➤ Wat valt je op; welke overeenkomsten en verschillen zijn er? Zit dat verschil ook in de soort bron: roddelblad of serieuze krant?

➤ Welke normen en waarden worden er toegekend aan het uiterlijk en wat vind je daarvan?

Er zijn in sommige landen maatregelen genomen om grenzen te stellen aan de Body Mass Index van modellen in modeshows. Zo worden in Spanje vrouwen met een BMI lager dan 18 geweigerd op de catwalk.

➤ Wat is jouw mening hierover? Sommige mensen met een verstandelijke beperking hebben een afwijkend uiterlijk.

➤ Vind je dat die personen recht hebben op plastische chirurgie? Maakt het daarbij uit wat het niveau van hun beperking is? Dus geldt eventueel een dergelijk recht ook voor iemand met een zeer ernstige beperking?

Stemming en emoties

Zelfbeleving heeft naast de ontwikkeling en invloed van de omgeving ook te maken met hoe je je over het algemeen voelt en de invloed van emoties. Dit zie je vaak aan hoe iemand loopt, praat of naar je kijkt.
'Hij loopt alsof hij ergens onder gebukt gaat.'
'Haar ogen schoten vuur.'
'Hij zit daar als een klein, zielig vogeltje.'
Stemming kun je omschrijven als een aanhoudende gevoelstoestand van een mens, die relatief onafhankelijk is van externe gebeurtenissen (Verhulst 1994). Emoties fungeren voor de mens (en dier) als een soort wegwijzer. Ze geven feedback en zetten ons aan tot gedrag. Iets wat een fijn gevoel oplevert ben je geneigd te herhalen (het smelten van een ijsje op je tong); zaken die vervelende gevoelens oproepen vermijd je in het vervolg liever. Zonder emoties zijn mensen onvoldoende in staat goede besluiten te nemen. Het is dus zeker niet zo dat je bij besluiten alleen maar rationeel zou moeten zijn. Mensen die door hersenbeschadiging geen emoties kennen, nemen vaak helemaal geen besluiten omdat ze de emotionele

feedback missen. Luisteren naar je gevoel bij een besluit is dus niet per definitie verkeerd.

Emoties helpen ons dus om te overleven omdat we adequaat op de wisselende omstandigheden in de omgeving kunnen reageren. Wetenschappers maken wel een onderscheid tussen gevoel en emotie (Damasio 2003). Als je een naald steekt in een eenvoudige levend wezen, bijvoorbeeld een worm, dan reageert die op voorspelbare, automatische wijze. De worm krimpt ineen, de hartslag gaat omhoog. Het diertje gedraagt zich reflexmatig. Dit noem je emotie. Maar het beestje heeft (veronderstellen we) geen gevoel. Gevoel is weet hebben van de emotie. Een mens weet dat hij verdrietig of gelukkig is. Voor gevoelens is bewustzijn nodig en het vermogen tot zelfreflectie.

O P D R A C H T

Lees de onderstaande tekst van Dagmar van der Neut (2005).
Vind je dat je op grond van deze tekst zou mogen concluderen dat mensen met een (zeer) ernstige verstandelijke beperking geen gevoelens hebben?

Naar bed met een moordenaar

Voor gevoel zijn bewustzijn en zelfreflectie vereist, en activiteit in hersengebieden in de neocortex – het laatst geëvolueerde deel van het brein, dat bij de mens het verst is ontwikkeld. Dat denkt ook neuropsycholoog Bob Bermond van de Universiteit van Amsterdam. De meeste dieren hebben volgens hem een 'niet-reflectief' bewustzijn; een bewustzijn zonder verleden of toekomst. Zij ervaren alleen het hier en nu. En omdat een dier niet kan reflecteren op zijn ervaringen en niet kan fantaseren, heeft hij geen gevoelens en kan hij niet lijden, redeneert Bermond. Als een mens zijn kind verliest, volgt enorm leed. Maar dat leed bestaat alleen omdat men kan bedenken hoe het leven was toen het kind nog leefde, of hoe leeg de toekomst zal zijn zonder hem.

Bewustzijn maakt dat gevoelens lang nadat een emotie-opwekkende gebeurtenis achter de rug is, kunnen voortduren. Dat hebben de meeste dieren niet. Een leeuwin waarvan de jongen zijn gedood door het nieuwe alfamannetje, wordt niet depressief en blijft niet boos. Na een paar dagen gaat ze zelfs gewoon naar bed met de moordenaar. Stimulus weg, emotioneel gedrag weg.

Dat een dier zichzelf niet in de put kan denken is één ding, maar hij kan toch in het hier en nu wel gevoelens ervaren? Zelfs dat kan volgens Bob Bermond niet. 'In de jaren veertig en vijftig van de vorige eeuw werd frontale lobotomie toegepast bij mensen met chronische pijn. De frontale cortex werd daarbij beschadigd, waardoor bij de patiënt de neiging tot reflecteren wegviel. Voor de operatie was de pijn voortdurend in het centrum van hun aandacht; na de operatie zeggen ze dat de pijn op zich niet is veranderd, maar ze ervaren het niet meer als pijn. Het laat hen koud. Dat is vergelijkbaar met de ervaring van een dier.'

Lobotomiepatiënten bleken bovendien vaker en directer emotioneel te reageren dan voor de operatie, maar hun emotionele reacties hielden ook sneller op. Net als een kat die direct begint te blazen in reactie op een dreiging, maar het volgende moment alweer spinnend langs je benen strijkt: het gevoel blijft niet hangen. De patiënten zeiden er bovendien geen gevoelens bij te ervaren. Emotionele beleving en verlengd emotioneel gedrag gaan dus samen. En omdat de meeste dieren alleen direct reageren op een emotionele gebeurtenis en die verlenging niet hebben, voelen ze waarschijnlijk ook niet, redeneert Bermond. 'De prefrontale cortex is nodig voor het ervaren van pijn en andere emoties. De hogere zoogdieren, ook honden en katten, hebben die wel, maar hij is veel kleiner dan bij mensen. Alleen mensen, en heel misschien de hogere primaten zoals de chimpansee en de orang-oetan, kunnen lijden en gevoelens ervaren.'

7.2 | Zelfbeleving bij mensen met een verstandelijke beperking

'Zolang wij niet in staat zijn om mensen met een verstandelijke beperking te behandelen als iedereen, geeft het geen pas te vragen naar zelfbeeld en zelfbeleving.'
AMSTERDAM 1997

De ontwikkeling van de identiteit bij mensen met een verstandelijke beperking verloopt in principe gelijk aan die van mensen zonder een verstandelijke beperking. Er zijn mensen die beweren dat de ik-ontwikkeling altijd gestoord is omdat er naast constitutionele en omgevingsinvloeden sprake is van een cognitieve stoornis (Verhulst 1994).
Dit uit zich in een of meer van de volgende verschijnselen:

* geringere impulscontrole;
* verminderde prikkelselectie;
* slecht verdragen van uitstel van bevrediging, met andere woorden een geringe frustratietolerantie;
* suggestibiliteit, waardoor normaal intelligente leeftijdsgenootjes deze kinderen kunnen uitbuiten.

Bovendien kun je je afvragen of het niet noodzakelijk is voor het vestigen van een identiteit dat je jezelf als het ware van een afstandje kunt observeren en beoordelen.

O P D R A C H T

De bovenstaande verschijnselen (zoals de geringere impulscontrole) zijn nogal moeilijk geformuleerd.
➤ Zoek naar een heldere omschrijving van alle verschijnselen.
➤ Breng deze verschijnselen in verband met de ontwikkelingsfasen van Erikson.

Bij mensen met een verstandelijke beperking is de kans groot dat ze door hun beperkingen minder positieve ervaringen opdoen. Zij willen iets duidelijk maken, maar het lukt niet zo goed. Of iemand wil hun iets duidelijk maken, maar het gaat te snel of ze gebruiken te weinig lichaamstaal. Ouders of begeleiders kunnen soms het gedrag niet goed begrijpen en het kind snapt niet wat de ouders bedoelen. Het gevolg kan zijn dat ouders of begeleiders zich terugtrekken omdat ze hun verwachtingen niet beantwoord zien of niet weten wat ze ermee aan moeten. Dit bemoeilijkt het proces van een veilige hechting en kan leiden tot het ontbreken van fundamenteel vertrouwen in zichzelf en de omgeving.

Met name bij mensen met een ernstige verstandelijke beperking zal dit proces zich afspelen en is het moeilijk om te observeren in hoeverre zij durven vertrouwen op zichzelf of hun omgeving. Zij reageren wel op prikkels uit de omgeving en uiten hun onlust door huilen of non-verbaal gedrag; hiermee geven zij aan dat zij zich bewust zijn van hun lichaam en van de omgeving. Het is de taak van de begeleider om dit gedrag te interpreteren, door relaties te leggen tussen wat de betrokken persoon doet, wat hij zelf doet en wat er zich in de omgeving (niet) afspeelt. Bij mensen met een lichte verstandelijke beperking zien we in de beleving van de eigen identiteit vaak grote verschillen. De twee uitersten zijn:

- *Accepterend*
  De bewoner geeft aan tevreden te zijn met wie hij is en hoe hij is. Hij is trots op wat hij maakt en doet en hoe hij leeft; voelt zich gewaardeerd en erkend.
- *Afwijzend*
  De bewoner wil niet verstandelijk gehandicapt zijn. Hij ziet zich steeds geconfronteerd met dingen die hij niet kan of mag. Dit kan leiden tot het overschatten van zichzelf of tot gevoelens van onmacht en depressie.

Overigens is er hier wel iets wat de moeite waard is om overdacht te worden. We gaan er meestal maar voetstoots vanuit dat wat je *echt bent* ('wees jezelf', 'het is goed om jezelf te zijn') samenvalt met het beeld dat je van jezelf hebt. De vraag is of die aanname klopt. Misschien wordt de identiteit van de mens (dus ook de mens met een verstandelijke beperking) meer bepaald door de interactie met anderen. Wat je bent is dan het product van wat anderen in je zien.

CASUS

Melanie woont in een sociowoning in de stad. Maar daar is zij niet tevreden.
'Ik heb nu een vriend, die heet Herman, en ik wil net als mijn zus ook gaan trouwen en twee kinderen, een jongen en een meisje.
Ik wil wel eerst samenwonen in een leuk huis met eigen meubelen en dan samen boodschappen doen en gezellig op de bank zitten bij de tv. En als er bezoek komt geef ik ze koffie, die kan ik zelf zetten; bezoek mag alleen niet roken, dat vind ik vies. En als Herman jarig is, versier ik het hele huis met slingers en ballonnen en we eten taart en friet. Herman maait dan het gras en ik zorg voor de poezen die we hebben. Maar ze zeggen dat ik eerst nog veel zelfstandiger moet worden, met geld en huishouding en zo. "Ze"? Dat zijn mijn ouders en de groepsleiding.'

Autonomie

Mensen willen zelf en zelfstandig beslissingen kunnen nemen. Betekent dit nu dat mensen met een verstandelijke beperking nooit volledig autonoom kunnen zijn, omdat zij bij het nemen van bepaalde beslissingen ondersteuning nodig hebben? Probleem is dat de term 'autonomie' niet eenduidig is, op vele manieren kan worden uitgelegd.

Schermer (2000) vat de literatuur samen en ze beschrijft wat er onder autonomie verstaan kan worden. Autonomie kan slaan op de capaciteit om rationele keuzes te maken. Boven een zekere (niet te definiëren) grens bezitten mensen competenties die hun in staat stellen dergelijke keuzes te maken. Of ze dat dan ook doen is een tweede. Je kunt autonomie ook zien als een eigenschap van de keuze die gemaakt is in plaats van een kwaliteit van de persoon die die keuze maakt.

Om van een autonome keuze te kunnen spreken, moet degene die de keuze maakt de situatie snappen, begrip hebben van de keuzemogelijkheden en hun gevolgen en de keuze moet zonder dwang of manipulatie totstandgekomen zijn. Bovendien moet iemand bewust de bedoeling hebben die keuze te maken. In hoeverre dit allemaal opgaat voor de situatie van Melanie en Herman is de vraag. Autonomie kan ook nog worden gezien als het recht om zelf het 'bestuur' over het eigen leven te voeren.

Iemand als autonoom zien houdt ook een waardeoordeel in. In onze cultuur wordt de autonomie van een mens en de daaraan verbonden eigenschappen als authenticiteit en zelfstandigheid als bewonderenswaardig gezien. Maar dat wil nog niet automatisch zeggen dat de autonome mens per definitie ook een goed mens is. Op zich zijn zaken als zelfstandigheid en authenticiteit deugdzaam, maar wanneer de juiste maat ontbreekt, ontaardt het in koppig egoïsme en het onvermogen met anderen samen te werken en te leven.

C. Sohl spreekt over drie interpretaties van autonomie die gebruikt kunnen worden voor mensen met een verstandelijke beperking (Sohl 1997):

- feitelijke autonomie;
- communicatieve autonomie;
- relationele autonomie.

Van feitelijke autonomie is sprake als de bewoner zich kan vinden in datgene wat voor hem gekozen is, omdat die keuze gebaseerd is op het eigene van die bewoner. Het past bij hem.

'Niet het keuzemoment is bepalend, maar het zich kunnen identificeren met de elementen waaruit de keuze voortkomt.'

CASUS

Mirjam is niet zo handig. Activiteiten waarbij de fijne motoriek een rol speelt, zijn niet voor haar weggelegd. Daar wordt zij zenuwachtig van. Wel is zij graag onder de mensen, niet zozeer om daarmee te praten, maar meer om te kijken en te luisteren.
Er wordt met haar overlegd. Nu zet zij in het personeelsrestaurant de stoelen weer goed, als de mensen die gegeten hebben zijn opgestaan.

Van communicatieve autonomie is sprake als men door onderhandelen en gezamenlijk overleg tot besluitvorming komt (*negiotiated consent*).
De bewoner is aanwezig en wordt zo veel mogelijk betrokken in onderhandelingen die plaatsvinden rondom beslissingen.

Richard werkt in het dorp bij het ophalen van vuilniszakken. Hij geniet van het sjouwen en de ritjes op de vuilniswagen. Zijn ouders vinden het eigenlijk maar niets. Iedereen ziet hun zoon en die doet dan ook nog vies werk. De zorgcoördinator (job coach) van Richard heeft tweemaal in de maand een gesprek met de ouders en met de mensen van de gemeente. Soms is Richard hierbij aanwezig, soms ook niet. Hij vindt het belangrijk dat hij daar kan blijven werken.

Bij relationele autonomie staat, het woord zegt het al, relatie centraal. 'De vraag staat centraal hoe facetten die de lichamelijke kwetsbaarheid en eindigheid van de mens betreffen, kunnen worden geïntegreerd in het levenspatroon.' Dus deze relatie is meer dan een-op-een; zij omvat alle relaties die een bewoner heeft.

Roel is een jongen die er uiterlijk heel 'normaal' uitziet. Maar eigenlijk snapt hij niet veel van wat er om hem heen gebeurt. Hij wordt dan snel boos en begint vreselijk te schelden. Dit leidde tot veel problemen op zijn werk. Roel blijft nu alleen achter op de groep als iedereen naar het activiteitencentrum gaat. Hij is dan de grote hulp van de begeleiders. Het levert hem veel complimenten op.

In april 1994 werd het eerste congres van mensen met een verstandelijke beperking georganiseerd in Arcen (Limburg). De aanwezige niet-gehandicapten mochten alleen maar luisteren.
Thema van het congres was 'Laat je zien, laat je horen', en dat werd uitgewerkt naar wonen, werken, vrije tijd, zelfstandigheid en omgaan met elkaar.
De slotverklaring luidde als volgt:
- Wij willen zelf kiezen met wie wij willen wonen, in wat voor huis en met welke begeleiding.
- Wij willen een echte baan en als normale werknemers behandeld en betaald worden.
- Het is niet leuk om altijd met dezelfde mensen te wonen, te werken, op vakantie te gaan of te sporten.
- Iedereen leert van zijn fouten. Wij krijgen die kans niet, wij kunnen veel meer en wij willen dus niet langer betutteld worden.
- Wij willen dat er serieus naar ons geluisterd wordt en dat de mensen tegen ons niet doen alsof.
  (...) en gaan nooit meer over tot de orde van de dag.

De deelnemers noemden schrijnende voorbeelden van de (goedbedoelde?) bemoeizucht van de begeleiding.

O P D R A C H T

➤ Welke schrijnende voorbeelden kunnen mensen met een verstandelijke beperking genoemd hebben op het congres?

Geef bij de onderwerpen wonen, werken, vrije tijd, zelfstandigheid en omgaan met elkaar steeds drie voorbeelden.

► Wat betekent dit voor jou als begeleider?

Mensen met een verstandelijke beperking moeten de gelegenheid krijgen zich op hun eigen wijze uit te drukken over de wijze waarop zij hun leven willen inrichten. Wanneer de omgeving bereid is daarnaar te luisteren, zal men zich ervan bewust worden dat het de hoogste tijd is betutteling in de meest brede zin achterwege te laten. Wederzijdse erkenning van de beperking en de daaruit voortvloeiende vraag om hulp, zal leiden tot een betrokken en ondersteunende opstelling (Uitnodiging Arcen 1994).

Willen mensen met een verstandelijke beperking goede keuzes kunnen maken, dan moeten ze ook weten dat er alternatieven zijn.
En dat is vaak het probleem. Doordat er jarenlang voor hen gekozen is en zij in een omgeving hebben geleefd waar het aantal ervaringen beperkt was, hebben zij geen idee van andere mogelijkheden. Wanneer iemand dus een bepaalde keuze maakt die in de ogen van zijn begeleider niet zo gunstig is, zal het voor die persoon moeilijk zijn om alternatieven te verzinnen. Als de begeleider een alternatief voorstelt, zal hij snel geneigd zijn om daarmee in te stemmen. De ervaring heeft hem immers geleerd dat 'de leiding' het meestal wel beter weet. En zij willen hun begeleider graag te vriend houden, mede omdat hun sociale netwerk beperkt is. Daarom zullen zij geneigd zijn om in te stemmen met het oordeel van de begeleider (Steman 1997).

Onderling Sterk is een belangenvereniging voor en door mensen met een verstandelijke beperking en kent op diverse plaatsen in ons land een afdeling. Mensen met een verstandelijke beperking willen (leren) opkomen voor hun eigen zaken. De leden willen meer invloed uitoefenen op hun eigen leven, op beslissingen die worden genomen en op het beleid inzake wonen, werken, onderwijs, vrije tijd, beeldvorming en andere maatschappelijke zaken.
'Wij willen dat ouders, begeleiders en politici luisteren naar wat wij belangrijk vinden, dan nemen ze betere beslissingen' (Brochure *Onderling Sterk*).
De bestuursleden worden gesteund door coaches. Men organiseert bijeenkomsten voor leden waarin elkaars problemen besproken worden en thema's aan de orde komen. Elke regionale vereniging is autonoom, met eigen statuten en een eigen cultuur. De verschillende afdelingen houden wel contact met elkaar. In juni 1996 werd de *Landelijke Federatie van Belangenverenigingen Onderling Sterk* opgericht.
Inclusion Europe is een door de Europese commissie gesteunde internationale belangenvereniging die zich inzet voor de empowerment en vergroting van de autonomie van mensen met een verstandelijke beperking en hun families. Deze vereniging stelt dat mensen met verstandelijke beperkingen dezelfde mensenrechten moeten hebben als andere burgers. *Inclusion Europe* wil dat alle mensen met verstandelijke beperkingen hun rechten kennen. Zij willen dat regeringen en andere organisaties hun mensenrechten steunen. *Inclusion Europe* steunt landen in West en Oost Europa om de mensenrechten van al hun burgers te beschermen. Mensen met verstandelijke beperkingen hebben het recht op gelijkwaardige deel-

name aan de samenleving. Zij moeten betrokken zijn bij alle beslissingen die hun leven aangaan. *Inclusion Europe* steunt de beweging van self-advocates (mensen met verstandelijke beperkingen die voor zichzelf opkomen). *Inclusion Europe* helpt mensen om toegang te krijgen tot onderwijs, werk, sociale netwerken en betrokkenheid bij het politieke proces.

Mensen met verstandelijke beperkingen krijgen vaak te maken met discriminatie, misbruik of geweld. *Inclusion Europe* strijdt voor betere wetten tegen discriminatie in Europa. (www.inclusion-europe.org)

Uiterlijk

Ook voor mensen met een verstandelijke beperking is het uiterlijk belangrijk om zich prettig te voelen. De relatie met zelfvertrouwen moet niet alleen gezocht worden in het mooi of knap zijn, maar ook in het feit dat iemand complimenten krijgt, lichamelijk aangeraakt wordt op het moment dat hij er verzorgd of goed uitziet.

Veel mensen met een verstandelijke beperking hebben een uiterlijk dat anders is, vaak ook beïnvloed door bijkomende beperkingen. En dat maakt de kans op waardering minder. Bewoners die kwijlen, rumineren of motorisch onhandig zijn, zullen minder snel aangesproken worden op dingen die zij goed doen, minder snel aangehaald of op schoot genomen worden.

In KLIK werd in een themanummer de vraag gesteld in hoeverre er iets gedaan moet worden aan de uiterlijke kenmerken van een bewoner. De schrijver stelde de lezers de volgende vragen:

- Mogen mensen met een verstandelijke beperking er niet meer als zodanig uitzien?
- Moeten ze verhullen dat ze verstandelijk gehandicapt zijn?
- Moeten ze zich zo veel mogelijk aanpassen aan wat in de maatschappij gangbaar is, zodat ze misschien toch een beetje worden geaccepteerd?
- Moeten ze wel zo nodig met andere mensen omgaan, als die kennelijk toch geen zin hebben om een extra stapje in hun richting te doen? (KLIK 1985).

· · · · · · · · · · · · · · · ·

O P D R A C H T

In de opdracht over uiterlijk en zelfbeeld aan het begin van dit patroon hebben jullie het belang en/of de onzin ervan besproken.

- ► Lees de uitspraken uit KLIK boven deze opdracht nog eens door.
- ► Bespreek ze met elkaar.

Het toenemen van de mogelijkheden op het gebied van plastische chirurgie kan ook betekenis hebben voor mensen met een verstandelijke beperking. Want net als ieder ander mens kunnen ook zij last hebben van een ongemak dat verholpen zou kunnen worden.

Bij mensen met het syndroom van Down kan bijvoorbeeld een tongreductie worden uitgevoerd. In het *Nederlands Tijdschrift voor Geneeskunde* wordt verslag gedaan van deze operatie. 'Na de operatie hadden alle kinderen minder moeite met eten en drinken, kwijlde geen van de kinderen meer en zou mogelijk ook verbetering van articulatie en klankvorming bij het spreken zijn opgetreden. De tongreductie moet dan ook beschouwd worden als een functionele ingreep, die het leven van zowel het kind als zijn omgeving aanzienlijk kan veraangenamen.' In Nederland zijn in de periode 1985-1990 zeven van dit soort operaties uitgevoerd (NTvG 1991).

CASUS

Mijn uiterlijk is belangrijk voor me. Ik besteed er veel tijd en aandacht aan. Ik ben nogal mager en ik heb kort haar, soms lijk ik wel een jongen. Overdreven vrouwelijk, met make-up en zo, hoeft voor mij niet, maar ze moeten wel kunnen zien dat ik een meisje ben. Als ik weet dat ik er goed uit zie, voel ik me zekerder.
Ik wil dat kleren iets van mijn karakter laten zien. Je moet aan mij kunnen zien hoe ik me voel, hoe ik ben. Sommige mensen zeggen dat uiterlijk niet telt, alleen karakter. Maar dat klopt niet. Of iemand knap of lelijk is, maakt niet uit. Maar wel dat hij vette haren heeft of vieze tanden. Daar kun je iets aan doen. Daarmee doe je ook iets aan de afstand tussen jou en andere mensen. En als je er niets aan doet, hoort dat ook bij je karakter.
(een jonge vrouw die in een GVT woont)

Veel discussies met ouders gaan over de uiterlijke verzorging. Je hoort (hopelijk hoorde) begeleiding wel eens zeggen dat ouders die zich zeer druk maken over kleding, eigenlijk nog in het verwerkingsproces zitten.
De ouders zouden moeite hebben met het feit dat hun kind opgenomen is, dat ze de zorg aan iemand anders moeten overlaten en uiten dit door te 'zeuren' over de kleding.
Natuurlijk zijn er ook ouders die via opmerkingen over kleding eigenlijk een andere boodschap kwijt willen; maar begeleiders mogen niet uit het oog verliezen hoe belangrijk kleding voor ouders kan zijn. 'Ik heb het idee dat dit het enige is wat ik voor haar kan doen, zorgen dat ze er mooi uitziet. Want ze herkent me niet en ze wil mijn aanraking niet; toch ben ik de moeder.'
Daarnaast zijn klachten vaak ook terecht; kleding raakt kwijt, er zitten vlekken op; waarom een trui gekocht waarop je het speeksel zo goed ziet zitten?

O P D R A C H T

Bart werkt als begeleider op een groep met jongeren. Als Peter van een week vakantie wordt teruggebracht, gaat moeder met hem naar zijn kamer en kleedt hem om.
'Zo', zegt ze, als ze weer in de woonkamer is, 'de goede kleren gaan weer mee. Hier kan hij wel in joggingpakken rondlopen.'
Dit schiet Bart in het verkeerde keelgat en voor hij het beseft zegt hij tegen haar: 'Ja, ja, hier mag hij de zwakzinnige zijn en thuis het heertje.'

➤ Wat vind je van de reactie van Bart?
➤ Kun je als begeleider iets zeggen over de kledingkeuze van ouders?
➤ Wat vind je van de handelwijze van de moeder?

Om meer duidelijkheid te krijgen of een bewoner:

- moeite heeft met het accepteren van het eigen lichaam;
- moeite heeft met veranderingen aan het lichaam;
- moeite heeft met het zelfbeeld;

kun je als hulpverlener het volgende waarnemen:

- Praat iemand veel over zijn eigen uiterlijk en/of kleding, of die van medebewoners of groepsleiding?
- In hoeverre houdt hij rekening met hoe anderen hem (willen) zien? Past hij zijn gedrag of uiterlijk aan?
- Heeft de bewoner bepaalde voorkeur voor groepsgenoten, leiding, zichzelf?
- Beleeft hij wel of geen plezier aan lichamelijke ervaringen, zoals aanhalen, knuffelen, sensopatisch spel?
- Is iemand trots op zijn lijf, kijkt hij in spiegels, kiest hij verhullende kleren? Welke kleuren draagt hij?
- Schrikt de bewoner als hij wordt aangeraakt? Gedraagt hij zich afwerend?
- Is iemand verlegen of teruggetrokken in de nabijheid van anderen (of iemand van het andere geslacht)?

Schaamte

In nauw verband met de ontwikkeling van zelfbeleving staat schaamte. Schaamte (een sociale emotie) is een breed begrip. Het gaat hier met name om het idee niet te voldoen aan verwachtingen die anderen van je hebben.

Spiecker onderscheidt twee vormen van schaamte; schaamte in ruime en schaamte in engere zin (Spiecker 1991).
In het eerste geval is degene die zich schaamt niet van mening dat hij iets heeft gedaan wat niet mag. Wanneer je, na op de deur geklopt te hebben, de kamer van een bewoner in loopt en deze ligt net te masturberen, dan kun je je allebei betrapt voelen. Jij kunt verlegen zijn met de situatie omdat je iets ziet dat wordt beschouwd als een privé-handeling. En de ander kan zich opgelaten voelen omdat hij onbedoeld iets toont wat verborgen moet blijven. Toch zullen beiden niet het gevoel hebben een onoorbare handeling verricht te hebben.
Bij schaamte in engere zin daarentegen is de 'relatie tussen gevoelens en publiek of openbaarheid geen noodzakelijke, maar een toevallige' (Spiecker 1991).
Je kunt je in alle stilte, zonder iemand in de buurt behoorlijk schamen.
Deze vorm van schaamte heeft te maken met zelfevaluatie waarbij de persoon dan tot de overtuiging komt tekort te schieten ten opzichte van de eigen idealen en waarden. Daardoor kan het respect dat we hebben voor onszelf een behoorlijke deuk oplopen.

Volgens sommige ontwikkelingspsychologen (onder andere E. Erikson) ontstaat het gevoel van schaamte tijdens de ontwikkeling van het kind. Het wordt gekoppeld aan het zindelijk worden. Essentieel is de wijze waarop wordt omgegaan met de zindelijkheidstraining. Erikson wijst erop dat dat met name een heikel punt is in onze westerse samenleving, waar veel nadruk ligt op reinheid, orde en netheid. Naast de opvoeding wordt de inhoud van schaamte ook bepaald door culturele factoren. De tijd en het land waarin je leeft bepalen mede waarvoor je je schaamt. Doordat de westerse samenleving sinds de middeleeuwen steeds geïntegreerder en complexer is geworden, zijn mensen steeds meer afhankelijk van elkaar geworden. Die onderlinge afhankelijkheid resulteerde in een toename van sociale dwang en het steeds verder beheersen van allerlei spontane uitingen en emoties. Dit wordt de affectbeheersing genoemd. Waar mensen dicht op elkaar leven en afhankelijk zijn moet het openbare leven min of meer voorspelbaar verlopen, men moet weten wat je aan de ander hebt. Oncontroleerbare emoties en spontane handelingen worden verbannen naar de privésfeer. Er is sprake van een voortschrijdende gedragsregulering; de uitspraak 'dat kun je toch niet maken' geeft aan dat de ander zich opgelaten moet voelen. En dat kan gaan over hetgeen hij heeft gedaan of over een situatie.

Schaamte wordt vooral in verband gebracht met uiterlijk, uitscheiding en seksualiteit, maar bestrijkt een veel breder terrein. Je kunt je bijvoorbeeld tegenover je medestudenten schamen over uitspraken die je hebt gedaan, of over je gedrag. Kenmerk in ieder geval is dat je niet wilt dat de ander weet hoe je je voelt.

O P D R A C H T

Beschrijf (anoniem) op een papiertje een situatie die je hebt meegemaakt waarin je je schaamde. Het mag ook een situatie zijn die je bedenkt maar waarvan je je voor kunt stellen dat je je dan zult schamen.
De docent verzamelt de situatieschetsen van alle studenten en leest ze één voor één voor. Probeer de situaties te ordenen door er categorieën bij te bedenken zoals lichamelijkheid of onoprechtheid.
Bespreek daarna de volgende vragen:
► Zijn alle situaties algemeen cultureel bepaald dan wel individueel, bijvoorbeeld kenmerkend voor een specifieke opvoeding. Vraag je af of iedereen uit de groep zich bij een bepaalde situatie zou schamen of juist niet.
► Probeer te achterhalen op welke waarden en normen de schaamtegevoelens betrekking hebben. Sta je achter dergelijke normen en waarden of zou je juist willen dat je je in zo'n situatie niet zou schamen?
► Wat wordt er bedoeld met 'plaatsvervangende schaamte'?
► Bespreek de volgende stellingen:
– Mensen met een ernstige verstandelijke beperking schamen zich nergens voor.
– Het is mijn taak als hulpverlener om de bewoner tegen zichzelf in bescherming te nemen als hij in een situatie zit die bij mij een gevoel van schaamte oproept (bijvoorbeeld masturberen in de huiskamer, vreemd gedrag op straat).

Privacy

Het begrip privacy wordt op diverse manieren en momenten gebruikt.
Hier komt het aan de orde om inzicht te krijgen in de individuele ruimte die mensen willen. Alleen willen zijn is voor veel mensen uit andere culturen onbegrijpelijk, men leeft heel dicht bij elkaar, staat heel dicht bij elkaar als men tegen elkaar praat en weet veel van elkaar.

Iemand die op bezoek was in een niet-westers land schreef: 'Ik word niet goed van mensen die voortdurend in de deuropening hangen of door het raam gluren wat je aan het doen bent' (Zevenbergen 1996).

Privacy kan de ruimte zijn die je in tijd nodig hebt (een moment voor jezelf). Het kan de letterlijke ruimte zijn, een kamer of deel van een ruimte die van jou is, die je kunt inrichten zoals je wilt en waar je kunt doen en laten wat je wilt.
Privacy heeft te maken met je prettig en veilig voelen. En als een bewoner daar niet zelf voor kan zorgen, zal de hulpverlener dat moeten doen.
Het hebben van een plek waar eigen spullen staan of foto's en waar iemand tot zichzelf kan komen of een gesprek kan voeren, het met respect behandeld worden waar het lichamelijke zorg betreft, de deur die kan worden dichtgedaan, dat draagt allemaal bij aan het gevoel van eigenwaarde van een bewoner.

Stemming en emoties

Hoe mensen zichzelf beleven kun je vaak zien aan de manier waarop zij lopen, of en hoe ze je aankijken, hoe (hard) ze praten. Als je je goed voelt loop je rechtop, kijk je de wereld in en praat je met een heldere stem.
Iemand die zichzelf niets vindt, loopt meestal met afhangende schouders, kijkt naar beneden, kijkt iemand met wie hij praat niet aan en praat ook vaak zachtjes of mompelend.
Wie blij is lacht; wie beetgenomen is lacht als een boer die kiespijn heeft. Wie verdrietig of angstig is, kan huilen of gillen. Wie boos is kan daar op veel manieren uitdrukking aan geven.
De uitingsvormen van emoties zijn in belangrijke mate cultureel bepaald. Dit is het duidelijkst te zien bij rouw.
Bij de meeste mensen met een verstandelijke beperking is hun stemming en de manier waarop zij die uiten herkenbaar voor begeleiding. Evenals emoties; zij zijn gelijk aan die van iedereen.
Bij een aantal mensen, meestal met een ernstige verstandelijke beperking, is het niet zo duidelijk en kun je op grond van hun uitingen de emoties niet peilen. Het slaken van kreten en zwaaien met de armen met een vertrokken gezicht kan zowel een uiting zijn van blijdschap of enthousiasme als van angst of verdriet. En het is niet vanzelfsprekend dat een gebeurtenis die wij als vrolijk ervaren, voor de bewoner dezelfde betekenis heeft. Bedenk ook nog wat eerder in dit hoofdstuk werd beschreven over het verschil tussen gevoel en emotie.

Van een stemmingsstoornis is sprake als:
- de stemming qua somberheid of vrolijkheid niet past bij de omstandigheden en niet door de omstandigheden zijn te beïnvloeden (Van der Stap 1995);
- het een stemmingsverandering is in negatieve zin, ten opzichte van de voorgaande periode;
- deze stemmingsverandering ten minste twee maanden duurt;
- de emotionele toestand kan worden afgelezen aan gedragsveranderingen als zich terugtrekken, gebrek aan beweeglijkheid of juist agitatie;

- de emotionele toestand kan worden afgelezen aan lichamelijke veranderingen als gebrek aan eetlust of juist veel eten, slapeloosheid of juist veel slapen;
- er een terugval is in de vaardigheden die men heeft of in de prestaties op school.

Als iemand niet begrepen wordt, niet goed duidelijk kan maken wat zijn probleem is of wat hij wil, kunnen er allerlei voor ons en de bewoner ongewenste gedragingen, zoals automutilatie en gevoelens zoals angst, ontstaan.

Automutilatie

Een van de grootste problemen in de zorg voor mensen met een verstandelijke beperking is het vóórkomen van automutilatie. Schattingen over hoeveel mensen het betreft lopen vanwege onduidelijk definiëring nogal uiteen (van 17 tot 46%) (De Winter et al. 2007). Ondanks dat dit zo vaak voorkomt is er relatief weinig onderzoek gedaan naar de verschijningsvormen, oorzaken en gevolgen.
Omdat er veel termen voor worden gebruikt als autoplexie, zelfverwonding, zelfdestructie, auto-agressie, is het nodig om eerst een heldere omschrijving te vinden. Zo wordt zelfverwondend gedrag omschreven als:
'Het opzettelijk, op grond van welke bewuste of onbewuste motivering dan ook, toebrengen van lichamelijk letsel of pijn aan zichzelf' (Schipper 1994).
De discussie bij het hanteren van deze definitie gaat om het woord 'opzettelijk'. Het zal heel moeilijk zijn om met name bij bewoners met een zeer ernstige verstandelijke beperking helder te krijgen in hoeverre er sprake is van opzet.
Wij kiezen dan ook voor de volgende definitie.
'Automutilatie is het zichzelf krabben, bijten, slaan, knijpen, enz., zodanig dat het, wanneer het bij onszelf geschiedde, als pijnlijk zou worden ervaren.'
De reden voor het hanteren van deze ruime definitie is dat hiermee ook al het gedrag dat de kant op kan gaan van echt beschadigende automutilatie, onder de aandacht komt (Kraijer 1996).
Uit de onderzoeken die wel zijn gedaan blijkt dat gedragingen als hoofdbonken, op de lip bijten, lucht happen, krabben, prikken in en slaan op de ogen vaak ernstige gevolgen hebben. Zelfs blindheid, dementie, verlies van lichaamsdelen of een dodelijke afloop worden gemeld. (De Winter 2007).
Om zicht te krijgen op wat automutilatie voor mensen betekent kan het boek *Zelfverwonding begrijpelijk maken* (Boevink 2001) worden geraadpleegd. Daarin komen naast deskundigen ook ervaringsdeskundigen aan bod. Duidelijk wordt dat er een wereld van verschil bestaat tussen professionals en ervaringsdeskundigen, onder meer doordat de hulpverleners grote moeite hebben om met het verschijnsel om te gaan en er ook niet bij stil staan dat dergelijk gedrag voor de persoon in kwestie ook positieve kanten kan hebben.

CASUS

Wesley is een jongen van zeven jaar en heeft het syndroom van Lesch-Nyan. Soms gaat hij heel hard met zijn hand aan zijn oor zitten 'flapperen'. Hij is daarin niet te stoppen en het gaat tot bloedens toe door. Hij heeft aan een kant nog maar een half oor. Zowel ouders, begeleiding als behandelaars weten niet hoe dat komt.

Uit onderzoek komt naar voren dat de leeftijd waarop automutilatie begint vaak al voor het zesde jaar ligt. En dat automutilatie relatief veel voorkomt bij mensen met een ernstige verstandelijke beperking en bij mensen met een stoornis in het autistisch spectrum.

Over het ontstaan van automutilatie zijn verschillende ideeën en theorieën. We noemen er enkele.

- Het is organisch bepaald. Zelfverwonding zou samengaan met ernstige hersenafwijkingen (bij het syndroom van Cornelia de Lange of Lesch-Nyan) of afwijkingen in het centrale zenuwstelsel waardoor de pijngewaarwording verstoord is.
- Als functie bij het reguleren van prikkels. Bij een tekort aan prikkels kan iemand dit compenseren door bijvoorbeeld stereotiepe bewegingen te maken en bij een teveel aan prikkels door zichzelf zo'n sterke prikkel toe te dienen dat de andere gedempt worden.
- Het is aangeleerd gedrag. Dit kan zijn omdat er steeds aandacht komt als iemand zichzelf verwondt (positief bekrachtigd) of om iets dat als nog vervelender ervaren wordt, te vermijden.
- Het is een manier om te communiceren. Vooral voor die bewoners die weinig mogelijkheden hebben om zich te uiten.
- Het ontstaat door angst.
- Het kan samenhangen met demoralisatie, onenigheid of onzekerheid bij begeleiders, organisatorische onduidelijkheid en veel personeelsverloop, onvoldoende doordenken en uitvoeren van veranderingen, overbevolkte afdelingen, gebrek aan aandacht of eenzijdige gerichtheid op 'ziek-gedrag' (Schipper 1994 en Schneider 1995).
- Er zou een samenhang zijn tussen menstruatie (hormonen) en automutilatie. Uit een onderzoek bij vrouwen met een verstandelijke beperking bleek dat bij acht van de negen onderzochte vrouwen veel meer zelfverwondende handelingen plaatsvonden in de eerste twee weken na de menstruatie. In de twee weken na de ovulatie vertoonden zij maar heel weinig automutilatie (Kroef 1996).

Wat nogal eens over het hoofd wordt gezien is dat zelfverwondend gedrag voort kan komen uit lichamelijke pijn zoals obstipatie, oorontstekingen, urineweginfecties of kiespijn. Zelfverwondend gedrag moet in veel gevallen ook worden gezien als contextueel gedrag. Het gedrag geïsoleerd beschouwen en het op te vatten als de uitdrukking van individuele pathologie is niet vruchtbaar. Zorgvuldige observatie van de situatie waarin het individu zich bevindt is belangrijk omdat er vaak een verband bestaat tussen die situatie en het gedrag.

Het IZO (Instituut voor Zorgonderzoek) heeft een protocol ontworpen voor 'het observeren van bewoners met zelfverwondend gedrag binnen residentiële instellingen voor mensen met een verstandelijke beperking', Observatie Protocol Zelfverwondend (OPZ) gedrag bij ernstig verstandelijk gehandicapten. Het bevat een werkwijze waarmee wordt onderzocht of zelfverwondend gedrag te maken heeft met de situatie waarin de zelfverwonding plaatsvindt.

Naast een interview met de zorgcoördinator vindt observatie plaats van drie dimensies: tijd, ruimte en sociale interactie (Schippers 2005).

Rollen en relaties

TYPOLOGIE Het rollen- en relatiepatroon omvat
de belangrijkste rollen en verantwoordelijkheden
van de cliënt in zijn huidige levenssituatie en zijn
familie-, gezins-, werk- en sociale relaties met
de bijbehorende verantwoordelijkheden. Verder
horen ook de subjectieve beleving van de rollen
en relaties, de tevredenheid van de cliënt ermee
en eventuele verstoringen tot het patroon.

8.1 Inleiding

'Een goede buur is beter dan een verre vriend.'

Ieder mens heeft behoefte aan veiligheid, zekerheid en geborgenheid, liefde, acceptatie en begrepen worden, zelfstandigheid en zelfontplooiing. Deze behoeften kunnen alleen verwezenlijkt worden in relatie met anderen.

. . . .
O P D R A C H T

Bespreek in groepjes van vier studenten de onderstaande vragen:
- ► Wanneer zeg jij: Ik heb een goede relatie. Wat moet er dan wel of niet aanwezig zijn? Bekijk dit voor relaties met vrienden, ouders, kennissen, medestudenten, clubgenoten.
- ► Beschrijf je sterke en zwakke punten als het gaat om relaties aangaan, onderhouden en beëindigen.

Sociale ontwikkeling

Direct vanaf de geboorte staat de relatie van een pasgeborene met de mensen om hem heen centraal in zijn ontwikkeling.
De baby zoekt optimale bevrediging zonder onderscheid des persoons. Na een aantal weken leert het kind dat bepaalde mensen hem meer bevrediging schenken en zoekt hij hun nabijheid.
Rond zeven levensmaanden ontwikkelt het hechtingsgedrag zich bij het kind.
Dit is niet hetzelfde als afhankelijkheid. Bij afhankelijkheid staat de vervulling van eigen wensen centraal.
Hechting (*attachment*) kan worden omschreven als een relatief duurzame affectieve relatie tussen een kind en een of meer volwassenen met wie het kind regelmatig interacteert.
Gehechtheid wordt gezien als een van de belangrijkste basisvoorwaarden voor een verdere gezonde ontwikkeling (Kohnstamm 2002).
Hechting komt tot uiting door huilen van het kind als het hechtingsobject weggaat en blij zijn als hij of zij weer verschijnt. Ook volgt het kind visueel en motorisch het hechtingsobject.
Er zijn twee factoren die bepalen wie als hechtingsobject wordt gekozen:
- de frequentie van reageren op signalen die het kind uitzendt om aandacht te krijgen;
- het spontaan aangaan van interacties met het kind.

Als het kind eenmaal onderscheid kan maken tussen de verschillende mensen met wie hij te maken krijgt, wordt hij bang als die persoon weggaat.
In het eerste levensjaar staan twee vormen van angst op de voorgrond, te weten:
- De angst voor vreemden (*achtmaandenangst*). Deze angst is van voorbijgaande aard. Als het kind vanaf het begin met verschillende personen regelmatig omgaat dan is de intensiteit van de angst geringer.

- De *scheidingsangst* (negen à twaalf maanden). Deze angst treedt op als het hechtingsobject (meestal de moeder) weggaat. Het kind stopt met het onderzoekende/verkennende gedrag dat het wel vertoont in de aanwezigheid van het hechtingsobject. Deze angst is volstrekt normaal. Ernstiger wordt het als het kind het hechtingsobject langer moet missen door bijvoorbeeld een ziekenhuisopname (Mönks en Knoers 2004).

Het ontstaan van het zogenaamde basisvertrouwen vindt dus in het eerste jaar plaats. Het kind gaat zich veilig voelen ten opzichte van andere mensen. Deze ontwikkeling is van belang voor het verdere vertrouwen dat een kind opbouwt.

Het hechtingsgedrag richt zich in de peuterfase ook op andere volwassenen in de omgeving van het kind.

Tussen de anderhalf en drieënhalf jaar komt een periode van verzet voor: de koppigheidsfase. De intensiteit en duur van deze periode verschilt per kind. Dit verzet is het logische gevolg van het verschil dat bestaat tussen wat het kind wil en wat het kind verstandelijk aankan. In deze koppigheidsfase kan het kind verstrikt raken in zijn eigen wensen en verlangens: wil-niet, hoef-niet. Als de omgeving hier een machtsstrijd van maakt (door het kind dwingend zijn wil op te leggen) kan dat leiden tot een verlies van vertrouwen bij het kind in de ouder en onzekerheid bij het kind.

De kleuterfase kenmerkt zich door het steeds groter worden van de sociale omgeving. De kleuter maakt zich al enigszins los van het gezin, de juf van school krijgt een belangrijke plaats. Kleuters doen al moeite om lid te worden van een groep leeftijdsgenoten. Deze groepen zijn nog wel sterk informeel. Er bestaan nog weinig of geen regels en de structuur ontbreekt nog.

Het schoolkind sluit zich meer en meer aan bij de leeftijdsgenoten en staat meer los van de ouders. In groepen van leeftijdsgenoten worden gedragsregels en wetten opgesteld en er wordt trouw gezworen aan elkaar. Acceptatie door leeftijdsgenoten is voor het kind belangrijk.

Het opvoedingsresultaat wordt meer en meer bepaald door invloeden buiten het gezin. Naast leeftijdsgenoten hebben andere volwassenen, met name onderwijskrachten, grote invloed hierop. Gedragingen worden in belangrijke mate bepaald door bekrachtiging van voor het schoolkind relevante personen. In de schoolleeftijd worden jongens en meisjes vooral beïnvloed door de eigen sekse. Jongens vinden meisjes maar 'slap' en meisjes vinden jongens 'dom'.

In de sociale ontwikkeling van de puber voltrekken zich twee bewegingen. Een van de volwassenen af (in het bijzonder de ouders), en een naar de leeftijdsgenoten toe. De puber heeft een zelfstandige opstelling ten opzichte van volwassenen en solidariteit met leeftijdsgenoten. Dat hier ten opzichte van de volwassenen, met name de ouders, conflictgebieden liggen is duidelijk. De conflictonderwerpen gaan vaak over: keuze van vrienden en vriendinnen, verzorging van het uiterlijk, tijdstip van thuiskomen, kerkbezoek en dergelijke. Van echt ernstige conflicten is maar zelden sprake. Het gaat om concrete conflicten die blijkbaar nodig zijn om het vinden van de eigen identiteit en het zelfstandig worden te realiseren.

Het sociale leven van de jong volwassene is rijk. Behalve contacten in het werk en in het eigen gezin is de jong volwassene vaak lid van verenigingen en zijn er contacten met buren, vrienden, kennissen.

In zijn werk wil de jong volwassene zich waarmaken. Carrière maken is vaak een belangrijke activiteit.

De eerste levensevaluatie van de volwassene vindt plaats als hij ongeveer dertig jaar is. Hij gaat na wat hij tot nu toe van het leven heeft gemaakt en wat nog te bereiken valt. Er wordt dan een weg uitgestippeld naar de toekomst.

Niet zelden wordt in deze levensfase radicaal een andere koers gekozen. Na tien jaar gewerkt te hebben in de gezondheidszorg kan bijvoorbeeld worden besloten een eigen bedrijf te beginnen.

Met ongeveer veertig jaar vindt de tweede levensevaluatie plaats. Deze evaluatie is vaak crisisachtig. De vijftiger is rustiger en beter in staat afstand te nemen van de dagelijkse problemen. Sommige mensen hebben later weer een moeilijke fase als ze (vervroegd) met pensioen gaan.

. . . .

O P D R A C H T

In de sociale ontwikkeling zijn belangrijke begrippen:

Rol. Min of meer bindende verwachtingen ten aanzien van het gedrag van mensen in een bepaalde positie.

• *Netwerken.* Mensen hebben contact met anderen. Ze vormen als het ware een al dan niet ingewikkeld gevlochten patroon van allerlei relaties met verschillende personen en instanties. Het individu zit, als een spin in het web, als de centrale persoon in het centrum van het netwerk (Hermsen 2000).

• *Socialisatie.* Het proces waardoor individuen zich kennis en vaardigheden, normen en waarden eigen maken die hen in staat stellen om aan het maatschappelijk leven deel te nemen (Pernis 2004).

Men onderscheidt hierbij:

• *primaire socialisatie:* het zich eigen maken van een aantal algemene waarden en normen, zoals die in een bepaalde samenleving gebruikelijk zijn;

• *secundaire socialisatie:* het aanleren van specifieke waarden en normen, bijvoorbeeld waarden en normen die bij een bepaald beroep horen (Hermsen 2000).

Normen en waarden moeten van jezelf worden, zodat je erachter kunt staan en er geen sancties nodig zijn om je eraan te houden (*internalisatie*).

➤ Ga na welke rollen jij zoal vervult; schrijf die op.

➤ Beschrijf jouw netwerk (met een tekening).

➤ Welke basis hebben de relaties? (De relatie met een docent is op andere gronden gebaseerd dan die met een vriendin.)

➤ Welke waarden en normen bepalen de relaties?

➤ Bespreek het in de leergroep.

De relaties die iemand uiteindelijk heeft, bestaan uit drie samenhangende elementen die in achtereenvolgende ontwikkelingsstadia steeds gedifferentieerder worden. Dit wordt de objectrelatie genoemd (Kernberg 1985).

Die drie aspecten zijn:

• een bepaald beeld van een persoon of dier of pop: de objectrepresentatie;

• een bepaald beeld van jezelf: de zelfrepresentatie;

• een bepaald gevoel daarbij: het affect.

Bij het tot stand komen van de uiteindelijke objectrelatie spelen drie processen een rol:

- introjectie;
- identificatie;
- ego-identiteit.

Introjectie

Het kind doet bepaalde ervaringen op die zijn instincten wel of niet bevredigen. De warme moederborst geeft op tijden dat daar behoefte aan is veiligheid en voedsel. Wanneer het kind angstig is en het wordt tijdig opgepakt en getroost, dan ervaart het geborgenheid. Het kind verinnerlijkt (introjecteert) soortgelijke ervaringen en laat deze in tijd opeenvolgende sensaties samensmelten tot het zogenaamde 'goede interne object'.

Evenzo worden frustrerende ervaringen samengevoegd tot 'slechte interne objecten'. Zo ontstaat er dus op grond van het toenemende vermogen tot waarnemen en een zich ontwikkelend geheugen, een positief (affect) gevoel omtrent zichzelf en de ander en een negatief (affect) gevoel omtrent zichzelf en de ander. Dit bestaat gelijktijdig omdat natuurlijk niemand voor 100% negatieve of voor 100% positieve ervaringen opdoet.

Identificatie

Na verloop van tijd is een kind in staat om verschillende gedragingen en relaties te onderscheiden. Het leert dat mensen verschillende rollen hebben.

Identificatie wil zeggen dat het kind zich als het ware vereenzelvigt met belangrijke personen in zijn omgeving en dat bepaalde rollen geleerd worden. Dat uit zich in rolgedrag. Het kind imiteert dan moeder en gaat haar helpen met de afwas of het speelt net zo sterk als vader te zijn.

Identificaties versmelten net als introjecties en resulteren in:

- een beeld van de ander (object) die een bepaalde rol (bijvoorbeeld die van moeder) vervult ten opzichte van jou;
- een gedifferentieerder beeld van jezelf;
- meer uitgebreide gevoelens.

Ego-identiteit

Die voortdurende integratie van introjecties en identificaties levert uiteindelijk een persoonlijke identiteit op die bestaat uit:

- een gevoel van continuïteit van jezelf (je beseft dat er een verband is tussen degene die je gisteren was en die je morgen zult zijn);
- een geïntegreerd beeld van de 'wereld van objecten' (bijvoorbeeld 'mensen zijn te vertrouwen' of juist 'iedereen is erop uit je te pakken als ze de kans krijgen');
- het besef dat er een karakteristieke relatie is tussen het eigen gedrag en interactie en dat van de omgeving. De omgeving herkent die eigenheid, en de persoon krijgt van de omgeving bevestiging van zijn identiteit. 'Dat is nou typisch Jan', wordt er bijvoorbeeld gezegd.

Het verloop van de ontwikkeling, beschreven door verschillende mensen als Kernberg, Stern, Erikson, zijn meer schetsen van hoe het zou kunnen zijn dan een echte feitelijkheid. We hebben die ideeën en theorieën echter wel nodig om met elkaar over ontwikkeling te praten.

8.2 Relaties & rollen en mensen met een verstandelijke beperking

Ronald heeft in de loop der jaren minstens vijftig begeleiders en begeleidsters gehad, en allen hebben zo hun eigen normen en waarden met betrekking tot kleding. Normen en waarden die uiteraard lang niet altijd de onze waren. Langzamerhand begint toch wel bij de groepsleiding door te dringen waarom Ronalds kleding voor ons zo belangrijk is (jarenlang het enige waar we trots op konden zijn) en begint men rekening te houden met onze wensen. Opdat wij niet telkens verrast worden met extravagante kleding waar Ronald de flair niet voor heeft om ze te dragen, maar de groepsleiding zo mooi vindt, heeft Ronald thuis voldoende kleren om 'in geval van nood' zich om te kleden.
(Uit: *Bondgenoten in de zorg*)

Relaties

Een van de grootste problemen op het gebied van relaties bij mensen met een verstandelijke beperking, is het feit dat zij een heel klein sociaal netwerk hebben. Dit komt vooral sterk naar voren als mensen met een verstandelijke beperking zelfstandig willen gaan wonen.

Mensen met een verstandelijke beperking kunnen (een groot deel van) hun relaties niet zelf kiezen. En dat heeft nogal wat consequenties want de relatie die je als begeleider met hen aangaat is een professionele relatie. Er is bij voorbaat sprake van een (machts)verschil.

Dit wil niet zeggen dat er geen sprake kan zijn van gelijkwaardigheid binnen de relatie met de bewoner. De erkenning dat hij zijn 'eigen waarde' en 'eigenwaarde' heeft en in staat is zijn leven mede vorm en inhoud te geven, is het uitgangspunt. Zorgen voor mensen met een verstandelijke beperking is niet alleen werken met hen, maar vaak ook leven met hen.

Bouwkamp maakt een onderscheid tussen de volgende soorten relaties (Bouwkamp 1988):

- *Persoonsrelaties.* Het gevoelsmatig op elkaar gericht zijn, om persoonlijke emotionele behoeften te bevredigen.
- *Conventionele relaties.* Relaties zijn gestructureerd door verplichtende regels met als gevolg dat men zich volgens voorgeschreven gewoonten gedraagt.
- *Mechanische relaties.* De relaties zijn puur uiterlijk. Het zijn automatische gewoonten, die tot uitdrukking komen in gemechaniseerde bewegingen.
- *Functionele samenwerkingsrelaties.* De relaties worden gestructureerd vanuit het nagestreefde doel en instandgehouden door een georganiseerde onderlinge afstemming van het gedrag.

► Welk soort relatie(s) heb jij als hulpverlener met mensen met een verstandelijke beperking? Welke consequenties heeft dat voor het omgaan met deze mensen?

► Hieronder wordt een aantal begrippen genoemd die behoren bij óf persoonlijke óf beroepsmatige attitude. Maak zelf de indeling, vergelijk die met groepsgenoten en bespreek de verschillen:
  – zelfstandige instelling;
  – empathische houding;
  – samenwerken in een team;
  – professioneel functioneren;
  – respectvol omgaan met mensen;
  – inzicht in eigen sterke en zwakke kanten;
  – zelfstandig en doelgericht werken (Kraus 1995).

Rollen

Mensen met een verstandelijke beperking zijn natuurlijk allereerst kind van hun ouders, meestal broer of zus, kleinkind, neef of nicht, buurjongen of buurmeisje, buurtbewoner. En bij iedere positie hoort een andere rol. Want als neef of nicht gedraag je je heel anders dan als kleinkind. En als broer laat je je niet op je kop zitten door je zus, maar misschien wel door je buurmeisje.

Ook in een GVT of instelling bekleedt iemand vele posities zoals: groepsgenoot, dagcentrumbezoeker, cliënt van de fysiotherapeut, arts, tandarts, specialisten, lid van de drumband, dansvereniging, vrijetijdsclub, reisgenoot en ga zo maar door. En ook hier hoort weer bij elke positie een rol.

Wij hebben de kans en de mogelijkheden gekregen om rollen te leren, door voorbeelden te zien en door te oefenen.

Voor veel mensen met een verstandelijke beperking begint het leven in een ziekenhuis. Zij zijn vaak op specialistische hulp aangewezen, kwetsbaar, komen weinig in aanraking met leeftijdsgenoten en door hun verstandelijke beperking zullen zij een aantal zaken niet begrijpen, hebben langer de tijd nodig of eigenlijk een andere wijze van het leren van rollen.

Doordat een aantal het stadium van de ego-identiteit niet bereikt, zullen zij niet in staat zijn om te differentiëren in rollen. Zij zijn, blijven en doen zoals zij zijn, onder elke omstandigheid en in elke situatie.

Maar misschien hebben velen ook niet de kans en de voorbeelden gekregen om nu een aantal rollen te kunnen spelen.

CASUS

Kevin is een echte fan van Normaal. Alle cd's en videobanden heeft hij, die hij uren beluistert en bekijkt. Elk lied kent hij uit z'n hoofd. Met de groep zijn we al naar diverse optredens geweest. En als er hier een feest is: Kevin staat op de bühne, is dan Bennie Joling met alle gebaren en houdingen die erbij horen.

Ouders

In dit deel gaan we in op de betekenis die het kan hebben voor mensen als zij een kind krijgen met een verstandelijke beperking en als zij het uit huis (moeten) plaatsen. We beschrijven de wijze waarop zij kunnen deelnemen aan de zorg. De wijze waarop ouders zich georganiseerd hebben wordt elders behandeld.

Belangrijke personen in het leven van mensen met een verstandelijke beperking zijn de ouders (alsmede broers en zussen). Zij kennen de levensgeschiedenis en zijn de continue factor in hun leven.

Maar ook hun eigen levensgeschiedenis is niet altijd even gemakkelijk. Want mensen kennen waarden toe aan het krijgen/hebben van kinderen. Wanneer er een kind wordt geboren dat een verstandelijke beperking blijkt te hebben, dan worden deze verwachtingen en dromen verstoord. Want niemand wil een kind met een verstandelijke beperking.

Verstoorde waarden

- *Waarde van het afnemen van verantwoordelijkheid en macht*
  Als ouders verwacht je dat kinderen op een bepaalde leeftijd hun eigen weg zullen gaan, zelf beslissingen nemen en verantwoordelijkheid dragen.
  Bij mensen met een verstandelijke beperking zal er steeds iemand moeten zijn die hem/haar steunt in het nemen van beslissingen. Ouders voelen dit vaak als een zware last. Ook omdat de eventuele andere kinderen het zullen moeten overnemen.

- *Waarde van affectiviteit*
  'Het hele voelen was zo anders', zegt een vader in de video, 'een kras op het bestaan.' Een andere vader beschrijft dat hij zich zo afgedankt voelt. 'Erik wil niet op schoot of aangehaald, het lichamelijke, je mag al niet eens aan zijn buitenkant komen.'

- *Waarde van kinderen als verlengstuk van jezelf*
  Zeker vroeger betekende het hebben van kinderen dat je verzekerd was van nageslacht (het in ere houden van de familienaam) en dat je tot aan je dood door je kinderen verzorgd zou worden. Een kind met een verstandelijke beperking zal zelf steeds zorg nodig hebben.

- *Waarde van creativiteit*
  Zolang mensen nog geen kinderen hebben, fantaseren zij over hoe zij ze zullen opvoeden. Je kunt het afkijken bij anderen en zelf je eigen koers uitzetten. Een kind met een verstandelijke beperking maakt dat je op heel andere terreinen creatief zult moeten worden. Je zult veel strijd moeten leveren en achter zaken aan moeten gaan. Een voorbeeld hebben ouders meestal niet.

- *Waarde van de 'happy family'*
  De tv staat er bol van. Op de reclame zie je weinig anders. Vrolijke (jonge) mensen met vrolijk springende kinderen in vrolijk gekleurde kleren, die leuke dingen doen. Af en toe is het anders: de KRO zond een aantal afleveringen uit van een man met het syndroom van Down. Aan 'het' beeld wordt echter niet voldaan.

- *Waarde van eer behalen*
  'Die van mij liep al met elf maanden.' 'Die van mij doet volgend jaar eindexamen havo.' Op het consultatiebureau wordt trots het kind aan de anderen getoond. De

ouders van een kind met een verstandelijke beperking komen niet altijd op de reguliere bureaus. Hun kinderen zijn vaak onder controle bij de kinderarts. Maar toch...

- *Waarde van het verkrijgen van een zekere status*
Je loopt eerst met een dikke buik en later vraagt iedereen: 'En, wat is het geworden?' In de film 'Een kras op het bestaan' zegt een moeder: 'Ik schaamde me eerst zo, om zo'n kind te hebben, het te laten zien aan de buitenwereld.'

Let wel: voor ieder ouderpaar zal het krijgen van een kind met een verstandelijke beperking anders zijn. Bij sommige ouders zullen alle genoemde waarden een rol spelen, bij andere ouders slechts enkele waarden.

Vaak wordt de periode van onzekerheid door ouders als de moeilijkste ervaren. Sporken geeft aan dat na de fase waarin met zekerheid is vastgesteld dat het kind een verstandelijke beperking heeft, de ouders de fasen van ontkenning, opstandigheid, onderhandelen over het noodlot en verdriet, moeten doorlopen om uiteindelijk tot aanvaarding te komen. En aanvaarding houdt voor iedere ouder weer wat anders in.

M. van Hattum, moeder van een dochter met het syndroom van Down, schreef: 'De ouders zullen moeten leren leven met een ander zelfbeeld, namelijk niet de ouders van een gezond/goed kind, maar van een gehandicapt kind. Het is een rouwproces; het "komen tot aanvaarding van het onherstel".'

In niet-westerse culturen kijkt men soms anders aan tegen het krijgen van een kind met een verstandelijke beperking. Er zijn hierin vier opvattingen te onderscheiden (Zevenbergen 1996):

- *Niet accepteren*
In veel gevallen wordt de geboorte van een mens met een verstandelijke beperking in verband gebracht met werk van geesten en goden, zwarte magie. Het houden van en zorgen voor een kind kan onheil afroepen over de gemeenschap waarin men leeft.
Afhankelijk van welke regels in een samenleving gelden zal men het kind doden, verstoten of verwaarlozen. Hier kunnen ook economische motieven aan ten grondslag liggen.

- *Min of meer accepteren*
Ook hier wordt het krijgen van een kind met een verstandelijke beperking vaak gezien als noodlot of als een bedoeling van God. In de meeste gevallen leven de gehandicapten aan de rand van de samenleving en wordt de omgang en houding ten opzichte van hen met name bepaald door condities als scholing en welvaart. Hoe hoger die is, hoe humaner de attitude.

- *Acceptatie*
Er zijn veel culturen waarin mensen met een verstandelijke beperking gewoon geaccepteerd worden, bijvoorbeeld bij de Annamieten (Vietnam) en de Lepchas uit het Himalaya bergstaatje Sikkim alwaar de mensen met een verstandelijke beperking worden beschouwd als mensen waar de hele gemeenschap verantwoordelijk voor is.
Belangrijk op te merken is ook dat gezien de enorme armoede en hoge kindersterfte in veel derdewereldlanden, zwakbegaafdheid niet opvalt. Veel verstandelijk

gehandicapte kinderen overlijden door ondervoeding en slechte hygiëne voortijdig en zij die het wel redden hebben weliswaar een trage ontwikkeling, maar dat hebben ze dan gemeen met veel andere kinderen die dat ook hebben vanwege gebrek aan educatie, gezondheidszorg, voedsel, enz.

- *Eerbied en ontzag*

Sommige volken beschouwen de mens met een verstandelijke beperking als heilig of als door goden uitverkoren.

'Op de markt in Tibet zat een idiote man van een jaar of 25 die altijd bezig was met een hoorn waarin hij zand deed en waarmee hij allerlei handelingen verrichtte. De mensen bleven staan kijken. Enerzijds moesten zij om hem lachen, anderzijds probeerden ze zijn gedrag te interpreteren als een voorteken van een komende gebeurtenis, want deze mens met een verstandelijke beperking is geen sul maar een reïncarnatie.'
Zevenbergen 1996

De filosoof Alexander von Schmid gaat in zijn artikel 'Abortus gehandicapte is bijna een plicht', ook in op de ethische en morele aspecten van het gehandicapt zijn en de plaats in de wereld van deze mensen. Von Schmid nam stelling naar aanleiding van een rechtszaak rondom de toekenning van een schadevergoeding aan het gehandicapte meisje Kelly dat geboren werd nadat een ziekenhuis bij de moeder van Kelly prenataal onderzoek had geweigerd. De rechter kende haar een schadevergoeding toe omdat ze geboren was. De vraag die volgens Von Schmid centraal staat is wat leven bestempelt tot menselijk leven. Een mens wordt pas een mens, een persoon, in de interactie met andere mensen en overstijgt daarmee het louter biologische. Wanneer mensen niet kunnen worden tot een persoon, dan ontbreekt ook de reden om 'dit wezen de speciale status toe te kennen die mensen in onze samenleving genieten'. Abortus kun je volgens Von Schmid toestaan omdat er geen persoon – en dus geen mens – mee verloren gaat. In geval van een ernstige beperking bij het nog ongeboren kind, met waarschijnlijk ernstig lijden in het verschiet, is volgens Von Schmid abortus eigenlijk de aangewezen weg om te voorkomen dat er toch iets van een persoon ontstaat die geen toekomst heeft. Von Schmid gaat verder. Hij pleit ervoor ouders het recht te geven om het leven van een pasgeboren kind op de dag van de geboorte te (laten) beëindigden indien dit kind ernstig gehandicapt is omdat dat volgens hem geen principieel verschil is met abortus omdat het kind nog geen persoon in wording is vanwege het ontbreken van de interactie met andere mensen.

O P D R A C H T

Bespreek de volgende stellingen met elkaar volgens de volgende werkwijze 'eens/oneens/ik weet het niet'.
Een stelling wordt op het bord geschreven en de studenten krijgen de gelegenheid om kritisch over de stelling na te denken. Vervolgens moeten zij letterlijk en figuurlijk stelling nemen door plaats te nemen bij het bordje 'eens', 'oneens' of 'ik weet het niet'. De discussie wordt door de docent geleid. De studenten mogen

niet direct in discussie gaan, maar moeten aan elkaar verduidelijkende vragen stellen over de mening van de ander. Tijdens de discussie mag van 'plaats' veranderd worden.

Stellingen
- Als ik van tevoren weet dat ik in verwachting ben van een kind met een verstandelijke beperking zou ik kiezen voor een abortus.
- Als ik zwanger ben (of mijn partner) zou ik gebruikmaken van alle bestaande tests op het gebied van de prenatale diagnostiek.
- Mensen met een grote kans op het krijgen van een ernstig gehandicapt kind, moet verboden worden om kinderen te krijgen.
- De opvattingen van de filosoof Von Schmid mogen nooit werkelijkheid worden.

Uithuisplaatsing
Als, door welke omstandigheden dan ook, het kind niet langer thuis kan wonen, komt het moment waarop het kind uithuisgeplaatst moet worden.
Ouders geven aan dat deze beslissing moeilijker te verwerken is dan de ontdekking dat het kind een verstandelijke beperking heeft. Want de geboorte is hun overkomen, dat ligt buiten hen. Maar over uithuisplaatsing beslissen zij zelf en zij tonen daarmee als het ware hun onvermogen en onmacht.

CASUS

'Wij waren onderweg met de taxi naar het instituut en halverwege zei ik tegen de chauffeur: Draai alsjeblieft om. Terug naar huis. Ik breng mijn kind nog liever naar het kerkhof dan dit... Het was goed dat mijn man erbij was anders had ik het niet volbracht. Hij heeft doorgezet. En de eerste weken, die leegte in huis, verschrikkelijk, het was alsof ons kind gestorven was. Het heeft heel lang geduurd voor ik daaraan gewend was. Alles herinnerde aan ons kind' (H. Degen).

Als het kind is opgenomen, is het belangrijk de ouders vanaf het begin de mogelijkheid te bieden volwaardig te participeren in de zorg voor hun zoon of dochter. Volwaardige participatie is meer dan 'ouders op bezoek laten komen wanneer ze dit willen'.
Om samen met de ouders de zorg te kunnen geven die nodig is, is het noodzakelijk dat de ouders goed geïnformeerd worden.
Zonder informatie is participatie een loze kreet. Het afsluiten van een zorgverleningsovereenkomst met ouders kan een basis zijn om van beide kanten de zorg te bieden die de mens met een verstandelijke beperking toekomt (zie ook hoofdstuk 4).
De ouders moeten de kans krijgen zich thuis te gaan voelen in de groep waar hun kind is opgenomen. Ook broers en zussen moeten niet vergeten worden.

Vrij weekend

Men zegt, je moet eraan gewend zijn
Na ruim 3 1/2 jaar
Aan 't vrijdags halen, 's zondags brengen
Je kind als gast, het blijft zo raar

De vreselijke zondagen van
'Jongens, écht, we moeten'
Wat snoepjes in de tas gestopt
Om het afscheid te verzoeten
Koffer keurig ingepakt, kleertjes gladgestreken
Nieuwe spullen naampjes ingenaaid
Het zal aan niets ontbreken
Maar bij alle kleertjes die ik merkte
met honderden kleine steken
Wilde ik met jouw buitenkant bezig zijn
Opdat mijn binnenkant niet zou breken

Kleertjes, streekjes, snoepjes, zoenen
Schoenen vol met lood
Ook deze zondag, kleine prins
Gaat je moeder een beetje dood

ADRIANE HOFFMANN

Participatie en non-participatie
Vroeger, en dat is niet langer dan 30 jaar geleden, waren er vaste bezoektijden.
Op zondagmiddag en soms ook een middag door de week konden de ouders op
bezoek komen. In een zaal in het hoofdgebouw moesten zij wachten tot hun kind
door iemand van de begeleiding gebracht werd in zijn nette kleren. Daarna konden
zij gaan wandelen op het terrein of wat drinken.
Terugbrengen mocht tot aan de deur van het paviljoen, waar nog enige woorden
gewisseld werden over het welzijn van hun kind. Tegenwoordig kunnen de ouders
of familieleden op bijna elk moment op bezoek komen. Zij kunnen een deel van
de verzorging op zich nemen of activiteiten gaan doen. Ouders zitten in allerlei
organen, hebben inspraak in het beleid en de kwaliteit van de zorg.
Instellingen organiseren ouderdagen of themadagen. En nu veel bewoners ouder
worden, ook familiedagen, broers- en -zussendagen. De thema's zijn heel gevarieerd: bijvoorbeeld de directe zorg, rechtspositie, seksualiteit en vakantie.
Er zijn ouders die niet kunnen of willen participeren. Zij komen niet op bezoek of
reageren niet op uitnodigingen voor vieringen of themadagen.
In vraaggesprekken met ouders die niet of nauwelijks contact hadden met hun
kind kwam naar voren dat er verschillende redenen kunnen zijn om niet meer op
bezoek te komen:

- het fysiek niet meer op kunnen brengen; door bijvoorbeeld de gevorderde leeftijd
is de reis erg zwaar;

- de druk van het gezin; de andere gezinsleden nemen veel tijd in beslag of willen niet mee op bezoek;
- het emotioneel niet meer kunnen opbrengen:
  - steeds weer geconfronteerd te worden met dit kind;
  - steeds weer afscheid te moeten nemen;
  - steeds weer de eigen onmacht te ervaren;
- het zich geen 'ouder' voelen; nooit enige blijk van herkenning ervaren: 'Had zij nou maar één keer "mama" gezegd.'
  En toch...
- lopen deze ouders op straat en zien gezinnen met drie kinderen ('hebben wij eigenlijk ook');
- zijn er in de buurt of familie kinderen van dezelfde leeftijd;
- wordt er regelmatig aan hen gevraagd: 'Hoeveel kinderen hebt u?';
- zijn er bij de andere kinderen 'mijlpalen' als het behalen van het zwemdiploma, auto leren rijden, afstuderen, trouwen;
- zal er op feesten, begrafenissen en bij bijzondere gebeurtenissen over dit kind gepraat of gezwegen worden;
- horen deze ouders via de tv, of kennissen over mensen die hun verstandelijk gehandicapte kind thuis opvoeden, vaardigheden leren, enz.

Deze ouders hebben recht op begrip, verdienen het niet om afgewezen of veroordeeld te worden.
Taken die je hierin hebt als begeleider naar de bewoner toe:
- Zorgen voor het zorgvuldig vastleggen van zijn/haar levensgeschiedenis en deze bijhouden; het liefst met behulp van foto's en beschrijvingen van personen en gebeurtenissen.
- Actief zoeken (als de bewoner dat wil) naar eventuele bezoek- of gastouders.
- Observeren in hoeverre gedragingen voor en na weekend of vakantie te maken kunnen hebben met de teleurstelling van het niet weg kunnen.
- In gesprek gaan met de bewoner om duidelijk te maken dat hij/zij geen 'slechte' ouders heeft.

Naar de ouders toe:
- De persoonlijk begeleider onderhoudt het contact met de ouders. Er zal eerst duidelijkheid moeten zijn over hoe de ouders invulling willen geven aan contact. Soms geven ouders aan dat zij maar helemaal niet meer komen omdat, áls zij eens een keer kwamen, zij het idee kregen dat de begeleiding het hen kwalijk nam, dat zij zo weinig op bezoek kwamen.
- De wensen die de ouders uitspreken respecteren én het respecteren als zij van gedachte veranderen.
- Contact niet aangaan vanuit de verborgen doelstelling 'misschien kan ik ze toch nog interesseren voor hun kind'.

CASUS

Groepsleiders: 'Lastige ouders bestaan niet.'
Ouders geven de zorg voor hun gehandicapt kind over aan goed geschoolde, zorgzame,

bekwame en lieve begeleiders. Hopen ze. Maar al snel ontdekken ze dat er nogal wat verloop is, dat er personeelsgebrek is, dat twee begeleidsters tegelijk zwanger zijn en een derde
langdurig ziek is. Je hóórt de ouders zuchten; klagen doen ze niet. Maar mag hun kind
alstublieft, en is dat nou zo'n grote moeite, wél twee dezelfde sokken aan?
KLIK 1994

Ouders en begeleiders hebben hetzelfde doel: een volwaardig bestaan voor hun
kind/bewoner. Dat er daarom en daardoor verschil van inzicht kan ontstaan is
logisch. Dat er daarom steeds opnieuw weer samengewerkt en gepraat zal moeten
worden is noodzaak.
In 'Bondgenoten in de zorg' (twee modules over participatiebevorderende omgang
met ouders en andere zorgparticipanten) staat een hoofdstuk over het omgaan met
verschillen tussen ouders naar aanleiding van een onderzoek van Kars en Janssen.
De ouders worden in groepen ingedeeld al naargelang de door hen uitgesproken
betrokkenheid. Dit zou zinvol zijn omdat de zorgverleners 'zich afvragen met
welke ouder ik te maken heb, welke behoeften heeft hij of zij en hoe kan ik zorg
op maat leveren' (www.woi.nl).
Wij zijn van mening dat ook zonder een indeling in groepen, begeleiders in staat
moeten zijn om in samenspraak met iedere individuele ouder, ongeacht de mate
van betrokkenheid, de beste zorg te leveren. Door regelmatig gesprekken te hebben met ouders weet de zorgcoördinator wat hun wensen zijn, kan daarop inspelen of het bespreekbaar maken.

Vriendschap en relaties tussen mensen met een verstandelijke beperking
'Vrienden bieden ontelbare mogelijkheden die nooit in een zorgplan kunnen
worden opgenomen.'

Vriendschap is meer dan het goed kunnen vinden met elkaar. Het is een gevoels-
band tussen mensen gebaseerd op wederzijdsheid. Met vrienden doe je leuke
dingen, je vertelt elkaar geheimen, je lacht en huilt samen. Als begeleider of ouder
kun je vriendschappelijk omgaan met een bewoner, een goede band hebben, maar
toch ben je geen vrienden. Want je bent zijn vader/moeder of begeleider.
Er zijn ontroerende foto's en films die ons een beeld geven van de vriendschappen
tussen mensen met een verstandelijke beperking. Vriendschappen waarin trouw
en loyaliteit een grote plaats hebben.
Veel mensen met een verstandelijke beperking zoeken ook naar een vriend of
vriendin. Zij slagen daar moeilijk in omdat zij een aantal beperkingen ondervinden:
- veelal is er een tekort in sociale vaardigheden;
- veelal is er een bijkomende beperking;
- de woonsituatie; een huis in een straat waar weinig contactmogelijkheden zijn,
  met weinig clubs in de buurt;
- niet kunnen lezen of schrijven;
- zich niet zelfstandig met het openbaar vervoer kunnen verplaatsen.

Maar dit alles sluit niet uit dat zij ook behoefte hebben aan vrienden. Juist zij, die
vaak in een situatie moeten leven waarin veel veranderingen zijn. Groepsleiding
komt en gaat, medebewoners worden overgeplaatst, er wordt verhuisd.

'Dit is mijn vriendin', zegt Jochem, vouwt zijn portemonnee open en laat haar foto zien.
'Leuk', zeg ik, 'waar heb je haar leren kennen?'
'Op de houtbewerking; iedere woensdagavond ga ik bij haar op bezoek.'
'Dat lijkt me heel leuk.'
'Ja', zegt hij, 'gezellig; eerst drinken we altijd koffie beneden en dan gaan we naar haar
kamer muziek luisteren. Zij heeft een hele mooie installatie.'
Hij kijkt mij aan en zegt dan trots: 'We hebben nu al zes maanden verkering.'

Verliefd zijn hoort bij het leven en neemt in het leven van veel mensen met een
verstandelijke beperking een belangrijke plaats in. Verliefd op medebewoners,
begeleiders en natuurlijk op popsterren. Het wordt geuit in knuffelen, kussen en
strelen of gewoon hand in hand op de bank zitten. De aanrakingen hebben vooral
als doel het uitdrukken van genegenheid en zijn meestal niet direct seksueel
getint; alhoewel de begeleiding snel geneigd is om dat erin te zien.
Natuurlijk ontstaan er ook relaties waarbij bewoners wel met elkaar naar bed willen.
De mogelijkheid om samen te wonen en te trouwen breidt zich steeds meer uit.
Dit heeft niet alleen te maken met het erkennen van het zelfbeschikkingsrecht
van mensen met een verstandelijke beperking, maar ook met het beleid van de
overheid. Deze stimuleert kleinschaligheid waardoor er veel meer kleinere wooneenheden worden gebouwd waar mensen samen kunnen wonen. Maar ook in
sociowoningen kunnen 'stellen' wonen, die relatief veel begeleiding nodig (blijven)
hebben.
Daarnaast worden er in het dorp of de stad woningen gezocht waar men met
geringe begeleiding kan gaan wonen. De begeleiding is daar vooral gericht op:

- het omgaan met elkaar: wat doe je als je ruzie hebt, hoe maak je het weer goed;
  wat doe je als de een steeds vroeg wil gaan slapen, seksuele problemen;
- financiële zaken: boodschappen doen, met geld omgaan, wanneer koop je dure
  dingen;
- huishoudelijke taken: hoe deel je het in, hoe kun je de taken verdelen, lukt het
  koken;
- ondersteuning bij het invullen van papieren.

OPDRACHT

In de krant stond een artikel over het tegenhouden van een huwelijk tussen twee
mensen met een verstandelijke beperking. De vader van de bruidegom was erop
tegen vanwege 'de invulling van maatschappelijke normen en waarden'. Hij won
het kort geding.

➤ Hebben mensen met een verstandelijke beperking het recht om te trouwen?
➤ Wat zijn volgens jou argumenten om het af te raden?
➤ In hoeverre hebben ouders, begeleiders zeggenschap?

Het sociogram

Wanneer je als begeleider een bewoner gaat ondersteunen in de zorg voor zijn relaties zul je moeten weten hoe die relaties verlopen en wat de inhoud van de relaties is. Je moet weten wat die relaties voor deze bewoner betekenen.

Om zicht te krijgen op hoe de relaties van een bewoner verlopen, kun je in de verschillende groepen waar hij deel van uitmaakt kijken hoe de onderlinge relaties zijn.

Een handig hulpmiddel hierbij is een *sociogram*. Sociografie is een beschrijving van een netwerk waarin aangegeven kan worden hoe de interacties binnen een groep mensen verlopen. Zowel de positieve als negatieve contacten worden aangegeven. Verder wordt aangegeven wie met wie contact zoekt en wie er juist gemeden wordt. Nadat het aantal positieve paren en het aantal mogelijke paren vastgesteld is, kunnen er interpretaties en analyses over de groep en de individuen in die groep gemaakt worden. De slotvraag hierbij is: 'Wat moet er eventueel veranderen?' Vervolgens kunnen er afspraken en een planning gemaakt worden.

Hierbij moet opgemerkt worden dat je niet alleen op grond van een sociogram de relaties in een groep kunt gaan veranderen. Er zal duidelijk naar het individu gekeken moeten worden en naar zijn individuele behoefte aan relaties.

Eenzelfde onderzoek zou gedaan kunnen worden om inzicht te krijgen in de relaties tussen een bewoner en de verschillende begeleiders. Duidelijk moet zijn dat de uitkomst niet aangeeft of een begeleider naar verwachting functioneert naar een bewoner toe, maar dat het als hulpmiddel kan dienen voor het zorgplan van een bewoner. Het is mensen eigen dat er voorkeuren zijn voor met wie je wel en met wie je niet om wilt gaan. Dit zou niet per se noodzakelijk zijn in een samenwerkingsrelatie, maar het is zeker een voordeel in de samenwerking met mensen met een verstandelijke beperking.

Het leren van sociale vaardigheden

De Goldstein-methode

De Goldstein-methode richt zich vooral op mensen met een lichte verstandelijke beperking. Het doel is om door middel van training sociale vaardigheden aan te leren en uit te breiden.

De methode is gebaseerd op cognitief-sociaal leertheoretische principes, dat wil zeggen:

- Kennis en inzichtvermeerdering door:
  - instructies van de vaardigheden aan de hand van leerpunten;
  - demonstratie van het te leren gedrag aan de hand van leerpunten.

- Uitbreiding van het gedragsrepertoire door:
  - oefenen; onder meer met rollenspel;
  - huiswerk.

De houding van de trainer is erg belangrijk. Veel mensen met een lichte verstandelijke beperking voelen zich snel afgewezen en hebben behoefte aan acceptatie en waardering. De houding van de trainer moet daarom accepterend, bekrachtigend en directief te zijn.

Allereerst wordt er een video/dvd getoond waarop verschillende voorbeelden van de vaardigheid te zien zijn. Het zijn heel concrete voorbeelden, voor iedereen herkenbaar. Hier wordt kort over gepraat.

Daarna wordt er geoefend; beginnend met een van de voorbeelden van de video/dvd en vervolgens met eigen, ingebrachte situaties. De bekrachtiging is gericht op positieve elementen; de trainingssituatie moet een veilige plek zijn om te kunnen experimenteren met gedrag.

De deelnemers krijgen huiswerk in de vorm van opdrachten mee naar huis. Bij de volgende bijeenkomst wordt dan eerst besproken hoe dat is gelopen.

Voorbeelden van vaardigheden zijn: kennismaken, iets vragen, nee zeggen, kritiek geven, boosheid uiten, een compliment geven.

Het is belangrijk dat ouders, werkplaats of activering op de hoogte zijn, zodat zij mee kunnen werken als een deelnemer in de praktijk gaat oefenen.

Rouw; het verlies van dierbaren

Het leven van mensen met een verstandelijke beperking wordt gekenmerkt door veelvuldig afscheid nemen. Zij zien mensen komen en plotseling weer weggaan, of dit nu een medebewoner, een begeleider of een vrijwilliger is. Of zij worden zelf een of enkele malen overgeplaatst (al dan niet vrijwillig). Je zou bijna zeggen dat zij eraan gewend zijn geraakt om afscheid te nemen.

Toch is de dood wezenlijk anders en vraagt daarom een andere begeleiding.

We zullen beschrijven hoe rouwverwerking bij kinderen zonder een verstandelijke beperking verloopt en daarna de ideeën weergeven die mensen met een verstandelijke beperking van de dood kunnen hebben.

Al vanaf heel jonge leeftijd kan een kind rouwen. Een baby van zes maanden die een directe verzorger verliest, vertoont al tekenen van rouw. Niet zozeer door veel te huilen, maar door zoeken en verzet.

Kinderen tussen de twee en de zes jaar leven vooral in een magische wereld. Begrippen als 'nooit meer' en 'altijd' hebben voor hen meestal geen inhoud. Door het magisch beleven van de wereld wordt de dood ook als zodanig gezien. Hij lijkt op een monster en het kan dus met het kind of ieder ander gebeuren. Zij reageren meer op het verdriet van de anderen want de dood is voor hen nog een tijdelijk iets. Zij zullen zich vastklampen, zich onzeker en bang voelen.

CASUS

Na het afscheid van opa in het rouwcentrum vraagt Emma (tweeënhalf jaar): 'Waar is opa nu?' Mama antwoordt: 'Opa is in de hemel, hij is nu een sterretje. Kijk Emma, daarboven zit opa. Hij kan ons zo goed zien. Zwaai maar naar opa.' Emma zegt daarop dat ze ook een sterretje wil worden, net als opa. Enkele dagen later vertelt ze aan mama dat opa naar beneden is gevallen. Ze wijst naar de grond; daar ligt een van het plafond gevallen fluorescerende ster. 'Opa heeft pijn', zegt ze (De Vries 2000).

Kinderen tussen de zes en elf jaar beseffen veel meer het verlies en zijn verdrietig. Daarnaast zijn zij ook opstandig, zij hebben vaak herenigingsfantasieën en schuldgevoel ('als ik dat niet had gezegd of gedaan dan...'). Dit uiten zij vaak in boosheid op degene, die nog wel leven. Daarnaast kunnen zij zich ook weer snel aan hun eigen spel en dat met vriendjes wijden.

In een onderzoek werd bij 38 mensen met een lichte tot matige verstandelijke beperking een vraaggesprek gehouden (98% woonde thuis of bij familie, 2% woonde in een instelling).
Het ging hierbij om duidelijk te krijgen wat zij dachten over:
- *Onomkeerbaarheid.* Het begrip dat als een levend wezen sterft, het fysiek niet meer tot leven kan worden gebracht.
- *Non-functionaliteit.* Alle functies die nodig zijn om te leven houden op na de dood.
- *Universaliteit.* Alle levende wezens sterven.

De belangrijkste resultaten waren:
- De helft van de ondervraagden was van mening dat 'dingen' ook doodgaan en nog eens 11% wist het niet zeker.
- Een op de vier zei dat doden weer levend kunnen worden. 11% was daar niet zeker van.
- Een op de vier was van oordeel dat een dode nog kan zien, horen of ademen.
- Bijna 30% dacht dat niet iedereen dood ging of was daar niet zeker van.
- De helft van de ondervraagden dacht dat zij zelf niet dood zouden gaan.
Degenen die dat wel dachten, scoorden ook op de andere vragen met meer realiteitszin.
Dit onderzoek gaat alleen maar in op cognitieve aspecten. De emotionele beleving was hier niet aan de orde. Toch maakt het wel iets duidelijk. Namelijk dat het begeleiden van mensen met een verstandelijke beperking zich naast het cognitieve zeer zeker ook en misschien wel vooral op andere aspecten moet richten.
We maken in de volgende paragraaf onderscheid tussen de dood van een familielid en een groepsgenoot/groepsleider, omdat dit een wat andere begeleiding vraagt.

De dood van een familielid

CASUS

Jos, een jongen met een verstandelijke beperking en de ziekte van Duchenne, veertien jaar, bezoekt overdag het orthopedagogisch dagcentrum.
Jos verplaatst zich in een elektrische rolstoel. Zijn taalgebruik en -begrip liggen op het niveau van een vijfjarige.
Tijdens een zakenreis naar Portugal komt zijn vader geheel onverwacht te overlijden door twee hartinfarcten kort achter elkaar. Als zijn moeder dit bericht krijgt is Jos erbij. Jos bezoekt de volgende dag gewoon het dagcentrum en komt roepend binnenrijden: 'Mijn vader is hartstikke dood!' Hij blijft dit een tijdlang roepen.
Die dag spreekt hij er verder niet over. Als er met hem over wordt gesproken lijkt het alsof hij het een spannend verhaal vindt waarmee hij indruk kan maken op zijn omgeving. Jos neemt die dag deel aan alle activiteiten. Na een week lijkt Jos het verhaal bijna vergeten.

Thuis is er volgens zijn moeder niets te merken aan Jos. Hij praat over zijn vader alsof hij nog leeft en het slapen gaat probleemloos. Ongeveer zes weken na het overlijden gaat Jos zich anders gedragen. Hij is onrustig, praat snel en veel en maakt materialen kapot. Moeder vertelt dat thuis het eten moeizaam gaat. Ook slaapt Jos onrustig en is 's morgens vroeg wakker. Als iemand over zijn vader begint dan reageert Jos hier meestal ontwijkend op of wordt onrustig. Zelf begint hij niet meer over zijn vader.

Mensen met een ernstige of matige verstandelijke beperking reageren vaak op het verlies van een dierbare alsof het ze 'niets doet'. Uit het oog, uit het hart lijkt dan op te gaan. Als ze huilen doen ze dit alleen als goede bekenden huilen. Het lijkt meer op meedoen en nadoen dan op echt verdriet. Toch reageren bewoners wel degelijk op het verlies van een dierbare, alleen vaak niet op een manier die wij kennen.

Als iemand van de familie van de bewoner ernstig ziek is en dood kan gaan, zal de bewoner hiervan op de hoogte moeten worden gesteld. Ouders (broers en zussen) zullen vaak hun kind in bescherming willen nemen door het niet te willen confronteren met de zieke of de ziekte. Toch is het heel belangrijk en een eerste stap in het verwerkingsproces als de bewoner die kans wel krijgt. De persoonlijk begeleider zal hier desnoods sterk op moeten aandringen en zelf met de bewoner meegaan. Iets maken of bloemen kopen om te geven aan de zieke maakt het bezoek gemakkelijker, ook om later op terug te komen. 'Weet je nog, toen oma ziek was hebben we haar die mooie gele bloemen gegeven.'

Vragen die een bewoner stelt, kunnen heel confronterend zijn voor omstanders: 'Oma, wanneer ga je nou echt dood?' 'Oma, bel je mij als je doodgaat, dan kan ik het zien want ik heb het nog nooit in het echt gezien.' 'Oma, doe je ook zo (maakt het gebaar en geluid van iemand uit een film) als je doodgaat en dan plof?' Doodgaan is voor alle mensen een moeilijk te begrijpen iets.

Als de dood heel plotseling komt, zal het de bewoner door een vertrouwd persoon moeten worden verteld. Als het niet door iemand van de familie gedaan kan worden, dan moet iemand van de groepsleiding waarmee de bewoner heel vertrouwd is dat doen. Wat er gezegd wordt en op welke wijze is onder andere afhankelijk van geloof en niveau: 'Nu is papa naar de hemel, nu is papa bij de Here God, nu is papa dood en kan niet meer lopen en eten en praten en bij jou op bezoek komen.' Tekeningen of plaatjes kunnen verduidelijkend werken. Ook bij bewoners die ernstig verstandelijk beperkt zijn, zal er tijd moeten worden genomen om het hun te vertellen. Zij zullen merken aan de intonatie in de stem dat het om iets bijzonders gaat.

Gaan kijken bij de overledene is voor de meeste bewoners erg belangrijk. Het zien en voelen van iemand die dood is. Het beeld helpt hen om het verlies te kunnen gaan begrijpen. Dit bezoek kan eventueel op een moment zijn dat er verder niemand is, zodat de bewoner de tijd heeft. Ook hier kunnen de reacties erg verschillend en soms onvoorspelbaar zijn en is het zeer gewenst dat er een heel vertrouwd persoon meegaat.

Probeer de bewoner duidelijk te maken dat 'dood' niet hetzelfde is als 'slapen'. Er zijn veel voorbeelden bekend van slaapproblemen omdat kinderen dachten dat als je sliep, je dood kon gaan.

In overleg met de familie moet worden bekeken op welke wijze de bewoner deelneemt aan de eventuele kerkdienst en uitvaart. Ook hier geldt dat als het enigszins kan, de bewoner erbij aanwezig moet zijn. Als verwacht kan worden dat de bewoner de plechtigheid zal verstoren kunnen een video-opname of foto's overwogen worden, zodat de bewoner die later kan bekijken.

Het is een belangrijke taak voor de begeleiding om ervoor te zorgen dat de bewoner niet 'verdrinkt' in zijn verdriet. Want doordat iedereen verdrietig is en ook de bewoner daarop aanspreekt kan hij het soms niet meer overzien. Door symbolische handelingen als het leggen van een bloem of een tekening op de kist en dan even gaan koffiedrinken krijgt de situatie een afbakening.

Na de begrafenis of crematie zal de persoonlijk begeleider nog regelmatig met de bewoner praten over degene die dood is. Een foto of tastbare herinnering kan de ingang zijn. Op belangrijke dagen bijvoorbeeld een kaarsje branden, die de bewoner dan weer uitblaast.

De dood van een groepslid

In veel instellingen wordt een bewoner die doodgaat zolang mogelijk verzorgd op de eigen groep, eventueel met hulp van de wijkverpleging. Dit heeft grote invloed op de hele groep, en de begeleiding zal dan ook zowel groeps- als individueel gericht moeten zijn. En dat is geen gemakkelijke opgave. Want ook de groepsleiding heeft haar eigen band met de bewoner die doodgaat en eigen ervaringen die meespelen. Er zal ruimte moeten zijn om als groepsleiding met elkaar te praten over wat het voor iedereen persoonlijk betekent. Veelal wordt de hulp ingeroepen van iemand (bijvoorbeeld een pastor) om dit te begeleiden. Want de groepsleiding heeft niet alleen met zichzelf, de stervende bewoner en de groep te maken, ook de familie zal een beroep doen op de begeleiders.

Er zullen afspraken gemaakt moeten worden over wat er met de bewoner gebeurt als hij overleden is. Blijft hij op de groep of wordt hij overgebracht naar een mortuarium? Wie gaat hem afleggen? Wat zijn de wensen van de ouders en van de groepsleiding?

Vooral als het gaat om een bewoner met een andere culturele achtergrond, zal de groepsleiding extra alert moeten zijn op de rituelen die binnen die cultuur gebruikelijk zijn (met name de houding van de dode en het afleggen kent heel eigen gebruiken).

CASUS

Toen Maarten dood was, lag hij opgebaard op zijn eigen kamer. We hadden daar allemaal bloemen neergezet en zijn Feyenoord-verzameling en er brandden kaarsjes. Alle bewoners gingen kijken, sommigen wilden meer keren per dag. Alleen Toon niet: 'Ik wil niet dat hij dood is, ik hou er niet van.' Hij liep schel fluitend door het huis. Na de eerste nacht lag er een stapeltje stenen bij de kamerdeur van Maarten en na de tweede nacht een koek. Onmiskenbaar van Toon. De laatste nacht dat Maarten nog bij ons was, hoorde Freek die slaapdienst had, luid praten. Het was Toon die voor de deur van Maartens kamer stond en riep dat hij het gemeen vond dat hij dood was gegaan: 'Wij zijn toch vrienden en die blijven altijd bij elkaar, klootzak.'

Freek liep rustig naar Toon en vroeg hem of hij samen met hem tegen Maarten wilde gaan zeggen dat ze hem zo zouden missen. Ze liepen naar binnen en Freek stak de kaarsen aan.

'Kijk', zei hij, 'we hebben jouw stenen en koek bij Maarten in de kist gelegd.' Toon stond stil en verwonderd te kijken. Hij deed een stap naar voren en raakte Maarten aan, voelde zijn handen en zijn gezicht. 'Tja,' zei hij, 'als je zo koud bent, kun je ook niet meer spelen.'

Afhankelijk van hun ontwikkeling en relatie tot degene die is overleden, kunnen bewoners verschillend reageren. Ook hier kunnen schokkende of koele reacties komen: 'Wie mag er nu de vuilniszakken buiten zetten, mag ik zijn fiets nu hebben, onze poes is ook al dood.'

Inspelen op de gevoelens van verdriet en gemis zal vooral via rituelen en symbolen gaan. Door een lied te zingen of een kaars te branden, door zijn lege stoel in het midden te zetten en over hem te vertellen. Dit zal de bewoners veel meer bewust maken van het 'voor altijd' weg zijn.

Het tijdstip van reageren kan soms maanden tot jaren later liggen. Het is dan moeilijk om de signalen nog als zodanig te begrijpen. Hier blijkt ook weer het belang van zorgvuldige rapportage, want zelfs als de bewoner is overgeplaatst, zal de begeleiding nog in staat moeten zijn om de signalen te duiden.

Signalen
- De bewoner 'ziet' degene die overleden is. Met name bewoners met een lichte verstandelijke beperking overkomt dit vaker en het kan leiden tot angst en paniek.
- Nare dromen, veel wakker, slaapproblemen. Proberen te laten vertellen over de dromen. Vaak komt dan zijdelings de overleden bewoner er in voor.
- Problemen met gedrag. Weglopen, agressie zowel op zichzelf als op anderen gericht.
- Apathie. Ook lusteloosheid kan een reactie zijn op verlies.

CASUS

Sjors is 25 jaar als zijn vader overlijdt. Een harde klap, want Sjors ging ieder weekend met zijn vader op stap. En hoewel vader erg streng was, niet alleen voor Sjors maar ook voor zijn drie zussen, was hij 'de beste vader van de hele wereld'.

Als hij nu de weekenden naar huis gaat, mag hij, als enige man in het gezin, aan het hoofd van de tafel zitten op de plaats van zijn vader. En Sjors wordt dan een beetje zijn vader; vanaf zijn plek aan het hoofd commandeert hij zijn moeder en zijn zussen. Af en toe slaat hij met de vuist op tafel om zijn woorden kracht bij te zetten en uit hij bedreigingen.

Als hij weer terugkomt op de groep, blijft hij in de 'vaderrol'. Zijn groepsgenoten worden bang voor hem. Er moet iedere keer een fikse stoeipartij aan te pas komen om hem als het ware te laten realiseren dat hij de vaderrol kan loslaten. Vaak zegt hij na zo'n stoeipartij: 'Ik ben weer thuis.'

Seksualiteit en voortplanting

TYPOLOGIE Bij het seksualiteits- en voortplantingspatroon wordt allereerst gekeken naar de seksuele relaties van de persoon, de wijze waarop seksualiteit wordt beleefd en eventuele problemen die daarbij worden ervaren. Kinderen krijgen is voor veel mensen een belangrijke levensvervulling en voor een kleine groep mensen met een verstandelijke beperking is dat ook zo. Specifieke ziektes of aandoeningen kunnen problemen geven bij de beleving van seksualiteit, bijvoorbeeld de seksueel overdraagbare aandoeningen. Voor de vrouw maken ook de menstruatie en de menopauze deel uit van dit patroon.

Inleiding

'Mama, hoe kwam ik dan in je buik? Waar zat ik dan in jouw buik, kon ik wel zien dan? En had ik al tandjes en handjes?' Kinderen vragen hun ouders over seks. Soms stellen ze vragen waarvan ouders denken: is het daar niet te klein voor? Maar kinderen vergeten wat ze niet begrijpen. En ze zoeken zelf verder, via andere bronnen om hun kennis te vergroten. Want ook over seks blijf je niet praten met je ouders.

Seks is belangrijk, zonder seks zouden we er niet eens zijn

Seksualiteit is meer dan alleen vrijen of geslachtsgemeenschap. Het hoort bij het leven en bij iedere mens. Ieder mens heeft seksuele gevoelens, wensen en verlangens. En die gevoelens zijn er al vanaf de geboorte.Seksualiteit is lichamelijk en emotioneel en kan alleen of samen met anderen worden beleefd. Uitgangspunt blijft altijd: respect voor elkaars grenzen.
Seksualiteit gaat over persoonlijke waarden en normen, relaties, gezondheid, voortplanting, cultuur, religie en samenleving.
Seksualiteit en voortplanting worden door veel mensen nauw verbonden. Er wordt al gauw aan de eventuele gevolgen gedacht: kinderen krijgen. En omdat dat in veel situaties (nog) niet gewenst is, is seksuele voorlichting een noodzakelijk onderdeel van de opvoeding, vooral over het gebruik van voorbehoedmiddelen om niet zwanger te raken. Maar ook over veilige manieren van seks beleven moet voorlichting worden gegeven, omdat als gevolg van onveilig vrijen geslachtsziekten en aids kunnen ontstaan.
Bij veel vormen van seksualiteit gaat het helemaal niet om voortplanting, maar om lustbeleving. Seks is lekker, seks is fijn, seks is leuk en spannend. Dat is ook de boodschap die we in de wereld om ons heen, in reclame en op tv voortdurend te zien krijgen. Ook mensen met een verstandelijke beperking zien dat en ook voor hen geldt dat.

Seks is meer dan recht op en neer

Die uitdrukking kent iedereen wel. Meestal bedoelt men ermee dat er bij seks ook liefde komt kijken, dat in de seksuele relatie tussen twee mensen ook plaats moet zijn voor intimiteit en tederheid. Zo zijn termen als voorspel en naspel ontstaan.
Bij seksualiteit kunnen we globaal drie gebieden onderscheiden:

1 dat wat iemand is als man of als vrouw, als seksueel wezen;
2 dat wat mensen met elkaar ervaren in tederheid, genegenheid, liefde, intimiteit, vriendschap;
3 seksualiteit waarbij de geslachtsorganen een rol spelen: genitale seks.

Als mensen een seksuele relatie hebben met elkaar speelt dit misschien allemaal tegelijk, maar elk van die drie gebieden bestaat ook afzonderlijk.
Seksualiteit is dus niet beperkt tot het genitale zoals de geslachtsdaad en masturbatie en allerlei variaties daarop. Seksualiteit betreft het gehele gebied van menselijke gevoelens en gedragingen van mensen. Is er iets in het leven zonder relatie tot seksualiteit? Nee. Alles wordt bepaald door het gegeven dat de mens een sek-

sueel wezen is. Hoe iemand praat, ruikt, lacht, werkt, hoe iemand zich kleedt en ontkleedt.

Hoe men zich gedraagt als man of vrouw, hoe men zich gedraagt in relatie tot andere mannen en vrouwen, in vriendschap, verliefdheid, intimiteit. Hoe men kijkt en flirt en danst en loopt en zit.

Seksualiteit is overal om je heen, in het gedrag van de mensen, de affiches op straat, de tedere blikken van de televisiesterren als ze zingen over de liefde, in wervelende dansshows, in de spannende discokleding (zie mij eens) en in saaie kleren (ik wil niet aantrekkelijk zijn).

Desmond Morris heeft daar mooie films over gemaakt die regelmatig op tv te zien zijn.

9.2 | Seksualiteit en voortplanting in de zorg voor mensen met een verstandelijke beperking

Praten over seks *moet* in de hulpverlening

'Hoeveel boterhammen eet jij elke dag?' Die vraag kun je iemand gerust stellen en waarschijnlijk krijg je gewoon antwoord. Maar stel dat iemand je vraagt: 'En hoe vaak heb jij seks per week?', dan zou je raar staan te kijken en hoogstwaarschijnlijk geen antwoord geven. Seks is dus niet even gewoon als eten en drinken, hoewel je dat wel vaak hoort van mensen die vinden dat het gewoon moet zijn. Seks is iets heel persoonlijks. Je praat er niet zomaar over, omdat het iets is van jezelf of tussen jezelf en je partner, iets waarvoor je allerlei woorden hebt die je niet zomaar tegen een ander zegt. Het is heel normaal dat begeleiders zich wat verlegen voelen in een situatie waar over seksualiteit gesproken moet worden. Vaak wordt erbij gegiecheld. Veel begeleiders willen liever geen woorden gebruiken zoals neuken, kut en lul. Toch komen ze in allerlei voorlichtingsfilms voor mensen met een verstandelijke beperking wel voor, omdat ze duidelijk benoemen waar het over gaat.

Maar er wordt ook altijd gezegd dat je daarover samen afspraken maakt. Als je bijvoorbeeld het woord 'neuken' niet wilt gebruiken, kan niemand je daartoe verplichten.

Maar als je in plaats daarvan zou zeggen 'met elkaar naar bed gaan' of 'vrijen' dan kan dat voor de bewoner iets heel anders betekenen. En die begrijpt dan misschien niet waar het over gaat.

En als de ene begeleider dít zegt en de ander dát, is het ook onduidelijk. Een begeleider móét wel (leren) praten over seks als hij werkt in een team in de zorg voor mensen met een verstandelijke beperking. Want de begeleider heeft veel taken die te maken hebben met intimiteit en seksualiteit:

- voorlichting geven;
- relatiebegeleiding;
- gezondheid, hygiëne;
- omgaan met bijzonder seksueel gedrag;
- verwijzen naar anderen (bij problemen).

Omdat een team zo veel mogelijk hetzelfde moet handelen, vanuit dezelfde visie, moet er gepraat worden over de uitgangspunten, over de waarden en normen, over de visie op seksualiteit. Dat hoort gewoon bij je beroep. Maar ook in een team hoeft niemand de vraag 'hoe vaak doe jij het' of 'vind je het zelf lekker?' te beantwoorden, want dat is een privé-vraag. En dat is in de hulpverlening met betrekking tot seks een belangrijk onderscheid: je moet wel persoonlijk zijn om je persoonlijke mening naar voren te kunnen brengen en af te stemmen met de collega's in het team, maar je houdt dat wat privé is voor jezelf.

. . . .

O P D R A C H T

Bespreek met elkaar welke persoonlijke zaken je in een team wel of niet moet bespreken als het over seksualiteit gaat. Wat is voor jou privé, wat zou je wel van elkaar willen weten?

Het is dus heel functioneel en professioneel als het praten over seksualiteit staat in relatie tot je professioneel handelen. Het kan wel moeilijk zijn een taal te vinden voor iedereen, ieder heeft daarin eigen grenzen en gewoonten. Praten over seks kun je leren, je kunt het zien als een technische vaardigheid die je aanleert om in je beroep zaken bespreekbaar te maken. Het is nodig te praten over seksualiteit omdat je als begeleider in de zorg voor mensen met een verstandelijke beperking met veel anderen samenwerkt. Daarin heeft de begeleider de volgende vaardigheden nodig:

- met de bewoner moet je een gesprek over relaties, intimiteit of seksualiteit kunnen voeren, je moet ingaan op hun vragen, en voorlichting kunnen geven;
- met de ouders moet je de ondersteuningsvragen op het gebied van seksualiteit bespreken, je moet informatie kunnen geven, je moet problemen kunnen bespreken;
- met het team moet je overleggen over beleid en over zorgvragen van de cliënten, je moet elkaars visie horen en daarin tot overeenstemming komen;
- met andere disciplines bespreek je bijzondere problemen, je moet hun informatie geven op basis van je observatie;
- binnen de instelling mag van je gevraagd worden dat je deelneemt aan studiedagen of andere bijeenkomsten over beleidszaken die voor iedereen belangrijk zijn.

Maatschappelijke veranderingen en seksualiteit

In de inrichtingen van vroeger werd over seks niet gesproken, laat staan dat het hebben van seksuele contacten werd toegestaan. Natuurlijk was er wel seksueel gedrag, maar dat bleef verborgen.

Seksuele voorlichting was er al helemaal niet, omdat men er meestal van uitging dat 'deze mensen' deze behoefte niet hadden. Geen slapende honden wakker maken... was heel lang het devies.

Veel oudere cliënten herinneren zich nog goed hoe al dit soort zaken verboden was.

Bij bewoners die niet konden begrijpen dat seksueel gedrag niet mocht, werden zo mogelijk beperkingen opgelegd. Bij masturbatie bijvoorbeeld werden soms de handen met polsbandjes vastgebonden, of een bewoner kreeg een strak pak aan waardoor masturberen onmogelijk werd.

En verder werd erover gezwegen. Heteroseksuele verliefdheid en relatievorming kwam toen feitelijk niet voor omdat mannen en vrouwen gescheiden leefden. Voor mensen die thuis woonden was het natuurlijk wel anders, die bleven meestal ongetrouwd bij hun ouders wonen.

CASUS

'Jannie heeft nou verkering, en ze willen ook trouwen. Jannie wil zo graag kinderen, en dat kan ze wel goed, ze is heel lief en zorgzaam. Dat zie ik als ze de poes verzorgt. Ik denk dat ze het wel kan. Maar ja, ze heeft wel die ziekte, he? De pil, dat kan ook niet, hè, want wij zijn katholiek en het mag niet van de paus. Wat denkt u, zou ze daar dan toch wel toestemming voor krijgen van de pastoor, want ja, ze heeft die ziekte, hè.'

Het was 1969 toen een maatschappelijk werkster sprak met de moeder van een jonge vrouw die licht verstandelijk beperkt was, net als twee andere kinderen in het gezin.

De discussie over wel of niet kinderen krijgen werd toen heftig gevoerd. Het belangrijkste argument dat gebruikt werd waarom mensen met een verstandelijke beperking (toen nog: zwakzinnigen) geen kinderen moeten krijgen, was omdat zij niet in staat zouden zijn om een kind op te voeden.

Dat kind zou dan weer de dupe zijn en een maatschappelijk probleem vormen, enzovoort. Het was heel gebruikelijk dat jonge vrouwen de prikpil kregen of gesteriliseerd werden (zonder dat zij daar zelf in gekend werden). Enkele jaren geleden werd men in Zweden opgeschrikt door berichten dat er in de periode 1935-1976 meer dan 60.000 mensen op bevel van de overheid zijn gesteriliseerd. Het leidde in Nederland tot Kamervragen en in 2002 kwam er een rapport over mensen met een verstandelijke beperking en anticonceptie. Hierin werd geen duidelijk standpunt ingenomen; over ouderschap wordt gezegd: 'ouderschap in ieder geval onwenselijk is wanneer er een grote kans bestaat dat het kind ten gevolge van te kort schietende opvoedingsvaardigheden ernstige schade zal ondervinden' (Gezondheidsraad 2002).

Ook nu nog krijgen vrijwel alle vrouwen met een verstandelijke beperking een vorm van anticonceptie toegediend.

Er wordt nu wel heel anders over gepraat, maar de discussie is toch nog steeds dezelfde. In ieder geval wordt seksueel gedrag niet meer zomaar verboden. Er wordt zelfs nadrukkelijk van uitgegaan dat iedereen recht op seksualiteit heeft. Alles is nu wel erg veranderd. Omdat integratie in de samenleving, normalisatie en emancipatie van mensen met een verstandelijke beperking mensen nu een uitgangspunt is in de zorg, zijn er allerlei kleinschalige woonsituaties. Daardoor kunnen mannen en vrouwen in meer normale omstandigheden leven met elkaar. Ze krijgen voorlichting en ze leren nee zeggen, ze kunnen iets bespreken als er problemen zijn, ze worden zo nodig begeleid als ze een relatie hebben, ze kunnen ook samenwonen als ze willen. Maar niet alles is vrij, er worden hun ook beperkingen opgelegd. Iedereen kan dus wel seks hebben, maar waar liggen de grenzen? Die vraag is voor begeleiders en ouders vaak moeilijk te beantwoorden.

Begeleiders ondersteunen mensen met een beperking in hun ontwikkeling, dus ook in hun seksuele ontwikkeling. Maar begeleiders kunnen niet simpel zeggen: 'O, ik doe het zelf toch ook, dan kan de bewoner het ook...' Want bij bewoners kunnen problemen en bijzonderheden spelen die vragen om een gerichte begeleiding. Meestal zijn de algemene normen van de samenleving uitgangspunt voor begeleiding. Dat geldt niet alleen voor situaties waarin de rechten van de bewoner een rol spelen, maar ook als er sprake is van het overschrijden van grenzen.

Waarden en normen

Wat mensen in het algemeen in de beslotenheid van hun huis en hun slaapkamer doen, is bij mensen met een verstandelijke beperking meer zichtbaar. Als ze leven in een groep is er niet veel wat zich onttrekt aan de aandacht van anderen.

CASUS

'Karin, zal ik je eens wat vertellen? Charlotte wil met mij vrijen. Ze gaat mij kusjes geven.'
'Oké Lea, ik zal Charlotte zeggen dat ze je met rust laat.'
'Neeeee, Karin, dat hoeft niet hoor, ik vind het wel leuk, hoor!'

Clienten leven in een groep en met anderen. Ze weten zelf niet altijd wat kan en mag, wat toelaatbaar is en wat ongewenst is. Ze gedragen zich anders en hun gedrag kan aanstootgevend zijn, ook al bedoelen ze dat zelf absoluut niet. Met hun gedrag overschrijden ze soms grenzen, onder andere bij medebewoners of bij de groepsleiding. En dan? Toestaan? Verbieden?
Waarden en normen spelen bij seksualiteit een bijzondere rol. Het recht op een normaal leven en normale levensomstandigheden is een waarde in de zorg voor mensen met een verstandelijke beperking. Uit waarden komen normen voort, de regels voor het gedrag.
De normen in de zorg voor mensen met een verstandelijke beperking moeten heel nauwkeurig worden bekeken. Bij een juiste bejegening hoort dat we hen niet te veel beperken, dat we terughoudend zijn met geboden en verboden; dat wij hun de kans geven zichzelf te zijn, hun eigen keuzen te bepalen, dat wij hun wensen en verlangens respecteren.
Maar natuurlijk zijn er wel grenzen, ook voor hen. En soms zijn er voor hen meer grenzen omdat ze ook nog rekening moeten houden met anderen in een groep.

CASUS

Marlies zit op een stoel in de huiskamer. Ze doet haar hand tussen haar benen. Ze beweegt heftig op en neer. Ze zucht en steunt. Ze geniet. Ze masturbeert. De anderen kijken belangstellend toe.

Wat doe je als begeleider?

Dit is voor begeleiders een moeilijk terrein. Want hierbij spelen ook nog de eigen waarden en normen mee. Iets moeten doen waar je tegen bent, kan dat? Soms moet het.

De begeleider heeft ook haar eigen grenzen, die wel mede bepaald zijn door de maatschappelijke normen, maar die vooral heel persoonlijk zijn.

· · · · · · · · · · · · · · · · ·
O   P   D   R   A   C   H   T

Hans komt bij je op schoot zitten. Het is een lekker joch, altijd geweest ook. Er is veel met hem geknuffeld maar nu wordt hij daar wel een beetje te groot voor. Hans vlijt zich lekker tegen je aan en plotseling gaat zijn hand over je borsten.

► Hoe reageer je? (Als je zelf geen vrouw bent, probeer je dan toch in de situatie in te leven.)

· · · · · · · · · · · · · · · · ·
O   P   D   R   A   C   H   T

Berrie, zoon van Gerard en Marlies, is zoals ze zelf zeggen, een lieve, makkelijke mongool. Hij woont thuis, maar hij zal, zodra er plaats is in een huis in de wijk, met vijf andere bewoners gaan wonen. Gerard en Marlies maken zich echter grote zorgen want Berrie speelt graag met kleine kinderen, en hij houdt ze dan graag stevig vast. Er zijn al vaker mensen naar hen toegekomen om te zeggen dat ze Berrie beter in de gaten moeten houden, dat erover gepraat wordt. Zelf weten de ouders wel dat Berrie geen kwade bedoelingen heeft, maar wat zal er gebeuren als hij in dat huis woont en de begeleiders daar anders over denken; als iedereen Berrie zal veroordelen, terwijl hij dat niet zal kunnen begrijpen. Ze liggen er 's nachts wakker van. Hoe moet dat nou straks?

► Hoe denk jij over deze kwestie?

Seksualiteit hoort bij het instellingsbeleid

Het ontwikkelen van een instellingsvisie en -beleid met betrekking tot seksualiteit is belangrijk, voor de cliënt én de begeleider/hulpverlener. Door in beleid en voorzieningen seksualiteit te erkennen als basisbehoefte van mensen, geeft een instelling aan dat dit thema bespreekbaar is. Het geeft de medewerkers steun bij het uitvoeren van hun taken. Maar met een goede visie en een goed geformuleerd beleid is het werk niet gedaan, dan begint het pas. Belangrijk is dat de visie en het beleid omgezet worden in een herkenbaar, praktisch en uitvoerbaar actieplan. Een visie start met helderheid over normen en waarden. Zo kan een kader worden gemaakt van waaruit het personeel kan handelen en waarop men kan terugvallen (www.begrensdeliefde.nl).
In bijna alle instellingen heeft men beleid gemaakt. Dat heeft ook te maken met de alarmerende verhalen over seksueel misbruik. Als er een protocol is, betekent dat voor alle begeleiders en andere medewerkers dat ze zich daaraan moeten houden. Sommige beslissingen neem je dus niet zelf.

Martijn (34 jaar) woont sinds kort met twee medebewoners in een huis dichtbij de instelling Gronestein. Hij komt elke dag in Gronestein langs omdat hij verliefd is op Tonia, die overdag net als hij op de werkplaats werkt. Hij wil graag een relatie en kinderen met haar. Zijn ouders weten dat niet, en hij wil het hun niet vertellen. Zijn ouders zijn erg bezorgd en denken dat hij geen belangstelling heeft voor meisjes, laat staan voor seks. De groepsleiding van de leefgroep van het meisje is ertegen, omdat Martijn in het verleden blijk heeft gegeven contact met haar te willen, en dat wil zij zelf niet.

En dan is het heel simpel: het protocol van Gronestein schrijft voor dat er geen seksueel contact kan zijn als de relatie niet gelijkwaardig is. Dat is dus het uitgangspunt, zoals ook blijkt uit de houding van de begeleiders. Maar zij doen daarbij ook het voorstel dat hij dan maar naar de hoeren moet gaan...

De werkbegeleiders proberen overdag te verhinderen dat de twee met elkaar in aanraking komen.

Beantwoord de volgende vragen:
➤ Mag Martijn zelf beslissen wat hij wil?
➤ Moet Tonia beschermd worden?
➤ Mag of moet Martijn naar de hoeren?
➤ Moeten de ouders van Martijn weten wat er aan de hand is?
➤ Mag Martijn wel kinderen krijgen?
➤ Zou je ook Tonia een beetje kunnen stimuleren om wel te willen?

Het zijn vragen waar je eigen waarden en normen ook een rol spelen. Voor sommige van deze vragen heb je dan natuurlijk te weinig gegevens om de situatie goed te beoordelen. Maar soms hoef je de situatie niet te kennen, omdat het protocol van een instelling heel duidelijk een uitspraak doet over een aantal zaken.

In een protocol staan bijvoorbeeld regels en opvattingen met betrekking tot:
·   de visie op seksualiteit van mensen met een verstandelijke beperking;
·   hoe lichaamsbeleving en seksualiteit tot uiting komen;
·   anticonceptie en consequenties van seksualiteit;
·   lichamelijke verzorging en omgangsvormen;
·   voorlichting en preventie;
·   verantwoordelijkheden van de medewerkers;
·   ouders en wettelijke vertegenwoordigers;
·   seksueel misbruik.

Natuurlijk blijven er dan nog heel veel vragen over, maar de medewerkers geeft het toch enige houvast. Soms kun je er ook last van hebben, als je zelf anders denkt over een situatie. Dan is overleg nodig, want het instellingsbeleid gaat altijd boven de eigen mening van de begeleider.

Een protocol beschrijft de uitgangspunten van de instelling, maar niet hoe een begeleider moet omgaan met een concrete zorgvraag in de groep en met individuele bewoners. Dus daar moet de begeleider in het team zelf over praten. Dat komt in het ondersteuningsplan, in overleg met de ouders. En daarbij moet de bewoner zelf zo veel mogelijk zijn betrokken.

Ouders als partners in de zorg, ook bij seksualiteit

De begeleider in de zorg voor mensen met een verstandelijke beperking heeft een belangrijke partner in de zorg rondom seksualiteit: de ouders/familie. Ouders zijn vanzelfsprekend betrokken bij de zorg die hun kind gaat krijgen. Maar ouders en de seksualiteit van hun kind, dat zijn twee zaken die apart en in combinatie voor begeleiders heel moeilijk kunnen zijn. Het is doorgaans niet zo dat ouders zich hoeven bezig te houden met de seks van hun kind. Als zij dat moeten bij hun verstandelijk beperkte kind, hebben ze het daar zelf vaak moeilijk mee; het is iets waardoor zij worden geconfronteerd met het feit dat hun zoon of dochter geen kind meer is.

En als hun kind een relatie aangaat met een andere bewoner, hebben ouders bovendien een extra grote zorg: twee kinderen die verstandelijk beperkt zijn.
'Ik zal je eerlijk zeggen dat ik het verschrikkelijk vind om te moeten nadenken over de seksuele relatie van mijn dochter' zei de moeder.
'Ja maar je zult toch wel moeten', zei een andere moeder, 'het is toch je kind en ze is niet zoals anderen. Ze heeft je toch nodig.'
'Dat is het nou net', zei de eerste moeder weer, 'was ze nog maar een kind, toen was alles een stuk makkelijker.'

Begeleiders hoeven ouders niet te begeleiden, maar ze moeten samen met de ouders begeleidingsafspraken maken of besluiten nemen. Ouders kunnen heel erg verschillende opvattingen hebben, vanuit hun eigen waardepatronen. Sommige ouders kunnen voor hun kind een stimulerende factor zijn in de ontwikkeling als mens, dus ook als het gaat om seksualiteit. Andere ouders kunnen de ontwikkeling van hun kind in de weg staan. Maar daarover kan de begeleider niet zomaar oordelen. Het is een lastig probleem en het getuigt van professionaliteit als de begeleider samen met de ouders in een gedeelde zorg de verantwoordelijkheid van beiden optimaal kan benutten en erin slaagt om samen met hen beslissingen te nemen. Begeleiders moeten zich daarbij goed kunnen inleven in de situatiebeleving van ouders.

CASUS

Ingrid heeft heel lang bij haar ouders gewoond, ook nog toen alle andere kinderen allang het huis uit waren. Ze ging ook met hen mee op vakantie. Zo ontmoette ze ooit een jongen die haar meenam naar de hotelkamer. Toen de moeder plotseling argwaan kreeg en binnenkwam, zaten ze beiden half ontkleed op bed. Moeder schold de jongen uit en deze droop snel af. Ingrid heeft hem niet meer ontmoet. Later wilde ze nooit meer iets met jongens te maken hebben. 'Jongens zijn vies', herhaalt ze zeer regelmatig zeer opgewekt.
Het is vaste opvatting geworden, waar ze niet vanaf te brengen was.
20 jaar later, Ingrid is nu 36, heeft ze toch een vriendje. De groepsleiding wil niet dat ze samen slapen. De moeder zegt: 'Dat begrijp ik niet, waarom laten ze dat niet toe?'

➤ Vraag: Waarom zou ze er nu zo over denken en destijds anders?

Begeleiden op maat

In patroon 8 zijn relaties en vriendschap aan de orde gekomen; het gaat in dit patroon vooral over seksualiteit als lichamelijke ervaring, alleen en met anderen. Bij mensen met een verstandelijke beperking komen allerlei vormen en aspecten van seksualiteit voor, al zullen ze soms niet zo geraffineerd en opzettelijk zijn. Ze kunnen een positieve of een negatieve betekenis hebben in hun leven. Positief, als het hun een plezierige ervaring geeft en als het er gewoon bij mag horen als deel van hun leven. Een seksueel contact kan heel negatief zijn als een bewoner te weinig kennis heeft en daardoor vervelende ervaringen heeft, of als er sprake is van misbruik door iemand tegen wie hij zich niet kan verzetten.
Soms moet je snel en adequaat handelen, zonder veel tijd om na te denken. Nadenken doen begeleiders dus al tevoren, in teamverband of via bijscholingen en dergelijke. Zodat je in bepaalde situaties direct kunt beslissen hoe je wilt of moet reageren.

· · · · · · · · · · · · · · · · ·
O P D R A C H T

Wat zou je bijvoorbeeld doen in de volgende situaties:
➤ Henry zegt: Zal ik jou leren kussen? Ik weet wel hoe dat moet!
➤ Gabie komt terug van de werkplaats en vertelt je met rode wangen dat ze heeft gezoend. De rode wangen zijn niet van de opwinding, maar zijn veroorzaakt door de scherpe baard van haar vriend.
Haar vriend is een man uit het dorp die wel tien vriendinnetjes zoals Gabie heeft.
➤ John gaat 's avonds naar bed en volgens gewoonte wordt hij lekker ingestopt. Hij trekt je even naar zich toe, en dan wordt hij heftig... hij hijgt en wil je zoenen.

Bedenk zelf nog twee andere situaties die met seksualiteit te maken hebben. Bespreek met anderen hoe je over die situaties denkt.

Seks komt dus voor bij mensen met een lichte en matige verstandelijke beperking, maar ook bij mensen met een ernstige verstandelijke beperking. Hun zorgvragen kunnen sterk verschillen.
Bij mensen met een lichte en matige verstandelijke beperking is de begeleiding meer gericht op kennistekort (voorlichting geven, praten). Ze hebben grote en kleine problemen bij verliefd zijn en verkering hebben, zij hebben vragen over wat mag en niet mag, hoe ze aan hun vriend(in) moeten zeggen dat ze iets wel of juist niet willen. De taal speelt dan dus een belangrijke rol, en een gesprek is de belangrijkste begeleidingsvorm.
Mensen met een ernstige verstandelijke beperking kunnen geen vragen stellen. Hun gedrag geeft iets aan van hun behoeften aan seksualiteit, hun grenzen kennen ze zelf niet. De seksualiteit is niet op de ander gericht, zij ervaren hun lichamelijkheid en hun seksuele lust zonder zich daarvan bewust te zijn.

Marc is een jongen van 25 jaar, ernstig verstandelijk beperkt. Hij is erg op zichzelf, heeft nauwelijks contacten in de groep. Hij heeft overdag weinig bezigheden: in bad gaan, snoezelen en (passief) paardrijden. Elk van die activiteiten doet hij een keer per week. Overdag staat hij vaak voor het raam, en beweegt zijn lichaam heen en weer, terwijl hij zijn hand in de broek heeft. Dan masturbeert hij. Marc heeft vaak driftbuien. Die ontstaan meestal als hij masturbeert, maar niet kan klaarkomen. Zijn bewegingen zijn heftig en hij is zeer gespannen.

Marc is erg lichaamsgericht; hij kan moeilijk een relatie aangaan met iets of iemand. Dat is het niveau van ervaren en functioneren van veel mensen met een ernstige verstandelijke beperking. Marc kan dus zelf ook geen initiatieven nemen. Seksualiteitsvragen kunnen dus zeer verschillen per persoon, maar ook afhankelijk van het verstandelijke en emotioneel niveau. Als begeleider ga je daar ook verschillend mee om. De begeleider moet de persoon wel goed kennen, moet weten wat hij of zij begrijpt, wat hij wil en niet wil, wat hij leuk vindt of vervelend, hoe hij seksualiteit beleeft.

Oftewel: voor de begeleider staan het belang, de wensen, de behoeften en verlangens van de bewoner altijd voorop. Het kennen van de behoefte van de bewoner is een onderdeel van het methodisch proces van hulpverlenen. Zo veel mogelijk gegevens over de bewoner worden gebruikt om te komen tot een juiste hulpvraag.

Begeleiden op verschillende gebieden

Mensen met een verstandelijke beperking hebben ondersteuning nodig bij het aangaan en onderhouden van hun relaties. Soms zijn ze zelf niet echt in staat om zich te verplaatsen in de ander. Daarom weten ze ook niet goed hoe ze een relatie in stand kunnen houden. Of gewoon hoe je eigenlijk een relatie 'doet'. Dan ondersteunt de begeleider zo nodig met kleine tips, bijvoorbeeld: vindt je vriendje het niet leuk om een keer samen uit te gaan? Vindt je vriendje het ook leuk om een cadeautje te krijgen? Vraag je vriendje maar of hij langs komt, koffiedrinken.

Voorlichting geven

Voorlichting geven gebeurt soms voor een groep bewoners door de begeleiders of door de activiteitenbegeleiders. Het kan ook individueel. Welke voorlichting nodig is, wordt wel duidelijk door de vragen die de bewoners stellen. Bewoners kunnen wel zaken over seks in de groep vragen, maar ze doen dat ook vaak als ze met de begeleider alleen zijn, dus als er meer een privé-sfeer is.

Want ook voor hen is het natuurlijk soms een moeilijk onderwerp. De begeleider die de situatie serieus neemt, zal eerst nagaan wat er precies aan de hand is.

Wat en hoeveel wil de bewoner weten? Is hij tevreden met een oppervlakkig antwoord of wil hij iets heel precies weten?

Bij seksuele voorlichting gaat het heel vaak niet alleen om genitale seks, maar ook om vragen als:

- Hoe zit het lichaam in elkaar?
- Hoe ziet het lichaam van een man/vrouw eruit in de verschillende ontwikkelings-
  fasen?
- Wat is menstruatie?
- Wat is menopauze?
- Wat is homoseksualiteit?
- Wat is een tongzoen?
- Wat is vriendschap, verliefd zijn, vrijen?
- Hoe krijgen vrouwen kinderen?
- Wat is een zaadlozing?

Vragen over gezondheid en hygiëne zullen bewoners zelf niet gemakkelijk stellen, maar daar geeft de begeleider uiteraard wel informatie over. Over al die verschillende onderwerpen zijn gelukkig heel veel boeken en foto's en platen en films gemaakt (zie de literatuurlijst voor materiaal).

O P D R A C H T

Bekijk de video's uit de KLOS-serie: vriendschap, het eigen lichaam, seks, voorbehoedmiddelen. Daarbij hoort ook een werkboek en drie leesboeken voor mensen met een verstandelijke handicap. De leesboekjes heten: Vriendschap, Vrijen, Met elkaar naar bed.

➤ Bespreek met elkaar in een groep wat je van deze voorlichting goed vindt en wat jij liever anders zou doen. Let vooral op het taalgebruik. In de video is een opzettelijk ingebouwde afstand. Dat is ook belangrijk voor jezelf: afstand houden. Want zomaar een praatje over seks zou de bewoner ook verkeerd kunnen uitleggen. Dat misverstand mag niet ontstaan.

➤ Bij seksuele voorlichting is het belangrijk rekening te houden met de belevingswereld en met de denkwereld van de verstandelijk beperkte. Want één keer iets vertellen wil niet zeggen dat iemand iets heeft begrepen. Hoe doen ze dat in de films?

➤ Verdeel de groep in subgroepen. Ieder groepje maakt een korte voorlichtingsbijeenkomst voor een groep bewoners met een lichte verstandelijke handicap. Vervolgens wordt alles in de hele groep gepresenteerd en van commentaar voorzien.

Naast de bovengenoemde onderwerpen kun je als subgroep ook kiezen voor:
– Hoe gebruik je een condoom?
– Wat is menstrueren en wat moet je dan doen?
– Hoe kun je veilig vrijen?
– Wat zijn seksueel overdraagbare aandoeningen?
– Wat is de pil en hoe gebruik je die?
– Hoe kun je neuken en masturberen?

De begeleider ondersteunt de bewoners in hun zelfzorg, zonder eenzijdig voor hen te bepalen wat goed is. Dat brengt bij seksualiteit heel veel vragen mee waarop je dan niet zomaar een antwoord hebt. Moet je zelf beginnen met voorlichten of wacht je hun vraag af? Wat moet je doen, wat moet je laten? Wat beslis je voor de ander? Wat is bescherming en waar wordt het bemoeizucht? Die vragen spelen altijd wel een rol, maar als het gaat om seksualiteit lijkt het wel of iedereen nog een beetje voorzichtiger wordt. En dat is ook wel weer gewenst, want iemand met een verstandelijke beperking kan vaak zijn eigen situatie niet overzien, en kan daardoor zeer slechte ervaringen hebben. Je kunt niet zomaar handelen, je moet de situatie eerst goed in kaart brengen.

CASUS

Maarten vraagt aan tafel een beetje lacherig aan zijn begeleider: 'Moet je altijd neuken als je verkering hebt? Nou, dan wil ik geen verkering, want daar heb ik geen zin in.'

Om Maarten zijn vraag goed te kunnen begrijpen, moet je signalen kunnen herkennen, gedrag goed kunnen observeren, behoeften herkennen en dus gedrag heel goed kunnen interpreteren. Niet altijd weet je of je het goede hebt bedacht, dus dat moet je dan later nog verder onderzoeken. En niet altijd kun je het probleem zelf oplossen of aangaan. Dan moeten andere disciplines een bijdrage leveren. Maar om te beginnen wordt de situatie van alle kanten bekeken.

Wat vraagt Maarten nou eigenlijk en wat wil hij met zijn vraag?
* Vraagt Maarten werkelijk informatie, namelijk over de noodzaak om te neuken?
* Is Maarten misschien toevallig bezig met het onderwerp 'neuken' omdat hij net seksuele voorlichting heeft gehad en het woord aan het uitproberen is?
* Heeft Maarten een vriend of vriendin die met hem naar bed wil, terwijl hij niet wil?
* Is Maarten bezig een beetje stoer te doen met zijn woorden 'en daar heb ik geen zin in'?
* Denkt Maarten dat seksualiteit móét, terwijl hij er bang voor is, het voor hem nog onbekend is?
* Zit Maarten zijn begeleider gewoon een beetje uit te dagen met een al bekend grapje?
* Zit Maarten zijn begeleider uit te dagen om te horen wat die over zoiets te zeggen heeft?
* Wil Maarten zeggen dat hij met zijn lacherigheid zijn verlegenheid verbergt?

Vele vragen, die allemaal worden onderzocht. Het kan nog een hele tijd duren voordat Maartens begeleider er samen met Maarten achter is waar het over gaat. Soms is dat heel eenvoudig, soms is het verschrikkelijk moeilijk.
Dat is begeleiden. Tijd nemen om een vraag goed uit te zoeken. En zo kom je dan tot de hulpvraag en de soort ondersteunende begeleiding die Maarten vraagt.

O P D R A C H T

Werk nu zelf de volgende twee voorbeelden zo uit dat je alle mogelijkheden om te komen tot een goede hulpvraag op een rijtje hebt.

➤ Gabriel ligt in bed, 45 jaar, het lichaam van een volwassen man. En je gaat hem een luier omdoen omdat hij incontinent is. Dan krijgt hij een erectie.

➤ Ton zit aan tafel, terwijl de begeleider uitleg geeft over het onderwerp 'borsten'. De foto's uit de map van de Rutgersstichting liggen open en bloot op tafel.
'Ton, heb jij wel eens de borsten van een vrouw gezien?', vraagt de begeleider vriendelijk. Ton zegt: 'Dat hoef ik ook niet te zien.'
De begeleider ziet dat Ton uit zijn ooghoeken toch naar de foto's kijkt.
Even later zegt Ton: 'Maar ik wil wel een vrouw hebben.'

Jezelf kennen, de ander kennen

Bij een zo intiem onderwerp als seksualiteit is de relatie tussen de begeleider en de bewoners van belang. Er is in de hulpverlening veel aandacht voor een methodische, systematische aanpak van problemen. Maar als het om intimiteit en seksualiteit gaat, dan is de grondhouding van de hulpverlener de basis voor een professionele relatie. Daarin passen begrippen als affectie, acceptatie, vertrouwen, respect. De relatie van de begeleider tot de bewoner is ingewikkeld: de begeleider vervangt in zijn professionele rol de ouders; hij biedt affectie, maar neemt ook afstand. Daarmee stelt de begeleider zichzelf vragen als:

* Waar liggen de grenzen in contact met de bewoner: wat is leuk, lekker, goed, verkeerd en waarom?
* Welke waarden zijn belangrijk? Welke normen?
* Hoe ga je om met een onderdeel van het menselijk functioneren dat zo intiem is?
* Hoe bewaak je respect, privacy voor de bewoner?

Reflectie op eigen ervaringen, houding en inzicht zijn in de begeleiding van mensen met een verstandelijke beperking nodig om de ander/de bewoner te begrijpen in de behoefte aan seksualiteit en relaties. Daardoor kunnen goede zorgvragen worden gesteld: wat heeft de bewoner nodig, wat niet? Om de behoefte aan seksualiteit goed te kunnen peilen moet de begeleider de bewoner kennen zonder last te hebben van eigen vooroordelen of belemmeringen. En daarom moet je jezelf steeds vragen blijven stellen, terwijl je vaak de antwoorden niet weet. Overleg met collega's is dus altijd nodig.

· · · · · · · · · · · · · · · · ·
O P D R A C H T

Ga voor jezelf eens na of je een antwoord kunt geven op de volgende vragen:
➤ Wat weet je van jezelf als het gaat om intimiteit en seksualiteit?
➤ Wat moet je als begeleider over jezelf weten?
➤ Wat hou je verborgen voor jezelf en anderen?
➤ Hoe werken eigen ervaringen rond seksualiteit door in de benadering van bewoners?

Seksueel misbruik

Zestig procent van alle mensen met een verstandelijke beperking krijgt ééns of meerdere keren in zijn of haar leven te maken met seksueel misbruik. Schokkend? Ja. Maar schokkender is dat er nog weinig aan wordt gedaan om het te voorkomen. En van therapie of nazorg is al helemaal geen sprake (Van der Spek 2004).

Een bijzonder probleem is seksueel misbruik. Het komt regelmatig voor dat verstandelijk beperkte bewoners seksueel worden misbruikt. Dat kan plaatsvinden in de thuissituatie, op weg naar een voorziening of activiteit, maar het gebeurt ook door andere bewoners van de instelling of door medewerkers van de instelling. Vaak wordt het niet bekend, omdat het zich afspeelt terwijl een begeleider alleen is met een bewoner. Elke hulpverlener die zich hieraan schuldig maakt is strafbaar.
Iedere seksuele handeling van begeleiders bij bewoners valt onder seksueel misbruik. Voor de bewoners kan dit een zeer traumatische ervaring zijn. Verstandelijk beperkte mensen kunnen slachtoffer worden, omdat ze gemakkelijk worden beïnvloed; ze zijn zelf niet in staat te bepalen wat wel of niet geoorloofd is, zeker niet als het seksuele gedrag uitgaat van een begeleider die hun vertrouwen misbruikt. Mensen met een verstandelijke beperking die ondersteund moeten worden bij het wassen, moeten al toelaten dat er steeds verschillende mensen aan hun lichaam zitten.

Het signaleren van seksueel misbruik is niet een kwestie van de 'juiste' techniek onder de knie krijgen of het doorlopen van een lijstje met signalen. Het gevoelig worden voor mogelijke signalen en het bespreekbaar kunnen maken, is iets wat bij de hulpverlener zelf begint. Een van de belangrijkste voorwaarden om te signaleren is een open houding en het zich bewust zijn van de eigen beelden, opvattingen en ervaringen rond seksualiteit en seksueel misbruik; de eigen angsten, belemmeringen en gevoelens van onmacht. Naast de open houding en het goed kunnen observeren en alert zijn, is het noodzakelijk dat men durft te overwegen dat geconstateerde signalen mogelijk op seksueel misbruik wijzen (Belie 2000).

In de literatuur zijn diverse signaallijsten ontwikkeld; hierin wordt veelal onderscheid gemaakt in: lichamelijke signalen zoals: veelvuldige blaasontstekingen, urineweg-infecties, vaginale infecties met afscheiding, verwondingen bij de anus, vagina, borsten, binnenkant van de bovenbenen; geslachtsziekte in anus, vagina, keel; zwangerschap,sperma-sporen.
- *Psycho-somatische signalen*: pijn in de onderbuik, eetproblemen (te veel/te weinig eten), braken, aanhoudende hoofdpijn, problemen met plassen, met ontlasting, bedplassen, broekpoepen, misselijkheid, hyperventilatie, houterige motoriek.
- *Psycho-sociale signalen*: angst voor Iichamelijk contact (in elkaar krimpen), angst bij aan/uitkleden, douchen, baden, extreme angst voor mannen; zichzelf vies vinden; slaapproblemen (inslaapproblemen/nachtmerries); angst om op de rug te liggen, geen plezier in bewegen; frequent tonen van geslachtsdelen; seksueel agressief/wervend gedrag, veel losse seksuele contacten, herhaaldelijk slachtoffer van seksueel geweld, plotseling optredende gedragsproblemen.

- *Psychische signalen*: negatief zelfbeeld (jezelf slecht vinden), negatief lichaams-beeld (boos zijn op het eigen lijf), automutilatie, regressief gedrag, teruggetrok-ken gedrag, splitsen van verstand en gevoel, sterke/snelle stemmingswisselingen, depressie, zelfmoordpogingen, hyperactiviteit, zeer meegaand gedrag, ergens per sé niet heen willen, angsten/fobieën (Kooy 2001).

Ten aanzien van bovenstaande signalen is een belangrijke stelregel: één signaal is geen signaal. Het gaat om het type signaal, de samenhang tussen de diverse signalen en/of de herhaling van (gedrags)signalen in relatie tot leeftijd en/of leef-omstandigheden. Maar bij plotselinge gedragsverandering moeten begeleiders ook zeker denken aan de mogelijkheid van seksueel misbruik. En die gedragsverande-ring kan dus zowel 'angst voor' als een 'teveel van' zijn.
Voor elk vermoeden van seksueel misbruik bestaat een meldingsplicht. En hoe moeilijk dat soms is, bijvoorbeeld omdat de dader een bekende is, door eigen ervaringen of de mogelijkheid iemand vals te beschuldigen, als werknemer ben je verplicht een melding te doen.

Elk vermoeden van seksueel misbruik door wie dan ook wordt onderzocht.
Dat verloopt doorgaans in de volgende stappen:
1 signaleren en melden;
2 onderzoek;
3 begeleiding van het slachtoffer;
4 rapportage;
5 benadering/begeleiding/behandeling van de dader;
6 begeleiding van de omgeving;
7 samenwerking in de hulpverlening;
8 melding en aangifte;
9 evaluatie van het geval.

Elke situatie vraagt om zorgvuldige behandeling omdat moet worden voorkomen dat het slachtoffer daarbij nog meer schade oploopt. Dat geldt ook voor de vermoe-delijke dader, als deze achteraf niet schuldig is. Het is niet eenvoudig om seksueel misbruik te signaleren, omdat de bewoner soms door de dader onder druk is gezet om niets te vertellen, of omdat de bewoner de dader kent en er geen geweld gebruikt werd. Ook kan het zijn dat het slachtoffer zelf geen besef heeft van de gebeurtenissen.
Op seksuele intimidatie tussen bewoners moet de begeleider wel extra bedacht zijn. Bewoners die te weinig aandacht krijgen of bewoners die fysiek zwakker zijn, kunnen daardoor in een rol komen waarbij de ander macht over hen uitoefent.
De controle op samenzijn op de eigen kamer die niet gewenst is in verband met de persoonlijke vrijheid kan wel noodzakelijk zijn bij het vermoeden van mis-bruik.
Sommige vormen van seksueel ongewenst gedrag vallen niet direct onder seksu-eel misbruik, maar zijn wel hinderlijk voor anderen, bijvoorbeeld wanneer een bewoner ongewenst contact zoekt, tegen iemand aan gaat schuren of bewegen, of iemand aanraakt op lichaamsdelen die doorgaans alleen in gewenste intieme con-tacten worden aangeraakt.

Over seksueel misbruik is heel veel geschreven. Het is helaas noodzakelijk om er altijd alert op te zijn dat het de bewoners niet overkomt. Het is ook noodzakelijk om bewust preventief bezig te zijn, bijvoorbeeld met het geven van seksuele voorlichting, het verminderen van de kwetsbaarheid en het vergroten van de weerbaarheid (Belie et al. 2000).

Als seksueel misbruik ondanks de voorzorgen toch heeft plaatsgevonden, is snel handelen gewenst om de situatie helder te krijgen en om herhaling te voorkomen. Zo nodig moet behandeling starten. Daarvoor worden ook andere deskundigen zoals een arts, een orthopedagoog, een psycholoog of soms ook een psychiater ingeschakeld.

Seksueel overdraagbare aandoeningen (SOA)

Vroeger werd er gesproken over geslachtsziekten. Maar omdat niet alle aandoeningen louter door geslachtsverkeer overdraagbaar zijn, spreekt men liever over SOA. Er zijn mensen die denken dat verstandelijk beperkten geen seksueel overdraagbare aandoeningen (SOA) kunnen krijgen omdat de kans op besmetting zo klein is. Maar nu steeds meer mensen met een verstandelijke beperking ook buiten de instellingen hun partners zoeken, nu ze veel meer vrij zijn om te gaan waar ze willen, is die kans wel degelijk aanwezig.

De begeleider moet de belangrijkste symptomen van de meest voorkomende aandoeningen kennen, opdat een tijdige verwijzing naar de huisarts kan plaatsvinden.

Herpes
Een virale aandoening die zich manifesteert twee tot twaalf dagen na de besmetting en die zich kenmerkt door een branderig gevoel en pijnlijke blaasjes (die kunnen overgaan in pijnlijke zweertjes) rondom de mond (zoenen) en/of geslachtsdelen (genitale/orale seks).

Gonorroe (druiper)
Een bacteriële aandoening die bij de man enige dagen na het seksuele contact vieze uitscheiding uit de penis veroorzaakt. Ook kan een pijnlijk gevoel bij het plassen ontstaan. Soms zijn er helemaal geen klachten. Vrouwen zijn ook vaak zonder klachten of ze hebben last van onwelriekende gele of groene pusachtige afscheiding. Ook het mondslijmvlies (wordt rood) en/of de anus kunnen geïnfecteerd worden.

Trichomonas
Dit wordt veroorzaakt door de gelijknamige, eencellige ziekteverwekker. Vrouwen kunnen een ontsteking van de vagina krijgen waarbij er een groengele afscheiding is die soms stinkt en schuimt. De schaamlippen kunnen pijnlijk, rood en gezwollen zijn. Er kan ook een pijnlijk gevoel bij het plassen zijn. Mannen merken vaak niets of hebben een pijnlijk gevoel bij het plassen en/of wat afscheiding in de ochtend en irritatie rond het plasgaatje en de eikel.

Syfilis

Twee tot twaalf weken na de besmetting kunnen zweertjes ontstaan op de plaats van de besmetting. Dus in de mond, anus, vagina of op de penis. Het verraderlijke is dat het zweertje vanzelf verdwijnt. Kort na het verdwijnen van het zweertje kunnen de volgende verschijnselen optreden: griep, hoofdpijn, temperatuurverhoging, haaruitval, vlekjes op de huid, handpalmen, borst, voetzolen, rug, armen, benen en in de genitaalstreek.

Genitale wratten

Na besmetting met een virus ontstaan na weken of zelfs maanden wratten op en rond de geslachtsdelen en/of anus. Ze doen geen pijn en soms jeuken ze.

Aids

Het Acquired Immune Deficiency Syndrome is een complex van verschijnselen dat wordt veroorzaakt door het Human Immunodeficiency Virus (HIV). Dit virus schakelt bepaalde witte bloedlichaampjes uit, die een vitale rol spelen bij menselijke afweerprocessen. Dit virus kan worden overgebracht door bloed (naalden, transfusie) of sperma (geslachtsgemeenschap).

Wanneer het HIV in de bloedbaan terechtkomt bestaat de kans dat men na verloop van zes maanden tot negen jaar na de besmetting aids ontwikkelt.

Na de besmetting duurt het twee weken tot zes maanden voordat de aanwezigheid van antistoffen aantoonbaar is. In dat geval noemt men iemand seropositief hetgeen niet wil zeggen dat iemand daadwerkelijk aids zal krijgen, al is de kans daarop erg groot. Eén tot zes weken na de besmetting heeft men de volgende klachten: algehele malaise, misselijkheid, koorts, spierpijn, huiduitslag, zweren in de mond, hoofd- en keelpijn en vergroting van de lymfeklieren.

Men spreekt van aids (of een voorstadium van aids) als er naast de aangetoonde HIV-infectie sprake is van een of meer van de onderstaande beelden:

- gewichtsverlies;
- aids-dementiecomplex;
- opportunistische infecties; infecties die pas gaan opspelen als het immuunsysteem verzwakt is, bijvoorbeeld bij een orgaantransplantatie , maar dus ook voorkomen bij mensen met HIV. Voorbeelden van deze infecties zijn meningitis, pneumonie, encefalitis of enteritis);
- aan de HIV-infectie secundaire tumoren; hiervoor geldt hetzelfde als de opportunistische infecties;
- een mycobacterium tuberculosis infectie;
- een recidiverende bacteriemie.

Belangrijk is dat mensen met een verstandelijke handicap (net als iedereen) een heldere voorlichting krijgen, afgestemd op datgene wat zij begrijpen. Er zijn films en voorlichtingsmaterialen die ingaan op condoomgebruik, veilig vrijen, enz.

10

Stressverwerking

TYPOLOGIE Het stressverwerkingspatroon omvat de wijze waarop iemand in het algemeen met problemen en stress omgaat. Inbegrepen zijn de reserve, de draagkracht of het vermogen om persoonlijke crises te doorstaan, copingmechanismen, steun van familie of anderen (mantelzorg) en het subjectief ervaren vermogen om macht over de situatie uit te oefenen.

Mensen die stress ervaren en geen uitweg uit hun problemen vinden kunnen probleemgedrag gaan vertonen. Mensen met een verstandelijke beperking met probleemgedrag doen een indringend beroep op de professionele vaardigheden van de hulpverleners.

Inleiding

Het dagelijks leven is vol situaties die niet gaan zoals je dat zou willen. Stel dat je een paar vrienden op bezoek krijgt en je hebt je voorgenomen een lekkere maaltijd klaar te maken. Op jouw boodschappenlijstje staan onder andere twee rode paprika's. Maar de groenteman heeft ze niet meer. Je kunt verschillende dingen doen/denken:

- je scheldt de groenteman uit vanwege zijn slecht inkoopbeleid;
- je barst in huilen uit en roept dat alles nu zal mislukken;
- je verzint ter plekke een nieuw recept;
- je denkt: ze moeten ook altijd mij hebben!;
- je voelt de afkeurende blikken van je vrienden al;
- je rent de winkel uit en gaat naar een andere groentewinkel;
- je neemt twee groene paprika's.

Een kleine situatie die je op veel manieren kunt bekijken en oplossen. Hoe je dat doet, heb je voor een groot deel geleerd en is daarnaast afhankelijk van factoren op dat moment.

Stress is een heel ruim begrip – een containerbegrip – en kan worden omschreven als een reactie op eisen die aan iemand gesteld worden en de mogelijkheden die iemand heeft om ermee om te gaan (Groenman 1991).
Je zegt wel eens tegen een ander: 'Hé, joh; doe niet zo gestrest', of: 'Ik schoot me toch in de stress.' Het wordt in het spraakgebruik gebruikt om zowel een gedrag mee aan te duiden als een gemoedstoestand.
Er zijn dus in een situatie factoren (stressoren) aanwezig die iemand ertoe zullen brengen om wel of niet te reageren. Een van de oorzaken van stress is een plotselinge verandering in de omstandigheden, een ingrijpende levensgebeurtenis.
Stress hoort bij het leven. Iedereen maakt situaties mee die hij niet kan overzien. Het gaat er om hoe je die situatie te lijf gaat. Als je in het voorbeeld van de groenteman een oplossing vindt die bevredigend is, is er geen sprake van stress.
Ervan uitgaande dat iemand stress als onprettig ervaart, zal hij in actie komen om hier een einde aan te maken. Hij wil ervoor zorgen dat er weer evenwicht ontstaat, dat hij zich weer prettig voelt.

Stress kan worden gezien als een reeks biologische en psychologische mechanismen die op gang komen naar aanleiding van een reële of vermeende bedreiging van ons lichamelijke of psychische evenwicht (Van Houdenhove 2005).
Het stresssysteem, een noodzakelijk mechanisme om te overleven, kan ons aanzetten tot grootse prestaties maar ons, wanneer het uit balans raakt, ook volledig uitputten en schade aan lichaam en geest berokkenen.
Het stresssysteem is evolutionair gesproken een erg oud systeem en het staat ten dienste van het overleven van het organisme. Het zorgt ervoor dat we automatisch reageren op een bedreiging. We hoeven daar niet bij na te denken, Nadenken is zelfs niet gunstig in geval van dreiging. Als je te veel nadenkt loop je niet meteen weg bij het zien van een giftig reptiel en krijgt de slang kans je te bijten.
Zodra zich een bedreiging voordoet (of die nu echt is of gefantaseerd) stelt het

lichaam fysiologische en gedragsprogramma's in werking die ons moeten beschermen en die ons in staat stellen uiteindelijk weer een evenwicht te bereiken.

De lichamelijke (fysiologische) reacties bestaan eruit dat ze hartslag, glucosegehalte, bloeddruk en ademhaling verhogen om het lichaam in staat van paraatheid te brengen. Tegelijkertijd worden lichamelijke processen die je niet direct nodig hebt om te vechten of te vluchten, zoals behoefte aan seks, slaap of eten tijdelijk op een laag pitje gezet. Het is immers niet handig als je je geconfronteerd ziet met een dreiging om dan een eitje te gaan bakken. Ook pijn wordt door stress onderdrukt. Een bekend gegeven van het slagveld, waar soldaten soms pas na afloop van het gevecht merken dat ze gewond zijn.

De gedragsmatige reacties, die gekoppeld zijn aan de angst die we voelen bij een bedreiging, maken dat we erg alert zijn, onze aandacht focussen en automatisch in de verdediging schieten of soms in de aanval gaan. Angst voelen is een belangrijke voorwaarde voor stress. Zonder angst komen deze reacties niet in actie en daarmee zouden we onszelf aan grote risico's blootstellen. Prikkels die potentieel bedreigend voor ons zijn (bijvoorbeeld een aanstormende auto, een boze man met een mes in zijn geheven hand, de rottweiler – waarvan het baasje zegt dat die nooit wat doet – die zijn tanden ontbloot) worden direct geregistreerd door een specifieke kern in de hersenen (amygdala) die onmiddellijk reageert en ingewikkelde, samenhangende systemen tot actie aanzet. Dit kan zelfs onbewust gebeuren. Je kunt je ineens gespannen, angstig en gejaagd voelen zonder dat je precies weet waardoor. Herinneringen aan eerdere bedreigingen en stressvolle situaties kunnen ertoe bijdragen dat je in de stress schiet. Als je ooit bent lastig gevallen door een man in een duister steegje dan kan een soortgelijk straatje je al in een verhoogde staat van angst brengen.

Hormonen als cortisol en adrenaline gieren door je lijf terwijl andere functies die je op dat moment niet nodig hebt als het ware uitgeschakeld worden. Tijdens zo'n stressreactie kun je bijvoorbeeld niet goed nadenken (maar al te bekend als je je zenuwachtig maakt voor een examen). Is de zaak weer tot rust gekomen, het evenwicht bereikt, dan hernemen de hogere (cognitieve) functies zich.
Op een gegeven moment, als het gevaar is geweken, herstelt alles zich weer. Hartslag daalt, cortisolproductie neemt af etc. tot het evenwicht bereikt is. Dit proces wordt ook wel *allostatis* genoemd. Daarmee wordt bedoeld dat het stresssysteem op dynamische wijze een evenwicht weet te bewaren middels zich voortdurend wijzigende omstandigheden. Voortdurend veranderen en toch gelijk blijven (Van Houdenhove 2005).

Maar helaas kan dat proces van allostatis toch uit balans raken. Dat kan komen omdat de rem in het systeem niet functioneert waardoor het organisme niet terugkeert naar het eerdere evenwicht. Er wordt bijvoorbeeld voortdurend het stresshormoon cortisol geproduceerd. Er zijn aanwijzingen dat dit met het ouder worden moeilijker terugkeert naar het oorspronkelijke evenwicht. Het stresssysteem kan ook onderactief zijn, er wordt dan onvoldoende gereageerd op bedreigingen. Beide toestanden zijn op termijn schadelijk voor het organisme.
De gevolgen kunnen (zeer) ernstig zijn. De overproductie van cortisol (het stress-

hormoon) wordt in verband gebracht met o.a. anorexia, melancholische depressie, chronisch alcoholisme (beginstadium), type 2 diabetes. Onderproductie wordt geassocieerd met seizoensgebonden depressie, astma, allergieën, chronisch vermoeidheidssyndroom en reumatoïde artritis.

Verondersteld mag worden dat mensen met een verstandelijke beperking over het algemeen vaak aan stressvolle situaties blootstaan, vooral in interpersoonlijke betrekkingen. De snel wijzigende omstandigheden waarmee mensen zich voortdurend geconfronteerd weten, vragen om snelle en adequate reacties. Intelligentie kan daarbij helpen. Als je wat slimmer bent, kun je situaties over het algemeen makkelijker begrijpen en interpreteren en het juiste gedrag vertonen als respons op die situatie. Cognitieve beperkingen maken dat moeilijker. De niet-adequate reacties die dat tot gevolg heeft worden op hun beurt weer vaak niet begrepen door de omgeving, waardoor de spanning nog hoger oploopt.

Coping.

Het proces van verwerken heet coping: het omgaan met de factoren die een 'onbalans' veroorzaken. Copinggedrag is dus het ten uitvoer brengen van de ideeën en de oplossingen die iemand heeft om die factoren de baas te worden. Vaak werken deze oplossingen en is de coping dus effectief. Als iemand niet in staat is om de juiste oplossing te vinden, kan hij kwaad of agressief worden, in paniek raken of weglopen voor de situatie.

Onderzoek laat zien dat aloude, misschien zelfs saaie oplossingen nog steeds werken wanneer het er om gaat een gezond evenwicht in je leven te hebben. Gezond eten, niet teveel alcohol of drugs, bewegen, vooral niet roken, stress vermijden en tijdig aan de bel trekken als je merkt dat je gespannen bent. Opmerkelijk is dat blijkt dat het gebrek aan perspectief (dus hoopvolle verwachtingen aangaande de toekomst) ons uit balans kunnen brengen. Niet de feitelijke belasting lijkt doorslaggevend te zijn maar de wijze waarop wij tegen die belasting aankijken en de ideeën die wij hebben over of we er zelf (n)iets aan kunnen doen. Als je het gevoel hebt dat je jezelf teweer kan stellen of dat je de zaak onder controle hebt, dan is dat gezond.

Je stabiel en gelukkig voelen (en dus minder stress ervaren) is ook gerelateerd aan de mate waarin je verbonden bent met anderen die belangrijk voor je zijn. In tegenstelling tot wat veel mensen nog wel eens denken word je niet gelukkig van materiële rijkdom en prestige of een succesvolle carrière of gelijke tred weten te houden met de buren die weer en nieuwe auto hebben. Je wordt niet gelukkig als je de wereld naar je hand hebt weten te zetten. Mensen zijn soms verbaasd als ze horen dat uit onderzoek blijkt dat mensen die ernstig gehandicapt zijn geraakt in hun leven, na verloop van tijd hun leven weer net zo waarderen als daarvoor, soms zelfs meer waarderen. Of dat mensen in arme landen net zo gelukkig kunnen zijn als in rijke landen. Zo waarderen Chinezen hun leven even hoog als Italianen, terwijl de koopkracht van de laatsten acht keer groter is. Japanners, die veertien keer zoveel te besteden hebben als Nigerianen zijn toch ontevredener (Seligman 2002). Geluk is veeleer gekoppeld aan betekenisvolle contacten met vrienden, met familie en aan wat je voor anderen doet. Kortom, het draait eerder om 'doing' dan om 'having' (Haidt 2006). En, zoals Daniel Denett het ooit formuleerde: als je gelukkig wilt zijn moet je iets vinden dat belangrijker is dan jezelf.

Er zijn twee soorten coping:

- *Probleemgerichte coping:* door verandering aan te brengen in de situatie die de stress veroorzaakt.
- *Emotiegerichte coping:* de onplezierige gevolgen van stress ontvluchten. Op een positieve manier is dat door iets leuks te gaan doen. Op negatieve manier door bijvoorbeeld te gaan drinken.

Binnen de twee soorten coping hanteren mensen wel verschillende copingstijlen.

Het succes in coping hangt af van:

- *De inschatting van de situatie:* heb ik ooit eerder zoiets meegemaakt; hoe ernstig vind ik het?
- *Hetgeen de stress veroorzaakt:* heeft het iets met mezelf te maken, met andere mensen, met dingen?
- *De sociale ondersteuning (sociaal netwerk):* op wie kan ik terugvallen, word ik opgevangen?

Een ander verklaringsmodel voor het ontstaan, voortbestaan, verdwijnen en mogelijk terugkeren van stress en hiermee samenhangend sociaal disfunctioneren is het Steun-, Stress-, Kracht- en Kwetsbaarheidmodel (SSKK-model), dat in de psychiatrie gebruikt wordt (De Jonghe 1997). Dit kan echter ook in de zorg voor mensen met een verstandelijke beperking gebruikt worden; men probeert hier immers ook te verklaren waarom mensen psychisch ziek worden.
De term 'stress' verwijst naar de belasting of draaglast die iemand te dragen krijgt (stressoren).
De term 'kwetsbaarheid' verwijst naar de individuvariabelen. Denk hierbij aan vatbaarheid, breekbaarheid. Het gaat om factoren die het individu kwetsbaar maken voor het ontwikkelen van een psychiatrische stoornis.
De term 'steun' heeft betrekking op de levensomstandigheden. Ze verwijst naar de hulp die de patiënt in materiële en emotionele zin ondervindt.
De term 'kracht' verwijst, evenals de term 'kwetsbaarheid', naar individuvariabelen. Het gaat om factoren die het individu beschermen tegen het ontwikkelen van een psychiatrische stoornis. Het gaat om het vermogen de uitdagingen, opgaven en moeilijkheden die het leven met zich meebrengt aan te kunnen, op te lossen, te dragen of te verwerken.
Het SSKK-model gaat ervan uit dat er een mate van evenwicht moet zijn in stress, kwetsbaarheid, steun en kracht om disfunctioneren aan te kunnen op somatisch, psychisch en/of sociaal gebied.

10.2 Stressverwerking bij mensen met een verstandelijke beperking

Mensen met een verstandelijke beperking zullen over het algemeen veel meer situaties meemaken die onzekerheid of stress kunnen opleveren dan mensen zonder een verstandelijke beperking. Ga maar eens het begin van een gewone dag na. Als je wakker wordt en je kunt geen klok kijken, weet je niet of het al tijd is om op te staan. Als je niet weet welke dag het is, weet je niet of je misschien lekker kunt uitslapen. Als je op wilt staan om te plassen, blijk je misschien wel vast te liggen om te voorkomen dat je 's nachts gaat spoken. Als je uitgeslapen bent en zin hebt in een korte wandeling omdat de vogels buiten fluiten, kan dat niet omdat de deur op slot zit. Als je die morgen liever muesli eet dan een boterham en je kunt dat niet duidelijk maken, eet je brood. Als je geen rekening kunt houden met de weersomstandigheden, kleed je je misschien wel te warm of te koud. Als je een onrustige nacht gehad hebt en graag wat rust wilt, moet je wel in staat zijn om te vragen of iemand de radio wat zachter of uit wil zetten...

En zo kunnen we een hele dag beschrijven vanuit bewoners die in meer of mindere mate in staat zijn om de wereld om zich heen te begrijpen.

Wat wij hiermee duidelijk willen maken, is dat mensen met een verstandelijke beperking een grotere kans hebben om situaties tegen te komen die stress opleveren. Zij zullen daarom ook vaker moeten zoeken naar een oplossing, gedrag waardoor vervelende gevolgen uitblijven of voorkomen kunnen worden. Maar dat is nu net het probleem. Mensen met een verstandelijke beperking beschikken vaak over minder mogelijkheden om oplossingen te creëren, omdat:

- de cognitieve mogelijkheden tekortschieten om de situatie te begrijpen, te verwerken of vanuit eerdere ervaringen op te lossen;
- de zintuigen niet goed functioneren, waardoor er verwarring ontstaat over wat er gebeurt;
- de communicatiemogelijkheden te gering zijn om aan te geven wat iemand (niet) wil, (niet) kan;
- de fysieke mogelijkheden beperkingen geven om een bepaald doel te bereiken of antwoord te geven.

Maar ook:
- omdat de begeleiding geen oog en oor heeft voor de signalen die een bewoner uitzendt;
- omdat de boodschap die een bewoner uitzendt, niet begrepen of verstaan wordt;
- omdat de omgeving te ingewikkeld is of misschien wel te gemakkelijk is.

Als mensen met een verstandelijke beperking situaties meemaken die zij niet goed kunnen oplossen, vertonen zij soms gedrag dat door begeleiders als 'probleemgedrag' wordt aangeduid.

Probleemgedrag, van wie en voor wie?

'Hij haalde een snotje uit zijn neus, trok er een draadje van en liet dat voor mijn gezicht heen en weer bungelen.'

. . . .
O P D R A C H T

Voordat we allerlei aspecten van probleemgedrag gaan behandelen, moet je duidelijk krijgen wat het is.

► Geef een definitie van wat jij probleemgedrag vindt. Zoek daarvoor op internet.
► Geef daarna bij de volgende situaties aan of er sprake is van probleemgedrag volgens de definitie die je hebt gemaakt of op het internet hebt gevonden.
  – Petra zit altijd in haar ondergoed voor het raam, ook als er bezoek komt.
  – Bob wiegt de hele dag met zijn bovenlichaam op en neer. Er is zo geen mogelijkheid om contact met hem te maken.
  – Trudy trekt op onverwachte momenten de groepsleiding aan de haren.
  – Trudy trekt op onverwachte momenten medebewoners aan de haren.
  – Als Jeroen zijn zin niet krijgt, gaat hij op de grond liggen gillen.
  – Als Jasper zijn zin niet krijgt, gaat hij op de grond liggen gillen en bonkt heel hard met zijn hoofd.
  – Bij ieder doelpunt gooien de supporters van club A met bierflesjes naar de supporters van club B.
► Bespreek met elkaar waarom je iets wel of niet probleemgedrag noemt en probeer tot een gezamenlijke definitie te komen.

Bovenstaande opdracht maakt misschien duidelijk hoe moeilijk het is om een heldere definitie van probleemgedrag te maken. Hulpverleners zullen deze term dus altijd goed moeten uitleggen naar elkaar. Want stel dat je in jouw omschrijving als definitie van probleemgedrag gebruikt 'als hij er zelf hinder van ondervindt', wanneer is dat dan precies?
• Als hij regelmatig van tafel gestuurd wordt?
• Als hij (waarschijnlijk) pijn heeft?
• Als hij daardoor geen contact krijgt met groepsgenoten?

Mogelijke oorzaken van probleemgedrag
Veel probleemgedrag is verklaarbaar uit de hinder die mensen ondervinden vanuit hun omgeving en uit het gemis aan zinvolle contacten en bezigheden (Adriaans 1991).

Wat zou het 'gemakkelijk' zijn als we hier een duidelijke lijst konden maken van oorzaken. Je hoefde dan alleen het rijtje af te werken en als je de oorzaak gevonden had, daar een oplossing bij te bedenken. Maar helaas, over de oorzaak tast men vaak in het duister. Net als bij automutilatie zijn er verschillende theorieën die een verklaring trachten te geven voor het ontstaan van probleemgedrag.
We geven hier de meest genoemde oorzaken van probleemgedrag, al kan de lijst uitgebreider zijn.
• *Lichamelijke oorzaken*
Door lichamelijke stoornissen en beperkingen kan iemand datgene niet wat hij zou willen en is hij niet in staat een andere invulling te kiezen. Daarnaast kunnen de stoornissen zodanig zijn, dat iemand gehinderd wordt om zich goed uit te drukken Er zou ook een relatie zijn tussen bepaalde syndromen en hersenafwijkingen en het voorkomen van probleemgedrag.
• *Individuele factoren*
Ben je van nature rustig of juist druk, snel van streek of cool? De mate waarin iemand stress verdraagt is eveneens individueel bepaald.

- *Leeftijdsfase*
  In plaats van dat als lastig ervaren gedrag wordt gezien als een (psychologische) eigenschap van iemand kan het ook behoren tot de fase waarin iemand zit. Zo zijn sommige pubers wel eens recalcitrant of hebben vrouwen in de overgang last van stemmingswisselingen.
- *Psychische factoren*
  Angst, behoefte aan bescherming, schrikachtig zijn, overbelasting of juist te weinig belasting, het hebben van een psychiatrische aandoening, prikkels etc.
- *Omgevingsfactoren*
  Hierbij moet je onderscheid maken naar:
  - *Materiële omgeving:* hoe woont iemand, welke middelen heeft hij tot zijn beschikking, hoeveel ruimte heeft hij voor zichzelf, kan hij snel bij winkels, bioscoop of café komen?
  - *Personen in zijn omgeving:* hoeveel vertrouwde mensen zijn er om hem heen, kan hij zijn gevoelens bij iemand kwijt, hoe beperkend of juist ongestructureerd is de begeleiding, welke relaties heeft iemand?

Met name omgevingsfactoren (contextgebonden factoren) worden op dit moment als een van de belangrijkste oorzaken gezien voor het ontstaan van probleemgedrag.

Dit is lang niet altijd een makkelijk te verteren conclusie. Immers de hulpverlener maakt deel uit van de omgeving van de persoon die als lastig wordt ervaren. Accepteren van het gegeven dat veel problemen voortkomen uit de situatie betekent dat ook nagedacht moet worden over de rol die je als hulpverlener in die situatie vertolkt. Het is te makkelijk om bij personen die ontsporen of moeilijk gedrag vertonen de oorzaak in hun persoonlijkheid of stoornis te zoeken. Het gedrag kan ook een (gezonde) reactie zijn op een gebeurtenis in de omgeving. Je kunt het als lastig betitelen als iemand niet naar de bezigheidstherapie wil, maar als je niet nadenkt over de vraag of die bezigheidstherapie voor de ander misschien niet betekenisvol is dan houd je in feite het gedrag in stand.

Zelfs als je de oorzakelijke factoren in kaart hebt gebracht, dan nog kan het gedrag voortduren. Dit kan komen doordat het gedrag los is komen te staan van de oorspronkelijke oorzaak. Het is een gewoonte geworden. Zo heb je in tijden van spanning nagels gebeten en dat gedrag is blijven bestaan ook nadat de oorspronkelijke spanning is weggeëbd.

Het voortbestaan van ongewenst gedrag kan ook komen doordat de hulpverlener het gedrag als het ware beloont. Zo kan een persoon met een verstandelijke beperking geleerd hebben dat doordrammen en je stem verheffen er uiteindelijk toe leidt dat hij zijn zin krijgt. Op het moment dat je door de knieën gaat als deze persoon begint te schreeuwen omdat je dat zo onaangenaam vindt (of zielig) dan 'beloon' je dit gedrag en zal de persoon in kwestie dat natuurlijk een volgende keer herhalen. In de volgende paragrafen wordt nader ingegaan op manieren om te handelen.

Omgaan met probleemgedrag

. . . .
O P D R A C H T

In de opdracht hiervoor heb je benoemd wat je probleemgedrag vindt.

► Probeer nu zo veel mogelijk 'oplossingen' te bedenken. Dus wat zou jij kunnen doen met een bewoner die dat gedrag vertoont?

► Bespreek met elkaar de gevonden 'oplossingen'. Probeer te achterhalen bij welke visie op het ontstaan van probleemgedrag deze oplossing past.

Een persoonsgerichte manier om om te gaan met gedrag dat een probleem voor iemand zelf of voor zijn omgeving is, vraagt een grote mate van deskundigheid.

• Deskundigheid op het gebied van observatie. De hulpverlener moet in staat zijn om als het ware 'boven' of 'naast' de situatie te gaan staan om van daaruit alle mogelijke en juist ook onmogelijke factoren na te gaan en te analyseren.

• Deskundigheid om de gekozen manier van behandelen te blijven toetsen op respectvolle bejegening en belasting voor de bewoner.

• Deskundigheid op het gebied van (zelf)reflectie. Niet alleen van ieder teamlid afzonderlijk maar van het gehele team. Iedereen moet bij zichzelf kunnen nagaan, wat hij zelf voor gedrag laat zien en wat zijn uitstraling of reactie is als een bewoner probleemgedrag vertoont.

Er is veel geschreven over de manier waarop begeleiding kan omgaan met probleemgedrag. Op www.methodieken.nl worden veel methoden besproken. Een aantal daarvan, zoals bijvoorbeeld Active Support, TEACCH, taakanalyse, ontwikkelingsgericht begeleiden en PAct (voor zeer ernstig verstandelijk beperkte en meervoudig beperkte mensen - zie ook www.pact-emb.nl, Vlaskamp 2005) zijn ook relevant voor het werken met mensen met een verstandelijke beperking. Ook het boek van Mevissen, *Kwetsbaar en afhankelijk* (2005) is een goede bron.

. . . .
O P D R A C H T

► Raadpleeg de website www.methodieken.nl en ga na welke methoden bruikbaar zijn in de zorg voor mensen met een verstandelijke beperking.

Hier worden achtereenvolgens besproken:
• de zelfcontrolebenadering (Heijkoop);
• gentle teaching;
• gedragstherapie.

De zelfcontrolebenadering
Heijkoop spreekt van 'vastgelopen mensen'.
'Daarmee voorkom je dat je jezelf beperkt in de kijk op en het begrip voor de persoon om wie het gaat. Met het woord "vastgelopen" kun je de totaliteit aan moeilijkheden uitdrukken, waarin niet alleen de betrokken persoon maar ook de men-

sen in zijn omgeving verzeild zijn geraakt' (Heijkoop 2003).

Het is dus niet alleen het probleem van deze mens, maar ook van de ouders en begeleiders die met de handen in het haar zitten; zij weten niet hoe ze met dit gedrag moeten omgaan. Heijkoop is niet direct geïnteresseerd in het waarom. Dat verwijst naar allerlei theorieën, waarmee je misschien wel een en ander kunt verklaren, maar die het gevaar van eenzijdigheid inhouden. Hij wil zich richten op datgene wat je nu ziet, waar je nu tegenaan loopt.

Hij gaat ervan uit dat degene die het gedrag vertoont, het ook onplezierig vindt en zoekende is naar een oplossing. Niemand vindt het prettig om te dreigen en te schreeuwen, niemand vindt het leuk als de groepsleiding steeds boos reageert. Bovendien, de relatie met de mensen om hem heen loopt gevaar door het problematische gedrag. Het is een proces waarin:

- Iemand is vastgeraakt in zijn eigen gedrag en zijn eigen reacties, daardoor zijn de mogelijkheden om zich te ontplooien ingekrompen.
- Als gevolg daarvan hebben de mensen om hem heen steeds meer afstand van hem genomen. Ze zien geen mogelijkheden meer om 'normaal' met hem om te gaan.
- Als de voorgaande omstandigheden gedurende enige tijd blijven bestaan groeien de vastgelopen persoon en de mensen om hem heen steeds verder uit elkaar (Heijkoop 2003).

Iemand die is vastgelopen, heeft de controle over zijn gedrag en reacties verloren. Heijkoop spreekt dan ook over het omgaan met probleemgedrag als de 'zelfcontrolebenadering'. De begeleiding moet de vastgelopen mens ondersteunen en begeleiden om weer greep te krijgen op zijn eigen gedrag.

Hoe krijg je zicht op het gedrag?
1   door nauwkeurige observatie,
2   door beschrijving van hetgeen je waarneemt,
3   door op een andere manier tegen probleemgedrag aan te kijken.

Ad 1   Nauwkeurige observatie
Heijkoop maakt voor de observatie heel veel gebruik van video. Dus door iemand in de situatie op te nemen op video/dvd en deze gezamenlijk te bekijken. Door de band heen en weer te spoelen, extra langzaam of juist snel af te draaien en stil te zetten zie je gedragingen die anders nauwelijks opvallen.

CASUS

Er is een video gemaakt van Els gedurende het eten. Daarin deden zich steeds problemen voor. Telkens als de begeleider van tafel ging om iets te halen, gooide zij haar bord op de grond; om aandacht te vragen zodat de begeleider weer naast haar ging zitten.
Nu we met z'n allen kijken zien we dat Els, voordat zij een hap neemt altijd eerst even naar de begeleiding kijkt die rechts van haar zit. Het lijkt wel of ze toestemming vraagt om een hap te mogen nemen. Ze knikt nauwelijks zichtbaar, we zien dat alleen maar omdat we de video heel langzaam afdraaien. Els zoekt geen aandacht, Els zoekt veiligheid.

Door beschrijving
Door gedrag heel nauwkeurig en feitelijk te beschrijven, word je gedwongen
afstand te nemen van je eigen interpretaties.

De manier van kijken naar probleemgedrag
Een andere manier om tegen probleemgedrag aan te kijken is te proberen dat
gedrag niet meer centraal te stellen. Iemand is meer dan dat. Ga kijken naar wat
iemand nog meer doet.

'Soms gooit hij met zijn bord, maar een andere keer zet hij het gewoon weg. Soms
scheldt hij anderen uit, maar hij kan ook normaal met hen praten. Soms heeft hij
een slecht humeur, maar hij heeft ook vaak plezier' (Heijkoop 2003).

Met behulp van observatie, beschrijven en kijken naar het gedrag, krijg je een ant-
woord op de volgende vragen:
• Wat kan de bewoner zelf doen om niet te vervallen in zijn schadelijk gedrag?
• Welke vormen van zelfbescherming en zelfhandhaving past hij al toe?
• Hoe kunnen we hem helpen om die vormen verder te ontwikkelen?

Vanuit deze antwoorden wordt de omgang met deze bewoner bepaald. Het zal
gericht zijn op het vergroten van de zelfcontrole. Dit gaat in heel kleine stappen;
datgene aanbieden waardoor de bewoner zelfvertrouwen krijgt: 'Ik kan dat zonder
te moeten slaan, krabben, weglopen.' Daarnaast is het gericht op het bescherming
bieden voordat en als het probleemgedrag zich voordoet. Door het observeren heeft
de begeleiding immers beter zicht op welke situaties als bedreigend worden ervaren, in welke situaties het probleemgedrag kan optreden. Door bijvoorbeeld iets
over te nemen van de bewoner dat hem problemen bezorgt, kan hij zich richten
op datgene wat hij wel kan. En dat levert een positief gevoel op. Belangrijk is dat er
dingen samen gedaan worden.

Gentle teaching
De grondlegger van gentle teaching is John McGee. Hij beschrijft een antiautori-
taire benadering die gericht is op het helpen van mensen met gedragsmoeilijkhe-
den door het vormen van gevoelens van zekerheid en veiligheid. Door diep menselijke waardering in het centrum van alle begeleidende interacties te plaatsen
(Van Loon 1993).

Kernbegrippen bij gentle teaching zijn:
• respect, acceptatie, tolerantie, affectie, vriendschap, warmte;
• de wens om hechte relaties aan te gaan;
• het bevorderen van wederzijdse groei, zowel van de bewoner als van de begeleiding
  (onderlinge afhankelijkheid);
• menselijke waardigheid, solidariteit en rechtvaardigheid;
• participatie van de bewoner: samen dingen doen;
• het aangaan van een dialoog;
• een houding die authentiek, democratisch en onvoorwaardelijk accepterend is.

Er wordt van uitgegaan dat zonder actieve en aanhoudende relaties en zonder ont-wikkelingsgerichte stimulering, mensen met een verstandelijke beperking falen in het ontwikkelen van een betekenisvol contact met de werkelijkheid. Een bewoner moet zich 'verbonden' voelen met mensen uit zijn directe omgeving. Als dit niet het geval is, kan er probleemgedrag optreden.

Centraal in de benadering staat dus de onvoorwaardelijke acceptatie van de bewo-ner. Dat wil niet zeggen dat alle gedragingen zomaar geaccepteerd worden. Het gaat om het waarderen van de totale mens. Want pas als iemand zich geaccepteerd en gewaardeerd voelt zoals hij is, zal vanuit die relatie de mogelijkheid tot verande-ring ontstaan.
Aandachtspunten in het werken aan een hechte relatie zijn onder andere:
- Leer/laat de bewoner voelen dat menselijke aanwezigheid:
  - veilig, zeker en geborgen is;
  - consistent en voorspelbaar is;
  - het begin is van diep menselijke waardering: 'Ik ben er voor jou.'
- Leer/laat de bewoner voelen dat menselijke interacties en participatie:
  - voorspelbaar gelijk zijn aan waardering;
  - resulteren in een hechte relatie: 'Het is plezierig met mensen om te gaan.'
- Leer/laat de bewoner voelen wat de bedoeling van menselijke waardering is:
  - hoe deze te accepteren en hoe te trachten deze te krijgen;
  - hoe deze ook terug te geven;
  - hoe deze te delen: 'Het is ook leuk om anderen te plezieren' (Van Loon 1993).

Dit kun je bewerkstelligen door:
- Situaties aan te bieden die met grote zekerheid leiden tot positieve waardering. Dus als je de bewoner iets wilt leren, beginnen met iets wat niet mis kan gaan (foutloos leren).
- De storende factoren uit de omgeving te verwijderen of te vermijden. Door bijvoor-beeld niet in de huiskamer een spelletje te doen, maar ergens waar het rustig is.
- Negatief gedrag te negeren en proberen de bewoner af te leiden naar datgene wat hem plezier geeft. Als een bewoner zichzelf wil slaan, zijn hand rustig vast te pak-ken en bijvoorbeeld het puzzelstukje in de hand te geven en samen in de puzzel te leggen.

Gedragstherapie
Deze therapie is gebaseerd op de principes van de leertheorie, het behaviorisme. De principes hiervan zijn onder andere:
- Gedrag wordt bepaald door invloeden uit de omgeving.
- Gedrag is een antwoord (respons) op een bepaalde prikkel.
- Mensen laten hun gedrag leiden door wat zij verwachten van de consequenties ervan.
- Complex gedrag wordt opgevat als een aaneenschakeling van in principe simpele elementaire leerprocessen. Om gedrag begrijpelijk te maken moet je reductie toe-passen (Rigter 1996).

Om dit te onderbouwen werden er veel experimenten met dieren gedaan.
Een voorbeeld hiervan is de duif, die per ongeluk op een hendeltje drukt, een graankorrel krijgt en dit na verloop van tijd steeds vaker gaat doen.
Een ander bekend voorbeeld is dat van de hond. Telkens als hij eten krijgt, wordt er een bel geluid. Na verloop van tijd leidt het luiden van de bel al tot speekselaf-scheiding. Hij verwacht het eten.

Dit leerproces dat gericht is op het veranderen van gedrag wordt ook wel conditionering genoemd. Uitgangspunt is dat in principe elk gedrag kan worden aangeleerd, als men er maar voor zorgt dat het leidt tot een gewenst effect (Van Gemert 2003).
Gedrag dat beloond wordt, zal herhaald worden en toenemen. Gedrag dat gene-geerd of bestraft wordt, zal afnemen zo was het idee. Inderdaad is het zo dat beloningen (bijvoorbeeld een compliment) leiden tot gewenst gedrag. Straf geven lijkt echter niet zinvol. Mensen laten misschien uit angst voor straf bepaald gedrag achterwege, maar vaak is dit maar tijdelijk. Een positieve bejegening is veel zinvol-ler. Dit zie je al bij heel kleine kinderen. Als zij brabbelen en dit een reactie geeft, zullen zij het steeds meer gaan doen.
In de zorg voor mensen met een verstandelijke beperking werd en wordt van deze principes, die in de loop der tijd zijn verfijnd en uitgebreid onder andere onder de noemer *cognitieve gedragstherapie*, gebruikgemaakt.

Op de website van de Vereniging voor Gedragstherapie en Cognitieve therapie (www.vgct.nl) staat dat gedragstherapie en cognitieve therapie beiden verbonden zijn met wetenschappelijke principes en onderzoek. Beide methoden zijn sterk gericht op de actualiteit., het 'hier-en-nu'. In gedragstherapie en cognitieve thera-pie gaat het met name over moeilijkheden die in het heden spelen en veel minder over problemen die er in het verleden waren.

In de cognitieve therapie wordt belang gehecht aan de invloed van het denken op het gevoelsleven en het doen. Wie belangrijke zaken en gebeurtenissen in zijn leven gewoonlijk vanuit een negatief standpunt beziet, wordt makkelijker angstig, somber of geïrriteerd, met alle negatieve gedragingen van dien.
In de gedragstherapie staat het gedrag van de cliënt centraal. Hoe men handelt bepaalt immers in belangrijke mate hoe men zich voelt. Wie geneigd is om uit angst bepaalde zaken uit de weg te gaan, zal zijn angst vaak eerder versterken dan verminderen. Wie niet goed weet hoe hij zijn mening het beste naar voren kan brengen, zal eerder onzeker of juist geïrriteerd worden. Wie niet heeft geleerd hoe hij zich moet beheersen, zal gemakkelijk het slachtoffer worden van zijn eigen impulsiviteit. Beide vormen (cognitieve en gedragstherapie) zijn in de praktijk steeds meer met elkaar verweven geraakt.

Met name toen men het medisch model losliet en ervan uitging dat bewoners wel degelijk ontwikkelingsmogelijkheden hadden, werden er veel trainingsprogram-ma's gemaakt.
Zindelijkheidstraining, leren met mes en vork te eten, praten, puzzelen, enz.
Ook probleemgedrag, dat gezien werd als een niet juist antwoord op bepaalde prik-

kels, werd op deze manier behandeld. En nogal eens met succes.

Kritiek op deze methode is dat er wordt ingegaan op het gedrag zelf en niet op de mogelijke oorzaak ervan. Op het moment dat de beloning ophoudt, bestaat de kans dat het gedrag zelf of een ander gedrag toch weer terugkomt. Omdat er geen motivatie van binnenuit is ontstaan om te veranderen, zou het maar een tijdelijke oplossing zijn.

Huidige ontwikkelingen laten hernieuwde belangstelling zien voor de principes van (operante) conditionering. Echter nu wordt er dus geprobeerd tegelijk met het 'bestraffen' ook positieve ervaringen aan te bieden. Een voorbeeld hiervan is de eettherapie bij kinderen die niet (meer) willen eten. Veel van deze kinderen hebben net na de geboorte of op zeer jonge leeftijd te maken gehad met nare ervaringen in het mond-keelgebied; bijvoorbeeld operaties en alleen maar sondevoeding in verband met vroeggeboorte of afwijkingen aan de slokdarm. Dit kan zo ver gaan dat zelfs het zien van een slab leidt tot bijvoorbeeld kokhalzen of bonken. In speciale sessies wordt het kind 'gedwongen' aanraking van de mond toe te laten.

Als het dit doet volgt direct een beloning in de zin van knuffelen of kietelen. Laat het kind de aanraking niet toe, dan wordt het zodanig vastgehouden dat het niet aan de aanraking kan ontkomen. Dit vasthouden wordt verminderd op het moment dat het kind zijn verzet opgeeft. Na deze eerste stap volgt het toelaten van de vinger in de mond, op dezelfde wijze. Zolang het kind zich verzet blijft de vinger in de mond. Als het zich ontspant wordt de vinger uit de mond gehaald. Op deze wijze gaat men verder tot het kind weer normaal kan eten.

· · · · · · · · · · · · · · · · ·

O P D R A C H T

In enkele instellingen voor mensen met een verstandelijke beperking wordt bij zeer ernstig probleemgedrag, met name automutilatie, gebruikgemaakt van EAT (elektroaversietherapie). Dit kan alleen na toestemming van de ouders, goedkeuring door een ethische commissie en toetsing door de Inspectie voor de Gezondheidszorg vooraf.

► Zoek eerst uit hoe het precies werkt; in de bibliotheek zijn in de KLIK en NTZ artikelen over dit onderwerp te vinden.

► Verdeel de groep in twee subgroepen. Eén subgroep verzamelt zo veel mogelijk argumenten vóór en één subgroep zo veel mogelijk argumenten tégen het gebruik van EAT. Bekijk het vanuit verschillende optieken: de bewoner, de begeleiding die het moet uitvoeren, de ouders, overwegingen van een ethische commissie.

► Wissel de argumenten uit en probeer tot een individuele standpuntbepaling te komen.

Psychiatrische stoornissen bij mensen met een verstandelijke beperking (zie ook hoofdstuk 3, paragraaf 5)

Tot een tiental jaar geleden, werd er nauwelijks geschreven over de mogelijkheid van psychiatrische stoornissen bij mensen met een verstandelijke beperking. Binnen de classificatiesystemen werd hier geen aandacht aan besteed. Wat daarvan de oorzaken zijn is niet duidelijk. Misschien het feit dat instellingen voor verstan-

delijk gehandicapten wat verder weg stonden of gescheiden waren van de psychiatrie. Misschien wel omdat de begeleiders het zo niet wilden zien. Afwijkend gedrag
en/of probleemgedrag werd en wordt vaker in verband gebracht met het hebben
van een verstandelijke beperking dan met een psychiatrisch beeld.

Toch blijken psychiatrische stoornissen vaker voor te komen bij mensen met een
verstandelijke beperking dan bij de gemiddelde bevolking. Sommigen beweren
zelfs dat dit bij 30 tot 40% van de mensen met een verstandelijke beperking het
geval is. Ernstige gedragsstoornissen kunnen symptomen zijn van een of andere
onderliggende psychische stoornis.

De verwachting is dat het aantal zal toenemen, met name op het gebied van
angsten, stemmingsstoornissen en persoonlijkheidsstoornissen als de antisociale
persoonlijkheidsstoornis, borderline en verslaving. Verslaving, waarschijnlijk door
de integratie en de grotere blootstelling aan verleiding.

De medicatie die gegeven wordt, is in principe dezelfde als bij niet verstandelijk
beperkte mensen. Maar vooral bij mensen met een ernstige verstandelijke beperking en mensen met een aangeboren hersenbeschadiging is er een verhoogde
kans op bijwerkingen of tegenovergestelde reacties.

Er wordt veel onderzoek gedaan op dit gebied en de verwachting is dat er de
komende jaren veel meer duidelijkheid zal komen ten aanzien van diagnostiek en
behandeling.

Sterk gedragsgestoord licht verstandelijk gehandicapt (SGLVG)

Zowel gedragsproblemen als psychische problemen komen veel voor. Bij een aantal mensen met een verstandelijke beperking in zeer ernstige mate. In Nederland
heeft de inspectie Gezondheidszorg vijf instellingen aangewezen die zich ook
speciaal gaan bezighouden met onderzoek, diagnostiek en behandeling van deze
groep mensen.

Er is een onafhankelijke indicatiecommissie die bepaalt of iemand in aanmerking
komt voor aanmelding bij een van die vijf instellingen. De overheid heeft de volgende criteria gemaakt die beoordeeld moeten worden door de indicatiecommissie:

- Er moet in principe behandelperspectief aanwezig zijn.
- Er moet sprake zijn van ernstige sociale problematiek en/of een psychische stoornis of disfunctioneren, veroorzaakt bij iemand die functioneert op een intelligen-
tieniveau dat als subnormaal wordt geduid (gedacht wordt aan een IQ tussen 50
en 90).
- Een en ander kan zich in het gedrag als volgt manifesteren (vervolgens worden
dertien gedragingen genoemd, waaronder):
  - ernstige vormen van storend gedrag;
  - ernstige lichamelijke agressie tegen personen;
  - extreem manipuleren of benadelen van de omgeving (bedreigen);
  - zeer ontremde seksualiteit;

  of
  psychiatrisch te duiden beelden als (onder andere):
  - stemmingsstoornissen, depressie, angststoornissen;
  - psychotische toestandsbeelden;
  - vastgelopen ernstige problematiek in verband met de levensfase.

- De stoornis dient zodanig te zijn dat de cliënt niet meer in de eigen woonomgeving gehandhaafd of behandeld kan worden.
- In het algemeen zijn al eerdere pogingen tot behandelen ondernomen en mislukt.
- Leeftijd circa 17 tot 55 jaar (Nauts 1995).

Als de indicatiecommissie vindt dat iemand aan deze criteria voldoet, wordt hij aangemeld. Er volgt dan een periode van zeer intensieve behandeling, waarna iemand weer terug gaat naar huis, het GVT of de instelling.
Er is een ontwikkeling gaande om deze mensen thuis te behandelen, met behulp van een speciaal team uit een van de instellingen. Extra problemen die een opname en weer naar huis plaatsing met zich meebrengen worden op deze wijze voorkomen (Nauts 1995).

Consulententeam/CCE – Centra voor consultatie en expertise

Sinds eind jaren tachtig bestaan er de zogenaamde regionale consulententeams, nu geheten CCE's, in iedere regio één (samen vijf). Het gaat om een team van deskundigen, dat in principe steeds opnieuw kan worden samengesteld afhankelijk van de hulpvraag.
Als men in een instelling grote problemen ervaart met een bewoner en binnen de instelling komt men er niet meer uit, dan kan (via de directie) een beroep gedaan worden op een consulententeam. Ook ouders kunnen hier contact mee opnemen en een consulententeam kan gevraagd worden voor een second opinion.
De coördinator van een consulententeam beoordeelt, aan de hand van een aantal vastgestelde criteria, of er extra hulp nodig is. Als dit het geval is formeert hij een team dat zich verdiept in de problematiek.
Het consulententeam geeft advies over de behandeling. Vaak is het ook mogelijk om dan gespecialiseerde hulp in te zetten, bijvoorbeeld een verpleegkundige die deskundig is op het gebied van automutilatie. Ook is het mogelijk om op aanwijzing van het consulententeam extra geld voor begeleiding te ontvangen voor een korte of middellange periode. Individuele begeleiding en/of dagbesteding is ook mogelijk. Inmiddels is de formule zo succesvol dat ook in de ouderenzorg gebruik gemaakt kan worden van deze teams.

Crisissituaties in het leven van mensen met een verstandelijke beperking
Net als ieder ander worden mensen met een verstandelijke beperking geconfronteerd met crisissituaties in hun leven die van invloed kunnen zijn op hun ontwikkeling. In deze paragraaf gaan we in op een aantal veelvoorkomende crisissituaties. Telkens zullen we aangeven welke zorg hierbij nodig is. Aan de orde komen:
- uithuisplaatsing;
- ziekenhuisopname;
- overlijden, stervensbegeleiding.

► Uithuisplaatsing
In het rollen- en relatiepatroon kwam uithuisplaatsing ook al aan de orde. Werd het daar besproken vanuit het gezichtspunt van de ouders, nu gaan we in op de beleving van de bewoner.

Bespreek in groepjes van vier studenten de eigen ervaringen ten aanzien van de volgende vragen:

► Welke ervaringen heb je zelf met verhuizen, het ouderlijk huis verlaten?

► Welke emoties bracht dit bij jezelf en bij je ouders teweeg?

► Welke voor- en nadelen had deze verhuizing voor jezelf en voor je ouders?

► Hoe maakte je de nieuwe woonomgeving veilig voor jezelf?

► Wat miste je het meest aan de oude situatie en hoe probeerde je dit in je nieuwe woonomgeving te compenseren?

► Veranderde het op kamers gaan wonen de relatie die je hebt met je ouders? Zo ja, hoe dan?

► Bespreek per groepje de belangrijkste bevindingen plenair na.

CASUS

Jeroen is een jongen met een matige verstandelijke beperking. Hij is zes jaar oud en zijn ontwikkelingsleeftijd is gemiddeld tweeënhalf jaar. Zijn vader is bijna twee jaar geleden verongelukt. Jeroen heeft twee broertjes van zeven en tien jaar oud. Voor moeder werd na het overlijden van vader de zorg voor Jeroen te zwaar. Hij hield moeder bijna iedere nacht wakker met huil- en gilbuien.

Toen Jeroen drie jaar werd kon hij overdag naar een kinderdagcentrum, hetgeen voor moeder een grote ontlasting was. Overdag ging ze vaak een aantal uren slapen omdat Jeroen haar 's nachts wakker hield. Op allerlei manieren was geprobeerd het probleem te verminderen, zowel met pedagogische adviezen als met medicatie. Niets mocht baten.

De dag dat Jeroen wordt opgenomen in de woonvoorziening voor kinderen met een verstandelijke beperking brengt moeder hem zelf, samen met haar eigen vader. Jeroen komt vrolijk binnen lopen en gaat vrijwel direct spelen. Hierbij houdt hij wel zijn moeder voortdurend in de gaten. Na een lang gesprek met de moeder en opa van Jeroen, waarin de belangrijkste dingen lijken te zijn verteld, staat moeder ineens op en zegt: 'Nu moet ik weg.' Ze loopt snel naar Jeroen en zegt tegen hem: 'Jeroen, mama komt over een uurtje terug, ik moet even boodschappen doen.' Jeroen blijft zitten op de grond en speelt verder met de blokken. Moeder en opa gaan vervolgens weg en aan de deur zegt de begeleidster nog dat ze die avond wel zal bellen om te vertellen hoe het is gegaan die dag. Moeder huilt, en loopt zonder om te kijken weg.

Als moeder is vertrokken vraagt Jeroen naar zijn moeder. De begeleidster gaat met hem spelen en daarna gaat ze met Jeroen naar zijn nieuwe kamer toe. Dan realiseert Jeroen zich dat zijn moeder niet terugkomt. Hij begint om zijn moeder te roepen. 's Middags verloopt alles probleemloos, Jeroen gaat een eind wandelen om zijn nieuwe woonomgeving te verkennen. Tot het avondeten zijn er geen problemen.

Na het eten begint Jeroen te huilen en roept steeds om zijn moeder. Hij wil niet in bad en ook geen tv kijken.

Als de begeleidster 's avonds om 20.30 uur moeder opbelt, slaapt Jeroen nog steeds niet, hij huilt en gilt.

De begeleidster vraagt moeder of het misschien een idee is Jeroen even toe te spreken via de telefoon. Moeder wil dit niet. Vervolgens wordt afgesproken dat moeder de volgende dag, na het middageten, even op bezoek komt. De begeleidster vertelt Jeroen dat moeder de volgende dag komt, maar niets helpt. Pas om 23.00 uur slaapt Jeroen doodmoe in...

Vanuit onmacht zegt de moeder van Jeroen dat ze even boodschappen gaat doen. Ze weet niet hoe deze uitspraak uiteindelijk overkomt op Jeroen en welke gevolgen dit heeft.

Jeroen heeft de eerste dag al veel verdriet. Hij mist zijn moeder. Mogelijk zou dit anders zijn geweest als moeder op een andere wijze afscheid had kunnen nemen. Jeroen toont duidelijk tekenen van 'scheidingsangst'. Hij voelt zich verlaten en heeft (nog) onvoldoende vertrouwen in zijn nieuwe omgeving om zich te hechten aan een andere volwassene. Hoe dit zich verder ontwikkelt en welke gevolgen dit voor zijn eigen ontwikkeling heeft hangt sterk af van de begeleiding en de zorg die wordt gegeven in de periode na de opname.

Ook mensen met een ernstige verstandelijke beperking zullen de uithuisplaatsing ervaren als een crisis in hun bestaan. Zij reageren misschien minder zichtbaar. Hun reactie kan bestaan uit het weigeren van eten of drinken, niet of moeilijk kunnen slapen, problemen met de ontlasting en/of een terugval in vaardigheden/ontwikkeling.

De bovengenoemde reacties zijn een normaal gevolg van een uithuisplaatsing. De effecten en duur van deze crisis zijn mede afhankelijk van de geboden begeleiding.

Aandachtspunten voor de ondersteuning

Al voor de opname van een nieuwe bewoner is het belangrijk om een begeleider aan te wijzen als persoonlijk begeleider. Hij is voor de ouders het eerste aanspreekpunt, de persoon die over alle materiële en niet-materiële zaken is geïnformeerd. In veel instellingen is het al gebruikelijk dat de persoonlijk begeleider voor de opname thuis kennis gaat maken bij de toekomstige bewoner. Hij probeert een beeld te krijgen van de belangstelling, de eigenschappen, voor- en afkeuren door gesprekken met de bewoner, de ouders, broers en zussen en door observatie. Hierdoor kan de persoonlijk begeleider de opname beter voorbereiden. Zeer wenselijk, zo niet noodzakelijk is het om de bewoner de kans te geven om te wennen indien de situatie dit toelaat. Samen met ouders of broers/zussen een keer op de thee komen, een kijkje nemen in de slaapkamer of aanwezig zijn bij de activiteiten kan ervoor zorgen dat de opname zelf minder bedreigend zal zijn. Ingrijpend blijft het als gebeurtenis toch wel.

Onderzoek heeft laten zien (Mönks en Knoers 2004) dat kinderen die worden gescheiden van hun ouders het volgende gedrag kunnen vertonen:
- *Protest:* huilen, schreeuwen en trachten de ouder achterna te gaan. Dit gedrag is de eerste drie dagen het sterkst aanwezig.
- *Wanhoop:* het protest neemt af en maakt plaats voor verdriet en terugtrekking. Sommige kinderen gaan dan schijnbaar aangepast gedrag vertonen, anderen klampen zich, zonder zichtbaar plezier, vast aan de nieuwe verzorger(s).
- *Onthechting:* als de ouder weer terugkomt (of op visite) dan wendt het kind zich af van de ouder, is stil en doet ongeïnteresseerd. Het kind is blijkbaar erg angstig voor een volgende scheiding.

Deze reacties op een scheiding blijken milder te verlopen als het kind een min of meer vaste begeleider krijgt toegewezen. Het scheidingsgedrag komt vooral voor bij kinderen in de verstandelijke (!) leeftijd van één tot vijf jaar. Dit geldt dus voor veel mensen met een verstandelijke beperking.

Er is een aantal punten te noemen waaraan beslist aandacht besteed moet worden. Zonder volledigheid te pretenderen, noemen we:

- Als een cliënt wordt opgenomen is het belangrijk om hem of haar 'persoonlijke dingen' mee te laten nemen. Het gaat dan om dingen waaraan hij of zij gehecht is. Voorbeelden hiervan zijn: de teddybeer, een slab, autootjes. Een bewoner kan hierin zeker in het begin troost vinden.
- Betrek de bewoner, als dit mogelijk is, bij de inrichting van zijn slaapkamer. Eigen en geliefde spullen moeten hier vooral een plaats krijgen. Overigens is het noodzakelijk ook de ouders hierin te betrekken. Op deze wijze kan het verdriet enigszins worden verlicht.
- Probeer zo veel mogelijk aan te sluiten bij de gewoonten die de cliënt van huis uit kent.

➤ Opname in het ziekenhuis

Bijna iedereen die geconfronteerd wordt met opname en verblijf in een ziekenhuis ervaart dit als een meestal noodzakelijke, maar onaangename gebeurtenis in het leven.

Voor mensen met een verstandelijke beperking zal dit eveneens het geval zijn. De noodzaak zal hen echter dikwijls ontgaan. Met name door hun beperkte cognitieve vermogens, 'overkomt' hun een ziekenhuisopname.

Soms kan de stoornis die de verstandelijke beperking veroorzaakte leiden tot andere beperkingen/ziekten waardoor ze vaker dan gemiddeld ziek zijn en de kans op een ziekenhuisopname groter is. Mensen met het syndroom van Down hebben vaak (40%) een min of meer ernstig hartgebrek en leukemie komt bij hen twintig keer zo vaak voor als bij andere mensen. Bewoners die immobiel zijn en veel in een rolstoel zitten of op een matras liggen, lopen extra risico op het krijgen van luchtweginfecties en decubitus.

CASUS

Evert is een jongen van zestien jaar oud met een ernstige verstandelijke beperking. Hij woont in een leefgroep van acht bewoners die zich met begeleiding kunnen voortbewegen. Evert heeft bijna dagelijks epileptische aanvallen (primair gegeneraliseerd). Dikwijls dient ten minste één à twee keer rivotril te worden gespoten om de aanval te doen stoppen.

Evert heeft een hemiplegie (een halfzijdige verlamming) en is spastisch. Om zijn mobiliteit in stand te houden krijgt hij drie keer per week fysiotherapie (doorbewegen en loopoefeningen).

Enkele dagen nadat Evert zich ernstig verslikte tijdens de broodmaaltijd heeft hij een oplopende lichaamstemperatuur. De arts vermoedt een verslik-pneumonie. Evert wordt opgenomen in het streekziekenhuis voor behandeling.

Aanvankelijk lukt het niet de longontsteking onder controle te krijgen met antibiotica. Pas na twee weken wordt de koorts minder en knapt Evert zienderogen op. Een groot probleem tijdens die twee weken was zijn onvermogen om op te hoesten. Na bijna vier weken opname wordt Evert ontslagen uit het ziekenhuis.

De schrik is groot als Evert terugkomt. Hij blijkt zich niet meer te kunnen voortbewegen en er wordt een rolstoel aangeschaft. Direct na terugkomst wordt er weer begonnen met fysiotherapie (doorbewegen). Het duurt bijna twee maanden voordat Evert zichzelf, met begeleiding, weer kan voortbewegen.

De ziekenhuisopname had dus nogal wat gevolgen voor Evert. Door de lange bedperiode was zijn mobiliteit ernstig achteruitgegaan. Daarnaast was Evert nogal apathisch na de ziekenhuisopname, er was moeilijker contact met hem te krijgen. Deze crisissituatie (ziekte en ziekenhuisopname) had een negatieve invloed op Everts mogelijkheden en welbevinden. Deze negatieve invloed had voor Evert gelukkig geen blijvende gevolgen. Na ongeveer twee maanden was zijn toestand als tevoren.

Om een zo goed mogelijk verloop te garanderen, moet er aandacht besteed worden aan de volgende aspecten:

- voorbereiding van een cliënt;
- informatieoverdracht aan het ziekenhuis;
- begeleiding in het ziekenhuis.

Voorbereiding van een cliënt

De wijze waarop de voorbereiding moet gebeuren zal vooral samenhangen met datgene wat een cliënt kan begrijpen. Een grote valkuil voor de begeleiding is het niet vertellen aan de cliënt dat hij naar het ziekenhuis moet, omdat 'hij zich dan zo druk maakt'.

Voor mensen met een lichte verstandelijke beperking is er voorlichtingsmateriaal dat samen gelezen en bekeken kan worden. Veel hiervan is gemaakt voor kinderen en moet dus worden aangepast. Het boekje 'Twan gaat naar het ziekenhuis', geeft met foto's en korte beschrijvingen een beeld van een jongen met een verstandelijke beperking die wordt opgenomen in een ziekenhuis (Maas 1996).

Een bezoek aan het ziekenhuis met een rondleiding voordat er sprake is van een opname kan angst verminderen. Bij de voorbereiding kan de begeleiding dit als hulp gebruiken: 'Weet je nog, er zit een gordijn om ieder bed.'

Aandachtspunten bij het voorbereiden/geven van informatie:

- begin met wat de cliënt weet;
- ga van eenvoudig naar ingewikkeld;
- buit het moment uit;
- betrek familie/medecliënten bij het plannen maken;
- geef alleen relevante informatie;
- ga na of de cliënt eerdere ervaringen heeft met een opname en hoe die ervaringen zijn;
- ga na of de cliënt bepaalde associaties maakt ten aanzien van een opname. Als een familielid of medecliënt bijvoorbeeld overleden is in een ziekenhuis, kan hij dit gemakkelijk met zijn eigen opname associëren. 'Als ik daar naar toe ga, kom ik misschien niet meer terug of ga ik dood.'

Ook mensen met een matige of ernstige verstandelijke beperking zullen zo veel mogelijk voorbereid moeten worden. Materiaal is er heel weinig, het zal er vooral om gaan om de cliënt duidelijk te maken dat hij erop kan vertrouwen dat er een bekend iemand in de buurt is.

Informatieoverdracht aan het ziekenhuis
Veel verpleegkundigen in een ziekenhuis zijn nog nooit intensief met mensen met een verstandelijke beperking in aanraking geweest. Vaak schrikken zij ervan en weten niet goed raad met allerlei gedragingen van de cliënt met een verstandelijke beperking. Maar ook weten zij niet hoe zij nu moeten communiceren met een volwassen man of vrouw die zij niet op de gewone manier kunnen aanspreken.
De zorgcoördinator of persoonlijk begeleider van een cliënt is er verantwoordelijk voor dat verpleegkundigen in het ziekenhuis volledig geïnformeerd worden/zijn. Hij kan een inschatting maken van de reactie van de cliënt op de opname en het verblijf en daar de juiste begeleiding voor aangeven.
Een helder overdrachtformulier is onontbeerlijk, vooral omdat begeleiding meestal niet 24 uur bij de cliënt in het ziekenhuis kan blijven.

Er kan gebruik worden gemaakt van het zogeheten 'Ik-boek'. In eenvoudige schema's worden hier de individuele gewoontes van de cliënt aangegeven op het gebied van eten, drinken, rust, activiteiten, communicatie, medicatie, motoriek en houding en veiligheid. Dit boek kan aan het bed worden gehangen of achter de cliënt in losse bladen aan de muur.

CASUS

Jan is een man van 51 met een ernstige verstandelijke beperking. Hij is opgenomen in het ziekenhuis voor een operatie. Na de ingreep moet hij nog een aantal dagen in het ziekenhuis blijven. Bij elke maaltijd wordt hem koffie aangeboden met melk en suiker. Van de begeleiding had men namelijk gehoord dat Jan daar dol op is. Toch drinkt Jan al gedurende anderhalve dag niets. Elke keer als de kopjes worden opgehaald, staat zijn kopje nog onaangeroerd op het blad. Stimulerende opmerkingen helpen niet. Na overleg met de begeleiding komt men erachter dat Jan pas drinkt als hem het kopje in de handen gegeven wordt (TVZ 1993).

Begeleiding in het ziekenhuis
Als de situatie in de instelling dit toelaat is het zeer wenselijk iemand van de begeleiding die goed bekend is met de cliënt aanwezig te laten zijn in het ziekenhuis. Het ligt voor de hand dat dit de persoonlijk begeleider is. Zo nodig kan hij samen met de cliënt worden 'opgenomen' en de noodzakelijke zorg geven. Zeker als het gaat om een cliënt die ernstige gedragsproblemen heeft is dit aan te bevelen. Op deze wijze kunnen problemen die ontstaan door de ontbrekende ervaring van de verpleegkundigen in het ziekenhuis, zo veel mogelijk worden voorkomen.
Het is zeer wenselijk dat de afdeling van het ziekenhuis één of twee vaste verpleegkundigen aanwijst die de (coördinatie van de) verpleegkundige zorg voor de cliënt voor hun rekening nemen. Een en ander zal mede afhangen van de organisatie van de verpleegafdeling en het gehanteerde systeem van verplegen.
Mensen met een ernstige verstandelijke beperking of met gedragsproblemen verblijven bij voorkeur in een eenpersoonskamer. Dit is voor hun eigen rust het beste.

Ook kan hun aanwezigheid voor medepatiënten een extra belasting zijn. Uiteraard moet dit voor iedere situatie apart worden bekeken.

Als de opgenomen cliënt een operatie moet ondergaan, laat dan een begeleider die hem bekend is of een gezinslid bij hem blijven totdat de narcose is gegeven. Vraag of iemand aanwezig mag zijn bij het ontwaken op de verkoeverkamer. Het kan onrust voorkomen als een bekend en vertrouwd persoon op die momenten aanwezig is.

Probeer in overleg met de familieleden van de cliënt het bezoek tijdens de opnameperiode goed te regelen. Enerzijds om te voorkomen dat er dagen niemand komt en anderzijds om te veel en te ongeregeld bezoek te voorkomen. Overleg met de verpleegkundigen van het ziekenhuis is noodzakelijk.

Probeer vanuit een wederzijds vertrouwen en in goede samenspraak met de verpleegkundigen in het ziekenhuis de noodzakelijke hulp te geven in de opnameperiode.

► *Overlijden en stervensbegeleiding*
Uit een interview met verpleegkundige Esther van de Bovenkamp

Ook de rouwverwerking van de groepsgenoten kan worden belemmerd als zij niet bij de het afscheid worden betrokken. 'Onze bewoners hebben door hun verstandelijke handicap moeite met abstracties. Ze vinden het bijvoorbeeld lastig om te begrijpen dat de dood onomkeerbaar is. Ze moeten echt ervaren dat iemand er niet meer is. Als medewerkers proberen wij ze daarbij te helpen. We leggen bijvoorbeeld in eenvoudige taal uit hoe iemand die dood is, erbij ligt: "A. ligt in zijn eigen bed; hij ligt heel stil en voelt koud aan." Vervolgens geven we bewoners de gelegenheid de overledene te voelen, uiteraard onder begeleiding. De bewoner raakt bijvoorbeeld eerst de voeten van de overledene aan en gaat dan langzaam omhoog. Geur is eveneens een belangrijk instrument voor visueel gehandicapten. Door bijvoorbeeld de reuk van de rouwboeketten groeit het besef dat iemand er niet meer is. Ook de temperatuur van het mortuarium helpt bij het begrijpen dat een groepsgenoot is overleden. Stap voor stap vormen onze bewoners zich zo een beeld van diens "dood zijn". Als die mogelijkheid tot concretiseren ontbreekt – bijvoorbeeld omdat iemand thuis is gestorven en bezoek niet gewenst is – is het voor hen heel moeilijk om te bevatten dat hij er nooit meer zal zijn.' (Van den Berg 2005)

In het rollen- en relatiepatroon is aandacht besteed aan de hulpverlening bij het overlijden van mensen rondom een cliënt. In dit gedeelte gaan we in op het overlijden van de cliënt zelf.

Zoals de dood hoort bij het leven, zo hoort de begeleiding van iemand die dood gaat bij de begeleiding van iemand die 'in levenszorg' is. Begeleiden houdt niet op, op het moment dat je weet dat een cliënt spoedig kan overlijden.

Cliënten met een ernstige verstandelijke beperking maken, door bijkomende beperkingen, soms meermalen een levensbedreigende crisis door. Zij hebben zich verslikt en krijgen een longontsteking, of de begeleiding was niet in staat hun signalen van pijn op te vangen en dan blijkt er een ernstige ziekte te zijn. Hoe cliënten dit ervaren is heel moeilijk te observeren. Wij gaan er wel van uit dat gevoelens van angst, onzekerheid, boosheid en verdriet aanwezig zijn.

Cliënten met een matige verstandelijke beperking zullen vaker non-verbaal of verbaal vragen stellen die betrekking hebben op de dood. Voor veel van hen wordt erg ziek zijn al snel geassocieerd met doodgaan, want: 'Toen opa heel erg ziek was, ging hij dood.' Deze cliënten hebben (gezien hun cognitieve niveau) een magisch denkniveau. Je kunt ziek worden omdat je iets niet goed gedaan hebt of door een eng dier.

Mensen met een lichte verstandelijke beperking zijn zich veelal goed bewust van hun ziek zijn en naderende dood. Zij kunnen hun onzekerheden en angsten bespreekbaar maken en duidelijker steun vragen.

De communicatie tussen begeleider en stervende wordt van de kant van de begeleider vooral bepaald door drie factoren:

- De eigen emoties en onzekerheden.
- De mate van bewustzijn van het naderend sterven:
  – de cliënt weet het niet, alle anderen wel;
  – de cliënt vermoedt het en probeert zekerheid te verkrijgen;
  – de cliënt weet het.
- De tijdsfactor; de waarschijnlijkheid van de dood en de tijd die de stervende nog rest.

In bijna alle instellingen en woonvormen wordt ernaar gestreefd om de cliënt in zijn eigen omgeving te laten sterven, eventueel met ondersteuning van een wijkverpleegkundige.

Lichamelijke zorg bij cliënten die gaan sterven
De lichamelijke verzorging bij mensen met een verstandelijke beperking die gaan sterven verschilt in principe niet van de verzorging bij mensen zonder een verstandelijke beperking.

Kort gezegd betekent dit dat er aandacht moet zijn voor:

- een prettige houding;
- verzorging van de mond en lippen, zeker bij cliënten die niet of nauwelijks meer drinken;
- lichamelijke verzorging. Proberen decubitus te voorkomen, ogen goed verzorgen, bedacht zijn op obstipatie;
- goede pijnbestrijding.

Daarnaast is het van belang dat je er bént voor de cliënt, en zijn signalen beantwoordt. Vooral bij mensen met een ernstige verstandelijke beperking zul je samen het stervensproces door moeten en zijn vertolker moeten zijn. Hij kan zijn angst misschien niet goed uiten en jij zult dit voor hem moeten verwoorden; het tegen hem zeggen en bij hem zijn. Iedereen heeft er recht op om te weten dat hij doodgaat wordt wel gezegd.

In de literatuur wordt vermeld dat de waarheid vertellen alleen zinvol is wanneer en voorzover de stervende ermee gediend is.

➤ Kun je je situaties voorstellen dat je de waarheid niet vertelt; welke zijn dat en waarom vertel je de waarheid niet?

➤ Wat is het verschil met mensen zonder een verstandelijke beperking; doen diezelfde situaties zich daar ook voor?

Bespreek jouw ideeën hierover in de leergroep.

Sluit aan bij de emoties die een stervende cliënt aangeeft. Geef hem gelegenheid tot praten, zodat duidelijk kan worden wat hem bezighoudt.

De vraag: 'Ik ga vast gauw dood, hè?' zal in eerste instantie niet direct beantwoord hoeven te worden. Als begeleider moet je proberen duidelijkheid, te krijgen over de vraag achter de vraag. Het kan zijn dat iemand bang is pijn te krijgen of pijn heeft of een vraag heeft over wat er na de dood komt, of wil weten waarom de dokter zo vaak komt, enz. Het is verstandig om dan te antwoorden: 'Waarom denk je dat?'

Wat je niet moet doen is:

· Afschuiven: nou, dat weet ik niet, ik ben geen dokter.
· Ontkennen: natuurlijk niet.
· Blokkeren: niet zo tobben, ga maar lekker slapen. Je moet wat vertrouwen hebben.

Sluit ook aan bij datgene wat een cliënt kan begrijpen; bespreek met de ouders en het team wat je de bewoner vertelt, in welke bewoordingen. 'Je gaat naar de hemel, waar opa ook al is', of: 'Je wordt een ster en dan kunnen wij iedere avond naar je kijken', kunnen heel geruststellend werken.

Nabijheid is ook lichamelijke nabijheid. Gewoon stil bij iemand zitten, strelen, een hand vasthouden. Vaak wil je als begeleider praten en is het moeilijk om niets te zeggen. Toch vinden veel mensen die gaan sterven het fijn als er iemand alleen voor hen is. Dat ze de nabijheid voelen.

Bewoners die nooit gediend waren van lichamelijk contact, zul je omzichtig moeten benaderen en moeten aftasten wat zij fijn vinden.

Inrichten van de omgeving

Voor veel cliënten is het niet prettig om alleen te moeten liggen. Zij zijn hun hele leven gewend om in een groep te leven en nu moeten zij in hun laatste fase in een apart kamertje, hetgeen extra angst kan oproepen. Indien de omstandigheden op de groep het toelaten is het wenselijk om deze cliënt 'gewoon' op zijn plekje neer te zetten of te laten liggen.

Soms is een kamertje dat dicht bij de groep is heel fijn voor een cliënt; met de deur open kan hij de vertrouwde geluiden horen en met de deur dicht aan zijn rust toekomen.

Muziek die hij fijn vindt, bekende spullen om hem heen en natuurlijk vertrouwde mensen kunnen het afscheid nemen minder moeilijk maken.

Het sterven zelf

Het moment van sterven komt toch meestal nog onverwacht bij iemand die ernstig ziek is. Iedereen weet het en is erop voorbereid, maar het geeft altijd een schok als het echt gebeurt.

Als het heel duidelijk is dat het niet lang meer zal duren, moeten ouders of familie gewaarschuwd worden. Wie erbij willen zijn staat meestal beschreven in het zorgplan. Wacht er niet te lang mee, mensen moeten de tijd krijgen.

Signalen waaraan je kunt zien dat het sterven begint:
• De cliënt is hevig vermoeid. Soms kan iemand ook nog levendig en opgewekt reageren, omdat de pijn niet meer of minder wordt gevoeld.
• Er is spierverlamming. De cliënt zakt onderuit, kan het hoofd niet meer overeind houden. De ogen zijn half gesloten, de mond valt open en er is incontinentie.
• De bloedcirculatie wordt minder. De meest vitale organen worden het langst van bloed voorzien. De cliënt krijgt koude handen (blauwe nagels), koude voeten en een koude neus, soms koud zweet op het voorhoofd.
• De ogen 'breken'. Ze worden dof en troebel door het ontbreken van traanvocht.
• De ademhaling verandert, wordt reutelend of het type Cheyne-Stokes treedt op.
• De pols is zwak, onregelmatig en soms nauwelijks voelbaar.
• Het bewustzijn wordt minder. De cliënt lijkt te doezelen. Soms is er een verhoogde onrust of verwardheid.

Als de ademhaling afwezig is, er geen circulatie meer is, wijde lichtstijve pupillen en geen reflexen, dan is de bewoner overleden. Dit wordt door een arts officieel vastgesteld.

Sluit de ogen van de cliënt en kijk hoe laat het is. Als ouders er niet bij konden zijn, vinden ze het fijn om te horen wanneer en hoe hun kind is doodgegaan.

CASUS

Het was herfst. Wij wisten dat Stein nu gauw dood zou gaan. Hij lag op het waterbed op de groep, en zijn ouders, die meerdere malen per dag kwamen, waren even een eindje om. Het is altijd druk na het avondeten, maar nu leek het alsof de bewoners iets aan voelden komen. Iedereen was rustig, er hing een bijzondere sfeer. Ik ging bij Stein staan en hield zijn hand vast. Hij deed zijn ogen open, keek naar buiten naar de mooie herfstkleuren van de bomen, zuchtte en was dood.

Het afleggen

In principe is dit bij iedere overledene hetzelfde. Probeer te regelen dat er iemand van de vaste begeleiding is of dat de ouders bij het afleggen aanwezig zijn. Zij weten het best hoe de cliënt altijd lag of hoe zijn haar zat. Respecteer de wensen van de ouders in de wijze waarop iemand opgebaard moet worden.

Als het een cliënt is met een andere culturele achtergrond, informeer dan van tevoren welke gewoonten en rituelen men heeft rondom sterven en begraven. Bijvoorbeeld bij moslims worden stervenden met hun gezicht in de richting van Mekka gelegd. Men wil bij hem bidden en de geloofsbelijdenis uitspreken.

Het afleggen en met name het wassen wordt door iemand gedaan die daartoe is aangewezen (bij testament of door familiebanden). Daarna wordt de dode op een speciale manier ingewikkeld.

Het is voor de begeleiding niet altijd even gemakkelijk om bij het stervensproces aanwezig te zijn. Je hebt je eigen emoties en ervaringen met dood.
De begeleider uit de casus van Stein zei later: 'Het klinkt misschien raar, maar ik voelde me bijna vereerd dat hij mij had uitgekozen om bij zijn sterven te zijn.'

► Vertel elkaar in de groep welke ervaringen je hebt met mensen die overleden zijn.
► Op welke wijze heb je afscheid kunnen nemen, of hoe zou je dat willen doen?
► Waar zou je zelf steun bij nodig hebben als je voor een bewoner moet zorgen die gaat overlijden?

Ook in de zorg voor mensen met een verstandelijke beperking zijn er vragen rondom keuzes bij ernstige ziekte en sterven. In een artikel in het *Nederlands Tijdschrift voor Zorg* over mensen met een verstandelijke beperking wordt op deze problematiek ingegaan. In de maatschappelijke discussie over het handelen rond het levenseinde wordt de nadruk gelegd op 'wilsbekwaamheid'. Mensen moeten zelf hebben aangegeven welke wensen zij hebben. Binnen de zorg voor mensen met een verstandelijke beperking is dit begrip niet zonder meer bruikbaar, waardoor het handelen zich in een ethisch onontgonnen gebied bevindt. Men bespreekt in het artikel vier casussen, waarbij het begrip 'zelfbeschikkingsrecht' onder de loep genomen wordt. De conclusie is dat er nog veel onduidelijkheden blijken te zijn over hoe dit begrip in concrete situaties invulling kan krijgen en zo van invloed kan zijn op beslissingen.
Voor aanvullende informatie zie www.palliatievezorg.nl.

11

Waarden en levensovertuiging

TYPOLOGIE Het waarden- en levensovertuigingenpatroon omvat de waarden, normen, doelstellingen en overtuigingen (ook spirituele) waarop iemand zijn keuzes en beslissingen baseert. Inbegrepen zijn dus wat iemand belangrijk acht in het leven, en eventuele subjectief ervaren conflicten tussen bepaalde waarden, overtuigingen of verwachtingen ten aanzien van de gezondheid.

Inleiding

'Geeft het leven u over het geheel genomen wat u zoekt?'
(LETTERLIJKE VRAAG UIT EEN ANAMNESE)

Als je deze vraag voorlegt aan een willekeurig persoon, zal deze in eerste instantie raar kijken. 'Hoe bedoel je, valt er dan iets te zoeken of te vinden, persoonlijk of maatschappelijk of iets in de politiek?'
Toch raakt het de essentie van het leven, want ieder mens leeft zijn leven niet 'zomaar'. De een wil veel geld en een mooie auto; de ander zegt: als ik maar gelukkig ben; voor weer iemand anders is een goede gezondheid of een goede baan belangrijk. Iedereen leeft met bepaalde verwachtingen van het leven en probeert die verwachtingen te realiseren.

Verduidelijking van enkele begrippen

In dit hoofdstuk komt een aantal begrippen vaak voor. Om ze op een goede manier te gebruiken is het belangrijk dat je weet wat ze betekenen.

Waarden
Dit zijn uitspraken omtrent hetgeen goed of kwaad is. Ze gaan over het belang dat iemand hecht aan doelstellingen, mensen, handelingen, zaken en andere verschijnselen.
Je kunt de volgende zin afmaken: 'Ik hecht (grote) waarde aan...'
Denk hierbij aan: trouw, eerlijkheid, respect.
Er zijn persoonlijke waarden, instellingen hebben waarden (wij bieden bewoners veiligheid) en ook in de samenleving zijn er gemeenschappelijke waarden aan te wijzen (het gezin is de 'hoeksteen', gezondheidszorg moet betaalbaar blijven, eerbied voor het leven).
Sociologen omschrijven waarden als collectieve opvattingen over wat mensen goed en daarom nastrevenswaardig vinden (Stapel 2004). Waarden zijn vaak abstract en mensen zijn zich er niet altijd van bewust dat ze een waarde van belang achten. Zo is het niet altijd duidelijk wat onder vrijheid van meningsuiting wordt verstaan en mensen beseffen pas dat zoiets voor hen van belang is als die vrijheid bedreigd wordt.

De mus en de mees

'Ik heb geen kijk op het leven,' zei de mus.
'Da's niks voor mij. Wat moet ik ermee?
Daar word ik alleen maar moe van. Dan moet ik erover nadenken.
Misschien wel erover praten.
Stel je voor, zeg.
Jammer van mijn tijd. Ik heb wel wat anders te doen.

Ik wil fladderen. Vrij en vrolijk rondvliegen.
Lekker in een stukje brood pikken. Smullen van fijne zaden.

Wat wil je als mus nog meer.
Volop genieten van iedere dag. De zon op mijn vleugels.
Vrolijk tsjilpend door de lucht. Heerlijk is dat toch zeker.'
'Zeg dat,' zei de mees, die had zitten luisteren,
'zeg dat wel.
Wat een prachtige kijk op het leven heb jij toch.'

UIT: RIJKSEN (1989, DEEL I)

Normen
Dit zijn de richtlijnen waarlangs het dagelijks leven verloopt. Het zijn dus gedrags-regels, een soort voorschriften waaraan men zich houdt en waar (velen) het mee eens zijn.
Zij zijn gebaseerd op de waarden, datgene wat gerealiseerd moet worden, bijvoor-beeld:
Bij de waarde 'trouw', kun je als norm hebben: niet vreemdgaan.
Bij de waarde 'respect' kun je als norm hebben: jezelf voorstellen als je iemand voor het eerst ontmoet.
Bij de waarde 'respect voor het leven' kun je als norm hebben:

- abortus mag niet;
- abortus mag wel;
- abortus mag alleen bij aandoeningen die niet met het leven verenigbaar zijn;
- een vrouw moet vrij kunnen kiezen voor abortus.

Het is dus belangrijk om te weten waarom mensen vanuit dezelfde waarden tot verschillende normen komen. In onze multiculturele samenleving wordt maar al te vaak duidelijk dat specifieke waarden tot een verschillende en lang niet altijd door iedereen begrepen norm kan leiden.
Ook normen kunnen (net als waarden) zowel voor een individu als voor een hele samenleving gelden: geen alcohol in het verkeer, in gezelschap niet in je neus peu-teren.

O P D R A C H T

▶ Beschrijf zes ervaringen uit het dagelijks leven die voor jou persoonlijk zin geven aan je bestaan. Plaats deze zes ervaringen in volgorde van belangrijkheid.
▶ Beschrijf per ervaring de waarde die jij eraan toekent waardoor hij zin geeft aan je bestaan en eventuele normen die jij daarbij hanteert.
▶ Beschrijf in hoeverre jijzelf invloed hebt op de genoemde zes ervaringen en in hoe-verre jij afhankelijk bent van anderen in de mate waarin je zin kunt geven aan je bestaan.
▶ Welke waarden van de studenten uit de groep komen overeen en welke verschillen van elkaar? Kunnen jullie hier een verklaring voor geven?
▶ Stel een lijst samen met vijf waarden die je als algemeen geldend kunt ervaren ten aanzien van zingeven aan iemands bestaan. Plaats deze waarden in volgorde van belangrijkheid.

Levensbeschouwing

Een levensbeschouwing is simpel gezegd: een kijk op het leven, vanuit een bepaalde invalshoek.

Levensbeschouwing kan worden opgevat als de zin die mensen geven aan hun bestaan, vanuit een bepaalde levensovertuiging.

Binnen een levensbeschouwing zijn er allerlei visies. Visies zijn ideeën over een deel of het geheel van de werkelijkheid (levensvisies). Mensen ontwikkelen visies om meer zicht te krijgen op bepaalde vraagstukken en om hun handelen met betrekking tot die vraagstukken beter te laten verlopen. Het handelen nodigt vaak weer uit tot de vorming van een nieuwe visie (Rijksen).

Aan levensbeschouwing gaat levensovertuiging vooraf. Een levensovertuiging kan een bepaald geloof, (zoals bijvoorbeeld de islam) een levensfilosofie (zoals bijvoorbeeld het boeddhisme) of een andere grondhouding (bijvoorbeeld het humanisme) omvatten (NIZW 1990).

Een religie is dus een vorm van levensbeschouwing. Vanuit die religie, bijvoorbeeld het christendom of de islam, worden waarden gegeven waarnaar je moet leven.

Je kunt dus zeggen dat iedere religie een levensbeschouwing is, maar niet iedere levensbeschouwing is een religie.

Het humanisme is een voorbeeld van dat laatste. Humanisten benadrukken het belang van de scheiding tussen kerk en staat. De staat is neutraal en heeft zich niet te bemoeien met het individu dat vrij is zelf zijn leven vorm te geven. Het humanisme gaat uit van de eigen mogelijkheden en ontwikkeling van de mens en kent geen boeken als de Bijbel of de Koran van waaruit de richtlijnen voor het leven worden gehaald.

Nederland kent verscheidene religies en levensovertuigingen. Die verscheidenheid is de afgelopen eeuw enorm toegenomen. Vroeger was vrijwel iedereen religieus en er waren maar enkele stromingen. Tegenwoordig is ruim 40% van de bevolking niet religieus en is het aantal mensen dat niet meer naar een kerk gaat zelfs groter. Nederland is daarmee een van de meest seculiere samenlevingen ter wereld. Er zijn talloze religieuze stromingen. Meer dan 50 verschillende religies hebben hier kerken en aanhangers. Van kleine splintergroepen als de Kerk van de Nazarener of de Vrij Katholieke Kerk Nederland tot middelgrote als het hindoeisme of boeddhisme. De grootste religies zijn het katholicisme (4.4 miljoen leden), protestantisme (1.9 miljoen leden) en de islam (ongeveer 1 miljoen leden). Dit betekent dus ook dat die verscheidenheid zichtbaar zal zijn in de zorg voor mensen met een verstandelijke beperking.

Uit het onderzoek *God in Nederland 1996-2006* blijkt dat veel mensen, ook nietreligieuze, religie toch een belangrijke rol toekennen, met name denkt men dat religie er zorg voor draagt dat waarden en normen behouden blijven. Uit datzelfde onderzoek blijkt dat veel Nederlanders geloof als een persoonlijke zaak opvatten die ook buiten een kerk om beleefd kan worden. Het draait bij deze spiritualiteit eerder om het zoeken naar zin van het bestaan dan het hebben van vaststaande overtuigingen. Een slotconclusie van dit rapport was dan ook dat God in Nederland is, alleen zonder vaste woon- of verblijfplaats (Dekker 2007).

Samengevat kan een levensovertuiging worden gezien als:

- wat iemand waar acht vanuit zijn geloof of opvatting;
- resultaat van logisch beredeneerde conclusies;
- de basis voor attitude en neigingen tot bepaalde gedragspatronen;
- de levensbeschouwelijke en godsdienstige uitdrukking van het persoonlijk weten.

Het belang van het vragen naar het waarom komt hier naar voren. Het antwoord zal soms moeilijk te geven zijn. Je vraagt mensen namelijk naar de zin van dingen, de zin van het leven.

In *Alice in Wonderland* merkt een van de personages het volgende op: 'Als er geen zin in het leven zit, bespaart ons dat een hoop werk want dan hoeven we ook niet te zoeken.'

Voor veel mensen echter is de gedachte dat het leven zonder zin zou zijn, moeilijk te accepteren.

We eten omdat we hongerig zijn, we gaan naar de film omdat we verstrooiing zoeken, we doen aardig tegen iemand omdat er fysieke aantrekkingskracht in het spel is en we werken om geld te verdienen. Met andere woorden, voor ons alledaags gedrag zijn er redenen en motieven aan te voeren waarom we die dingen doen. De zin van eten zit in het stillen van de honger.

Toch lijkt dit niet voldoende. De zin van het bestaan moet toch uitstijgen boven het luisteren naar muziek of een eind fietsen? De verklaring waarom je alledaagse dingen doet schiet tekort ten aanzien van het grote geheel. Het verklaart niet wat de zin van je bestaan is. 'Als je over het geheel nadenkt dan lijkt het allemaal geen zin te hebben. Van buitenaf gezien zou het niets uitmaken als je nooit bestaan had. En wanneer je niet meer bestaat zal het niet uitmaken dat je wel hebt bestaan' (NIZW 1990).

Het zal zelfs niet uitmaken als je iets wonderbaarlijks hebt gepresteerd dat zelfs na je dood nog waarde heeft, want uiteindelijk gaat ook dat (snel) verloren. Een deprimerende gedachte...?

Je kunt, als je niet verder kijkt dan je neus lang is, zeggen dat de zin van je bestaan erin ligt dat je kunt genieten van een mooi bos of dat je bij de tandartscontrole geen gaatjes had of dat er mensen zijn die om je geven. Voorwaarde is dan wel dat je inderdaad nooit meer verder kijkt dan je neus lang is en je jezelf geen vragen meer moet stellen over de bedoeling van alles, geen vragen over wie je bent, waar je vandaan komt of waar je naar op weg bent.

Je kunt je bestaan ook zin geven door bijvoorbeeld mee te werken aan een sociale of politieke beweging ter verbetering van de wereld. Of door je in te spannen opdat de generaties van de toekomst kunnen leven in een leefbare wereld. Of door de zin van je leven te ontlenen aan een religieuze bedoeling.

Maar ook hier gelden in feite weer dezelfde vragen. 'Wat is de zin van een betere wereld?' Of: 'Waarom moeten generaties na ons doorleven? Wat is daar de bedoeling van? Hoelang moet dat doorgaan? Wat is de zin van dat alles?'

Je vraagt niet zo gemakkelijk naar de zin van een religie ('wat is de bedoeling van God?'). Bovendien doemt hier het probleem op dat er blijkbaar iets bestaat dat alles zin geeft maar zelf geen zin heeft of in laatste instantie onbegrijpelijk is. Iets valt niet te verklaren uit het Niets, dus is er iets Absoluuts dat geen verklaring behoeft?

'Ook al is het leven als geheel betekenisloos, dan is het misschien nog niet iets om over in te zitten. Misschien kunnen we het erkennen en gewoon doorgaan. De truc is je ogen gericht te houden op wat vlak voor je ligt en de rechtvaardigingen te laten beëindigen binnen je eigen leven en binnen het leven van anderen met wie je verbonden bent. Het zou niets uitmaken als ik helemaal niet bestond of nergens om gaf. Maar ik besta wel en ik geef om dingen. Dat is alles.'
(HERMSEN)

Sommige van deze vragen zijn door tijd en cultuur bepaald. Andere vragen gaan over het leven zelf en worden door ieder mens, ongeacht kleur, geloof, woonsituatie aan zichzelf gesteld. Dit zijn de zogenaamde levensvragen.

Voorbeelden van dergelijke vragen zijn:

- Wie ben ik? Ben ik wat anderen van en over mij zeggen (wat een aardige meid, zo betrokken) of ben ik dat niet? Kan ik mezelf zijn? Ben ik ten diepste goed of slecht, vrij of onvrij?
- Wie zijn de anderen? Hoe kijken mensen naar elkaar? Zijn mensen op zichzelf gericht, op anderen, of beide tegelijk? Kunnen mensen echt van elkaar houden?
- Wat is de natuur? Hoe kijk je aan tegen de natuur, tegen de relatie van mensen en de natuur? Maakt de mens zelf ook deel uit van de natuur? Is de mens de baas over de natuur?
- Wat is tijd? Waarom lijken leuke momenten zo kort en lijkt een bezoek aan de tandarts altijd lang te duren? Is de mens gericht op het verleden of leeft hij enkel in het heden? Wat is de betekenis van de toekomst? Waarom zijn mensen tijdelijk en dus eindig?
- Waarom handelen mensen zo? Wat motiveert hun tot dit of dat gedrag? Doen mensen alles voor zichzelf; kunnen zij belangrijke dingen veranderen?
- Waarom is er al dat lijden? Vragen die samenhangen met lijden, angst en verdriet. Horen die bij het leven en waar komen ze vandaan? Waarom worden sommigen meer door lijden en verdriet getroffen dan anderen? Wat moet je ermee?
- Waarom is er iets en niet niets?

Door de filosoof Emmanuel Kant werden al die vragen ooit samengevat in enkele eenvoudige vragen:

- Wat kan ik weten?
- Wat moet ik doen?
- Wat mag ik hopen?

Drie essentiële vragen die weer verwijzen naar de vraag: 'Wie is het eigenlijk die deze vragen stelt?' De ultieme vraag volgens Kant is dus: 'Wat is de mens?' (Wouters 2001).

Bovenstaande vragen zijn niet bedoeld als een lijstje dat je kunt afwerken. Een aantal van deze vragen zul je jezelf waarschijnlijk ook al eens gesteld hebben. Zij hangen samen met situaties die je tegenkomt, met ervaringen. Het zijn vragen waarop geen eenduidig antwoord mogelijk is.

Vragen naar de zin van het leven
Je wordt je er meestal van bewust in:
- heel hevige situaties, die of heel positieve of heel negatieve ervaringen geven;
- in contacten met anderen: gezin, onderwijs, leeftijdsgenoten, massamedia;
- door na te denken; je leest in de krant en ziet twee foto's naast elkaar. De ene is een advertentie van een bungalowpark met zwemparadijs, twee tv's en een sauna in ieder huisje. Daarnaast een foto van gevluchte mensen, die in een kamp samen moeten zijn. Misschien is dit aanleiding om even na te denken over het hebben van luxe, het lijden van anderen, jouw aandeel daarin, enz.

De morele ontwikkeling
Een specifiek aspect van de opvoeding is het overdragen van de moraal, het besef van goed en kwaad. Ouders geven hun waarden en normen door aan hun kinderen:
- voorbeeldgedrag;
- er bewust over te praten;
- het kind te betrekken in beslissingssituaties;
- het kind tot de orde te roepen, wanneer het een morele norm of waarde heeft overtreden.

De kinderen internaliseren deze gedragsregels en opvattingen, ze maken ze zich eigen.

O P D R A C H T

Schrijf het antwoord op de volgende vragen eerst individueel op en bespreek de bevindingen in de leergroep.
- Welke normen en waarden heb jij van thuis meegekregen?
- Welke norm en welke waarde vind jij hiervan het belangrijkst?
- Welke normen en waarden die jij hebt meegekregen wil je later niet op jouw kinderen overdragen?

Moraliteit heeft volgens Kohlberg – die heeft voortgeborduurd op het werk van Piaget – te maken met het in goede banen leiden van de sociale omgang tussen personen en/of sociale instanties. Deze 'spelregels' zorgen dat er gelijkheid, redelijkheid en wederkerigheid ontstaat in de aanspraken die personen en/of sociale instanties op elkaar maken.
Gelijkheid, wederkerigheid en redelijkheid kunnen worden samengevat in het (universele) begrip rechtvaardigheid.
Aan de hand van wat rechtvaardig is, kunnen conflicten tussen personen omtrent morele waarden en normen worden opgelost (Verschoor 1987).

Volgens Kohlberg verloopt de morele ontwikkeling in een zekere volgorde en heeft het kind een aangeboren gevoel van rechtvaardigheid. De exacte inhoud van de moraal is cultuurafhankelijk, maar de principes waarop de ontwikkeling berust, zijn universeel (Verhulst 1994).

Kohlberg onderscheidt drie stadia van morele ontwikkeling.

Stadium 1 Preconventioneel

Het kind laat zich hier met name leiden door de vermijding van straf. Goed is datgene wat beloond wordt, slecht is datgene waar een straf op volgt. Het kind is in eerste instantie niet in staat om de beweegredenen of belangen van anderen in te zien. Wat later breekt het besef door dat iedereen eigen belangen heeft die tegengesteld kunnen zijn aan die van het kind.

Goed is in dit stadium datgene wat als eerlijk wordt gezien, een gelijk oversteken (als ik jouw step mag, krijg jij mijn vlieger). Maar goed is vanwege de verschillende belangen die in het spel kunnen zijn dus ook op een bepaalde manier relatief.

Stadium 2 Conventioneel

Goed is datgene wat goed gevonden wordt in het sociale systeem waarin het kind leeft. Het wordt belangrijk gevonden je aan te passen aan hetgeen mensen die belangrijk voor je zijn van je verwachten. Of om je aan te passen aan het generieke beeld dat men heeft van een specifieke rol, bijvoorbeeld die van dochter die haar ouders dient te respecteren en eren. 'Ik heb altijd voor je gezorgd en nu dit! Wat doe je me aan! En hoe denk je dat je vader dit zal vinden?'

In dit stadium is men loyaal aan de gevestigde orde, soms zelfs heel strikt. Door het rode licht rijden is altijd slecht, ook al heb je nog zo'n haast omdat er een zwangere vrouw met weeën op de achterbank zit.

In tegenstelling tot het voorgaande stadium wordt nu meer en meer de intentie die er schuilgaat achter bepaald gedrag betrokken bij de beoordeling van dat gedrag.

Stadium 3 Postconventioneel

Het besef breekt door dat de waarden en normen uit de omgeving relatief zijn. Dat andere groeperingen en culturen er andere waarden en normen op na houden. Toch worden die waarden en normen nog vaak gevolgd omdat ze ook een sociaal contract inhouden dat je met je omgeving hebt.

Meer en meer komt de verantwoording om de hoek kijken en komt er een oriëntering op universele principes van rechtvaardigheid zoals respect voor de integriteit en waardigheid van individuele personen. Deze oriëntering breekt met het conformeren aan hetgeen autoriteiten je voorhouden omtrent wat goed en kwaad zou moeten zijn.

Verzorgers maken het mogelijk dat kinderen in staat zijn zich allerlei morele regels en begrippen als 'beloven', 'troosten' of 'medelijden' eigen te maken. Deze leerprocessen worden gestimuleerd door kinderen 'aan te moedigen zich in de positie van anderen te verplaatsen (perspectiefneming) en door kinderen te wijzen op de gevolgen van hun handelingen' (Verhulst 1994).

Volgens Kohlberg is de waarlijke motor achter de morele ontwikkeling wanneer een persoon een zogenaamd moreel-cognitief conflict ervaart. Daarmee wordt bedoeld dat iemand een tegenstrijdigheid waarneemt in zijn eigen morele opvatting in vergelijking met de opvattingen die in de omgeving gelden.

De laatste jaren is er veel onderzoek gedaan naar de evolutionaire bronnen van de menselijke moraliteit. Onder meer neurowetenschappers menen dat ons besef van goed en kwaad voortkomt uit oeroude sociale instincten die lang geleden in de evolutie van de menselijke soort zijn ontstaan en die (wellicht) verfijnd worden gedurende de opvoeding. Ons vermogen tot moraliteit is dus aangeboren (De Waal 2006).

11.2 Waarden en levensovertuiging in de zorg voor mensen met een verstandelijke beperking

Wie bepaalt wat belangrijk is in en voor het leven van een mens met een verstandelijke beperking.
Hijzelf?
Ja, zou het antwoord moeten zijn, maar toch...
Wie bepaalt of een mens met een verstandelijke beperking eten mag weigeren, kinderen mag krijgen, medebewoners mag uitkiezen, leefregels mag opstellen, bidt voor het eten, naar bed gaat wanneer hij/zij wil, alcohol drinkt?
Hijzelf?
Ja, zou het antwoord moeten zijn, maar toch...
Dat ligt aan zijn niveau, wordt er gezegd.
Dat ligt aan de visie van de organisatie, wordt er gezegd.
Dat ligt aan de normen van de hulpverlener, wordt er gezegd.
Dat ligt aan..., wordt er gezegd.
Dat alles is waar en ook weer niet.

Dit deel gaat over beslissingen die genomen moeten worden. Met en voor mensen met een verstandelijke beperking. Niet alleen de grote, maar juist ook de 'kleine' beslissingen in het dagelijks leven.
Want mensen met een verstandelijke beperking zijn in veel gevallen afhankelijk van wat door ouders, hulpverleners, overheid als waardevol/zinvol in het leven gezien wordt.
Daarom moeten zij erop kunnen rekenen en vertrouwen dat zij het vertrekpunt zijn, dat iedereen alles in het werk zal stellen om hun belang hoog te houden en de autonomie zo veel mogelijk waarborgen.

Zingeving
Ook mensen met een verstandelijke beperking kunnen worstelen met zingevingsvragen, al moeten we er misschien bij velen naar raden. Een moeilijkheid is dat, met name bij de mensen met een ernstige verstandelijke beperking, de zin van hun bestaan wordt afgeleid van de opvattingen van de omgeving.
Wanneer je hulpverleners de vraag voor zou leggen of het wel zinvol is wat ze doen en of het bestaan van mensen met een verstandelijke beperking wel zinvol is, zal er in eerste instantie een bevestigend, intuïtief antwoord gegeven worden. Hulpverleners zijn er meestal van overtuigd dat dat bestaan zinvol is. Als je doorvraagt waarop die intuïtie gebaseerd is, zal die vraag dikwijls onbeantwoord blijven. In hun eerste uitspraak dat het zinvol is om voor mensen met een verstandelijk beperking te zorgen, kan een motief gezien worden vanuit de beleving van

zichzelf, namelijk het werk wordt als zinvol ervaren; het is een legitimering van de zorg.

Maar of iemand met een verstandelijke beperking door deze zorg zijn bestaan ook als zinvol ervaart, is een moeilijk te beantwoorden vraag.

Aan de andere kant, misschien stellen mensen met een verstandelijke beperking zich die vragen helemaal niet.

O P D R A C H T

Activiteit in de praktijk:

▶ Inventariseer door middel van observatie bij twee bewoners van jouw groep vijf aspecten uit het dagelijks leven die zin geven aan hun bestaan. Plaats deze aspecten in volgorde van belangrijkheid.

▶ Beschrijf per bewoner welke waarde zij volgens jou toekennen aan die aspecten waardoor ze zin geven aan hun bestaan. Beschrijf waar die waarde volgens jou uit blijkt.

▶ In hoeverre is de bewoner zelf in staat om via de genoemde aspecten zin te geven aan zijn bestaan en in hoeverre is hij daarin afhankelijk van anderen?

▶ Vergelijk de lijst met aspecten die je op school samengesteld hebt met de aspecten die je bij de bewoners geïnventariseerd hebt. Welke overeenkomsten en verschillen kun je constateren en heb je hier een verklaring voor?

Moraliteit

In de inleiding werd de morele ontwikkeling besproken; we bespreken deze nu ten aanzien van mensen met een verstandelijke beperking.

Niet iedereen haalt vanzelfsprekend het postconventionele stadium. Op welk niveau je moreel denken staat is mede afhankelijk van de verstandelijke vermogens. De achterstand in verstandelijke ontwikkeling beïnvloedt ook andere ontwikkelingsgebieden zoals de motorische ontwikkeling, de ontwikkeling van relaties, het besef van goed en kwaad, de taalontwikkeling en de ontwikkeling van gevoelens.

Mensen met een ernstige verstandelijke beperking zullen waarschijnlijk niet aan het preconventionele stadium toekomen, ze hebben weinig of geen besef van morele kwesties; goed of slecht zijn begrippen die in hun wereld nauwelijks bestaan. Ze zien zich niet geplaatst voor praktische morele dilemma's zoals: 'Liegen mag niet, maar mag het ook niet als je iemand ermee helpt?'

Veel mensen met een verstandelijke beperking zitten in het preconventionele stadium waar belonen en straf een grote rol spelen.

Dit is het stadium waarin het kind dat, terwijl het moeder helpt met de afwas, per ongeluk een stapel borden kapot laat vallen, stouter is dan het kind dat tijdens het stiekem snoepen uit de suikerpot het deksel kapot laat vallen. Zes borden in scherven en brokken is immers veel erger dan een enkel kapot dekseltje?

Mensen met een licht verstandelijke beperking bevinden zich wellicht in het conventionele stadium met de nadruk op aanpassing aan wat (bijvoorbeeld) door de groepsleiding als goed wordt gezien.

Het is theetijd en de begeleider komt met het blad met drinken en een trommel koekjes. Alle bewoners zitten te wachten. Nadat er gedronken is en er koekjes zijn gedeeld, kan Jan het maar niet laten om steeds weer in die koektrommel te duiken. 'Wat we ook doen, we krijgen het hem niet afgeleerd,' verzucht de begeleider.

En misschien kan het ook echt niet; want veel mensen met een ernstige verstandelijke beperking zullen dus nooit beseffen dat het niet goed is om uit de koekjestrommel te eten. Wat de hulpverleners dus moeten doen is óf de koekjestrommel wegzetten óf er zoveel koekjes in doen dat hij er maar enkele kan wegnemen.

> Religie
> *'Zalig zijn de armen van geest want hunner is het Koninkrijk der hemelen.'*
> MATTHEÜS 5:3

Duidelijkheid, veiligheid en bescherming zijn essentieel in het bestaan van een mens met een verstandelijke beperking. Deze veiligheid kan hij soms vinden in een bepaalde levensbeschouwing. Daar zal hij vaak niet zelf voor gekozen hebben, maar hij zal hem vanuit het gezin waar hij is opgegroeid hebben meegekregen. Deze levensbeschouwing geeft richting en structuur aan zijn bestaan.

'Leo is opgevoed met verhalen uit de christelijke levensbeschouwing, met verhalen over Vader God. Simpele verhalen, op maat gesneden voor een mens met een verstandelijke beperking.

Niemand weet wat het betekent om dood te gaan. Dat is ook niet uit te leggen.

Toch zoeken we naar vormen om over dit alles overstijgende gebeuren te kunnen communiceren.

Praktisch elke levensbeschouwing heeft daar zijn eigen manier voor. En elk individu, met zijn eigen zingevingssysteem, ook. Voor Leo werd het lopen het moeilijkste wat er was, maar hij heeft het lang volgehouden doordat zijn vader en moeder beurtelings op een paar meter afstand gingen zitten, armen wijd, 'kom maar in mijn hokje'. En in het volste vertrouwen, gesteund door Kees, die hem iedere keer een zetje in de rug gaf, stapte hij naar zijn ouders toe en gooide zich in hun armen. In zijn zingevingssysteem heeft hij een voorraadje vertrouwen opgeslagen dat hem nu zal helpen de laatste stap in zijn leven te nemen. De stap van het sterven. Voor Leo: de stap naar God.

'Ga ik dood Kees?', vraagt Leo. 'Ja Leo, ik denk het wel.'

'Ga ik dan naar de Vader God? En zegt hij dan 'kom maar in mijn hokje'? En geef jij mij dan een zetje?'

> Niemand kan het bestaan, noch het niet-bestaan van God bewijzen. God is niet te filmen. Toch is God voor velen een wezen waar ze heilig in geloven, waar ze in vertrouwen. Het allesomvattende waarvan ze "weten" dat het goed is. Het alles overstijgende, het begin dat er al was toen je zelf nog niet bestond, het einde dat er nog zal zijn als je er zelf allang niet meer bent. De grond van het bestaan die veiligheid en bescherming biedt' (Zevenbergen 1996).

De komst van allochtone groepen naar ons land brengt met zich mee dat je door plaatsing van kinderen met een verstandelijke beperking uit die verschillende groeperingen, steeds meer te maken krijgt met verschillende geloven. De confrontatie met andere gewoonten en gebruiken kan als een bedreiging voor de eigen waarden en normen worden ervaren. Dit kan leiden tot vooroordelen, stereotyperingen en discriminatie.

Voorbeelden: allochtone ouders komen niet op tijd voor een afspraak met een hulpverlener of negeren zelfs de afspraak; veel allochtone ouders komen nauwelijks op bezoek bij hun kind. Soms bemoeien ouders zich helemaal niet met de zorg en soms juist overdreven veel; adviezen van hulpverleners over de opvoeding van hun kind worden niet of nauwelijks nagekomen.

Om deze obstakels te overwinnen is het van belang dat de gesprekspartners elkaar respecteren en elkaar serieus nemen door te reflecteren op eigen waarden en normen en die van de ander

Veel Turkse en Marokkaanse ouders hebben als religie de islam.

De islam is meer dan alleen een godsdienst; naast het godsdienstig element omvat de islam een stelsel van sociale regels en gewoonten. Daarnaast hebben verschillende groepen talrijke tradities. We noemen enkele aspecten die voortvloeien uit de islam en betrekking hebben op de houding van ouders.

- De islam is gebaseerd op broederschap waarbij mensen met een verstandelijke beperking als gelijkwaardig worden beschouwd met het recht op een menswaardig bestaan. Allah schenkt al het leven, en alles wat hij schenkt is goed en moet geaccepteerd worden.
- De ouders beslissen of hun kind in staat is om aan de verplichtingen vanuit de Koran te voldoen, bijvoorbeeld ramadan houden (vasten) en het niet eten van varkensvlees.
- Jongens worden besneden.
- Men is geneigd om problemen binnen de familie zelf op te lossen en niet zo gauw een beroep te doen op hulpverleners.
- Voor een groot aantal ouders is het moeilijk dat de groepen qua sekse gemengd zijn.
- De vader zal het woord doen (heeft wel thuis overleg met zijn vrouw); hij heeft onder andere als taak de eer van de familie hoog te houden. Dit betekent dat hij nooit in het openbaar zijn ongelijk zal toegeven.
- Tijd heeft soms een andere waarde. Dit betekent dat afspraken uitgesteld worden of dat men veel later komt dan men had afgesproken.
- Binnen de communicatie is vooral belangrijk hoe iemand iets zegt, de inhoud is in eerste instantie van weinig belang. Dit betekent dat ouders 'ja' kunnen zeggen, maar hetgeen zij daarmee bevestigd hebben, niet doen.
- Conflicten worden op een andere manier beleefd en opgelost (Jansen 1995).

De Koran spreekt overigens niet of nauwelijks over mensen met een verstandelijke beperking. Er wordt gesteld dat de islam neutraal staat ten opzichte van deze mensen. Het hoort bij het leven en dat is iets dat geaccepteerd moet worden.

Bejegening

'Een zwak, klein of gehandicapt individu is geen half persoon zoals een sterk, groot,
gezond of welvarend individu geen twee personen is.'
KONGOLEES SPREEKWOORD

De zorg voor de zwakkeren in de samenleving wordt bepaald door de aard van de
samenleving. Een aantal aspecten speelt daarbij een rol, zoals de economische situatie, de vigerende godsdienst en de waardering voor het leveren van prestaties.
De plaats die mensen met een verstandelijke beperking binnen de samenleving
hebben, wordt in belangrijke mate door de cultuur bepaald. Zo werd in bepaalde
culturen in het verleden besloten, hoewel het het land economisch goed ging,
om de gehandicapten uit te roeien. Zoals in de stadstaat Sparta, daar gooide men
gehandicapten van de rotsen omdat alles wat zwak was een superras in de weg
stond. Tragisch dieptepunt is het euthanasieprogramma T4 in het Derde Rijk. De
nazi's besloten dat 'minderwaardig' leven moest worden uitgeroeid. Artsen en verpleegkundigen bepaalden voor duizenden mensen met een verstandelijke beperking en psychiatrische patiënten of ze niet te duur waren qua verpleging. Mensen
die 'minderwaardig' werden geacht, werden afgevoerd naar (in eerste instantie) vijf
euthanasie-inrichtingen alwaar ze werden vergast. In het kader van dit euthanasieprogramma van de nazi's en ten gevolge van een speciaal ingevoerd 'hongerdieet'
(Hungerkost) vonden naar schatting 180 duizend patiënten de dood. 10 duizend
van hen waren kinderen en jeugdigen.
In de jaren voorafgaande aan de Tweede Wereldoorlog werden ook ongeveer
400.000 mensen door de nazi's gedwongen gesteriliseerd. Een vergeten tragedie
(Saß 1999).

Maar ook in de recentere tijd zagen we bijvoorbeeld in Roemenië, onder het
bewind van Ceauçescu, dat kinderen die niet ingezet konden worden in het
arbeidsproces en dus niet productief waren, werden veroordeeld voor het leven.
Dat hield in dat ze opgesloten werden in tehuizen en net voldoende voedsel kregen
om niet te sterven. Binnen de maatschappij was geen plaats voor hen.
Als een vrouw in een bepaalde stam in Kameroen beviel van een gehandicapt kind,
dan was dat geen kind, maar een watergeest die bij haar was binnengedrongen
tijdens het baden. Daarom moest de 'geest' worden teruggegeven aan de waarlijke
ouders en werd daartoe op een rots aan de rand van het water gelegd (Zevenbergen
1996).
Het doden of verstoten van mensen met een verstandelijke beperking komt op
ons, met onze heel andere visies op de zorg, wreed en redeloos over.

Het is niet juist om in de beoordeling van anderen de eigen waarden en normen
centraal te stellen of, met andere woorden: 'Mensen die zelf gevangen zitten in een
stelsel van conventies en verwachtingen geven verklaringen over de conventies en
verwachtingen van andere mensen' (Zevenbergen 1996).

De docent verstrekt een videocamera.

► Interview minstens vier willekeurige mensen ten aanzien van hun kijk op mensen met een verstandelijke beperking. Bedenk van tevoren welke vragen je wilt gaan stellen om deze visie helder te krijgen en schrijf die vragen op.

► Probeer daarbij zo veel mogelijk door te vragen. Waarom kijkt de geïnterviewde zo tegen mensen met een verstandelijke beperking aan? Is er bij hen sprake van een zinvol bestaan? Welke rechten hebben mensen met een verstandelijke beperking, enz.

► Inventariseer je bevindingen en presenteer deze in de leergroep. Probeer de reacties die je gekregen hebt te verklaren vanuit de maatschappij waarin wij leven. Beschrijf samen met je subgroep jullie eigen visie op mensen met een verstandelijke beperking en presenteer deze in de groep. Bespreek elkaars visies.

Het is niet juist om in de beoordeling van anderen de eigen waarden en normen centraal te stellen of, met andere woorden: 'Mensen die zelf gevangen zitten in een stelsel van conventies en verwachtingen geven verklaringen over de conventies en verwachtingen van andere mensen.

► Wat vind je van deze opvatting?

► Betekent dit dat je op grond van die uitspraak geen oordeel kunt hebben over in jouw ogen schadelijke praktijken die plaatsvinden in andere culturen met betrekking tot mensen met een verstandelijke beperking?

► Interview drie personen die werkzaam zijn in de instelling waar jij stage loopt ten aanzien van hun visie op mensen met een verstandelijke beperking. Maak daarbij gebruik van de vragen die je op school hebt opgesteld.

► Inventariseer je bevindingen en bespreek deze met je werkbegeleider. Zijn de interviews en de daaruit voortgekomen reacties wezenlijk anders dan die van de vier willekeurige personen die je geïnterviewd hebt? Zo ja, hoe komt dit denk je?

► Probeer je gekregen reacties te verklaren vanuit de maatschappij waarin wij leven.

In 1993 is door de Vereniging voor Gehandicaptenzorg (VGN) de nota 'Bejegening' geschreven, waarin zij kwaliteitseisen neerleggen voor een respectvolle bejegening. De achterliggende visie op mensen met een verstandelijke beperking is: zijn waardigheid dient in alle omstandigheden voorop te staan en dient uitgangspunt te zijn voor elke relatie met hem.

Mensen met een beperking hebben een grotere kans om als minder volwaardig te worden gezien en op grond daarvan minder respectvol bejegend te worden. Respectvolle bejegening heeft als centrale kenmerken:

- Er wordt aandacht besteed aan de persoon. Er dient een dialoog tot stand gebracht te worden waarin wordt aangesloten op zijn emotionele niveau, zijn verstandelijke niveau en zijn belevingswereld. Er is aandacht voor lichamelijk contact en uitwisseling van genegenheid. Langdurig of volledig negeren is de slechts denkbare bejegening.
- De persoon wordt als individu en als volwaardig mens benaderd. Er is dus een fundamentele gelijk(waardig)heid. Mensen hebben mogelijkheden, gevoelens, zelfbewustzijn, mogelijkheden tot verandering, seksuele gevoelens en verkeren in verschillende levensfasen.
- De rechten worden gehonoreerd. Dit is dus actief. Iedereen heeft recht op: professionele zorg, eigen keuzes, weigeren om een bepaalde handeling te ondergaan, informatie over gezondheidstoestand, financiën, huisregels; bewegingsvrijheid, bescherming, privacy, levensbeschouwing, inzage in dossier en een vertegenwoordiger.
- In het gedrag jegens de persoon wordt erkend dat de persoon deel uitmaakt van een bredere context.

Er wordt rekening gehouden met voorgeschiedenis en toekomst; deelname aan sociale netwerken wordt ondersteund, respectvolle bejegening van familie; zo volwaardig mogelijke participatie in de culturele waarden en normen van de maatschappij.

Om hier recht aan te doen, zal de begeleider er zich van bewust moeten zijn dat hij een belangrijke (functionele en morele) verantwoordelijkheid heeft in de dialoog met de personen die hij begeleidt. Dit betekent:

1 De begeleider is zich bewust van zijn visie.
2 De begeleider is voldoende toegerust om het werk te doen.
3 De begeleider heeft de bereidheid tot persoonlijke inzet.
4 De begeleider draagt bij aan het opvangen van belangrijke signalen en de evaluatie daarvan.
5 De begeleider draagt bij aan een goede onderlinge sfeer.

Daarnaast worden er eisen gesteld aan de organisatie; zij moeten voorwaarden scheppen op een aantal gebieden:

1 De organisatie maakt de visie die leeft binnen de organisatie expliciet.
2 De instelling draagt zorg voor een goede coördinatie van het zorgproces.
3 De instelling draagt zorg voor personeel van voldoende kwaliteit en kwantiteit.
4 De instelling zorgt voor adequate ondersteuning van het direct uitvoerende personeel.
5 De instelling draagt er zorg voor dat er sprake is van een zo normaal mogelijke omgeving.
6 Openheid (Nota 'Bejegening' 1993).

Ethiek en ethische commissies

In de inleiding is de morele ontwikkeling beschreven zoals ieder mens die doormaakt. Iedereen heeft op basis van die ontwikkeling een mensbeeld en morele waarden, waarmee je oordeelt over goed en kwaad, juist en onjuist.

Mensbeeld en ethiek hangen nauw samen, want hoe we handelingen en situaties moreel beoordelen, wordt in belangrijke mate bepaald door het mensbeeld dat ons voor ogen staat; hoe mensen zouden moeten zijn. Aan onze ethische opvattingen ligt de vraag ten grondslag hoe we onszelf en andere mensen (willen) beschouwen. In de ethiek en bij ethische vraagstukken gaat het om de argumenten die men heeft voor een bepaalde handelwijze, dus om het beredeneren van een juiste manier van handelen. Hierbij moeten religie en levensbeschouwing zo weinig mogelijk van invloed zijn, hetgeen bij sommige dilemma's bijna niet te vermijden is. Begeleiders in de zorg voor mensen met een verstandelijke beperking worden dagelijks geconfronteerd met ethische vraagstukken. Zij maken elke dag vele keuzes in wat zij de juiste manier van omgaan vinden met deze mens. Zij baseren zich daarbij op uitgangspunten als zelfbeschikking en vraaggestuurde zorg.

Maar niet alle vragen zijn morele vragen. Een vraag is een morele vraag wanneer het gaat om een vraag naar wat we moeten of mogen doen. Dit moet niet in instrumentele zin opgevat worden. Het is dus geen vraag naar redenen die verklaren, maar een vraag naar redenen die rechtvaardigen. Daarmee wordt ook gevraagd naar het doel van het handelen, of naar datgene wat verplicht (Van der Scheer 1994). Voorbeelden hiervan zijn: behandelmethoden, medicatiebeleid, langdurige fixatie, (homo)seksuele relaties.

In veel instellingen kent men ethische commissies. Deze bestaan meestal uit een ethicus, een ouder, een arts, een gedragswetenschapper, een verpleegkundige, een pastor en een maatschappelijk werker. Het is de bedoeling dat zo'n commissie op een dusdanige wijze is samengesteld dat er vanuit diverse gezichtspunten naar een voorgelegde vraag kan worden gekeken.

Zowel begeleiding als ouders, directie, bestuur of welke discipline dan ook, kan de ethische commissie vragen voorleggen.

Dat kunnen vragen zijn over de directe omgang, over behandelmethodes of over moeilijk oplosbare problemen.

Voorbeelden hiervan zijn:

- De vraag of er met sondevoeding gestart moet worden bij een bewoner die weigert te eten.
- Ouders zijn erop tegen dat hun dochter een seksuele relatie heeft; de begeleiding heeft het idee dat zij eraan toe is.
- De behandeling van zeer ernstige automutilatie met elektroaversieve therapie.
- Het alleen met openbaar vervoer reizen van een bewoner met epilepsie.

Het is niet de bedoeling dat de begeleiding zich niet meer bezighoudt met deze vraagstukken. Een ethische commissie kan ondersteuning bieden als het probleem zo complex is of zoveel verschillende standpunten oproept, dat het zinvol is om er 'van buitenaf' naar te kijken.

Een ethische commissie heeft een adviserende functie. Zij kan een uitspraak niet dwingend opleggen.

11.3 Analyse van een moreel probleem

Mevrouw Z. woont in een instelling voor mensen met een verstandelijke beperking. Ze is wat men noemt matig verstandelijk gehandicapt. Mevrouw Z. is in de vruchtbare leeftijd enze dwaalt veel rond op het grote terrein van de instelling. Ze heeft geen vaste vriend.

De groepsleiding is bezorgd dat deze vrouw zwanger zou kunnen raken. Men is bang dat ze een keer 'gepakt' zal worden. Ze heeft al jaren de prikpil gehad. Ouders, pastor, arts, teamleden en psycholoog beslissen samen dat het beter is dat mevrouw Z. gesteriliseerd wordt. De vrouw wordt, een paar uur voordat ze naar het ziekenhuis moet, ingelicht over de sterilisatie.

Deze situatie wordt beschreven met behulp van louter feitelijke uitspraken. Toch kun je bij nadere beschouwing wel bepalen welke waarden en normen de betrokkenen hebben ten aanzien van zwangerschap of ouderschap, zelfbeschikkingsrecht, integriteit van het lichaam, zelfstandigheid, seksualiteit, enz. bij vrouwen met een verstandelijke beperking. Een aantal van die morele standpunten lijken zeer vanzelfsprekend, maar zijn ze dat wel?

A   Een van de feitelijke uitspraken in de casus is: 'De groepsleiding is bezorgd dat deze vrouw zwanger zou kunnen raken.'

- Waarom zouden zij bezorgd zijn over een eventuele zwangerschap? Wordt die bezorgdheid veroorzaakt door bijvoorbeeld medische redenen, of liggen er waarden en normen aan ten grondslag? Gelden die (eventuele) normen en waarden specifiek voor deze vrouw of zouden ze voor alle vrouwen gelden?
- Zou jij ook bezorgd zijn dat ze zwanger zou raken? Geef redenen voor je antwoord.

B   Een andere uitspraak luidt: 'Ouders, pastor, arts, teamleden en psycholoog beslissen samen dat het beter is dat mevrouw Z. gesteriliseerd wordt.'

- Wat bedoelen deze mensen, volgens jou, met 'beter'? Op grond van welke waarden en normen vinden betrokkenen het beter dat mevrouw Z. gesteriliseerd wordt?
- Wat zegt deze zin over de opvatting van betrokkenen over het zelfbeschikkingsrecht van deze vrouw? Welke waarden en normen gelden hier? Ben je het eens met die waarden en normen?
- Wat vind jij ervan dat de vraag of deze vrouw gesteriliseerd moet worden, niet besproken is met mevrouw Z.?

C   Uit de casusbeschrijving kun je gedeeltelijk opmaken hoe mevrouw Z. woont: in een instelling voor mensen met een verstandelijke beperking, die gelegen is op een groot terrein, waar mevrouw Z. vrij kan ronddwalen.

- Als de betrokkenen vinden dat er een kans bestaat dat mevrouw Z. zwanger zou worden omdat ze 'gepakt' kan worden op het terrein, en ze vinden het beter dat het niet gebeurt, waarom letten ze dan niet gewoon op mevrouw Z.? Ze zouden haar toch ook niet kunnen laten ronddwalen op het terrein? Vind je dat geen betere oplossing om te voorkomen dat mevrouw Z. zwanger wordt?

D   Wat wordt er bedoeld met de zin: 'Men is bang dat ze een keer "gepakt" zal worden?' Mevrouw Z. verschijnt in deze zin als (seksueel) passief en/of als slachtoffer.

•   Kun je je ook een andere gang van zaken voorstellen, waarbij mevrouw Z. zelf het initiatief neemt tot seksueel contact?
    Wat zou je daarvan vinden?

E   In de casusbeschrijving lezen we: 'De vrouw wordt, een paar uur voordat ze naar het ziekenhuis moet, ingelicht over de sterilisatie.'

•   Geef een uitgebreide reflectie op deze zin. Probeer aan te geven waar en waarin de benadering van mevrouw Z. verschilt van de benadering van vrouwen die niet matig verstandelijk gehandicapt zijn, maar normaal functioneren.
•   Geef aan welke verschillen in die benadering op grond van medische, pedagogi-sche, psychologische of andere redenen gekozen worden (deze redenen mag je in samenhang met elkaar behandelen) en welke op grond van morele uitgangs-punten.
•   Ben je het eens met die morele uitgangspunten? Welke bezwaren kleven er volgens jou aan, welke positieve kanten zitten er volgens jou aan?

F   In de casusbeschrijving staat de zin: 'Ze heeft geen vaste vriend.'

•   Waarom, denk je, staat deze zin erbij? Vind jij dat relevante informatie? Waarom wel of niet?

G   In een vraag die bij de casus geformuleerd wordt, staat: 'Hebben de teamleden ethisch juist gehandeld toen ze probeerden voor het welzijn van deze vrouw te zorgen of zijn hun bemoeienissen te ver gegaan?'
    In deze vraag wordt verondersteld dat de teamleden het welzijn van de vrouw op het oog hadden, toen ze besloten tot sterilisatie.

•   Denk jij ook dat dat het uitgangspunt is van de teamleden en de ouders? Vind je dat een goed uitgangspunt? Zijn er ook andere uitgangspunten mogelijk, op grond waarvan je tot sterilisatie zou kunnen besluiten? Zou jij vanuit het uitgangs-punt van het welzijn van de vrouw, ook tot sterilisatie besloten hebben?

H3 Stoornissen en beperkingen

Een meisje zei: 'Kwa'. Een ander meisje zei: 'Chfy'.
Een derde meisje zei: 'Mbrjoe'.
En je kon zien hoe de avond viel.
Motjkas kreeg er genoeg van om met poep te spelen
en ging naar bed.

Daniil Charms, Een suite

In dit hoofdstuk gaan we in op stoornissen die zowel aangeboren als verworven kunnen zijn. Veel mensen met een verstandelijke beperking hebben naast de verstandelijke beperking, vaak ten gevolge van dezelfde oorzaak, ook andere stoornissen, handicaps of beperkingen. Op de keper beschouwd zou je kunnen spreken van een 'meervoudige beperking'. In de pratijk echter spreken we alleen over meervoudige beperkingen als er sprake is van een visuele, auditieve of motorische beperking, naast de verstandelijke beperking.

Na een korte inleiding op de erfelijkheidsleer, volgt een selectie van de meest voorkomende syndromen (erfelijk bepaalde ziektebeelden). Vervolgens gaan we in op dementie, epilepsie en meervoudige beperkingen. Ten slotte wordt er aandacht besteed aan mensen met een verstandelijke beperking met autisme en/of psychiatrische stoornissen.
Bij ieder onderwerp worden de mogelijke oorzaken, de algemene kenmerken en de gevolgen die de stoornis heeft voor de ontwikkeling en de begeleiding besproken.

1 Erfelijk bepaalde ziektebeelden als oorzaak van een verstandelijke beperking

Het totale erfelijkheidsmateriaal heeft twee hoofdfuncties:
* Het bestuurt en coördineert in de eerste drie tot vier maanden na de bevruchting via een zéér precies draaiboek de totale ontwikkeling van het embryo: van bevruchte eicel tot een foetus die in principe klaar is; alle organen zijn aangelegd.
* Het DNA bevat de juiste informatie (recepten opgeschreven in de zogeheten genetische code) waarop elke cel gedurende het hele leven een beroep kan doen als het gaat om het aanmaken en vervangen van de celbouwstenen: de cel-eiwitten, gebruikt als onderdeel van de celwand of als stofwisselingsenzym die volgens een uitgekiend recept in elkaar gezet moet worden.

Een kleine of grote fout in het DNA betekent:

- Een sterk verhoogd risico op lichamelijke aanlegstoornissen, vaak in combinatie met elkaar.
- Een risico dat een onderdeel van de stofwisseling niet optimaal verloopt.

Zowel vader als moeder dragen met 23 chromosomen in de geslachtscellen bij tot de totale erfelijke aanleg van een bevruchte eicel. Daarbij correspondeert elk chromosoom van de ene ouder met een vergelijkbaar chromosoom van de andere ouder. In een bevruchte eicel zijn de chromosomen twee aan twee vergelijkbaar, omdat ze gaan over dezelfde onderdelen van het ontwikkelingsdraaiboek of van de stofwisseling. Daarom spreekt men van chromosomenparen. Deze paren zijn genummerd van 1 tot en met 22 en XX (meisje) of XY (jongen). Een fout in de erfelijke informatie van één ouder kan vaak (gedeeltelijk) gecompenseerd worden door de wél goed bruikbare erfelijke informatie die van de andere ouder afkomstig is.

Alleen de geslachtschromosomen zijn maar in de helft van de mensheid met elkaar vergelijkbaar. Bij de vrouw zijn dit twee X-chromosomen, bij de man een X- en een Y-chromosoom. Het Y-chromosoom bepaalt hoogstwaarschijnlijk niet veel meer dan de ontwikkeling van de geslachtsklieren richting zaadballen. Een jongetje met een DNA-fout op zijn X-chromosoom kan niet terugvallen op erfelijke informatie van de andere helft van de geslachtschromosomen. Het Y-chromosoom is erfelijk vrijwel leeg.

Op de chromosomen liggen genen in de celkern. Genen zijn de dragers van de erfelijke eigenschappen van de mens. Ze bepalen hoe wij er uitzien en ze regelen de manier waarop iedere cel in ons lichaam werkt. Iedere cel in het lichaam heeft 46 chromosomen. Het aantal genen is veel hoger. Iedere cel heeft wel tussen de 20.000 en 25.000 verschillende genen. Hiervan heeft men 10% tot nu toe kunnen identificeren.

Genen bestaan uit DNA.

Soms ontstaan er veranderingen (*mutaties*) in het DNA. Waardoor dat komt, is niet altijd duidelijk. Mutaties kunnen gunstige gevolgen hebben, maar ook ongunstige. Een gunstige mutatie is bijvoorbeeld dat iemand heel goed tegen de zon kan. Een nadelige mutatie is een erfelijke ziekte.

Er zijn drie manieren van overerving:

1 *Autosomaal-dominante overerving.* Een autosomaal dominante aandoening komt (vaak in van persoon tot persoon verschillende mate) tot uiting, ook al is maar één van de twee gen-exemplaren afwijkend. Vaak gaat het hierbij om spontane mutaties tijdens de aanmaak van de geslachtscellen. Ook kan het zijn dat de DNA-fout in opeenvolgende generaties telkens een beetje groter wordt, tot het opeens in een generatie tot ziekte leidt. De ouders hebben de aandoening dan zelf niet. In het geval van de chorea van Huntington kan de ziekte zich bij een ouder openbaren als hij of zij al kinderen heeft. Die kinderen hebben een risico van 50% om deze aandoening zelf ook te krijgen. Dominante overerfbare aandoeningen die tot een verstandelijke beperking leiden zijn er niet zoveel. Tubereuze sclerose is een voorbeeld van een dominant overerfbare aandoening.

2 *Autosomaal-recessieve overerving.* Een autosomaal recessieve erfelijke aandoening betekent dat de aandoening alleen tot uiting komt als beide exemplaren van hetzelfde gen een fout bevatten. Dat betekent meestal dat beide ouders drager zijn: ze hebben de aandoening zelf niet, maar geven de aanleg om deze ziekte te krijgen via de helft van hun geslachtscellen door. Er bestaat voor dat ouderpaar doorgaans een herhalingskans van 25%. Recessieve aandoeningen die tot een verstandelijke beperking kunnen leiden zijn bijna altijd stofwisselingsziekten, zoals fenylketonurie (PKU) of zogeheten stapelingsziekten, zoals de mucopolysacharidosen (onder andere Sanfilippo-syndroom). Onderzoek vooraf op dragerschap is slechts bij een deel van deze aandoeningen mogelijk. Daarvoor is DNA-onderzoek nodig, maar dan moet wel precies bekend zijn welk stukje DNA er bij de ouders toe doet.

3 *Geslachtgebonden overerving.* Een X-gebonden aandoening erft over via het X-chromosoom. Dat heeft tot gevolg dat deze aandoeningen bijna alleen bij jongens tot uiting komen. Moeder is draagster, de helft van de dochters eveneens, en de zoons die de ziekte niet ontwikkelen zullen de aandoening ook niet doorgeven. Een voorbeeld is het fragiele X-syndroom.

Men spreekt van een multifactoriële overerving, als men moet aannemen dat meerdere genen tegelijk leiden tot de kwetsbaarheid, in aanleg gegeven, om de betreffende aandoening te ontwikkelen.

Sinds 1 januari 2006 kan iedere zwangere vrouw een 20-weken echo laten maken. Dit wordt vergoed door de zorgverzekering. Het doel van de 20-weken echo is controleren of er afwijkingen bij de baby zichtbaar zijn. Lang niet alle afwijkingen zijn zichtbaar op de echo; zo is het syndroom van Down (mongooltje) heel vaak niet zichtbaar, maar ook afwijkingen als spasticiteit of autisme en vele andere geestelijke afwijkingen zijn op een echo niet zichtbaar.
Afwijkingen die met de echo in principe gezien kunnen worden zijn:

- open rug;
- te kleine schedel of ontbreken deel van de schedel;
- defecten in de buikwand;
- afwijkingen aan het skelet;
- nierafwijkingen;
- waterhoofd;
- maagafsluiting;
- gat in middenrif;
- hartafwijkingen;
- lip- of gehemeltespleet.

Een 20-weken echo is dus geen 100% garantie dat de baby bovenstaande afwijkingen niet heeft. Daarnaast zijn er vele afwijkingen die met de echo niet te zien zijn.

1.1 Soorten stoornissen in het erfelijk materiaal

Numerieke chromosoomafwijkingen. Het aantal chromosomen klopt niet. Bij een trisomie zijn er van een bepaald chromosoom niet twee maar drie exemplaren in de celkernen aanwezig. Zo leidt een trisomie van het 21ste chromosoom tot het syndroom van Down. Andere trisomieën die goed met het leven verenigbaar zijn, zijn de trisomieën van de geslachtschromosomen (zoals het Klinefelter-syndroom, multiple-X-syndroom). Alle andere trisomieën zijn niet of slechts tot zeer kort na de geboorte levensvatbaar (trisomie 18 of het syndroom van Edwards). Het in enkelvoud aanwezig zijn van een chromosoom (monosomie) is alleen met het leven verenigbaar als het gaat om een X-chromosoom (syndroom van Turner). In alle andere situaties eindigt de zwangerschap in een miskraam.

Structurele chromosoomafwijkingen. Een chromosoom ziet er abnormaal uit. Er kan een stukje chromosoom ontbreken (een deletie), zoals bij het Cri du Chat-syndroom met chromosoom 5. Bij het Prader-Willi-syndroom ziet men in ongeveer de helft van de gevallen dat er een stukje ontbreekt aan een exemplaar van chromosoom 15. Het gaat dan altijd om het exemplaar dat van de vader afkomstig is: het Angelman-syndroom/deletie maternale chromosoom 15. Er kan een stukje chromosoom 'op zijn kop' zitten (een inversie). Een translocatie betekent dat een stukje van het ene chromosoom (of een heel chromosoom) is gaan vastzitten aan een ander chromosoom. Er is een sterk verband tussen dit soort vormafwijkingen en een veelheid aan aangeboren afwijkingen van onder andere hart, ogen en zenuwstelscl.

Bovenstaande aandoeningen zijn slechts bij uitzondering overerfbaar. Meestal ontstaan ze spontaan tijdens de aanmaak van geslachtscellen. Een uitzondering wordt gevormd door de translocaties. Soms kan een van de ouders een dergelijke translocatie in al zijn of haar lichaamscellen met zich meedragen, zonder zelf de aandoening te hebben. De translocatie wordt dan zo gecompenseerd dat de totale erfelijke informatie in alle cellen van die ouder klopt. Men noemt de translocatie dan gebalanceerd. Deze ouder kan de afwijking echter wel doorgeven. Chromosoomonderzoek van de ouders van een kind met een chromosoomafwijking is voor een groot deel gericht op het opsporen van dit soort, zeldzame, risico's.

Gen-afwijkingen die niet aan een chromosoom te zien zijn. Een gen is een afgebakend stukje chromosoom, een hoeveelheid naast elkaar liggend DNA, dat een bepaalde eigenschap bepaalt of aan een eigenschap bijdraagt. Iedereen heeft van elk gen twee exemplaren, van beide ouders één; bij jongens met uitzondering van de genen die via het X-chromosoom worden doorgegeven, daarvan is er steeds maar één exemplaar.

Erfelijkheidsonderzoek – advisering

Als iemand een kind heeft gekregen met een aangeboren en/of mogelijk erfelijke aandoening of in de familie komt een (mogelijk) erfelijke en/of aangeboren aandoening voor of iemand heeft zelf (of de partner) een aangeboren en/of mogelijke erfelijke aandoening, dan wil men graag een advies over een eventuele (volgende) zwangerschap.

Bij de afdelingen Klinische Genetica van academische ziekenhuizen wordt erfe-
lijkheidsadvisering gegeven en erfelijkheidsonderzoek gedaan. Het doel is om antwoord te kunnen geven op vragen als:

- Is deze ziekte erfelijk?
- Welke erfelijke factoren spelen een rol bij aangeboren afwijkingen?
- Kan er een diagnose gesteld worden?
- Heeft iemand de erfelijke aanleg voor een bepaalde aandoening?
- Is er een herhalingskans bij deze aandoening?

Na verwijzing door de huisarts, zal door de klinisch geneticus altijd eerst de familie in kaart worden gebracht (een stamboom). Hiervoor moet soms veel speurwerk
verricht worden en ook moeten familieleden vaak toestemming geven om hun
medische gegevens beschikbaar te stellen. Naast lichamelijk onderzoek, kunnen de
volgende onderzoeken plaatsvinden:

Chromosomenonderzoek

Voor chromosomenonderzoek wordt bloed afgenomen. In bloed zitten bepaalde
cellen. In de celkern van deze cellen zitten de chromosomen. De chromosomen
zijn de dragers van het erfelijkheidsmateriaal. Bij chromosomenonderzoek wordt
gekeken of het aantal en de structuur/vorm van de chromosomen anders is dan
normaal. De chromosomen worden hiervoor uit de celkernen gehaald. Ze kunnen
onder een microscoop of met bepaalde technieken in een laboratorium bestudeerd
worden. Een karyogram is een fotografische afbeelding van de chromosomen in
een lichaamscel. Men kan dan de chromosomen tellen. Daarnaast kan men de
chromosomen stuk voor stuk beoordelen op compleetheid.

DNA-diagnostiek

Voor DNA-diagnostiek wordt bloed afgenomen. Uit de celkernen van de cellen in
het bloed wordt DNA gehaald. DNA is de code van ons erfelijkheidsmateriaal. Een
DNA-test kan worden toegepast om de klinische diagnose te bevestigen of uit te
sluiten, om drager- of draagsterschap vast te stellen of in het kader van prenatale
diagnostiek. Er wordt gekeken of er een verandering (mutatie) in het DNA aanwezig is die de oorzaak kan zijn van een bepaalde aandoening. Met DNA-onderzoek
kan men dus heel gericht zoeken of een bepaald stukje van een chromosoom
afwezig of veranderd is. Ook kan de herkomst van een stukje chromosoom worden
vastgesteld: is het afkomstig van moeder of vader? Met een dergelijke techniek is
het de laatste jaren steeds sneller duidelijk geworden hoe de relatie eruitziet tussen
de DNA-fout en de uitingsvorm van een erfelijke aandoening.

Biochemisch onderzoek

In het laboratorium kan biochemisch onderzoek worden gedaan om te bepalen
of er iets mis is met de stofwisseling. Met stofwisseling worden alle processen
bedoeld die betrokken zijn bij de opbouw en afbraak in het lichaam. Er wordt
gekeken of er een andere hoeveelheid van bepaalde suikers, eiwitten of vetten dan

normaal in het bloed of de urine zit. De uitslag van bovengenoemde onderzoeken kan soms enkele weken of zelfs maanden duren. Daarom is het van belang dat er goede psychosociale begeleiding is gedurende het proces.

Ethische aspecten
Mensen die een genetisch onderzoek laten doen, hebben vooraf een vraag. Met het bekend worden van de uitslag van de test, is de eerste vraag mogelijk beantwoord, maar zal de volgende vraag zich aandienen: wat nu? Helder moet zijn dat ouders na prenatale diagnostiek in vrijheid moeten kunnen beslissen of zij het aan kunnen om een kind met een beperking groot te brengen. Want een positieve uitslag (een kind met een beperking) betekent nog niet dat er besloten wordt tot abortus. Zwangerschapsafbreking is in Nederland toegestaan tot 24 weken zwangerschap. Tijdens een congres van de Stichting Philadelphia over ethiek, prenatale diagnostiek, genetica en selectieve abortus kwam duidelijk naar voren dat er meer dan tot nu toe geïnvesteerd moet worden in een goede beeldvorming over leven met een beperking, zowel richting samenleving als naar adviserende medici. Daarbij is de rol van ouders, familie en vrienden van mensen met een verstandelijke beperking onmisbaar.
In 2005 publiceerde De Maakbare Mens in samenwerking met de Centra voor Medische Genetica en het Vlaams Interuniversitair Instituut voor Biotechnologie (VIB) een toegankelijke brochure: *De tien grootste misverstanden over genetisch testen.*

Hierna volgt de beschrijving van een aantal (veel)voorkomende syndromen. Voor de goede orde willen we vermelden dat het geenszins onze bedoeling is, mensen die het syndroom hebben te stigmatiseren of te vereenzelvigen met de beschreven kenmerken. De variatie onder hen is net zo groot als de variatie onder mensen die niet bekend zijn met een van de syndromen. De volgorde van de beschreven syndromen is willekeurig.

1.2 Het Prader-Willi-syndroom

De incidentie is 1 op de 30.000 pasgeborenen. Voor Nederland betekent dit dat er jaarlijks ongeveer zeven kinderen met dit syndroom worden geboren. Ter vergelijking: per jaar worden er ongeveer tweehonderd kinderen met het Down-syndroom geboren. Het syndroom is voor het eerst beschreven in 1956 door de Zwitserse artsen Prader, Labhart en Willi.
Chromosomenonderzoek laat bij ruim de helft van de kinderen met het syndroom een afwijking/verlies van chromosoommateriaal zien van de lange arm van het 15de chromosoom dat van vader afkomstig is. In een ander deel van de gevallen blijken beide exemplaren van het 15de chromosoom van moeder afkomstig te zijn. Ook zijn er kinderen met een kleine verandering (mutatie) aan het vaderlijk chromosoom. Bij ongeveer 20% is met de huidige technieken nog geen afwijking te vinden.

Lichamelijke kenmerken en ontwikkeling

De drie hoofdkenmerken (die altijd voorkomen) zijn:

- hypotonie (spierslapte);
- hypogenitalisme (onvolledige ontwikkeling van de geslachtskenmerken);
- een abnormale vetverdeling (deze wordt pas later, in de kindertijd, zichtbaar);
- kenmerkend uiterlijk (gezichtje).

De spierslapte is veelal al merkbaar voor de geboorte (weinig bewegingen). De baby is extreem hypotoon, dat wil zeggen: bij het oppakken vallen armen en benen langs het lichaam en het hoofd achterover en de mondspieren kunnen zo slap zijn dat de zuigbewegingen onvoldoende zijn om melk uit de moederborst of de zuigfles te krijgen. Niet zelden is dan voeding via een sonde noodzakelijk.

Veel baby's reageren aanvankelijk nauwelijks op de omgeving en geven eigen levensbehoeften bijna niet aan. Ze huilen weinig en slapen veel. Na een aantal maanden verandert dit en wordt de baby sterker en reageert meer op de omgeving. De ontwikkeling is vertraagd; de motorische ontwikkeling zal erg gestimuleerd moeten worden. Op latere leeftijd kan de baby evenwel meestal de dingen die gewone baby's ook doen. Het kind blijft als baby buitengewoon rustig en tevreden. Huilen komt weinig voor en het toont plezier als het aandacht krijgt. Het zijn doorgaans lieve baby's. De pijndrempel is bij deze kinderen dikwijls verhoogd.

De onderontwikkeling van de geslachtskenmerken bij jongetjes is voor een arts die vertrouwd is met het syndroom, reden het syndroom te vermoeden en nader onderzoek te doen.

Naast de spierslapte en het hypogenitalisme zijn de volgende kenmerken veelvoorkomend:

- Gewichtstoename na het eerste levensjaar.

Dit is voor een deel te wijten aan de overmatige eetlust die bij deze kinderen ontstaat en aan het feit dat het kind minder energie nodig heeft. Er is een trage stofwisseling die maakt dat de energiebehoefte van het lichaam minder is (zo'n 30% in vergelijking met andere kinderen). Het kind is een alleseter en dol op zoet en energierijk voedsel. Vetophoping vindt met name plaats op het onderste deel van de romp, billen, dijen en bovenarmen.

- Smal voorhoofd, kleine neus, driehoekige mond.
- Kleine gestalte met kleine, smalle handen en voeten.
- Kalkgebrek in botten en tanden.
- Scheelzien (ruim 50% van de gevallen).
- In een klein aantal gevallen rugproblemen als lordose en scoliose.
- Geringe lichaamslengte (mannen circa 1,55 meter, vrouwen 1,48 meter).
- Op latere leeftijd bestaat er een grote kans op het ontwikkelen van niet – insulineafhankelijke diabetes mellitus met insulineresistentie.

De genoemde kenmerken komen niet bij alle kinderen voor; er is een grote variatie in uiterlijk, lichamelijke en verstandelijke ontwikkeling.

Cognitieve en taalontwikkeling

Mensen met het syndroom van Prader-Willi functioneren op een verstandelijk niveau variërend van ernstig verstandelijk beperkt tot bijna normaal. De meesten hebben een matig verstandelijke beperking en komen in aanmerking voor speciaal onderwijs. De verstandelijke ontwikkeling wordt ongunstig beïnvloed door de motorische problematiek.

Door de trage motorische ontwikkeling is het beeld dikwijls disharmonisch. Een kind zal dikwijls al kunnen spreken in korte zinnen, terwijl het nog maar net kan kruipen. Door de motorische beperking is de wereld voor het kind vaak te klein en ervaart het zelf het verschil tussen wat het fysiek kan en verstandelijk wil. De ontwikkeling van de taal loopt parallel met de verstandelijke achterstand van het kind. Een complicerende factor hier is opnieuw de al genoemde hypotonie of spierslapte, waardoor het kind dikwijls ook articulatiestoornissen vertoont en dus moeilijker verstaanbaar is.

Sociale ontwikkeling
Tot het einde van de kleuterleeftijd zijn de kinderen dikwijls meegaand en vriendelijk van aard. Ook in de schoolleeftijd blijft dit overheersen. Toch komen er dan ook regelmatig, net zoals bij ieder kind, driftbuien en perioden van koppigheid voor. De sociale omgeving van het kind wordt immers in deze fase groter en het ervaren van zijn eigen beperkingen is niet zelden de reden van het koppige gedrag. De koppigheid is niet zozeer een gevolg van onwil als wel een uitvloeisel van het onvermogen tot kiezen. Op een bepaald moment in de ontwikkeling ontdekken kinderen dat er alternatieven bestaan waartussen het moeilijk kiezen is. Het liefst willen ze allebei, bijvoorbeeld én opblijven én naar bed. De spanning die die twee tegengestelde behoeften veroorzaken, uit zich in tegendraads gedrag. Gedragsproblemen komen ook voor. Deze kinderen hebben een grote weerstand tegen veranderingen, ze zijn snel uit hun evenwicht en kunnen driftbuien krijgen. Daarnaast is het bezig zijn met en het zoeken van eten dikwijls een oorzaak van gedragsproblemen.

Aandachtspunten bij de begeleiding

Lichamelijke ondersteuning
Jonge kinderen lijken vatbaarder voor luchtweginfecties. Vaker dan bij normale kinderen leidt dit tot complicaties als longontsteking. Goede voeding, voldoende slaap en vooral ook bewegingsoefeningen zijn hier van belang.

Bij een deel van de mensen met dit syndroom zien we een overmatige slaperigheid overdag. In eerste instantie lijkt het een vorm van desinteresse voor activiteiten, maar langzamerhand is duidelijk geworden dat er ook iets anders aan de hand kan zijn: EDS (excessive daytime sleepness). Deze EDS gaat gepaard met verstoringen in de REM-slaapregeling. Daarnaast is er ook een afname in de diepe slaap. Samen doet het sterk denken aan het narcolepsiesyndroom. De volgende symptomen kunnen zich hierbij voordoen:

- EDS (onweerstaanbare aanvallen van slaperigheid overdag) met gevolgen voor het dagelijks functioneren;
- hallucineren tijdens de overgangen van waken naar slapen en omgekeerd;
- totale verlamdheid van de skeletspieren tijdens de slaap.

Bij met name dikke mensen met dit syndroom kan zich hypoventilatie voordoen, hetgeen gedurende de slaap 's nachts kan leiden tot het keer op keer voor kortere of langere duur stoppen van de ademhaling (slaapapnoe). Dit probleem kan verminderd worden door aandacht te besteden aan het gewicht.

Zoals gezegd is het op peil houden van het gewicht een centraal aandachtspunt bij de begeleiding. Enerzijds kan er sprake zijn van een onverzadigbare eetlust, anderzijds nemen deze mensen bij opname van een gelijke hoeveelheid energie in gewicht meer toe dan andere mensen met dezelfde lengte en leeftijd.
Noodzaak is dus om de voeding zo samen te stellen dat die voldoende bouwstoffen en beschermende stoffen bevat en zo min mogelijk brandstoffen. Daarbij is extra voedingsvezel ook van belang; dit heeft een hoge verzadigingswaarde: het voedsel krijgt meer volume zodat de hoeveelheid groot lijkt. Het voorkomt obstipatie en geeft een goede kauwfunctie. Voortdurende gewichtscontrole en raadpleging van een diëtist is dus van groot belang.

De verzorging van het gebit
Door een aantal oorzaken zijn er extra problemen met het gebit. Door de eetgewoonten is het gebit extra gevoelig voor cariës. In sommige gevallen treedt ontkalking op, waarbij extra toediening van fluor onontbeerlijk is. Verder wordt gedacht dat in een aantal gevallen een slecht gebit veroorzaakt wordt door een te droge mond, afwijkingen in de samenstelling van het speeksel en gebreken in het tandemail. Daarom:
- Vermijd zo veel als mogelijk bovengenoemde oorzaken. Met name de toediening van fluor (in overleg met de tandarts) en beïnvloeding van de eetgewoonten zijn activiteiten die mogelijk zijn.
- Houd controle op het goed poetsen van de tanden. Zelf napoetsen is noodzakelijk.

Wonden en insectenbeten
Veel mensen met Prader-Willi hebben een niet beheersbare neiging tot krabben en peuteren aan wondjes en insectenbeten, hetgeen tot gevolg heeft dat de wond langzamer geneest. Enkele algemene adviezen om dit te voorkomen zijn:
- Houd de nagels kort.
- Gebruik zeepproducten met een lage zuurgraad. Alkalische zepen kunnen leiden tot hinderlijke jeuk.
- Probeer bij insectenbeten de jeuk te verlichten door het gebruik van poeder of het deppen met een oplossing van zuiveringzout.
- Probeer in moeilijke situaties het kind te leren wrijven met zijn vlakke hand in het gebied van de insectenbeet. Dit kan de jeuk ook verlichten.
- Laat stromend, koud water over de plaats lopen waar de insectenbeet zit.
- Houd open wonden goed schoon ter voorkoming van infecties.

Omgevingsfactoren
De omgeving moet herkenbaar en voorspelbaar zijn. Het is van belang te onderzoeken waardoor de problemen met het gedrag zijn ontstaan. Als er sprake is van een veranderbare oorzaak, dan kan worden getracht deze aanleiding weg te nemen. Bovendien, bepaalde verschijnselen behoren nu eenmaal bij bepaalde sta-

dia van ontwikkeling. Acceptatie helpt vaak beter dan strijd of pogingen de ander te veranderen.

Het is van belang ervoor te zorgen dat voedingsmiddelen goed opgeborgen zijn en dat niet-eetbare en giftige stoffen veilig achter slot en grendel zijn weggeborgen. De drang tot eten kan niet worden veranderd; een aanpassing van de omgeving is dus onvermijdelijk.
Tijdens het eten is het belangrijk het kind te betrekken in het tafelgesprek en het voldoende af te leiden van de uitgestalde heerlijkheden. Dat suiker, jam en andere voedingsartikelen niet binnen handbereik van het kind moeten staan, ligt voor de hand.
Dikwijls is het niet moeilijk op eenvoudige wijze het kind het idee te geven dat het toch veel eet. Een idee is dan het eten scheppen op een groot plat bord (het lijkt dan meer) en de maaltijden meerdere malen per dag te geven in kleinere hoeveelheden.
Door de voortdurende drang tot eten zullen er ook niet-eetbare of giftige zaken in de mond gestopt worden. De begeleiding zal deze stoffen (schoonmaakmiddelen, poetsmiddelen maar ook medicijnen) veilig moeten opbergen. Al deze stoffen zullen achter slot en grendel moeten worden opgeborgen.
Al deze middelen dienen, indien de aanwezigheid onvermijdelijk is, zo veel als mogelijk te worden gekocht in kindveilige verpakkingen. Giftige planten zullen geen plaats in het woonvertrek mogen hebben en ook buiten zal hierop gelet moeten worden. Ook moet er een vergiftenwijzer aanwezig zijn die op een voor ieder zichtbare en bekende plaats hangt.

Sociale aspecten

Als baby en peuter zijn de kinderen met dit syndroom vaak erg meegaand en kalm. Het kind lacht veel, reageert graag op mensen om hem heen en stelt aandacht buitengewoon op prijs.
Aan het eind van de kleuterleeftijd kunnen driftbuien voorkomen en perioden van koppigheid. Niet zelden komt dit voort uit een niet kunnen bevredigen van eetbehoeften in combinatie met de frustratie door de beperkte mogelijkheden tot verplaatsen. Dit laatste geldt zeker als het kind nog niet loopt. Hierbij speelt ook weer de weerstand tegen veranderingen.
Bij volwassenen komen driftbuien ook voor. Heel belangrijk voor de ouders en de begeleiding is het voorkomen dat er een machtsstrijd ontstaat met het kind.

Andere gedragskenmerken zijn nog: verzamelwoede, voortdurende neiging tot ordenen en rangschikken, veel bezig zijn met symmetrie en precisie, herhaaldelijk dingen nog eens schrijven, vertellen of vragen.

Seksualiteit

Een meisje met Prader-Willi heeft bijna altijd kleine schaamlippen en een kleine clitoris. De jongen heeft vaak cryptorchisme (niet ingedaalde testikels) en een kleine penis. Hormoonbehandelingen in de puberteit kan de ontwikkeling van de secundaire geslachtskenmerken stimuleren. Bij niet ingedaalde testikels zal eventueel operatief moeten worden ingegrepen.

De menstruatie bij het meisje is onregelmatig, laat en vaak gering. De vruchtbaarheid van zowel de jongen als het meisje is verminderd. Ondanks dit gegeven tonen mensen met het syndroom dikwijls wel belangstelling voor relaties met de andere of hun eigen sekse. Meestal is deze interesse meer sociaal dan seksueel van aard.

O P D R A C H T

Terence is een jongen van veertien jaar die het Prader-Willi-syndroom heeft.
Hij is een erg rustige jongen en vriendelijk van aard. Hij heeft een matig verstandelijke beperking. Hij kan goed aangeven wat hij wil, maar heeft moeite om de meest eenvoudige handelingen zelf uit te voeren.
Terence is klein van stuk: hij heeft een lengte van 1,20 meter. Zijn gewicht is echter wat hoog, hij weegt namelijk 60 kilo. Dit gewicht zit hem met name in de vetophopingen die zitten op zijn buik, billen en bovenbenen.

De laatste tijd vertoont Terence enige gedragsproblemen, hij kan zonder aanwijsbare redenen ineens kwaad worden op alles en iedereen om zich heen. Het ene moment richt deze woede zich op materiële dingen, terwijl een ander moment een medecliënt of begeleider het moet ontgelden. Wat wel opvalt is dat Terence dag en nacht op zoek is naar iets eetbaars. Het maakt hem echt niet uit wat het is. Laatst was hij 's nacht naar de badkamer gegaan en heeft daar een tube tandpasta leeggegeten.

Het is de bedoeling dat je naar aanleiding van bovenstaande casus een verslag schrijft waarin je:
- de bovenstaande gegevens analyseert;
- formuleert welk probleem het meest op de voorgrond treedt;
- een doelstelling formuleert voor Terence;
- een concreet plan maakt hoe je dit doel wilt bereiken;
- de consequenties beschrijft die de uitvoering van het plan heeft op de begeleiders;
- de evaluatiepunten beschrijft.
Vervolgens bespreek je het verslag met de docent (begeleider).

1.3 | Het syndroom van Down

Het syndroom van Down is het bekendste voorbeeld van een chromosomale afwijking. Het is ook de meest voorkomende; per jaar worden er in Nederland zo'n 220 kinderen met dit syndroom geboren (1 op de 650 geboortes)(RIVM 2007). Van de mensen met een verstandelijke beperking die opgenomen zijn in instellingen heeft ruim 12% het syndroom van Down.
Dit syndroom is voor het eerst beschreven door dr. J. Langdon Haydon Down in 1866. De typische stand van de ogen en de ooglidspleten doen denken aan het Mongoolse ras. Daarom werden deze mensen vroeger 'mongolen' genoemd. Deze benaming is voor veel mensen beladen, en voor ouders vaak pijnlijk. Wij spreken daarom verder over mensen met het Down-syndroom.

Chromosomenonderzoek laat zien dat er in alle lichaamscellen een extra chromosoom 21 aanwezig is. Daarom spreekt men ook wel van 'trisomie 21'. In een klein aantal gevallen is dit extra chromosoom 21 vastgeplakt aan een ander chromosoom, meestal 13, 14 of 15. We spreken dan van een 'translocatie trisomie 21'. Dit komt in 4% van de gevallen voor en is de erfelijke vorm van trisomie 21. Bij 2,5% van de mensen met het Down-syndroom is er sprake van een mozaïek van cellen, normale cellen en cellen met trisomie 21. De delingsfout ontstaat dan pas na de eerste delingen. Deze kinderen hebben nogal eens een minder duidelijk beeld van het syndroom van Down. Dit beeld noemen we mozaïek-trisomie 21.

De kans op het krijgen van een kind met het syndroom van Down neemt in het algemeen toe als de leeftijd van de moeder toeneemt. Beneden de dertig jaar is de kans ongeveer 1:2000 en boven de veertig jaar is de kans al ten minste 1:50.

De mate waarin er sprake is van erfelijkheid kan alleen maar vastgesteld worden door middel van chromosomenonderzoek bij kind en ouders. Het gaat in al die gevallen dan om een translocatie trisomie 21.

Ouders die net te horen hebben gekregen dat hun kind Down-syndroom heeft, wordt geadviseerd om contact op te nemen met de Stichting Down's Syndroom, zowel om informatie te krijgen als contact te hebben met mensen die hetzelfde ervaren hebben. Zij zullen ook worden geattendeerd op het Early Intervention Programma, een stimuleringsprogramma voor jonge kinderen met een ontwikkelingsachterstand. Dit programma bestaat uit fysiotherapeutische oefeningen om de motoriek te stimuleren, logopedische ondersteuning en mogelijkheden om allerlei vaardigheden te ontwikkelen. Een voorbeeld hiervan is het Portage Programma Nederland (PPN), bedoeld om gezinnen met kinderen van nul tot zes jaar te begeleiden bij (dreigende) opvoedingsproblemen. De opvoedingsproblemen hangen samen met de ontwikkeling van het kind of met de omgang met het kind. Een belangrijk element van PPN is dat er dagelijks aandacht is voor positieve communicatie tussen ouder en kind in de vorm van een spelletje. Zo leert het kind de dingen die moeilijk zijn op een speelse manier. Bij dit programma wordt onder meer een zogenoemde vaardighedenlijst gebruikt. Hierin zijn 580 vaardigheden opgenomen, verdeeld over zes ontwikkelingsdomeinen: vroege ontwikkeling, sociale ontwikkeling, zelfredzaamheid, taalontwikkeling, motorische ontwikkeling, cognitieve ontwikkeling. Ze zijn gerangschikt volgens het normale ontwikkelingsverloop van kinderen tussen nul en zes jaar. Informatie over het Portage Programma Nederland is te verkrijgen bij Stichting SupPortage.

Lichamelijke kenmerken en ontwikkeling

Het syndroom van Down is meestal direct na de geboorte herkenbaar. Er is echter alleen met zekerheid sprake van het syndroom van Down als dit door genetisch onderzoek (beschrijving karyogram, zie blz. 246) ook is vastgesteld.

De meest voorkomende lichamelijke kenmerken (60 à 80%) zijn de volgende:

- scheefstaande oogspleten (van binnen onder naar boven buiten gericht);
- een vlak gezicht (door de lage neusrug en kleine kaakbeenderen);
- te ruime huid in de nek waardoor deze geplooid is;
- een doorlopende buigplooi op een of beide handen;
- de oren zijn vaak klein en laag ingeplant;
- hyperflexibiliteit van de gewrichten;

- algemene hypotonie (spierslapte);
- een minder ontwikkeld kootje van de pink van een of beide handen;
- het ontbreken van de Moro-reflex (opvangreactie);
- uit röntgenonderzoek blijkt het bekken korter en naar verhouding breder te zijn.

Veel mensen met het Down-syndroom hebben vrij dunne lippen. De tong heeft vaak de neiging naar buiten te komen, enerzijds door een kleinere mondinhoud, anderzijds door de slapte van de tongspieren. De armen en benen zijn meestal kort in verhouding tot de lichaamslengte.

Door een verminderd afweersysteem hebben ze dikwijls last van bovenste luchtweginfecties, chronische verkoudheid, bijholteontstekingen en middenoorontsteking

Vaak ademen mensen met het Down-syndroom ook door de mond waardoor de tong naar buiten komt en er kloven ontstaan in de lippen en de tong droog wordt. Dit kan weer leiden tot een infectie van de luchtwegen. De kans op een longontsteking is daardoor ook groter.

Een ander veelvoorkomend lichamelijk probleem is obstipatie, dat wordt veroorzaakt door slapte van de darmspieren en/of een gebrek aan beweging. Ongeveer 40% van de mensen met het Down-syndroom heeft in lichte of ernstiger mate een aangeboren hartdefect. Vaak is dit na de geboorte direct zichtbaar. Veel defecten kunnen tegenwoordig operatief worden behandeld.

Leukemie komt bij kinderen met het Down-syndroom ook meer voor dan bij anderen. De schatting is dat dit ongeveer twintig keer zo vaak voorkomt. Het aantal kinderen dat goed op medicatie reageert neemt de laatste jaren toe. Na aangeboren hartafwijkingen en infecties is leukemie de meest voorkomende oorzaak van overlijden in de eerste levensjaren.

Het gehoor van mensen met het Down-syndroom is, vaak ten gevolge van de verkoudheid en middenoorontstekingen, verminderd. Een factor die hier ook een rol kan spelen is dat ze vaak last hebben van chronische gehoorgangontsteking doordat deze (te) nauw is. Bovendien treedt er vaak vervroegde ouderdomsslechthorendheid op.

Het aanvankelijk scheelkijken heeft naar alle waarschijnlijkheid vooral te maken met de slapte van de oogspieren. Dikwijls verbetert dit op latere leeftijd.

Mensen met het Down-syndroom zijn verminderd vruchtbaar. Onderzoek bij mannen heeft aangetoond dat er weinig rijpe zaadcellen worden gevormd. Er zijn echter gevallen bekend van kinderen geboren uit vrouwen met het Down-syndroom. Ongeveer de helft van hen was normaal en de andere helft had ook weer het syndroom van Down.

Mensen met het Down-syndroom zijn onderhevig aan een vervroegd verouderingsproces. Dit verschijnsel kan worden herkend aan snellere vermoeidheid, trager werken, minder verstaanbaar spreken, verminderde zelfredzaamheid, incontinentie, onzekerder lopen en humeurigheid.

Typerend is dat er bij velen epileptische verschijnselen gaan optreden. Als deze verschijnselen zich voordoen, dan kan de achteruitgang ineens heel snel gaan.

Ook lopen ze meer dan andere mensen met een verstandelijke beperking het risico Alzheimer-dementie te krijgen. Er wordt onderzoek gedaan naar de relatie tussen syndroom van Down en de ziekte van Alzheimer. Het 21e chromosoom lijkt hierin een vitale rol te spelen. Na het 45e levensjaar hebben nagenoeg alle mensen met het syndroom van Down, de ziekte van Alzheimer.

Cognitieve en taalontwikkeling

Aanvankelijk ontwikkelen mensen met het Down-syndroom zich relatief snel, met name de eerste twee levensjaren. Het verstandelijk niveau van functioneren varieert, de spreiding is groot. Alleen de uitersten komen natuurlijk minder vaak voor dan het gemiddelde. Verreweg de meeste mensen met het Down-syndroom hebben een matige verstandelijke beperking. Uit een onderzoek van Martzberg (1950) blijkt:

- 24% heeft een intelligentiequotiënt (IQ) lager dan 25;
- 62% heeft een IQ tussen 25 en 50;
- 13% heeft een IQ tussen 50 en 80.

De individuele verschillen zijn groot te noemen, het gemiddelde IQ ligt rond de 45. Het is moeilijk te spreken over dé verstandelijke ontwikkeling.

De meeste mensen met het Down-syndroom ontwikkelen zich tamelijk harmonisch. Daar wordt onder verstaan dat er op alle gebieden achterstand is, maar dat deze achterstand op de gebieden meestal even groot is. Iemand met het Downsyndroom die wat betreft de taal op een niveau van drie jaar functioneert, zal ook wat betreft de intelligentie en de motoriek op dat niveau zitten. Een uitzondering vormt hier de sociale ontwikkeling.

De taalontwikkeling verloopt veelal parallel aan de verstandelijke ontwikkeling van het kind. In hoeverre de taal zich ontwikkelt, hangt af van het niveau van functioneren. De meeste kinderen met het Down-syndroom gaan wel spreken, ook al is dat soms beperkt tot losse woorden.

Ze zijn dikwijls moeilijk te verstaan, de uitspraak is zwak. Debet hieraan is natuurlijk de zwakke mondmotoriek die veroorzaakt wordt door de relatief grote tong en de hypotonie van de mondspieren.

Sociale ontwikkeling

In sociaal opzicht ontwikkelt een kind met het Down-syndroom zich relatief goed. De sociale aanpassing is vaak goed, evenals de praktische redzaamheid. Hij weet in de regel goed om te gaan met de sociale omgeving. Niet zelden worden ze daarom ook overschat in hun mogelijkheden.

Veel mensen met het Down-syndroom maken een versterkte koppigheidsperiode door die langer duurt dan bij zich normaal ontwikkelende kinderen. Niet zelden ontaardt dit in voorbijgaande driftbuien. Deze fase is van belang voor de persoonlijkheidsontwikkeling. Echter, het kind beschikt over beperkte verstandelijke vermogens waardoor het de werkelijkheid minder gemakkelijk kan inschatten en dus ook moeilijker zich 'passend' kan gedragen.

Het komt niet vaak voor dat zich ernstige problemen met het gedrag van mensen met het Down-syndroom voordoen.

Een ander gegeven is dat mensen met het Down-syndroom anderen vaak imiteren. In de ontwikkeling komt dit goed van pas en kan men daarvan gebruikmaken bij het aanleren van met name eenvoudige vaardigheden.

Wim, een jongeman met het syndroom van Down, woont in een leefgroep samen met acht andere jong volwassenen. Een van zijn groepsgenoten, Piet, leert een eenvoudige gebarentaal om zich beter te kunnen uitdrukken. Dit wordt hem aangeleerd met de nodige aandacht en beloning als het lukt. Wim ziet dit en vindt dit zo interessant dat hij ook de gebarentaal gaat benutten en steeds minder gaat spreken...

Aandachtspunten bij de begeleiding

Lichamelijke ondersteuning
Jonge kinderen met het syndroom van Down hebben vaak moeite met de overgang van vloeibaar naar vaster voedsel. Vaak helpt het dan als de lepel voorzichtig op de tong wordt gedrukt en de kin iets omhoog wordt geduwd (mondcontrole) waardoor het voedsel met het naar achteren gaan van de tong wordt meegenomen en doorgeslikt. Advisering door een logopedist kan hier wenselijk zijn.
Verder bestaat er gedurende het hele leven een sterk verhoogde kans op een hypothyreoïdie: een te traag werkende schildklier. Omdat de verschijnselen van deze aandoening niet altijd gemakkelijk te herkennen zijn, is het nodig om regelmatig de schildklierfuncties te controleren in het bloed.

Het verdient in de begeleiding aanbeveling aandacht te besteden aan het geven van voldoende lichaamsbeweging en ervoor te zorgen dat niet stoppende voedingsmiddelen worden gebruikt, om obstipatie te voorkomen.
Sommige onderzoekers menen dat de voedselopname in de darmen bij mensen met het Down-syndroom vaak minder goed is dan bij anderen, met name de in vet oplosbare vitaminen A-D en K, en geven daarom als advies om in water oplosbare vitamine A-D druppels te geven.

Alle mensen met een aangeboren hartafwijking dienen vóór ingrepen waarbij bacteriën (met name streptokokken) in het bloed kunnen komen een antibioticum te krijgen. Men noemt dit endocarditusprofylaxe, voorkómen dat bacteriën zich nestelen op een beschadigde of afwijkende binnenbekleding van het hart. Met name bij de volgende ingrepen geldt deze therapie:
- ingrepen aan tandvlees en gebit;
- spoeling van de kaakholte;
- katheterisatie bij geïnfecteerde urinewegen;
- diagnostische ingrepen aan maagdarmkanaal en urinewegen;
- insnijden van een abces of steenpuist.

Bij de lichamelijke verzorging dient aandacht besteed te worden aan:
Gevoeligheid voor infecties
Mensen met het Down-syndroom zijn snel verkouden en hebben regelmatig een loopneus. Van belang is het dat ze op vochtige en koude dagen warm gekleed zijn, ze te leren de neus goed te snuiten, teneinde de ademhaling door de neus mogelijk te maken en ze te stimuleren tot beweging.

Schrale huid en smetplekken

Belangrijk is hier het zorgen voor een goede en evenwichtige voeding met veel eiwitten en voldoende vocht. Daar waar sprake is van kloven in de lippen, rode en schrale wangen, infectieuze ogen, puistjes en smetplekken, dienen na overleg met de arts, geneesmiddelen te worden gebruikt. Voorop blijft staan de preventie; aandacht voor de voeding is dan het voornaamste.

Verzorging van mond en gebit

De kans op infecties in de mond is vergroot door onder andere de omvang van de tong. Een goede verzorging van de mond en met name ook het gebit is hier als preventieve maatregel essentieel. De tanden moeten dan ook ten minste drie keer per dag worden gepoetst. Eenmaal per dag moeten de tanden verzorgd worden met waterstofperoxide (3%) en moeten etensresten worden verwijderd. Adviezen van een mondhygiëniste zijn hier nodig.

Observatie lichaamstemperatuur

Een van de eerste aanwijzingen voor een infectie is het oplopen van de lichaamstemperatuur De begeleiding dient in ieder geval de 'normale' waarde van de temperatuur te weten, zodat duidelijk wordt of er sprake is van verhoging.

Instabiliteit van botten en gewrichten

Bij mensen met het syndroom van Down komt men regelmatig een instabiliteit hoog in de wervelkolom tegen. Dat leidt lang niet altijd tot symptomen, maar kan mogelijk levensgevaar opleveren bij sporten en andere activiteiten. Het gaat om een te grote beweeglijkheid van de tand van de draaier (tweede halswervel) ten opzichte van de atlas (eerste halswervel). Bij het buigen van het hoofd blijft de tand niet goed op zijn plaats en kan het ruggenmerg beschadigen. Men noemt dit atlanto-axiale instabiliteit. De symptomen die hierbij kunnen voorkomen, zijn nekpijn, scheve hals, kortademigheid, zwakte aan de beenspieren, loopproblemen met een wisselend karakter en verandering van urinelozing en defecatie. Bij neurologisch onderzoek worden verhoogde reflexen gevonden en verhoogde spierspanning aan de benen.

Als deze symptomen zich voordoen, is het de taak van de begeleiders een arts in te schakelen voor nader onderzoek. Verder komt het nogal eens voor dat de knieschijf instabiel is, waardoor deze van zijn plaats kan schieten. Dit gaat gepaard met pijn, zwelling en loopproblemen. Soms wordt door middel van een operatie de knieschijf vastgezet.

Waarneming

Er zijn een paar oogafwijkingen die bij mensen met het syndroom van Down vaker voorkomen: brekingsafwijkingen waarvoor een bril nodig is, standaardafwijkingen van de ogen (scheelzien), cataractvorming op jongere leeftijd. Een afwijking die vrijwel alleen bij het syndroom van Down voorkomt is de keratotonus. Dit is een kegelvormige vervorming van het hoornvlies die toeneemt. Als het plotseling erger wordt, dan stroomt oogvocht het hoornvlies in waardoor het vlies beschadigt. Ook kunnen de oogleden niet meer sluiten over het hoornvlies heen waardoor verdere beschadiging ontstaat. Een hoornvliestransplantatie kan uitkomst bieden, maar stelt hoge eisen aan het inzicht in de situatie van de persoon zelf. Ongeveer 5% van de mensen met het syndroom van Down krijgt deze afwijking.

Sociale aspecten

Zoals we al beschreven, verloopt de sociale ontwikkeling van mensen met het Down-syndroom in de regel zonder veel problemen. Weliswaar hebben ze meestal een langdurende en versterkte koppigheidsperiode als kleuter/schoolkind, daarna verlopen de sociale contacten redelijk tot goed.

Opvallend is dat in de communicatieontwikkeling bij mensen met het Down-syndroom het visueel-motorisch kanaal (zien, bewegingen en gebaren) zich gemakkelijker ontwikkelt dan het auditief-vocale kanaal (horen en spreken). Ze maken bij voorkeur gebruik van natuurlijke gebaren en bewegingen om iets uit te drukken. Natuurlijk heeft dit alles te maken met hun stoornissen in het spreekapparaat en met name het fysiologisch stotteren.

Voor de begeleiding houdt dit gegeven in dat je met deze beperkingen (en ook sterke kanten) in de begeleiding rekening moet houden. Bij jonge, zich nog ontwikkelende kinderen met het Down-syndroom is het verstandig om de communicatie via het auditief-vocale kanaal zo veel mogelijk te stimuleren. Immers, sociale contacten in het leven zijn gemakkelijker te leggen als ze leren beschikken over ook dit auditief-vocale kanaal. Natuurlijk moet dit niet ten koste gaan van alles. Het moet niet leiden tot grote frustraties en onnodige inspanningen bij zowel de begeleider als de cliënt. Advisering door een logopediste is wat dit betreft wenselijk.

Gedragsproblemen doen zich bij mensen met het Down-syndroom minder voor dan bij andere mensen met een verstandelijke beperking. Bekend is dat de kans op gedragsproblemen groter wordt naarmate het verstandelijk niveau lager is.

Seksualiteit

Seksualiteit als begrip ruim opgevat, in zijn vele uitdrukkingsvormen (vriendschap, tederheid, erotiek, intimiteit, vrijen en het hebben van geslachtsgemeenschap) is ook voor een mens met het Downsyndroom een belangrijk onderdeel van zijn bestaan.

Mensen met het Down-syndroom zijn vaak erg aanhankelijk en meer dan gemiddeld gericht op de sociale omgeving. Als ze contact maken met een ander gebruiken ze vaak hun lichaam. Ze omhelzen spontaan of geven een kus, daar waar wij een hand geven. Hun gedrag wordt in onze geseksualiseerde maatschappij al snel geïnterpreteerd in termen van seksualiteit. Hun gedrag is voor velen op z'n minst verwarrend, immers in onze samenleving is seksualiteit iets aparts, het mag niet door andere dingen heenlopen. Door mensen met een verstandelijke beperking, met name ook mensen met het Down-syndroom, kan dit onderscheid niet worden gemaakt. Ze gebruiken hun lijf om gevoelens uit te drukken.

Begeleiders zullen dit met alle partijen bespreekbaar moeten maken en daarbij aandacht besteden aan mogelijke anticonceptie en afgestemde voorlichting.

Dikwijls worden mensen met het Down-syndroom getypeerd als 'gemakzuchtig' of 'liever lui dan moe'. Deze typering is niet geheel onjuist. In zijn algemeenheid moeten mensen met het Down-syndroom tot activiteiten worden gestimuleerd. Het is belangrijk rekening te houden met de fysieke gesteldheid van de mens met het Down-syndroom, zeker als hij of zij tot lichamelijke inspanning wordt aangezet. Dit geldt met name als er sprake is van een hartgebrek. Medische adviezen zijn dan van belang.

· · · · · · · · · · · · · · · · · · ·

OPDRACHT

Jos is een jongen met het syndroom van Down. Sinds drie jaar woont Jos in een instelling voor mensen met een verstandelijke beperking. Hij heeft een matig verstandelijke beperking en een intelligentieonderzoek heeft uitgewezen dat hij een IQ heeft van 50. Jos heeft een slechte lichamelijke conditie. Dit uit zich in de volgende klachten: hij is snel verkouden en heeft vaak een loopneus, hij heeft een hartgebrek waardoor hij snel moe en kortademig is. Bij hem is ook sprake van overgewicht.

Jos is onlangs zestien jaar geworden en zit duidelijk in de puberteit. Hij maakt op dit moment een versterkte koppigheidsfase door die voor de begeleiding de nodige problemen oplevert. Hij identificeert zich sterk met zijn oudere broer en wil alles doen wat zijn broer doet. Zijn broer stimuleert Jos hier heel erg in. Hij is van mening dat Jos veel te inactief is. De begeleiding zou hem betuttelen en passief houden. De broer van Jos heeft Jos laten inschrijven bij een voetbalclub in het dorp en wil volgende week de avondvierdaagse gaan lopen met Jos (15 kilometer). In het team is hier onenigheid over. Gezien het overgewicht van Jos en eerdergenoemde lichamelijke klachten is een aantal mensen uit het team van mening dat zoveel lichamelijke activiteit gevaar kan opleveren voor de gezondheid van Jos. Een aantal mensen uit het team is echter ook van mening dat je Jos niet in 'een glazen huis' moet zetten. Een van de begeleiders zegt: 'Het gaat hier dus om de keuze tussen kwaliteit of kwantiteit van leven.'

▶ Geef jouw visie op deze situatie. Waar kies jij voor? Is dit een keuze tussen kwaliteit of kwantiteit van leven? Motiveer je keuze.
▶ Maak een plan van aanpak. Hoe ga je dit probleem oplossen?
▶ Welke disciplines ga je hierin betrekken en wat verwacht je van welke discipline?
▶ Welke rol spelen Jos en zijn broer in deze situatie? Hoe ga je hen erin betrekken?

1.4 | Het fragiele X-syndroom

Al in 1943 werd dit syndroom beschreven door Martin en Bell. In 1969 werd door Lubs de oorzaak gevonden: een breekbaar plekje (fragile site) aan een van de uiteinden van het X-chromosoom. Vanaf 1977 kan het syndroom worden aangetoond door het gebruik van foliumzuurarme kweekvloeistoffen.

In 1991 hebben onderzoekers van het Academisch Ziekenhuis in Rotterdam, samen met enkele onderzoekers uit Atlanta (VS), het verantwoordelijke gen op het X-chromosoom geïdentificeerd. Er blijken in dit gen extra fragmenten DNA voor te komen.

Het gaat hier om een aandoening aan het geslachtschromosoom X, waarbij hoofdzakelijk mannen 'ziek' zijn en vrouwen draagster. De schatting is dat 1 op de 250 vrouwen draagster is van een premutatie (tegenover 1 op 800 mannen). Het fragiele X-syndroom komt voor bij ongeveer 1 op de 5000 à 6000 pasgeboren jongetjes en 1 op de 8000 meisjes. Ongeveer 3 tot 4% van de verstandelijk beperkte mannen lijdt aan dit syndroom.

Dit betekent dat het na het syndroom van Down de meest voorkomende erfelijk bepaalde oorzaak van een verstandelijke beperking is.

Er zijn in Nederland ruim 700 patiënten bekend. Naar verwachting zijn er ongeveer 5000. Dit grote verschil wordt veroorzaakt door het feit dat bij vrouwen (omdat zij nog een tweede X-chromosoom hebben) de afwijkingen zo klein kunnen zijn, dat er geen sprake is van een verstandelijke beperking en dus geen reden om zich te laten onderzoeken.

De overerving gaat nogal complex. Moeders geven het door aan hun dochter (draagster) die vervolgens zoons krijgt die een verstandelijke beperking hebben. De dochters kunnen het draagsterschap doorgeven aan hun dochters die dan weer dochters kunnen krijgen die zelf ziek zijn. Na het ontdekken van het fragiele X-syndroom moet vervolgens ook de hele familie onderzocht worden.

Lichamelijke kenmerken en ontwikkeling

Op jonge leeftijd zijn kinderen met fragiele X-uiterlijk moeilijk te onderscheiden van andere kinderen. Wel valt na een half jaar op dat de motorische ontwikkeling achterblijft. Het los kunnen zitten begint pas gemiddeld vanaf 10 maanden en het los lopen pas na gemiddeld 21 maanden. Het is dus moeilijk om zeer vroeg een diagnose te stellen. Vanaf de puberteit zijn de kenmerken, vooral bij jongens, beter zichtbaar:

- lang gelaat;
- forse kin/stevige onderkaak;
- versnelde groei;
- uitstaande oren, grote oorschelpen;
- grote(re) testikels;
- bewegingsproblemen (zowel grove als fijne bewegingen);
- verstoorde vormen van het bindweefsel; dit kan aanleiding geven tot lichamelijke afwijkingen zoals overbeweeglijke gewrichten, scoliose en platvoeten;
- scheelzien;
- verhoogde gevoeligheid voor bijholte- en middenoorontstekingen;
- epileptische aanvallen komen bij één op de vijf kinderen voor; de aanvallen zijn goed behandelbaar en verdwijnen als het kind ouder wordt.

Hierboven werd al gesteld dat de afwijking ook voorkomt bij vrouwen, echter dan zijn de lichamelijke kenmerken minder opvallend en is de verstandelijke beperking lichter of afwezig. Vrouwen komen soms vroeg in de overgang, ook als ze alleen draagster zijn.

Cognitieve en taalontwikkeling

Mannen die lijden aan het fragiele X-syndroom (FX) zijn in de regel matig verstandelijk beperkt (het IQ varieert tussen de 30 en 50 bij kinderen en tussen 20 en 40 bij volwassenen). De meesten hebben een opmerkelijk geheugen voor namen en gebeurtenissen. Naast overbeweeglijkheid is er vaak sprake van concentratieproblemen. Als ze gezien hun verstandelijk niveau van functioneren in aanmerking komen voor speciaal onderwijs, dan zijn deze twee laatste factoren hinderlijk. Hun leerprestatie kan hierdoor ongunstig worden beïnvloed. Bij de helft van de vrouwen is er sprake van een normale intelligentie, bij de andere helft veelal een lichte verstandelijke beperking. Er zijn echter ook vrouwen bekend met een matige of ernstige verstandelijke beperking.

De taalontwikkeling komt laat op gang. Als de taal zich ontwikkelt, dan zijn er dikwijls blijvende stoornissen aanwezig. Het meest opvallende hierbij is hun 'alleen-tweespraak'. Ze kunnen hele gesprekken voeren met zichzelf en daarbij tegelijkertijd anderen imiteren. Dikwijls spreken ze snel, slordig en springen van de hak op de tak. Vaak wordt verder dezelfde zin, hetzelfde woord achter elkaar herhaald (echolalie).

Het niveau van taalbegrip en -gebruik ligt vaak gelijk met het gemiddeld verstandelijk niveau van functioneren. Bij vrouwen is er veelal sprake van problemen met het concentreren op en ordenen van hetgeen zij willen zeggen. Hierdoor kunnen ze zomaar van onderwerp wisselen.

Sociale ontwikkeling
Velen hebben moeite om sociale contacten te onderhouden met anderen. Vaak wordt direct oogcontact vermeden. Het lijkt soms wat autistisch. Verder zijn nogal wat mensen met een verstandelijke beperking met het syndroom verlegen en schuw van aard. Het mijden van oogcontact en het afwenden van de blik, vooral bij het groeten van mensen, komt vaak voor. Typisch is bijvoorbeeld dat zij soms de hand uitsteken om iemand te groeten, maar tegelijk het hoofd en bovenlijf afwenden. Ze bekijken al het nieuwe aanvankelijk op een veilige afstand. Toch zijn ze vaak wel geïnteresseerd, om niet te zeggen nieuwsgierig, naar gebeurtenissen in hun omgeving. In het contact met anderen bedienen ze zich van repeterende gebaren (telkens de hand voor de mond of ogen bijvoorbeeld).

Opvallend is dat volwassen mannen met het FX-syndroom vriendelijk en open in het contact zijn. Huishoudelijke taken en zorg voor anderen is een sterke kant.

CASUS

Henk, een jongen van veertien jaar met het fragiele X-syndroom raakt in paniek als hij een ballon ziet. Hij is doodsbang voor het mogelijk doorprikken en de daaropvolgende knal. Deze angst wordt zo groot dat hij nu ook bang is voor allerlei voorwerpen die lijken op een ballon: voetballen, strandballen, operatiehandschoenen. Ook van een afbeelding waarop een ballon staat kan hij in paniek raken.

Aandachtspunten bij de begeleiding

Lichamelijke ondersteuning
Veel kinderen met fragiele X-syndroom hebben veelvuldig last van oorontstekingen en luchtweginfecties. Bij een aantal van hen zal het plaatsen van buisjes in de oren noodzakelijk zijn.

Bij één op de vijf kinderen komen epileptische aanvallen voor. Deze aanvallen beginnen gewoonlijk op jonge leeftijd, maar verdwijnen als het kind ouder wordt. De aanvallen zijn met medicijnen goed te behandelen. Andere genoemde lichamelijk problemen zijn: platvoeten, verkromming van de rug (scoliose), scheelzien, slaapstoornissen, voedingsproblemen en braken, verzwikkingen van gewrichten, mitraalklepprolaps, een meestal onschuldige afwijking van een hartklep.

Sociale aspecten

Gezien de veelvoorkomende verlegenheid en sociale angst is het van belang dat de begeleiding hier de nodige veiligheid aanbrengt en initiatieven neemt. Een voorspelbare en vertrouwde omgeving is van belang. Onzekerheden kunnen worden gereduceerd door vertrouwdheid aan te brengen in de relatie en de materiële omgeving. Ook zal deze cliënt vaker dan bij anderen het geval is, moeten worden uitgenodigd om deel te nemen aan activiteiten.

Ze hebben het vaak moeilijk bij feesten en eenmalige gebeurtenissen waar ze niet op voorbereid zijn.

Het is eigenlijk tegenstrijdig, kinderen en volwassenen met fragiele X hebben behoefte aan contact, genegenheid en tederheid, maar hun moeilijkheden om die contacten te leggen maken hen bang, waardoor ze de contacten dan maar gaan vermijden.

Ten aanzien van de communicatie geldt alleen het algemene aandachtspunt: maak gebruik van de mogelijkheden die de persoon in kwestie heeft en communiceer zo 'totaal' mogelijk.

Mensen met het syndroom hebben een opmerkelijk geheugen voor namen en gebeurtenissen. In het aanbieden van dagelijkse activiteiten moet hier gebruik van worden gemaakt door de begeleiders. Een voorbeeld hiervan kan zijn het laten doen van boodschappen. Zo wordt dan ingespeeld op hun mogelijkheden.

Gedrag

Er worden nogal eens gedragsproblemen beschreven. Dit vindt mogelijk zijn oorzaak in het feit dat er een verhoogde gevoeligheid is voor zintuiglijke prikkels. Dit kan dan variëren van zelfverwonding en stereotiep bewegen (flapperen met de handen of in de handen bijten) tot rumineren. Dit gedrag moet niet geïsoleerd worden beïnvloed, maar moet gezien worden als signaal en wijze van communiceren. Het omgaan met dit gedrag zal dus in zijn context bezien moeten worden en alle variabele factoren (personen, omgeving) moeten onderdeel zijn van de beïnvloeding. Dat betekent:

- zorg voor een rustige, vertrouwde omgeving, waarin iemand zich geaccepteerd en veilig voelt;
- stimuleer het contact door dagelijks tijd te nemen voor activiteiten die het kind leuk vindt: stoeien, dansen, zingen, spelletjes, enz.;
- praat veel tegen het kind, ook al lijkt het niet te luisteren of praat het zelf helemaal nog niet;
- stimuleer de motoriek en probeer stereotiepe bewegingspatronen enigszins te doorbreken.

1.5 Het Rett-syndroom

Hoewel de Weense hoogleraar A. Rett in 1966 het syndroom reeds beschreef in een publicatie, bleef het vrijwel onbekend tot in 1983 in een Engelstalig tijdschrift, de Zweedse medicus Hagberg over het syndroom publiceerde. De incidentie (het aantal gevallen) is 1 op 15.000 geboorten en vrijwel alleen bij meisjes. Het syndroom wordt veroorzaakt door een mutatie in een gen op het X-chromosoom. Jongens met deze mutatie overleven het niet, bij meisjes kan er een compensatie plaatsvinden door het andere X chromosoom. In Nederland worden ongeveer tien meisjes per jaar met het Rett-syndroom geboren.

De klinische diagnose van het syndroom wordt gebaseerd op het voorkomen van drie soorten kenmerken:

- een ontwikkelingsvertraging die gepaard gaat met het verlies van reeds verworven vaardigheden;
- duidelijke veranderingen in de emotionele ontwikkeling en het gedrag, gekenmerkt door angsten en contactverlies;
- het opkomen van stereotiepe gedragspatronen waarbij meestal de handen en de ademhaling een belangrijke rol spelen.

Alle meisjes kennen een normale ontwikkeling tot een leeftijd van negen tot achttien maanden. Daarna treedt in de loop van enkele weken tot enkele maanden een stilstand in de ontwikkeling in, gevolgd door een periode van vrij snelle achteruitgang. Dit wordt ook wel de 'knik' in de ontwikkeling genoemd. Het syndroom ontwikkelt zich in vier stadia:

1. stagnatie in de ontwikkeling;
2. snelle achteruitgang;
3. stabiele periode;
4. motorische achteruitgang.

Lichamelijke kenmerken en ontwikkeling

Tot de leeftijd van ongeveer anderhalf jaar verloopt de ontwikkeling normaal. Er zijn dan ook nog geen bijzondere lichamelijke kenmerken waar te nemen. Wel is het zo dat er gewoonlijk een minder snelle groei is van het hoofd en het afnemen van de motorische vaardigheden, bijvoorbeeld het vasthouden van de fles.

Typerend is ook het zogenaamde stereotiepe 'handenwringen'. Daarnaast kunnen een aantal kenmerken ontstaan en voorkomen, waarbij moet worden opgemerkt dat niet alle kenmerken hoeven voor te komen:

- afnemende (fijn)motorische vaardigheden;
- tandenknarsen;
- hyperventilatie, luchthappen of langdurig inhouden van de adem;
- atrofiëring (verschrompeling) van de spieren;
- een onstabiel en stijf lopen met een 'brede basis' waarbij de benen wijd staan;
- kleine voeten;
- toenemende spasticiteit uitmondend in gewrichtsmisvormingen;
- het trekken van grimassen en andere niet doelgerichte bewegingen;
- toenemende scoliosevorming;
- epilepsie, op enig ogenblik heeft 75% epilepsie;
- incontinentie.

Cognitieve en taalontwikkeling

De verstandelijke ontwikkeling vertraagt nadat de eerste verschijnselen zich hebben voorgedaan. De mate waarin deze ontwikkeling achterblijft is verschillend. Veelal is er sprake van functioneren op het niveau van een ernstige verstandelijke beperking. Soms is een school voor zeer moeilijk lerenden haalbaar.

De taalvaardigheden ontwikkelen zich zeer beperkt. Sommige meisjes/vrouwen zijn in staat om de belangrijkste behoeften aan te geven door middel van klanken of woorden.

Sociale ontwikkeling

Door de achteruitgang in de taalontwikkeling en de sociale ontwikkeling is het denkbaar dat in eerste instantie gedacht wordt aan autisme. De overige klinische verschijnselen maken al snel duidelijk dat hiervan geen sprake is.

Aandachtspunten bij de begeleiding

Lichamelijke ondersteuning

Er moet gelet worden op een aantal aspecten van veiligheid.

Bewegen

In verband met de beperkte motorische mogelijkheden zal de omgeving voldoende bewegingsruimte in letterlijke zin moeten bieden en zullen gevaarlijke voorwerpen en objecten moeten worden vermeden.

Lichamelijke verzorging

Veel zorg is noodzakelijk. Velen zijn wel in staat om 'mee te helpen' bij het verzorgd worden: wassen, aankleden en eten.

Bij een aantal mensen met het Rett-syndroom komt hyperventilatie voor. Door een snelle, diepe ademhaling wordt de lucht in de longen onvoldoende ververst. Het bloed krijgt zo te weinig zuurstof. Doorgaans valt hier niet veel aan te doen. Bij een matige of lichte verstandelijke beperking kan worden geprobeerd een langzamere en minder diepe ademhaling te bewerkstelligen.

Het ophouden van de adem komt ook voor. Dit is eigenlijk nooit een probleem. De ademhaling komt weer terug. Paniek moet worden vermeden.

Ten slotte zijn er ook mensen met dit syndroom die luchthappen (aerofagie). Met het eten, maar ook daarbuiten, wordt lucht doorgeslikt. Er komt dan soms zo veel lucht in de maag en de darmen dat de buik gespannen gaat staan. Meestal ontstaat dit gedurende de dag en verdwijnt dit 's nachts, door boeren of winden te laten. Dit is een neurologisch probleem en is dus niet 'af te leren'.

Ook komen slaapproblemen vaak voor. De slaap kan verstoord zijn, met nachtelijk onderbroken slaap. Vaak treden nachtelijke lachbuien op (84%). Dit neemt met het ouder worden vaak af.

Sociale aspecten

De sociale en communicatieve ontwikkeling gaan sterk achteruit rond het eerste levensjaar. Dit is een opvallend kenmerk. De ontwikkeling verloopt daarna weer vertraagd in opgaande lijn.

De ontwikkeling verschilt van persoon tot persoon. De meesten zijn in staat de elementaire behoeften kenbaar te maken. Communicatiesystemen zijn soms heel nuttig als ondersteuning. Totale communicatie als grondhouding is van belang. Het aanbrengen van een herkenbare en voorspelbare omgeving door de begeleiding is noodzakelijk. Een vertrouwde benadering en omgeving vergroten het gevoel van veiligheid en maken contact mogelijk. De benadering en begeleiding kent dezelfde aandachtspunten als beschreven bij 'Psychische stoornissen bij mensen met een verstandelijke beperking' (zie dit hoofdstuk, pagina 324 e.v.).

Motoriek
Door het voorkomen van problemen in de mobiliteit – slechts de helft van de mensen met het Rett-syndroom beweegt zich zelfstandig voort – is ook hierbij bijzondere aandacht noodzakelijk. Bewegingstherapie en fysiotherapie, waaronder ook hydrotherapie, zijn zeer bruikbaar. Met fysiotherapie kan stijfheid en gewrichtsmisvorming deels worden voorkomen. Spieren worden gestimuleerd.
Daarnaast is ontspanning ook van belang in verband met de spasticiteit en de voorkomende angsten, ook in het bewegen. De begeleiding neemt dit op in het dagelijks begeleidingsplan en de activiteiten die worden ontplooid. In een goed onderling overleg tussen de begeleiders en betrokken therapeuten zal dit worden vertaald in een begeleidings- of behandelingsplan.

1.6 | Het Angelman-syndroom

Het Angelman-syndroom is in 1965 voor het eerst beschreven door de Engelse kinderarts H. Angelman. Hij zag op zijn spreekuur meerdere kinderen met dezelfde, opvallende, kenmerken. De kinderen lachten veel, hadden last van epilepsie en een houterig bewegingspatroon. Dit deed hem denken aan het bewegen van marionetten en hij noemde het 'puppet children'. Later volgden er publicaties waarbij vooral het lachen en het opgewekte karakter werden beschreven; men noemde het toen het happy puppet-syndroom.
Het gaat hier om een aangeboren afwijking. Er is sprake van een stoornis in het centrale zenuwstelsel. De oorzaak hiervan is nog niet geheel duidelijk. Bij 75% van de mensen met het Angelman-syndroom is er sprake van een deletie op de lange arm van chromosoom 15. De deletie kan worden gevonden door DNA-onderzoek of microscopisch bloedonderzoek. Bij ongeveer 20% van de mensen met Angelman-syndroom vindt men met de huidige technieken geen afwijkingen; recentelijk vond men bij een klein aantal mensen mutaties in een bepaald gen (Descheemaeker 1999). Bij deze 20% zijn ook gezinnen bekend waarbij meer dan één kind het Angelman-syndroom heeft. Verder onderzoek blijft dus belangrijk.

In de tijd dat de ouders van Nicole en Astrid – nadat bij Astrid was vastgesteld dat zij het Angelman-syndroom had – nadachten over nog een kind, kregen zij te horen dat de kans op nog een kind met het Angelman-syndroom bijna nihil was. Zij kregen nog een gezonde dochter en vervolgens Nicole.

Het is nog niet precies duidelijk hoe vaak het syndroom voorkomt; men schat op 1 op de 20.000 levendgeborenen. Het syndroom komt even vaak voor bij jongens als bij meisjes.

Lichamelijke kenmerken en ontwikkeling

De diagnose is veelal niet snel te stellen. De eerste maanden na de geboorte zijn er soms voedingsproblemen, omdat er een slechte zuigreflex is; ook verslikken de kinderen zich regelmatig. Meestal wordt rond de leeftijd van een jaar duidelijk dat er iets aan de hand is.

De motorische ontwikkeling is vertraagd; kinderen kunnen dan nog niet zitten, missen een goede rompbalans en er kunnen epileptische aanvallen optreden.

Een aantal lichamelijke kenmerken wordt met het toenemen van de leeftijd steeds duidelijker:

- de schedelomvang is geringer in vergelijking met leeftijdgenoten;
- afgeplat achterhoofd;
- puntige, vooruitstekende kin;
- grote mond;
- brede kaak, met uit elkaar staande gebitselementen;
- scheelzien;
- scoliose;
- lichte pigmentatie van de huid.

De voedingsproblemen kunnen tot op veel latere leeftijd blijven bestaan. Er wordt voedsel geweigerd, of steeds uit de mond gehaald.

Veel kinderen hebben slaapproblemen en dat is eigenlijk heel raar omdat ze zo beweeglijk zijn. Na enkele uren zijn ze helemaal wakker en gaan niet meer slapen. Sommige kinderen slapen overdag wel even. Als ze ouder worden, verminderen de slaapproblemen.

De motorische ontwikkeling is duidelijk vertraagd. Bijvoorbeeld los zitten kan in de regel pas vanaf twaalf maanden. Het kruipen begint meestal pas vanaf 20 maanden. Ze lopen houterig (ataxie), met stijve benen, die ze niet naast elkaar maar wat uit elkaar bewegen (breedbasisch lopen). Ook lopen ze vaak wat naar voren hellend met de armen vooruitgestoken.

De fijne motoriek is matig ontwikkeld; veel kinderen kunnen geen pincetgreep maken, maar grijpen met de volle hand.

Hyperactiviteit komt al voor bij kinderen vanaf één jaar; zij zijn snel enthousiast, druk en voortdurend in beweging. Veel kinderen hebben altijd hun handen, hun vingers of een speeltje in de mond. Sommige kinderen kwijlen veel.

De seksuele ontwikkeling komt meestal iets vertraagd op gang, maar is verder normaal.

De pijndrempel is verhoogd; het is dus moeilijk om te zien of ze zich niet lekker voelen of pijn hebben.

Cognitieve en taalontwikkeling

De meeste mensen met het Angelman-syndroom zijn ernstig verstandelijk beperkt. Wel hebben veel van hen een goed geheugen voor gezichten en een relatief goed richtingsgevoel.

Astrid kan zelfstandig naar de activering fietsen en als ze met vader fietst en hij neemt een ander pad, dan weet ze zelf de weg.

Het meest opvallend is dat de taal nauwelijks als communicatiemiddel wordt gebruikt. Sommige kinderen kunnen tot ongeveer vijf woorden gebruiken. Zij hebben echter wel begrip voor taal; eenvoudige opdrachten kunnen ze begrijpen. Ook gebarentaal kunnen zij begrijpen, maar de meeste kinderen maken er geen gebruik van.

Sociale ontwikkeling
Kinderen met het Angelman-syndroom maken over het algemeen een vrolijke en blije indruk; ze glimlachen vaak en barsten soms zonder aanwijsbare reden in onbedaarlijk lachen uit.
Vaardigheden op het gebied van zelfredzaamheid, zoals zindelijkheid, zelf eten, aan- en uitkleden zijn de meeste kinderen met veel geduld wel aan te leren.
Zij zijn erg nieuwsgierig en gaan overal op af; ze kennen echter geen gevaar.
Veel kinderen houden van spelletjes en speelgoed waarbij lawaai gemaakt wordt en zijn gek op water.

Aandachtspunten bij de begeleiding

Lichamelijke ondersteuning
De algemene gezondheid is over het algemeen goed. Het aantal oudere mensen met het Angelman-syndroom is nog zo klein dat er nog geen prognoses gegeven kunnen worden.

Ongeveer de helft van de mensen met het Angelman-syndroom heeft weinig pigment; zij moeten voorzichtig zijn in de zon; zij verbranden veel sneller.

Scoliose, een zijwaartse verkromming van de ruggengraat, komt iets vaker voor bij meisjes dan bij jongens en kan al beginnen op jonge leeftijd (vijf jaar). Vooral aan het einde van de puberteit en bij jong volwassen vrouwen kunnen flinke verergeringen optreden. Ondersteuning door fysiotherapie en oefeningen die de begeleiding kan uitvoeren, moeten ervoor zorgen dat deze mensen hun mobiliteit blijven behouden.

Zowel Astrid als Nicole hebben een brace van kunststof gehad om de scoliose zo veel mogelijk te beperken. Dit heeft echter onvoldoende resultaat gehad. Beide meisjes zijn geopereerd, waarbij er een stang langs de ruggenwervel is geplaatst om die in een rechtere stand te fixeren.

Regelmatige controle bij een oogarts om mogelijke visusproblemen te voorkomen.

Obstipatie is een veelvoorkomend probleem. Het vraagt aanpassing van de voeding en zorg voor beweging.

Communicatie en contact
Er zal blijvende aandacht moeten worden besteed aan de wijze van communiceren. Kinderen en ook volwassenen zullen steeds uitgedaagd moeten worden om allerlei communicatiemiddelen en vormen te gebruiken. *(Lees verder op pagina 276)*

1.7 | Overige syndromen

Syndroom	Oorzaak	Incidentie	Lichamelijke kenmerken/ontwikkeling
Cornelia de Lange-syndroom	Onbekend; men denkt aan microdeletie of autosomaal dominante overerving.	1:30.000 à 40.000 mensen. Vaak een laag geboortegewicht.	Geringe lichaamslengte, klein hoofd, dunne doorlopende wenkbrauwen, lange wimpers, laagstaande oren, sterke beharing en een bleke, marmerachtige huid. Afwijkingen aan vingers en tenen. Trage motorische ontwikkeling.
Cri du Chat-syndroom	Ontbreken van een deel van de 'korte arm' van chromosoom 5.	Ongeveer 1:50.000	In het begin katachtig huilen. Microcephalie (kleine schedel). Rond gezicht, smalle kin, ver uitstaande ogen, vrij grote neus ('snavelvormig'). Korte nek, laagstaande oren. Achterblijvende lengtegroei en laaglichaamsgewicht.
Klinefelter-syndroom	Extra X chromosoom (XXY)	1:1000 geboren jongetjes	Ontwikkeling tot aan de puberteit redelijk normaal. Kleine niet-ingedaalde testikels, nauwelijks beharing en bij 30% lichte borstvorming. Volwassenen hebben lange onderbenen en een grote kans op osteoporose en open benen.

Cognitieve en taalontwikkeling	Sociale ontwikkeling	Aandachtspunten/ begeleidingsvraag
Communicatie verdient aandacht; meer receptief dan expressief. Kinderen leren laat praten. Veelal ernstige verstandelijke beperking.	Bij een opgewekt karakter. Gedragsproblemen en zelfverwonding komen veelvuldig voor. Grote prikkelgevoeligheid, dwangmatig gedrag.	Regelmaat en veiligheid bieden. Voeding verdient aandacht. Mogelijkheden aanbieden om de communicatie te verbeteren. Muziek en bewegingsmogelijkheden. Veel luchtweginfecties. Meisjes vaak urineweginfecties.
Veelal ernstige verstandelijke beperking. Taal beperkt tot uiten van losse woorden of veelgebruikte klanken. Taalbegrip beperkt. Moeite met uiten van wat ze bedoelen.	Levendig, opgeruimd. Gedragsproblemen, met name automutilatie en rumineren. Pica (het eten van oneetbare zaken zoals planten, sigarettenpeuken, pluizen van een deken, kerstballen). Leggen graag contact.	Voorkomen van pica, controle maag en darmen. Bijhouden vochtbalans bij veel rumineren. Aandacht geven op momenten dat negatief gedrag zich niet voordoet. Obstipatieproblemen bestrijden. Soms zindelijkheidstraining. Totale communicatie.
Verloopt vrijwel normaal. Een aantal is licht verstandelijk beperkt.	Psychose en persoonlijkheidsstoornissen kunnen voorkomen.	Aandacht voor de problemen bij de persoonlijkheidsproblemen. Ondersteunen bij medicamenteuze behandeling ter stimulering van de secundaire geslachtskenmerken.

Syndroom	Oorzaak	Incidentie	Lichamelijke kenmerken/ontwikkeling
Fenylketonurie	Ontbrekenvan het enzym fenylalaninehydroxylase. Het is een autosomaal-recessieve aandoening. Iedere baby wordt de 5de of 6de dag na de geboorte geprikt op PKU en CHT (congenitale hersenaandoening). Indien ontdekt en behandeld zijn er verder geen verschijnselen. De behandeling bestaat uit een dieet.	1:16.000	Indien niet behandeld: in het eerste halfjaar veel braken. Geen of nauwelijks pigment in ogen, haren en huid. Epilepsie. Veelal ernstig verstandelijk beperkt.
Symptoom van Sanfilippo	Stofwisselingsziekte (mucopolysacharidose); het ontbreken van een enzym dat zorgt voor de afbraak van koolhydraten, vetten en eiwitten; hierdoor ontstaat stapeling en vernietiging van een cel. Verloop is progressief, afhankelijk van het type A, B of C.	1:25.000	Geleidelijke neurologische regressie, waardoor bedlegerig.
Tubereuze sclerose (ziekte van Bourneville)	Autosomaal dominante aandoening. Verschillende ernst van uiting (60% heeft een vorm van verstandelijke beperking). Neurocutaan: een combinatie van afwijkingen aan de huid en het zenuwstelsel.	1:6000 à 30.000	Depigmentatie op de romp en extremiteiten (witte vlekjes). Oudere kinderen en volwassenen een op acne lijkende uitslag in het gezicht in de vorm van een vlinder. Behandeling met laser. Moeilijk in te stellen epilepsie.

Cognitieve en taalontwikkeling	Sociale ontwikkeling	Aandachtspunten/ begeleidingsvraag
Indien niet behandeld: trage ontwikkeling in het eerste jaar, daarna hyperactiviteit.	Indien niet behandeld: autistische kenmerken, zelfverwonding.	Dieetmaatregelen volgen; rustige omgeving en veiligheid.
Aanvankelijk normale ontwikkeling. Vanaf kleuterleeftijd: verlies van beheerste vaardigheden. Vroegtijdig optreden van dementie.	Gericht op sociaal contact, ook hierin nemen de vaardigheden af.	Goede observatie en rapportage in verband met toenemende afhankelijkheid. Let op overvraging.
Zeer uiteenlopend; gewoon onderwijs tot matig verstandelijk beperkt. Veelal wel een vertraagde ontwikkeling.	De moeilijk instelbare epilepsie en het uiterlijk kunnen leiden tot vereenzaming. Soms een verlies van verworven vaardigheden.	Ondersteuning en stimulering. Instandhouden en uitbreiden sociaal netwerk. Alert zijn op achteruitgang.

Syndroom	Oorzaak	Incidentie	Lichamelijke kenmerken/ontwikkeling
Lesch-Nyhan-syndroom	Aangeboren afwijking; afwezigheid of deficiënt enzym (HG PRT). X gebonden; meestal jongens aangedaan.	1:100 000	Slechte nierfunctie.
Turner-syndroom	Ontbreken van X-chromosoom, komt dus alleen bij meisjes voor.	1:4000 (veel kinderen overlijden al tijdens de zwangerschap)	Achterblijvende lengtegroei. Onderontwikkelde geslachtsorganen. 'Webbing neck'. Brede borstkas; tepels ver uiteen.
Noonan-syndroom (male Turner Syndrome)	Men vermoedt een gen op chromosoom 12.	1:1000 à 2500	Congenitaal hartdefect. Hoog en breed voorhoofd, sterk gebogen wenkbrauwen, afhangende oogleden, grote afstand tussen de ogen, korte brede nek, laag ingeplante oren. Geringe lichaamslengte. Vertraagde motorische ontwikkeling. Frequent luchtweginfecties.
CHARGE-syndroom	Oorzaak onbekend; combinatie van aangedane organen. CHARGE verwijst naar de eerste letters van de aangedane organen. C = coloboma (sluitingsdefect retina of oogzenuw); H = hartdefect; A = atresie van de coanae (overgang neus/keel); R = retardatie van groei en ontwikkeling; G = genitale afwijkingen; E = ear afwijkingen.	1:50 000	Visusstoornis. Lichtgevoeligheid (binnenshuis een zonnebril). Gehoorstoornissen. Kleine penis, niet-ingedaalde testikels. Geen evenwichtsorgaan. Lichamelijke problemen leiden al snel tot een achterstand. Problemen met sensorische integratie

Cognitieve en taalontwikkeling	Sociale ontwikkeling	Aandachtspunten/ begeleidingsvraag
Veelal ernstig en matig verstandelijk beperkt. Taalontwikkeling heel verschillend; veelal gebruikt om behoeften te bevredigen.	Veel gedragsproblemen. Automutilatie (in zeer extreme vorm); veel genoemd worden lip- en vingerbijten en/of head banging. Contact leggen verloopt moeizaam door vreemd gedrag.	Observatie, ondersteuning/ omgang bij automutilatie.
Veelal een lichte verstandelijke beperking. Verminderd oriëntatievermogen.	Niet anders dan bij iedereen.	Begeleiding bij het accepteren en verwerken van het anders zijn en het feit dat betrokkenen geen kinderen kan krijgen.
Een lichte tot geen verstandelijke beperking. Vertraagde taalontwikkeling.	Verloopt enigszins vertraagd.	Bestrijden/voorkomen luchtweginfecties. Communicatietraining. Begeleiden naar zelfstandigheid.
Mate van verstandelijke beperking verschillend, beïnvloed door visus- en gehoorproblemen.	Nauwelijks vertraagd. Autistiform gedrag (soms).	Met name op het gebied van visus en gehoor, hulpmiddelen aanbieden. Begeleiden eventuele hormoontherapie.

Syndroom	Oorzaak	Incidentie	Lichamelijke kenmerken/ontwikkeling
Wolf-Hirschhorn-syndroom	Ontbreken van een stukje erfelijke informatie van de korte arm van chromosoom 4 (4p-)	1:50.000	Laag geboortegewicht, vertraagde groei. Soms ernstig aangeboren afwijkingen (hartaandoening). Epilepsie. Lage spierspanning, klompvoetjes. Gehemeltespleet (ongeveer de helft van de kinderen).
VCF-syndroom (velo-cardio-faciaal)	Deletie op de lange arm van een van de twee chromosomen 22 (deletie 22q11).	1:4000 à 5000 pasgeborenen	Velo: zachte gehemelte: afsluiting tussen mond- en keelholte is niet goed aangelegd. Cardio: helft van de kinderen heeft hartafwijkingen. Faciaal: afwijkend gevormde oren; smalle oogspleten, brede neusbrug, kleine terugwijkende kin, (vaak) open mond. Motorische ontwikkeling wat vertraagd; voedingsproblemen.

Cognitieve en taalontwikkeling	Sociale ontwikkeling	Aandachtspunten/ begeleidingsvraag
Veelal ernstig verstandelijk beperkt. Spreken enkele woorden, begrijpen veel meer.	Herkennen personen en situaties. Kunnen erg koppig zijn, eigen wil. Kijken graag tv.	Slaapproblemen (lijken minder slaap nodig te hebben). Epilepsie is vaak moeilijk instelbaar. Overgevoeligheid van het mondgebied (logopedische hulp).
Leerproblemen en/of verstandelijke beperkt; goed geheugen, beperkte concentratie. Vertraagde spraak/taalontwikkeling. Kinderen praten erg nasaal; zijn moeilijk te verstaan.	Vaak wat teruggetrokken gedrag; contact met leeftijdgenoten zwak, met volwassenen goed. Angsten en stemmingsstoornissen.	Aandacht voor communicatie, training sociale vaardigheden, weerbaarheid. Voorkomen van eenzaamheid. Verhoogd risico op psychiatrische problemen.

Totale communicatie, gebaren en pictogrammen zullen steeds moeten worden aangeboden.

Begeleiders zullen gebruik moeten maken van de sterke kanten; het goede geheugen voor gezichten en richtinggevoel kan gebruikt worden bij spelletjes. Er is een fascinatie voor water en glinsterende voorwerpen; water en muziek kunnen aanknopingspunten zijn voor sociaal contact.

Sociale aspecten

Essentieel in de begeleiding is het aanbieden van structuur. Hiervoor zijn twee redenen te geven. Enerzijds moet er geprobeerd worden om het chaotische gedrag af te remmen om zo meer ruimte te creëren voor ervaringsgerichte activiteiten en anderzijds moet de wereld voor deze kinderen minder angstig en bedreigend gemaakt worden. Voor de kinderen is het gemakkelijker te begrijpen wat er met hen gebeurt, wanneer de signalen uit de omgeving zo geregeld zijn dat bepaalde sleutelsignalen altijd samen en in een bepaalde volgorde optreden. Iedere dag moet eenzelfde basisritme hebben.

· · · · · · · · · · · · · · · · ·

O P D R A C H T

Er komt een nieuwe begeleider werken op de groep van Astrid en Nicole.

Maak een inwerkplan waarin staat:
- ➤ wat je de belangrijkste informatie vindt over het Angelman-syndroom;
- ➤ wat de nieuwe begeleider van Astrid en Nicole juist wel én juist niet moet doen.

Voer een eerste gesprek met de nieuwe begeleider.

2 Mensen met een verstandelijke beperking en dementie

'Ik zie haar nog steeds zo voor me staan, een vrouw van midden tachtig, klein, pinnig, mager, een prachtig hoofd met strak blauwe ogen en met een bos golvend grijs haar en, alsof ze bang was om hem te verliezen, haar handtas vastgeklemd tussen haar lichaam en de binnenzijde van haar rechterarm... Ze liep in zichzelf pratend richting de deur die de afdeling scheidde van het liftenblok. Aan de andere kant van de deur stond het bezoek geduldig te wachten totdat ik het sein zou geven dat ze naar binnen mochten komen. Bezoekuur. "Mevrouw Sigmond," riep ik, "kom, dan breng ik u naar uw kamer." Ik liep op haar af en pakte haar arm. "Blijf van me af engerd, blijf van me af," krijste ze zonder enige aanleiding. Ik pakte haar steviger vast en probeerde haar mee te trekken, naar haar kamer, weg uit het gezichtsveld van het verzamelde bezoek. "Help, help, hij pakt mijn tas," gilde zij en sloeg me vervolgens midden in mijn gezicht. Ze verloor haar evenwicht en viel. Een oude vrouw, gillend op de grond voor de ogen van het bezoek. Ik kon ze bijna horen zeggen: "Wat een slechte begeleider. Wordt hier zo met de mensen omgegaan." Ik schaamde me diep.'

2.1 Wat is dementie?

Dementie is de naam voor een aantal verschijnselen die gelijktijdig voorkomen, zoals geheugenverlies, verlies van oriëntatie en gedragsveranderingen. Het gaat bij dementie om een ziekteproces met verschillende oorzaken (dementie komt bij tientallen ziekten voor) en verschijnselen, dus het zou beter zijn om te spreken van een dementieel syndroom (De Geus 1997).

De DSM IVTR spreekt over dementie als:

1. Er een aantoonbare stoornis is van het geheugen voor recente gebeurtenissen én van het langetermijngeheugen.
2. Er ten minste één van de volgende stoornissen bestaat:
   - stoornis in het abstracte denken;
   - stoornis in het oordeelsvermogen;
   - een andere stoornis van hogere corticale functies zoals afasie of apraxie;
   - persoonlijkheidsveranderingen.

Bovendien geldt dat de stoornis zich niet uitsluitend mag voordoen in een delirante toestand en moet er sprake zijn van een duidelijk negatieve invloed op werk, sociaal leven en relaties.

In Nederland zijn er inmiddels ongeveer 180 duizend mensen ouder dan 65 die aan dementie lijden. Voor 2050 verwacht men dat er dan 400.000 personen getroffen zullen zijn door dementie.

Sommige mensen lopen een hoger risico de aandoening te krijgen. Naast erfelijkheid spelen onder meer de volgende factoren een (vaak) beperkte rol bij het hogere risico:
- hoge leeftijd verhoogt de kans op Alzheimer,
- oudere vrouwen hebben een hoger risico dan mannen,
- roken,
- hoge bloeddruk,
- diabetes type 2.

Ook (ouder wordende) mensen met een verstandelijke beperking kunnen geconfronteerd worden met het dementiesyndroom. Zo krijgen veel mensen met het syndroom van Down na hun 45ste levensjaar de ziekte van Alzheimer. Er is een verband gevonden tussen Alzheimer en het syndroom van Down. Er ligt een gen op chromosoom 21 dat mogelijk leidt tot een vroeg ontstaan van de ziekte van Alzheimer. Bij het syndroom van Down is er een chromosoom 21 te veel aanwezig (zie ook bij de uitgebreide beschrijving van het sydroom van Down).

Mensen met dementie hebben grote moeite met het ordenen van de wereld om hen heen en het ordenen van eigen gedachten en gevoelens. Zij kunnen de informatie niet goed verwerken en snappen steeds minder van de buitenwereld en van zichzelf.

De oorzaak hiervan is het achteruitgaan van het geheugen, waardoor ook het tijdsbesef verloren gaat en oorzaak en gevolg door elkaar worden gehaald. Zo vervreemden ze van zichzelf en van de wereld.

Geheugenverlies is het meest kenmerkend verschijnsel van dementie en komt bij alle vormen voor. In het begin is dit vergeetachtigheid voor dingen die kort geleden zijn gebeurd. Zo wordt een telefoonnummer vergeten of een naam van een persoon aan wie men zojuist is voorgesteld. Na verloop van tijd worden ook zaken vergeten die al langer bekend zijn.

Naast het geheugenverlies komen er ook andere verschijnselen voor. Veelal zijn het er meerdere:

- oriëntatieverlies wat betreft plaats, tijd, personen;
- cognitieve tekorten bij het rekenen, logisch redeneren, begrijpen, beoordelen van opmerkingen, taal, oordeelsvorming en het abstract denken;
- gedragsveranderingen als onrust en ongedurigheid, agressie, veel eten, zinloos herhalen van handelingen, initiatiefverlies;
- stemmingsveranderingen zoals somberheid en wisseling van stemming;
- handelingsproblemen met tandenpoetsen, afwassen, aankleden.

Het karakter verandert ook. Met name mensen die betrokkene minder vaak zien signaleren dit. Ze kunnen grover worden in taalgebruik, spontaniteit verdwijnt, angst ontstaat.

2.2 | Oorzaken en vormen van dementie

Dementie is niet één ziekte maar een syndroom dat door verschillende onderliggende aandoeningen kan worden veroorzaakt.

Ziekte van Alzheimer

De ziekte van Alzheimer is de meest voorkomende vorm van dementie van het corticale type. Zeven van de tien mensen met dementie lijdt aan deze vorm. Het openbaart zich meestal pas na het zeventigste levensjaar. In sommige gevallen begint het al rond of voor het veertigste levensjaar. Dit is onder andere het geval bij mensen met het syndroom van Down. Het verloop is progressief. De verschijnselen nemen geleidelijk toe. Aanvankelijk is er sprake van lichte geheugenstoornissen. Later ontstaat er een situatie waarin men de juiste volgorde van de handelingen (apraxie) is vergeten en waarin mensen niet meer worden herkend. Typerend voor de ziekte is dat de mensen een helder bewustzijn hebben, ze zijn niet suf. De ziekte is niet te genezen. Gemiddeld overlijden de mensen met deze aandoening ongeveer drie tot negen jaar nadat de eerste verschijnselen zich hebben voorgedaan. Vrouwen leven gemiddeld wat langer dan mannen. Meestal overlijdt men niet aan de dementie zelf maar aan bijkomende complicaties als bijvoorbeeld een longontsteking.

De oorzaak is nog niet echt duidelijk. Het is waarschijnlijk een wisselwerking tussen genetische factoren en omgevingsfactoren. Een gen (liggend op chromosoom 19) wordt in verband gebracht met dementie. De aanwezigheid van dat gen in een individu verhoogt het risico op dementie.

Vasculaire dementie

Na Alzheimer komen deze vormen van dementie het meest voor. Hier zijn de bloedvaten in de hersenen aangetast door kleine achtereenvolgende bloedinkjes of massale bloedingen (beroerte).

Parkinson

Parkinson is een degeneratieve ziekte waarbij in een later stadium ook dementie kan optreden.

Parkinsondementie, Alzheimer en de vasculaire dementie zijn de meest voorkomende.

Ook bij andere ziekten en aandoeningen kan dementie nog optreden zoals AIDS, hersentumoren, Creuzfeldt-Jakob en zoals gezegd het syndroom van Down.
De dementie gaat nogal eens hand in hand met andere ziektebeelden (comorbiditeit). Zo hebben velen ook psychotische ervaringen (wanen en hallucinaties) en angsten en depressies vooral in de beginfase van de dementie.

Dementie	Depressie
Cognitieve verandering treedt eerst op	Stemmingsverandering treedt eerst op
Stemming wisselt	Stemming voortdurend somber
Coöperatief maar niet adequaat bij psychologische testen	Niet meewerkzaam of niet hun best doen
Afasie aanwezig	Afasie afwezig
Geniet van dingen	Geniet niet van dingen

Stadia van dementie

Het voorstadium
Dit stadium kenmerkt zich door toenemende geheugenstoornissen. Allereerst worden dingen uit het recente verleden vergeten. Het lijkt op gewone vergeetachtigheid. Deze vergeetachtigheid leidt tot onzekerheid en frustratie. In het begin zie je ook dat men tracht dit te verbloemen of te verbergen. Dit leidt tot irritatie van de directe omgeving. Ook het denken, taalgebruik, plannen etc. gaat achteruit. Deze cognitieve achteruitgang wordt Mild Cognitive Impairment genoemd en is een bij ouderen veel voorkomend verschijnsel. Men denkt dat het in veel gevallen dus een voorbode kan zijn van dementie.

Beginnende dementie
De vergeetachtigheid wordt ernstiger. Hierdoor zoekt de dementerende steeds meer houvast in het verleden en hij praat hierover ook vaker. Ook raakt men de oriëntatie kwijt. Men vergeet de tijd, de plaats waar men is en ook namen. Contacten worden uit de weg gegaan en er kan angst of paniek ontstaan. Ook andere verschijnselen komen voor: routinehandelingen als veters strikken of schrijven gaan steeds moeilijker. Aanvallen van woede of verdriet komen voor. De

omgeving krijgt zeker in de gaten dat er meer aan de hand is dan 'vergeetachtig-heid'. De dementerende heeft begeleiding nodig.

Matige dementie

Mensen met matige dementie worden verzorgingsbehoeftig. Veel dagelijkse han-delingen kunnen niet meer worden uitgevoerd en er bestaan alleen nog herin-neringen van lang geleden. Het verleden wordt het heden. Hij of zij begrijpt nog maar weinig van wat er om hem of haar heen gebeurt. Gedrag wordt onaangepast en gedragingen worden eindeloos herhaald. Voor de omgeving wordt het samen-leven erg zwaar. Het contact wordt steeds moeilijker. De partner wordt geleidelijk aan niet meer herkend.

Ernstige dementie

De dementerende praat niet meer en kan nog maar heel weinig. Bijna niemand wordt nog herkend. Het lijkt alsof hij terugkeert naar de eerste levensjaren: het leven draait om eten, slaap en warmte. Dikwijls maken ze een gelukkige indruk, er kan ze niets meer gebeuren. Incontinentie komt zeer veel voor en de mobiliteit is gering. Verpleging is noodzakelijk.

De snelheid waarmee dementie verloopt verschilt per individu waarbij het er wel op lijkt dat het bij mensen met geringere cognitieve vaardigheden sneller verloopt.

2.3 | Onderkenning en behandeling

Het optreden van geheugenstoornissen is essentieel voor de diagnose 'dementieel syndroom'. Bij mensen die geen verstandelijke beperking hebben duurt het enige tijd alvorens zij bij geheugenstoornissen een bezoek aan de huisarts brengen. Veelal komt dit door het geleidelijk ontstaan van de klachten. De omgeving went er min of meer aan. Buitenstaanders zijn vaak de reden om een bezoek aan de huis-arts te brengen.

Het vaststellen van de diagnose gaat in een aantal stappen. Allereerst moet worden vastgesteld of de verschijnselen duiden op dementie of op een andere aandoening, zoals depressie. Vervolgens moet de oorzaak worden opgespoord (indien moge-lijk). Soms is het een gevolg van medicijnen, een schildklierafwijking of zelfs een tumor. Als dit uitgezocht is dan wordt vastgesteld in welk stadium de betrokkene verkeert. De diagnose wordt dikwijls gesteld door een team waarin een psycholoog, een geriater, een neuroloog, een psychiater en een maatschappelijk werker parti-ciperen. Dit team formuleert dan ook voorstellen voor eventuele behandeling en begeleiding.

Men gebruikt psychologische tests waarbij cognitieve vaardigheden worden geme-ten. In de toekomst komen er wellicht klinische tests waarmee men dementie zou kunnen aantonen op grond van bepaalde eiwitten in het bloed of de urine. Over het algemeen wordt de diagnose terecht gesteld. Meer zekerheid is alleen te krij-gen na het overlijden van de patiënt als men via hersenonderzoek bepaalde afwij-kingen aantreft.

Behandeling

Voor dementie is geen behandeling mogelijk die leidt tot genezing. Zeker niet bij de ziekte van Alzheimer. Daarom richt de behandeling zich ook vooral op de aanpak van verschijnselen. In zijn algemeenheid geldt: rust en regelmaat in een vertrouwde omgeving waarbij rekening wordt gehouden met wat de dementerende zelf nog kan en wat hij niet meer kan. Er is een aantal benaderings- of begeleidingswijzen die in de verschillende stadia van het dementeringsproces kunnen worden toegepast, al zijn de effecten daarvan over het algemeen gering.

Overzicht van de werkzaamheid van interventies bij dementie (Trimbos 2007)

Behandeling, bejegening	Werkzaamheid
Geneesmiddelen	
Cholinesterase remmers	*/**
Glutamaat remmers	*
Gingko biloba	?
Psychotherapie & training	
Psychotherapie & gespreksgroepen	?
Gedragstherapie	**
Psychomotore en muziektherapie	?
Realiteitsoriëntatietraining	*
Realiteitsoriëntatiebenadering	?
Belevingsgerichte benaderingen	
Validation	?
Reminiscentietherapie	?
Snoezelen	?

*** bewezen werkzaam
** redelijke aanwijzingen voor werkzaamheid
* enig bewijs voor werkzaamheid of bescheiden effect
? bewijs ontbreekt (nagenoeg)
- bewezen onwerkzaam

2.4 Dementie en verstandelijke beperking

Als de DSM IV-criteria voor het dementieel syndroom worden toegepast, zou je kunnen zeggen dat iedere mens met een verstandelijke beperking ook dementie heeft. Natuurlijk is dit niet waar. Om bij mensen met een verstandelijke beperking te kunnen vaststellen of er sprake is van dementie moet een vergelijking worden gemaakt met het niveau waarop hij of zij eerder functioneerde. Net als mensen zonder een verstandelijke beperking kunnen mensen met een verstandelijke beperking op latere leeftijd worden geconfronteerd met dementieverschijnselen.

Het is alleen veel moeilijker vast te stellen, met name omdat verschijnselen die kunnen duiden op beginnende dementie, gezien worden als behorende bij de verstandelijke beperking.

. . . .

O P D R A C H T

Een van de cliënten van de groep waar je werkzaam bent is, zoals de psycholoog het uitdrukt 'gedesoriënteerd in de tijd'. Op een dag staat hij tijdens het gezamenlijk koffiedrinken op en trekt zijn jas aan. Hij meldt dat hij naar zijn moeder gaat want zij is ziek. Ze heeft griep en hij moet boodschappen voor haar doen.
Bedenk zo veel mogelijk oorzaken/redenen voor dit gedrag.
Zou je hier denken aan beginnende dementie?
➤ Hoe reageer je op deze mededeling?

Om mogelijke dementie vast te kunnen stellen, wordt gebruikgemaakt van de Dementieschaal voor het Downsyndroom. Deze vragenlijst wordt ingevuld door een begeleider die de cliënt goed kent en aan de hand van de scores wordt de mate van dementie vastgesteld. Door deze procedure te herhalen ontstaat er een tamelijk goed beeld van de achteruitgang.
Echter, er zijn enkele oorzaken van een verstandelijke beperking die leiden tot vroege dementie. De belangrijkste groep zijn mensen met het syndroom van Down.
Verder geldt het ook voor een aantal progressief verlopende ziektebeelden als het syndroom van Sanfilippo en stapelingsziekten als mucopolysacharidose (MPS).

Het syndroom van Down en Alzheimer
Veel mensen met het syndroom van Down krijgen Alzheimer. Zo heeft meer dan 40% van hen tussen de 60 en 70 jaar Alzheimer. Duidelijk is dat er op het chromosoom 21 een gen ligt dat verantwoordelijk is voor het ontstaan van de ziekte van Alzheimer. Bij mensen met het syndroom van Down die overlijden na hun vijftigste levensjaar zijn in alle gevallen bij neuropathologisch onderzoek de typerende afwijking aan de hersenen gevonden die horen bij Alzheimer. Onder andere wordt dan in de hersenen een stapeling van een eiwit, het *amyloïd*, gevonden. Hierdoor ontstaan de seniele plaques. Mogelijk is het zo dat mensen met het syndroom van Down, omdat ze een extra chromosoom 21 hebben, een (veel) grotere kans hebben op het ontstaan van deze stapeling, dus Alzheimer.
Het verloop van de ziekte van Alzheimer bij mensen met het syndroom van Down vindt op een andere wijze plaats dan bij mensen zonder een verstandelijke beperking. In het begin zijn de verschijnselen vaak vaag: traagheid, snel vermoeid raken, humeurigheid, incontinentie, onzeker lopen en vage lichamelijke klachten. Bij navraag blijkt vaak dat geheugenstoornissen en oriëntatiestoornissen vaak al langere tijd aanwezig waren. Bijna altijd treden na enige tijd ernstige epileptische aanvallen op, vooral myoclonieën van armen en gelaat of grand mal aanvallen (Zwets en Kars 1997). Daarna kan het proces heel snel gaan. Gemiddeld duurt het ziekteproces vanaf de diagnose tot overlijden 5 jaar (Alzheimer Nederland 2006).

2.5 Aandachtspunten bij de begeleiding

In deze paragraaf worden aanbevelingen gegeven voor de begeleiding, bruikbaar voor dementiële verschijnselen bij mensen met een verstandelijke beperking zowel met als zonder het syndroom van Down. Uiteraard geldt hier dat de begeleiding en zorg die nodig is afhangt van het stadium van dementie en de ernst van de verstandelijke beperking. Door de geheugenstoornissen en bijkomende problemen ontstaan er problemen op allerlei gebieden.

Het belang van een ritme
Zeker in een beginnend stadium is het van belang te zorgen voor een vaste dagstructurering. Dit geeft houvast en een gevoel van veiligheid. Bij een meer gevorderde dementie is het nodig om de activiteiten die worden ontplooid te heroverwegen. Er zal moeten worden bekeken of het huidige activiteitenaanbod nog wel bijdraagt aan het welbevinden van de cliënt.
Onderdelen uit de 'omgevingstherapie' zijn zeer goed bruikbaar: de omgeving van de dementerende blijft zo veel mogelijk vertrouwd en bekend. Alles vindt plaats op een vaste tijd en keuzes worden beperkt. Aansluiten bij de mogelijkheden van betrokkene is noodzaak. Stimuleren is goed, maar met mate. Het gaat erom dat de cliënt zo veel mogelijk dingen kan doen die worden ervaren als prettig en/of zinvol. Frequent contact is zeer belangrijk. Dit vergroot de herkenning en het gevoel van veiligheid.

Nachtelijke onrust en slaap-waakstoornissen doen zich zeker voor bij dementerende mensen met een verstandelijke beperking. Dikwijls gaat het gepaard met epileptische aanvallen (zeker bij mensen met het syndroom van Down én Alzheimer). Soms is het noodzakelijk om de cliënt in kwestie 's nachts vast te leggen in bed met een onrustband (vastleggen in het IOP). Vaak helpt het ook om hem of haar een eigen kamer te geven. De medecliënten wordt in dat geval een goede nachtrust gegund.

Verlies van geheugen en angst
De centrale stoornis is de geheugenstoornis. In toenemende mate herinnert de dementerende zich steeds minder. Het langst intact blijven herinneringen aan indrukwekkende gebeurtenissen langer geleden. Bij mensen met een verstandelijke beperking is de geheugenstoornis, enkele uitzonderingen daargelaten, altijd aanwezig. Daarom is herkenning van het optreden van dementie in een vroeg stadium ook zo moeilijk. Dikwijls zullen andere verschijnselen eerder opvallen: afnemende redzaamheid, incontinentie, persoonlijkheidsveranderingen, achteruitgang in taal en motoriek.
Door de problemen met het geheugen verandert de zelfbeleving ook. Veelal ontstaat er angst en paniek. Men weet niet meer waar en met wie men is. Door zorg te dragen voor herkenbaarheid in persoon, relatie, tijd en plaats kan dit enigszins worden beïnvloed. Zeker bij een cliënt die verkeert in een beginnend of gevorderd stadium is dit van belang. In het eindstadium zijn de angstgevoelens niet meer zichtbaar aanwezig. De zelfbeleving is dan ook niet meer waar te nemen.

Communicatie en benadering

Snoezelen is wellicht een geschikte benaderingswijze. Het is geen therapie, het is op een prettige wijze bezig zijn en contact leggen/houden met de cliënt. Zeker bij gevorderde dementie is dit het geval. Rust en herkenbaarheid zijn dan geboden. Er moeten niet te veel prikkels gelijktijdig worden aangeboden. Rustige muziek, weinig licht en lichamelijk contact zijn het belangrijkst.

Geheugentraining is veelal niet geschikt. Alleen bij mensen met een lichte verstandelijke beperking in een voorstadium van dementie kan het enige tijd werken. Het houdt hem of haar mogelijk actief en langer zelfstandig. Daardoor wordt het gevoel erbij te horen bevorderd.

ROT (realiteitsoriëntatietraining) is te hoog gegrepen. Cliënten worden dan vooral geconfronteerd met datgene wat ze niet kunnen. Bovendien kunnen de ROT-regels alleen worden toegepast in een een-op-eenbegeleiding.

Validation en belevingsgerichte zorg zijn methoden om te communiceren met mensen die lijden aan de ziekte van Alzheimer of aanverwante vormen van dementie.

De belangrijkste principes zijn:
- Ieder mens is uniek en dient als individu te worden benaderd.
- Er is een reden voor het gedrag van gedesoriënteerden.
- Veranderen van gedrag is alleen mogelijk als de persoon zelf daar het nut van inziet.
- Als het kortetermijngeheugen minder goed wordt, gaat de persoon met dementie meer 'leven in het verleden'.
- Gevoelens van onlust en angst gaan minder pijn doen als ze kunnen worden geuit (aan iemand die het vertrouwen geniet).
- Door empathie ontstaat vertrouwen, neemt angst en onrust af en herstelt het gevoel van eigenwaarde en de waardigheid zich.

De benadering wordt medebepaald door het stadium van dementie en bij mensen met een verstandelijke beperking bovendien door de ernst van de verstandelijke beperking.

Validation maakt gebruik van een aantal eenvoudige technieken. Enkele hiervan zijn:
- Centreren
  Alle aandacht moet zijn gericht op de ander. Hiertoe dien je zelf rustig te zijn door je aandacht van tevoren te concentreren op je ademhaling, gedurende enkele minuten.
- Vragen stellen (indien mogelijk) op niet-bedreigende wijze
  Vooral vragen naar feiten (wie, wat, waar, wanneer) en niet vragen naar het waarom wel of niet.
- Parafraseren
  Het helpt om de essentie van het gezegde te herhalen. Dat ordent en geeft rust. Verondersteld wordt dan wel dat verbale communicatie mogelijk is.
- Helpen denken aan het tegendeel (indien mogelijk)

	Lichte desoriëntatie	Verward tijdsbesef	Herhaalde beweging	Vegeteren
Benadering	wie, wat, wanneer vragen, bewaar enige afstand	gebruik aanrakingen en oogcontact	aanrakingen en oogcontact, meebewegen	spiegelbewegingen, gebruik zintuiglijke prikkels (snoezelen)
Oriëntatie	is bewust van desoriëntatie en dat leidt soms tot angst	geen besef van tijd, vergeet namen, plaatsen	sluit zich af voor prikkels	geen herkenning meer van personen of tijd
Spieren	gespannen, snelle en gerichte bewegingen	incontinent, langzaam	rusteloos, ijsberend	slap, bewegingsarmoede
Stemgeluid	snel, onrustig	laag, veel zingen	langzaam	
Ogen	gericht, oogcontact	ongericht, oogcontact kan leiden tot herkenning	gesloten gelaatsuitdrukking	gesloten
Communicatie	positieve reactie op bekenden	reageert op een zachte stem en aanraking	reageert nog weinig	niet zichtbaar

Een cliënt die aangeeft dat niets meer smaakt kan worden gevraagd: is er dan niet één ding dat je graag lust?

* Reminiscentie
  Dit is het helpen om (vroegere) herinneringen naar boven te halen.
  Hoe deed je dat vroeger? Dit is alleen mogelijk in een beginstadium bij mensen met een licht verstandelijke beperking.
* Intiem oogcontact
  Oogcontact kan leiden tot vertrouwen en minder onrust.
* Ambiguïteit
  Als de cliënt onbegrijpelijk spreekt, toch terugpraten. Als er een non-woord wordt gebruikt het non-woord vervangen door 'het' of 'zij'. Bijvoorbeeld: 'De Prieten doen me pijn!' 'Waar doen ze dan pijn?'
* Spreken met een duidelijke, lage, zachte stem
  Dit leidt tot een vermindering van onrust.
* Inspelen op het voorkeurszintuig
* Aanrakingen

Dit is met name geschikt bij dementie in een later stadium. Maar bij mensen met een ernstige verstandelijke beperking is het altijd passend. Aanraken is intiem en geeft een gevoel van vertrouwen.

- Muziek
Eenvoudige en bekende liedjes leiden tot herkenning, contact en rust.

De belevingsgerichte zorg maakt gebruik van deze technieken en inzichten. Daarenboven wordt vooral aandacht besteed aan lichamelijke belevingen en zintuiglijke ervaringen. Het lijkt op een combinatie van snoezelen, validation en warme zorg.

Warme zorg ten slotte gaat ook uit van de beleving en is er vooral op gericht het leven aangenamer te maken. Er wordt van uitgegaan dat hechting aan enkele vertrouwde personen belangrijk is om weer een gevoel van veiligheid te bereiken. Dit kan door hem of haar zo veel mogelijk te laten begeleiden door een vaste begeleider en een warme omgeving te scheppen. Persoonlijke kleding, een eigen ruimte, muziek, een huisdier of knuffel, warme kleuren en herkenbare attributen. Zoals blijkt uit het schema van het Trimbos-instituut is de bewijsvoering voor dergelijke benaderingen gering. Het zijn in ieder geval werkwijzen die mensen die het geven en krijgen wellicht plezierig vinden maar die niet leiden tot een vertraging of verbetering.

3 Mensen met een verstandelijke beperking en epilepsie

Ik doe mijn ogen open, de kamer draait weer op zijn plaats, al blijft het in mijn hoofd wervelen.
Mijn hals houdt het niet meer, mijn hoofd valt op mijn borst, draait de kamer ondersteboven.
M. AGAJEV

Epilepsie is een verzamelterm voor een groot aantal verschillende verschijnselen. Het karakteristieke symptoom is dan de epileptische aanval in al zijn verschijningsvormen.
Een bruikbare definitie is de volgende:
'Epilepsie is een aandoening waarbij een persoon getroffen wordt door vaker terugkerende aanvallen waarbij de motoriek, de beleving en het gedrag plotseling veranderen, eventueel gepaard gaand met bewusteloosheid. Men spreekt alleen van epilepsie als tijdens een aanval kenmerkende afwijkingen in de elektrische activiteit van de grote hersenen geregistreerd kunnen worden.' Niet altijd is een EEG (elektro-encefalogram) afwijkend; soms wordt op basis van het klinisch beeld de diagnose 'epilepsie' gesteld.
Een andere omschrijving is: epilepsie is een functiestoornis van de hersenen die zich uit in aanvallen. Grote groepen hersencellen ontladen zich tegelijkertijd en te gemakkelijk, waardoor er aanvallen optreden. Bij vaker voorkomende aanvallen spreekt men van epilepsie. Eén aanval is geen aanval.

Epilepsie komt bij mensen met een verstandelijke beperking verhoudingsgewijs frequent voor. Dit komt omdat de oorzaak van de verstandelijke beperking
dezelfde is als de oorzaak van de epilepsie, namelijk de hersenbeschadiging. Het
percentage cliënten in zorginstellingen voor mensen met een verstandelijke beperking dat wordt behandeld met anti-epileptica bedraagt ten minste 30%. Van de
Nederlandse bevolking heeft ongeveer 1 op de 150 mensen een of andere vorm van
epilepsie (Nationaal Kompas Volksgezondheid, RIVM 2006).

Het gaat om aanvalsgewijze functiestoornissen van de grote hersenen. Het normale, snelle en onoverzichtelijke patroon van zenuwsignalen maakt tijdens een
aanval plaats voor een afwijkend patroon: het patroon wordt langzamer, maar zeer
intensief, en hersencellen gaan anders dan anders in grote groepen gelijktijdig
een prikkel versturen. Dit afwijkende patroon kan beperkt blijven tot een of meer
gebieden, maar kan ook de hele hersenschors treffen.

De veranderingen in de elektrische activiteit van de hersenen kunnen worden geregistreerd met een zogeheten *elektro-encefalograaf*. De geregistreerde curve heet een
elektro-encefalogram (EEG). Tijdens een epileptische aanval is het EEG afwijkend.
Als de abnormale activiteit zich uitsluitend 'in de diepte' afspeelt, kan het zijn dat
er op het EEG niets afwijkends te zien is. Tussen de aanvallen door is het EEG
meestal normaal, maar soms is een zwakke afspiegeling te zien van een afwijkend
patroon. Om de diagnose te kunnen stellen kan dus gebruik worden gemaakt
van het EEG-onderzoek. Dit kan op verschillende manieren: standaard, tijdens
de slaap, na slaaponthouding of door middel van 24-uurs-registratie. Aanvullend
onderzoek is soms nodig. Een CT-scan, een MRI-scan en/of bloedonderzoek levert
dan in de meeste gevallen nadere gegevens op.

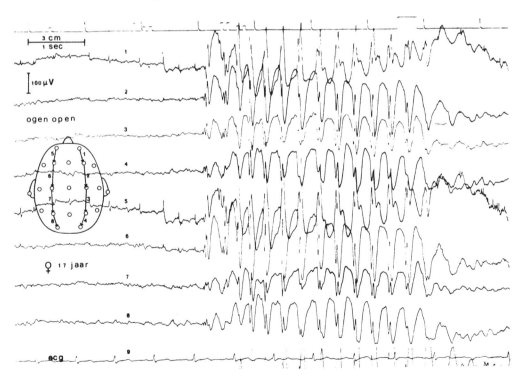

Afwijkend elektro-encefalogram

In het afgebeelde EEG ziet men (terwijl de zeventienjarige patiënte de ogen open heeft) plotseling een duidelijke verandering van het beeld ontstaan, bestaande uit een serie tamelijk regelmatige golven (piek-golven geheten), welke zich gelijktijdig over alle hersengebieden voordoen (duur van de serie ruim vier seconden). Een dergelijke ontlading is typisch voor een bepaalde vorm van epilepsie die ook wel petit mal (kleine aanval) of absence (afwezigheid) wordt genoemd.

CASUS

'Toen ik zeven was werd mijn broertje Koen geboren. Hij leerde lopen, maar als we gingen winkelen, liep hij steeds ergens tegenaan of struikelde. Ik vond dat heel vervelend want de mensen keken mij erop aan. Net of ik niet goed opgelet had of hem duwde.
Later bleek dat hij epilepsie had.'

3.1 | Oorzaken van epilepsie

Bij zeer veel mensen met epilepsie is er geen directe oorzaak aan te wijzen. Er kan evenwel sprake zijn van een hersenbeschadiging die verschillende oorzaken kan hebben:

- geboortetrauma, meestal door zuurstofgebrek;
- een hersenvlies- of hersenontsteking;
- een hersenbloeding;
- een gezwel in de hersenen;
- een erfelijke aandoening waarbij de stofwisseling verstoord is;
- een ernstige hersenschudding of hersenkneuzing;
- chromosomenafwijking, bijvoorbeeld syndroom van Down;
- stofwisselingsstoornis, bijvoorbeeld fenylketonurie.

Bij mensen met een verstandelijke beperking met epilepsie zijn meestal zowel de verstandelijke beperking als de epilepsie het gevolg van dezelfde oorzaak.

3.2 | Indeling van epileptische aanvallen

Er wordt een onderscheid gemaakt tussen partiële en gegeneraliseerde aanvallen. De partiële aanvallen spelen zich af op een bepaalde, aanwijsbare, plaats in de hersenen (het focus). De aanval blijft dan beperkt tot een bepaald lichaamsdeel (is dus partieel). In een aantal gevallen is de persoon gedeeltelijk of geheel bij bewustzijn. Partiële aanvallen kunnen overgaan in een gegeneraliseerde aanval.
Van de gegeneraliseerde aanvallen neemt men aan dat ze beginnen in het midden van de hersenen. Vanuit dat beginpunt worden beide hersenhelften in één klap in hun geheel in het proces betrokken. Het bewustzijn is altijd gestoord. Als er motorische verschijnselen zijn tijdens de aanval, dan gaat het over alle willekeurige spieren in het lichaam.
Deze hoofdindeling is vooral van belang omdat de verschillende groepen met verschillende medicijnen worden behandeld.

Schematisch overzicht van voornaamste aanvalsvormen

Partiële aanvallen	Belangrijkste kenmerken
Eenvoudige partiële aanvallen	motorische, zintuiglijk/sensorische of psychische verschijnselen bij bewustzijn of verlaagd bewustzijn soms sensorische verschijnselen
Complexe partiële aanvallen	gedeeltelijk gestoord bewustzijn met aura zowel eenvoudige als complexe partiële aanvallen kunnen overgaan in een gegeneraliseerde aanval, dit wordt secundair gegeneraliseerd genoemd.
Gegeneraliseerde aanvallen	
Tonisch-clonische aanval	volledige aanval geen aura tonische en clonische fase kan overgaan in een status epilepticus (levensbedreigend)
Absences	korte daling van het bewustzijn kan overgaan op latere leeftijd in tonisch-clonische aanvalsvorm
Atonische aanvallen	verslapping van spieren kan leiden tot onverwachte harde val korte bewustzijnsdaling
Myoclonische aanvallen	symmetrische spierschokken zeer korte bewustzijnsdaling

Partiële aanvallen

Eenvoudige partiële aanvallen

De epileptische haard van dit aanvalstype is vaak gelegen in het motorisch gedeelte van de hersenschors. De aanval gaat gepaard met motorische verschijnselen (schokken in een lichaamsdeel) en de persoon is geheel bij bewustzijn. Het bewustzijn is dus niet gestoord. Een voorbeeld hiervan is de epilepsie volgens Jackson. De aanval begint dan in de vingers en breidt zich uit naar de hand, arm en soms ook een lichaamshelft.

Er zijn ook vormen waarbij sprake is van de zogeheten sensorische verschijnselen (schijngewaarwordingen van licht, geluid en geuren) of van somatosensorische verschijnselen (prikkelingen, warm-koudgevoel). De haard ligt dan ergens anders.

Complexe partiële aanvallen

Deze aanvallen worden ook wel psychomotorische aanvallen genoemd, omdat er zowel psychische als motorische verschijnselen optreden. Hierbij is het bewustzijn wel gestoord, vaak gedeeltelijk. De aanvallen beginnen met een aura die van enkele seconden tot een halve minuut kan duren. Een aura is voor iedereen anders en te omschrijven als een vreemd gevoel, een bepaalde smaak of geur, een gevoel van angst en/of een vreemd gevoel in de bovenbuik (rising epigastric sensation). Daarna begint de eigenlijke aanval. De bewegingen en handelingen die dan worden verricht zijn vaak samengesteld van aard. De persoon maakt zoekende, tastende, wrijvende bewegingen. Het kan ook zijn dat voorwerpen worden verplaatst of doelloos wordt rondgelopen (schemertoestand). In een enkel geval kleedt de betrokkene zich uit. Vaak komen ook grimassen voor en smakbewegingen. De gelaatskleur is vaak rood of bleek en er is een starende blik. Iemand herinnert zich achteraf vaak wel de aura, maar dan verder niets meer.

Genoemde samengestelde bewegingen heten automatismen. De duur van de aanval is vaak langer dan één minuut.

Alle partiële aanvallen kunnen soms overgaan in secundair (dus in tweede instantie) gegeneraliseerde aanvallen met volledig bewustzijnsverlies. Dit gebeurt meestal tijdens de slaap. Dan ontstaat de zogeheten tonisch-clonische aanval (secundair gegeneraliseerd).

Gegeneraliseerde aanvallen

De tonisch-clonische aanval

Deze aanval werd vroeger genoemd de grand mal aanval. Dikwijls wordt aan dit type gedacht als er over epilepsie wordt gesproken. Er is geen sprake van een aura bij dit type, tenzij het een secundair gegeneraliseerde aanval betreft. Soms merken mensen al een paar dagen van tevoren dat er een aanval in aantocht is: zij voelen zich niet zo lekker, zijn prikkelbaar of hebben bijvoorbeeld hoofdpijn. Dit zijn de voortekenen (prodromen) van de aanval; deze moeten echter niet worden verward met een aura.

De aanval begint met een kortdurende (tien tot twintig seconden) tonische kramp waarbij vrijwel alle spieren van het lichaam verkrampen. Door de aanspanning van de ademhalingsspieren en de stembanden begint de aanval soms met een schreeuw. Er kan soms een tong- of wangbeet optreden; het gaat dan vooral om de zijkant van de tong. De ogen zijn geopend en de oogbollen naar boven gedraaid. Na deze fase volgt de clonische fase. Deze kan maximaal enkele minuten duren. Hierbij treden trekkingen op in armen, benen, hoofd en romp. Er kan meer speekselvorming zijn en als de ademhaling heel diep wordt kan het speeksel als (soms bloederig) schuim op de lippen gaan staan. Soms is iemand incontinent in het verloop van de aanval, de beschermende reflexen vallen weg. Tijdens de tonische en clonische fase zijn de pupillen wijd en ze reageren niet op licht. De kleur van het gelaat is eerst rood (door het persen), na de tonische fase blauw omdat de ademhaling gestopt is en weer op gang gaat komen, terwijl het zuurstofverbruik natuurlijk heel groot is geweest.

De trekkingen volgen elkaar steeds langzamer op, de bewegingsuitslag wordt gaandeweg groter. Uiteindelijk doven de trekkingen uit. De persoon blijft nog een aantal minuten (drie tot maximaal vijftien) bewusteloos. Dat kan overgaan in slaap. Als de persoon wakker wordt is hij meestal kortdurend gedesoriënteerd, maar vaak opvallend snel weer van de aanval hersteld. Een aantal mensen blijft een 'kater' overhouden: gedurende uren tot dagen, voelen zich uitgeput en hebben hoofdpijn. Mensen die een aanval gehad hebben, zullen zich niets van de aanval herinneren. Als er nu bij dit type telkens insulten kort na elkaar optreden, zonder dat de betrokkene tussentijds bij bewustzijn komt, spreken we van een 'status epilepticus'. Deze toestand is zeer gevaarlijk (vanwege het zuurstoftekort in de hersencellen) en de meest voorkomende doodsoorzaak bij mensen met epilepsie. Gelukkig komt het maar zelden voor.

Absences
Dit zijn gegeneraliseerde aanvallen, ieder met een heel kortdurend verloop. Er is sprake van een bewustzijnsdaling die kan duren van één tot ongeveer dertig seconden. Meestal is deze bewustzijnsdaling zodanig dat betrokkene niet aanspreekbaar is. De ogen hebben een starende uitdrukking, soms wat naar boven gedraaid. Soms worden lichte bewegingen gezien, knipperen met de ogen, schokjes van hoofd of armen. Er kunnen tientallen aanvallen per dag optreden, zodat bij elkaar opgeteld de gevolgen groot kunnen zijn.
Abcences beginnen in de regel op te treden tussen het vierde en twaalfde levensjaar. Bij het ouder worden verdwijnen ze meestal. Toch krijgt ruim 30% op latere leeftijd tonisch-clonische aanvallen.
Als abcences zo vaak achter elkaar voorkomen dat er een blijvende bewustzijnsdaling is, dan spreken we over een 'abcence status'. Deze kan soms uren of dagen duren.

Atonische aanvallen
Deze aanvallen gaan gepaard met een verslapping van de spieren in plaats van een verstijving. Hierdoor kan de patiënt een onverwachte en harde val maken. Dit type wordt daarom ook wel 'valaanvallen' genoemd. De duur van de bewusteloosheid is vaak zo kort dat het nauwelijks wordt opgemerkt. Na het vallen staan ze gelijk weer op. Deze aanvallen komen vrijwel uitsluitend voor bij ernstige hersenbeschadigingen. Het zijn voor het dagelijks leven heel gevaarlijke aanvallen. Mensen kunnen zeer onverwacht vallen, daarom moeten soms mensen die in de rolstoel zitten, een valhelm dragen.

Myoclonische aanvallen
Hierbij is sprake van enkele of in series optredende spierschokken die symmetrisch verlopen, meestal in de armen of benen, soms in het gehele lichaam. De schokken duren vaak zo kort dat een bewustzijnsdaling niet wordt opgemerkt. Deze aanvallen komen meestal voor 's ochtends, direct na het opstaan.

Status epilepticus
Hiervan is sprake als de aanval langer dan vijftien tot dertig minuten blijft voortduren. Het is een aanvalstoestand die lang duurt of een serie aanvallen waarbij

de ene aanval overgaat in de volgende zonder dat de mensen hersteld zijn van de vorige. Een status epilepticus kan bij alle vormen van epilepsie optreden, maar is vrij zeldzaam.

3.3 | Behandeling

Epilepsie kan in de meeste gevallen, bijna 80%, goed behandeld worden met medicijnen, de zogeheten anti-epileptica. Het begeleiden van mensen met epilepsie is natuurlijk meer dan het uitsluitend behandelen met medicijnen.

Bij mensen met een verstandelijke beperking is dikwijls sprake van ernstige en moeilijk behandelbare vormen van epilepsie. Met name bij mensen met een verstandelijke beperking met ernstige hersenbeschadigingen zijn de aanvallen met medicijnen niet of niet geheel te voorkomen.

Om nu te komen tot een juiste instelling van medicatie is vooral van belang dat begeleiders de aanvallen goed observeren en in kaart brengen.

Als er anti-epileptica worden gegeven, zal eerst gekozen worden voor het geven van één anti-epilepticum. Bij mensen met een verstandelijke beperking worden daarentegen toch vaak twee of meer medicijnen gecombineerd toegepast omdat met één geen resultaat wordt geboekt.

Bij toepassing van meer medicijnen zal worden gestreefd naar enerzijds een optimale reductie van de aanvallen en anderzijds naar een minimum aan bijwerkingen.

Vaak betekent dit dat er een compromis moet worden gezocht waarbij dan af en toe aanvallen moeten worden geaccepteerd om de lastige bijwerkingen te minimaliseren. De instelling van medicijnen is een proces dat continu gevolgd moet worden. Regelmatig zullen dan ook hoeveelheden en ook type van medicatie aanpassing behoeven.

Als een volwassene langer dan vijf jaar achtereen aanvalsvrij is, kan door de arts worden besloten de medicatie geleidelijk te verminderen of uiteindelijk zelfs te stoppen. Ook hierbij is observatie van groot belang.

Behandeling van de status epilepticus
Zoals gezegd is de status epilepticus een levensgevaarlijke toestand, zeker de tonisch-clonische status epilepticus. Met name het hart wordt zeer zwaar belast en kan op den duur zelfs bezwijken onder deze toestand. Bovendien dreigt opeenhoping van vocht in de hersenen (hersenoedeem) dat als zodanig de epilepsieaanvallen kan verergeren. Ook kan er verstikking ontstaan doordat speeksel, braaksel of bloed in de longen terecht kan komen. Ten slotte kan de lichaamstemperatuur oplopen tot een gevaarlijke hoogte. Ingrijpen op korte termijn met effectieve middelen is dan noodzakelijk.

Formeel spreekt men over 'gegeneraliseerde status epilepticus' als de tonisch-clonische aanvallen langer dan vijftien minuten aanhouden of elkaar zo snel opvolgen dat tussendoor het bewustzijn niet herstelt. In deze situatie moet altijd de arts worden ingeroepen die vervolgens met behulp van injecties de status probeert te doorbreken. Veelal wordt dan intraveneus rivotril of valium gespoten, vaak enkele keren na elkaar. Als dit geen resultaat oplevert, wordt de patiënt voor verdere behandeling en nader onderzoek direct naar het ziekenhuis vervoerd.

De begeleiding dient zorg te dragen voor een vrije luchtweg en het is nu, in tegenstelling tot een eenmalig insult, wel zinvol om zuurstof te geven.

Bij patiënten die regelmatig grand mal insulten krijgen met het risico van een status epilepticus, wordt dikwijls na enkele minuten reeds, in overleg met de arts en/of volgens een vastgesteld handelingsprotocol, een zetpil of een microclysma toegediend.

Meestal wordt dan 'stesolid' (diazepam) gebruikt. Veelal werkt deze stof, toegediend via de anus, binnen enkele minuten.

Anti-epileptica en bijwerkingen
De belangrijkste anti-epileptica zijn hier in een schema afgedrukt.

Anti-epileptica hebben in de regel bijwerkingen. Deze bijwerkingen verschillen per geneesmiddel en ook per individu zijn er verschillen. Bij een te hoge dosering van anti-epileptica zie je in het algemeen de volgende verschijnselen:
- traagheid;
- sufheid;
- duizeligheid;
- wankel op de benen staan;
- misselijkheid;
- (soms) braken.

Overigens blijven sommige mensen met een verstandelijke beperking soms suf bij een bepaald anti-epilepticum, ook als de dosis correct is. Verder zie je sufheid als verschijnsel vaak in het begin van het gebruik van medicatie optreden. Sommige medicijnen hebben verschijnselen die kenmerkend zijn voor dat medicijn. Deze worden hierna aangegeven.

Chemische naam	Merknaam	Toepassing	Voornaamste bijwerkingen
carbamazepine	tegretol carbymal	partiële aanvallen	huiduitslag dubbelzien duizeligheid
oxcarbonazepine	triceptal	partiële aanvallen	sufheid
fenytoïne	epanutin diphantoïne	partiële en secundair gegeneraliseerde aanvallen	overbeharing wankel lopen tandvleeszwelling
natriumvalproaat	depakine	partiële en gegeneraliseerde aanvallen	tremoren

Chemische naam	Merknaam	Toepassing	Voornaamste bijwerkingen
ethosuximide	ethymal zarontin	absences	misselijkheid soms de hik
phenobarbital	luminal	alle vormen als andere niet werken	gedragseffecten onrust overprikkelbaar
diazepam	valium (stesolid = merknaam)	status epilepticus	slaperigheid ademhalingsdepressie
clobazam	frisium urbadan	combinatie met andere medicijnen	gering sufheid en slaperigheid
lamotrigine	lamictal	alle vormen als andere niet werken	hoofdpijn misselijkheid verhoogde alertheid
vigabatrin	sabril	syndroom van West moeilijk instelbare epilepsie tubereuze sclerose	irreversibele gezichtsveldbeper- kingen
topiramaat	topamax	moeilijk instelbare epilepsie	gewichtsverlies nierstenen taalstoornissen paresthesieën
gabapentine	neurontin	partiële en secundair gegeneraliseerde aanvallen	neuropatische pijnen
levetirazetam	keppra	partiële en secundair gegeneraliseerde aanvallen	moeheid, duizeligheid
clonazepam	rivotril	couperen van aanvallen verschillende vormen bij zuigelingen en kinderen	verhoogde salivatie en bronchiale hyper- secretie (kwijlen)
felbamaat	taloxa	adjuvans bij Lennox Gastaut epilepsie	misselijkheid braken dyspepsie
mesuximide	celontin	abcenses die niet reageren op andere midelen	misselijkheid, soms gedragsveranderingen

In principe kan men bij ernstig invaliderende epilepsievormen die onvoldoende of niet reageren op welke medicatie dan ook, overwegen om via een hersenoperatie de epileptische haard te verwijderen of de invloed ervan uit te schakelen. Voor een dergelijke ingreep bestaan zeer strikte selectiecriteria; zo moet er liefst maar één haard zijn waarvan ook de plaats duidelijk aangetoond is, en deze haard mag niet te dicht bij bijvoorbeeld het taalgebied van de hersenen liggen. Een verstandelijke beperking wordt over het algemeen gezien als een argument tegen zo'n operatie, omdat er doorgaans sprake is van complexere afwijkingen in de hersenen. Jaarlijks wordt zo'n 50 keer een operatie uitgevoerd.

De bloedspiegel
De bloedspiegel of serumconcentratie van een bepaald medicijn geeft aan hoeveel van de ingenomen stof op een bepaald moment is terug te vinden in het bloed. Via het bloed bereikt de stof zijn plaats van bestemming, in dit geval de hersenen. Nu zijn er in de praktijk grote verschillen in het opnemen en uitscheiden van medicijnen door verschillende individuen. Om dezelfde bloedspiegel te bereiken moet de ene mens soms het dubbele innemen van de andere mensen. Voor ieder medicijn gelden zogeheten 'therapeutische grenzen': waarden waartussen de bloedspiegel moet zitten om een zo goed mogelijk effect van het medicijn te bereiken met zo weinig mogelijk bijwerkingen.
Hoewel het van groot belang is regelmatig de bloedspiegel te bepalen is het niet zo dat deze heilig is. Sommige mensen zijn vrij van aanvallen bij heel lage bloedspiegels en anderen hebben géén last van bijwerkingen bij hoge bloedspiegels.

3.4 | De relatie tussen epilepsie en verstandelijke beperking

We hebben al vastgesteld dat in de zorg voor mensen met een verstandelijke beperking epilepsie erg veel voorkomt. Ongeveer 30% van de mensen met een verstandelijke beperking in intramurale voorzieningen lijdt aan epilepsie.
Voor alle duidelijkheid moet de relatie tussen de verstandelijke beperking en de epilepsie nader worden besproken. Epilepsie veroorzaakt (in de regel) geen verstandelijke beperking, en een verstandelijke beperking veroorzaakt geen epilepsie. Een verstandelijke beperking en epilepsie zijn twee verschillende mogelijke gevolgen van eenzelfde oorzaak: een afwijkend functioneren van de hersenen.
We zagen al dat de oorzaak van epilepsie lang niet altijd kan worden opgespoord. Hetzelfde geldt voor de verstandelijke beperking.
Soms is er wel sprake van een relatie tussen de epilepsie en de verstandelijke beperking. In een enkel geval leidt epilepsie tot achteruitgang van de verstandelijke vermogens bij patiënten. We spreken dan over zeer ernstige vormen van epilepsie. Als er sprake is van zuurstofgebrek bij een langdurige status epilepticus of als er valpartijen plaatsvinden die leiden tot beschadigingen van het hersenweefsel, dan moet rekening gehouden worden met het feit dat de verstandelijke vermogens (verder) achteruit kunnen gaan.
Bovendien kunnen frequente aanvallen leiden tot leerproblemen, zeker bij kinderen in de schoolleeftijd.

Tenslotte kunnen ook negatieve gevolgen van de bijwerkingen van medicijnen de cognitieve vermogens, indirect, beïnvloeden.

Opvallend is het ontstaan van gegeneraliseerde epilepsie in het verloop van de ziekte van Alzheimer bij mensen met het syndroom van Down.

3.5 Aandachtspunten bij de begeleiding

Het komt nogal eens voor dat een cliënt wordt getypeerd als een 'typische epilepticus'.

Ook wordt wel eens in rapportage de kreet 'hij heeft een typisch epileptisch karakter' aangetroffen. Dit karakter zou zich dan kenmerken door 'kleverigheid', traagheid, persevereren en prikkelbaarheid.

Een epileptisch karakter bestaat, daarover is geen twijfel, het is alleen de vraag of dit nu vaker voorkomt bij mensen mét of bij mensen zonder epilepsie! Epilepsie is namelijk iets wat je hebt, niet wat je bent.

Anderzijds mag niet ontkend worden dat epilepsie soms invloed heeft op iemands gedrag of karakter. Een belangrijk aspect daarbij zijn de bijwerkingen van de anti-epileptica die ook van invloed zijn op de persoonlijkheidsstructuur.

Wat te doen bij een aanval?

Bij een partiële aanval is het van belang goed te observeren en te voorkomen dat iemand zich bezeert of bepaalde risico's loopt of mogelijk wegloopt om zich aan het zicht van de begeleider te onttrekken. De begeleiding tijdens zo'n aanval zal voorzichtig, zo nodig met enige aandrang moeten geschieden, waarbij men zich goed bewust moet zijn van het feit, dat de cliënt in een toestand van verlaagd bewustzijn verkeert en dat zijn of haar gedrag in deze situatie berust op doelloze automatische handelingen.

Bij een tonisch-clonische aanval doet zich soms een tongbeet voor meteen aan het begin. Het is zinloos om dan te proberen een hard voorwerp tussen de tanden te drukken, integendeel, een beschadigd gebit kan hiervan het gevolg zijn. Wel belangrijk is controle van de mondholte na afloop van het epileptisch insult. Ook zal de patiënt moeten worden gecontroleerd op overige verwondingen.

Kijk of de omgeving veilig is; schuif meubilair waaraan de cliënt zich zou kunnen verwonden aan de kant; maak de ademhalingswegen vrij door de bovenste knoopjes los te maken. Kniel naast de cliënt; leg eventueel zijn hoofd in jouw handpalmen.

Het is bijna overbodig om te zeggen dat het uit den boze is om de spierspanning die ontstaat tijdens een aanval te doorbreken. Het is zelfs gevaarlijk, het zou kunnen leiden tot fracturen van botten, ontwrichtingen of het beschadigen van spieren.

Zodra de ademhaling weer op gang komt (is vaak diep snurkend en snuivend), het hoofd opzij draaien. Laat de cliënt rustig bijkomen. Indien hij incontinent is, loop mee om te helpen bij het verschonen. Vraag de cliënt wat hij vervolgens wil, even rusten op de bank of op zijn kamer. Na een zware tonisch-clonische aanval is het zeker verstandig de cliënt te laten rusten op zijn kamer.

Lichamelijke ondersteuning

Eten en drinken

Het is belangrijk bij mensen met een verstandelijke beperking met ernstige epilepsie goed op zowel de voedings- als vochttoestand te letten. Als er te weinig vocht wordt ingenomen kan dit leiden tot verhoging van de lichaamstemperatuur, hetgeen een aanval kan uitlokken.

Regelmatig eten is van belang, evenals matig gebruik van alcohol. Als er een aanval ontstaat tijdens het eten/drinken is het belangrijk er zorg voor te dragen dat er ten gevolge hiervan geen verslikking en verstikking ontstaat. In gevallen waarbij een aanval herkend wordt of snel verwacht wordt, is het verstandig het eten of drinken nog even uit te stellen tot na de aanval, zeker als het gaat om tonisch-clonische insulten.

Lichamelijke verzorging

Na een aanval zal er aandacht besteed moeten worden aan de verzorging van het uiterlijk. Afhankelijk van de ernst van de verstandelijke beperking zal ondersteuning en aanmoediging moeten worden gegeven of hulp bij het zich verzorgen. Zeker na een grote aanval zal de betrokkene bezweet zijn en mogelijk incontinent zijn en speekselresten in en rond het gezicht hebben.

Verzorging van mond en gebit

Door het medicijngebruik hebben mensen met een verstandelijke beperking met epilepsie extra aandacht nodig bij het verzorgen van de mond en het gebit. Het is bekend dat fenytoïne, maar ook andere anti-epileptica, kunnen leiden tot tandvleesontstekingen, gaatjes en tandvleeszwelling. De zwelling moet worden voorkomen: als het er eenmaal is, is het alleen nog operatief te behandelen! Een zeer goede mondhygiëne kan de zwelling voorkomen of beperkt houden. Het is dan van belang na iedere maaltijd en voor het naar bed gaan het gebit én het tandvlees zorgvuldig te poetsen en te reinigen. Er moet dan bij voorkeur gepoetst worden met een zachte tandenborstel om irritatie van het tandvlees te voorkomen.

Als iemand bij een aanval is gevallen, is het belangrijk om het gebit goed te bekijken. Mogelijk zijn er stukjes afgebroken. Een controle door de tandarts kan dan veel onheil voorkomen.

Verstikkingsgevaar

Als zich een aanval aandient, met name bij een gegeneraliseerd insult, dan dient de begeleiding direct zorg te dragen voor het vrijmaken van de ademhalingswegen. Knellende knopen moeten worden losgemaakt en de mond moet zo goed als dit gaat vrij worden gemaakt van obstructies en ook een mogelijke gebitsprothese moet worden verwijderd. Aan het eind van de aanval is het belangrijk, in verband met de speekselvloed, het hoofd opzij te draaien of zo mogelijk de betrokkene in stabiele zijligging te leggen.

Verwondingen

Aanvallen die gepaard gaan met verlies van bewustzijn en/of motorische verschijnselen kunnen leiden tot een ernstige val, waarbij er vaak verwondingen aan het hoofd ontstaan.

Helaas worden veel mensen met een verstandelijke beperking met een dergelijk aanvalstype nogal eens gekenmerkt door ontsierende littekens op het hoofd. Dit is jammer genoeg niet altijd te voorkomen.

Ondersteunen bij het accepteren van (de gevolgen van) de epilepsie
Het hebben van epilepsie is voor mensen zonder een verstandelijke beperking al moeilijk; de kans op een aanval blijft op de loer liggen. Gelukkig zijn er medicijnen om de aanvalsfrequentie zo laag mogelijk te houden, maar activiteiten waarbij provocerende elementen aanwezig zijn, kunnen het best worden gemeden. Voor mensen met een verstandelijke beperking en epilepsie is het vaak moeilijk uit te leggen waarom juist voor hen bepaalde beperkingen gelden. 'Ik heb toch al drie weken geen aanval meer gehad, ik kan best alleen boodschappen gaan doen.'
Niet onderschat moet worden dat het incontinent zijn na een aanval, zeker voor de mensen met een matige en lichte verstandelijke beperking, een psychische belasting kan vormen. Ze weten dikwijls niet wat hen overkomt en niet zelden schamen ze zich voor de situatie. Dat in deze gevallen geruststelling en aandacht van de begeleiding nodig is, spreekt voor zich.
Het dragen van een zogenaamde valhelm stuit vaak ook op veel weerstand. Zo'n helm vestigt sterk de nadruk op het feit dat betrokkene epilepsie heeft en is esthetisch ook niet erg fraai te noemen. In de afgelopen jaren is er een alternatief ontwikkeld, de pruikhelm. Deze helm bestaat uit een dunne laag kunststof waarop haren zijn geïmplanteerd. Zo'n helm is natuurlijk maatwerk, de haren worden zo veel mogelijk aangepast aan de eigen haarkleur. Helaas zijn de gebruiksmogelijkheden van dit type helm beperkt. Mensen met een ernstige verstandelijke beperking zullen een dergelijke, weliswaar goedsluitende helm niet op de plaats laten zitten.

Het verminderd of niet kunnen deelnemen aan activiteiten
Sommige activiteiten op het gebied van sport en recreatie zijn voor mensen met epilepsie extra risicovol. Men kan dan onderscheid maken tussen situaties waarin het optreden van een aanval leidt tot gevaar voor letsel of direct levensgevaar en situaties die een epileptische aanval kunnen uitlokken.
Speciaal moet worden gelet op de volgende activiteiten:
- alle vormen van ontspanning op of nabij het water;
- paardrijden;
- fietsen;
- kermisattracties;
- activiteiten die gepaard gaan met vuurgebruik;
- activiteiten op enige hoogte, met het risico van vallen.

Veiligheidsaspecten (in de omgeving)
- Voorkom scherpe hoeken en randen aan het meubilair in de huiskamer.
- Tracht zo veel als mogelijk meubilair te gebruiken met (af)wasbare bekleding en scherm radiatoren ook zo veel mogelijk af.
- Zorg voor voldoende ruimte tussen stoelen, tafels en kasten.
- Wees extra voorzichtig met gas en vuur. Als een cliënt een aanval krijgt tijdens het koken, kan dit leiden tot ongelukken. Toezicht is daarom erg belangrijk.

- Extra aandacht is noodzakelijk bij het baden in een ligbad. Helaas gebeurt het nog te vaak dat een cliënt verdrinkt of bijna verdrinkt tijdens een aanval, doordat toezicht ontbreekt.
- Lange tijd verblijven in de felle zon: dit provoceert vaak een aanval.
- Te weinig slaap kan ook leiden tot epileptische aanvallen. Het is daarom belangrijk dat de cliënt zelf zorgt voor voldoende slaap en rustgelegenheid. Hij zal enige regelmaat in zijn dagprogramma moeten (leren) aanbrengen.

Provocerende factoren

Er is een aantal factoren bekend die een aanval kunnen oproepen of uitlokken:
- Activiteiten waarbij (te) veel zintuiglijke prikkels op de cliënt afkomen. Met name zal het zogeheten 'snoezelen' de nodige aandacht of aanpassing vragen. Snel en fel knipperend licht is uit den boze, dit is het direct provoceren van een epileptische aanval. Ook tv kijken kan een aanval uitlokken.
- Autorijden; de cliënt moet uit veiligheidsoogpunt altijd op de achterbank zitten.

Psychogene aanvallen

Bij personen met een lichte verstandelijke beperking komen de zogeheten 'psychogene aanvallen' wel eens voor. Deze aanvallen gelijken op een epileptische aanval maar zijn dit niet omdat zorgvuldige diagnostiek tijdens zo'n aanval aantoont dat er geen afwijkende elektrische activiteit plaatsvindt. Het is overigens moeilijk om de diagnose 'psychogene aanval' te stellen. Uitvoerig onderzoek is dan als eerste vereist. Deze aanvallen moeten worden gezien als inadequate reacties op een zich niet welbevinden van de persoon, door belastende factoren in de omgeving, psychische spanningen en relatieproblemen. Overvraging van betrokkenen in de woon- of werksituatie is een bekende oorzaak van dit type aanval. In deze situatie is advies van een gedragsdeskundige na uitvoerige observatie zeer gewenst. De behandeling bestaat dan vaak in het wegnemen van de psychogene blokkades.
In zijn algemeenheid kan worden gezegd dat conflicten, spanningen, relatieproblemen provocerend kunnen zijn voor een epileptische aanval. Dit verschilt weer van mens tot mens. De begeleiding ligt dan vooral in het onderzoeken en helpen wegnemen van de stressoren.

3.6 Observatie en rapportage

Systematische observatie is in verband met epilepsie van groot belang voor de volgende doeleinden:
- medische diagnostiek;
- instelling en aanpassing van medicatie;
- psychologische diagnostiek en behandeling;
- het vaststellen en bijstellen van het ondersteuningsplan.

In het geval van epilepsie of mogelijke epilepsie zijn hiertoe hulpmiddelen ontwikkeld.
Tijdens het observeren is het belangrijk alle zintuigen te gebruiken. Het gaat dan om geluiden (verschuiven van tafels, kreetjes en dergelijke), beelden (motorische

verschijnselen, kleur van het gezicht, gezichtsuitdrukking, de omgeving van de
cliënt), geuren (incontinentie), maar ook om minder gemakkelijk waarneembare
zaken als sfeer, spanningen, temperatuur van de omgeving, bijzondere gebeurtenissen.

Ook nachtelijke observaties zijn mogelijk, onder andere met behulp van infrarood
camera's en geluidsbewaking. Om nu afwijkingen in genoemde gedragingen en
feiten te kunnen constateren is het natuurlijk belangrijk dat de observator de persoon in zijn 'gewone' doen en laten kent. Bij observatie in verband met epilepsie
dient dan ook alles te worden opgemerkt en gerapporteerd wat afwijkt van het
bekende gedragspatroon.

Mensen met een verstandelijke beperking bij wie sprake is van ernstige epilepsie
en bij wie zich problemen met het instellen van medicatie voordoen, kunnen voor
observatie en behandeling worden opgenomen in een van de epilepsiecentra. Een
opnameperiode van drie maanden is dan vaak het minimum.

Een cliënt die normaal gesproken overdag en 's nachts zindelijk is en dit op enig
moment zonder duidelijke aanleiding niet meer is, moet voor de begeleiders een
signaal zijn. Er kan immers in de nacht een aanval zijn opgetreden. Ook klachten
als hoofdpijn 's morgens, traagheid en sufheid moeten als signaal worden opgepakt in verband met mogelijke aanvallen 's nachts.

3.7 Informatie

Er is veel informatie beschikbaar voor clienten, begeleiders en verwijzers. Met
name een aantal websites (die ook naar elkaar verwijzen) zijn informatief en zeer
toegankelijk.
www.epilepsienukanhetbeter.nl
www.sein.nl
www.epilepsievereniging.nl
www.epilepsie.startpagina.nl

. . . .
O P D R A C H T – 1

Lees onderstaande situaties en geef antwoord op de gestelde vragen.
► Anja, een bewoonster met een licht verstandelijke beperking wil zelfstandig naar
de disco. Tot nu toe is ze alleen onder begeleiding geweest. Zij heeft epilepsie,
maar is al twee jaar aanvalsvrij.
– Wat is jouw mening hierover? Motiveer je antwoord!

► Jullie gaan met de groep waar je werkt een dagje naar het strand. Op de groep
wonen vier cliënten met een ernstige vorm van epilepsie.
– Wat zijn de gevaren waar je op moet letten?
– Welke extra maatregelen tref je in verband met de cliënten die epilepsie
hebben?

▶ Onder welke voorwaarden kun je naar jouw mening in je eentje met een cliënt die vaak een tonisch-clonische aanval krijgt gaan wandelen?

▶ Kees, een cliënt met een matig verstandelijke beperking heeft primair gegeneraliseerde epilepsie (absence). Hij wil graag leren zwemmen.
– Wat zijn de gevaren die je tegen kunt komen?
– Welke extra maatregelen zou je hier moeten treffen?

▶ Je gaat met de cliënten van de groep waar je werkt een dagje naar een pretpark. Op de groep wonen vier cliënten met een ernstige vorm van epilepsie.
– Waar let je op bij de voorbereiding van zo'n dag?
– Waar let je op tijdens de dag zelf?
– Waar let je op als je weer terug bent?

O P D R A C H T – 2

Op de groep waar jij werkzaam bent wonen twaalf volwassenen met een licht verstandelijke beperking die allemaal epilepsie hebben. De aanvallen die je bij deze cliënten ziet zijn:

▶ atonische aanvallen;
▶ tonisch-clonische aanvallen die over kunnen gaan in een status epilepticus;
▶ abcences.

Binnen het team is er veel onduidelijkheid over het handelen voor, tijdens en na de verschillende aanvallen. Bovendien wordt er slecht gerapporteerd.
▶ Verdeel de groep in drie subgroepjes.
▶ Iedere groep gaat een van de genoemde aanvallen uitwerken op de volgende punten:
– Welke algemene veiligheidsaspecten pas je toe bij deze aanval?
– Welke aspecten moet je observeren voor de aanval en hoe ziet jouw handelen er in deze fase uit?
– Welke aspecten moet je observeren tijdens de aanval en hoe ziet jouw handelen er in deze fase uit?
– Welke aspecten moet je observeren na de aanval en hoe ziet jouw handelen er in deze fase uit?
– Maak een registratielijst waarin je een overzicht geeft van aanvallen van een cliënt gedurende een maand. Denk hierbij aan de soort aanval, de duur van de aanval, de frequentie van de aanval, enz.
– Beschrijf het rapportagesysteem dat jij wilt gebruiken bij deze vorm van epilepsie. Waar moet het gerapporteerd worden, hoe vaak, wat moet er gerapporteerd worden?
▶ Presenteer je bevindingen in de grote groep. Bespreek voor- en nadelen van elkaars plan.

4 Meervoudige beperkingen

In Nederland zijn meer dan 30.000 mensen met een meervoudige beperking. Alle mogelijke combinaties zijn denkbaar. Verstandelijk beperkt en doof, verstandelijk beperkt en blind, verstandelijk en motorisch beperkt, maar ook blind en doof, doof en spraakbeperkt en andere combinaties. De mensen met ernstige meervoudige beperkingen (ongeveer 10.000), zijn vaak rolstoelgebonden en hebben veelal ook zintuiglijke beperkingen. Zij zijn medisch kwetsbaar.

Het apart bespreken van meervoudige beperkingen heeft een functie in de betekenis dat 'het geheel meer is dan de som van de delen'. Als een mens met een verstandelijke beperking blind is, zijn de gevolgen van deze blindheid ingrijpender en de noodzakelijke begeleiding intensiever dan bij twee zorgvragers die respectievelijk verstandelijk en visueel beperkt zijn. Een persoon met een verstandelijke beperking en een visuele beperking kan de visuele beperking minder of soms zelfs helemaal niet compenseren. Daarom is bijzondere aandacht op zijn plaats.

De term MCG (meervoudig complex gehandicapt) werd aanvankelijk gebruikt om aan te geven dat er naast de verstandelijke beperking ook sprake is van een motorische beperking en dat dat zorgt voor complexe problemen. Maar dat leidde tot spraakverwarring; want is iemand die niet kan zien en horen ook niet meervoudig complex gehandicapt? Om deze spraakverwarring te voorkomen geeft men nu de voorkeur aan meervoudige beperkingen.

4.1 Mensen met een verstandelijke en een visuele beperking

De blinde zanger
'Mijnheer, mag ik u iets vragen? Wat ziet u daar?'
'Hetzelfde als u, een droom.'
J. BERNLEF, DE SCHOENEN VAN DE DIRIGENT

Zien, kijken, waarnemen, observeren: een van de belangrijkste bronnen van informatie zijn onze ogen. Bij het zien van iets of iemand, kunnen beelden van eerdere situaties weer bovenkomen, kunnen veranderingen worden waargenomen en kun je aftasten of het echt is wat je ziet. Het is bekend dat mensen die blind zijn, andere zintuigen als het ware 'aanscherpen', om het niet kunnen zien te compenseren. Naar schatting heeft een kwart van de mensen met een verstandelijke beperking in meer of mindere mate gezichtsproblemen.
Bij mensen met een verstandelijke beperking verloopt de verwerking via de zintuigen veelal trager of niet juist. Dat betekent dat het niet kunnen zien, ook niet goed gecompenseerd kan worden en de ontwikkeling nog sterker remt.

Om te kunnen zien is het nodig dat het waargenomen beeld een zekere scherpte en een zekere helderheid heeft en dat daarenboven aan hetgeen waargenomen wordt, enige betekenis kan worden toegekend. Voorwerpen om ons heen zenden lichtstralen uit door reflectie of doordat ze zelf licht geven. Door deze lichtstralen ontstaat op het netvlies van het oog een afbeelding.

Deze afbeelding op het netvlies ontstaat niet zomaar. Daarvoor is een lenzenstelsel nodig, waarvan de ooglens een van de belangrijkste onderdelen is. Het wonderlijke van een normaal functionerende ooglens is dat deze zichzelf aanpast aan de afstand waarop we willen waarnemen.

Als de afbeelding 'op het netvlies is ontvangen', wordt die informatie gebundeld in de oogzenuw. De oogzenuwen van het linker- en het rechteroog ontmoeten elkaar in de hersenen in het 'oogzenuwkruispunt' waar de met beide ogen ontvangen informatie wordt vermengd. Vanuit dit oogzenuwkruispunt wordt ten slotte de informatie doorgegeven aan een bepaald gedeelte van de hersenen in het achterhoofd (gezichtscentrum), hier wordt men zich bewust van het feit dat men ziet.

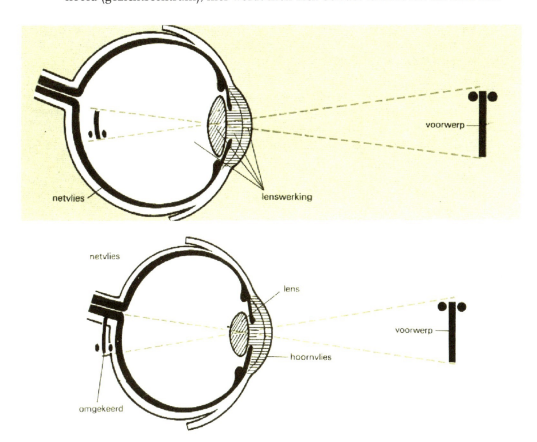

Hier is schematisch weergegeven op welke manier een voorwerp niet op de juiste wijze op het netvlies wordt geprojecteerd. De lichtstralen ondergaan drie lenswerkingen: van het hoornvlies, het vocht in de voorste oogkamer en de lens. Door middel van spiertjes kan de lens de breking van de lichtstralen actief beïnvloeden (accommoderen).

Boven Hier ligt de projectie vóór het netvlies, zodat het beeld wazig wordt waargenomen. Dit komt door te sterk accommoderen of doordat de oogas te lang is. Deze afwijking heet *myopie* (bijziendheid).

Onder De projectie valt achter het netvlies. De accommodatie schiet tekort of de oogas is te kort. Dit wordt *hypermetropie* (verziendheid) genoemd.

Stoornissen bij het zien

Mensen met afwijkingen in het zien kunnen op verschillende wijzen gehandicapt zijn:

* Ze nemen totaal niets waar (of doordat de ogen niet functioneren of door een hersenstoornis waardoor men zich niet bewust is van de waarneming).
* Ze kunnen nog wel licht en donker onderscheiden.
* Zie zien nog wel iets, maar vaag, onscherp en weinig helder.
* Het gezichtsveld is zeer beperkt, ze kijken als het ware door een koker, het kleine deel wat wel kan worden gezien is mogelijk scherp (peephole vision of kokervisus).
* In het gezichtsveld zijn gaten gevallen, men ziet hier en daar iets, soms zijn de beelden vervormd.

Bij de eerste twee vormen spreken we zonder meer over blindheid. Bij de derde vorm ligt het aan de mate van vaagheid en scherpte van zien of er sprake is van blindheid, dan wel slechtziendheid.

In het schema is weergegeven op welke manier een voorwerp niet op de juiste wijze op het netvlies wordt geprojecteerd. De lichtstralen ondergaan drie lenswerkingen: van het hoornvlies, het vocht in de voorste oogkamer en de lens. Door middel van spiertjes kan de lens de breking van de lichtstralen actief beïnvloeden (accommoderen).

Boven Hier ligt de projectie vóór het netvlies, zodat het beeld wazig wordt waargenomen. Dit komt door te sterk accommoderen of doordat de oogas te lang is. Deze afwijking heet myopie (bijziendheid).

Onder De projectie valt achter het netvlies. De accommodatie schiet tekort of de oogas is te kort. Dit wordt hypermetropie (verziendheid) genoemd.

Een veel gebruikte indeling van visuele beperkingen is de volgende:
* Blindheid: men oriënteert zich vooral op de tast en via geluiden.
* Zeer slechtziend, ook wel maatschappelijk blind genoemd. Hierbij is het gezichtsvermogen minder dan 5% of het gezichtsveld kleiner dan 10 graden. Men oriënteert zich vooral via geluiden, maar men kan ook niet bij een normale intelligentie, lezen met behulp van het visuele schrift. Men is aangewezen op braille.
* Slechtziend: als het gezichtsvermogen na correctie door een bril of contactlenzen nog altijd minder dan 30% is en/of als het gezichtsveld kleiner is dan 30 graden. Men oriënteert zich via het zien en kan met extra hulpmiddelen het gewone visuele schrift lezen en schrijven, althans bij een normale intelligentie.

Stoornissen in het zien kunnen zich anatomisch/fysiologisch op de volgende drie terreinen voordoen:
* Het oog zelf vertoont bepaalde afwijkingen (beschadiging van het hoornvlies, vertroebelde ooglens, afwijkingen in het glasachtig lichaam, afwijkingen van het netvlies, stoornissen in de oogzenuw naar de hersenen toe).
* Beschadigingen van hersencentra die bij het zien betrokken zijn.

In Nijmegen is in 2004 het MuZIEum geopend. Een ervaringsmuseum over zien en niet-zien. Voor ziende mensen is er als vaste activiteit 'dialoog in het donker' Een ontdekkingstocht door de wereld van het niet-zien. Met behulp van de andere zintuigen ervaren bezoekers tijdens hun wandeling in totale donkerte alledaagse situaties op een hele bijzondere en onbekende manier. Ze worden hier begeleid door een blinde gids die hen helpt en vertelt over zijn of haar leven als niet-ziende.

Oorzaken van slechtziendheid

Stoornissen in het erfelijkheidsmateriaal
Voorbeelden hiervan zijn glaucoom (verhoging van de druk binnen in het oog met als gevolg op den duur een netvliesbeschadiging) en cataract of staar (vertroebeling van de ooglens). Bij mensen met het Down-syndroom wordt een cataract en glaucoom naar verhouding vaker aangetroffen.

Ontwikkelingsstoornissen tijdens de zwangerschap
Belangrijke voorbeelden hiervan zijn een infectie met toxoplasmose of rode hond.

Stoornissen rond de geboorte
Door een zuurstoftekort of een hersenbloeding kan een gezichtsstoornis ontstaan. Overigens kan ook een teveel aan zuurstof, toegediend bij ernstige ademhalings-problemen na de geboorte, aanleiding geven tot bindweefselvorming in het glas-achtig lichaam van het oog.

Oorzaken na de geboorte
Voorbeelden hiervan zijn een hersenvliesontsteking of een beschadiging van de hersenen na een ongeval. Bij mensen met een verstandelijke beperking komen oogafwijkingen en dus gezichtsproblemen nogal eens voor ten gevolge van auto-mutilatie (bonken met het hoofd of het met de vingers in de ogen prikken).
Ook tengevolge van diabetes mellitus kan slechtziendheid ontstaan (zie ook het verhaal van Jet).

. . . .
O P D R A C H T

Om inzicht te krijgen in wat het kan betekenen voor iemand om een visuele beperking te hebben en hoe je iemand met een visuele beperking moet begeleiden, is het zinvol om een aantal ervaringsoefeningen te doen en deze ervaringen daarna met elkaar te bespreken.
De oefeningen worden in tweetallen uitgevoerd waarbij de rollen door beide personen moeten worden ervaren. Per rol krijg je vragen mee die je na de oefening moet beantwoorden en plenair moet nabespreken. Je kunt kiezen uit de volgende oefeningen.

- Jullie gaan een stukje wandelen. Een van de twee is geblinddoekt, de ander begeleidt de persoon die geblinddoekt is tijdens de wandeling.
- Jullie gaan een stukje fietsen. Een van de twee is geblinddoekt en zit achterop, de ander fietst en begeleidt de persoon achterop tijdens de fietstocht.
- Jullie gaan geld pinnen bij de dichtstbijzijnde geldautomaat. Een van de twee is geblinddoekt, de ander begeleidt de persoon die geblinddoekt is tijdens het geld pinnen.
- Jullie gaan thee zetten. Een van de twee is geblinddoekt, de ander begeleidt de persoon die geblinddoekt is tijdens het thee zetten.
- Jullie gaan wandelen. Een van de twee personen zit in een rolstoel en is geblinddoekt. De ander begeleidt de persoon in de rolstoel tijdens de wandeling. De persoon in de rolstoel mag kiezen of hij geduwd wordt of dat hij zelf de rolstoel voortbeweegt.
- Jullie gaan ramen zemen. De persoon die de ramen zeemt is geblinddoekt. De ander begeleidt de persoon die geblinddoekt is tijdens het ramen zemen.

Als alternatieve opdracht kun je er ook als lesgroep voor kiezen om met de hele groep te gaan zwemmen. Hierbij ga je in tweetallen het zwembad in waarvan een van de twee geblinddoekt is en de ander de geblinddoekte persoon begeleidt.

Vragen voor de 'geblinddoekte'
- Voelde je je veilig tijdens de oefening? Wanneer wel, wanneer niet?
- Beschrijf waarom je je in bepaalde situaties wel/niet veilig voelde.
- Hoe belangrijk was je begeleider en wat vond je van de begeleiding die je kreeg?
- Hoe heb je je proberen te oriënteren tijdens de oefening?
- Voelde je je afhankelijk tijdens de oefening? Zo ja, hoe vond je dat?

Vragen voor de 'begeleider'
- Hoe heb jij de geblinddoekte persoon veiligheid geboden in tijd, plaats en persoon?
- Hoe vond je het om zo verantwoordelijk te zijn voor het handelen van een ander?
- Welke situaties vond je moeilijk en waarom dan?

Een (beter) alternatief is een bezoek aan het Nijmeegse museum muzιεum (www.muzieum.nl).

Diagnostiek en behandeling
Een eerste aanwijzing voor problemen met het zien kan worden gegeven door algemeen onderzoek. Als er geen of onvoldoende pupilreflex is en er is geen reactie bij het volgen van een lichtje, dan is dit aanleiding voor nader specialistisch onderzoek. Maar ook als deze beide reacties normaal zijn, kan er sprake zijn van ernstige gezichtsstoornissen. Specialistisch onderzoek wordt verricht door een oogarts, in een algemeen ziekenhuis of in een speciaal centrum. In ons land zijn enkele centra gespecialiseerd in diagnostiek en behandeling van slechtziendheid bij kinderen met een verstandelijke beperking.
Heel belangrijk naast deze medische diagnostiek is natuurlijk ook de dagelijkse observatie van de begeleiding. Zijn er aanwijzingen dat een cliënt minder goed

ziet, dan is het zaak hier een arts bij in te schakelen.

In zijn algemeenheid kan worden gezegd dat onderzoek naar en behandeling van slechtziendheid bij mensen met een verstandelijke beperking bijzonder moeilijk is. Het kind kan zelf niet aangeven wat het wel en niet ziet en de medewerking bij het gebruik van hulpmiddelen is vaak zeer beperkt.

Dat betekent dus dat hetgeen hieronder volgt soms gerelativeerd moet worden.

- *Staaroperaties* zijn in een aantal gevallen, ook bij mensen met een verstandelijke beperking mogelijk. Er moet dan wel sprake zijn van een redelijke coöperatie om complicaties na de operatie te voorkomen.
- *Lenstransplantaties* zijn vaak door de beperkte medewerking niet mogelijk.
- Glaucoombehandeling kan in beginsel op twee manieren. Als eerste kan worden gekozen voor de conservatieve methode (medicatie) en als tweede voor een operatie die de afvloed verbetert.
- *Oogcorrectie* met behulp van een bril is zeker bij personen met een ernstig verstandelijk beperking een moeilijke zaak. Het nodige geduld om te wennen aan de bril ontbreekt vaak. Ook komt het voor dat de cliënt met bril beter ziet, maar hier geen belang in stelt. Voor alle duidelijkheid: een bril helpt alleen bij brekingsstoornissen in het lenzenstelsel (Zwets en Kars 1997).

Aandachtspunten bij de begeleiding

Zelfredzaamheid
Het kind met een verstandelijke beperking en daarnaast een visuele beperking is letterlijk meervoudig gehandicapt. Bij kinderen met een visuele beperking die niet verstandelijk beperkt zijn, zijn er vaak compensatiemogelijkheden aanwezig. Die kinderen leren de andere zintuigen, zoals het gehoor en de tast, optimaal te gebruiken. Zij hebben een bepaalde reserve aan ontwikkelingsmogelijkheden. Het kind met een verstandelijke beperking dat bovendien slecht ziet verwerkt de informatie die het verkrijgt via de andere zintuigen veel minder gemakkelijk.

Het slechte zien en de verstandelijke beperking hebben een elkaar negatief versterkende invloed op de ontwikkelingsmogelijkheden. Met eenvoudige hulpmiddelen en aan te leren technieken is het vaak goed mogelijk de zelfredzaamheid te bevorderen zodat de mens met een verstandelijke beperking met een visuele stoornis zelf kan eten en drinken. Een leesloep kan bij sommige visuele beperkingen een goed hulpmiddel zijn. Bij mensen met een ernstiger beperking is het belangrijk zo veel mogelijk te vertellen welk eten en drinken wordt gegeven en tevens zal de temperatuur van de voeding of het vocht in de gaten moeten worden gehouden.

Communicatie
Een blind of slechtziend kind mist visuele ervaringen. Al vrij snel na de geboorte doet een ziend kind al veel ervaringen op met de ogen. Een ziend kind herkent na enkele maanden al het gezicht van de moeder, lacht tegen de moeder en het begin van de sociale ontwikkeling is daar. Een blind of slechtziend kind mist dit. Het verkennen van de wereld om hem heen is voor een blind kind een bijna onoverkomelijk probleem. Eigen initiatief wordt erg vaak afgestraft door vallen, stoten, enz. Ook het imiteren blijft goeddeels achterwege. Het eigen handelen ziet een blind

kind ook niet waardoor de zogenaamde 'blindenhouding' ontstaat. Een idee van het eigen lichaam is er nauwelijks. Er ontstaan altijd extra bewegingen, de zogenaamde blindismen, zoals het steeds heen en weer bewegen van het lichaam of het met de vinger drukken op de oogbol.

Hieruit valt af te leiden dat vroegtijdige hulp en ondersteuning van groot belang is voor dit kind en het gezin waarin hij opgroeit. Als specialistische hulp achterwege blijft, zal het kind – maar ook de volwassene – snel vervallen in initiatiefloosheid en het zal zich ontmoedigd voelen. Ze moeten in alle opzichten worden geholpen met het verkennen van de materiële en sociale omgeving. In hun sociale contactlegging zijn ze dus sterk aangewezen op de hulp van buiten. Als deze begeleiding achterwege blijft, zal er snel eenzaamheid, hulpeloosheid en minderwaardigheid ontstaan.

Niet verstandelijk beperkte slechtzienden kunnen leren lezen met hulpmiddelen. Bij blindheid of ernstige slechtziendheid kan het brailleschrift worden geleerd. Bij mensen met een verstandelijke beperking is dit laatste maar zelden haalbaar. In de communicatie zal daarom nadruk moeten worden gelegd op voor hen wel waarneembare aspecten van communiceren als:

* intonatie;
* stemvolume;
* aanraken;
* betasten;
* ruiken;
* proeven.

Omgeving

Voor iemand die niet kan zien is het belangrijk dat de omgeving voorspelbaar is. Meubels en gebruiksvoorwerpen steeds op dezelfde plaats, zodat het zich oriënteren in de ruimte zo min mogelijk problemen oplevert. Een zitplaats die het mogelijk maakt om mensen aan te horen komen; dus niet te dicht bij de tv of een gang. De kasten van de cliënt zelf, maar ook die van de gezamenlijke ruimtes steeds op dezelfde manier ingedeeld en opgeruimd. Gevaarlijke voorzieningen en objecten moeten zo veel als mogelijk worden vermeden. Opstapjes en scherp meubilair zijn grote hindernissen. Het vraagt van de begeleiding veel zelfdiscipline.

Ook zijn er andere speciale voorzieningen denkbaar als een stang of touw langs de muur waardoor de weg naar bijvoorbeeld het toilet gemakkelijker gevonden kan worden.

Activiteiten

Het is belangrijk om bij het aanbieden van activiteiten te zoeken naar passende activiteiten en zo nodig aangepaste activiteiten. Muziek luisteren en maken zijn activiteiten die de mogelijkheid bieden 'buiten jezelf te treden'. Het biedt expressiemogelijkheden. In het ontplooien van activiteiten is een slechtziende met een verstandelijke beperking nog meer aangewezen op aanmoediging en ondersteuning dan een ziende. Er kan gebruik worden gemaakt van 'gesproken' boeken; deze zijn er voor alle niveaus. De Stichting Visio heeft een speciale audiotheek. Hier worden hoorspelen uitgegeven en uitgeleend (www.visio.org).

Bij stichtingen in Nederland die kennis hebben van slechtziendheid en blindheid kun je informatie krijgen over spelmaterialen en mogelijkheden.

CASUS

Muriël wil 's morgens niet meer in de speelhal zitten.
Altijd als zij het ontbijt op had, liep ze wat rond op de groep en vertrok vervolgens naar de speelhal waar zij een lekkere luie stoel tot haar beschikking had. De begeleiders wisten wel dat zij wat minder zag en hadden daar ook rekening mee gehouden. Haar luie stoel was zo gezet dat er niemand onverwacht langs kon lopen. Zou ze misschien geplaagd worden of bevalt de muziek haar niet meer? Rob kwam op het idee om eens een tijdje in die luie stoel te gaan zitten en wat bleek? Nu het voorjaar was, scheen de zon 's morgens door de ramen op de net gepoetste vloer (zeil); de schittering die dat gaf was heel vervelend voor je ogen. Zeker voor Muriël, nu ze minder zag. De oplossing? Simpel dus: een rolgordijn.

Lichamelijke verzorging
Afhankelijk van het cognitief niveau zal dit meer of minder aandacht vragen. Bij mensen met een matige of lichte verstandelijke beperking die visueel beperkt zijn is dit bij voorkeur een zorgactiviteit die zich ervoor leent het eigen lichaamsbeeld te ontwikkelen.
Het is belangrijk de omgeving waar de cliënt zich verzorgt zodanig in te richten dat de eigen zelfredzaamheid zo groot mogelijk kan zijn. Gedacht moet worden aan onder andere vaste plaatsen voor de handdoek, zeep, shampoo, tandenborstel en dergelijke. Een aangepaste en herkenbare materiële omgeving dus.

Zorg voor persoonlijke hulpmiddelen
Als er gebruik wordt gemaakt van bijvoorbeeld een bril, dan is het zaak hier de nodige zorg aan te besteden. Ook hier moet uiteraard zo veel mogelijk de zelfstandigheid worden bevorderd, maar als deze beperkt is zullen de nodige maatregelen moeten worden genomen om schade te voorkomen. Het missen van de bril doordat deze stuk of zoek is, vormt natuurlijk een zeer grote handicap. Extra eisen moeten worden gesteld aan de kwaliteit van de bril: stevig montuur, eventueel kunststofglazen, veren achter de oren. Een reservebril is geen overbodige luxe.

O P D R A C H T

Je werkt op een groep met cliënten die licht verstandelijk beperkt zijn. Zij hebben allen een visuele beperking. Binnenkort gaat deze groep verhuizen naar een buitenvoorziening en het is de bedoeling dat de cliënten zo veel mogelijk betrokken worden bij de inrichting van hun leefomgeving. De cliënten hebben de inrichting van hun eigen kamer al gekozen. De inrichting van de gemeenschappelijke ruimte moet echter nog plaatsvinden. Alles moet nog aangeschaft worden voor de woonkamer, niet alleen de meubels maar ook de vloerbedekking, de stereo, enz. Jij hebt de opdracht gekregen om dit samen met de cliënten te gaan doen. Je mag dan bij alle bestaande winkels kopen.

Maak een plan van aanpak om het bovenstaande te realiseren. In je plan moet je stapsgewijs beschrijven wat je gaat doen. Houd hierbij rekening met het volgende:

- Hoe wil je tegemoetkomen aan de individuele woonbehoeften van de cliënt?
- Aan welke eisen moet de inrichting volgens jou voldoen om tegemoet te komen aan de visuele beperking van de cliënten (denk bijvoorbeeld aan verlichting)?
- Op welke wijze wil je de cliënten gaan betrekken bij het aankopen van de inrichting?
- Op welke wijze wil je de cliënten gaan begeleiden in het maken van keuzes gezien hun visuele beperking?
- In hoeverre vind jij dat hun visuele beperking van invloed is op de keuze van de inrichting?

4.2 | Mensen met een verstandelijke en een auditieve beperking

Of ben ik soms zo door mijzelf verlaten,
dat mijn woorden zijn teruggevlucht.
HANS FAVEREY, HET ONTBROKENE

Geluiden die we horen bereiken het oor via de gehoorgang waarbij de oorschelp een ondersteunende (richtingbepalende) functie heeft. De geluidsgolven brengen het trommelvlies in trilling. De beweging van het trommelvlies die dan ontstaat wordt via de drie kleinste menselijke botjes (hamer, stijgbeugel en aambeeld) overgebracht op een tweede vlies, het ovale venster genaamd, dat dan ook gaat trillen. De ruimte tussen het trommelvlies en het ovale venster heet het middenoor. De bewegingen van dit ovale venster, brengen in het binnenoor vocht (perilymfe) in het zogenaamde slakkenhuis in trilling. In dit slakkenhuis bevinden zich haarvormige uitsteeksels die ieder op een bepaalde frequentie gaan meetrillen. De bewegingen van deze haarvormige uitsteeksels worden geregistreerd door de zenuwvezels van de gehoorzenuw. Door de gehoorzenuw wordt de informatie overgebracht naar de hersenen, waarna we ons bewust zijn van het geluid.
Behalve via de gehoorgang, komen geluiden ook door via het achter het oor gelegen rotsbeen dat tevens het ovale venster in beweging brengt. We noemen dit de beengeleiding.

Stoornissen van het horen

Stoornissen in het horen gaan nagenoeg altijd gepaard met stoornissen in de spraakontwikkeling. Naar schatting zijn er 7000 mensen die naast hun verstandelijke beperking ook een auditieve beperking hebben. Voor een kind dat slechthorend is en tegelijkertijd een verstandelijke beperking heeft, is spraakontwikkeling meestal geheel onmogelijk. Alternatieve communicatiemogelijkheden, waarbij er veelvuldig lichamelijk contact wordt gebruikt, moeten dan worden benut.

Ruwweg kunnen drie vormen van doofheid/slechthorendheid worden onderscheiden (Zwets en Kars 1997).

1 Gehoorstoornissen die ontstaan doordat het middenoor niet goed functioneert. Er is dan iets aan de hand met het gebied gelegen tussen het trommelvlies en het ovale venster. Vaak is er dan sprake van problemen met de gehoorbeentjes óf er is een vochtophoping tussen de twee vliezen die een goede overdracht van geluid bemoeilijkt. Ook is het ten slotte mogelijk dat er een gaatje zit in het trommelvlies, waardoor het geluid niet op een juiste wijze wordt opgevangen. In het geval het middenoor verminderd functioneert, is er geen sprake van volledige doofheid; het geluid kan immers het ovale venster nog bereiken via de botgeleiding. Men noemt dit ook wel geleidingsstoornissen.

2 Gehoorstoornissen ten gevolge van onvoldoende functioneren van het binnenoor of de gehoorzenuw. In deze gevallen is vaak sprake van volledige doofheid.

3 Gehoorstoornissen die het gevolg zijn van zowel een niet goed functioneren van het binnenoor als het middenoor. Ook dan is er sprake van volledige doofheid.

Oorzaken van slechthorendheid en doofheid

De oorzaken zijn onder te verdelen in drie hoofdgroepen:

1 Oorzaken in de aanleg of de ontwikkeling van het ongeboren kind (prenatale oorzaken).
   - erfelijke gehoorproblemen;
   - niet-erfelijke syndromen;
   - infecties die de ongeboren baby door de moeder oploopt (een voorbeeld is hier rode hond);
   - chromosoomafwijkingen (bijvoorbeeld het syndroom van Usher).

   Bijna de helft van alle mensen die doof zijn, is dit op grond van een erfelijke gehoorstoornis. De oorzaak van een ernstige gehoorstoornis die ontstaat voor de geboorte van een kind met een verstandelijke beperking, is meestal tevens de oorzaak van die verstandelijke beperking.

2 Oorzaken die rond de geboorte ontstaan (perinataal).

   Door een zuurstofgebrek kan er op het binnenoor en op de gehoorzenuw een schadelijke invloed worden uitgeoefend. Ook kan vlak na de geboorte doofheid ontstaan bij een ernstige vorm van geelzucht (kernicterus) hetgeen men vroeger vooral aantrof bij de zogeheten rhesuskinderen.

3 Oorzaken die na de geboorte optreden (postnatale oorzaken).
   - Hierbij gaat het vooral om ontstekingen van de hersenen, de hersenvliezen of het middenoor zelf. Ontstekingen van het middenoor kunnen leiden tot ernstige slechthorendheid, niet tot algehele doofheid. De rotsbeengeleiding blijft immers intact.
   - Een andere oorzaak ligt in het feit dat nogal wat kinderen met een vestandeljke beperking regelmatig een middenoorontsteking hebben. Hierdoor kan het middenoor beschadigd raken waardoor een blijvende slechthorendheid ontstaat.
   - Ook ernstig hoofdletsel kan leiden tot blijvende slechthorendheid. Bij sommige mensen met een verstandelijke beperking komt het voor dat ze hun trommelvlies en middenoor zelf beschadigen door er met voorwerpen in te peuteren.
   - Een afsluiting van de gehoorgang door oorsmeer. Dit kan een gehoorverlies veroorzaken van ongeveer 30 tot 40 decibel (mensen in een lawaaiige ruimte kun je niet verstaan).

Diagnostiek en behandeling

Het vaststellen van gehoorstoornissen is bij alle kinderen moeilijk. Via de jeugd-gezondheidszorg wordt bij ieder kind op de leeftijd van ongeveer negen maanden een gehoorscreening gedaan: de zogenaamde CAPAS-test. Reageert het kind hierop onvoldoende, dan wordt het korte tijd later nog eens opgeroepen. Als het kind dan weer onvoldoende reageert, vindt verwijzing en uitgebreider onderzoek plaats. Deze test is voor kinderen met een verstandelijke beperking minder geschikt als screeningsinstrument. Het niet reageren op de aangeboden geluidssignalen kan immers het gevolg zijn van het verstandelijk niveau van functioneren of omdat ze worden afgeleid, bijvoorbeeld door de opmerkelijke bril die degene die de test afneemt draagt. Het komt dan ook voor dat kinderen met een verstandelijke beperking aanvankelijk als slechthorend worden beschouwd. De CAPAS-test wordt vervangen door een gehooronderzoek in de eerste weken na de geboorte (oto-akoestische emissies, OAE).

Toch heeft de test wel zijn waarde in het opsporen van slechthorendheid bij kinderen. Hoe vroeger de diagnose kan worden gesteld, hoe adequater vervolgens kan worden behandeld. Specialistisch onderzoek wordt gedaan door audiologen en KNO-artsen. Het advies is om bij iedereen om de vijf jaar een gehoortest te laten doen; bij mensen met het syndroom van Down zelfs vaker, omdat zij heel vatbaar zijn voor gehoorstoornissen.

De behandeling en de te gebruiken hulpmiddelen hangen natuurlijk samen met de gestelde diagnose en de aard van de problematiek die zich voordoet. Slechthorendheid kan het gevolg zijn van een prop opgehoopt oorsmeer. Het kan ook het gevolg zijn van een voortdurende middenoorontsteking. In dat geval zullen antibiotica moeten worden gegeven om de infectie op te heffen. Bij regelmatig terugkerende middenoorontsteking kan worden overwogen zogeheten 'buisjes' te plaatsen in het oor zodat de afscheiding permanent kan worden afgevoerd.

Als de slechthorendheid een gegeven is (niet goed functionerend middenoor), kan een gehoorapparaat worden voorgeschreven. Dit apparaat versterkt de geluidsimpulsen. De mogelijkheden van een gehoorapparaat zijn beperkt, omdat een verminderd functioneren van het binnenoor niet of maar beperkt kan worden gecorrigeerd.

Bij mensen met een verstandelijke beperking met slechthorendheid is het gebruik van een gehoorapparaat vaak problematisch. Zij verdragen deze aanpassing vaak niet. Bij mensen met een matige of ernstige verstandelijke beperking kan bovendien een gehoorapparaat leiden tot een chaotisch beleven van de geluidrijke omgeving. In sommige gevallen kan het echter een uitstekend hulpmiddel zijn.

Een vrij recente behandelmethode is het zogeheten 'cochleair implantaat', ook wel CI genoemd. Met zo'n CI kunnen personen die geen of nog maar een beperkt restgehoor bezitten opnieuw klanken, geluiden en spraak waarnemen. Inwendig wordt met een operatieve ingreep een implantaat aangebracht en verbonden met een electrode die in het slakkenhuis wordt geschoven. De elektrode ligt dicht bij de te prikkelen zenuwvezels en geeft signalen door. Uitwendig wordt een zendspoel achter het oor gedragen die door de huid met het inwendig implantaat verbinding maakt. Het geluid wordt opgevangen door een microfoon, verwerkt in de spraak-processor tot een elektronische code, gaat via de zendspoel naar het implantaat dat de code omzet in elektrische pulsen; via de elektrode worden de vezels van de gehoorzenuw in het slakkenhuis door de elektrische pulsen geprikkeld. De methode is zeker niet voor iedereen geschikt en er is sprake van een intensieve revalidatie. Desalniettemin mag deze ontwikkeling spectaculair en veelbelovend worden genoemd

O P D R A C H T

Om inzicht te krijgen in wat het kan betekenen voor iemand om slechthorend of doof te zijn en hoe je iemand met een gehoorstoornis kunt begeleiden, is het zinvol om een aantal ervaringsoefeningen te doen en deze ervaringen daarna met elkaar te bespreken.

De oefeningen worden in drietallen uitgevoerd waarbij de rollen door alle personen moeten worden ervaren. Per rol krijg je vragen mee die je na de oefening moet beantwoorden en plenair moet nabespreken.

Je kunt kiezen uit de volgende oefeningen:
- Jullie gaan gezellig een kopje koffie drinken. Zoek een gelegenheid waar veel mensen zijn. Een van jullie heeft ooropax in zijn oren en hoort hierdoor minder. De andere twee gaan in eerste instantie lekker babbelen met elkaar en houden hierbij geen rekening met de 'gehoorstoornis' van de ander. Later betrekken zij de persoon er wel bij.
- Jullie gaan een stukje video bekijken waarin Nederlands gesproken wordt. Een van de drie heeft ooropax in zijn oren en kan hierdoor de video niet volgen. De andere twee kijken in eerste instantie naar de video en laten de derde persoon links liggen. Later proberen zij de video voor de derde persoon te vertalen.
- Jullie krijgen van de docent een opdracht uitgereikt die de persoon met de 'gehoorstoornis' moet uitvoeren. Hij mag die opdracht niet lezen. Jullie moeten dus, zonder je stem te gebruiken, aan de persoon met de ooropax in duidelijk maken wat hij moet doen.
- Jullie gaan wandelen. Een van de twee personen zit in een rolstoel en heeft ooropax in. De anderen begeleiden de persoon in de rolstoel tijdens de wandeling. De persoon in de rolstoel mag kiezen of hij geduwd wordt of zelf de rolstoel voortbeweegt.
- Jullie zoeken een ruimte op waarin veel lawaai gemaakt mag worden. Je neemt de stereo mee en zet deze hard aan. Terwijl de muziek speelt probeer je erachter te komen wat de persoon met de ooropax in vanavond gaat doen. Bij de wisseling van de rollen bedenk je een nieuwe vraag.

Vragen voor de 'slechthorende'
- Voelde je je veilig tijdens de oefening? Wanneer wel, wanneer niet?
- Beschrijf waarom je je in bepaalde situaties wel/niet veilig voelde.

- Hoe belangrijk was je begeleider en wat vond je van de begeleiding die je kreeg?
- Hoe heb je je proberen te oriënteren tijdens de oefening?
- Voelde je je afhankelijk tijdens de oefening? Zo ja, hoe vond je dat?
- Op welke momenten voelde je je buitengesloten en hoe vond je dat?

Vragen voor de 'begeleider'
- Hoe heb jij de persoon met ooropax in veiligheid geboden in tijd, plaats en persoon?
- Hoe vond je het om zo verantwoordelijk te zijn voor het handelen van een ander?
- Welke situaties vond je moeilijk en waarom?
- Hoe voelde je je als de persoon je niet begreep?

Aandachtspunten bij de begeleiding

Communicatie
Een slechtziend of blind kind leeft in een wereld zonder beelden. Voor een doof kind geldt dat het van meet af een wereld aan zich voorbij ziet trekken als een film zonder geluid. Het belangrijkste wat dan ontbreekt is de menselijke stem, de stem van de moeder of verzorger. Niet alleen de inhoud van het gesproken woord ontbreekt, vooral ook de intonatie, de klank en kleur van de stem. Zeker voor kinderen met een verstandelijke beperking die in de regel een ontbrekende of beperkt ontwikkelde passieve woordenschat kennen, is dit een groot gemis. Een extra handicap is vervolgens het feit dat het kind ook nog eens in zijn spraak gestoord is. Het kan zelf niet of moeilijk duidelijk maken wat het wil.

Het gebruik van natuurlijke gebaren in de communicatie met mensen met een verstandelijke beperking met een gehoorstoornis is onontbeerlijk. Meestal blijft het beperkt tot deze natuurlijke gebaren. Het vingeralfabet is voor de meesten te complex. Er zal steeds gekozen moeten worden voor een bepaalde vorm van communiceren waarbij het non-symbolische, het pre-symbolische en het symbolische zijn inbegrepen.

Totale communicatie als grondhouding van de begeleiders is dus absoluut noodzakelijk. Dit geldt voor het communiceren met mensen met een verstandelijke beperking in zijn algemeenheid en voor het communiceren met dove of slechthorende mensen met een verstandelijke beperking in het bijzonder.

Geen enkel middel moet dus onbenut worden gelaten. Mogelijkheden in de alternatieve (aanvullende) communicatie zijn dan:
- Het betrekken van je lijf en leden in de communicatie.
- Het gebruikmaken van foto's, afbeeldingen en voorwerpen.
- Pictogrammen.
- Het Bliss-systeem (een systeem waarbij begrippen symbolisch weergegeven worden).
- Elektronische communicatiesystemen (communicator).
- Natuurlijke gebarensystemen.
- Het gesproken woord.

Het is een taak van de begeleider om het sociaal isolement waarin mensen met een gehoorstoornis snel terecht kunnen komen zo veel mogelijk te helpen vermijden.

Een extra element dat een rol kan spelen is de achterdocht die slechthorende mensen met een verstandelijke beperking kunnen hebben of ontwikkelen. Als je moeizaam kunt volgen wat er allemaal besproken wordt door degenen die in je omgeving verkeren, kan het idee wel eens postvatten dat de anderen het over jou hebben. Temeer daar mensen geneigd zijn de ontbrekende delen zelf in te vullen met hun fantasieën. Duidelijk spreken, de ander steeds bij het gesprek betrekken en nagaan of hetgeen besproken wordt ook begrepen is, doet de achterdocht afnemen.

Beck en De Jong (1996) noemen nog een aantal persoonlijke kenmerken van dove kinderen die zeker ook opgaan voor het dove kind met een verstandelijke beperking en mogelijkerwijs voor de volwassene.

Opmerkelijk is dat veel van die eigenschappen niet zozeer een gevolg zijn van de beperking maar het gevolg zijn van de wijze waarop de omgeving omgaat met die beperking. Daarmee is het in feite een sociale constructie.

- Ze zouden wellicht impulsiever zijn (hetgeen verklaard kan worden doordat ze gevoelens niet kunnen benoemen, hetgeen angst kan opwekken).
- Ze zijn meer rigide. Deze starre houding is het product van de vaststaande wijze waarop de omgeving met het kind omgaat. Wijzigingen in de gang van zaken zijn moeilijk uit te leggen, dus er wordt op het kind vanuit steeds hetzelfde patroon gereageerd.
- Onvolwassenheid. De omgeving heeft te veel de neiging de dove te beschermen waardoor die onvoldoende gelegenheid krijgt dingen zelf te ontdekken, hetgeen weer afhankelijkheid zal bewerkstelligen.
- Doordat het kind te weinig wordt geconfronteerd met kritiek en gewone opmerkingen bestaat het gevaar dat de persoonlijkheid zich egocentrisch en narcistisch (ziekelijke zelfliefde) ontwikkelt.

Activiteiten
In zijn algemeenheid zijn er geen aandachtspunten ten aanzien van het aanbieden van activiteiten. Het is wel zo dat recreatieve activiteiten als muziek luisteren en dergelijke niet of beperkt mogelijk zijn. Als de cliënt een gehoorapparaat draagt is het van belang rekening te houden met het geluidsniveau in de omgeving en dient het toestel eventueel te worden bijgesteld als het omgevingsgeluid toeneemt.

De omgeving
Het is belangrijk te zorgen voor een voldoende voorspelbare omgeving. Dit betekent dat de begeleider in het geval een cliënt een hoortoestel draagt, plotselinge, harde geluiden tracht te vermijden. Het benaderen van cliënten met een gehoorstoornis dient ook voorspelbaar te zijn om onnodige schrikreacties te vermijden. Het plotseling voor de neus van de cliënt verschijnen kan leiden tot schrik. Een herkenbaar tikje op de schouder of andere aanraking als vast ontmoetingsritueel kan dit voorkomen.

Verzorging
Om te voorkomen dat de oren met oorsmeer verstopt raken kan het advies worden gegeven om tweemaal per week de oren met een reinigingsmiddel te druppelen.

Verzorging van hulpmiddelen: op tijd zal de batterij van het gehoorapparaat moeten worden vervangen, het toestel moet regelmatig (telkens voor het plaatsen) worden gecontroleerd en de nodige hygiëne dient te worden betracht. Bijna altijd heeft een cliënt hierbij hulp nodig. Adviezen van een logo-akoepedist moeten hierbij opgevolgd worden.

O P D R A C H T

Je werkt op een groep met cliënten met een matig verstandelijke beperking. Op die groep woont een cliënt die doof is en bij wie iedere poging om gebarentaal aan te leren mislukt is. Hij kan aardig liplezen, maar jullie zijn nu eenmaal niet altijd in de buurt om hem te helpen. Dit alles beperkt de cliënt enorm in zijn functioneren. Je kunt hem eigenlijk nog een hele hoop leren maar hij vergeet snel de volgorde waarin iets moet gebeuren en dan raakt hij geïrriteerd als jullie niet meteen tijd voor hem hebben.

In overleg met de orthopedagoog is er besloten om voor een aantal terugkomende handelingen fotoboekjes te maken waarin stapsgewijs aanwijzingen worden gegeven ten aanzien van bepaalde handelingen.

► Jullie gaan in groepjes van drie of vier personen bovengenoemde boekjes maken. Je kunt daarbij een keus maken uit de volgende handelingen:
  – jezelf aankleden;
  – boodschappen doen;
  – tafel dekken;
  – zelfstandig naar activiteiten lopen;
  – iemand opbellen;
  – je bed verschonen.
► Presenteer jullie fotoboeken aan elkaar en geef elkaar feedback.

O P D R A C H T

► Richt het klaslokaal in als snoezelruimte voor cliënten met een visuele beperking en/of een gehoorstoornis. Gebruik daarbij de ervaringen die je hebt opgedaan met de eerdere oefeningen. Als de ruimte ingericht is gaan jullie zelf geblinddoekt of met ooropax in de ruimte beoordelen.

Houd bij het inrichten van de snoezelruimte rekening met:
  – Een goede taakverdeling: wie doet wat?
  – Hoe wil je tegemoetkomen aan de 'extra' beperking van de cliënt?
  – Waar moet de snoezelruimte aan voldoen om tegemoet te komen aan die 'extra' beperking?
  – Hoe bewaak je de veiligheid voor de cliënt in de snoezelruimte?
  – Op welke manieren wil je gebruikmaken van tast, geur, geluid, smaak en visuele zaken?

➤ Bespreek jullie bevindingen na het uitvoeren van de opdracht na aan de hand van de volgende punten:
  – Hoe verliep de samenwerking? Waren de taken goed verdeeld en was het voor iedereen duidelijk wat hij moest doen?
  – Werd je geprikkeld door de snoezelruimte? Waarom wel, waarom niet?
  – Voelde je je veilig in de snoezelruimte?
  – Werd er in voldoende mate gebruikgemaakt van tast, geur, geluid, smaak, en visuele zaken?
  – In welke mate komt deze snoezelruimte tegemoet aan de behoeften van de client met een gehoorstoornis en/of een visuele beperking?
  – Heb je onder begeleiding de snoezelruimte verkend of zelfstandig? Wat is voor jou de meest prettige manier en waarom?

Doofblind
In Nederland zijn zo'n 2000 mensen gelijktijdig slechtziend/blind en slechthorend/doof. Een dubbele zintuiglijke beperking verworven op jonge leeftijd of voor de geboorte. Zo'n 600 hebben het syndroom van Usher. Naar schatting heeft ongeveer de helft van de doofblinden ook een verstandelijke beperking.
In Nederland zijn twee zorgaanbieders gespecialiseerd in deze doelgroep, Viataal in Sint Michielsgestel en Kalorama in Beek Ubbergen. Doofblindheid is meer dan de optelsom van doofheid en blindheid. Het begeleiden van deze doelgroep vraagt bijzondere expertise op het gebied van communicatie, activiteitenaanbod, psychische ondersteuning en handhaving van autonomie. Balder et al. 2006. (www.kalorama.nl)

4.3 Mensen met motorische stoornissen

Zwets en Kars (1997) onderscheiden een aantal motorische stoornissen. Wij bespreken ze hier in het kort.

Verlammingen
De spieren zijn gedeeltelijk of geheel verlamd en kunnen daardoor nauwelijks of niet functioneren. Een volledige verlamming wordt een paralyse genoemd en een gedeeltelijke verlamming heet een parese. Bij deze laatste vorm is een deel van de spierfunctie bewaard gebleven. Bij ernstige hersenbeschadigingen (hetgeen vaak voorkomt bij mensen met een verstandelijke beperking) worden dikwijls een of meer ledematen getroffen. Men spreekt van monoplegie als één arm of één been is getroffen, van diplegie als het beide armen of benen betreft, van hemiplegie als één lichaamshelft is verlamd en van quadriplegie als alle vier de ledematen zijn verlamd.

Onwillekeurige spierbewegingen
De spieren voeren niet de gewenste bewegingen uit en zijn moeilijk onder controle te krijgen. De volgende vormen worden onderscheiden:
• Tremoren: het ongewild trillen van met name handen en armen. Tremor betekent letterlijk beving.

- Athetose: voortdurende, langzame, onwillekeurige bewegingen van vingers, tenen en soms ook de tong.
- Chorea: onwillekeurige, haastige, schokkende bewegingen van met name armen en benen. Ook aan de rest van het lichaam (romp en gezicht) kan het worden waargenomen. Bij mensen met een verstandelijke beperking met een motorische stoornis wordt chorea vaak in combinatie met athetose aangetroffen, we spreken dan over chorea-athetose.

Spasticiteit
Hierbij zijn er problemen met de controle van beweging en/of houding. Er is sprake van een verhoogde spierspanning in combinatie met verhoogde en abnormale reflexen en een gestoorde samenwerking tussen de spieren. Zo is er een slechte samenwerking tussen spieren, met een tegengestelde werking.
Het gaat dan om paarsgewijs functionerende spieren zoals spieren die naar buiten en naar binnen draaien of strekken en buigen. Tegelijkertijd zijn er problemen met de spierspanning, bijvoorbeeld de tonus van de buigspier is te hoog waardoor strekspieren niet of nauwelijks kunnen functioneren. Bij spasticiteit is bovendien vaak sprake van verlamming van bepaalde spiergroepen. Ook wordt bij spastische kinderen nogal eens de chorea-athetose aangetroffen. De mate van spasticiteit is onderhevig aan factoren als: pijn, temperatuur, omgevingsdrukte, verdriet en spanning.

Coördinatiestoornissen
De spieren functioneren wel, maar de afstemming verloopt niet goed. Een voorbeeld hiervan is 'het iets willen pakken' maar dit veel te ruw doen, de hand schiet uit.

Hyper- en hypotonie
Spiergroepen zijn voortdurend te veel gespannen (hypertoon) of kunnen niet goed worden gespannen (hypotoon).

Apraxie
Het onvermogen om gecompliceerde handelingen te verrichten, zoals het strikken van veters.

Afwijkingen van het skelet
Doordat er afwijkingen zijn in de botten of gewrichten, kunnen de spieren niet goed functioneren.

Oorzaken van motorische stoornissen
Er zijn vier gebieden waarbij beschadigingen tot motorische stoornissen kunnen leiden:
- beschadigingen van de hersenen;
- beschadigingen van het ruggenmerg of van de zenuwen die hiervan uitgaan;
- beschadigingen van het spierweefsel zelf;
- beschadigingen van de botten en/of gewrichten.

De oorzaken van deze beschadigingen kunnen zijn gelegen vóór, tijdens of na de geboorte. Er kan bijvoorbeeld sprake zijn van een aanlegstoornis, een geboortetrauma door zuurstoftekort, maar ook van mechanisch geweld. In beginsel zijn het dezelfde oorzaken als die zijn genoemd als mogelijke oorzaak van een verstandelijke beperking.

Gestoorde motorische ontwikkeling en diagnostiek

Een gestoorde motorische ontwikkeling kan voor het kind op veel gebieden van de ontwikkeling problemen opleveren. Door het kunnen kruipen leert een kind bijvoorbeeld wat hoog en laag is, het leert begrippen als achter en voor. Het kind ontdekt in het eerste levensjaar zijn omgeving met zijn zintuigen en zijn bewegingen. Is de mogelijkheid tot bewegen gestoord, dan heeft dit onvermijdelijk invloed op onder meer de cognitieve ontwikkeling. Een gestoorde motorische ontwikkeling leidt dus vaak tot een achterstand in de verstandelijke ontwikkeling.

Als een kind zich motorisch erg traag ontwikkelt (bedoeld wordt dan een achterstand van enkele maanden) dan dient dit aanleiding te zijn tot onderzoek. De volgende verschijnselen dienen in elk geval een signaalfunctie te hebben:

- Het scharen van de gestrekte benen bij het kind dat wordt opgetild of op de rug ligt.
- Het actief zijn van de baby met de armen, terwijl de benen zich niet of nauwelijks bewegen.
- Het kind vertoont afwijkende (pathologische) reflexen of reflexen die al lang zouden moeten zijn verdwenen.
- Er is een links-rechtsverschil in het bewegen van armen en/of benen.
- De baby houdt bijna altijd de vuistjes sterk gebald met de duim onder de vingers, ook in een rustsituatie.
- Het kind is extreem slap; als het wordt opgetild laat het armen, benen, hoofd slap hangen. Ook extreme stijfheid kan voorkomen.

Al deze feiten afzonderlijk zijn aanleiding tot nader onderzoek door een arts/specialist.

De motoriek van mensen met een verstandelijke beperking

Bij mensen met een verstandelijke beperking verloopt de ontwikkeling van de motoriek bijna altijd vertraagd. Overigens betekent een vertraagde ontwikkeling niet altijd zonder meer dat er iets ernstigs aan de hand is. Er zijn natuurlijk individuele verschillen in het ontwikkelingstempo.

In zijn algemeenheid is de motoriek van mensen met een verstandelijke beperking eenvoudig, houterig en onhandig. Ook stereotypieën komen vaak voor (Zwets en Kars 1997). Voorbeelden hiervan zijn het heen en weer schommelen met de romp, fladderen met de ledematen, heen en weer bewegen met het hoofd. Verder is bij veel mensen met een verstandelijke beperking sprake van vrij slappe spieren (*hypotonie*), zoals bijvoorbeeld bij mensen met het syndroom van Down of van Prader-Willi.

Veel mensen met een verstandelijke beperking (ruim 30%) hebben ook een vorm van spasticiteit, mogelijk met gevolgen.

Dwangstanden van gewrichten (contracturen)

De gewrichten kunnen vast gaan zitten doordat een gewricht voortdurend, gedwongen, in een bepaalde stand staat. De oorzaak is dan de spasticiteit, strekspieren kunnen de buigspieren overheersen, het gewricht beweegt niet en verstijft dan als het ware. Grote problemen ontstaan als er contracturen ontstaan van elleboog, heup en/of kniegewrichten. De verzorging wordt dan erg moeilijk.

Scoliosevorming

Bij een scoliose is sprake van een zijdelingse verkromming van de ruggengraat doordat de spieren in ongelijke mate krachten hierop uitoefenen. Vaak gaat de scoliose gepaard met een gebogen rug (kyfose). Met name tijdens de groei van het kind kan een scoliose ernstig toenemen. Na de groeiperiode is de kans op verergering van de scoliose verminderd. Het grote gevaar van een ernstige scoliose bestaat in het feit dat door de verkromming met name het hart en de longen in de verdrukking kunnen raken, met alle gevolgen van dien.

Heupontwrichting

Bij veel spastische kinderen is er de neiging tot scharen van de benen. Door de sterke spierspanning worden de heupgewrichten voortdurend belast, waardoor de heupkop op den duur de neiging gaat vertonen uit de heupkom te schieten. We spreken dan van een heupluxatie. Als een kind bedlegerig is, dan is een dreigende luxatie niet zozeer een probleem in verband met de loopfunctie. Wel zijn er veel andere problemen die ontstaan ten gevolge van een luxatie. In eerste instantie is het zeer pijnlijk voor het kind en in tweede instantie wordt de verzorging ernstig bemoeilijkt door de pijnvermijding. Ook andere gewrichten kunnen luxeren, maar de heupluxatie is de belangrijkste.

Een gestoorde mond- en slikmotoriek

Door de spasticiteit is de kauw-, slik-, spreek- en hoestfunctie ook vaak gestoord. Dat dit met name ten aanzien van de voeding kan leiden tot grote problemen is duidelijk. De kans op verslikken is aanzienlijk. Ook het spreken is vaak moeilijk omdat de mondmotoriek ook gestoord is.
Verder kwijlt het kind vaak doordat het doorslikken van speeksel niet of onvoldoende automatisch geschiedt.

Overige problemen bij spasticiteit:
- Verhoogde kans op doorliggen ten gevolge van onder andere bloedcirculatiestoornissen, zeker als er sprake is van immobiliteit.
- Een grotere kans op verstopping (obstipatie) door een te geringe beweging.
- Longproblemen door de scoliose, de hoestproblemen en het geringe bewegen.

Behandeling en hulpmiddelen bij spasticiteit

De behandeling van spasticiteit ligt met name in het voorkomen van de genoemde gevolgen. De spasticiteit als zodanig is niet te behandelen. Ook voor het gebruik van hulpmiddelen geldt dat dit vooral helpt om gevolgen te voorkomen of beperken.

Medicatie

De zogenaamde spasmolitica kunnen worden gegeven ter ondersteuning van verdere behandeling en de verzorging. Deze medicijnen werken verslappend op de te hypertone spieren. Voorbeelden hiervan zijn dantrium (baclofen) dat gegeven wordt bij mensen met verworven hersenaandoeningen waardoor er spasticiteit is ontstaan en Sirdalud dat met name bij jonge kinderen gebruikt wordt (naast natuurlijk de benzodiazepinen). Een bijwerking is sufheid; dit kan soms een reden zijn om de medicatie te stoppen of naar een ander medicijn om te zien. Artsen zijn bezig met onderzoek naar het gebruik van botulinetoxine (botax) injecties, die de innervatie verhinderen, waardoor spasmen opgeheven worden.

Orthopedische operaties

Bij mensen met een verstandelijke beperking met spasticiteit zijn deze operaties maar zelden zinvol. Aangebrachte correcties worden vaak weer tenietgedaan doordat de spastische spieren ook na de operatie nog grote krachten uitoefenen. Andere operaties zijn niet zinvol omdat door de ernst van de verstandelijke beperking het kind nooit zal leren lopen. Bovendien zijn de aan een operatie gekoppelde revalidatieprogramma's niet haalbaar voor velen, waardoor de operatie niet zinvol is. Een aantal ingrepen kunnen nogal eens zinvol zijn (Zwets en Kars 1997):

* Het doorsnijden van bepaalde spieren/pezen om contracturen op te heffen. Deze ingreep is relatief eenvoudig en de winst is naar verhouding groot. Een voorbeeld hiervan is de adductorentenotomie.
* Operatief verwijderen van de dijbeenkop als er sprake is van een blijvende heupluxatie. Dit heft de pijnlijke druk op die ontstaat doordat deze dijbeenkop drukt op zenuwbanen en spieren.
* Verplaatsing van de aanhechtingsplaats van de achillespees op het bot om het kniegewricht in een betere stand te plaatsen.
* Het verlengen van pezen als deze door de spasticiteit te kort zijn geworden. Hierdoor kan de beweeglijkheid van een gewricht soms worden verbeterd.

Fysiotherapie

De hulpverlening door een fysiotherapeut is voor spastische kinderen onontbeerlijk. Dit geldt al, en misschien wel met name, voor het zeer jonge kind. De volgende activiteiten kunnen door een fysiotherapeut, na te zijn ingeschakeld door een arts, worden ontplooid:

* adviezen geven ten aanzien van houding en bewegen;
* adviezen geven ten aanzien van het gebruik van hulpmiddelen;
* adviezen ten aanzien van de wijze van verzorgen;
* zelf behandelen (doorbewegen bij dreigende of bestaande contracturen, revalidatieoefeningen na een orthopedische operatie en dergelijke);
* adviezen geven en meebepalen (bijvoorbeeld in samenspraak met een ergotherapeut) bij persoonlijke aanpassingen als een speciale zitschelp, een bed, een statafel.

Logopedie

De logopedist kan adviseren ten aanzien van problemen die zich voordoen ten gevolge van de gestoorde mond- en slikmotoriek.

Hulpmiddelen
Enkele veelgebruikte hulpmiddelen zijn:

Middel	Toepassing
sta-plank of sta-tafel	voorkomen van dreigende luxaties
rompspalken/braces	voorkomen van scoliosevorming
zit- en ligaanpassingen	voorkomen scoliosevorming en drukplekken
rolstoelen	mobiliteit vergroten
patiëntenlift	verplaatsing
ortheses	zit- of ligaanpassingen

O P D R A C H T

Mieke is een vrouw van 52 jaar met een matige verstandelijke beperking. Zij is een halfjaar geleden bij een epileptische aanval zo ongelukkig terechtgekomen dat zij haar nek heeft gebroken. Binnenkort komt zij uit het ziekenhuis met een dwarslaesie vanaf haar borst. Hierdoor kan zij nog wel haar armen gebruiken maar alles beneden haar borst is totaal verlamd.

► Maak een plan waarin je beschrijft hoe je Mieke vertrouwd gaat maken met haar nieuwe situatie.
► Geef vervolgens aan waar je in de zorg van Mieke rekening mee dient te houden en hoe je begeleiding eruit moet zien.
► Beoordeel met elkaar of je plan volledig en uitvoerbaar is.

Aandachtspunten bij de begeleiding van mensen met motorische stoornissen

Op lichamelijk gebied
• Douchen en wassen vragen extra ondersteuning. Iemand datgene laten doen wat hij zelf kan. Kijk naar aanpassingen: bijvoorbeeld een extra grote handdoek waardoor je je gemakkelijker kunt afdrogen. Controleer de temperatuur van het badwater. Koud water is niet alleen onaangenaam, het versterkt ook het spasme.
• Gebitsverzorging. Het poetsen van de tanden is vaak erg moeilijk door de spasticiteit. Extra aandacht en tijd om het gebit goed (ideaal is driemaal daags) te kunnen verzorgen is dus nodig. Een elektrische tandenborstel heeft als voordeel dat het tandvlees beter wordt gemasseerd en dat de verstandelijk beperkte hem eventueel vanwege het brede handvat zelf kan hanteren.
• Lichaamshouding. Het uitvoeren van oefeningen (door arts of fysiotherapeut aangereikt) om dwangstanden of contracturen te voorkomen. Cliënten die veel op dezelfde manier liggen, hebben een grotere kans op doorligplekken; dus regelmatig veranderen van houding. Cliënten hebben veelal aangepaste bedden (ligorthese)

of spalken om; let erop dat alles op de juiste manier aangebracht wordt. Niet met de billen tussen de knieën laten zitten; dit vergroot de kans op heupluxatie.

- De kleding die wordt gebruikt dient gemakkelijk aan- en uitgetrokken te kunnen worden. Broeken met een sluiting van klittenband kan het zelf aan- en uitkleden vergemakkelijken.
- Het ophoesten van voedsel of slijm gaat vaak gebrekkig of lukt in het geheel niet. Door het moeilijke ophoesten kunnen deze mensen het bij een eenvoudige verkoudheid al erg benauwd hebben. Hulp bieden bij het ophoesten is daarom ook vaak nodig. Soms is het nodig slijmoplossende siroop te geven.

> Bij spastische cliënten mag je, in geval van luchtwegobstructie nooit op de rug slaan. Hierdoor bereik je het tegengestelde effect, de cliënt schiet in een strekhouding, de mond wordt geopend en de obstructie wordt dieper in de keelholte/luchtpijp gezogen. Bij een spastische cliënt breng je het hoofd en het bovenlichaam in een buiging. Het lichaam ontspant zich dan en vervolgens kun je de obstructie met de hand uit de keel halen.

Eten

Zowel het kauwen als het slikken verloopt vaak moeilijk. Voedsel moet niet in te grote stukken gegeven worden of leiden tot overmatige slijmvorming.

- Overleg met de diëtiste over een goed samengesteld menu.
- Plaats de cliënt in de juiste houding in een stoel of op schoot. Het hoofd mag niet te veel naar achteren hangen en bij een slechte hoofdbalans is ondersteuning nodig.
- Zorg voor voldoende rust tijdens het eten en drinken. Onverwachte geluiden kunnen leiden tot verslikken en maken het eten tot een onaangename bezigheid.
- Als het eten te lang duurt (langer dan dertig minuten) dan is het verstandig vaker minder te geven. Langer eten geven is te vermoeiend en maakt het eten tot een onplezierige bezigheid en vergroot de kans op verslikken.
- Maak gebruik van bestaande hulpmiddelen, als een antislipmat onder het bord (als de cliënt zelf kan eten een zijwaarts gebogen lepel, een beker met een slang, een bord met opstaande rand en eventueel gevuld met warm water), fixeer eventueel de arm die niet nodig is om te eten of drinken.

Ontlasting

Door de spasticiteit is de beweging vaak beperkt waardoor er een grote kans is op obstipatie. Anderzijds zal gemalen voeding ook de kans op obstipatie vergroten. Van groot belang in de begeleiding is dan ook zorg te dragen voor:

- het aanbieden van zo veel mogelijk ontspannende situaties;
- het bieden van zo veel mogelijk lichaamsbeweging (met name zwemmen en baden werken heel goed);
- vezelrijke en niet-stoppende voeding (zemelen zijn onmisbaar);
- laxerende thee.

Omgeving
Zorg voor een veilige omgeving Als de cliënt zelf kan lopen of rijden in een stoel is het nodig de omgeving zo veel mogelijk te ontdoen van onnodige obstakels als drempels en nauwe doorgangen.

Communicatie
Door de gestoorde mondmotoriek is het gebruik van gesproken taal vaak moeilijk en traag. Daarnaast is het moeilijk om de lichaamstaal te verstaan, omdat die veelal niet in samenhang met de boodschap is. Want hoe meer de cliënt zijn best gaat doet om iets duidelijk te maken, hoe meer het spasme toeneemt. Geduld is hier vaak van groot belang en zorg dragen voor een rustige en ontspannen omgeving is noodzakelijk, teneinde de communicatie goed te laten verlopen.
Het gebruik van gebarentaal wordt vaak ook beperkt door de spasticiteit. Als de cliënt wel iets kan aanwijzen, dan kan het werken met fotoboeken met onderwerpen die zijn afgebeeld, ondersteunend zijn. Gebruikmaken van aanwezige mogelijkheden is het vertrekpunt.

Seksualiteit
Door de feitelijk dubbele beperking wordt er vaak minder aandacht besteed aan de seksualiteit. Als iemand zich niet zo goed kan uitdrukken, wordt daar niet zo gauw naar gevraagd. Door het 'vreemde' bewegingspatroon worden mensen vaak lager ingeschat dan ze in werkelijkheid zijn. Het praten over seksualiteit vormt een probleem doordat de cliënt niet duidelijk kan praten en masturberen is bijvoorbeeld door de lichamelijke beperkingen vaak moeilijk. Spasticiteit sluit het (seksuele) gevoelsleven niet uit. Op verschillende plaatsen in ons land zijn er werkgroepen 'handicap en seksualiteit' die voorlichting geven en ook bemiddelen bij seksuele wensen. De stichting SAR (Stichting Alternatieve Relatiebemiddeling) heeft contact met een aantal prostituees, die tegen betaling seksuele wensen helpen bevredigen bij mensen met een lichamelijke en/of verstandelijke beperking.

5 Psychische stoornissen bij mensen met een verstandelijke beperking

5.1 Inleiding

Hoe vaak hoor je niet iemand zeggen: 'Doe normaal!' Blijkbaar is het dus zo dat er zoiets is als normaal. Maar als je daar wat dieper over nadenkt en als je aan mensen vraagt wat normaal is, dan kunnen ze daar eigenlijk maar met moeite antwoord op geven. Dan blijken de zaken toch ingewikkelder te liggen dan we dachten. Het is niet zo gemakkelijk om aan te geven wat normaal is. Misschien is normaal wel datgene wat de meeste mensen normaal vinden.
Soms is het zo dat juist door het abnormale het normale zichtbaar wordt. Als iemand afwijkt van wat als gebruikelijk in een bepaalde situatie wordt gezien, dan worden zowel normaliteit als abnormaliteit ineens helder. Zonder dat we dan ove-

rigens een definitie van die begrippen zouden kunnen opstellen. Of dat we exact de grens kunnen aangeven tussen wat normaal is en wat niet.

Meestal zijn de gedragingen, gedachten en belevingen van mensen normaal. Dat wil dan zeggen dat ze niet erg opvallen en dat we de dingen doen die de meeste mensen doen. Soms is het duidelijk dat mensen daarvan afwijken. Ze gedragen zich abnormaal, bijvoorbeeld poedelnaakt door een drukke winkelstraat lopen. Of ze denken vreemde dingen. Bijvoorbeeld wat zou er gebeuren als ik mijn kind met een schaar in het oog zou steken. Of ze beleven merkwaardige dingen. Bijvoorbeeld: iemand die insecten op zijn tong voelt krioelen. Soms zijn die vreemde belevingen of gedragingen zo duidelijk dat we het er snel over eens zijn dat de persoon in kwestie zich abnormaal gedraagt of dat de gedachten die hij heeft uitzonderlijk zijn. Maar vaker ligt het subtieler en is niet uit te maken waar de grens tussen normaal en abnormaal ligt. Dat komt omdat we geen bevredigende omschrijving hebben van abnormaal en normaal.

Toch is het zo dat mensen die in zekere zin 'abnormaal' zijn voldoen aan bepaalde kenmerken. Hoe meer van die kenmerken zich bij een enkele persoon voordoen, hoe meer de omgeving ervan overtuigd is dat we hier te maken hebben met iemand die 'gestoord' of 'ziek' is. Maar zelfs bij mensen die een aantal van de hierna te noemen kenmerken hebben kun je niet onomstotelijk vaststellen dat het hier 'gestoorde mensen' betreft. Zoals gezegd, er is geen sluitende definitie.
De aspecten van abnormaal gedrag zijn opgesteld door de Amerikanen Rosenhan en Seligman (1989) en bestaan uit:

1 *Persoonlijk lijden*
Mensen die angstig zijn hebben daar last van. Ze lijden onder die gevoelens.
2 *Het gedrag is disfunctioneel*
Iemand die zes uur bezig is zichzelf aan te kleden houdt geen tijd over om te werken.
3 *Het gedrag is onbegrijpelijk*
Het meisje dat ontzagwekkend mager is dat het normaal gesproken pijn doet naar haar te kijken en dat blijft volhouden te dik te zijn.
4 *Onvoorspelbaarheid en controleverlies*
Een tot dan toe rustige student vernielt plotseling in een woede-uitbarsting het interieur van zijn kamer.
5 *Opvallend en onconventioneel gedrag*
De verslaafde alcoholist die met zijn hebben en houwen in een winkelwagentje het zichzelf gemakkelijk maakt in een portiek.
6 *Gedrag dat een ongemakkelijk gevoel bij anderen teweegbrengt*
Personen die zich niet storen aan de impliciete sociale verwachtingen die mensen ten opzichte van elkaar koesteren worden al snel 'abnormaal' of op zijn minst vreemd gevonden. In een verder lege tram juist vlak naast de enige andere passagier gaan zitten roept een ongemakkelijk gevoel op.
7 *Het overtreden van morele normen*
De man die de anderen in zijn leven, vrouw en kinderen, ondergeschikt maakt aan zijn loopbaan.

Daarnaast moet je nog bedenken dat het veel uitmaakt in welke context je de opmerkelijke gedragingen, gedachten en belevingen tegenkomt. Je zou kunnen zeggen dat iedere opvatting over wat abnormaal en normaal is bepaald wordt door de cultuur waarin dat gedrag zich voordoet.

Wat vroeger normaal gevonden werd, bijvoorbeeld op straat je behoeften doen, wordt tegenwoordig abnormaal gevonden, al schijnen met name jonge mannen daar weer anders over te denken. Slurpen en smakken tijdens de maaltijd is in China niet ongebruikelijk. Veel over je gevoel praten wordt in onze samenleving gewaardeerd. Dus wat gek is in de ene culturele omgeving is minder gek in de andere. Sommige psychische stoornissen zijn zelfs cultuurgebonden. Zo bestaat in sommige Aziatische streken bij een aantal mannen en vrouwen de angst dat de penis of vagina en tepels zich terugtrekken in het lichaam hetgeen uiteindelijk tot de dood zal leiden. In westerse landen zien we bijvoorbeeld een verschijnsel als anorexia nervosa dat in veel andere culturen niet of veel minder lijkt voor te komen.

De door Rosenhan en Seligman (1989) genoemde zeven factoren keren ten dele ook terug in de definitie van mentale stoornissen zoals die is te vinden in de Diagnostic and Statistical Manual of Mental Disorders. (DSM IV T-R)
Dit handboek, voor het eerst verschenen in 1952 en inmiddels toe aan de vierde editie, is een wereldwijd door psychiaters gebruikt classificatiesysteem van psychische stoornissen.
Ofschoon de definitie van de DSM breed wordt geaccepteerd houdt men ook hier een slag om de arm. Ook deze omschrijving is niet geheel waterdicht en men erkent dat het eigenlijk onmogelijk is om psychische stoornissen zo te omschrijven dat ze geheel afgebakend zijn van de normaliteit.
In de DSM wordt de volgende definitie gebruikt:

Definiërende kenmerken
Een gedragssyndroom of psychologisch syndroom dat samengaat met:
1   actueel lijden; of
2   onvermogen (tekortschieten op een of meer belangrijke gebieden van het functioneren); of met
3   een significant toegenomen risico om dood te gaan, pijn te lijden of de persoonlijke vrijheid te verliezen.

Uitsluitende omstandigheden
Het syndroom moet niet louter:
1   een te verwachten en cultureel aanvaarde reactie zijn op een bepaalde gebeurtenis (bijvoorbeeld rouw na de dood van een familielid);
2   bestaan uit deviant gedrag (zoals acties van politieke, religieuze of seksuele minderheden);
3   uitvloeisel zijn van conflicten tussen het individu en de maatschappij (zoals pogingen om uitdrukking te geven aan de eigen individualiteit).

5.2 | Voorkomen en risicogroepen

Hoewel dus nooit helemaal met zekerheid vast te stellen is of bepaalde individuen lijden aan een geestesstoornis gaan we er toch van uit dat er wel zoiets bestaat als een psychische stoornis en dat er talloze mensen zijn die daar onder gebukt gaan. Uit een groot meerjaren onderzoek, opgezet door het Trimbos-instituut (NEMESIS 2003) bleek dat ruim 23% van de Nederlanders tussen de 18 en 64 jaar het afgelopen jaar een of meerdere psychiatrische aandoeningen had. Per duizend Nederlanders zijn er dus 235 met een psychische stoornis in de afgelopen 12 maanden. Van hen riepen 64 de hulp in van de eerstelijnsgezondheidszorg. 36 stroomden door naar de ambulante geestelijke gezondheidszorg en 6 stroomden door naar de semimurale en intramurale GGZ (Nemesis 2003). Of mensen hulp zoeken hangt onder meer af van het soort problemen dat ze hebben. Mensen die lijden aan een depressie zoeken in 63% van de gevallen hulp. Mensen die kampen met afhankelijkheid aan alcohol zijn veel minder geneigd hulp voor hun probleem te zoeken, slechts zo'n 17%. Al sta je er misschien nooit zo bij stil, de kans dat je dus ooit getroffen zult worden door een psychische aandoening is groot. Misschien wel net zo groot als de kans om lichamelijk kwalen te krijgen.

Niet iedereen heeft overigens een even grote kans op mentale problemen. Sommige mensen zijn, door allerlei redenen, extra kwetsbaar en lopen meer risico. Bovendien is de gezondheidszorg niet in gelijke mate toegankelijk voor iedereen. Risicofactoren kunnen te maken hebben met de werk- en leefomstandigheden van mensen. Zo komen ziekten, verstandelijke beperkingen en mentale stoornissen onder mensen uit lagere sociale klassen beduidend meer voor. Geld maakt niet gelukkig maar armoede ook niet. De verhouding 'welgestelde' cliënten - 'arme' cliënten is naar schatting 1 staat tot 1.4. Ook allochtonen blijken een kwetsbare groep. Er kunnen ook meer biologische factoren een rol spelen (al kunnen die nog steeds gerelateerd zijn aan de sociaal-economische situatie) zoals geboortecomplicaties of (verworven) hersenletsel.
Een groep die ook meer risico loopt op een psychiatrische aandoening dan de 'gemiddelde mens' is de groep van mensen met een verstandelijke beperking.

5.3 | Verstandelijke beperking en psychiatrische stoornis

Het lijkt overbodig maar veel mensen weten niet dat er verschillen bestaan tussen mensen met een psychische stoornis en mensen met een verstandelijke beperking. Laat staan dat men op de hoogte is van het feit dat iemand beide kan hebben. Op een open dag in een psychiatrisch ziekenhuis toonden sommige bezoekers zich verbaasd toen bleek dat psychiatrische patiënten tegen hun verwachting in gewoon konden praten. Kortom, er heersen veel misverstanden bij het grote publiek.
Nog niet zo heel lang geleden was er eigenlijk nauwelijks aandacht voor het feit dat ook mensen met een verstandelijke beperking konden lijden aan een of meerdere psychische stoornissen.
Moeilijkheden in gedrag werden al te gemakkelijk toegeschreven aan de cognitieve

beperking. Als de cliënt dwars was dan kwam dat niet omdat hij wellicht somber of angstig was maar er werd gedacht dat dat een uitvloeisel zou zijn van de beperkte verstandelijke vermogens. Hoewel nog veel onduidelijk en onbekend is weten we tegenwoordig wel, op grond van een vracht aan onderzoeksgegevens, dat psychische stoornissen in ruime mate voorkomen bij mensen met een verstandelijke beperking. Er zijn aanwijzingen dat de prevalentie van psychische stoornissen drie tot vijf maal hoger is dan in de algemene bevolking.

Om verschillende redenen is dat aantal moeilijk vast te stellen. De multidisciplinaire diagnostiek van psychiatrische stoornissen bij mensen met een verstandelijke beperking is moeilijk. De groep is immers nogal divers door de verschillende vormen, oorzaken en gradaties van de verstandelijke beperking en de verschillende manieren waarop de symptomen zich voordoen. Zo is bijvoorbeeld bekend dat mensen met het syndroom van Down meer kans hebben op depressies en Alzheimer (zie ook 3.5), vergeleken met andere mensen met een verstandelijke beperking, maar weer minder kans op gedragsproblemen en psychotische stoornissen. In veel gevallen is het niet mogelijk met de patiënt te spreken over zijn problemen. In die gevallen wordt de diagnostiek voor een belangrijk deel gebaseerd op gestructureerde observatie en een uitgebreid milieuonderzoek.

Psychologen en psychiaters maken bij hun diagnostiek van psychische stoornissen gebruik van gestandaardiseerde instrumenten, maar ondanks dat blijft het een moeilijke kwestie.

Voorbeelden van dergelijke instrumenten zijn de Behaviour Problems Inventory, de Reiss Screen for Maladaptive Behaviour, het Psychopathology Instrument for Mentally Retarded Individuals en de Developmental Behavior Checklist.

Ook de European Association for Mental Health in Mental Retardation heeft het initiatief genomen tot het maken van zo veel als mogelijk evidence based medischpsychiatrische diagnostische richtlijnen voor werkers in de praktijk.

Daarnaast wordt vaak gebruikgemaakt van medisch onderzoek met behulp van EEG, CT-scan, MRI, genetica en ander neuropsychologisch onderzoek.

Ondanks deze hulpmiddelen is het nog steeds zo dat de diagnostische classificatie, met name indien er sprake is van de lagere ontwikkelingsniveaus, tekortschiet. Vandaar dat er veel onderzoek is naar een psychiatrisch-diagnostisch systeem dat geschikt is voor psychische en gedragsgestoorde mensen met een verstandelijke beperking.

Zoals gezegd vormen mensen met een verstandelijke beperking een risicogroep daar waar het psychische stoornissen betreft. Hoe is dat te verklaren?

Eigenlijk is dat niet goed te verklaren. Wetenschappers zijn nog steeds niet in staat om de meeste, mentale stoornissen te verklaren, al hebben ze daar wel vele theorieën over. Meestal ziet men als oorzaak van psychische stoornissen een mengelmoes van biologische factoren (zoals een hersenafwijking, neurologische stoornissen of een erfelijke kwetsbaarheid), psychologische (opvoeding, karakter, life events) en sociale factoren als armoede of behorend tot een minderheidsgroep. Bij sommige beelden lijken biologische factoren de overhand te hebben (denk aan schizofrenie of autisme), bij andere lijken psychosociale omstandigheden de belangrijkste rol te spelen, bijvoorbeeld bij eetstoornissen of angststoornissen. Wat mensen met een verstandelijke beperking aangaat ligt het natuurlijk in de lijn der verwachtingen dat er een biologische kwetsbaarheid is omdat er iets mis is in het brein. Maar doordat je een verstandelijke beperking hebt kun je ook bloot- staan aan negatieve sociale condities. De afwijzende houding van veel mensen ten aanzien van een verstandelijke beperking kan ertoe bijdragen dat er zich een psychische stoornis ontwikkelt. Bijvoorbeeld als je het idee hebt dat jouw situatie hopeloos is (omdat anderen jou dat voortdurend duidelijk maken; 'dat kan jij toch niet!') dan ligt de depressie op de loer.

De vraag waarom mensen met een verstandelijke beperking zoveel psychische pro- blemen hebben is dus niet eenduidig te beantwoordden, maar heeft te maken met de samenhang in een reeks van oorzaken waaronder een verhoogde kwetsbaarheid voor levensproblemen. Het lijkt ook zo te zijn dat achterstand in sociaal-emotio- nele ontwikkeling samenhangt met het voorkomen van psychische stoornissen en probleemgedrag (Dijkstra 2007).

Mate van verstandelijke beperking	Veelvoorkomende stoornissen
Ernstig	gedragsproblemen
	rusteloosheid
	slaapstoornissen
	automutilatie
	woede-uitbarstingen
	terugtrekgedrag
	wisselende stemmingen
Matig	motorische onrust
	aandachtsstoornissen (ADHD)
	agressie
	automutilatie
	oppositioneel gedrag
	pervasieve ontwikkelingsstoornissen
	angststoornissen
	stemmingsstoornissen
	psychotische stoornissen
Licht	psychotische stoornissen
	stemmingsstoornissen
	aanpassingsstoornissen
	impuls-controle stoornissen
	pervasieve ontwikkelingsstoornissen
	angststoornissen
	aandachtsstoornissen (ADHD)

Došen (2000) presenteert een overzicht (zie vorige pagina) van de meest voorkomende mentale stoornissen, gerelateerd aan de mate van de verstandelijke beperking. Daarbij geldt dat hoe lager het niveau van verstandelijk functioneren is, hoe
moeilijker het is om een psychische stoornis vast te stellen. Op een laag niveau is
er vaak sprake van bepaalde gedragscomplexen of losstaande symptomen. Pas op
een hoger niveau kan voldoende gedifferentieerd worden en kan er sprake zijn van
een welomschreven psychische stoornis, bijvoorbeeld een depressie.

5.4 Veelvoorkomende psychiatrische beelden bij mensen met een verstandelijke beperking

Hieronder volgen enkele beknopte omschrijvingen van veelvoorkomende stoornissen.
Een van de taken van de begeleider met betrekking tot deze problematiek is vaak
die van observeren. Mede op basis van deze observaties kan een goede diagnose
worden gesteld en een behandelplan worden gemaakt. Vandaar dat de nadruk hier
ligt op de beschrijving van het beeld waaraan de problematiek te herkennen valt.
Voor een uitgebreidere behandeling wordt verwezen naar in de literatuurlijst opgenomen handboeken.

1 *Aandachtstekort/hyperactiviteitstoornis*
Deze stoornis, die de laatste jaren onder de noemer ADHD bekend staat heeft een
lange voorgeschiedenis. Drukke en impulsieve kinderen kregen etiketten mee als
minimal brain dysfunction of brain-injured child syndrom.
Volgens de DSM IV kan gesproken worden van ADHD indien iemand zes of meer
van de onderstaande punten uit zowel het eerste cluster als het tweede cluster
heeft:

a *Aandachtsproblemen*
- schenkt onvoldoende aandacht aan details of is slordig in schoolwerk;
- heeft moeite aandacht bij taken of spel te houden;
- lijkt niet te luisteren als hij wordt toegesproken;
- vergeet instructies op te volgen; maakt schoolwerk en karweitjes niet af;
- heeft moeite met organiseren en plannen van het gedrag;
- vermijdt of is afkerig om te beginnen aan taken die lange mentale inspanning
  vergen;
- raakt dingen kwijt die nodig zijn voor school- of spelactiviteiten;
- is gemakkelijk afgeleid door externe prikkels;
- is vergeetachtig tijdens de dagelijks bezigheden.

b *Hyperactiviteit-impulsiviteit*
- beweegt onrustig met handen of voeten of wiebelt op de stoel;
- staat op van de stoel op school of elders waar dat niet mag;
- rent rond of klimt steeds overal op waar dat ongepast is;
- heeft moeite om te spelen of zich rustig te vermaken;
- is voortdurend in de weer en draaft maar door;

- praat aan een stuk door;
- geeft antwoord nog voordat de vraag gesteld is;
- kan moeilijk op zijn beurt wachten;
- onderbreekt anderen of dringt zich op.

ADHD wordt veroorzaakt, zo is de mening nu, door een combinatie van biologische en psychosociale factoren waarbij de laatste ADHD wel kunnen faciliteren, maar niet veroorzaken. Er moet sprake zijn van een biologische bepaaldheid die door andere factoren kan verslechteren.

Volgens Barkley (1998) is er sprake van een genetisch neurologische afwijking waardoor de kinderen een probleem hebben hun gedrag te remmen (inhibitie) en te reguleren. Daar waar andere kinderen bijvoorbeeld in staat zijn een reactie af of uit te stellen reageren drukke kinderen heftig, snel en ongeremd. De hyperactiviteit is in de ogen van Barkley het bijproduct van de verstoorde inhibitie.

ADHD kan doorlopen tot in de volwassenheid en treedt zelden alleen op. Meestal is er sprake van wat men comorbiditeit noemt. Dat is als een persoon meerdere psychiatrische stoornissen tegelijkertijd heeft.

Vaak gaat het hand in hand met de oppositioneel-opstandige gedragsstoornis (brutaal, driftbuien, ongehoorzaamheid). En, zeker op wat latere leeftijd is er een overlap met de antisociale gedragsstoornis. Dit is zeker bij de mens met een verstandelijke beperking een probleem, aangezien dit nogal eens gepaard kan gaan met delinquent gedrag. De mens met een verstandelijke beperking die ook lijdt aan ADHD kan wanneer hij zich in de verkeerde kringen bevindt maar moeilijk weerstand bieden aan de slechte invloed en de groepsdruk en zo op het verkeerde pad raken. Daarnaast treden tics en leerstoornissen op.

Het valt natuurlijk te begrijpen dat deze kinderen vanwege hun impulsiviteit over het algemeen niet de meest geliefde speelkameraadjes zijn. De kans bestaat dan ook op een sociaal isolement. Tevens zal door hun gedrag en het onvermogen zich goed te concentreren er sprake zijn van leerproblemen. Het kind komt dan al snel in een negatieve spiraal van afwijzing en terechtwijzing.

Het is daarom dan ook geen wonder dat veel kinderen en jeugdigen met ADHD last hebben van een laag zelfbeeld en buien van somberheid of depressies.

Tot slot, ADHD is ook een omstreden begrip. Vroeger noemden we drukke kinderen een wildebras of iets dergelijks en werd hun gedrag geaccepteerd.

Tegenwoordig, zo luidt de redenering, hebben veel ouders het zo druk dat gedrag van kinderen al snel problematisch is. Vervolgens wordt dit 'drukke' gedrag gemedicaliseerd. Opmerkelijk is dat in de Verenigde Staten bijvoorbeeld 15% van de schooljeugd het medicijn Ritalin voorgeschreven krijgt, terwijl volgens schattingen maar 3% tot 5% van de kinderen (meer jongens dan meisjes) zou lijden aan ADHD.

In Nederland is mede daarom vanuit de overheid gewaarschuwd voor het te snel voorschrijven van dergelijke middelen. Aan de andere kant, op basis van het huidige tot onze beschikking staande onderzoek lijkt het erop dat medicatie (psychostimulantia) eventueel in combinatie met gedragstherapie het meest werkzaam is al geneest het ADHD niet. Men vermoedt dat het aantal mensen met een verstandelijke beperking met ADHD minimaal overeenkomt met dat van de gehele bevolking al zijn er aanwijzingen dat dat percentage hoger is dan dat van de gemiddelde bevolking.

2 *Depressie*

Alle zoogdieren – dus ook mensen – kunnen lijden aan een depressie, de meest voorkomende stemmingsstoornis. Depressies komen zelfs zeer veel voor bij mensen. Volgens schattingen krijgt 1 op de 7 Nederlanders in hun leven een depressie waarbij vrouwen 2 maal zoveel kans op de stoornis lopen als mannen. Daarmee is de depressie de meest voorkomende psychische stoornis en na HIV/AIDS zelfs de ziekte die wereldwijd de meeste ziektelast veroorzaakt.

Helaas is het zo dat de meeste van deze mensen door de hulpverlening niet 'ontdekt' worden, zodat velen in stilte lijden aan deze ernstige aandoening die in principe goed behandelbaar is.

Er is sprake van een depressieve stoornis indien gedurende minstens twee weken sprake is van ten minste vijf van de onderstaande symptomen die ernstige problemen geven bij het dagelijks leven in zowel relaties als werk:

- neerslachtigheid, verdrietig, somber en huilerig;
- verlies van belangstelling voor en plezier in de dingen die iemand graag doet;
- verandering van de eetlust met als gevolg afvallen of aankomen;
- moeilijk in slaap komen of juist te veel slapen;
- het valt anderen op dat de betrokkene geagiteerd en rusteloos is of juist trager dan anders;
- moe en verlies van energie;
- gevoelens van schuld en/of minderwaardigheid;
- moeite om zich te concentreren, besluiten te nemen of helder te denken;
- doodsverlangens of gedachten aan zelfdoding.

Er zijn verscheidene vormen van een depressie, maar bovenstaande kenmerken zijn gemeenschappelijk.

Ook mensen met een verstandelijke beperking kunnen een depressie hebben. Sommige onderzoekers spreken zelfs van een percentage oplopend tot 50 in een klinische populatie. Dat wil zeggen dat de helft van het aantal mensen met een verstandelijke beperking dat in een intramurale voorziening verblijft ooit aan depressies lijdt. Het is vaak moeilijk om een depressie bij mensen met een verstandelijke beperking te herkennen. Vaak wordt de diagnose (mede) gesteld op basis van hetgeen de patiënt in kwestie zelf meedeelt over de toestand waarin hij verkeert. Bij mensen met een verstandelijke beperking is dit nogal eens lastig vanwege de communicatieve beperkingen. Voor de diagnose is men dan ook in veel gevallen aangewezen op de zorgvuldige observaties van naasten of verzorgers.

Over het algemeen denken we bij een depressie aan teruggetrokken mensen die lusteloos zijn en weinig activiteit tonen. Maar zoals ook al blijkt uit het bovenstaande lijstje hoeft dat niet. Er kan ook sprake zijn van boosheid, irritatie, agressie, rusteloosheid of gejaagdheid. Dit zien we nogal eens bij kinderen en adolescenten maar ook bij mensen met een verstandelijke beperking.

Zo haalt Došen (2000) een onderzoek aan van Reiss en Rojahn waaruit zou blijken dat bij 40% van de mensen met een verstandelijke beperking die aan een depressie leden ook sprake was van agressief gedrag.

Suïcidaliteit komt, zo constateren veel deskundigen, onder mensen met een verstandelijke beperking minder voor in vergelijking met de rest van de bevolking.
Uit onderzoek (Harris 1997) blijkt dat vrijwel alle psychiatrische stoornissen een
verhoogd risico op zelfdoding hebben behalve dementie, agorafobie en verstandelijke beperking (overigens geen psychiatrische stoornis). Wellicht dat voor een
dergelijke daad cognitieve activiteiten noodzakelijk zijn, zoals bijvoorbeeld een
bepaalde mate van een innerlijke dialoog, planning en introspectie die met name
voor de ernstiger mensen met een verstandelijke beperking niet beschikbaar zijn.
Echter andere bronnen (Merrick 2005) betwijfelen dit weer en suggereren dat de
intellectuele beperkingen niet als buffer fungeren en dat het aantal suïcides vergelijkbaar is met dat van de algehele bevolking. Al met al is ook op dit vlak nader
onderzoek nodig.

3   *Psychotische stoornissen*
Een psychose is een zeer ernstige toestand. We gebruiken de term voor mensen
die zich zo anders gedragen dan de meesten van ons dat een normaal leven eigenlijk onmogelijk is geworden. Meestal is hulp noodzakelijk. Mensen die psychotisch
zijn hebben een verstoord begrip van de werkelijkheid. Door de hallucinaties en
wanen, door het onsamenhangende en vaak onlogische denken, mogelijke bewegingsstoornissen en het ontregelde gedrag kan iemand zich niet of nauwelijks nog
staande houden.

Vaak is er ook sprake van een gebrekkig ziekte-inzicht (de betrokkene heeft zelf
niet in de gaten dat er iets mis is), maar dat hoeft niet. Er zijn juist ook mensen
die heel goed beseffen wat er met hen aan de hand is en onder dat besef erg lijden.
Er zijn verschillende soorten van psychotische stoornissen. Schizofrenie is de
bekendste.
Over de oorzaak van een psychose is nog veel onbekend. Wel lijkt het erop dat in
veel gevallen neurobiologische factoren een belangrijke rol spelen.
Sommige onderzoekers menen ook dat er zonder een (genetisch) bepaalde biologische kwetsbaarheid geen psychotische stoornis kan optreden. Iemand zonder
aanleg zal bijvoorbeeld op voortdurende stress niet reageren met een psychose,
maar bijvoorbeeld verdrietig worden of opgebrand raken. Iemand met wel een
aangeboren kwetsbaarheid kan op stress psychotisch reageren. Of, de combinatie
kwetsbaarheid met drugsgebruik kan leiden tot een psychotische toestand.
Psychotische stoornissen op zeer jonge leeftijd zijn zeldzaam. Eussen (2000)
meldt dat voor de puberteit psychosen bijna niet voorkomen, maar dat in de leeftijd tussen de dertien en negentien jaar 0,5% van alle adolescenten een psychose
doormaakt. In ongeveer de helft van die gevallen betreft het schizofrenie. Bij
jongens doet zich schizofrenie gemiddeld drie jaar eerder voor dan bij meisjes.
Zonder een tijdige en goede behandeling (psychofarmaca) is de kans op herhaling
zeer groot.
Het is dus van belang voortekenen van een psychose snel te herkennen.
Hulpmiddel kan hier het door Van Mierlo (1999) beschreven monitoring protocol
inzake de vroege voortekenen zijn.

Wanneer psychotische stoornissen zich voordoen bij mensen met een verstandelijke beperking zijn het vaak reactieve psychosen (vroeger ook wel bekend onder de
naam debiliteitspsychosen). Deze vorm van een psychose is relatief minder ernstig
en wordt sterk bepaald door een belastende ervaring. Voorbeelden van dergelijke
ervaringen zijn verkrachting, geweld, natuurrampen of het verlies van de partner.
Voor mensen met een verstandelijke beperking kunnen waarschijnlijk ook minder
belastende ervaringen een psychotische periode als het ware uitlokken. Door hun
handicap verliezen ze eerder het overzicht en ervaren gebeurtenissen sneller als
belastend. Een dergelijke episode duurt meestal enkele weken tot enkele maanden
waarna over het algemeen, met behulp van medicatie een herstel optreedt zonder
blijvende restverschijnselen. De prognose is dus goed te noemen.
Onderzoek lijkt aan te tonen dat het risico voor mensen met een verstandelijke
beperking op andere psychosen zoals schizofrenie ongeveer even groot is als voor
mensen die niet verstandelijk beperkt zijn.

4 *Persoonlijkheidsstoornissen*
Sinds mensenheugenis hebben we er behoefte aan gehad om de veelheid aan individuen onder te brengen in handzame categorieën. En zeker is al sinds eeuwen
geprobeerd afwijkende mensen in te delen in prototypen.
In de DSM is ook plaats ingeruimd voor een dergelijke categorisering en wel in de
vorm van een zogenaamde aparte 'as' waarop persoonlijkheidsstoornissen worden
genoteerd.
Bij de persoonlijkheidsstoornissen draait het om de aparte karakters die sommige
mensen hebben. Deze karakters kunnen een voedingsbodem vormen waarop
andere stoornissen mogelijk tot wasdom komen. Bijvoorbeeld iemand die altijd
al een angsthaas was kan een fobie ontwikkelen. Of iemand die altijd klagerig en
tobberig is ingesteld kan een depressie ontwikkelen. Maar het kan ook zo zijn dat
het karakter zelf het probleem is. Iemand die altijd maar klaagt en nooit de zon in
het water kan zien schijnen zal zich op den duur niet echt geliefd maken bij zijn
omgeving. De relatie tot anderen zal moeizaam zijn.
De DSM verstaat onder de persoonlijkheidsstoornis het volgende.

A Er is een duurzaam patroon van innerlijke ervaringen die duidelijk afwijken van de
   verwachtingen binnen de cultuur van de betrokkene. Dit patroon wordt zichtbaar
   op twee (of meer) van de volgende terreinen:
   • de wijze van waarnemen en interpreteren van zichzelf, anderen en gebeurtenissen;
   • de draagwijdte, intensiteit, labiliteit en adequaatheid van de emotionele reacties;
   • functioneren in het contact met anderen;
   • beheersing van impulsen.
B Het duurzame patroon is star en uit zich op een breed terrein van persoonlijke en
   sociale situaties.
C Het duurzame patroon leidt in belangrijke mate tot lijden of beperkingen in het
   sociaal en beroepsmatig functioneren of het functioneren op andere belangrijke
   terreinen.
D Het patroon is stabiel en van lange duur en het begin kan worden teruggevoerd
   naar ten minste de adolescentie of de vroege volwassenheid.

Verder is het zo dat dit duurzame patroon niet veroorzaakt wordt door een andere psychische stoornis, het gebruik van drugs en/of alcohol of door een somatische aandoening (bijvoorbeeld een hersentrauma).

De DSM onderscheidt tien verschillende persoonlijkheidsstoornissen die in drie verschillende clusters worden ondergebracht (zie schema).

Zoals op te maken valt uit de geschatte prevalentie komen deze stoornissen relatief weinig voor. Echter, in een aantal gevallen kenmerken ze zich door een hoog hulp-zoekend of maatschappelijk problematisch gedrag. Vandaar dat sommige stoornis-sen wel weer veel voorkomen in bijvoorbeeld de (ambulante) psychiatrie (border-line) of in forensische voorzieningen (antisociale persoonlijkheidsstoornis).

Cluster	Geschatte prevalentie
A Bizar gedrag	
paranoïde p.s.	2,0 %
schizotypische p.s.	0,6 - 5,6 %
schizoïde p.s.	0,4 - 0,9 %
B Dramatiserend gedrag	
antisociale p.s.	2,0 - 3%
borderline p.s.	1,7 - 2%
theatrale p.s.	2,1 %
narcistische p.s.	0,4 %
C Angstig gedrag	
ontwijkende p.s.	1,1 - 1,3 %
afhankelijke p.s.	1,6 - 1,7 %
obsessief-compulsieve p.s.	1,7 - 2,2 %

Wat opvalt is eigenlijk het onvermogen van het individu zich te plooien naar wis-selende omstandigheden. Het lijkt misschien een compliment als van iemand gezegd wordt dat hij altijd zichzelf is en altijd hetzelfde reageert, maar het wijst ook op een zekere starheid. Gezonde mensen kenmerken zich door een relatieve mate van flexibiliteit in hun gedrag. Ze kunnen hun repertoire variëren en afstem-men op wat in een gegeven situatie het meest adequaat is. Mensen met persoon-lijkheidsstoornissen vallen juist op door hun voorspelbare, rigide wijze van hande-len. Door deze geringe flexibiliteit is hun gedrag dan ook vaak inadequaat. Rationaliteit bijvoorbeeld is nuttig in situaties waarin problemen opgelost moeten worden. Op een romantisch avondje, na de eerste kus aan je nieuwe vriend gaan uitleggen hoe de kus tussen mensen in sociobiologisch perspectief geïnterpreteerd kan worden en welke hormonen er een rol bij spelen en hoeveel bacteriën er in het uitgewisselde speeksel zitten, is minder toepasselijk.

Voor de veelsoortige kritiek op het niet geheel onomstreden concept van de persoonlijkheidsstoornissen wordt verwezen naar de vakliteratuur, maar één aspect kan hier niet onbesproken blijven. De diagnose – of het etiket – persoonlijkheidsstoornis is erg stigmatiserend voor de betrokkene. Een dergelijke diagnose zegt eigenlijk dat je niet aan iets lijdt (zoals je aan een longontsteking kan lijden), maar dat wie je bent fundamenteel niet deugt of in orde is. Dat is nogal een zwaar oordeel. Daarbij komt nog eens dat veel hulpverleners tamelijk pessimistisch zijn over de mogelijkheden tot verandering. Illustratief is het onderzoek dat door Hellinga (1999) wordt aangehaald.

Een groot aantal verpleegkundigen kreeg een aantal korte beschrijvingen van incidenten voorgelegd met de vraag: 'Wat zou u doen als zoiets op uw afdeling gebeurde?' Bij de helft van de incidenten werd gezegd dat het ging om iemand die aan schizofrenie leed, bij de andere helft betrof het iemand met een persoonlijkheidsstoornis. De incidenten waren verder identiek. In het geval van schizofrenie zouden verpleegkundigen structurerend, geduldig en nuchter reageren. Bij de incidenten waar iemand met een persoonlijkheidsstoornis bij was betrokken zou eerder straffend worden opgetreden.

Recent onderzoek schat dat de prevalentie van persoonlijkheidsstoornissen onder de populatie mensen met een verstandelijke beperking hoog is. Er worden percentages genoemd tussen de 27 en 57. De persoonlijkheidsstoornissen die het meest voor zouden komen zijn die uit het C-cluster.

Ook is er sprake van (evenals dat het geval is in een 'gewone' populatie) een hoge mate van comorbiditeit.

Persoonlijkheidsstoornissen zijn niet of nauwelijks vast te stellen bij mensen met een ernstige verstandelijke beperking. Bovendien blijkt in de praktijk dat er bij mensen met een verstandelijke beperking vaak gedragspatronen zichtbaar zijn die niet te rangschikken zijn onder de hierboven beschreven tien persoonlijkheidsstoornissen. Wellicht dat men op zoek moet naar nieuwe categorieën.

Došen (in: Van Osch 1996) noemt een aantal factoren die het proces van de normale persoonlijkheidsontwikkeling op verschillende manieren kunnen belemmeren en beïnvloeden.

Hierdoor kunnen dusdanige verstoringen ontstaan die leiden tot 'ander' gedrag. Dit patroon kan dan op den duur karakteristiek worden voor de persoon in kwestie.

Došen noemt:
- de graad van de cognitieve beperking;
- genetische afwijkingen;
- verstoring van de rijping van het centrale zenuwstelsel;
- organische afwijkingen en disfuncties van het centrale zenuwstelsel;
- graad van emotionele ontwikkeling;
- sociale interacties;
- temperament;
- socioculturele omstandigheden;
- stress.

Al deze aspecten kunnen de basis leggen voor persoonlijkheidsproblematiek. Enkele voorbeelden. Als het (aangeboren, genetisch bepaalde) temperament 'moeilijk' gedrag genereert (hetgeen naar verluidt bij 40% van de mensen met een verstandelijke beperking het geval is) dan heeft dat natuurlijk gevolgen voor het interactiepatroon met anderen en daarmee ook voor de persoonlijkheidsontwikkeling. Vertraagde rijping van het centraal zenuwstelsel en het daarmee gepaard gaande disfunctioneren kan weer gevolgen hebben voor het hechtingsproces. Een achterstand in hechting kan bijvoorbeeld leiden tot problemen tussen kind en opvoeders die moeite hebben zich goed op elkaar af te stemmen. Dit kan weer leiden tot een basaal gevoel van onveiligheid en (duurzame) gedragsstoornissen.

5   *Pervasieve ontwikkelingsstoornissen*

't Doet pijn te zien
Dat mijn kind als een wolf verschijnt
In het poppenhuis en puzzles legt
Met hoeken in het midden
't Doet pijn om met een huilend kind
In het zitje achterop de fiets
Weer onderweg naar huis te zijn
CISKA MULLER, NIEMAND WORDT GERAAKT

Globaal gezien liggen de stoornissen bij de pervasieve ontwikkelingsstoornissen (waarvan autisme de bekendste is) op het vlak van:
• het vermogen tot contact met anderen;
• de (stagnerende) taalontwikkeling;
• de reactie op interne en externe prikkels;
• het vermogen tot op de sociale situatie afgestemd gedrag;
• de motoriek;
• het aanvoelen van sociale informatie.

Omdat de problemen die samenhangen met de pervasieve ontwikkelingsstoornis in zowel kwalitatieve als kwantitatieve zin zo gevarieerd kunnen zijn, spreekt men ook wel van een spectrumstoornis.
Het spectrum 'ontwikkelingsstoornissen' varieert van kinderen die enkelvoudige problemen ervaren (zoals bijvoorbeeld ADHD of specifieke leer- en taalstoornissen) tot kinderen die meerdere typen van (vaak ernstige) beperkingen hebben. Deze laatste categorie is die van het autisme. Tussen beide groepen in bevindt zich zogeheten Pervasieve Ontwikkelingsstoornis Niet Anderszins Omschreven (PDD-NAO of op z'n Engels PDD-NOS).

Volgens de omschrijving van de DSM is er sprake van autisme als voldaan is aan de volgende criteria.

A   Een totaal van zes (of meer) items van (1), (2) en (3) met ten minste twee van (1) en van (2) en (3) elk één:

(1) Kwalitatieve beperkingen in de sociale interacties zoals blijkt uit ten minste twee van de volgende punten:
  (a) Duidelijke stoornissen in het gebruik van verschillende vormen van non-verbaal gedrag zoals oogcontact, gelaatsuitdrukking, lichaamshoudingen en gebaren om de sociale interactie te bepalen.
  (b) Er niet in slagen met leeftijdgenoten tot relaties te komen, die passen bij het ontwikkelingsniveau.
  (c) Tekort in het spontaan proberen met anderen plezier, bezigheden of prestaties te delen.
  (d) Afwezigheid van sociale of emotionele wederkerigheid.

(2) Kwalitatieve beperkingen in de communicatie zoals blijkt uit ten minste een van de volgende punten:
  (a) Achterstand in of volledige afwezigheid van de ontwikkeling van de gesproken taal.
  (b) Bij individuen met voldoende spraak duidelijke beperkingen in het vermogen een gesprek met anderen te beginnen of te onderhouden.
  (c) Stereotiep en herhaald taalgebruik of eigenaardig woordgebruik.
  (d) Afwezigheid van gevarieerd spontaan fantasiespel of sociaal imiterend spel.

(3) Beperkte, zich herhalende stereotiepe patronen van gedrag, belangstelling en activiteiten zoals blijkt uit ten minste een van de volgende punten:
  (a) Sterke preoccupatie met een of meer stereotiepe en beperkte patronen van belangstelling die abnormaal is ofwel in intensiteit ofwel in richting.
  (b) Duidelijk rigide vastzitten aan specifieke niet-functionele routines of rituelen.
  (c) Stereotiepe en zich herhalende motorische maniërismen (bijvoorbeeld fladderen of draaien met hand of vingers of complexe bewegingen met het hele lichaam).
  (d) Aanhoudende preoccupatie met delen van voorwerpen.

B Achterstand in of abnormaal functioneren op ten minste een van de volgende gebieden met een begin vóór het derde jaar: (1) sociale interacties, (2) taal zoals te gebruiken in sociale communicatie of (3) symbolisch spel of fantasiespel.

C De stoornis is niet eerder toe te schrijven aan de stoornis van Rett of een desintegratiestoornis van de kinderleeftijd.

Op grond van het bovenstaande kan geconcludeerd worden dat kinderen met een pervasieve ontwikkelingsstoornis onderling enorm kunnen verschillen en dat de ideaaltypische autist (zoals de door Dustin Hofman gespeelde *Rainman*) een zeldzaamheid is.

Geschat wordt dat autisme voorkomt bij 1,3 per 1000 kinderen en voor het autistisch spectrum wordt een schatting gehanteerd van 2 kinderen per 1000 met daarbij een man-vrouwratio van 4:1. Het is daarmee een relatief zeldzame aandoening. Er is tegelijkertijd veel aandacht voor de stoornis.
Autisme wordt aangetroffen onder alle lagen van de bevolking.

Enkele karakteristieken

Kwalitatieve tekortkomingen in wederzijdse sociale interacties
Deze openbaren zich in een zich niet bewust zijn van de gevoelens van andere mensen. Het ontbreekt de betrokkene aan inlevingsvermogen. Het sluiten van vriendschappen, anders dan instrumenteel van aard, is derhalve ook niet mogelijk. De medemens (en dit begint bij de ouders) wordt gezien als een hulpmiddel of instrument om 'iets gedaan' te krijgen of iets te verwerven, bijvoorbeeld eten. Dit voor anderen moeilijk te hanteren en accepteren gegeven komt duidelijk naar voren in de in boekvorm uitgegeven brief- en dagboekfragmenten van Dietmar Zöller, zelf een autist en een van de weinigen die iets over zijn belevenissen weergeeft.

'Ik kan niet met twee mensen goed bevriend zijn. Daarom kan ik met meneer Katz geen vrede sluiten. Ik ben altijd zo negatief tegen hem. Dat moet ik veranderen, maar hoe? Ik kan niet zoveel relaties tegelijk aan' (ZÖLLER 1989).

Het meest basale contact (zich uitend in een glimlach naar de moeder en oogcontact) komt niet of nauwelijks voor. Als peuter en kleuter komt het kind niet tot spel met andere kinderen en begrijpt ook niet wat er in de andere kinderen omgaat. Ze blijven afzijdig bij groepsactiviteiten.

Kwalitatieve tekortkomingen in verbale en non-verbale communicatie en in fantasieactiviteiten (verbeeldings- en doen alsof-spel ontbreken)
Meer dan de helft van deze kinderen komt niet tot spreken. Bij degenen die wel gaan praten, komt de taalontwikkeling in de regel laat op gang en blijft de taal als communicatiemiddel beperkt en gestoord. Meestal zijn er opvallende afwijkingen in het gebruik van de gesproken taal. Het geluidsvolume is niet adequaat (meestal te hard), de intonatie is vlak, de snelheid van spreken ligt te hoog. De gebruikte taal is vaak een aaneenrijging van zinnen en zinsdelen die anderen hebben uitgesproken. Er ontstaat meestal geen natuurlijk verband tussen het gebruik van woorden en hetgeen het kind wil zeggen. De taal van anderen wordt vaak moeilijk begrepen. Nogal eens komen opvallende aandoeningen voor in de vorm of inhoud van de spraak zoals het gebruik van stereotiepe taal, het gebruiken van de tweede persoonsvorm (jij) als de eerste (ik) wordt bedoeld en het spreken in vragende zinnen als iets wordt meegedeeld aan een ander.

Fantasieactiviteiten ontbreken nagenoeg
Verbeelding is bijna of niet mogelijk. In het spel van het kind zit geen verhaal en het kind blijft gepreoccupeerd met bepaalde geïsoleerde aspecten van voorwerpen zoals kleur, vorm, geluid of structuur van het oppervlak. Veranderingen worden erg moeilijk verdragen, als de omgeving hem of haar daar toe aanzet. Het kind gaat zijn eigen gang en is moeilijk van buitenaf beïnvloedbaar.

Een opvallend beperkt repertoire van bezigheden en interessen
De lichaamsbewegingen zijn stereotiep van karakter. Het kind beweegt zich vaak houterig zonder de natuurlijke souplesse. Op latere leeftijd loopt het nog vaak op

de tenen en maakt bij opwinding fladderende bewegingen met armen en benen. De handen worden vaak in een onnatuurlijke stand gehouden en met de vingers worden soms vreemde bewegingen gemaakt. Kinderen variëren in dit motorisch opzicht nogal eens. Het ene kind kan perfect over een muur lopen, maar geen trap klimmen. Anderen kunnen wel schroefjes losdraaien, maar geen dop van een fles draaien.

In zijn algemeenheid kan worden gezegd dat het kind en ook de volwassene een zeer beperkt gebied van bezigheden en interessen kent. Het belangstellingsgebied is dus erg klein. Ze kunnen zich soms uren vermaken met het openen en sluiten van een piepende deur, het wapperen met een papiertje of door heen en weer te hollen in een ruimte. Daarnaast kan (schijnbare) paniek ontstaan als ze worden gestoord of beïnvloed in deze bezigheden of als de omgeving hierin variaties wenst aan te brengen. Van een andere plaats aan tafel, ander broodbeleg, een andere volgorde van routinehandelingen kunnen ze direct van slag raken.

Hetgeen hierboven is gesteld gaat voor alle hoofdkenmerken op bij mensen met 'vroegkinderlijk autisme'. Voor de verwante contactstoornissen (PDD-NAO) geldt dat ze aan een groot aantal van deze kenmerken voldoen. Alles wat geldt voor autisme geldt voor hen in iets mindere mate. Je kunt bijvoorbeeld wel met ze praten, maar het gesprek houdt een eenrichtingskarakter.

De groep mensen met een verwante contactstoornis is groter dan de groep autisten. Niet zelden wordt hun problematiek niet of onvoldoende onderkend en wordt het beschouwd als een gevolg van verkeerde opvoedingsgewoonten van de ouders of gezinsproblemen. Hoe moeilijk dit voor ouders kan zijn behoeft geen nadere uitleg.

Volgens Minderaa (2000) interacteren kinderen met lichtere vormen van pervasieve ontwikkelingsstoornissen meer met de omgeving dan autistische kinderen. In de problematiek van deze groep onderscheidt hij vier aspecten.

1   Zwakte in het oppakken van sociale informatie en het ontwikkelen van een vermogen tot interpretatie van de sociale context, sociaal begrip en intuïtie.
2   Zwakte in een toereikende besturing van het gedrag.
3   Het gedrag wordt in hoge mate bepaald door uit het kind zelf voorkomende vaak rigide reactiepatronen (ook te zien bij het syndroom van Asperger).
4   De regulatie van het gedrag mislukt met name bij veranderingen (onverwachte gebeurtenissen, doorbreking van de alledaagse routine).

CASUS

Billy is een jongen van twaalf jaar met een matig verstandelijke beperking die lijdt aan een aan autisme verwante contactstoornis (PDD = Pervasive Developmental Disorders). Zoals zo vaak het geval is bij dit soort stoornissen, is er ook bij Billy sprake van contact- en communicatiestoornissen. Billy kan niet praten en als hij zich al duidelijk wil maken doet hij dat door je hand te pakken en je naar het onderwerp toe te brengen. Bijvoorbeeld naar z'n jas als hij naar buiten wil. Nu is er de laatste tijd sprake van een lichte verandering. Als Billy iets wil of iets nodig heeft pakt hij pen en papier en begint hij het desbetreffende te tekenen. Op de afdeling komt het idee op om voor Billy een communicatiehulpmiddel te ontwikkelen waarmee hij kan communiceren. Het meest voor de hand liggend is het werken met pictogrammen.

Activiteiten

- Maak een overzicht met de meest voorkomende activiteiten van het dagelijks leven. Denk hierbij aan dagelijks, wekelijks en incidenteel.
- Ontwerp voor iedere activiteit een duidelijk pictogram.
- Laat je klasgenoten beoordelen of de pictogrammen direct herkenbaar zijn voor de juiste activiteit.

Doe dit met behulp van een lijst waarin je de pictogrammen hebt genummerd en waar de ander achter moet schrijven waar het pictogram voor staat.

Oorzaken van autisme

'Ik heb veel aspecten van mijn beperking overwonnen, maar vele andere nog niet. Ik heb vooral problemen met waarnemen. Ik zie en hoor veel. Daarom heb ik meer rust nodig dan andere mensen.'

DIETMAR ZÖLLER, ALS IK MET JE PRATEN KON...

Nadat Leo Kanner in 1943 het begrip 'autisme' introduceerde werd naarstig naar mogelijke oorzaken gezocht om de sleutel tot genezing te vinden.

De medicus Rimland had zelf een autistisch kind. Hij stelde in 1964 dat autistische aandoeningen een organische oorsprong hebben. Door veel, later gedaan onderzoek werd deze opvatting ondersteund. Autisme werd beschouwd als een neuropsychiatrisch probleem. Er zou sprake zijn van een cognitief defect, met name in de uiteindelijke verwerking en interpretatie (betekenisgeving) van prikkels. Het lijkt alsof deze kinderen niet in staat zijn adequaat onderscheid te maken tussen reeds opgedane ervaringen en nieuwe indrukken. De informatie beklijft niet en krijgt geen betekenis.

Maar nog steeds tast men over de oorzaak van autisme in het duister. Het is in ieder geval niet zo, zoals nog lang is gedacht, dat het aan de opvoeding ligt en dan met name aan de afstandelijkheid van de moeder. Als er iets mis is in de relatie dan is het waarschijnlijk eerder zo dat het autisme daar de oorzaak van is. Het kan erg belastend zijn om iemand die lijdt aan autisme in het gezin te hebben.

Het is misschien ook zo dat er niet één enkele oorzaak gevonden kan worden. De pervasieve ontwikkelingsstoornissen zijn zo verschillend en de patiënten verschillen onderling ook zo veel dat er waarschijnlijk verschillende oorzakelijke factoren een rol zullen spelen.

Er zijn aanwijzingen dat genetische factoren een rol spelen en er zijn verscheidene neurologische verbanden gevonden bij autisme. Zo is er vaak sprake van een afwijkend EEG, epilepsie, slechte motorische coördinatie of relatief kleine lichamelijke afwijkingen als misvormde oren en dergelijke.

Bij 60 tot 80% van de mensen met autisme blijven primitieve reflexen aanwezig die behoren te verdwijnen. Verder is er een aantal specifieke syndromen bekend die gepaard gaan met én een verstandelijke beperking én autisme of aanverwante contactstoornissen (bijvoorbeeld het fragiele X-syndroom). Verder heeft na de puberteit ongeveer 25% van mensen met autisme epilepsie.

Interessant zijn de bevindingen met betrekking tot zogenaamde spiegelneuronen. Deze nog niet zolang geleden op basis van onderzoeken bij apen ontdekte specifieke zenuwcellen liggen verspreid over essentiële delen van het brein. Deze delen hebben te maken met de motoriek, de taal, pijn en ons vermogen tot empathie. Het opmerkelijke van deze neuronen is dat ze niet alleen actief zijn als we een bepaalde handeling uitvoeren (bijvoorbeeld een stukje chocolade eten), maar ook als we iemand anders zien die een stukje chocola eet. Ze worden spiegelneuronen genoemd, omdat we als het ware door het gedrag van anderen na te doen (te spiegelen) dingen leren en we ons in anderen kunnen verplaatsen. Observeer bijvoorbeeld maar eens een paar mannen op de bank die een voetbalwedstrijd volgen en kijk naar hun bewegingen. Deze neuronen stellen ons in staat ons te verplaatsen in iemand anders, ze liggen aan de basis van empathie (Dobbs 2006). Door deze neuronen kunnen we ons een beeld vormen van de intenties van anderen. Het je een beeld kunnen vormen van wat anderen beweegt en wat anderen kunnen denken wordt Theory of Mind genoemd. De Theory of Mind betreft het vermogen besef te hebben van de innerlijke wereld van andere mensen. Dit kan zelfs verschillende niveaus aannemen. Dus niet alleen : 'Ik denk dat ik begrijp wat je voelt,' maar ook 'ik denk dat jij denkt dat ik denk dat je maar saai bent.' Dit besef, dit vermogen de sociale werkelijkheid te begrijpen en te voorspellen is vaak verstoord bij mensen met autisme. Naar schatting heeft 80% geen juiste Theory of Mind (Mindblindess).
Er zijn aanwijzingen dat er iets mis is met de spiegelneuronen van mensen met autisme.
Een andere bijzondere zenuwcel, die alleen bij de mens en enkele dieren (mensapen, olifant, walvis) voorkomt heeft de interesse van wetenschappers gewekt. Het gaat om de zogeheten spoelzenuwcel die van belang is bij sociale emotie en empathie (Korteweg 2007). Men denkt dat deze cellen betrokken zijn bij de snelle intuïtieve verwerking van sociale signalen en emoties en dus spelen ze een rol voor het organisme om zich staande te kunnen houden in ingewikkelde sociale verbanden. Spoelcellen bij autisten zien er iets anders uit en zijn op een andere wijze georganiseerd in de hersenen. Hoewel veel nog onduidelijk is en speculatief, zou het kunnen zijn dat verstoringen in spiegelneuronen en spoelcellen een rol spelen bij het ontstaan van autisme.

Autisme en de verstandelijke beperking
Er bestaat een duidelijke relatie tussen PDD en verstandelijk beperking.
Kraijer (1998) geeft de volgende opsomming:
- Van de mensen met PDD heeft 80% ook een verstandelijke beperking.
- Van de mensen met een diepe en ernstige verstandelijke beperking heeft 40% tevens PDD.
- Bij een matig niveau is dit 20% en bij de mensen met een licht verstandelijke beperking ongeveer 2%.

Deze percentages liggen vele malen hoger dan de percentages die gelden voor de algehele populatie (inclusief mensen met een verstandelijke beperking), namelijk om en nabij de 0,25%.
In absolute getallen betekent het dat er in Nederland ongeveer 16.000 mensen

met een verstandelijke beperking tevens aan PDD lijden.

De verdeling van het percentage over PDD's over diverse voorzieningen is naar schatting als volgt.

Voorziening	Percentage PDD
Kinderdagcentrum	20 - 25%
ZMLK-school	10 - 15%
Dagcentrum volwassenen	15 - 20%
GVT	5 - 10%
Instituut	30 - 40%

Autisme en een verstandelijke beperking zijn dus twee verschillende stoornissen die nogal eens samengaan en die beide op cognitief gebied hun beperkingen kennen en die een verhoogd risico op gedragsproblemen hebben. Bij mensen met autisme kunnen we spreken over een cognitief defect en bij mensen met een verstandelijke beperking (al of niet met autisme) over een algeheel cognitief tekort (Berckelaer-Onnes 1996).

Dit onderscheid is vooral van belang als het gaat om de begeleiding en de behandeling. In de zorg voor mensen met een verstandelijke beperking is men overwegend gericht op zorg ten aanzien van het algemeen cognitief tekort, dus het tekort in alle cognitieve functies. Als men wordt geconfronteerd met mensen met een verstandelijke beperking met autisme, dan zal er in de begeleiding aandacht moeten zijn die specifiek is gericht op het cognitieve defect omdat dit een specifieke benadering vraagt. Zo heeft een persoon met een verstandelijke beperking en PDD moeite met 'doen alsof'. Het aanbieden van activiteiten die uitgaan van het wel kunnen 'doen alsof' is dan niet zinvol. Een ander voorbeeld is een vrouw die gefixeerd is op getallen. Zij zal een taak moeten krijgen waarbij die kennis wordt benut. Ze zou bijvoorbeeld een functie kunnen krijgen in de linnenkamer van de instelling en zorg kunnen dragen voor de verdeling van het linnengoed.

Diagnostiek

De herkenning (eerste diagnose, die in principe gesteld kan worden als iemand 18 maanden oud is) vindt meestal plaats door een arts van het consultatiebureau, een huisarts, een kinderarts, een lid van het VTO-team. Door middel van observatie en gesprekken met de ouders kan dan de diagnose worden gesteld. Na deze herkenning behoort dan een verdere diagnosticering plaats te vinden. Hiervoor zijn standaardvragenlijsten, observatie- en testprocedures ontwikkeld.

Voorbeelden hiervan zijn Checklist for autism in toddlers (CHAT), de AUTI-R en de Autism Behaviour Checklist (ABC). Ook zijn er gestandaardiseerde interview- en observatieschalen zoals Autism Diagnostic Observation Scale of Autistic Diagnostic Interview R. Daarnaast moet ook uitvoerig medisch onderzoek plaatsvinden. Naast een algemeen lichamelijk onderzoek is genetisch en neurologisch onderzoek noodzakelijk.

Autisme is dus een stoornis die gevolgen heeft voor alle domeinen van het bestaan. De hulpverlening is breed en richt zich op die verscheidene vlakken.

Voedings- en stofwisselingspatroon

Uit onderzoek (DeMyer 1979) blijkt dat meer dan de helft van de betrokken kinderen na het eerste levensjaar eetproblemen heeft. Het kan gaan om de volgende problemen:

* te weinig of te veel eten;
* te weinig variatie in het eten;
* voortdurend weglopen van tafel;
* schreeuwen aan tafel (protest);
* knoeien en 'vies eten'.

Hoewel niet altijd in iedere situatie toepasbaar, zijn de volgende richtlijnen bruikbaar.

* Tracht het eten en drinken zo voorspelbaar mogelijk te laten verlopen in een zo veilig mogelijke omgeving. Concreet betekent dit: een eigen, vaste, plaats aan tafel, rekening houden met voorkeuren voor beleg, groenten en dergelijke, gebruikmaken van dezelfde taal in het aanspreken.
* Als de voorkeur voor eten en drinken zo beperkt is dat het gevaar dreigt voor een te grote eenzijdigheid en tekorten aan voedingsstoffen, kan in eerste instantie gebruik worden gemaakt van toevoegingen (eiwitten, brandstoffen, vitamines).
* Hoewel voorspelbaarheid en herkenbaarheid belangrijke aspecten zijn in de begeleiding is het niet nodig om te allen tijde aan alle wensen tegemoet te komen. Dit is zelfs niet wenselijk. Ook aan mensen met een verstandelijke beperking kunnen eisen worden gesteld, zij het dat er altijd voldoende veiligheid geboden dient te worden.

O P D R A C H T

Jaap is een jongen met autisme en een ernstig verstandelijke beperking. Sinds enkele weken is hij opgenomen in een dagverblijf voor kinderen met een verstandelijke beperking. Voor zijn opname was zijn menu beperkt tot een speciale yoghurtdrank, hagelslag, theebiscuit, rijstkoeken en water.

Het was voor zijn ouders bijna een dagtaak om hem te voorzien van zijn eten en drinken. Zij moesten voor de yoghurtdrank bijna iedere dag 45 kilometer reizen want deze was alleen in Duitsland te koop. Andere merken lustte hij niet.

De eerste dagen na opname in het dagverblijf was zijn menu hetzelfde als thuis. De begeleiding trachtte al spoedig hierin enige variatie aan te brengen, door hem de hagelslag aan te bieden op een witte boterham. Aanvankelijk leidde dit tot protest en huilen. Jaap snoepte na enkele dagen de hagelslag wel van het brood.

Enkele weken later, na regelmatig aandringen, at hij ook enkele kleine stukjes brood. Thuis bleef hij zijn eigen menu zoals hierboven genoemd aanhouden.

Een halfjaar na opname at Jaap bijna alles wat hem werd aangeboden, thuis bleef echter alles bij het oude.

Al deze veranderingen gingen gepaard met aanvankelijk protest. Dit protest echter was te overwinnen zonder dat dit de veiligheid van Jaap in gevaar bracht. Opvallend is dat hij deze veranderingen niet generaliseert naar de situatie thuis. De aangeleerde aanpassing was voor hem niet overdraagbaar, door zijn cognitieve defect: de uiteindelijke verwerking en interpretatie van prikkels is gestoord (Schopler 1980).

Nu het op het dagverblijf voor mensen met een verstandelijke beperking zo goed gaat met Jaap, is er een dringende vraag van de ouders of deze vooruitgang ook niet over te brengen is naar de thuissituatie.

➤ Aan jou de vraag om een programma te maken waarin je rekening houdt met de (on)mogelijkheden van Jaap. Maak het programma zo dat de ouders er stap voor stap (methodisch) mee kunnen werken. Geef de ouders ook enkele tips mee voor de begeleiding van Jaap.

Uitscheiding

Het proces van zindelijk worden is voor autistische mensen met een verstandelijke beperking vaak moeilijk. Ook als de verstandelijke rijpheid tot zindelijk worden verondersteld mag worden. Dit is opnieuw te verklaren uit het bestaande cognitieve defect. Het kind alsook de volwassene kan al van slag raken als hij of zij op een pot of wc wordt geplaatst. Toch lukt het in de meeste gevallen wel om het kind (trainings)zindelijk te krijgen. Een strakke zindelijkheidstraining is hiertoe een voorwaarde.
Altijd moet de vraag worden gesteld of het kind voldoende rijp is voor een training en de baten moeten de kosten overtreffen. Zindelijk worden is geen doel op zichzelf.

Rollen en relaties

Op dit gebied liggen de meeste en moeilijkste hulpvragen. Door de contactstoornis bestaat er al een blokkade in de allereerste fase van de ontwikkeling van attachment (gehechtheid). Deze ontbrekende gehechtheid is vervolgens van grote invloed op de ontwikkeling van de communicatie, de sociale communicatie in het bijzonder. Bij een groot aantal kinderen ontwikkelt zich in het geheel geen gesproken taal. Als het kind wel leert praten, is de taal vaak in zijn gebruik afwijkend.
Om nu deze (sociale) communicatie op gang te brengen is een specifieke behandeling nodig. Deze behandeling is gebaseerd op de uitgangspunten van de gedragstherapie. Een voorbeeld hiervan is de zogeheten TEACCH-methode. De nadruk ligt hierbij op het ontwikkelen van de cognitieve vaardigheden van het kind. In de praktijk zijn er resultaten zichtbaar. Maar feitelijk reageren de kinderen dan als automaten met aangeleerde gedragingen die niet echt van henzelf zijn (niet intentioneel). De aangeleerde vaardigheden krijgen geen plaats in de eigen 'persoonlijkheid' en de sociale diepgang ontbreekt (Došen 1983). Beter is het om meer nadruk te leggen op de andere aspecten van de persoonlijkheid (de emotionele en de sociale).

Het ontwikkelen van de persoonlijkheid als totaal wordt door Došen bepleit en vindt zijn uitvoering in de relatietherapie zoals deze door hem is ontwikkeld.

Deze therapie gaat ervan uit dat er een primair contact met de verpleegkundige/ verzorger tot stand moet worden gebracht en dat begint met het scheppen van een voorspelbare, vertrouwde en veilige omgeving waar het kind tot een homeostase kan komen. Storende prikkels van buiten moeten worden vermeden en het kind moet een eigen veilige plek kunnen vinden. Als aan deze voorwaarden is voldaan, kan de begeleider zogeheten 'aanrakingspunten' gaan zoeken. Dit vindt hij/zij door gedoseerd de proximale (nabijheids)zintuigen te stimuleren. Met deze prikkels moet het kind dan vertrouwd kunnen raken. In de activiteiten die het kind ontplooit gaat de begeleider dan mee. Het is dan vooral een samen doen van dingen, van daaruit kan dan het eerste contact ontstaan. Als het primaire contact aanwezig is, worden ook de distale (verte)zintuigen gestimuleerd. Op dat moment gaat ook de taal (communicatie) een rol spelen. Er kan dan worden gecommuniceerd via materiaal en taal waardoor de lichamelijke symbiose minder kan worden en de groei van de persoonlijkheid wordt bevorderd.

Bij alle kinderen die voor de behandeling lichamelijke afweer vertoonden was deze na de behandeling duidelijk minder (Došen 1983).

Zoals gezegd bestaat er een verhoogd risico op gedragsproblemen bij mensen met de dubbeldiagnose PDD-verstandelijke beperking.

Kraijer (1998) brengt deze problemen onder in een schema. Daarbij onderscheidt hij specifieke problemen (dus kenmerkend voor de dubbeldiagnose), half-specifieke problemen (voortvloeiend uit de specifieke en significant vaker voorkomend bij de categorie PDD-verstandelijke beperking) en niet-specifieke problemen (die wel voorkomen bij deze categorie, maar niet vaker dan bij mensen met een verstandelijke beperking zonder PDD).

Specifiek	Half-specifiek	Niet-specifiek
cognitief	rigiditeit	driftig
taal	overorderlijk	agressief
sociaal	stereotiep	destructief
emotioneel	masturbatie	eetproblemen
automutulatie	obstipatie	
rumineren	onzindelijk	
	hyperactief/druk	
	angsten	
	slaapproblemen	

In de dagelijkse praktijk van de zorg voor mensen met een verstandelijke beperking zijn voor de begeleiding de volgende algemene aandachtspunten relevant:

• Zorg voor de noodzakelijke voorwaarden om een elementair contact tot stand te kunnen brengen. Hierbij zijn gegevens als veiligheid en voorspelbaarheid van groot belang.

Als het gaat om kinderen met autisme en een verstandelijke beperking, dan moet aandacht besteed worden aan de ontwikkeling van de zintuigen, in eerste instantie de nabijheidzintuigen. Voor overprikkeling van stimuli moet worden gewaakt.

- Tracht in de communicatie vooral uit te gaan van de mogelijkheden van de cliënt en niet zozeer van tekorten. In het gebruik van gesproken taal is het belangrijk zaken en personen te noemen/benoemen met een vast woord of vaste uitdrukking. Het is van belang hierbij gebruik te maken van de adviezen van een gespecialiseerde logopedist(e). Het aanreiken van goede communicatiemiddelen vermindert in de praktijk aanzienlijk het voorkomen van gedragsproblemen (Verpoorten 1996).
- De inzichten van een gedragsdeskundige (psycholoog of een medewerker van een autistenteam) moeten, gezien de moeilijkheid van de problematiek, worden geïntegreerd in het zorgplan. Zeker hier geldt dat het gebruikmaken van kennis van derden een noodzaak is omwille van de cliënt.

O P D R A C H T

'Iedere koe is een zoogdier, maar niet ieder zoogdier is een koe.'

In dit hoofdstuk gaven we zeven factoren op grond waarvan gedrag als pathologisch wordt beschouwd. Toch is het niet zo dat iemand die voldoet aan dergelijke factoren daarmee ook gestoord is. Het is immers heel goed mogelijk dat iemand morele normen overtreedt of zich onconventioneel gedraagt en daarbij gezond en ongestoord is.

➤ Geef bij alle genoemde factoren een voorbeeld waaruit blijkt dat die ook op kunnen gaan voor de zogenaamde normale mensen.

Activiteiten-, slaap- en rustpatroon

Bijna alle autistische mensen met een verstandelijke beperking hebben slaapproblemen. Dit kunnen zowel in- als doorslaapproblemen zijn. Sommigen worden alleen maar wakker en anderen gaan huilen, schreeuwen of gaan in huis rondspoken. Deze slaapproblemen zijn het grootst in de eerste zes levensjaren. Het gebruik van (ondersteunende) slaapmedicatie is mogelijk, maar heeft meestal, zo is de gebruikerservaring, onvoldoende effect. Soms is het zelfs zo dat het tegengestelde effect wordt bereikt: nog ernstiger slaapproblemen. Ook hier geldt voor de begeleider weer als aandachtspunt de omgeving en de omstandigheden zodanig aan te passen dat deze rustig (prikkelarm), voorspelbaar en dus voldoende veilig is.

Omdat het kind anders omgaat met prikkels in zijn omgeving (horen, zien, proeven, voelen en ruiken) is het van groot belang deze prikkels voldoende te doseren. Sensorische overprikkeling moet dus worden vermeden. Deze overprikkeling laat zich onverbloemd waarnemen. De cliënt wordt dan óf buitensporig druk óf angstig.

Belangrijk zijn de volgende punten:
- Zorg voor een regelmatig leefpatroon.

- Tracht overprikkeling te vermijden door de omgeving aan te passen of de cliënt regelmatig de gelegenheid te bieden zich terug te trekken in een rustiger omgeving.
- Een vast dagprogramma is noodzakelijk om de behoeften aan zelfzorg met betrekking tot de sensoristasis te kunnen vervullen.

Kernachtig gezegd komt het neer op regelmaat en voorspelbaarheid in: tijd, activiteit en persoon.

Het gebruik van psychofarmaca geeft maar ten dele resultaat. De indicatie tot gebruik is meestal hyperactiviteit, rigiditeit, agressie, automutilatie en angst. Farmacologische middelen die worden gebruikt zijn onder andere neuroleptica (bijvoorbeeld Haldol) en SSRI's (Prozac en Seroxat).

Gezondheidsbeleving en instandhouding
In het voorgaande werd het belang van een veilige omgeving meermalen benadrukt. Maatregelen die tot een dergelijke omgeving bijdragen zijn de volgende.

- Door hun preoccupatie met geïsoleerde aspecten van voorwerpen (kleur, vorm, enz.) kan er een gevaarlijke situatie ontstaan. Voorbeelden hiervan zijn:
  - geobsedeerd raken door draaiende wielen (gevaar om onder een auto te geraken);
  - preoccupatie met vuur (gevaar voor brandstichting);
  - het geobsedeerd raken door bloed (gevaar zichzelf of een ander te verwonden met een mes);
  - gefascineerd raken door huilende baby's (gevaar een baby te verwonden/pijnigen).

- Omdat 25% van de autisten met een verstandelijke beperking epilepsie heeft zijn de veiligheidsmaatregelen zoals benoemd bij de paragraaf over epilepsie ook hier relevant.
- Door de bijzondere motoriek (enerzijds weinig souplesse en anderzijds in staat tot bijzondere prestaties) kunnen zich onvermoede gevaren voordoen. Een voorbeeld hiervan is het tegen een hoge schuine wand kunnen opklimmen.

Het Trimbosinstituut 2007 (www.trimbos.nl) geeft een overzicht van de effectiviteit van de behandelmethoden met betrekking tot autisme.

Behandeling	Bewijskracht
Klassieke antipsychotica	
- Haloperidol	*
Atypische Antipsychotica	
- Risperidone	*
- Olanzapine	?
- Clozapine	?

- Amisulpride · -
- Quetiapine · -
- Ziprasidone · ?

Antidepressiva
- Clomipramine · ?
- Fluvoxamine · *

Overige middelen
- Fenfluramine · ?
- Psychostimulantia · ?
- Lithium · ?
- Anti-epileptica · ?
- Anxiolytica
- 2-adrenerge-antagonisten
(clonidine, guanfacine) · ?
- B-adrenerge antagonisten · ?
- Opiaat antagonisten (naltrexone) · -/?
- Secretine · -
- Immunotherapie · ?

Voedingssupplementen
- Vitamine B6 met magnesium (pyroxidine)
in hoge dosering · ?
- Overige vitamines · ?
- Glutenvrij dieet · ?/*

Psychologische behandelingen
- Intensieve gedragstherapeutische begeleiding · *
- Overige vormen van begeleiding · ?

*** = bewezen werkzaam
** = redelijke aanwijzingen voor werkzaamheid
* = enig bewijs voor werkzaamheid, maar het bewijs of het effect is niet al te sterk
? = bewijs ontbreekt
- = bewezen onwerkzaam.

O P D R A C H T

'De onderwijzeres van een groep ZMLK vertelt 's ochtends iets over de menselijke anatomie aan de kinderen. Ze vertelt dat er overal botjes zitten, ook in je hand. Mirna luistert aandachtig naar het verhaal van de onderwijzeres en lacht steeds op een oninvoelbare wijze. In het speelkwartier komt Mirna naar haar onderwijzeres toegelopen met in haar opengewerkte hand een schaar en ze roept lachend: botjes en bloed.'

► Beschrijf stapsgewijs hoe jij in bovenstaande situatie zou reageren, denk daarbij aan de volgende punten:
  – Welke mogelijke reactie zou je geven aan Mirna?
  – Welke acties zou jij ondernemen?
  – Hoe zou je verder willen met dit probleem?
  – Met wie ga je samenwerken?
  – Motiveer je keuzes!

► Vergelijk jouw beschrijving met die van je klasgenoten en geef waar nodig verduidelijking bij je reactie/oplossing(en).
► Lever je verslag ter beoordeling in bij de docent.

5.5. | Middelenafhankelijkheid

Er is geen tijd of cultuur te vinden waarin mensen geen gebruik maken van middelen die hun geest beïnvloeden. Het hoort blijkbaar bij mensen om zich te drogeren, om hun waarneming moedwillig te veranderen of zich in een roes te brengen. Het gebruik van psychoactieve stoffen is vaak gewoon lekker en heeft daarnaast andere voordelen, je voelt je bijvoorbeeld vrijer of meer relaxed.
Wat er wordt gebruikt verschilt per cultuur. In de ene cultuur is alcohol het meest gebruikte middel terwijl dat in een andere cultuur (of tijdperk) verboden is. Er zijn geen rationele, wetenschappelijke gronden om aan te nemen dat het ene middel terecht verboden is en het andere toegestaan. Sommige middelen die erg verslavend zijn, zoals bijvoorbeeld sigaretten zijn legaal of worden toegepast in de gezondheidszorg (morfine), andere middelen die minder of niet verslavend zijn zoals bijvoorbeeld LSD zijn verboden. Middelen die slecht voor het lichaam zijn kun je in de ene cultuur gewoon bij de supermarkt kopen, zoals bijvoorbeeld alcohol terwijl middelen die lichamelijk gezien minder belastend zijn (goede heroïne is minder schadelijk voor het lichaam) illegaal zijn. Ook een onderscheid tussen 'hard drugs' en 'soft drugs' is eerder cultureel dan wetenschappelijk bepaald.
In iedere cultuur, in elk land vind je ook mensen die problemen hebben met dergelijke middelen. Waar mensen problemen mee hebben en in welke mate is ook weer per cultuur verschillend. Het gebruik en het misbruik lijkt niet samen te hangen met het beleid inzake alcohol en drugs dat een land hanteert. Zo zijn er landen met een strenge wetgeving met relatief weinig gebruikers (Zweden) maar ook landen met strenge wetten en veel gebruikers (de VS). Of landen met een mild en tolerant klimaat met relatief weinig gebruikers (Nederland) of veel gebruikers (Engeland).
Zoals gezegd, veel mensen hebben ooit middelen gebruikt die hun geest beïnvloeden. Zo heeft ruim 22% van de Nederlanders ooit in zijn leven cannabis gebruikt en heeft 3,4% ervaring met cocaïne. Alcohol is ooit door ruim 92% van de Nederlanders geprobeerd.
Van de bevolking heeft naar schatting 0.5% problemen met het gebruik van cannabis. Veel mensen hebben problemen met alcohol. Naar schatting 8% van de bevolking drinkt zoveel dat ze afhankelijk zijn van de alcohol. Probleemdrinkers zijn er nog veel meer. Naar schatting 34% van de mannen tussen de 16 en de 24 en 9%

van de vrouwen drinkt teveel. De Nederlandse jongeren zouden vergeleken met hun Europese leeftijdgenoten het meeste drinken en de zuipschuiten van Europa zijn. Dit is een ernstig gegeven aangezien mensen van onder de 20 een verhoogde neuronale kwetsbaarheid hebben voor verslavende middelen (Wiers 2007).

Het is overigens moeilijk aan te geven wanneer mensen teveel drinken, er zijn veel individuele verschillen in wat een mens kan verdragen en wat goed voor hem is. De WHO geeft als norm (matig gebruik), waarbij er geen lichamelijke schade optreedt dat vrouwen 1 tot 2 glazen per dag kunnen drinken met inachtneming van 2 alcoholvrije dagen per week. Mannen kunnen 5 dagen per week 2 tot 3 glazen gebruiken.

Verslaving is een nog steeds ten dele onbegrepen raadsel waar veel aspecten een rol bij spelen. De sociale omgeving, de genetische belasting, de gelegenheid die de mens heeft te gebruiken (en die in Nederland door de overheid eigenlijk weinig wordt beperkt) en neurobiologische elementen zijn in een nog onbekend samenspel betrokken en maken dat behoorlijk wat mensen afhankelijk van een stof worden.

Hoewel er onvoldoende onderzoek naar is gedaan wordt toch aangenomen dat middelenafhankelijkheid (verslaving) gemiddeld gesproken onder mensen met een verstandelijke beperking minder voorkomt dan onder de algehele bevolking. Hoewel veel onbekend is wordt verondersteld dat met name alcohol wordt gebruikt door mensen met een verstandelijke beperking.

Problematisch gebruik van drugs en alcohol heeft voor mensen met een verstandelijke beperking dezelfde negatieve gevolgen voor lichaam en geest als voor iedereen, al lopen ze wellicht wel meer risico omdat preventie en voorlichting niet op hen is gericht. Nu moet het effect van voorlichting aan de bevolking in het algemeen niet overschat worden maar het kan natuurlijk zijn dat mensen met een beperking onvoldoende bereikt worden door deze voorlichting. Er wordt wel gewaarschuwd dat met name mensen met een lichte beperking kwetsbaar kunnen zijn wanneer zij in kringen verkeren waarin bovenmatige alcoholconsumptie gewoonte is en waarin mensen hen manipuleren.

Een aspect dat een duidelijke relatie toont tussen alcoholmisbruik en verstandelijke beperking is de schade die alcohol toebrengt aan het ongeboren kind. Door de prenatale blootstelling aan alcohol lopen jaarlijks in Nederland honderden kinderen risico om met ernstige beperkingen ter wereld te komen. Deze kinderen hebben kans geboren te worden met het Foetaal Alcohol Spectrum Disorder (FASD). Er is sprake van FAS indien er vertraagde groei is in combinatie met specifieke gezichtsafwijkingen (zoals bijvoorbeeld ver uit elkaar staande ogen of een kleine kin) en neurologische afwijkingen zoals overgevoeligheid voor geluid en licht, autisme, hyperactiviteit of een verstandelijke beperking.

In geval van zwangerschap wordt aangeraden ieder gebruik van alcohol (of drugs) achterwege te laten vanwege de ernstige gevolgen voor het kind.

5.6 | Behandeling

In principe geldt dat de behandeling (en de resultaten van behandeling) van psychische stoornissen bij mensen met een verstandelijke beperking niet veel afwijkt van hetgeen bij mensen zonder verstandelijke beperking gebruikelijk is, met dien verstande dat de therapieën natuurlijk wel worden afgestemd op de cognitieve mogelijkheden en beperkingen.

In veel gevallen worden psychofarmaca voorgeschreven. Soms wordt de dosering aangepast en soms is er ook sprake van specifieke bijwerkingen. Gewaarschuwd wordt voor de tendens om mensen met een verstandelijke beperking te snel en te veel medicatie te geven en onvoldoende toezicht te houden op de gedragsmatige effecten van medicatie.

Volgens veel onderzoeken (Leufkens 1999) ontbreekt er namelijk vaak een wetenschappelijke basis voor het voorschrijven van psychofarmaca aan mensen met een verstandelijke beperking. Lang niet alle mensen met een verstandelijke beperking die psychofarmaca kregen, zijn ook daadwerkelijk psychiatrisch onderzocht. Dat er niet altijd met beleid medicijnen worden voorgeschreven, is met name kwalijk voor de mensen met een ernstige verstandelijke beperking en voor degenen met een organische hersenbeschadiging omdat zij een verhoogde kans op bijwerkingen en paradoxale reacties hebben.

De laatste jaren worden allerlei vormen van psychotherapie toegespitst op de specifieke omstandigheden van mensen met een verstandelijke beperking. Veel van dergelijke psychotherapieën zijn gebaseerd op de leertheoretische principes en/of op de cognitieve benaderingen.

De leertheoretische benadering gaat ervan uit dat gedrag ontstaat en in stand blijft als gevolg van allerlei leerprocessen. Dit geldt dan zowel voor normaal als voor abnormaal gedrag. In die zin is er weinig verschil tussen het aanleren van bijvoorbeeld beleefd zijn tegen anderen en angst hebben voor anderen. Dezelfde leerprocessen liggen hieraan ten grondslag.

De cognitieve benaderingen gaan ervan uit dat stoornissen voortkomen uit de wijze waarop een mens informatie verwerkt. Disfunctionele emoties, gedragingen en gedachten van mensen vloeien voort uit zogenaamde cognitieve schema's (Van der Molen 1997). Deze schema's beïnvloeden selectieve aandachts-, interpretatie- en geheugenprocessen waardoor het abnormale gedrag blijft voortbestaan. Als je somber bent en je jezelf niet de moeite waard vindt, dan is dat een soort schema dat je jezelf inprent en van waaruit je iedere situatie (selectief) benadert. Zo wordt het tegenvallende feestje geïnterpreteerd als: 'Geen wonder dat het ongezellig is met mensen zoals ik.' Vervolgens is deze interpretatie weer een reden om somber te worden.

Bij mensen met een lichte verstandelijke beperking zijn cognitieve therapievormen goed toepasbaar.

Soms ook worden elementen uit verscheidene behandelvormen samengesmeed in een nieuw aanbod. Dit is bijvoorbeeld het geval bij de combinatiebehandeling van De Bode en Bom (1999) die individugerichte orthopedagogie combineren met een systeemtherapeutische benadering bedoeld om impasses in de hulpverlening aan jongeren met een verstandelijke beperking te doorbreken.

Ook goed toepasbaar en succesvol zijn trainingen in sociale vaardigheden, creatieve therapie (sommige mensen met een verstandelijke beperking beschikken over aanzienlijke talenten) en bezigheidstherapie.

Hoewel de recente ontwikkelingen op het vlak van behandeling van psychische stoornissen enige hoop rechtvaardigen is het nog steeds zo dat mensen met een verstandelijke beperking en hun familie nogal eens tussen de wal en het schip raken. Dat gebeurt omdat er nog steeds te veel nadruk wordt gelegd op de primaire diagnose (dus de verstandelijke beperking) en omdat cliënten met een dubbele diagnose vaak van het kastje naar de muur gestuurd worden.

Her en der zijn er dan ook initiatieven om mensen met een verstandelijke beperking met psychische stoornissen adequate opvang en zorg te bieden. Zo is er in de regio Twente een zogenaamde laagdrempelige Z-poli, een samenwerkingsverband tussen een RIBW, een APZ en een SPD met als doel om door deze bundeling van kennis de kwaliteit van leven van de doelgroep door begeleiding en behandeling te bevorderen.

Tevens zijn er in Nederland meldpunten voor jongeren met een licht verstandelijk beperking met complexe gedrags- en plaatsingsproblemen.

Dit meldpunt zet deskundigen in om voor een individu het meest passende zorgaanbod te omschrijven. Het meldpunt zorgt niet zelf voor plaatsing in een bepaalde voorziening, maar helpt bij het beter formuleren van de vraag.

Ook kan gebruikgemaakt worden van hetgeen belangenverenigingen (zoals bijvoorbeeld Labyrinth (schizofrenie) of Balans (ADHD) te bieden hebben.

H 4 Ontwikkelingen, organisaties, bekostiging en wetten

Tussen 'yes' en 'no' ligt 'po' (possible)
Prof. R. de Bruijn

In dit hoofdstuk gaan we in op onderwerpen die zich afspelen rondom mensen met een verstandelijke beperking. In hoofdstuk 1 heb je kunnen lezen wie die mens met een verstandelijke beperking is; in hoofdstuk 2 hoe het ondersteuningsproces in elkaar zit en hoe je een *Individueel Ondersteuningsplan (IOP)* kunt maken. In hoofdstuk 3 kon je lezen welke specifieke ondersteuningsvragen een mens met een verstandelijke beperking kan hebben. In dit hoofdstuk willen we je op de hoogte brengen van de ontwikkelingen die er zijn, van de rechten en rechtspositie van iemand met een verstandelijke beperking, de voorzieningen, de betekenis van de ouderverenigingen, de organisatie van de begeleiding, de financiering en de wetten die voor mensen met een verstandelijke beperking van belang zijn.

1 Recente ontwikkelingen

De zorg voor mensen met een verstandelijke beperking is volop in beweging, met als kernbegrippen extramuralisering en zorgvernieuwing.
Extramuralisering wil zeggen 'buiten de muren van een instelling' leven in de samenleving.
Dit is ook het uitgangspunt van het ministerie van Volksgezondheid, Welzijn en Sport: mensen met een verstandelijke beperking zijn in de eerste plaats burgers, met recht op wonen, arbeid, onderwijs en recreëren, net als iedereen.
Zorgvernieuwing heeft betrekking op de wijze waarop de ondersteuning van mensen met een verstandelijke beperking vorm moet krijgen. Wat voor voorzieningen moeten er komen, hoe willen mensen wonen. Iedere instelling wordt bijvoorbeeld geacht een leefwensenonderzoek te houden. Op basis hiervan kunnen dan aanvragen voor bouwplannen worden onderbouwd. Het College Bouw (een zelfstandig bestuursorgaan gelieerd aan het Ministerie van VWS) kan een aanvraag afwijzen op basis van het feit dat niet duidelijk is wat de cliënten zelf willen.
Mensen met een verstandelijke beperking worden steeds ouder. Er zal dus duidelijkheid moeten komen over de ondersteuning die gegeven moet worden.

Vanaf 1 januari 2007 is er de Wet Maatschappelijke Ondersteuning (WMO). Deze wet wordt uitgevoerd door de gemeentes. Onderdelen van de AWBZ zullen onder deze wet worden gebracht en gecontracteerd door gemeentes. Voorlopig gaat het om de Huishoudelijke Verzorging, later wordt naar verwachting ook Ondersteunende Begeleiding en Persoonlijke Verzorging onder de WMO gebracht. De AWBZ verdwijnt geleidelijk, delen gaan naar de WMO, de rest gaat onder de werking van de Zorgverzekering vallen.

Naast de algemene problemen in de gezondheidszorg, zoals de wachtlijstproblematiek en de financiering, zijn het vooral de ouders, de begeleiders en de mensen met een verstandelijke beperking zelf die veel meer naar buiten treden. Een foto in alle dagbladen van een naakte, vastgebonden vrouw zorgde ervoor dat er aandacht kwam voor de problematiek rond de behandeling en begeleiding van mensen met (ernstige) gedragsproblemen. Er werden vragen over gesteld in de Tweede Kamer en er werden consulententeams ingesteld (zie hoofdstuk 2, patroon 10).
De samenwerking tussen de ouderverenigingen leidt ertoe dat ouders en vertegenwoordigers van mensen met een verstandelijke beperking een vuist kunnen maken, zich laten horen en invloed kunnen uitoefenen.

Kleinschaligheid en omvorming van de infrastructuur

Op dit moment wonen er in Nederland ongeveer 112.00 mensen met een verstandelijke beperking, waarvan er zo'n 23.000 mensen in een instelling (1 op de 700) wonen (SCP, 2005). Het beleid van de overheid is gericht op deconcentratie: nieuwe, kleinschalige woonhuizen, voornamelijk in de samenleving met daaraan gekoppeld allerlei vormen van dagbesteding.
Er wordt naar gestreefd om per regio zogenaamde 'centrum-voorzieningen' te creëren; voorzieningen waarin ruimte is voor maximaal tweehonderd mensen intramuraal en verder kleinschalige woonvormen in de maatschappij. Er zullen in het hele land dertig van deze centrumvoorzieningen komen. Dat betekent dat er dan plaats is voor 6000 mensen intramuraal. Deze plaatsen zullen nodig zijn voor mensen die zeer specifieke zorg nodig hebben en voor mensen die het prettig vinden om in de beschermde omgeving van een instelling te wonen; daar dus zelf voor kiezen.

Op dit moment moeten we vaststellen dat de vormgeving van deze kleinschaligheid nog traag verloopt. Het heeft tot gevolg dat er veel initiatieven vanuit ouders en ouderverenigingen ontstaan. Een voorbeeld hiervan zijn de Thomashuizen. Hans van Putten, de vader van Thomas, die een verstandelijke beperking heeft, wilde de opvang van zijn zoon anders aanpakken. Hij ontwikkelde het idee van de Thomashuizen; een plek waar mensen zoals Thomas warmte vinden, veiligheid voelen en zichzelf in een beschermde omgeving verder kunnen ontplooien. Zonder dat zij gehinderd worden door bureaucratie, de kilte van de sector en de machteloosheid van goedwillende medewerkers. Een Thomashuis is een kleinschalige woonvoorziening voor zes á acht cliënten met een verstandelijke beperking. Elk huis wordt geleid door in principe twee zorgondernemers. Dit is meestal een echtpaar dat zelf ook bij/in het Thomahuis woont. Het streven is te groeien naar meer dan 40 Thomashuizen. Thomas overleed in maart 2006 (bron: www.thomashuizen.nl).

O P D R A C H T

► Bespreek met elkaar de volgende stellingen:
- Het is een illusie te denken dat mensen met een verstandelijke beperking 'gewoon' in de samenleving kunnen wonen.
- Begeleiders moeten zich ook met politiek bezighouden.
- Mensen hebben het recht om mensen met een verstandelijke beperking als buren te weigeren.

Vergrijzing

Het zijn niet alleen de veranderingen van buitenaf die dwingen tot nadenken over zorg, maar ook de veranderingen in de (groep) mensen met een verstandelijke beperking zelf. Een van die veranderingen is de vergrijzing.
De bevolking van Nederland vergrijst; er is zelfs sprake van een dubbele vergrijzing. Dat wil zeggen dat er niet alleen meer ouderen (50-plussers) komen, maar ook dat ouderen steeds langer in leven blijven zodat er in toenemende mate hoogbejaarden (80-plussers) komen. De gemiddelde leeftijd bij overlijden stijgt. Voor deze dubbele vergrijzing zijn verschillende oorzaken aan te wijzen die eigenlijk allemaal voortkomen uit de verbetering van de sociaal-economische positie.
Zo hebben we de laatste eeuw vooral te maken met verbeteringen van:
- de arbeidsomstandigheden en de sociale voorzieningen;
- de voedingstoestand;
- de hygiëne;
- de medische zorg;
- het onderwijs;
- verbeteringen in de kwaliteit van zorg.

In 2003 was 14% (= 16.000) van de mensen met een verstandelijke beperking 50 jaar of ouder. De verwachting is dat dit in 2020 zal zijn opgelopen tot 23% (= 26.000) (SCP, 2005).
Zowel bij het beleid als bij onderzoek wordt meestal de kalenderleeftijd van vijftig jaar gehanteerd als grens tussen bejaard en niet bejaard.
Aangezien de verouderingsverschijnselen bij mensen met een verstandelijke beperking vaak in een eerdere levensfase beginnen dan bij de gemiddelde Nederlander, kan de leeftijd van vijftig jaar alleen als richtsnoer worden gebruikt. Maaskant en Haveman pleiten voor het gebruik van de term 'functioneel bejaard'. Deze term geeft aan dat er sprake is van verouderingsverschijnselen, zonder dat de kalenderleeftijd daarbij een rol speelt. Bij 'functioneel bejaard' wordt dus uitgegaan van wat werkelijk aantoonbaar is, namelijk de aanwezigheid van ouderdomsverschijselen.

Medische ontwikkelingen

Door de toegenomen medische mogelijkheden blijven kinderen met een zeer ernstige beperking (langer) leven, worden mensen met een verstandelijke beperking ouder, is er veel meer kennis over allerlei stoornissen en pre- en postnataal onderzoek (zie ook hoofdstuk 2 en 3).

Met name op het gebied van onderzoek naar stoornissen en prenataal onderzoek is de laatste jaren steeds meer vooruitgang geboekt. Voor een aantal stoornissen wordt een oorzaak gevonden; een afwijking in een deel van een gen of een chromosoom. Met deze kennis en wetenschap kan men ouders, kinderen en familieleden informeren over de kans die men heeft om een kind met een stoornis te krijgen. Mensen kunnen zelf beslissen wat zij met deze kennis doen. Sommige mensen zien af van het krijgen van kinderen als de risico's te groot zijn. Andere mensen beslissen dat dit niet de reden hoeft te zijn om geen kinderen te willen. Vlokkentest en vruchtwaterpuncties worden bij vrouwen in risicogroepen afgenomen. Ook dan kunnen vrouwen, echtparen en partners beslissen wat zij met de uitkomst van het onderzoek willen doen. Met ingang van 2006 kan iedere zwangere vrouw een medische echo krijgen bij 20 weken zwangerschap. Kinderen die te vroeg geboren worden kunnen dankzij de verbeterde medische technologie in leven worden gehouden. Er wordt veel onderzoek gedaan naar de gevolgen van langdurige beademing en sondevoeding. Een aantal van deze kinderen is in ernstige mate gehandicapt (ook kinderen die op tijd geboren worden kunnen gehandicapt zijn). Ouders worden steeds voor keuzes gesteld; iedereen zal het kind in principe zelf willen verzorgen, maar door wat voor omstandigheden dan ook zal de zorg voor een aantal te zwaar zijn.

In 2001 is in Nederland de eerste hoogleraar Geneeskunde voor verstandelijk gehandicapten – prof. dr. Heleen Evenhuis – benoemd aan de Erasmus Universiteit Rotterdam. Zij pleitte in haar inaugurele rede voor de financiering door de overheid van een stimuleringsprogramma 'gezondheid van mensen met een verstandelijke beperking'. Naar haar opvatting is er sprake van een grote en onacceptabele achterstand in de (lichamelijke) gezondheidstoestand van mensen met een verstandelijke beperking. Mensen met een verstandelijke beperking kunnen niet altijd hun klachten op een goede manier onder woorden brengen en niet altijd adequaat meewerken aan een behandeling. Bepaalde methoden van onderzoek vragen extra aandacht. De normale consulttijd van een huisarts is onvoldoende om een goede diagnose te stellen en een passende behandeling in te stellen. Ook het gelijktijdig voorkomen van meerdere stoornissen en beperkingen maakt dat er niet alleen extra tijd, maar ook expertise nodig is.

2 Indicatiestelling: toegangsbewijs

Vanaf 1 april 2003 worden er functiegerichte indicaties afgegeven onder verantwoordelijkheid van de centra voor indicatiestelling. Aanvankelijk waren dit voor de gehandicaptenzorg de LCIG's (Landelijke Centra voor Indicatiestelling

Gehandicapten), daarna de RIO's (Regionale Indicatie Organen) en nu is het CIZ (Centrum voor Indicatiestelling Zorg). Indicatiestelling gebeurt vanzelfsprekend zonder kosten voor de gebruiker. De kosten worden door het ministerie van VWS gedragen.

Bij de indicatiestelling bepaalt het CIZ of de aanvrager in aanmerking komt voor één van de volgende zes functies in het kader van de AWBZ:

1 *Persoonlijke verzorging*
Bijvoorbeeld: overname van ADL: douchen, aankleden, scheren, wassen op bed, huidverzorging, hulp bij toiletgang, hulp bij eten en drinken, wondverzorging, toedienen van medicijnen.

2 *Verpleging*
Bijvoorbeeld: wondverzorging, toedienen van medicijnen, geven van injecties, zelf leren injecteren, advies hoe om te gaan met ziekte of beperking, verpleegtechnische handelingen.

3 *Ondersteunende begeleiding algemeen*
Op het individu gerichte ondersteuning bij: ADL, structuur van het dagelijks leven (leren zorgen voor het huishouden), regie over het eigen leven, vrijetijdsbesteding en respijtzorg (zorg aan cliënt ter ondersteuning van de mantelzorg).
Ondersteunende begeleiding dag
Dagbesteding, dagverzorging, dagactiviteiten in groepsverband (bijv. BSO, activiteitencentrum) gericht op bovengenoemde doelen.

4 *Activerende begeleiding*
Het leren omgaan met beperkingen, voortvloeiend uit de aandoening, stoornis. Trainen van vaardigheden, veranderen van gedrag. Daarnaast het ondersteunen van ouders in hun opvoedingstaak. AB kan zowel gericht op het individu (AB algemeen) als in groepsverband (AB dag) plaatsvinden.

5 *Behandeling*
Gericht op genezing, herstellen en voorkomen van verergering van ziekte, stoornis of handicap. Ook diagnostisch onderzoek, gericht op de begeleiding en verzorging van de cliënt valt onder AWBZ-behandeling. Als er een noodzaak is tot multidisciplinaire aanpak van de zorg valt dit onder de functie BH.

6 *Verblijf*
Verblijf is van toepassing als er een noodzaak is tot
a beschermende woonomgeving,
b voortdurend 24 uurs toezicht,
c therapeutisch leefklimaat.

De indicaties voor de gehandicaptenzorg worden afgegeven in functies. Deze worden dan geadviseerd aan het zorgkantoor en uiteindelijk de zorgaanbieder. Een functie wordt dan verder geconcretiseerd in activiteiten. Bij persoonlijke verzorging zijn activiteiten bijvoorbeeld wassen en aankleden.

De indicaties voor de gehandicaptenzorg worden afgegeven in functies en geconcretiseerd in activiteiten. Deze worden dan toegewezen aan het zorgkantoor en uiteindelijk de zorgaanbieder. Een functie wordt dan verder geconcretiseerd in activiteiten. Bij persoonlijke verzorging zijn activiteiten bijvoorbeeld wassen en aankleden. Indicaties worden gesteld en verstrekt op grond van, door het ministerie van VWS vastgestelde beleidsregels (www.ciz.nl). Als er sprake is van kortdurende zorg, kan in bepaalde gevallen ook gebruik gemaakt worden van SIP's (Standaard indicatie protocollen); digitaal te verzenden door aanvragers. Voor cliënten die verblijven in instellingen worden vanaf juli 2007 de indicaties gesteld in de vorm van zo genoemde Zorgzwaarte Pakketten (ZZP's). Voor de verstandelijk gehandicaptenzorg zijn er 7 ZZP's beschikbaar waarin is aangegeven welke functies en tijd per cliënt per week van toepassing zijn op de componenten woonzorg, dagbesteding en behandeling. Er worden verschillende cliëntgroepen onderscheiden en er is ruimte voor de zorgaanbieder om met de cliënt afspraken te maken binnen aangegeven uren en te leveren functies. Ieder ZZP kent een maximum tarief. Voor mensen met een visuele, auditieve of lichamelijke beperking zijn er ook aparte ZZP's gemaakt met ook weer andere maximumtarieven.

Sinds 1 januari 2007 maakt de Wet voorzieningen gehandicapten (WVG) onderdeel uit van de Wet Maatschappelijke Ondersteuning (WMO). Hieronder vallen verstrekkingen als een rolstoel, woningaanpassing of vervoersvoorziening. De indicaties worden ook door de CIZ's afgegeven of door de gemeente gecontracteerde andere organisaties op verzoek van de gemeente waar de cliënt woonachtig is. De gemeente is verantwoordelijk voor de uitvoering van de WMO. Ook worden indicaties afgegeven in dit kader voor aanleunwoningen, welzijnsvoorzieningen (bijvoorbeeld maaltijdverstrekking, recreatieve en sociale activiteiten, ondersteuning bij administratie). De Huishoudelijke verzorging maakt eveneens sinds 1 januari 2007 deel uit van de WMO.

Voor adressen en verdere informatie kan de website van het Centrum Indicatiestelling Zorg worden bezocht: www.ciz.nl.
De indicatiestelling wordt verwoord in een indicatiebesluit. In dat besluit staat altijd vermeld:

- de gevraagde zorg;
- voor welke functies de aanvrager geïndiceerd is;
- op welke hoeveelheid per functie de aanvrager recht heeft (in klassen, uitgedrukt in uren, dagdelen of etmalen); de cliënt ontvangt het indicatiebesluit op schrift.
- hoelang de aanvrager recht heeft op de geïndiceerde zorg (bijvoorbeeld één jaar).

MEE (voorheen geheten Sociaal Pedagogische Diensten) kan cliënten/aanvragers ondersteuning bieden bij het invullen van het aanvraagformulier en ook bij de keuze voor de financieringsvorm (zie par. 4).

Nadat de indicatie is afgegeven, kan er door de cliënt gekozen worden voor 'zorg in natura' waarbij de zorginstellingen de zorg gaan regelen voor de cliënt, ofwel voor het persoonsgebonden budget, waarbij de cliënt zelf de zorg gaat invullen. Als de cliënt kiest voor zorg in natura kan een zorgaanbieder starten met het leveren van de geïndiceerde functies en ondersteuning. De cliënt ontvangt het indicatiebesluit op schrift; het Zorgkantoor ontvangt de informatie over indicatiestelling via AZR. De Zorgkantoren (belast met de uitvoering van de AWBZ) zijn verantwoordelijk voor het daadwerkelijk realiseren van de geïndiceerde zorg (de toewijzing dus). Zij maken met zorgaanbieders jaarlijks productieafspraken en bemiddelen ook, als beheerder van de wachtlijst, in gevallen dat cliënten ongewenst lang moeten wachten. Desnoods worden tussenoplossingen gerealiseerd of wordt gekozen voor een andere vorm van financiering waardoor realisatie wel mogelijk is.

Alle gegevens over indicaties, start aanbod van zorg, melding einde zorg kunnen digitaal worden uitgewisseld tussen CIZ, Zorgkantoren en Zorgaanbieders. Het programma dat hiervoor beschikbaar is heet AZR (AWBZ brede Zorg Registratie). Zodra een cliënt een indicatie heeft en bepaald is welke zorgaanbieder zijn voorkeur heeft, kunnen de zorgaanbieders direct starten met het leveren van de gewenste zorg. AZR heeft nogal wat kinderziektes gekend maar inmiddels zijn alle partijen het er over eens dat door deze digitalisering de papierwinkel slinkt en ook sneller aanbod tot stand wordt gebracht. De Zorgkantoren kunnen als verantwoordelijke voor de inkoop van zorg op individueel niveau volgen of het gevraagde wordt geleverd.

3 Voorzieningen van zorgaanbieders voor mensen met een verstandelijke beperking

In deze paragraaf gaan we kijken naar de voorzieningen die er op dit moment zijn en die worden geëxploiteerd door zorgaanbieders met een erkenning in het kader van de AWBZ. Wat zijn hun doelstellingen en de taken van de begeleiding?
Iemand die een vraag heeft, kan van een van deze voorzieningen gebruikmaken, zoeken naar een combinatie van voorzieningen of misschien wel een heel nieuwe vorm van aanbod willen.
Een aantal voorzieningen is in eerdere hoofdstukken al min of meer aan bod gekomen, maar voor de overzichtelijkheid staan ze hier nogmaals genoemd.

Er wordt een onderscheid gemaakt naar de plaats van de voorziening in de gezondheidszorg:
1 extramuraal;
2 semi-muraal;
3 intramuraal;
4 andere vormen van opvang.

In de komende jaren zal dit onderscheid vervagen ten gevolge van toenemende samenwerking tussen zorgaanbieders en de verdere modernisering van de AWBZ. In veel situaties is het onderscheid alleen nog van financieel-administratief belang.

Extramurale voorzieningen zijn die voorzieningen waar men hulp kan krijgen zonder opgenomen te worden. Men spreekt ook wel van ambulante hulpverlening.

VTO-team
VTO staat voor vroegtijdige onderkenning van ontwikkelingsstoornissen bij kinderen van nul tot zeven jaar. Zie www.integralevroeghulp.nl.

Bij de algemene hulpverlening aan kinderen (bijvoorbeeld het consultatiebureau) kan het zijn dat de hulpverleners gaan twijfelen omdat:
- zij geen antwoord hebben op de door de ouders aan hen gestelde vraag;
- zij niet weten naar welke instantie zij de ouders met hun kind moeten doorverwijzen voor nader onderzoek;
- de ouders het niet eens zijn met een advies of twijfelen aan de gestelde diagnose.

De hulpverleners of de ouders leggen hun vraag voor aan een VTO-team. Zo'n team bestaat meestal uit een arts (psychiater), een orthopedagoog/psycholoog, iemand van de jeugdpsychiatrische dienst en/of een maatschappelijk werker. Het VTO-team heeft als taak:
- onderkenning en voorlopige diagnose van de ontwikkelingsstoornis evenals planning voor verder onderzoek en begeleiding van de ouders;
- het versnellen van het vinden van de juiste weg voor verdere opvang en behandeling;
- coördinatie en bewaking van de activiteiten die in het kader van de VTO rond het kind en zijn ouders plaatsvinden.

Een ontwikkelingsstoornis wordt als volgt gedefinieerd.
'Een duidelijke afwijking van de gebruikelijke ontwikkeling die als storend ervaren wordt door de ouders, het kind of beiden' (Hermsen).
Verpleegkundigen en begeleiders spelen een rol in de ondersteuning bij het verduidelijken van de hulpvraag. Ouders die met hun kind op het consultatiebureau komen, zullen soms hun vragen indirect of bedekt stellen. Begeleiders moeten in staat zijn om de vraag achter de vraag te horen. Door dit te bespreken zal het probleem duidelijk kunnen worden. Met de ouders en de arts wordt overlegd of het probleem van dien aard is dat het voorgelegd moet worden aan het VTO-team.

MEE-organisaties
Vaak vervult MEE (tot voor kort geheten Sociaal Pedagogische Dienst) een centrale functie in de maatschappelijke begeleiding van mensen met een verstandelijke beperking die nog thuis wonen. De begeleiding door MEE is ook gericht op de gezinnen en kan zeer divers zijn:
- het leveren van een bijdrage aan het proces van vroegtijdige onderkenning;
- het begeleiden van ouders bij de opvoeding van hun kind met een verstandelijke beperking;
- het al of niet met hulp van andere deskundigen adviseren van ouders over de beste begeleidingsvorm;

- het begeleiden van mensen met een verstandelijke beperking bij het vinden van hun plaats in en hun weg door de maatschappij; zoals plaatsing op school, sociale werkvoorziening, voorzieningen voor vrijetijdsbesteding;
- het leveren van een bijdrage aan de verbetering van het sociale leefklimaat; bijvoorbeeld het stimuleren van nieuwe opvang- en begeleidingsvormen, al dan niet in het eigen gezin;
- in geval van uithuisplaatsing samen met de ouders overwegen welke voorziening het beste aansluit op de behoeften van hun kind en het begeleiden van ouders en hun kind bij de plaatsing in een voorziening.

Voor meer informatie zie www.meenederland.nl.

Praktische pedagogische gezinsbegeleiding
Ouders en opvoeders kunnen hier terecht met hun vragen rondom de opvoeding en begeleiding van hun kind met een verstandelijke beperking. Er volgt een intake en een ondersteuningsvraagformulering. Veelal zal de gezinsbegeleider een aantal malen in het gezin werken en door voordoen laten zien hoe je kunt handelen in een moeilijke (opvoedings)situatie. Hierdoor kunnen de ouders en opvoeders inzicht verwerven in de soms moeilijke opvoedingsroute van hun kind.

Praktische thuishulp
Deze vorm biedt hulp en ondersteuning en is aanvullend op de professionele zorg. Hierbij moet gedacht worden aan op het kind passen, met het kind spelen en helpen in de huishouding. De hulp is bedoeld om de ouders op gezette tijden te ontlasten. Er wordt gebruik gemaakt van vrijwilligers, die vaak scholings- en themabijeenkomsten krijgen. Voor deze begeleiding is geen eigen bijdrage verschuldigd. In sommige steden is voor Praktische Thuishulp is een indicatie nodig van het CIZ voor ondersteunende en/of activerende begeleiding.

Scholen
Er zijn voor kinderen met een verstandelijke beperking de volgende speciale onderwijsvoorzieningen. Deze voorzieningen behoren tot de zo genoemde cluster 3 scholen (de 10 soorten scholen voor speciaal onderwijs zijn verdeeld in vier clusters).
- MLK: school voor moeilijk lerende kinderen; op deze scholen heeft slechts een deel van de kinderen een verstandelijke beperking en/of lichamelijke beperking (Mytyl/Tyltyl). Zij kunnen hier terecht tot veertien jaar, daarna gaan zij bijvoorbeeld naar een MLK-VSO (voortgezet speciaal onderwijs) of een dagcentrum.
- ZMLK: school voor zeer moeilijk lerende kinderen; deze scholen zijn speciaal bestemd voor kinderen met een verstandelijke beperking. Ook deze school kent een ZMLK-VSO voor degenen die na hun veertiende nog verder willen leren. Anders zijn ook zij aangewezen op dagcentra.
- De SO-scholen zijn er voor kinderen tot veertien jaar; op een VSO kan iemand tot zijn twintigste terecht.

Er wordt steeds meer naar gestreefd om kinderen met een verstandelijke beperking op een reguliere (gewone) basisschool te plaatsen. Het ministerie van

Onderwijs en Wetenschappen kwam in 1990 met de nota 'Weer samen naar school'. Hierin wordt de integratie benadrukt: alle kinderen moeten zo veel mogelijk naar dezelfde school. Op de scholen moet extra aandacht aan deze kinderen besteed worden. Sinds 2003 bestaat de leerlinggebonden financiering voor kinderen met een beperking. Er worden vier clusters onderscheiden:

1 Kinderen met een visuele beperking
2 Kinderen met een auditieve en/of communicatieve beperking
3 Kinderen met een lichamelijke en/of verstandelijke beperking
4 Kinderen met een psychiatrische aandoening

Ouders kunnen na het verkrijgen van een indicatie hun zoon of dochter met een bijzondere financiering (ook wel het rugzakje geheten) laten deelnemen aan het gewone basisonderwijs. De indicaties worden op basis van onderzoek afgegeven door de Regionale Expertise Centra (REC) via de zogeheten Commissie voor Indicatie (CVI). Het beschikbare geld wordt dan via de school besteed aan extra begeleiding voor het kind of een groep kinderen.
Zie ook www.leerlinggebondenfinanciering.nl.

· · · · · · · · · · · · · · · · · · · ·
O P D R A C H T

► Noem minimaal drie voordelen en drie nadelen van 'Weer samen naar school' (WSNS) voor:
– kinderen met een verstandelijke beperking;
– ouders van kinderen met een verstandelijke beperking;
– broers en zussen van kinderen met een verstandelijke beperking;
– leerkrachten.

► Ga naar een basisschool in de buurt en leg daar de vraag voor wat men vindt van en wat men al daadwerkelijk doet aan de opvang en begeleiding van kinderen met een rugzakje.
– Welke voor- en nadelen ziet men?
– Welke middelen zijn er nodig?
– Wat zijn de huidige knelpunten?

► Bespreek de bevindingen in de leer-/onderwijsgroep.

2 **Semi-muraal**

Semi-murale voorzieningen zijn voorzieningen waar mensen een gedeelte van de dag doorbrengen. De rest van de tijd verblijven zij thuis of ergens anders. De term semi-muraal verdwijnt langzamerhand. Het zogenaamde semi-murale aanbod wonen wordt gezien als intramuraal en dagopvang of behandeling als extramuraal.

De semi-murale sector kent tegenwoordig een grote variëteit aan woonvormen. De toenemende kleinschaligheid is hier duidelijk merkbaar. Steeds meer cliënten wonen in dependances of nevenvestigingen met slechts enkele medebewoners. Ook binnen de muren van de hoofdlocaties van een GVT wonen mensen nu zelfstandiger dan voorheen. Steeds meer GVT'en richten zich ook op begeleid zelfstandig wonen (BZW). Dit betreft met name cliënten die voorheen in het GVT bleven wonen (Koedoot 1996).

Gezinsvervangend tehuis (GVT)

Een gezinsvervangende tehuis (GVT) is een kleine woonvorm in een woonwijk. Een GVT lijkt wel op een kleinschalig woonproject. Het verschil is dat een GVT is opgezet door een zorgaanbieder, en een wooninitiatief door ouders van iemand met een beperking.
De cliënten wonen in een groep en krijgen ondersteuning van vaste begeleiders. De cliënten zijn ongeveer achttien jaar of ouder (voor kinderen onder de achttien bestaan er speciale GVT'en). Overdag gaan ze naar een werkvoorziening, een school voor (voortgezet) speciaal onderwijs of een dagverblijf, afhankelijk van hun mogelijkheden. De mensen die in een GVT wonen, hebben vaak eerst thuis gewoond of komen van een andere voorziening.
De doelstellingen van een GVT zullen in het algemeen gericht zijn op:
- het bieden van een woonvorm die bijdraagt aan de integratie in de maatschappij;
- het streven naar een zo zelfstandig mogelijk functioneren;
- alleen ondersteuning geven als de cliënt erom vraagt. Cliënten hebben een eigen kamer, daarnaast zijn er gemeenschappelijke ruimtes waar men kan eten, televisie kijken of een spelletje doen.
De ontwikkelingen in de zorg voor mensen met een verstandelijke beperking hebben voor het GVT geleid tot:
- toenemend aantal mensen dat extra zorg nodig heeft; woonden er voorheen met name mensen met een licht verstandelijke beperking, nu wonen ook mensen met een matig of ernstig verstandelijke beperking in een GVT;
- toename van het aantal mensen met gedragsproblematiek;
- afnemend aantal mensen die een redelijke mate van zelfstandigheid bezitten. Deze mensen kiezen veelal voor kleinere woonvormen of wonen (begeleid) zelfstandig;
- toename van het aantal ouder wordende mensen; dit heeft grote consequenties. De verwachting is dat rond het jaar 2020 het aantal fulltime thuiszittende GVT-bewoners 25% zal zijn. Dat dit gevolgen heeft voor de organisatie en begeleiding zal overduidelijk zijn.

In een GVT wordt in samenspraak met de bewoner een ondersteuningsplan geschreven. De begeleidingsvorm is vaak die van een procesbegeleider en zaakwaarnemer. Er werken in een GVT zowel verpleegkundigen als andersopgeleiden.
Het gezinsvervangend tehuis voor kinderen (KGVT) is voor kinderen met een verstandelijke beperking die in de regel overdag een ZMLK-school bezoeken of een kinderdagverblijf. Er zijn maar weinig KGVT'en in ons land.
De samenwerking met andere disciplines is veelal op consultbasis. Er zijn aan een stichting die meerdere GVT'en beheert wel gedragswetenschappers verbonden (psycholoog, orthopedagoog). Zij bieden ondersteuning aan de individuele

bewoner en het team en nemen deel aan de ondersteuningsplanbesprekingen. Daarnaast is er contact en overleg met de mensen van het dagverblijf of de werk-voorziening. De huisarts, de tandarts en de fysiotherapeut zijn meestal niet aan een stichting verbonden. Als er iets is, gaat de cliënt naar de huisarts in het dorp/de stad.

Door alle fusies tussen intramurale en semi-murale zorgaanbieders verdwijnt de term en het fenomeen GVT langzamerhand. Gezinsvervangende tehuizen werden in de jaren '70 opgericht als reactie op de grootschalige intramurale voorzieningen. Inmiddels zijn de meeste GVT'en verbouwd tot kleinschaliger voorzieningen waar-bij soms ook al een scheiding wordt gemaakt tussen wonen en zorg. Ook zijn er gebouwen bestemd voor het begeleiden van cliënten met een zwaardere zorgvraag. In alle nieuwe wetgeving (WTZI, AWBZ) komt de term niet meer voor. Nu wordt onderscheid gemaakt in woonvormen en typologieën. Zie verder bij intramuraal.

Dagcentra
Er wordt een onderscheid gemaakt in:
- KDV = kinderdagverblijf of kinderdagcentrum of Orthopedagogisch Dagcentrum.
- Dagcentrum, voor mensen boven de vijftien jaar.

In een KDV is plaats voor kinderen en jongeren met een verstandelijke beperking tussen tweeënhalf en zeventien jaar. Er wordt naar gestreefd om ze vanuit de indi-viduele vraag en mogelijkheden een zinvolle dagbesteding te geven en ze voor te bereiden op het speciaal onderwijs, zodat ontwikkeling van het kind en ondersteu-ning van het gezin optimaal kunnen verlopen.
Een dagcentrum is voor mensen met een verstandelijke beperking boven de vijf-tien jaar die niet in aanmerking komen voor de sociale werkvoorziening. De deel-nemers komen vanuit het speciale onderwijs, de sociale werkvoorziening, het KDV of van elders.

Na de inventarisatie van wensen en mogelijkheden komen zij in een relatief kleine groep met een specifiek karakter terecht. Enkele voorbeelden hiervan zijn:

Oriëntatie
Een aantal deelnemers begint hier, zij krijgen de kans om kennis te maken met diverse activiteiten, vorming en training. Zij krijgen alle activiteiten aangeboden, zodat duidelijk wordt waar hun interesse ligt en er een keuze gemaakt kan wor-den.

Activering
Voor deelnemers die van eenvoud en herhaling houden in de vorm van bewegings-activiteiten, muziek, sensopatisch spel. Dit zijn vaak deelnemers met een matige tot ernstige verstandelijke beperking en soms ouderen.

Structuur
Voor deelnemers waarbij een programma met een duidelijke structuur houvast biedt. Er zijn diverse activiteiten, vaak met een arbeidsmatig karakter. Centraal staat de gedragsbeïnvloeding; het programma is een hulpmiddel.

Arbeid

Voornamelijk arbeidsmatige activiteiten, zonder een productienorm. Er moet gedacht worden aan activiteiten op het gebied van dienstverlening, ambachtelijk, industrieel of kunstzinnig werk. Hier vind je dus onder andere een houtgroep, een textielgroep of een keramiekgroep.

Vormende activiteiten als taal, rekenen, sociale vaardigheden worden ook aangeboden. Voor een aantal deelnemers maakt het wel degelijk verschil of ze activiteiten doen of arbeid verrichten. Dat laatste geeft hun duidelijk veel meer voldoening. Het is dan de kunst om producten te vinden die dicht bij hen staan en waarbij het resultaat van hun inzet duidelijk zichtbaar is. Voor sommige dagcentra zou de naam arbeidscentra passender zijn.

Deelnemers en ouders zijn veelal nauw betrokken bij de uitvoering van het beleid. Zij bewaken de doelstellingen en uitgangspunten; autonomie en zelfbeschikkingsrecht zijn veelbesproken onderwerpen.

Observatiecentrum/behandelplaats

In ons land zijn enkele zelfstandige observatiecentra; daarnaast heeft een aantal instellingen behandelplaatsen.

Kinderen of volwassenen met een verstandelijke beperking of kinderen van wie men vermoedt dat zij gehandicapt zijn, kunnen met een vraagstelling terecht bij een observatiecentrum. Hier wordt dan uitgebreid onderzoek gedaan op allerlei gebieden, meestal gedurende drie tot negen maanden. Daarna gaan zij met een behandel- en begeleidingsadvies weer naar huis of naar de instelling.

Behandelplaatsen worden meestal toegewezen op basis van specifieke deskundigheid op een bepaald gebied. Het gaat dan om bijvoorbeeld ernstige eetproblematiek (voedselweigering), ernstige automutilatie, agressie, psychiatrische of seksuele problematiek. Ook hier worden mensen gedurende een vastgestelde periode behandeld; die periode kan wel verlengd worden. De behandelmethode wordt overgedragen aan de ouders of begeleiders van de instelling waar iemand vandaan komt. Zo waarborgt men de continuïteit van de behandeling.

3 Intramuraal

Instellingen

De instellingen waar 24-uurszorg wordt verleend vallen onder de intramurale gezondheidszorg.

In Nederland zijn nu nog ongeveer zestig instellingen voor mensen met een verstandelijke beperking.

Er wordt een onderscheid gemaakt in:

- Algemene instellingen, die in principe een regionale voorziening zijn voor verzorging, begeleiding en behandeling van mensen met een verstandelijke beperking van alle niveaus.
- Categorale instellingen, bestemd voor een nauwkeurig omschreven categorie; bijvoorbeeld voor mensen met een meervoudige beperking, een visuele en of auditieve beperking of met epilepsie.

Vroeger ging bijna iedereen met een matige of ernstige verstandelijke beperking naar een instelling. Door alle veranderingen kiezen ouders er tegenwoordig steeds meer voor om hun kind zo lang mogelijk thuis te houden en de zorg daaromheen te organiseren. Dit betekent dat instellingen in de toekomst vooral bewoond zullen worden door mensen met een ernstige en zeer ernstige beperking, mensen met ernstige gedragsproblemen en ouderen. Dit heeft natuurlijk consequenties voor de organisatie, de bouw en de begeleiding.

De doelstelling van een instelling is een optimale zorg bieden aan de mensen die er zijn opgenomen. Hoe een instelling dat wil doen wat betreft de voorwaarden, staat beschreven in het beleidsplan. De visie die men heeft op hoe die optimale zorg aan de bewoners te leveren, staat uitgeschreven in een zorgbeleid.

Aan een instelling zijn meerdere disciplines verbonden: een arts, een psycholoog, een (ortho)pedagoog, een fysiotherapeut en een logopedist. Vaak is er op het terrein een activiteitencentrum en soms ook nog een school, die ook door mensen uit de regio bezocht kunnen worden.

De visie die een instelling heeft, zal dus op verschillende niveaus tot uitdrukking moeten komen, bijvoorbeeld in:

- de samenstelling en de grootte van de groepen;
- de personeelsformatie (hoeveel en welk niveau);
- de ruimte voor overleg en bijscholing;
- de mogelijkheden voor ouders/verwanten om te participeren.

Op dit moment vinden er in de instellingen veel veranderingen op woningniveau plaats. Dit komt mede door de bovengeschetste ontwikkelingen in de gezondheidszorg.

Teams krijgen meer zelfstandigheid en verantwoordelijkheid. Zij hebben een eigen budget voor de inrichting en vakanties.

Alle instellingen formeren kleinere groepen van ongeveer zes cliënten. Het gevolg is wel dat je als begeleider vaak alleen werkt. Even met een cliënt alleen gaan wandelen kan dan niet meer. Er is nu ook weer een beweging naar het iets groter maken van groepen cliënten (ongeveer acht), zodat er meer individuele aandacht gegeven zou kunnen worden, omdat er meer begeleiders zijn.

Voor de cliënten wordt ernaar gestreefd om een behoorlijk aantal uren dagbesteding buiten de woning te hebben (zie ook bij gezondheidspatroon 1). Kortom, men is zoekende naar een evenwicht dat recht doet aan de cliënten en hun ouders, de begeleiders en de visie van de instelling.

O P D R A C H T

Vraag bij de instelling waar je stage loopt of werkt de visie en doelstelling op en lees die goed door.

► Onderstreep de kernbegrippen en zoek eventueel de betekenis ervan op.
► Bedenk bij ieder kernbegrip een aantal voorwaarden; bijvoorbeeld als er staat: 'genormaliseerde woonomgeving' kun je als voorwaarden bedenken:
  – Hoe ver is het naar de winkels?

- Wat tref je aan tweehonderd meter rond het het huis?
- Welke naam heeft het huis?
- Hoe zien de huizen/groepen er van buiten uit?
- Wie heeft de kleuren bepaald; hebben bewoners daar inspraak in gehad?
Kortom, zaken waarvan jij vindt dat die behoren tot dat kernbegrip.
▶ Beantwoord die vragen zelf.
▶ Geef de lijst aan iemand anders en vraag of hij/zij nog andere voorwaarden zou stellen bij de kernbegrippen.
▶ Bespreek op school elkaars bevindingen.

Sociowoning

In het streven naar een zo genormaliseerde woonomgeving worden op het terrein of binnen het bereik van de instelling huizen gebouwd of gekocht, waar kleine groepen kunnen gaan wonen: de sociowoning.
De meeste cliënten hier hebben een matige of lichte verstandelijke beperking. Sinds enkele jaren wonen ook mensen met een ernstige verstandelijke beperking in sociowoningen.
Mensen die in een sociowoning wonen hebben vaak een of meer bijkomende beperkingen. De meeste bewoners gaan overdag naar het activiteitencentrum op het terrein of verrichten werkzaamheden op diverse groepen. De anderen gaan naar school, een sociale werkvoorziening of het vrije bedrijf.
Ook voor het recreëren, maken de meeste bewoners gebruik van faciliteiten van de instelling. Net als de naam GVT verdwijnt ook de naam sociowoning. Het is een van de kleinschalige woonvormen.

4   Andere vormen van opvang

Zowel de intramurale als de semi-murale zorg kennen verschillende vormen van opvang, zoals de:
- dag- en nachtopvang;
- dagopvang;
- weekendopvang;
- vakantieopvang;
- crisisopvang;
- logeermogelijkheden.

Dag- en nachtopvang

De instelling kan dag- en nachtopvang, dat wil dus zeggen 24-uursopvang bieden. Binnen een instelling krijgt de 24-uursopvang gestalte in leef- en woongroepen met thuisblijvende, schoolgaande, werkende of oudere bewoners. Binnen de semi-murale zorg richt de 24-uursopvang zich (voor zolang als het duurt) nog op de schoolgaande of werkende bewoners.

Weekendopvang

Deze vorm van opvang kan plaatsvinden in gezinsvervangende tehuizen of op leef-groepen in een instelling. Sommige instellingen hebben logeerplaatsen of logeer-kamers gecreëerd. Of er is een aparte accommodatie binnen of nabij de instelling daartoe ingericht. De aanvraag hiervoor neemt sterk toe mede onder invloed van het toenemende aantal thuiswonende mensen met een verstandelijke beperking.

Vakantieopvang

Deze vorm van opvang gebeurt door vrijwel alle instellingen in voor weekend, vakantie en logeren gebouwde accommodaties. De mogelijkheid bestaat om kinderen voor één tot drie weken in te schrijven; veelal gaat het om kinderen die ook al gebruikmaken van de weekend/logeeropvang. Maar juist voor vakanties komen er ook aanvragen binnen van mensen die verder geen beroep doen op een van deze vormen van opvang.

Crisisopvang

De meeste zorgaanbieders bieden de mogelijkheid tot crisisopvang en spoedplaatsing. Deze mogelijkheid wordt geboden wanneer er in de thuissituatie plotseling ernstige problemen optreden of de cliënt zelf in een crisis geraakt. De opvang gebeurt meestal in een regionaal samenwerkingsverband van meerdere instellingen, waarbij iedereen een beperkt aantal plaatsen 'openhoudt' voor crisisopvang. Daarbij gaat men ervan uit dat deze opvang binnen zes weken kan worden beëindigd, hetzij door terugplaatsing, hetzij door opname in een andere instelling. Meestal is dit laatste echter niet het geval. Het Zorgkantoor neemt hierin terecht meer en meer een leidende rol.

Logeeropvang

Het zorgaanbod van logeerhuizen is primair gericht op ontlasting van gezinnen met een thuiswonend kind met een verstandelijke beperking. Gezinnen waarbij het kind met een verstandelijke beperking thuis woont, hebben vaak behoefte aan een (korte) periode van rust voor de ouders of het hele gezin.
De logeerhuizen zijn meestal verbonden aan een instelling of een gezinsvervangend tehuis.

Het verkrijgen van gegevens bij opvang en kort verblijf

Voor alle vormen van opvang en kort verblijf zullen gegevens van gebruikers verkregen moeten worden. Veelal zijn hiervoor aparte formulieren waarop gewoontes, gebruiken en bijzonderheden vermeld moeten worden.
De begeleiding zal op de hoogte moeten zijn van het volgende:
- de algemene gegevens, huidige woonsituatie;
- wie men waar kan bereiken in geval van nood (vooral belangrijk bij vakanties);
- of ouders toestemming geven dat hun kind meegaat met uitstapjes;
- of de medische gegevens bekend zijn bij de arts van de opvang;
- welke medicijnen of dieet iemand heeft, of er lichamelijke bijzonderheden zijn;
- welke hulp iemand nodig heeft bij de ADL-functies;
- of iemand zelfstandig weg mag;
- bij welke omstandigheden extra aandacht vereist zal zijn (bijvoorbeeld bang in het donker, onweer, heimwee);
- gewoontes waarmee rekening gehouden dient te worden.

4 Modernisering van de AWBZ en veranderingen in de bekostigingsmogelijkheden

Een deel van de ziektekosten noemen we in Nederland 'bijzonder', veelal omdat ze door de langdurige aard van de behandeling nogal kunnen oplopen. Het gaat dan bijvoorbeeld om verblijf in een verpleeghuis of instelling voor gehandicaptenzorg, om thuiszorg of psychiatrische behandeling. Anders dan bij de 'gewone' ziektekosten, wordt deze zorg geregeld in de Algemene Wet Bijzondere Ziektekosten (AWBZ).

In 2002 is een begin gemaakt met de modernisering van deze AWBZ en de hiermee samenhangende bekostigingssystematiek. In een aantal stappen is getracht de cliënt de regie terug te geven over zijn of haar eigen leven. De cliënt centraal en zorg op maat, dat zijn de uitgangspunten. De in par. 2 genoemde zeven functies zijn een uitwerking hiervan, evenals de onafhankelijke en objectieve indicatiestelling. Overige uitwerkingen en veranderingen zijn:

- een sterk vereenvoudigde PGB-regeling voor alle functies, behalve behandeling en permanent verblijf (zie hierna);
- een begin van ontschotting van extramurale producten (thuiszorg mag dus geleverd worden aan iedereen door alle toegelaten AWBZ-zorgaanbieders);
- verdere ontschotting is voorzien in de komende jaren.

De AWBZ heeft zijn langste tijd gehad. Een deel van de AWBZ is overgeheveld naar de gemeentes. De Wet Maatschappelijke Ondersteuning (WMO)is een feit. Zo wordt de huishoudelijke verzorging als functie vanaf 2007 door de gemeentes gecontracteerd met aanbieders. Hier komt het Zorgkantoor niet meer aan te pas. Over enkele jaren wordt het einde van de AWBZ verwacht. Rond 2010 zal op enkele uitzonderingen na de hele AWBZ worden overgeheveld naar de Zorgverzekering. De verzekeraars verdelen nu de AWBZ middelen als Zorgkantoor en straks als verzekeraar. Meer en meer zullen instellingen moeten laten zien dat ze voor het beschikbaar gemaakte geld de beste kwaliteit leveren.

Persoonsgebonden budget (PGB)

Het PGB bestaat sinds 1995. Het is een bedrag aan geld waarmee de cliënt zelf de zorg kan inkopen. Het is een keuzemogelijkheid in plaats van of naast de hulp die zorginstellingen 'in natura' leveren. Het aantal mensen dat voor een PGB kiest, neemt ieder jaar toe. Eind 2005 maakten 78.000 mensen gebruik van de regeling. 95% van hen beoordeelt de zorg als goed of zeer goed (ministerie van VWS). Men kan hulp inkopen van een reguliere zorgaanbieder, maar ook van een particulier. Met hen worden afspraken gemaakt over wat er gedaan moet worden, op welke tijden en dagen. Ook wordt de vergoeding afgesproken. Met de leverancier van zorg wordt een overeenkomst afgesloten. De aanvraag voor een PGB gaat via het indicatieorgaan of zorgkantoor. Het indicatieorgaan stelt vast hoeveel uur hulp nodig is en om wat voor hulp het gaat. Het zorgkantoor bepaalt de hoogte van het budget. De budgethouder krijgt het geld als een voorschot rechtstreeks overgemaakt op zijn bankrekening en kan daarmee zelf de hulpverleners uitbetalen. Het ministerie van VWS is bezig om de regeling te vereenvoudigen. Sinds 1 januari 2007 hoeven budgethouders nog maar eens per half jaar hun uitgaven te verantwoorden. Voorheen moesten zij elke maand een formulier invullen. Het ministerie onderzoekt of deze verantwoording in de toekomst nog eenvoudiger kan (ministerie van VWS).

Er is een aantal stichtingen dat ondersteuning biedt door bijvoorbeeld de salarisadministratie te verzorgen en de inhoudingen te doen. Per Saldo en Naar Keuze zijn voorbeelden van belangenverenigingen van mensen/ouders en verwanten met een persoonsgebonden budget.

CASUS

In het begin dachten we, wat moeten we met zoveel geld? Toen we aan de slag gingen, bleek het een reëel bedrag. Eén offerte sloeg echt alles; toen alles gespecificeerd en bij elkaar opgeteld was, schrokken we van het bedrag. Ja, je wordt wel prijsbewust.
(Uit: *Mensen met een budget aan het woord*)

CASUS

Wanneer je een kind hebt met een handicap, en je kan de zorg niet zelf volledig aan, maar je kan het ook nog niet uit handen geven, is het heerlijk dat je zelf de regie houdt over de invulling van de zorg voor je kind. Bij ons komt er elke dag tijdens de spitsuren een PGB-hulp, die de zorg voor onze dochter op zich neemt. Ze speelt met haar, ze kan zichzelf namelijk geen seconde bezighouden, geeft haar eten en doet haar in bad. Heerlijk, en ik kan zelf eten koken en tijd geven aan de andere twee kinderen (Anouk, moeder van drie kinderen van wie de dochter van zeven meervoudig complex beperkt is).

Veranderingen voor de organisatie en de begeleiders

Nu de vraag van cliënten centraal komt te staan, zal de organisatie zich anders moeten gaan richten. Zorgaanbieders moeten gaan inventariseren welke mensen een beroep op hen kunnen doen, wat hun wensen zijn en hoe zij aan zo veel mogelijk individuele wensen kunnen voldoen. Vraaggestuurde zorg dus.

De instellingen zullen duidelijk moeten maken wat hun visie is en hoe zij daaraan vormgeven, welke beleids- en personeelskeuzen zij maken.

Een van de verwachtingen is dat door PGB de scheiding tussen zorg en wonen verder zal toenemen; in principe voorziet het budget alleen in de kosten van de zorg. Ook is het mogelijk dat steeds meer mensen met een intensieve zorgvraag bij een semi-murale voorziening aankloppen. Dit betekent dat de bouw en inrichting daarvan veranderd moet worden.

Voor begeleiders betekent dit dat zij duidelijk moeten kunnen aangeven wat de kwaliteit is van de zorg die zij leveren. De verwachting is dat PGB leidt tot meer individueel werken, bijvoorbeeld zorg aan huis. Dat heeft tot gevolg dat het onderlinge contact tussen de begeleiders minder intensief wordt. Het houden van functioneringsgesprekken wordt daarom steeds belangrijker. Binnen de instellingen, waar de ontwikkeling naar vraaggericht werken duidelijk in gang is, staat het individuele ondersteuningsplan centraal. Ouders en zorgvragers krijgen een veel duidelijker stem in de beslissingen die genomen zullen worden. Dat betekent dat er meer ruimte moet komen voor een individueel verschillende invulling van zorg. Binnen de leefgroep krijg je te maken met individuele vragen; de autonomie van de zorgvragers krijgt er een extra accent door (VGN).

5 Ontwikkelingen rond cliëntenorganisaties

Bij het gezondheidspatroon Rollen en relaties (patroon 8) is aan de orde geweest wat het voor ouders kan betekenen om een kind met een verstandelijke beperking te krijgen, om het uit huis te moeten plaatsen en hoe de participatie in de zorg vorm kan krijgen.

In deze paragraaf willen wij ons vooral richten op de wijze waarop ouders zich georganiseerd hebben; de geschiedenis daarvan en het doel dat zij voor ogen hebben. Dit betreft dus de collectieve ouderparticipatie.

Geschiedenis

Rond 1950 ontstond er in de maatschappij meer aandacht voor het individu. Je kunt dat zien aan verklaringen van de Verenigde Naties (verklaring van de rechten van de mens) en de Europese Gemeenschap (zie hoofdstuk 1). Er kwam in de samenleving meer aandacht voor mensen met een verstandelijke beperking. Voor die tijd stond vooral het hebben van een gebrek op de voorgrond, terwijl daarna geleidelijk meer begrip voor de mogelijkheden van een mens met een verstandelijke beperking werd ontwikkeld. Daardoor ging men nadenken over de mensen die door de maatschappij waren afgezonderd naar plekken ver weg in de bossen. Ouders namen en kregen steeds meer de gelegenheid om op te komen voor de rechten van hun kinderen. En de beste manier om dit te doen is door de krachten te bundelen, teneinde als een maatschappelijke stroming of groep aandacht te vragen voor de belangen van mensen met een verstandelijke beperking.

In oktober 1952 werd de eerste oudervereniging opgericht: 'Helpt elkander'. Het doel van deze vereniging was: 'Het behartigen van de belangen van de geestelijk gehandicapte en van de daarmede verband houdende belangen van haar leden.' Dit was een belangrijk feit, omdat ouders zich tot dan toe vaak in een isolement bevonden. Dit kwam onder andere door de manier waarop er door de maatschappij naar mensen met een verstandelijke beperking gekeken werd. Veel ouders konden hun problemen niet kwijt, konden deze niet bespreekbaar maken en hielden het feit dat zij een kind met een verstandelijke beperking hadden het liefst verborgen. Nu kregen zij binnen de oudervereniging de mogelijkheid om hun problemen te bespreken met andere ouders in dezelfde omstandigheid.

Er volgde een enorme groei van het aantal leden en daarmee ook van het aantal ouderverenigingen. In 1964 besloten de ouderverenigingen om op een aantal terreinen gezamenlijk naar buiten te treden en werd de Federatie van Ouderverenigingen opgericht (FvO). In 2007 is de FvO door ernstige financiële problemen in faillissement geraakt De ouderverenigingen die lid waren van de Federatie van Ouderverenigingen (FvO) hebben een nieuwe stichting – Stichting VG Belang – opgericht die de collectieve belangen van verstandelijk beperkten gaat behartigen. Op dit moment worden zo'n 60.000 ouders en verwanten door de Stichting VG Belang vertegenwoordigd.

Er zijn de volgende ouderverenigingen:

- *Philadelphiasupport;* een christelijke vereniging voor mensen met een verstandelijke beperking, hun ouders, familie en vrienden.
- *KansPlus:* een samenwerking van de VOGG en de WOI (VOGG = de interlevensbeschouwelijke vereniging van ouders en verwanten van mensen met een verstandelijke beperking. WOI = Vereniging Werkverband van Ouder- en familieverenigingen in Instellingen voor mensen met een verstandelijke beperking).
- *Dit Koningskind;* de vereniging van gereformeerde mensen met een beperking, hun ouders en vrienden.
- *Helpende Handen;* de vereniging gehandicaptenzorg van de Gereformeerde Gemeenten.
- *BOSK:* de vereniging van motorisch gehandicapten en hun ouders. De BOSK geeft informatie, adviseert, brengt lotgenotencontact tot stand en behartigt de belangen van mensen met een motorische handicap. Aandachtsgebieden zijn onder andere meervoudig complex gehandicapten, spraak-, taal en communicatiestoornissen, specifieke syndromen, en spasticiteit.

Iedere vereniging heeft een blad waarmee zij haar leden informeert over ontwikkelingen op het gebied van zorg aan mensen met een verstandelijke beperking. Met name de eigen levensbeschouwing komt in het blad tot uiting.

Organisatie van de ouderverenigingen
De meeste ouderverenigingen kennen een trapsgewijze opbouw op vier niveaus:
- de instelling;
- de afdeling;
- de provinciale raad;
- het landelijk niveau.

De instelling
Iedere instelling heeft een ouder-, familie- of verwantenraad. Hierin hebben ouders zitting die al dan niet lid zijn van een oudervereniging. Zij hebben een adviserende functie en instemmingsrecht op instellingsniveau, in overeenstemming met de Wet medezeggenschap cliënten zorginstellingen.

De afdeling
Een afdeling van een vereniging is meestal regionaal georganiseerd. Immers, een van de belangrijkste functies van een oudervereniging is ontmoeting en dan mag de afstand niet te groot zijn. In deze afdelingen kunnen ouders vaker bijeenkomen, ervaringen uitwisselen, informatie geven en vooral ook elkaar tot steun en hulp zijn. Door deze onderlinge contacten krijgen ouders soms een beter zicht op de eigen situatie, maar ze krijgen ook handige, praktische tips.
Daarnaast organiseren verenigingen bijeenkomsten voor broers en zussen, voorlichtingsbijeenkomsten voor plaatselijke politieke partijen en geven zij informatie en advies over aanpassingen, hulpmiddelen, uitkeringen, enz. Veel verenigingen hebben contactpersonen die regelmatig bij mensen thuis op bezoek gaan.

De provinciale raad

Het afdelingsbeleid zal dienen te passen in het totale verenigingsbeleid. Omgekeerd zal dat totale beleid mede vormgegeven worden door het afdelingsbeleid. Een van de plaatsen waar een dergelijk op elkaar afgestemd beleid tot stand kan komen is de provinciale raad. De provinciale raad heeft dus in feite twee functies, een interne en externe. De interne functie is vooral gericht op het uitwisselen van informatie.De externe functie richt zich op de provinciale overheid want deze is vaak betrokken bij de planning van voorzieningen en het maatschappelijk werk voor mensen met een verstandelijke beperking. Ten aanzien van bijvoorbeeld semi-murale zorg, zoals gezinsvervangende tehuizen en dagverblijven, berust op de overheid de plicht ouders te betrekken bij de planning en dit gebeurt via het Provinciaal Overlegorgaan Zwakzinnigenzorg. De verenigingen van ouders rond internaten hebben zich provinciaal gebundeld in de zogenaamde PIO's (Provinciaal Intramuraal Overleg).

Het landelijk niveau

Uiteraard ligt de hoogste macht in de vereniging bij de ledenraad. Daarin heeft iedere afdeling naar rato van het aantal leden een of meer stemmen. De specifieke bevoegdheden van de ledenraad zijn onder andere de statutenwijziging en beoordeling van het bestuursbeleid. Het landelijk bestuur leidt de vereniging en stelt jaarlijks een actieplan op dat aan de ledenvergadering ter goedkeuring wordt voorgelegd. Er is een dagelijks bestuur dat zorg draagt voor de uitvoering van het verenigingsbeleid.

Daarnaast zijn er ook landelijke werkgroepen en commissies die zich bezighouden met een specifiek thema.

Stichting VG belang

De ouderverenigingen KansPlus (VOGG/WOI), Helpende Handen, dit Koningskind en PhiladelphiaSupport hebben besloten tot de oprichting van een stichting, omdat een dergelijke rechtspersoon de meeste waarborgen biedt voor een transparante en slagvaardige organisatie. De dagelijkse leiding van de nieuwe stichting komt in handen te liggen van een coördinator. De directeuren van de ouderverenigingen vormen de Raad van Toezicht.

De nieuwe stichting houdt zich alleen bezig met haar kerntaken. Deze bestaan uit de collectieve behartiging van belangen van mensen met een verstandelijke beperking en dienstverlening aan leden van de aangesloten verenigingen. Hieronder vallen onder andere juridische dienstverlening en de ondersteuning van de netwerken van syndromen.

De Federatie van Ouderverenigingen verzorgde publicaties in de vorm van folders, boeken en video's op diverse gebieden zoals arbeid, beeldvorming, gezins- en thuishulp, kwaliteit, hulpvraagverduidelijking, onderwijs, persoonlijk budget, rechten, relatie en seksualiteit, sociale verzekeringen en belastingen, wonen, vrije tijd, sport en vakantie. Sinds eind jaren '90 komen regelmatig boekjes uit over kwaliteitstoetsing, waarmee ouders en verwanten zelf de kwaliteit van bestaan van hun kind/verwant kunnen toetsen.

De Oudervereningingen, tot voor kort verenigd in de Federatie van Oudervereningingen, streven naar een goed bestaan van mensen met een verstandelijke beperking. Ze zijn burgers en maken net als iedereen deel uit van de samenleving. De ondersteuning die zij nodig hebben moet aansluiten bij hun persoonlijke behoeften en wensen, zodat zij hun leven kunnen inrichten op een manier die bij hen past.
Het is belangrijk dat ouders of verwanten en mensen met een verstandelijke beperking zelf de kwaliteit van de zorg toetsen, bezien vanuit het perspectief van de persoon met een beperking. Daarbij vormen vier standaarden de kern.

Vier standaarden: zeggenschap; inclusie; respect en veiligheid; persoonlijke ondersteuning
In de standaarden staat de persoon met een verstandelijke beperking centraal. In de standaarden staat beschreven waar de FvO voor staat: een samenleving waarin iedereen welkom is, waaraan iedereen deel heeft en kan bijdragen. Waar ieder zich verbonden voelt met andere mensen. Waar mensen zeggenschap hebben over hoe ze hun leven inrichten en zich gerespecteerd en veilig voelen.
De standaarden zijn gebaseerd op onderzoeken in binnen- en buitenland en discussies in eigen kring met mensen met een beperking en hun familie en vrienden. De vier standaarden geven algemene uitgangspunten of principes weer. Standaarden moeten in samenhang met elkaar bezien worden. Ze zijn algemeen geformuleerd, breed toepasbaar en gelden voor iedereen, dus ongeacht de concrete beperkingen die iemand heeft en de mate van ondersteuning die nodig is. Vanuit deze vier standaarden zijn uitkomsten/effecten geformuleerd, die het gewenste resultaat beschrijven wanneer mensen met een verstandelijke beperking de juiste persoonlijke ondersteuning krijgen.

Om te zorgen dat mensen met een beperking met ondersteuning in de samenleving een waardevol bestaan kunnen leiden, zijn er ook ontwikkelingen nodig in de samenleving. Bijvoorbeeld breed toegankelijke voorzieningen en onafhankelijke organisaties die de belangen van de persoon behartigen. Hoewel deze ontwikkelingen niet alleen de verantwoordelijkheid zijn van dienstverlenende organisaties, hebben zij hierin een stimulerende en voedende rol.

- *Zeggenschap*
  Mensen hebben zeggenschap over hun eigen leven. Ieder kan zich ontwikkelen in een richting die hij wil en door middel van zijn keuzes, voorkeuren en leefstijl uitdrukking geven aan een eigen identiteit. Zeggenschap is uitgangspunt van het beleid.
  Uitkomst/effect
  - Mensen kunnen op alle levensterreinen bepalen hoe ze hun leven inrichten.
  - Mensen doen een veelheid van ervaringen op en bereiken persoonlijke doelstellingen.
  - Mensen wonen hoe ze willen. Ze zijn baas in eigen huis en dragen verantwoordelijkheid.
  - Kinderen en jongeren volgen onderwijs. Mensen hebben werkzaamheden of bezigheden, die aansluiten bij hun interesses en ambities. Ze bepalen zelf hoe ze hun vrije tijd doorbrengen. Ieder kan zich in alle levensfases naar behoefte verder scholen.

- Mensen bepalen met welke organisaties zij samenwerken en van welke diensten zij gebruik maken.

– *Inclusie*
Mensen zijn gewaardeerde medeburgers. Zij zijn verbonden met anderen, zoals familie, vrienden, kennissen en collega's. Zij maken deel uit van en dragen op unieke wijze bij aan de samenleving
Uitkomst/effect
- Mensen hebben waardevolle persoonlijk en sociale netwerken in de samenleving. Zij maken gebruik van voorzieningen die voor iedereen bedoeld zijn.
- Mensen wonen in de samenleving met mensen met wie ze zich verbonden voelen.
- Kinderen en jongeren volgen breed toegankelijk regulier onderwijs, dat bijdraagt aan hun ontplooiing.
- Ieder schoolt zich op terreinen waar zijn interesses en ambities liggen.
- Mensen hebben gerespecteerde werkzaamheden of bezigheden en voelen zich gewaardeerde medewerkers
- Mensen nemen deel en dragen bij aan het sociale, religieuze en recreatieve leven (concerten, cafés, clubs, kerken, verenigingen, sportevenementen enz.) in de samenleving. Zij maken gebruik van welzijns- en gezondheidsvoorzieningen in de plaatselijke gemeenschap.
- Mensen hebben dezelfde rechten, kansen en verantwoordelijkheden als iedere burger, ook op het gebied van trouwen, kinderen krijgen, sterilisatie, orgaandonatie, euthanasie enz.

– *Respect en veiligheid*
- Mensen hebben respect voor elkaar. Mensen leven in een veilige, gezonde en hun vertrouwde omgeving.
Uitkomst/effect
- Mensen voelen zich gerespecteerd, hun persoonlijke integriteit is gewaarborgd.
- Mensen leven in een veilige, gezonde en hun vertrouwde omgeving.

– *Persoonlijke ondersteuning*
Mensen geven hun leven zelf vorm en inhoud en krijgen daarbij passende en geschikte ondersteuning in aansluiting op hun ondersteuningsbehoeftes.
Uitkomst/effect
- Mensen hebben ondersteuning (in de vorm van begeleiding, verzorging, coaching enz.) bij alle voor hen belangrijke zaken. Zij kunnen hun leven inrichten zoals het hen past. Mensen vinden dat zij een goed leven leiden.
- Ondersteuning wordt verleend op afgesproken en gecoördineerde manier.
Bron: www.fvo.nl

Zorgverleningsovereenkomst
Een zorgverleningsovereenkomst is een overeenkomst waarbij de instelling zich jegens de mens met een verstandelijke beperking of zijn ouder/wettelijke vertegenwoordiger verbindt tot het verlenen van zorg. De overeenkomst dient afspraken te bevatten over:

- *Het zorg- of ondersteuningsplan*
  - voor iedere bewoner wordt een ondersteuningsplan opgesteld (zie ook WGBO);
  - de ouder/wettelijk vertegenwoordiger geeft alle informatie die nodig is voor de opstelling en uitvoering van het ondersteuningsplan; de instelling moet hun daartoe in de gelegenheid stellen;
  - de ouder/wettelijk vertegenwoordiger wordt geïnformeerd over alle elementen van het ondersteuningsplan;
  - indien de ouder/wettelijk vertegenwoordiger instemt met het ondersteunings-plan, geeft deze toestemming voor de (geneeskundige) handelingen die deel uitmaken van het individuele ondersteuningsplan;
  - de instemming met het ondersteuningsplan wordt schriftelijk vastgelegd.
- *Informatie*
  - de ouder/wettelijke vertegenwoordiger wordt op de hoogte gehouden van het ondersteuningsplan en van gebeurtenissen en ontwikkelingen binnen de instel-ling. Zowel mondeling als schriftelijk, individueel als collectief.
- *Toestemming in bijzondere situaties*
  - er dient te worden opgenomen in welke gevallen er toestemming nodig is.
- *Medewerking*
  - de ouder/wettelijke vertegenwoordiger verbindt zich om medewerking te verle-nen aan wat in de overeenkomst is opgenomen.
- *Kosten*
  - omschreven wordt wie, welke kosten vergoedt.
- *Bezoek*
  - de ouder/wettelijke vertegenwoordiger kan de instelling te allen tijde bezoeken; bezoek aan de cliënt vindt plaats met respect voor de privacy van andere cliënten en uitvoering van het ondersteuningsplan.
- *Overplaatsing*
  - de instelling informeert en consulteert de ouder/wettelijke vertegenwoordiger en neemt bij overplaatsing grote zorgvuldigheid in acht.
- *Privacy, registratie en dossiervorming*
  - de instelling draagt zorg voor de meest optimale bescherming ten aanzien van registratie en opslag van gegevens;
  - de ouder/wettelijke vertegenwoordiger heeft recht op inzage;
  - inzage door anderen is alleen mogelijk na toestemming.
- *Start en beëindiging zorgverleningsovereenkomst*
  - de overeenkomst gaat in op het moment dat het besluit tot opneming is genomen;
  - de overeenkomst eindigt door: opzegging, vertrek of overlijden bewoner, verstrijken van de termijn.
- *Opvolging vertegenwoordiger*
  - de ouder draagt zorg voor het tijdig voorzien in opvolging (indien mogelijk).
- *Klachten*
  - bij onenigheid over inhoud en/of uitvoering van de regeling kan de ouder zijn klacht voorleggen aan de interne klachtencommissie van de instelling. Zowel ouder/wettelijk vertegenwoordiger als instelling kunnen een klacht indienen bij de rechter of de inspectie.

Deze opdracht is bedoeld om het verband tussen theorie en praktijk te leggen.
Ga in de instelling waar je werkt/stage loopt na:

▶ Is er een zorg- of dienstverleningsovereenkomst?
• *Zo ja:*
  – Welke punten zijn daarin opgenomen?
  – Komen deze punten overeen met wat hierboven genoemd is (waaruit bestaan eventuele verschillen en hoe komt dat)?
  – Interview een ouder/wettelijke vertegenwoordiger over het belang van een zorgverleningsovereenkomst.
• *Zo nee:*
  – Vraag na hoe dat komt.
  – Ga na welke afspraken met ouders/wettelijke vertegenwoordigers wél zijn vastgelegd.
▶ Neem de uitwerkingen mee naar school en bespreek ze in de leergroep.

6 Rechtspositie van mensen met een verstandelijke beperking

(met dank aan Hans Kuppers, jurist)

In deze paragraaf wordt beschreven welke wettelijke mogelijkheden er zijn voor mensen met een verstandelijke beperking om hun belangen te (laten) behartigen. Het gaat hierbij om zowel persoonlijke als financiële belangen.
Uitgaande van het zelfbeschikkingsrecht van mensen met een verstandelijke beperking is het noodzakelijk dat er een vorm gekozen wordt die het meest recht doet aan de mogelijkheden die iemand heeft.

Inleiding
De idee dat de verstandelijk beperkte mens een zo gewoon mogelijk leven moet kunnen leiden kom je ook in het recht tegen: de verstandelijk beperkte mens heeft een rechtspositie die in principe gelijk is aan die van elke andere burger, met dezelfde rechten en plichten.
Dit met als doel zijn eigen leven zoveel mogelijk naar eigen inzicht in te kunnen richten en zichzelf te kunnen ontplooien. Alleen daar waar sprake is van extra kwetsbaarheid moet het recht de verstandelijk beperkte mens extra bescherming bieden.
Toch kan je stellen dat er in de praktijk wel sprake is van veel vrijheidsbeperkingen: wat en wanneer eten, deur op slot, vaste (vroege) bedtijd, verplichte verzorging, verbod op relaties zijn hier voorbeelden van. Vaak is een efficiënte sturing van de werkzaamheden hier bepalender dan de wens van de cliënt. De reden voor deze beperkingen ligt dan buiten de cliënt. Vaak heeft men zich ook niet afgevraagd of er alternatieven zijn en of er sprake is van een redelijke verhouding tussen doel van de beperking en het gevolg.

In de kwetsbare en afhankelijke relatie dient het recht de verstandelijk beperkte mens bescherming te bieden. Deze rechtsbescherming wordt beoogd door de Wet Geneeskundige Behandelingsovereenkomst (WGBO) en de Wet Bijzondere Opnemingen in Psychiatrische Ziekenhuizen (wet-BOPZ). Algemeen wordt erkend dat deze wetten de verstandelijk beperkte geen optimale bescherming bieden. Vooral als het gaat om beperkingen in de bewegingsvrijheid. Vandaar dat nieuwe regelgeving in de steigers staat.

Laat duidelijk zijn dat regelgeving alleen natuurlijk niet voldoende is. Voor meer evenwicht tussen bescherming en ontplooiing is vooral bewustwording van de hulpverlener van het grootste belang.

Wat betekent gelijke rechtspositie concreet?
Met het bereiken van de leeftijd van 18 jaar wordt ook de verstandelijk beperkte meerderjarig. Dat betekent dat hij zelfstandig rechtshandelingen mag verrichten. Dat zijn handelingen waar rechtsgevolgen mee beoogd worden. Bijvoorbeeld als een verstandelijk beperkte een brommer koopt of een appartement huurt. Het recht noemt die personen handelingsbekwaam.

Onder de leeftijd van 18 jaar is sprake van minderjarigheid. Een minderjarige staat dan onder gezag van zijn ouder(s) of voogd (wettelijk vertegenwoordiger). En kan niet zelfstandig rechtshandelingen verrichten. Dat kan alleen met toestemming van de wettelijk vertegenwoordiger. Of de wettelijk vertegenwoordiger treedt namens de handelingsonbekwame op.

Dit is de reden waarom nogal wat ouders bij het meerderjarig worden van hun verstandelijk beperkt kind overgaan tot benoeming van een curator, bewindvoerder of mentor (zie verderop in dit hoofdstuk).

In contact met de zorg is (meestal) de WGBO van toepassing. Deze wet kent andere leeftijdgrenzen. De jongere kent op 16-jarige leeftijd al een eigen rechtspositie: heeft bijvoorbeeld recht op 'informed consent' over opneming in een voorziening en de inhoud van het ondersteuningsplan. Onder de leeftijd van 12 jaar nemen de wettelijk vertegenwoordigers de rechten uit de WGBO waar. En voor de tussencategorie in de leeftijd van 12 tot 16 jaar geldt dat kind en wettelijk vertegenwoordiger samen de rechten uitoefenen.

Het is duidelijk dat voor de handelingsbekwame het zelfbeschikkingsrecht het sturend beginsel is. Dat betekent dat een verstandelijk beperkte bewoner, die ouder is dan 16 jaar en wilsbekwaam, de rechten van de WGBO zelfstandig kan uitoefenen. Bij een verstandelijk beperkte is meestal sprake van enige beperking in zijn mogelijkheden tot zelfbeschikking. In de praktijk zien we dan ook vaak dat familieleden (meestal de eerste contactpersoon) nauw betrokken worden bij het ondersteuningsplan of zelfs de hele besluitvorming overnemen.

Als de bewoner zijn belangen niet zelfstandig kan behartigen wegens wilsonbekwaamheid ('niet in staat tot een redelijke waardering van zijn belangen terzake', WGBO, art. 465), kan het zelfbeschikkingsrecht behoorlijk in zijn nadeel werken. In dat geval is bescherming door het recht geboden. Echter niet meer dan nodig is, om de bewoner zo weinig mogelijk in zijn zelfbeschikking en ontplooiing te beperken. Het kan ook best zijn dat een bewoner gedeeltelijk wilsbekwaam is.

Wilsonbekwaamheid moet daarom niet te snel en slechts na zorgvuldig onderzoek worden aangenomen. Meer over wilsonbekwaamheid en de gevolgen verderop in dit hoofdstuk.

Wie kunnen optreden als vertegenwoordiger als het gaat om de waarneming van de rechten die de cliënt zijn toegekend in de WGBO?
Volgens art. 465 komen daarvoor, in deze volgorde, in aanmerking: curator/mentor, de door cliënt schriftelijk gemachtigde, levensgezel, ouder/kind, broer/zus. Alleen de eerste twee worden door de rechter benoemd. Als er uit die laatste twee categorieën meer personen in aanmerking komen voor vertegenwoordiging kan het natuurlijk voorkomen dat er onenigheid ontstaat over de wijze waarop de belangen van de wilsonbekwame het best behartigd kunnen worden. In dat geval verdient het aanbeveling één van hen door de rechter tot curator of mentor te laten benoemen. Ingeval van misbruik van zijn bevoegdheden, of ondeskundige uitoefening, kan deze persoon altijd door de rechter van zijn taken worden ontheven.

De indruk zou kunnen ontstaan dat de vertegenwoordiger onder alle omstandigheden bepaalt wat de inhoud van het ondersteuningsplan wordt. Dat is niet het geval als de wensen van de vertegenwoordiger onverenigbaar zijn met de professionele standaard of anderszins in strijd zijn met goed hulpverlenerschap (art. 453). Dit kan het geval zijn als de hulpverlener de indruk heeft dat de wens van de vertegenwoordiger niet strookt met de wensen of belangen van de cliënt.
Algemeen wordt ook erkend dat vertegenwoordiging in hoogstpersoonlijke beslissingen niet mogelijk is. Voorbeelden hiervan zijn levensbeëindigend handelen en donorschap.
De WGBO kent ook een regeling voor de situatie dat de vertegenwoordiger instemt met een bepaalde behandeling en de bewoner zich verzet (art. 465, lid 6).
Hierboven is meestal uitgegaan van besluiten betreffende de inhoud van de zorg en ondersteuning (de immateriële belangen). Als het gaat om de waarneming inzake materiële belangen kent het recht de figuur van de bewindvoerder.

We gaan nu wat uitgebreider in op de inhoud en de voor- en nadelen van de drie beschermingsmaatregelen die de wet kent:
1 mentorschap;
2 onderbewindstelling (bewindvoering);
3 curatele.

Mentorschap
De Wet op het mentorschap is op 1 januari 1995 in werking getreden, na vele jaren van voorbereiding.
Wettelijk mentorschap moet niet verward worden met het 'mentorschap' dat een begeleider op de afdeling heeft voor een of meer cliënten. Deze benaming is niet meer juist. De instellingen zijn daarom ook andere namen gaan gebruiken zoals zorgcoördinator, visor, cb-er of persoonlijk begeleider.
Het juridisch mentorschap is bedoeld voor mensen die hun persoonlijke belangen niet (meer) kunnen behartigen. Het gaat hierbij om beslissingen die moeten

worden genomen over verzorging, verpleging, behandeling of begeleiding, dus alle beslissingen van niet-financiële aard.

Wie kan het mentorschap aanvragen en hoe verloopt de procedure?
Het mentorschap kan worden aangevraagd door de betrokkene zelf of door de echtgenoot, partner, ouders, broers, zussen, familie tot in de vierde graad, voogd, curator, bewindvoerder, officier van justitie of de instelling. Als de instelling een aanvraag doet, moet erbij vermeld worden waarom niet een van de eerdergenoemde mensen een verzoek heeft ingediend.
Het verzoek moet worden ingediend bij de kantonrechter van de plaats waar de betrokkene woont.
De kantonrechter kan de bloed- en aanverwanten van degene voor wie een mentorschap is aangevraagd horen. Als degene voor wie het mentorschap is aangevraagd niet in staat is om naar het kantongerecht te komen, kan de kantonrechter naar de instelling komen.
Indien de rechter van oordeel is dat het mentorschap nodig is, dan besluit hij hiertoe. Het mentorschap wordt niet gepubliceerd.

Wie kan mentor worden?
Iedere meerderjarige kan mentor worden. Voor mensen met een verstandelijke beperking is dit meestal een familielid. Het wordt vaak gecombineerd met de bewindvoering.
Het is volgens de wet niet mogelijk dat een behandelend hulpverlener mentor wordt. Ook personen behorende tot de leiding of het personeel van de instelling waar betrokkene verblijft, kunnen geen mentor worden. Een stichting of vereniging kan geen mentor worden; het moet een 'natuurlijk persoon' zijn.

Wat zijn de taken van een mentor?
De taak van de mentor is in het algemeen: de behartiging van de immateriële belangen van degene voor wie hij het mentorschap uitoefent. Hij moet ervoor zorgen dat degene voor wie hij mentor is, zo veel mogelijk betrokken wordt bij beslissingen van persoonlijke aard.
De mentor moet desgevraagd van zijn werkzaamheden verslag doen aan de kantonrechter. De kantonrechter kan een beloning toekennen aan de mentor indien hij dat redelijk vindt.

Onderbewindstelling
Onderbewindstelling wil zeggen dat alleen de vermogensrechtelijke belangen behartigd worden voor mensen die door hun lichamelijke of geestelijke toestand daartoe niet in staat zijn. Dit behartigen gebeurt door een bewindvoerder.
Iemand die onder bewind gesteld is, mag bijvoorbeeld niet iets (ver)kopen zonder toestemming van de bewindvoerder. En de bewindvoerder beheert de goederen helemaal zelf, de betrokkene kan zich daar niet mee bemoeien.
Het is dus een minder vergaande beschermingsmaatregel dan curatele (zie verder), want de persoonlijke belangenhartiging is hier niet in betrokken en er is geen handelingsonbekwaamheid.

Wie kan een onderbewindstelling aanvragen en hoe verloopt de procedure?
De aanvraag kan door de betrokkene zelf worden gedaan of door de echtgenoot,
partner, familie tot in de vierde graad, voogd, mentor en officier van justitie.
De aanvraag moet worden ingediend bij het kantongerecht van de woonplaats
waar degene woont voor wie de onderbewindstelling is bedoeld.
De rechter nodigt de mensen uit voor een zitting, maar men is niet verplicht om
te komen. Als de betrokkene niet in staat is om te komen, komt de kantonrechter
soms zelf naar de instelling. De onderbewindstelling hoeft niet te worden
gepubliceerd.
De kosten voor het griffierecht bedragen ongeveer € 125,00.

Wie kan bewindvoerder worden?
De rechter kan meer dan één persoon als bewindvoerder benoemen, maar ook
een stichting. Veel instellingen hebben een onafhankelijke stichting die de
cliëntengelden beheert.

Wat zijn de taken van een bewindvoerder?
De bewindvoerder behartigt alle (financiële) zaken; hij moet een aparte
bankrekening openen. Alles wat de 'rechthebbende' bezit, moet nauwkeurig
beschreven worden.
De bewindvoerder ontvangt 5% van de netto-opbrengst van het beheerde
vermogen. De kantonrechter kan de bewindvoerder verzoeken om
verantwoording.

Curatele
De ondercuratelestelling is bedoeld voor mensen die zowel hun financiële als
persoonlijke belangen niet (meer) kunnen behartigen. Dat kan zijn door een
geestelijke stoornis, maar ook verkwisting en gewoonte van drankmisbruik staan
in de wet genoemd als redenen voor ondercuratelestelling.
De consequenties zijn vergaand. Iemand die onder curatele is gesteld, verliest
zijn handelingsbekwaamheid en is wat dat betreft dus gelijkgesteld aan een
minderjarige. Hij mag niet meer, zonder goedkeuring van de curator, zelfstandig
rechtshandelingen verrichten.
Iemand die onder curatele is gesteld, wordt curandus genoemd.

Wie kan een ondercuratelestelling aanvragen en hoe verloopt de procedure?
De aanvraag kan door de betrokkene zelf worden gedaan of door de echtgenoot of
partner, familieleden tot in de vierde graad, de voogd of de officier van justitie.
De aanvraag moet worden gedaan bij de rechtbank en de aanvrager heeft een
advocaat nodig. Er moeten veel verklaringen en formulieren worden ingevuld en
opgestuurd naar de rechtbank. Er volgt een zitting, waarin de rechter de mening
van de echtgenoot, partner of familieleden vraagt over de maatregel. De rechter
moet ook de betrokkene zelf horen; als deze niet op de zitting kan verschijnen,
gaat de rechter naar de instelling toe. Hij bepaalt vervolgens of er voldoende
redenen zijn om tot deze vergaande maatregel te besluiten. Een curator kan alleen
maar een 'natuurlijk persoon' zijn, dat wil zeggen, iemand van vlees en bloed en
dus niet een instelling.

De advocaat draagt er zorg voor dat de beslissing tot ondercuratelestelling binnen tien dagen bekend wordt gemaakt in de Staatscourant en twee landelijke dagbladen. Het wordt tevens opgenomen in een openbaar register. Iedereen kan dan te weten komen dat de curandus niet meer zelfstandig beslissingen mag nemen.

De kosten van de totale procedure bedragen enkele honderden euro's.

Wie kan curator worden?

In de eerste plaats komt hiervoor de echtgenoot of partner in aanmerking; voor mensen met een verstandelijke beperking is het meestal een van de ouders, een broer of een zus. Als de rechter iemand anders benoemt, dan moet hij aangeven waarom hij dat gedaan heeft.

Wat zijn de taken van een curator?

De curator neemt beslissingen op zowel financieel als persoonlijk vlak; hij behartigt alle belangen. Hij moet de curandus wel zo veel mogelijk betrekken bij wat er gaat gebeuren en stimuleren dat de curandus zo veel mogelijk zelf meebeslist.

De curator is de vertegenwoordiger van de curandus ook als het gaat om verzorging, begeleiding, verpleging of behandeling. Samen met de hulpverlener neemt hij ook beslissingen over medische ingrepen.

De curator krijgt 5% van de netto-opbrengst van het beheerde vermogen. De rechter kan de curator om verantwoording van de uitgaven vragen.

CASUS

Bij ons op de groep vult de zorgcoördinator de jaarmachtiging in; dat wil zeggen dat hij het budget dat een bewoner krijgt, verdeelt over allerlei posten zoals vakantie, verjaardag en andere activiteiten. De jaarmachtiging moet worden goedgekeurd door degene die de financiële belangen behartigt van de bewoner.

Voor Heleen was de jaarmachtiging naar haar zus gestuurd, die is immers curator. Toen de zorgcoördinator niets hoorde, belde hij naar de zus. Het bleek dat zij veel commentaar had op de jaarmachtiging. Terwijl zij aan de telefoon was, hoorde de zorgcoördinator dat haar echtgenoot zei dat ze zich eens meer in die zaken moest verdiepen en dat ze die brief nog niet eens open had gemaakt.

De zus van Heleen is aangesteld als curator, maar weet eigenlijk weinig van Heleen. Ze komt zelden langs, ook is ze niet aanwezig bij IOP besprekingen.

Wanneer eindigen curatorschap, bewindvoering en mentorschap?

- Door de dood van een van de betrokkenen; dit kan zowel de cliënt als de curator, bewindvoerder of mentor zijn.
- Het verstrijken van de tijd waarvoor het curatorschap was ingesteld.
- Doordat de ene vorm door een andere wordt vervangen; bijvoorbeeld doordat de curatele wordt vervangen door onderbewindstelling en/of mentorschap.
- Als de curator, bewindvoerder of mentor niet meer in staat is om de taak goed uit te oefenen, kan hij de kantonrechter vragen hem te ontslaan van die taak.

- Om 'gewichtige redenen'; zo staat het in de wet en dit wordt niet nader omschreven.

7 Wetten en wettelijke maatregelen

In deze paragraaf behandelen we een aantal wetten waar je als begeleider mee te maken krijgt. Het zijn regelingen die door de overheid zijn vastgesteld en hun doorwerking hebben naar de praktijk.

Maatschappelijke ontwikkelingen hebben hun weerslag op de wet- en regelgeving in de gezondheidszorg. In de jaren na de Tweede Wereldoorlog, toen alles weer moest worden opgebouwd, richtte de overheid zich vooral op het maken van regels waaraan instellingen moesten voldoen.

In de jaren negentig groeit het besef dat niet alles door de overheid moet worden geregeld. Dat je er met het voldoen aan regels nog niet bent. De overheid trekt zich terug, stelt wel de kaders. De verantwoordelijkheid wordt meer bij het veld gelegd. De laatste jaren, waarin ook eigen verantwoordelijkheid van de cliënt steeds meer op de voorgrond staat, hebben veel wetten betrekking op het verduidelijken en waar nodig versterken van de rechten van de individuele mens. Hier dus de rechten van cliënten/patiënten.

De overheid wil ervoor zorgen dat, als mensen worden opgenomen, zij hun mondigheid kunnen behouden en ook daadwerkelijk mee kunnen beslissen over de ondersteuning/de behandeling. Er komen twee soorten wetten. Wetten die betrekking hebben op de versteviging van de rechten van een cliënt en wetten die betrekking hebben op de voorwaarden waaraan instellingen moeten voldoen om die rechten te waarborgen.

Als werker in de gezondheidszorg/zorg voor mensen met een verstandelijke beperking is het dan ook belangrijk om op de hoogte te zijn, want:

- Je moet uitvoering geven aan en rekening houden met de rechten die een cliënt heeft. Hij kan jou daar ook op aanspreken.
- Je moet in de praktijk uitvoering geven aan de wetten/regels die voor instellingen gelden. Jij kunt dus ook een instelling aanspreken op het naleven ervan.
- Je moet duidelijkheid hebben over jouw plaats en positie. Niet alleen in verband met eventuele aansprakelijkheid, maar ook om te weten waar je iets over te zeggen hebt en welke weg je moet bewandelen.

Vanuit het bovenstaande komen we tot de volgende indeling:

- Wetten en regelingen die de positie van de cliënt beschermen en versterken: de Wet op de geneeskundige behandelingsovereenkomst en de Wet bijzondere opneming psychiatrische ziekenhuizen.
- De Wet BIG die onder andere ingaat op de positie van de verpleegkundigen.
- Wetten en regelingen die in eerste instantie gericht zijn op de instellingen: Kwaliteitswet zorginstellingen, Wet klachtrecht cliënten zorgsector, Wet medezeggenschap cliënten zorginstellingen.

De wet of regeling wordt eerst in het kort uiteengezet. Vervolgens beschrijven we consequenties voor de mensen met een verstandelijke beperking en/of de begeleiding. Een aantal keren valt dit samen.

Alle genoemde wetten zijn pas vanaf of na 1994 in werking getreden.

Wet op de geneeskundige behandelingsovereenkomst (WGBO)

Dit is een van de belangrijkste wetten waar je als begeleider mee te maken hebt. Het zelfbeschikkingsrecht van ieder mens staat centraal. We behandelen deze wet dan ook wat uitgebreider. Want een cliënt die een beroep doet op de zorg verkeert vaak in een kwetsbare en afhankelijke positie. En dat geldt nog meer voor de verstandelijk beperkte mens.

Het doel van de wet is dan ook 'de rechtspositie van de patiënt te verduidelijken en te versterken, waardoor de mondigheid en de zelfstandigheid van de patiënt bevorderd worden, rekening houdend met de eigen verantwoordelijkheid van de hulpverlener voor zijn handelen'.

De wet heeft betrekking op alle mensen die een 'overeenkomst' aangaan met een geneeskundige en de daaruit voortvloeiende handelingen en is bedoeld om de relatie die ontstaat tot een echte samenwerkingsrelatie te maken (Leenen 1996). Het gaat om cliënten die vrijwillig zijn opgenomen. In deze wet wordt onder andere geregeld:

- het recht op informatie;
- toestemmingsvereiste;
- geheimhouding van gegevens;
- dossierplicht en recht op inzage;
- privacy, persoonlijke levenssfeer;
- afdwingbaarheid van de WGBO;
- rechtspositie van de jongere;
    - onder de 12 jaar,
    - tussen 12- 16 jaar,
    - ouder dan 16 jaar,
- rechtspositie van de wilsonbekwame.

Consequenties voor de zorg aan mensen met een verstandelijke beperking

Het recht op informatie

De cliënt heeft recht op alle informatie die over hem gaat. De wet zegt dat die informatie hem in begrijpelijke taal moet worden uitgelegd. Dit is mede van belang omdat als iemand het waarom van de ondersteuning/behandeling niet weet en niet snapt hoe dat wordt uitgevoerd of wat de consequenties ervan zijn, hij er ook geen toestemming voor kan geven.

Want toestemming zonder informatie is in het algemeen niet geldig. De term die hiervoor gebruikt wordt is 'informed consent'; dat wil zeggen dat de bewoner de mogelijkheid moet krijgen om ja of nee te zeggen. Deze mogelijkheid om toe te stemmen dan wel af te wijzen duidt op gelijkwaardigheid tussen mensen onderling, tussen de mens met een verstandelijke beperking en de begeleider. Het vraagt veel deskundigheid van de begeleiders om mensen met een verstandelijke beperking de benodigde informatie te geven. Hulpmiddelen als gebarentaal, concrete plaatjes en audiovisueel materiaal moeten daarom optimaal worden gebruikt.

Als een cliënt wilsonbekwaam is (zie rechtspositie) of het niet wil weten, zal het met zijn ouders en/of zijn vertegenwoordiger besproken moeten worden.

Dat laatste is soms ook het geval bij 'de therapeutische exceptie of uitzondering op informatieplicht'. Als de informatie zou kunnen leiden tot een 'kennelijk ernstig nadeel' voor de cliënt, hoeft de informatie niet aan de cliënt te worden gegeven. Collegiale toetsing is hierbij verplicht. In dat geval kan de familie of vertegenwoordiger geïnformeerd worden.

Toestemmingsvereiste

Geen ondersteuning/behandeling mag worden gestart of uitgevoerd zonder toestemming van degene die de behandeling moet ondergaan.

Dit is in de zorg voor mensen met een verstandelijke beperking een moeilijk punt. Want waar het gaat om het geven van informatie kunnen hulpmiddelen gebruikt worden. Ook kan de begeleider redelijkerwijs nagaan of de cliënt de informatie begrepen heeft. Maar of de cliënt dan vervolgens een goede afweging kan maken om toestemming te kunnen geven, is niet altijd duidelijk.

De wet bepaalt dat als iemand niet bevoegd is om toestemming te geven en/of feitelijk niet of niet volledig in staat is om toestemming te geven, er een ander namens hem zal optreden. Deze vertegenwoordiger moet wel 'de feitelijke bekwaamheid' van de cliënt zo veel mogelijk honoreren (Leenen 1996). En dat betekent weer dat de cliënt zo goed mogelijk wordt geïnformeerd.

Hier komt dus het belang van een goede vertegenwoordiger naar voren. Want het gaat om zaken als opstellen van een IOP of overplaatsing. De beslissing tot euthanasie is discutabel.

Het mentorschap (zie bij rechtspositie) zal ertoe bijdragen dat er uiteindelijk voor iedere cliënt een persoonlijk belangenbehartiger is. In bijzondere gevallen kan er een kortdurend mentorschap voor een bepaalde situatie worden aangevraagd; bijvoorbeeld als de informele vertegenwoordiging niet voldoet.

Om tot een goede beslissing te komen en daar toestemming voor te geven moet de cliënt of zijn vertegenwoordiger ook op de hoogte zijn van mogelijke alternatieven. Denk hierbij aan alternatieven voor gedragsbeïnvloedende methoden of sondevoeding of overplaatsing. Want vaak moet er beslist worden over de mate van dwang die mag worden uitgeoefend om bijvoorbeeld een cliënt iets aan of af te leren.

Geheimhouding van gegevens

Hierbij gaat het vooral om het beroepsgeheim dat je als begeleider hebt. Dit hangt nauw samen met de bescherming van de privacy. Met name de (medische) gegevens waarover een arts en veelal ook een begeleider beschikt, mogen alleen gebruikt worden voor het doel waarvoor zij verstrekt zijn. Je weet als begeleider vaak veel persoonlijke dingen van een bewoner. Het valt onder jouw beroepsgeheim om daar niet met buitenstaanders over te praten en informatie zo op te bergen dat mensen die er niets mee te maken hebben, het niet kunnen lezen. Denk maar eens aan alle rapportage die vaak open en bloot in de keuken ligt.

Cliënten moeten erop kunnen vertrouwen dat hun gegevens geheim gehouden worden en dat geldt ook voor vertrouwelijke informatie die je tijdens een gesprek met de cliënt hebt verkregen. Je hebt over deze zaken een zwijgplicht. Uitzondering: de wet geeft overigens wel aan dat je gegevens mag delen met anderen die bij de zorg betrokken zijn.

Dossierplicht en inzagerecht

'De hulpverlener moet een dossier inrichten (zie ook bij IOP). Dit dossier moet minimaal vijftien jaar bewaard blijven of zo veel langer als uit de zorg van een goed hulpverlener voortvloeit' (Leenen 1996). Dit laatste zal zeker bij de meeste mensen met een verstandelijke beperking het geval zijn, zij zijn veelal in 'levenszorg'.

Soms is het voor een cliënt heel vervelend dat gegevens van hem zo lang bewaard blijven. Er kan door opeenhoping van zijn gegevens een beeld van hem ontstaan dat niet (meer) overeenstemt met hoe hij nu is. De wet geeft de mogelijkheid om deze gegevens op verzoek te vernietigen.

Iedere cliënt heeft recht op inzage in die gegevens die over hem zijn vastgelegd en van het gebruik dat daarvan gemaakt wordt. Het inzagerecht berust deels op het recht op informatie, maar is vooral een uitvloeisel van het recht op de bescherming van de persoonlijke levenssfeer. Het inzagerecht kan buiten de hulpverlener om verwezenlijkt worden (Verbogt 2000).

Het gaat hierbij niet om het verschaffen van informatie, maar om het toezien op wat er over iemand aan gegevens is vastgelegd. Want al ben je korte tijd opgenomen geweest: jouw gegevens worden wel minstens vijftien jaar bewaard. Als er informatie niet is verstrekt op grond van de therapeutische exceptie (uitzondering) en de cliënt wil inzage, mag hem dat niet ontzegd worden. Er zal dan alsnog alle informatie verstrekt moeten worden.

Dit betekent dat cliënten of hun vertegenwoordigers de eigen rapportage of die van hun minderjarige of wilsonbekwame kinderen mogen inzien. Begeleiders hebben hierin een ondersteunende taak. Zij kunnen ouders en/of vertegenwoordigers aanmoedigen om de rapportage te lezen. Want die moeten over een drempel heen. Een ouder zei: 'Ik wil de begeleiders absoluut niet de indruk geven dat ik ze controleer.'

Een punt van discussie is in hoeverre bijvoorbeeld de fysiotherapeut, de begeleiders van de dagbesteding of stagiaires inzage mogen hebben in het dossier.

. . . .

O P D R A C H T

► Bespreek met elkaar de volgende stelling
Er kan alleen goede ondersteuning gegeven worden als begeleiders van de dagbesteding, de fysiotherapie en stagiaires inzage hebben in het dossier van een cliënt.

Persoonlijke levenssfeer/privacy

De basis voor dit recht is te vinden in de Grondwet. Iedere burger heeft recht op eerbiediging van zijn persoonlijke levenssfeer.

Privacy heeft naast het zorgvuldig omgaan met gegevens ook betrekking op privacy ten aanzien van ruimte en persoon. Bij ruimtelijke privacy moet je denken aan het hebben van eigen spullen en een ruimte van jezelf waar je je kunt terugtrekken. Dat betekent dus dat je er als begeleider op moet toezien dat bewoners niet aan elkaars spullen zitten (zonder toestemming), dat de deur van het toilet gesloten wordt, dat er binnen de woning of groep hoekjes of ruimtes gemaakt worden om even alleen te kunnen zijn, dat mensen zo veel mogelijk een eigen kamer hebben en als dat niet kan dat hun slaapplek zich onderscheidt van die van een medecliënt.

Privacy ten aanzien van de persoon gaat vooral over het eerbiedigen van iemands lichaam. Hoe en waar je iemand aanraakt in met name verzorgingssituaties heeft te maken met privacy. Als je iemand op bed wast, hoeft hij niet helemaal bloot te liggen. Als iemand gewassen wordt in de badkamer, kan de schoonmaakdienst of wie dan ook niet naar binnen.

Dit laatste is vooral van belang bij mensen met een ernstige verstandelijke beperking. Begeleiders zijn gauw geneigd om te zeggen: 'Zij merken er toch niets van', of 'zij lopen al jaren bloot over de gang naar hun slaapkamer.'

Afdwingbaarheid van de WGBO

De kern van de WGBO is dat er sprake is van een overeenkomst; een overeenkomst tussen twee partijen. In het geval van een cliënt die is opgenomen: een overeenkomst tussen de instelling (niet de begeleider) en de cliënt. De instelling is de wederpartij. Mocht de instelling in gebreke blijven dan kan er via de rechter afgedwongen worden dat de instelling zijn verplichtingen nakomt.

. . . .

O P D R A C H T E N

Jasper is stagiair voor twaalf weken. Hij mag van zijn begeleider niet in de dossiers van de bewoners lezen. Wel in het IOP.

- ► Wat vind je hiervan?
- ► Waarom zou een instelling zo'n afspraak maken?
- ► Zou het verschil maken of Jasper stage loopt in een GVT of op een groep met mensen met een meervoudige ernstige verstandelijke beperking? En als hij 1 jaar stage loopt? Verklaar je antwoord.

Jij bent de persoonlijk begeleider van Cora (een cliënte). Cora zegt tegen jou dat ze niet wil dat haar ouders op de hoogte gebracht worden van haar relatie met José (een medecliënte).

- ► Wat zeg je/doe je?

Leg in beide opdrachten een relatie met de WGBO.

Wet klachtrecht cliënten zorgsector (WKCZ)

Naast een beroep op de rechter bij een tekortschieten in de uitvoering van de overeenkomst is er de regeling van het klachtrecht en de klachtbehandeling.

Het doel is dat zorgaanbieders op zorgvuldige wijze omgaan met de klachten van hun cliënten. Onder zorgaanbieders vallen de instellingen waar mensen met een verstandelijke beperking mee in aanraking kunnen komen, en ook de individuele beroepsbeoefenaar. Men wil hiermee de positie van de zorgvrager versterken. Elk bezwaar dat een cliënt heeft over de bejegening, het handelen of het nalaten van een hulpverlener, instelling of organisatie valt onder deze wet. Er is geen beperking waarover geklaagd kan worden.

Waar moet een instelling voor zorgen?

Er moet een klachtencommissie zijn die bestaat uit ten minste drie leden, waarvan de voorzitter niet werkzaam is voor of bij de zorgaanbieder.

De commissie moet zorgen dat er hoor en wederhoor mogelijk is. Ook moeten klagers en diegenen waarover geklaagd wordt, de gelegenheid hebben om zich bij te laten staan.

En er moet een termijn worden afgesproken waarbinnen op de klacht gereageerd moet zijn; in die zin dat er dan duidelijkheid is of de klacht ontvankelijk is of behandeld kan worden. Dit is dus een verschil met de veelal in instellingen aanwezige klachtfunctionaris.

Consequenties voor de zorg aan mensen met een verstandelijke beperking

Het gaat dus vooral om klachten die betrekking hebben op bejegening, houding, zorgvuldigheid in de omgang en fatsoen: kortom de kwaliteit van de ondersteuning. Er is behoefte aan het kunnen opkomen tegen kwetsende handelingen. Mensen kunnen door een onbehoorlijke bejegening diep gekwetst worden (Leenen 1996).

Dit is heel belangrijk in de zorg voor mensen met een verstandelijke beperking. Velen van hen kunnen echter niet klagen als zij zich onheus bejegend voelen. Dat kan al zijn door een 'leuke' bijnaam, door over iemand te praten als 'die mongool', door iedereen zonder toestemming met zijn voornaam aan te spreken als ze twee keer zo oud zijn als jij. Maar ook zou het kunnen gebeuren dat iemand in de rapportage schrijft: 'het was een gezellige avond' (wat trouwens nog niets zegt) en toch alle bewoners al om halfzeven zonder iets te drinken in bed heeft gelegd. Als begeleider zul je je hier terdege van bewust moeten zijn en je vaak in de cliënt moeten verplaatsen om te zien of jij dan tevreden zou zijn. Bij teamvergaderingen zal dit vaak als punt op de agenda moeten staan.

Als iemand zelf niet in staat is om te klagen, kan zijn vertegenwoordiger het doen of ook een andere begeleider.

Het zal duidelijk zijn dat alle instellingen en mogelijke woonvormen voor mensen met een verstandelijke beperking een klachtenprocedure moeten instellen. Als er een klacht komt, wordt die binnen de instelling behandeld door een onafhankelijke commissie.

O P D R A C H T

In het jaarverslag moet het aantal en de aard van de door de klachtencommissie behandelde klachten worden opgenomen.

- Vraag het jaarverslag van de instelling waar je stage loopt of werkt.
- Bekijk het verslag wat betreft de behandelde klachten.
- Wat was de aard van de klachten? Op wie of wat hadden ze vooral betrekking?
- Zijn het klachten die specifiek zijn voor de zorg aan mensen met een verstandelijke beperking? Zo ja, hoe denk je dat dat komt?

Wet bijzondere opneming psychiatrische ziekenhuizen (BOPZ)

Deze wet heeft in eerste instantie betrekking op psychiatrische patiënten.
Het doel van de wet is de rechtspositie te regelen van personen die onvrijwillig opgenomen worden in een psychiatrisch ziekenhuis, een instelling voor mensen met een verstandelijke beperking of een psychogeriatrisch verpleeghuis. Omdat ook bij mensen in de psychogeriatrie en bij mensen met een verstandelijke beperking sprake kan zijn van niet vrijwillige opneming is de werkingssfeer van deze wet uitgebreid tot deze sectoren. De wet regelt de opnameprocedure en de rechtspositie gedurende het onvrijwillige verblijf in de instelling. Voor mensen die vrijwillig worden opgenomen, geldt alleen de WGBO (zie boven).

Men spreekt over de externe en de interne rechtspositie.
De *externe* rechtspositie heeft betrekking op de opnameprocedure. Omdat het onvrijwillige opname is, moet die heel zorgvuldig zijn.
Allereerst moet er sprake zijn van gevaar: gevaar voor zichzelf, gevaar voor anderen en gevaar voor de algemene veiligheid van personen of goederen. De opname kan alleen via toetsing door de burgerlijke rechter vooraf bij een RM: rechterlijke machtiging tot opname of achteraf in geval van crisis bij een IBS: inbewaringstelling. Bij een gedwongen plaatsing wordt de cliënt onderzocht door een onafhankelijke psychiater, zowel net voor de opname als tijdens een van de eerste dagen na opname. De juridische status is dus bepalend voor de positie van de cliënt.

De *interne* rechtspositie heeft betrekking op de rechten van een cliënt tijdens het verblijf in de instelling. Deze rechten zijn:
- Er dient zo spoedig mogelijk na opname een IOP te worden opgesteld. Dit dient erop gericht te zijn het gedrag van de cliënt zo te beïnvloeden dat het gesignaleerde gevaar zo mogelijk wordt weggenomen. Als hier geen overeenstemming over wordt bereikt, mag er ook geen behandeling worden toegepast (Verbogt 2000).
- Er mogen geen vrijheidsbeperkende maatregelen worden toegepast; alleen bij gevaar/tijdelijke noodsituaties of met instemming van de cliënt (zie hieronder).
- De cliënt moet op korte termijn duidelijkheid krijgen over de huisregels; op schrift en als die er nog niet zijn, dan mondeling.
- De cliënt heeft klachtrecht. Voor onvrijwillig opgenomen patiënten voorziet de BOPZ in een aparte klachtenregeling. Hierbij gaat het om klachten die samenhangen met het IOP van de bewoner, het toepassen van middelen en maatregelen, de beslissing tot het beperken van de bewegingsvrijheid van de bewoner.

De klacht kan worden ingediend door de cliënt zelf, maar ook namens de cliënt door een andere cliënt uit de instelling, de echtgenoot, ouders, familie tot in de tweede graad, voogd of curator.

Dwangbehandeling en het gebruik van middelen en maatregelen (M & M)
In principe is de BOPZ alleen een opnemingswet. In uitzonderlijke situaties kan er sprake zijn van gedwongen behandeling.
In de wet wordt onderscheid gemaakt tussen dwangbehandeling en M & M. Dwangbehandeling gaat over behandeling tegen of niet conform de wil van een cliënt. Het staat haaks op de grondwettelijke bepaling die de integriteit van het lichaam beschermt. Dwangbehandeling mag dan ook alleen worden toegepast indien en voorzover dit onvermijdelijk is om gevaar voor de patiënt zelf of voor anderen af te wenden (Verbogt 2000).

Bij middelen en maatregelen gaat het om maatregelen ter tijdelijke overbrugging van een noodsituatie. Hiervan is sprake als de behandeling die is vastgelegd in het IOP hierin niet voorziet.
De volgende middelen en maatregelen worden genoemd:
* afzondering;
* fixatie;
* medicatie;
* toediening van vocht of voeding.

Consequenties voor de zorg aan mensen met een verstandelijke beperking

Als men (ouders, vertegenwoordiger, arts) van mening is dat een opname noodzakelijk is en iemand met een verstandelijke beperking verzet zich, dan kan er een verzoek tot een rechterlijke machtiging worden ingediend. Het maken van bezwaar kan blijken uit verbale uitingen of feitelijk gedrag; er moet volgens deze wet wel nadrukkelijk sprake zijn van een wilsuiting die duidelijk is en een reële betekenis heeft. Hij wordt dan door de rechter gehoord en die bepaalt de noodzaak van een opname.
Het gaat dus om:
1   iemand is bereid tot opname;
2   iemand verzet zich tegen de opname;
3   er is geen bereidheid en geen verzet (artikel 60 BOPZ).
Een rechterlijke machtiging wordt in eerste instantie afgegeven voor zes maanden en kan daarna telkens met een jaar verlengd worden (via de rechter). Binnen de zorg voor mensen met een verstandelijke beperking is die termijn maximaal vijf jaar.
Voor mensen met een verstandelijke beperking die een dergelijk bezwaar niet kenbaar kunnen maken, maar evenmin van het tegenovergestelde blijk geven, bestaat een procedure zonder gerechtelijke tussenkomst. Voor hen kan opname alleen plaatsvinden als dat noodzakelijk wordt geacht door een indicatiecommissie (CIZ). Deze moet dan vaststellen dat de – gevaarlijke – patiënt zich ten gevolge van geestelijke stoornis niet buiten de inrichting kan handhaven (Verbogt 2000).

Middelen en maatregelen

In de zorg voor mensen met een verstandelijke beperking wordt relatief veel gebruikgemaakt van middelen en maatregelen (M&M).

Dat kan dus alleen als het uitdrukkelijk in het individueel ondersteuningsplan is opgenomen (M&M akkoord)! Wanneer iemand in afzondering gezet wordt of gefixeerd wordt zonder dat dit vermeld staat als behandeling in het individueel ondersteuningsplan, moet dat altijd worden gemeld bij de Inspecteur voor de Gezondheidszorg.

De middelen en maatregelen die men nodig acht voor een behandeling moeten met goedkeuring en toestemming van de cliënt en/of zijn wettelijk vertegenwoordiger worden vastgelegd in het IOP. Indien dat niet het geval is mogen zij in principe niet worden uitgevoerd.

Middelen en maatregelen kunnen alleen tijdelijk worden toegepast om ernstig gevaar voor de cliënt of anderen af te wenden.

Bij noodsituaties mogen middelen en maatregelen maximaal zeven dagen worden toegepast. Ondertussen moet geregeld worden dat het IOP van de betreffende cliënt wordt aangepast, dat wil zeggen dat de maatregel er eventueel in wordt opgenomen.

De directeur van een instelling moet de inspecteur op de hoogte stellen van de noodsituaties en de toegepaste dwangbehandeling.

Tot slot

De BOPZ is niet van toepassing op het verblijf in een GVT of op een tijdelijke opname, zoals een vakantie of een weekend. Ze kan dus alleen worden toegepast in BOPZ-erkende instellingen.

Formeel is de positie van de bewoners die voor 17 januari 1994 zijn opgenomen, die van vrijwillig opgenomene. Dat betekent dat de BOPZ niet op hen van toepassing is. Vrijheidsbeperkende maatregelen mogen niet worden toegepast, tenzij er alsnog bij een BOPZ-indicatiecommissie (het CIZ) een formele uitspraak 'geen bereidheid, geen verzet' is gevraagd.

Er komt nieuwe regelgeving, met name rondom de beperking in bewegingsvrijheid. Er wordt meer duidelijkheid gegeven over het feit dat vrijheidsbeperking kan, zolang het vrijheidsbeneming wordt.

Wet BIG (Wet op de beroepen in de individuele gezondheidszorg)

Deze wet heeft tot doel de kwaliteit van de individuele beroepsuitoefening te bevorderen en de cliënt te beschermen tegen ondeskundig handelen door beroepsbeoefenaren. De wet is gericht op de individuele gezondheidszorg, dat wil zeggen de zorg die rechtstreeks gericht is op de gezondheid van een persoon. Het is een zogenaamde kader- of raamwet; dat wil zeggen dat alleen de grote lijnen zijn beschreven en de invulling gebeurt door een Algemene maatregel van bestuur (AMvB). Zo moest er bijvoorbeeld duidelijkheid komen over wie zich nu verpleegkundige mogen noemen en welke eisen daaraan gesteld worden. Via een Algemene Maatregel van Bestuur is besloten dat studenten met een afgeronde

4-jarige opleiding MBO-verpleegkunde of HBO-verpleegkunde zich verpleegkundige mogen noemen.

Om de kwaliteit van een beroep en de uitoefening ervan te waarborgen, zijn in de Wet BIG de volgende aspecten beschreven:

- De titelbescherming en de registratie
Alleen aan degenen die na de vereiste diplomering en zich hebben laten registreren is het recht voorbehouden om de benaming van hun beroep openlijk als titel te voeren.
- De regeling van specialismen
- De voorbehouden handelingen
Dit zijn handelingen die indien zij door ondeskundigen worden uitgevoerd, schade aan de patiënt kunnen toebrengen.
Artsen, tandartsen en verloskundigen hebben op het gebied van voorbehouden handelingen een zelfstandige bevoegdheid, dat wil zeggen bevoegdheid om te besluiten tot en het uitvoeren van de handeling.
Daarnaast zijn er ook mensen die niet zelfstandig bevoegd zijn tot het uitvoeren van voorbehouden handelingen. Zij kunnen wel voorbehouden handelingen bevoegd uitvoeren, maar dan moet er voldaan zijn aan de volgende voorwaarden:

1 Er moet sprake zijn van een opdracht ('verzoek')
   - de opdrachtgever moet bekwaam zijn in het stellen van een diagnose en voorschrijven van een therapie.
2 Er moet sprake zijn van bekwaamheid
   - de opdrachtgever moet zich overtuigen van de bekwaamheid van degene aan wie hij de opdracht verstrekt; en de opdrachtnemer vindt zichzelf bekwaam;
   - de opdrachtgever moet indien nodig aanwijzingen geven en/of tussenbeide kunnen komen.

Bekwaamheid kan individueel en per handeling worden vastgesteld. Echter aan verpleegkundigen is door middel van een algemene maatregel van bestuur een functioneel zelfstandig uitvoeringsbevoegdheid gegeven voor een beperkt aantal handelingen. Dat wil zeggen dat zij die handeling mogen uitvoeren zonder direct toezicht van de opdrachtgever en zonder zijn tussenkomst, mits er sprake is van een opdracht.
Verpleegkundigen worden als groep bekwaam geacht ten aanzien van de volgende handelingen:
- het geven van injecties;
- katheterisatie bij mannen en vrouwen;
- inbrengen van een maagsonde;
- puncties (venapunctie) en de hielprik bij pasgeboren baby's;
- risicovolle handelingen als fixatie en medicatie.

- Tuchtrecht
Er kan een klacht worden ingediend bij een tuchtcollege als met name genoemde hulpverleners, onder andere verpleegkundigen, in hun professionele zorg tekortschieten tegenover cliënten en/of hun naasten. Het tuchtcollege dat voor het merendeel bestaat uit beroepsgenoten, kan een maatregel opleggen, variërend van

een waarschuwing tot een definitieve doorhaling van de inschrijving in het register.
Dit kan dus naast de stap naar de civiele rechter (WGBO) of de klachtencommissie.

Verpleegkundige Van D. is door de familie van mevrouw De Bruin (54 jaar oud, ernstig verstandelijk beperkt) aangeklaagd bij het regionaal tuchtcollege vanwege ernstige nalatigheid bij het verlenen van verpleegkundige zorg. Van D. had zoals iedere ochtend het bad voor mevrouw De Bruin vol laten lopen en haar daarna met gebruikmaking van een tillift in bad gezet. Echter deze ochtend was Van D. vergeten de temperatuur van het water te controleren. Direct nadat mevrouw De Bruin in bad was getild voelde Van D. dat het water erg heet was. Direct heeft hij haar toen uit bad getild, maar hij kon niet voorkomen dat ze al met al toch een minuut in het te hete badwater had gezeten met als gevolg eerste- en tweedegraads brandwonden. Nadat ze uit bad was, heeft hij haar direct met koud water afgespoeld en via een collega een arts ingeschakeld.

De collegezaal stroomde vol. De beroepsvereniging organiseerde een proefzitting over het tuchtrecht voor verpleegkundigen. Rechts zat de broer van mevrouw De Bruin, links Van D. met zijn raadsvrouwe. Achter de tafel zat het verpleegkundig tuchtcollege: twee juristen en drie verpleegkundigen. Het proces werd formeel gevoerd. De klager kreeg gelegenheid zijn klacht toe te lichten en enkele andere zaken aan de orde te stellen. Vervolgens was het woord aan de raadsvrouw van verpleegkundige Van D. Zij legde uit waarom het badwater te heet kon zijn, ondanks een aanwezige thermostaatkraan. Door de kans op legionellabesmetting werden de leidingen maandelijks doorgespoeld met water van ongeveer 70 graden Celcius. Van D. had inderdaad nagelaten de temperatuur te controleren, maar had dit gedurende jaren niet of nauwelijks hoeven doen omdat het water een vaste veilige temperatuur had.
Daarna werd Van D. bevraagd door het college. En dat ging er hard aan toe. De hele gang van zaken werd van minuut tot minuut onderzocht. Uiteindelijk trok het college zich terug voor beraad.

In de zaal voltrok zich een levendige discussie waarbij begrip en onbegrip was te beluisteren voor Van D.

Na twintig minuten kwam het college weer binnen. Het werd stil. De voorzitter zei dat het college een maatregel op zijn plaats vond. Van D. had iets nagelaten waardoor de zorg voor mevrouw De Bruin tekortschoot en zelfs met gevaar voor haar leven. Van D. had het badwater op temperatuur moeten controleren alvorens mevrouw De Bruin in het water te laten zakken. Gezien de ernst van de zaak achtte het college een berisping op zijn plaats.

Consequenties voor de zorg aan mensen met een verstandelijke beperking

In de zorg voor mensen met een verstandelijke beperking heeft men te maken met begeleiders:

- die een grote diversiteit aan opleidingen hebben. Begeleiders met een sociaal-pedagogische of verpleegkundige opleiding, activiteitenbegeleiding, verzorgenden en assistenten;
- met een uiteenlopend deskundigheidsniveau.

Dit kan tot gevolg hebben dat er onduidelijkheid gaat bestaan over wie, onder welke condities, welke voorbehouden handelingen mag uitvoeren; hoe zit het met de bekwaamheden en de bevoegdheden? Het gaat tenslotte om de kwaliteit van zorg.

Niet alleen verpleegkundigen mogen functioneel zelfstandig handelen waar het eerder genoemde handelingen betreft (onder de gestelde voorwaarden). De wet BIG sluit niet uit dat iemand met een niet verpleegkundige opleiding in principe deze handelingen kan verrichten.

Alle beslissingen over de vraag wie welke handelingen mag uitvoeren zullen door de instellingen zelf genomen moeten worden. De uitvoerenden zullen daartoe wel bekwaam gemaakt én gehouden moeten worden.

Als iemand zich niet bekwaam acht, zal hij moeten weigeren om de handeling uit te voeren. Er zal bijscholing moeten worden aangeboden zodat hij zich weer bekwaam voelt.

Ook kan een instelling door middel van bij- en nascholing begeleiders zonder verpleegkundige opleiding een bekwaamheidsverklaring verstrekken. Deze verklaring moet worden afgegeven door een arts. Hierbij moet gedacht worden aan 'risicovolle handelingen', handelingen als sondevoeding geven, blaasspoelen, bloeddruk meten, medicijnen toedienen: die handelingen die op bepaalde groepen veel voorkomen. Het is een taak voor iedere instelling om een duidelijk overzicht te maken van wie, welke handelingen mogen uitvoeren, onder welke voorwaarden. Vanuit de Kwaliteitswet Zorginstellingen zal een instelling duidelijkheid moeten verschaffen over de periode waarvoor de afgegeven bekwaamheidsverklaring geldig is. En instellingen moeten verantwoorden hoe zij de kwaliteit van anders opgeleiden ziet. Hoe deze mensen een bekwaamheidsverklaring kunnen krijgen en hoe ze die actueel moeten houden. Verpleegkundigen of anders opgeleiden zullen in de gaten moeten houden wanneer hun bekwaamheidverklaring afloopt. Als zij na die tijd een opdracht krijgen 'moeten' zij die weigeren. Dit leidt soms tot rare situaties: een dienstrooster afgestemd op het bekwaam houden van het personeel.

Als je ook maar de geringste twijfel hebt aan jouw bekwaamheid om een handeling uit te voeren, doe het niet!

De Kwaliteitswet Zorginstellingen

Deze wet is van toepassing op alle instellingen in de zorgsector ongeacht de wijze van financiering.

Instellingen moeten om zorg van kwaliteit te leveren aan vier eisen voldoen:

1   Er moet verantwoorde zorg verleend worden, dat wil zeggen van goed niveau, doeltreffend, doelmatig en cliëntgericht. Er moet daarbij voldoende afstemming op de behoefte van de cliënt zijn.

2 **De organisatiestructuur moet op kwalitatief goede zorg gericht zijn.**
De organisatie moet zo zijn dat er goede communicatie mogelijk is. Er moet voldoende en capabel personeel zijn. Daarnaast moet duidelijk worden aangegeven
wie welke werkzaamheden uitvoeren en wie daar uiteindelijk verantwoordelijk
voor is. En er moet voor mensen die langer dan 24 uur in een instelling verblijven, geestelijke verzorging beschikbaar zijn.

3 **Er moet door de instellingen systematisch gewerkt worden.** De wet bevat hiervoor
geen concrete normstellingen; instellingen kunnen eigen kaders maken voor hun
kwaliteitsbeleid. Er moeten dus normen geformuleerd worden waaraan goede
zorg moet voldoen en deze normen moeten getoetst kunnen worden (zowel door
de instelling zelf als door een andere organisatie of de inspectie).

4 **De instellingen moeten een jaarverslag uitbrengen om verantwoording af te leggen over de kwaliteit van de zorg in hun instelling.** Hierin moet specifiek aandacht besteed worden aan:
- de betrokkenheid van de cliënten bij het kwaliteitsbeleid;
- de manier waarop en hoe vaak er toetsing plaatsvindt;
- de manier waarop de instelling omgaat met klachten.

Consequenties voor de zorg aan mensen met een verstandelijke beperking

Het begrip 'kwaliteit' is in de wet niet concreet omschreven. De inhoudelijke
kant van dit begrip vind je terug in de modellen die de koepelorganisaties (VGN)
hebben gemaakt. Maar het is dus mogelijk dat instellingen andere accenten
kunnen leggen bij het beschrijven van wat zij kwaliteit van zorg vinden. Dat
neemt niet weg dat iedere instelling zal moeten verantwoorden hoe zij aan die
normen komt.

De invoering (en met name de uitvoering) van zorg-/ondersteunings-/begelei-
dingsplannen kan gerekend worden tot een onderdeel van het kwaliteitssysteem.
Aan de ouders en de cliënten wordt door de ondersteuningsplannen de zorg
inzichtelijk gemaakt.
Het duidelijk omschrijven van de visie en laten zien hoe dat op de werkvloer tot
uitdrukking kan komen, is een ander voorbeeld.
Instellingen moeten klachtencommissies hebben, medewerkers krijgen
bijscholing, er worden protocollen ontwikkeld; allemaal stukjes kwaliteitszorg.
De instelling moet deze samenbrengen, aangeven welke inspraak cliënten hierin
hebben gehad en dit opschrijven in het jaarverslag.
Want als er gevraagd wordt om kwaliteit te leveren, moet er ook een regeling zijn
voor situaties waarin het niet goed gaat (is gegaan).
Iedere instelling kent MIP-formulieren en heeft een procedure die daarbij gevolgd
moet worden.
Daarnaast moet er duidelijkheid gegeven worden over de persoon bij wie
mensen terecht kunnen – de klachtfunctionaris – en over het verloop van de
meldingsprocedure.
In alle opleidingen wordt aandacht besteed aan kwaliteitszorg. Begeleiders hoeven
niet af te wachten tot er van bovenaf gezegd wordt naar welke aspecten van zorg
gekeken gaat worden. Zij kunnen het zelf ook doen, in de dagelijkse omgang met de

cliënten. Zij kunnen hun eigen begeleiding onder de loep nemen.

Bijvoorbeeld wat versta je (als team) onder een goede eetsituatie:

- als iedereen zijn bord leeg heeft;
- als er weinig geknoeid is;
- als er niemand van tafel gestuurd is;
- als alle bewoners hun verhaal van die dag hebben kunnen vertellen;
- als iedereen zijn taak naar behoren heeft uitgevoerd;
- als alles volgens het individuele ondersteuningsplan is verlopen;
- als...?

Het team kan zich dezelfde vragen stellen bij:

- een goede leefsituatie;
- een goede badsituatie;
- een goed contact.

Als teams zich hiermee gaan bezighouden en er uitvoering aan geven, zijn zij beter in staat om knelpunten op te sporen. De vraag aan de leidinggevenden om bijvoorbeeld meer tijd voor activiteiten, extra menskracht of andere diensten kan dan helder onderbouwd worden.

De Federatie van Ouderverenigingen houdt zich ook bezig met kwaliteitszorg. Zij heeft een aantal brochures geschreven, waarin kwaliteitseisen (criteria) beschreven staan die door ouders getoetst kunnen worden in de instelling waar hun kind verblijft. In deze kwaliteitscriteria komt heel duidelijk de positie van de bewoner en van de ouders naar voren.

Er zijn onder andere brochures verschenen over de volgende onderwerpen:

- Denken over kwaliteit
- Behartigen van belangen
- Werken met het IOP
- De persoonlijke leefsfeer
- Werken met een job coach

De Vereniging Gehandicaptenzorg Nederland (VGN) heeft in 2001 de tweede versie gepubliceerd van het Model Kwaliteitssysteem Gehandicaptenzorg (MKG). Sinds 2005 is het MKG model opgenomen in de HKZ lijn van kwaliteitssytemen en heet het HKZ-GZ (gehandicaptenzorg). Het model is bedoeld om organisaties in de gehandicaptenzorg te ondersteunen bij haar activiteiten op het gebied van de kwaliteit. Bij de ontwikkeling zijn alle partijen betrokken geweest: cliëntenorganisaties, Ministerie van VWS, zorgverzekeraars, leden. Er is software beschikbaar om snel te kunnen komen tot een zelfdiagnose. Hiermee kan een sterkte-/zwakteanalyse worden gemaakt en ontstaat een vertrekpunt om prioriteiten te stellen en tot acties over te gaan. De belangrijkste categorieën die worden onderscheiden zijn:

- zorg- en dienstverlening: bijvoorbeeld zijn er ondersteuningsplannen en dienstverleningsovereenkomsten?
- communicatie: welke overlegstructuren zijn er, functioneren deze naar tevredenheid, enz.?
- visie, beleid en organisatie: bijvoorbeeld zijn de visie en missie omschreven?

- personeel: worden er functioneringsgesprekken gevoerd? Hoe hoog is het ziekteverzuim?
- facilitaire voorzieningen en beheer: bijvoorbeeld de kwaliteit van de maaltijden, beschikbare budgetten.

► Haal uit de bibliotheek (of bestel) een of meer brochures van de Federatie van Ouderverenigingen en/of het certificatieschema van de gehandicaptenzorg, uitgave HKZ-GZ.
► Pas de kwaliteitscriteria die daarin genoemd zijn toe op jouw afdeling, woonvorm, instelling.
  – Welke criteria heb je niet kunnen invullen en hoe komt dat?
  – Wat valt jou op na invulling?
  – Heb je, op basis van wat je gevonden hebt, een idee welke veranderingen of verbeteringen er ingevoerd zouden kunnen worden en hoe dat zou moeten?
  – Bespreek je bevindingen en vragen met jouw werkbegeleider.
► Vraag het meest recente jaarverslag op en lees het door.
  Beantwoord de volgende vragen:
  – Wat doet deze instelling aan kwaliteitsbeleid?
  – Op welke manier wordt het getoetst?
  – Wat is de betrokkenheid van cliënten?
  – Wat zie je van het beschreven beleid concreet terug op de groep/afdeling?

Wet medezeggenschap cliënten zorginstellingen (WMCZ)

Deze wet bepaalt dat iedere instelling een cliëntenraad moet hebben ingesteld.

De cliëntenraad behartigt de belangen van mensen die op de zorg van een bepaalde instelling zijn aangewezen. De raad overlegt daartoe met de directie van de instelling en denkt mee over onderwerpen die voor cliënten van belang zijn.
Er worden in de wet twee criteria genoemd waar de instelling voor moet zorgen.
1 De cliëntenraad moet zo zijn samengesteld dat zij representatief is voor de cliënten van een instelling. Indien dat niet de cliënten zelf kunnen zijn, moeten het mensen zijn die geacht worden hun belangen te vertegenwoordigen en te behartigen zoals ouders, wettelijk vertegenwoordigers of ouderverenigingen.
2 De instelling moet de raad faciliteiten geven zoals: een budget, vergaderruimtes, kopieermogelijkheden, secretariële ondersteuning.

De cliëntenraad mag altijd advies uitbrengen, gevraagd en ongevraagd. Maar de wet verplicht de instelling om de raad advies te vragen over een aantal voorgenomen besluiten van algemeen belang voor het functioneren van de instelling, zoals de doelstelling, fusie of samenwerking, verhuizing of verbouwing, wijziging in de organisatie, benoemingen, enz.
'Versterkt adviesrecht' heeft de raad als het gaat om zaken die direct van belang

zijn voor de cliënten. De instelling kan daarover in principe alleen besluiten als de raad ermee heeft ingestemd (de raad heeft echter geen vetorecht). Hierbij moet je denken aan zaken als voeding, geestelijke verzorging, klachtenprocedures, kwaliteitsbeleid, benoeming van een afdelingshoofd.

Om alles goed te kunnen bespreken heeft de cliëntenraad natuurlijk informatie nodig. Samen met de directie moet worden besproken hoe dat vorm krijgt. De instelling is verplicht deze informatie te verschaffen.

Deze wet betekent voor mensen die in levenszorg zijn een enorme vooruitgang. Zij moeten nu immers betrokken worden bij voorstellen en beslissingen die van belang zijn voor hun leefomstandigheden in de ruimste zin. Concreet zal het veelal zo zijn dat de vertegenwoordigers van cliënten zitting hebben in deze raad. Er zal dan wel duidelijk moeten worden aangegeven hoe de 'achterban' geraadpleegd wordt. Ook combinaties komen al voor, cliënten en verwanten vormen samen de cliëntenraad.

O P D R A C H T

- Ga bij de instelling waar je stage loopt of werkt na wie er zitting hebben in de cliëntenraad.
- Vind je dit een goede afspiegeling van de mensen die er wonen?
- Over welke onderwerpen werd het laatste halfjaar hun advies gevraagd en hoe luidde dat advies?
- Houd een interview met een van de leden. Stel van tevoren een aantal vragen op.
- Bespreek elkaars bevindingen in de leer-/onderwijsgroep op school.

De auteurs

Pieter Hermsen is al bijna 30 jaar werkzaam in de zorg voor en ondersteuning van mensen met een handicap: als verpleegkundige, als opleider en als adviseur/interim-manager. Vanaf 2004 is hij in dienst van Stichting Kalorama in Beek Ubbergen, een instelling voor ouderenzorg, thuiszorg en gehandicaptenzorg. Hij maakt deel uit van de directie.

Rob Keukens, verpleegkundige, is als docent verbonden aan de opleiding HBOV en SPV van de Hogeschool Arnhem en Nijmegen. Daarnaast werkt hij als mental health consultant voor het Global Initiative on Psychiatry in Oost Europa.

Joke van der Meer, MscN, is eveneens docent aan de opleiding HBOV van de Hogeschool Arnhem en Nijmegen. Zij heeft als aandachtsgebied de ontwikkelingen binnen het GGZ-veld en de gehandicaptenzorg en verzorgt diverse vervolgopleidingen voor het VDO in Nijmegen.

Geraadpleegde literatuur

Akker, M. van den e.a., 'Dagbesteding en thuiszitten van GVT-bewoners', in *NTZ*, nr. 2, juni 1995

Albersnagel, E., *Diagnosen, interventies en resultaten*. Groningen 1997

Alkema, F., *Dementeren; ziekte en zorg*. Assen 2001

Alzheimer Nederland, *Syndroom van Down en dementie*. Bunnik 2006

American Psychiatric Association, *Diagnostic and Statistical Manual of Mental Disorders*, 4th ed. Washington DC 1994

Andreasen, N., *Schitterend nieuw brein*. Amsterdam 2002

Appel, M. en W. Kleine Schaars, *Groeien naar gelijkwaardigheid*. Baarn 1992

Balder, A. e.a., *Over doofblindheid*. 2006

Barkley, R., *Opstandige kinderen*. Lisse 1998

Beck, G. en E. de Jong, *Opgroeien in een horende wereld*. Twello 1990

Belie, E. de, C. Ivens, J. Lesseliers en G. van Hove (red.), 'Seksueel misbruik van mensen met een verstandelijke handicap',in *Handboek preventie en hulpverlening*. Leuven/Leusden, 2000.

Berckelaer-Onnes, I.A. van, 'Autistisch en verstandelijk gehandicapt: dubbel gehandicapt', in *NTZ*, themanummer, juni 1996

Berg, F. van den, *Uitvaart in een zorginstelling*. Het uitvaartwezen. Oktober 2005

Berlo, B. van, 'Seksueel misbruik bij mensen met een verstandelijke handicap', *NISSO-Studies*, nr. 16. Eburon. Delft 1995

Blaaderen, L. van, *Wat ouders niet weten. Hechting, verlangen naar liefde en angst voor liefdesverlies*. Twello 2003 (2)

Bleijenberg, G., *De ene vermoeidheid is de andere niet*. Nijmegen 2003

Bode, C. de, *Niet meer op slot! Doorbreken van impasses bij jongeren met een verstandelijke handicap*. Assen 1999

Boer, J. den e.a., *Handboek stemmingsstoornissen*. Maarssen 1999

Boevink, W. en S. Escher, *Zelfverwonding begrijpelijk maken*. Bemelem 2001

Bogerd, A. e.a., *Begeleiding van verstandelijk gehandicapten*. Baarn 1999

Bogers, H., *Een chromosoom teveel*. Nijmegen 1984

Bosch, E., *Visie en attitude*. Baarn 2002

Breeur, R. en A. Burms, *Ik/Zelf. Essays over identiteit en zelfbewustzijn*. Leuven 2000

Bruckner, P., *Gij zult gelukkig zijn!* Amsterdam, 2002

Bruggen, H. van der, *Promotieonderzoek*. Maastricht, 1991

Buijssen, H. en Razenberg T., *Dementie, een praktische handreiking voor de omgang met Alzheimerpatiënten*. Baarn 1991

Buijssen, H. *Psychologische hulpverlening aan ouderen, Deel 2*. Baarn, 2001

Burger, G.T.M., *Verplegen van verstandelijk gehandicapten*. Houten 1999

Cantwell, D. en L. Baker, *Research concerning families of children with autism*. New York 1984

Cioran, E., *Bestaan als verleiding*. Utrecht 2001

Collacott, C., 'Differential roles of psychiatric disorders in adults with Down syndrome compared with other mentally handicapped adults', in *British Journal of Psychiatry*, 161, 1992

Curfs, Dr. L.M.G, e.a., 'Zelverwondend gedrag bij mensen met een verstandelijke handicap', in *Patient Care*, 2001, 28

Damasio, A., *Het gelijk van Spinoza*. Wereldbibliotheek 2003

Damasio, A., *Ik voel dus ik ben*. Amsterdam 2001

Deb, S. en T. Matthews, *Richtlijnen voor de praktijk van onderzoek en diagnostiek van problemen met de geestelijke gezondheidszorg bij volwassenen met een verstandelijke beperking*. Utrecht 2002

Dekker, G. e.a., *God in Nederland 1996-2006*. Kampen 2007

DeMyer, M., *Parents and children in autism*. New York 1979

Derix, M. e.a., *Dementie: de stand van zaken*. 1994

Dijkstra J. e.a., 'Sociaal emotionele ontwikkeling, psychiatrische symptomen en probleemgedrag bij mensen met een verstandelijke beperking', in *Tijdschrift voor Psychiatrie*, jaargang 49, supplement 1. Utrecht 2007

Dobbs, D., 'A revealing reflection', in *Scientific American Mind*, nr. 2 2006

Došen, A., 'Primaire contactstoornis bij zwakzinnige kinderen', in *Tijdschrift voor Orthopedagogiek*, nr. 3, 1983

Došen, A., 'Psychische stoornissen bij verstandelijk gehandicapte adolescenten', in F. Verhulst, *Adolescentenpsychiatrie*. Assen 2000

Došen, A., *Psychische en gedragsstoornissen bij zwakzinnigen*. Meppel 1990

Drenth, P.J.D., *Testtheorie. Inleiding in de theorie van de psychologische test en zijn toepassingen*. Houten 2006 (4)

Duijn, C.M. van, *Riskfactors for Alzheimer's disease*. Rotterdam 1992

Enterale voeding: wat is de relevantie van de nieuwe ontwikkelingen? Bureau PAOGG-Heyendael. KU-Nijmegen, juni 1997

Erikson, E.H., *Identiteit, Jeugd en crisis*. Utrecht 1971

Eusen, M., 'Schizofrenie', in F. Verhulst, *Kinder- en jeugdpsychiatrie*. Assen 2000

Evenblij, M., 'Autisme is te ingewikkeld voor medicijnen', in *de Volkskrant*, 6 april 1991

Federatie van Ouderverenigingen, *Denken over kwaliteit*. Utrecht 1994

Federatie van Ouderverenigingen, *Gewoon Doen*. Utrecht 1994

Feil, N., *Validation*. Almere 1989

Gehandicaptenraad, *Nieuws; een speciale editie over persoonsgebonden budget*. December 1996.

Gemert, G.H. van en R.B. Minderaa (red.), *Zorg voor mensen met een verstandelijke handicap*. Assen 2003 (5)

Gennep, A. van en C. Steman, *Beperkte burgers*. NIZW 2001

Gesthuizen, S., *Lief en lijf, over vriendschap en seks, handboek voor de begeleider*. Leuven/Apeldoorn 1994

Gillberg, C. en M. Coleman, *The biology of the autistic syndromes*. London 1992 (2)

Goorhuis-Brouwer, S., 'De taal is niet vanzelfsprekend', in *Onze Taal*, 1991, nr. 1

Gordon, M., *Handleiding verpleegkundige diagnostiek 1995-1996*. Utrecht 2007 (3)

Graaff, F. de, *Cognitieve en affectieve stoornissen*. Baarn 1996

Grift, de, *Van alcohol tot XTC. Actuele basisinformatie over de meest gebruikte middelen*. De Grift, Arnhem 2006

Groenman, N.H., *Menselijk gedrag en communicatie in de gezondheidszorg.*
Leiden 1991

Haidt, J., *The happiness hypothesis.* Arrow Books 2006

Hamaker, C. en V. Busato, *Het geheugen.* Amsterdam 2000.

Harris, E., 'Suicide as an outcome for mental disorders. A meta-analysis',
in *British Journal of Psychiatry,* 170, 1997

Hartog, J. den e.a., *Notitie Stervensbegeleiding.* Stichting SMZ, 1994

Haveman, M. en M. Maaskant, *Lang leven in de Zwakzinnigenzorg.*
Maastricht 1988

Heijkoop, J.H., *Vastgelopen.* Baarn 1998

Hellinga, G., *Lastige lieden. Een inleiding over persoonlijkheidsstoornissen.*
Meppel 1999

Hermsen, P en A. Wirtz, *Plan van Aanpak Stichting Epilepsie Instellingen Nederland.*
Houten 2001

Hoffman, E., *Interculturele gespreksvoering.* Houten 2002

Houdenhove, B. van, *In wankel evenwicht. Over stress, levensstijl en welvaartsziekten.*
Lannoo 2005

IZO. Instituut voor Zorgonderzoek, *Observatie protocol zelfverwondend gedrag bij ernstig verstandelijk gehandicapten.* Tweede concept. Deventer, december 1996

Jaarboek werknemers in de zorg 1996. Samsom bedrijfsinformatie,
Alphen aan den Rijn 1996

Jansen, I., *Bij wijze van spreken. Interculturele communicatie in de zorg voor verstandelijk gehandicapten.* Scriptie Hogeschool van Arnhem en Nijmegen,
november 1995

Jonghe, F. de e.a. (red)., *Steun, Stress, Kracht en Kwetsbaarheid in de psychiatrie.*
Assen 1997

Kagan, J., Surprise, *Uncertainty and mental structures.* Cambridge 2002

Kars, H. en J. van Erkelens-Zwets, *Ernstig probleemgedrag bij zwakzinnige mensen.*
Houten 1995.

Kerkhof, M. van, 'Meer affectie, minder Ritalin', in *Psy,* nr. 3, p. 9, 2001

Kernberg, O., *Severe Personality Disorders: Psychotherapeutic Strategies.*
New Have 1985

Ketelaars, D., *Werken bij een echte baas.* Nederlands Centrum Geestelijke
Volksgezondheid. Utrecht, februari 1995

Koedoot, P. en J. Kok, *Gedragsproblemen in GVT's.* NcGv 1996

Kohnstamm, R., *Kleine ontwikkelingspsychologie.* Deventer 2002

Kooten Niekerk, Jozee (red.), *Ongehoord. Naar een protocol seksualiteit en seksueel misbruik van verstandelijk gehandicapten.* Uitgave van Provinciaal
Coördinatiepunt Incesthulpverlening. Utrecht 1992

Kooy, D., *Mensen met een verstandelijke handicap en seksueel misbruik.*
Doctoraalscriptie Groningen

Korteweg, N., 'Een vriendelijke reuzencel', in *NRC,* 10 maart 2007

Kraijer, D., *Autistische stoornissen en verstandelijke beperking.* Lisse 1998

Kraijer, D.W., 'Risicofactoren voor het vertonen van automutilatie', in *NTZ,* 1996

Kraijer, D.W., H. Meijer en G.F. Nelck, 'Autistische stoornissen, somatische zwakzinnigheidsoorzaken en epilepsie', in *NTZ,* juni 1996

Kröber. H. en H. van Dongen, *Kind, gezin en handicap.* Baarn 2000

Kröber. H. en H. van Dongen, *Mensen met een handicap en hun omgeving.*
Baarn 2001

Kroef, M., 'Wij willen zelf kunnen kiezen', in *KLIK*, mei 1994

Lee, C. van der en J. Triepels, *Van hulpvraag naar zorgplan.* Baarn 2000

Leufkens, H. en P. van Rijthoven, *Viermaal een doorkijk in de biologische psychiatrie.*
Utrecht 1999

Levy, A., *De opkomst van de Bimbocultuur.* Meulenhoff 2007

Linden, M. van der, *Hersenen en gedrag.* Boom 2006

Loon, J.H.M. van, 'Integratie van het ontwikkelingsdynamische model, relatietherapie en Gentle Teaching in het omgaan met mensen met een verstandelijke
handicap', in E. Broekaert en G. van Hove (red.), *Orthopedagogische reeks*, nr. 3.
Gent 1993

Maas, F. e.a., *Twan gaat naar het ziekenhuis.* Utrecht 1996

Maaskant, M., *Veroudering, dementie, rouw en verlies.* Kavannah, Dwingeloo 2002

Mataheru, M., *Vroegtijdige onderkenning van gedragsstoornissen bij verstandelijk
gehandicapten.* Amersfoort 1995

Matthijs, W., 'De ontwikkeling van het zelfgevoel bij baby's volgens Daniel Stern',
in J. de Boer, *Infantpsychiatrie.* Assen 1991

Merrick, J. et al., 'Suicide behavior in persons with intellectual disability',
in *The Scientific World Journal*, vol. 5, 2005

Mevissen, L., *Kwetsbaar en afhankelijk. Gedragsproblemen bij mensen met een
verstandelijke beperking.* SWP 2005

Mierlo, F. van, *Vroege voortekenen van een psychose in de praktijk.* Utrecht 1999

Minderaa, R., *Autisme en verwante contactstoornissen.* Bussum 2000

Minnée, M., 'Dementie, een geruisloze epidemie', in *Nursing*, september 1994

Molen, H. van der e.a., *Klinische Psychologie.* Groningen, 1997

Mönks, F.J. en A.M.P. Knoers, *Ontwikkelingspsychologie. Inleiding tot de
verschillende deelgebieden.* Nijmegen 2004 (9)

Muller, C., *Niemand wordt geraakt.* 1988

Mur, L. en M. de Groot, *Community, support en hulpverlenen.* Baarn 2003

Nakken, H., *Behandelingsvormen voor ernstig meervoudig gehandicapten.*
Rotterdam 1998

Nauts, J. en A. Došen, *Je hoeft niet weg.* Oostrum 1995

Nederlands Instituut voor Zorg en Welzijn, *Waarden in zorg en welzijn.* 1990

Nederlandse Vereniging voor Gehandicaptenzorg, *Bejegening.* Utrecht 1993

Nederlandse Vereniging voor Gehandicaptenzorg, *Modelregeling.*
Utrecht, februari 1992

Nelck, G.F., *Etiologie van zwakzinnigheid, zekerheden en onzekerheden.* Assen 1988

Neut, D. van der, 'Emoties, het raadselachtige gevoelsleven van dieren', *Psychologie
Magazine*, juli 2005

Notitie Ziekenfondsraad, *Circulaire. Subsidieregeling zorg op maat geestelijke
gezondheidszorg 1997.* December 1996

Op adem komen; Levensbeschouwelijke begeleiding van verstandelijk gehandicapten.
Best 1992

Osch, G. van e.a., *Verstandelijke handicap en persoonlijkheidsstoornissen.* Assen 1996

Pernis, H. van e.a., *Sociologie voor gezondheidszorg en verpleegkunde.*
Houten/Diegem 2004 (6)

Pinker, S., *Het onbeschreven blad*. Contact 2004

Prins, P. e.a., *ADHD: een multimodale behandeling*. Houten 1999

Ramakers, G., 'Onderzoek naar de neurobiologische basis van verstandelijke beperkingen,' in *TAVG*, 22 (nr.2) 2004

Rigter, J., *Het palet van de psychologie*. Bussum 1996

Rijksen, H. en M. Vestjens, M., *Levensbeschouwelijke vorming voor de gezondheidswerker*. Best 1989

Rosenhan, D. en M. Seligman, *Abnormal Psychology*. New York 1989

ROZ Zuid-Gelderland, *Indicatie en zorgtoewijzing*. Arnhem, oktober 1996

Rutgersstichting/PSVG, *Geen kind meer, seksuele voorlichting aan jongeren met een verstandelijke handicap vanaf 12 jaar*. Den Haag 1992

Rütter-Wijers, T., *Feestelijk gehandicapt*. Schoth BV, Boxmeer 1986

Sanders-Woudstra, J., *Leerboek kinder- en jeugdpsychiatrie*. Assen 1995

Saß, H., *In memoriam*. Hamburg 1999

Schaaf, J., *Dilemma's en keuzes. Sociale ethiek in de actuele praktijk van welzijn en hulpverlening*. Budel 2002.

Scheer, L. van der, in J. de Leeuw e.a. (red.), *Onderwijs in verpleegkundige ethiek*. Best 1994

Schermer, M., 'Een pleidooi voor autonomie', in F. Kortmann (red.), *Weldoen op contract*. Assen 2000

Scherpenisse, A.M.C. en G. Verbeek, *Introductie in de gezondheidszorg*. Houten 2002

Schipper, W. en G. de Valk, 'Zelfverwondend gedrag: een onhandelbaar probleem', in *NTZ*, nr. 1, maart 1994

Schippers, W., *Een boom met wrange vruchten*. Dissertatie Radboud Universiteit 2005

Schmid, A., 'Abortus gehandicapte is bijna plicht', in *de Volkskrant*, 15 april 2003

Schneider, M.J. e.a., 'Het ontstaan van zelfverwondend gedrag bij verstandelijk gehandicapten', in *NTZ*, nr. 3, september 1995

Schopler, E. e.a., 'Toward objective classification of childhood autism', in *Journal of autism and developmental disorders*, Vol. 10, 1980

Seligman, M., *Gelukkig zijn kun je leren*. Het Spectrum 2002

Slingerland, P.A.G. e.a., *Transmurale zorg en de rol van verpleegkundigen*. Dwingeloo, 1996

Smith, B. e.a., *Als ieder ander*. NIZW, Utrecht 1997

Soeter, G.J., Bogaard, J. van den en S. Gesthuizen, *Verstandelijk gehandicapten, seksualiteit en relaties, eindrapportage van het project Groesbeekse Tehuizen*. Hogeschool Nijmegen, 1993

Soeter, T. en J. van den Bogaard, 'Verstandelijk gehandicapten, seksualiteit en relatie (1)', in *TVZ/Vakblad voor verpleegkundigen* nr. 11, p. 377-381, 1991a

Soeter, T. en J. van den Bogaard, 'Verstandelijk gehandicapten, seksualiteit en relatie (2), Visie en beleid in instellingen', in *TVZ/Vakblad voor verpleegkundigen* nr. 12, p. 406-410, 1991b

Soeter, T. en J. van den Bogaard, 'Verstandelijk gehandicapten, seksualiteit en relatie (3)', in *TVZ/Vakblad voor verpleegkundigen* nr. 14, p. 496-501, 1991c

Sohl, C.N.F.J. e.a., 'Autonomie van mensen met een verstandelijke handicap', in *MGV*, september 1997

Spek, Tanya van der, gepubliceerd in *nieuwsbrief RSSG* (Regionaal Steunpunt Seksueel Geweld), 2004

Spiekhout, J., *Als je kind het zelf niet kan.* Utrecht 2001

Stap, J. van der en K. Torenbeek, *Gedrag en ontwikkeling vanuit Z-verpleegkundige perspectief.* Leiden 1995

Starmans, J.L.M. en J.J.A.M. Bloem, 'Tongreductie bij kinderen met het syndroom van Down; een functionele operatie', in *Nederlands Tijdschrift Geneeskunde*, nr. 42, 1991

Steman, C. en A. van Gennep, *Supported living.* NIZW, Utrecht 1997

Stichting AGO Dagverblijven, *Nota zorginhoudelijk beleid.* Diemen, juli 1996

Stichting Prisma, *Mini-symposium wettelijke maatregelen.* Udenhout, oktober 1996

Timmers, Huigens, D., *Ervaringsordening. Mogelijkheden voor mensen met een verstandelijke handicap.* Utrecht 2005 (5)

Treffort, D. & G. Wallace, 'Islands of genius', in *Scientific American Mind*, nr. 1, 2004

Veer, J. van 't, *The social construction of psychiatric stigma.* Gildeprint 2006

Verbogt, S., *Hoofdstukken over gezondheidsrecht.* Gouda 2000

Vereniging Gehandicaptenzorg Nederland, *Het persoonsgebonden budget in de praktijk.* Publicatienummer 796.037, maart 1996

Verhofstadt-Deneve, *Handboek ontwikkelingspsychologie.* Houten 2003 (5)

Verhulst, F. (red.), *Adolescentenpsychiatrie.* Assen 2000

Verhulst, F.C., *De ontwikkeling van het kind.* Assen 1999

Verhulst, F.C., *Inleiding in de kinder- en jeugdpsychiatrie.* Assen 1994

Verpoorten, R.A.W., 'Communicatie met verstandelijk gehandicapte autisten: een muti-dimensioneel communicatiemodel', in *NTZ*, juni 1996

Vink, R., 'Aantal inrichtingsplaatsen van 23.000 naar 6.000', in *KLIK*, april 1996

Vink, R., 'Feuerstein: denken kun je leren', in *KLIK*, april 1994

Visser, F., *Het syndroom van Down en de ziekte van Alzheimer: een retrospectief onderzoek binnen een intramurale populatie.* Interne publicatie Vereniging 's-Heerenloo, 1990

Vlaminck, P., 'De duur van de onbehandelde psychose in de praktijk', in *Maandblad Geestelijke Volksgezondheid* nr. 1, 2001

Vlaskamp, C. e.a., *Persoonlijk activeringsprogramma. Handleiding bij het bieden van activiteiten aan mensen met ernstige meervoudige beperkingen.* Utrecht 2005

Voordouw, A., *Naar een interculturele paramedische en verpleegkundige hulpverlening.* HBO-raad, Den Haag 1991

Vossen, M.L., *Handleiding standaardverpleegplannen in de psychiatrie.* Psychiatrisch ziekenhuis Reinier van Arkel, derde herziene druk, juni 1996

Vries, A.A.M. de, in *Emma, dagboek van een peuter*, Nijmegen 2000

Vrijmoeth, P. en A.K. Huibers, 'Keuzen rond het levenseinde', in *NTZ*, nr. 4, december 1995

Waal, F. de, *De aap in ons. Waarom we zijn wie we zijn.* Amsterdam 2006

Waarde, J. van en R. van der Mast, 'Screening van mensen met een verstandelijke handicap op psychiatrische stoornissen', in *NTZ*, 1999

Wasif Shadid en Dr. Sj. Koningsveld, 'Stervensbegeleiding en begrafenisriten in de Islam', in *Moslims in Nederland.* Houten 1997

WCC, *Internationale classificatie van Stoornissen, Beperkingen en Handicaps.* 1995

Wenning, H. en M. Santana, *AD(H)D een volwassen benadering*. Lisse 2002

Werkmap Rouwen, begeleiding van zwakzinnigen bij sterven en rouwen.
   Maria Roepaan, Ottersum 1992

Wielink, R., *In dialoog*. Rijksuniversiteit Groningen 1998

Wiers, R., *Slaaf van het onbewuste. Over emotie, bewustzijn en verslaving.*
   Amsterdam 2007

Wilson, T., *Vreemden voor onszelf. Waarom we niet weten wie we zijn*. Contact 2006

Winter, C. de e.a., 'Automutilatie bij verstandelijk gehandicapten: een systematisch
   literatuuronderzoek', in *Tijdschrift voor Psychiatie*, jaargang 49, supplement 1.
   Utrecht 2007

Wirtz, A. en P. Hermsen, *Handleiding Individuele Ondersteuningsplannen.*
   Houten 2003

WOI, *Bondgenoten in de zorg*. Utrecht 1993

Wolffers, I., *Medicijnen, een handleiding voor de consument*. Amsterdam 1994

Wouters, P., *Denkgereedschap*. Leusden 2001

Zevenbergen, H., *Veel culturen, één zorg*. Baarn 1996

Zöller, D., *Als ik met je praten kon*. Utrecht 1989

Zomerplaag, J., *Methode voor naastbetrokkenen van mensen met een verstandelijke
   handicap*. NIZW publicaties

Zwets, J.H.J. en H. Kars, *Medische zorg voor mensen met een verstandelijke handicap.*
   Houten 1997

Register

Websites